クザーヌスの思索のプリズム

クザーヌスの思索のプリズム

―― 中世末期の現実を超克する試み ――

八巻和彦 著

知泉書館

まえがき

　本書は，ニコラウス・クザーヌスという不思議な存在感を放ち続ける人物の思想についての研究である。

　彼は，1401 年にドイツ西南部を流れるモーゼル河沿いの田舎町クースに生まれ，1464 年にイタリアの中南部，アペニン山脈のなかの田舎町トーディで死去した。その生涯は，「とんちの一休さん」で有名な一休禅師（1394-1481）とほぼ重なる。

　「不思議な存在感」とは，こういうことである。クザーヌスは，当時のヨーロッパにおいて哲学や思想を紡ぐ中心的な機関としての大学の教師ではなかった。ローマ・カトリック教会の聖職者であり，50 歳ごろからは枢機卿と司教にもなり，最終的には教皇庁内で教皇代理を兼務してもいた。このような彼の経歴を知れば，多くの人は彼のことを，決まりきった事をたんたんとこなす，何の面白味もない堅物だろうと判断するに違いない。また，当時のカトリック教界の事情に詳しい人は，教会の教えとは本来相容れることのない腐敗堕落した生活を送っていた大悪党の一人だったのだろう，と推測するかもしれない。

　しかし，実際の彼は，このいずれでもなかった。ある意味では例外的人物の一人であって，それゆえに当時の西ヨーロッパにおいて例外的な思想を紡ぎあげ，さらにそれを実践しようと努めていた人であった。その例外的な姿の一端は，本書第 VI 部第 1 章冒頭に引用した文書のなかに，自身がクザーヌスによる糾弾の対象となったピウス二世教皇の手によって，鮮烈に描かれている。

　二度にわたるルーヴァン大学からの招聘を断り，大学に講座をもつことがなかったにも拘らず，彼の執筆する著作は，先ずは写本として，後には初期印刷本として，ヨーロッパに広まった。そして多くの思想家や哲学者に影響を与えてきた。実は，本書ではこの観点から論じることが少ないので，ここで少し詳しく記しておこう。16 世紀後半の思想家で

あるブルーノ（Giordano Bruno 1548-1600）は，その著書『無限・宇宙と諸世界について』において「まことに彼は地上に生きた傑出した才能をもった人の一人です」と記すほどに，クザーヌスの宇宙論から強い影響を受けた。また，コペルニクス（Nicolaus Copernicus 1473-1543）もクザーヌスの著作に親しんでいたことが明らかにされている。さらに，惑星運動の三法則で有名なケプラー（Johannes Kepler 1571-1630）も，その著書『宇宙の神秘』において，クザーヌスが曲線と直線の双方のあり方を徹底的に考察した点において，「私にはクザーヌスをはじめとする人々が神々のように偉大に思われる」と記すほどに影響を受けた。少し後のライプニッツ（Gottfried Wilhelm Leibniz 1646-1716)もクザーヌスから広範な影響を受けたことが知られている。その興味深い一例を，本書第I部第2章1末尾にあるモイテン書からの引用が示している。さらに，カントと同時代人にして同郷者でもあり，ヤコービと共に「信仰哲学」の主唱者の一人とされるハーマン（Johann Georg Hamann 1730-88）も，プロテスタントの人でありながら，クザーヌスの思想から強い影響を受けたことが明らかである。

　クザーヌスの影響は，文学の分野にも及んでいる。興味深いことに17世紀には彼の作品のいくつかが英語に訳されており，それに応じて形而上詩人として知られるダン（John Donne 1572-1631）等にクザーヌスからの影響が見られる作品が生まれた。ドイツの戯曲家レッシング（Gotthold Ephraim Lessing 1729-81）の戯曲『賢者ナータン』（1779）も，クザーヌスの寛容思想の影響が顕著な作品として有名である。

　そして，21世紀初頭の今，彼の死後550年が過ぎても，クザーヌスの存在感はなお存続している。クザーヌスを研究する人の輪は，このところ西ヨーロッパのみならず，ロシアや東欧にも，さらに大西洋を越えて南北アメリカ大陸にも拡がりつつある。今，もっとも多くのクザーヌス研究者を擁するのは，アメリカ合衆国であろう。また，若いクザーヌス研究者が続々と現れつつあるところは，アルゼンチンとブラジルを中心とする南アメリカ大陸と言える。

　このように多彩な人々がクザーヌスの思想・哲学に，そしてその人物自身についても，深い関心を抱く理由は，一言でいえば，彼の思想と存

まえがき　　vii

在とがプリズムの如くに多面的に光彩を放っていることと，われわれの生きる現代が，彼自身の生きて活動していた時代と同じく，一大転換期であり混迷の時代でもあるからだろう。クザーヌスという人物とその思想・哲学に触れる人は，彼の姿に共感を覚えると同時に，それによって励まされ，さらに，自分たちの直面する困難を乗り越える方策が彼の残した営みの中に見出せるかもしれない，と考えることになるのである。

　そういう者の一人が，50 年近くにもわたってクザーヌスを研究対象の一人にしてきた著者自身である。とは申せ，クザーヌスという人物とその思想・哲学の全容はおろか，その本質的部分についてさえも，はたして著者の手によって的確に理解・表現できているかどうかは，はなはだ心もとないところである。この書物を手に取ってくださる読者の判断に委ねるしかない。

　以下にこの本の構成について簡単に説明する。
　Ⅰ　クザーヌスという人物
　ここには，ニコラウス・クザーヌスという人物とその思想の概略を理解してもらいやすい論考を集めた。クザーヌスをヨーロッパ中世の末期の人物として措定するか，それともルネサンスの初期のそれとして措定するかについては，今なお論争が絶えない──それはクザーヌスの思想が極めて多面的であること，および〈近代〉概念が問われていることのゆえに他ならないのである。その中で，著者はあえて〈中世〉の方に引きつけて捉えようとしてきたわけである。

　それは，著者自身が 20 世紀後半から 21 世紀初めに生きる者として，この時代のあり方に強い疑念を抱いているからに他ならない（この点については前著『クザーヌス 生きている中世』をご参照いただきたい）が，この姿勢が，先行するクザーヌス解釈への批判という形で反映されているのであろう。

　Ⅱ　クザーヌスにおける主体性
　標題のとおりに，クザーヌスにおける主体性を考察した諸論文を収めた。それらは，筆者自身がクザーヌスを〈中世〉の方に引きつけ理解してきた，と先に記したことと関わっている。第 1 章では，近代哲学に

おける主体性概念との異なりを綿密に考察して，本書の以下の論考を理解しやすくするための基礎を据えている。第2章では，クザーヌスの主体性が二重構造において成立しているものであることを明らかにしている。第3章では，人間の主体性が二重構造を有するがゆえに可能となる〈精神的な引き上げ〉という，伝統的な〈引き上げ〉とは異なるクザーヌス特有の〈引き上げ〉観の成立を，彼の神秘思想の典型的著作とみなされる『神を観ることについて』を中心にして考察している。それは同時に，彼が人間の精神という能力を高く評価していることをも明らかにしている。

　Ⅲ　クザーヌスの認識論
　クザーヌスにとって認識とは，真理を把握することに他ならないが，同時にその真理とはまずもって絶対的存在としての神であるから，彼にとっての認識論とは，神はいかにしたら把握されうるのかを探求することであった。
　この点においても，カントを典型とする近代以降の哲学における認識論とは大いに異なっている。さらにクザーヌスにおいて特徴的なことは，いかなる人間の探求も，とりわけ論理をもって絶対的存在を認識しようとする探求は，〈覚知的無知〉(docta ignorantia) という本質を有しているとすることである。
　それは，人間の認識能力が真理把握において本質的な限界を有しているので，真理の探求者は，自己の限界をわきまえつつ，探求の対象である絶対的存在の側からの助力を待つことが不可欠である，とするものである。
　同時にクザーヌスは，そのような限界のなかにありつつも可能な限りの探求対象への接近を試みて，それのための方策を，論理よりもむしろ表象力，比喩，象徴に求めている。そのような彼の営みの諸側面をこの第Ⅲ部の諸章では扱っている。

　Ⅳ　Theophania としての世界
　ここでは，「クザーヌスの存在論」と称しうる思考を扱っている。近代以降の哲学においては，世界が存在することは自明の事実であって，

問題となるのは，世界の中に存在するものがどのように存在するのか，ということであると言えるだろう。しかしクザーヌスにとっては，そもそも世界はいかなる根拠で存在するのか，ということも大問題であった。その問に対して彼が到達した答は，「世界は神の或る種の現れである」というものであった。その〈神の現れとしての世界〉という思想を説得力あるものとして提示するために，彼はその生涯の最期の日まで思索し続けて，さまざまな試みを著作上に叙述した。その諸相をここでは扱っている。

V　宗教寛容論

冒頭にも記したようにクザーヌスは，ローマ・カトリック教会の枢機卿であり司教でもあった。それにも拘らず，すでに 15 世紀に，自己の属する教会のあり方をも相対化することによって，他の宗教に対する寛容を説いた。ここに，彼の「例外的人物」であることの典型的側面が現れている。始めの二つの章では，単に他の宗教を容認してやるということにとどまらない，クザーヌスの深い宗教寛容論について，テキストに則しつつ綿密に考察することに努めている。続く二つの章では，彼の宗教寛容論の後世に対する影響について，また，彼の寛容論に触発されて著者が進めた考察を記している。

VI　イディオータの思想

イディオータ（idiota）とは，「愚者」とか「無学者」という意味で現在でもヨーロッパで使用されている語のラテン語形である。クザーヌスは，彼のローマ教皇庁での栄進の最中である 1450 年夏に，この「イディオータ」という表題を付した対話篇三部作を執筆した。その中では，イディオータが弁論家ならびに哲学者と対話をしつつ，この二人の知識人を批判して，結果的には二人の方がイディオータに教えを乞うことになる，という設定がなされている。広く見ればヨーロッパ中世末期からルネサンス期に盛んに執筆された〈愚者文学〉の一環ともみなすことが可能なものであるが，それをローマ教皇庁内の高官が執筆して，批判の矛先を当代の諸々の権威に向けているという点に，彼の「例外的人物」ぶりをうかがうことができる。そして私は，この〈イディオータの

思想〉にクザーヌスという思想家の本質が表現されていると捉えて，さまざまな角度から考察してきた。それがこの第 VI 部の主たる部分を形成している。なお，最後の第 4 章は，クザーヌスの存在論とも言えるものであるから，第 IV 部に収めてもよいものではあるが，上記のような「例外的人物」の思索の最終的到達点である〈語りかけの存在論〉を摘出することになった論考であるので，あえて本書の最後に収めることとした。

　ところでこの一連の仕事を終えたら，アメリカ・クザーヌス学会が今年 9 月に開催する "Cusanus Today"（今日のクザーヌス）という学会での発表の準備に取りかからねばならない。それに私も招聘されているからである。発表では，クザーヌスの西田幾多郎への影響について話すことを求められている。確かに両者の間には，興味深い永年にわたる関係が，それも昭和 20（1945）年 5 月に完成された西田の最後の大論文「場所的論理と宗教的世界観」を頂点とする形で，見出せるのである。本書が公刊される頃には，私の発表に対する学会参加者からの反響も明らかになっていることだろう。

　それにしてもクザーヌスという存在は，興味の尽きない思想を紡ぎあげ，刺激的な生涯を生き抜いた「例外的人物」だと思う。この書物を手に取られる読者諸氏にもそれを味わって頂けると幸甚である。クザーヌス自身が『イディオータ篇』において，「哲学することは知恵を愛することであり，その知恵という真理はよい味のするものである。だから，思考することは，それの楽しい味見なのである」と，主人公に明言させているのだからである。

　私のクザーヌスとの付き合いはまだ続きそうである——最近は「人新世（アオントロポセン）時代の自然哲学におけるクザーヌス思想の役割」というような観点に収束しつつあるのだが。

　　2019 年 8 月　クザーヌスの死後 555 年にあたる夏

著　　者

略　号　表

AC	*Acta Cusana.*
h	*Nicolai de Cusa Opera Omnia iussu et auctoritate Academiae Litterarum Heidelbergensis ad codicum fidem edita,* Verlag Meiner, Leipzig/ Hamburg 1932ff.（ハイデルベルク版クザーヌス全集）
CCSL LA	*Corpus Christianorum Series Latina* Turnholt 1968.
Dupré	*Nikolaus von Kues. Philosophisch-theologische Schriften, 3 Bde., lat-dt. Studien- und Jubiläumsausgabe,* hrsg. und eingeführt v. L. Gabriel. Übersetzt und kommentiert von D. und W. Dupré, Freiburg 1964-67.
MFCG	*Mitteilungen und Forschungsbeiträge der Cusanus-Gesellschaft,* Mainz/ Trier 1960ff.
CT	*Cusanus-Texte,* Heidelberg 1929-.
CS	*Cusanus-Studien,* Heidelberg 1929-.

以下はクザーヌスの著作の略号と収載されている全集の巻号

Apol.	*Apologia doctae ignorantiae.*
Comp.	*Compendium.*
De ult.	*Coniectura de ultimis diebus.*
Crib. Alk.	*Cribratio Alkorani.*
De ap. theor.	*De apice theoriae.*
De beryl.	*De beryllo.*
De circ. quadr.	*De circuli quadratura.*
De conc. cath.	*De concordantia catholica.*
De coni.	*De coniecturis.*
De dato	*De dato patris luminum.*
De Deo absc.	*De Deo abscondito.*
De doct. ign.	*De docta ignorantia.*
De fil.	*De filiatione Dei.*
De gen.	*De genesi.*
De ludo	*De ludo globi.*
De math. compl.	*De mathematicis complementis.*

De mente	*Idiota de mente.*
De non aliud	*Directio speculantis seu De li non aliud.*
De pace	*De pace fidei.*
De poss.	*De possest.*
De princ.	*De principio.*
De quaer.	*De quaerendo Deum.*
De sap.	*Idiota de sapientia.*
De stat. exper.	*Idiota de staticis experimentis.*
De theol. compl.	*De theologicis complementis.*
De ven. sap.	*De venatione sapientiae.*
De vis.	*De visione Dei.*
Epist. Io. de Segobia:	*Epistula ad Ioannem de Segobia.*
Epist. Nic. Bonon	*Epistula ad Nicolaum Bononiensis.*
Epist. Roder. Sanc.	*Epistula ad Rodericum Sancium de Arevalo.*
Ref. gen.	*Reformatio generalis*
Responsio	*Responsio de Intellectu Evangelii Ioannis.*

目　　次

まえがき……………………………………………………………………… v

略号表……………………………………………………………………… xi

I　クザーヌスという人物

第1章　クザーヌスにとっての〈場所〉――「随処に主と作れば，立処
　　　　皆真なり」（臨済録）………………………………………… 5

　1　クザーヌスと旅………………………………………………… 5

　2　決定的な旅行経験としてのコンスタンティノープル経験……… 7

　3　随処に主と作れば，立処皆真なり…………………………… 13

　4　クザーヌスにとって故郷とは………………………………… 17

第2章　「知の制度化」批判……………………………………………… 21

　1　同時代におけるクザーヌスについての評価………………… 21

　2　クザーヌスの大学への関わり………………………………… 23

　3　クザーヌスとヴェンクの応酬………………………………… 25

　4　ヴェンクによるクザーヌス批判とクザーヌスによる真理探求の制
　　　度化批判………………………………………………………… 32

　5　〈ソクラテスに学びて〉Imitatio Socratis…………………… 36

　6　ソクラテス的理想像としての〈イディオータ〉…………… 41

　7　クザーヌスの大学批判が語りかけるもの…………………… 44

第3章　クザーヌスと「近代」…………………………………………… 47

　1　「ヤーヌスの頭をもつ近代の先駆者」……………………… 47

　2　「近代的要素」………………………………………………… 49

xiv 目　次

　　3　『終末の日々についての推測』……………………………………56
　　4　クザーヌスの改革の方向………………………………………60
　　5　〈巡礼〉としての時代…………………………………………62
　　6　「先駆者」とする思想的怠惰…………………………………67

第4章　デッサウアーのクザーヌス像——自然科学と哲学・神学の出会
　　　　い？…………………………………………………………………69
　はじめに…………………………………………………………………69
　　1　デッサウアーの近代科学像……………………………………70
　　2　クザーヌスの自然探究…………………………………………74
　　3　クザーヌスにおける真理把握の漸近性？……………………85
　　4　デッサウアー批判………………………………………………90

II　クザーヌスにおける主体性

第1章　クザーヌスにおける人間の主体性について——『イディオー
　　　　タ』篇を中心にして……………………………………………99
　序　　　………………………………………………………………99
　　1　『知恵について』における知恵と知識………………………101
　　2　精神の“能動性”と〈シーソー構造〉………………………107
　　3　人間の主体性と根源的受動性…………………………………113
　　4　欠如的主体性と信仰……………………………………………120

第2章　クザーヌスの思考における主体性の二重構造
　　　　　——〈観〉videre を中心に………………………………125
　　1　『神を観ることについて』において…………………………125
　　2　『覚知的無知』において………………………………………127
　　3　『推測について』において……………………………………129
　　4　1445 年頃の三部作において…………………………………132
　　5　『光の父の贈りもの』において………………………………135
　　6　『イディオータ篇』において…………………………………136
　　7　再び『神を観ることについて』において……………………140

目　次　　xv

第3章　〈精神的な引き上げ〉という神秘主義——『神を観ることについて』を中心にして………………………………145

はじめに………………………………………………………145

1　上昇の諸段階………………………………………………145

2　精神的な引き上げ（raptus mentalis）……………………152

3　楽園の市壁…………………………………………………158

4　市壁の中の楽園に住まう神………………………………171

Ⅲ　クザーヌスの認識論

第1章　〈認識の問題〉——『覚知的無知』と『推測について』を中心にして……………………………………………181

はじめに………………………………………………………181

1　覚知的無知（Docta Ignorantia）…………………………181

2　推測（Coniectura）…………………………………………184

3　認識としての上昇…………………………………………189

4　実存的認識批判……………………………………………194

5　平安（pax）と静けさ（quies）……………………………199

第2章　神の命名の試み………………………………………203

1　初期の説教…………………………………………………203

2　『覚知的無知』の成立期……………………………………205

3　『光の父の贈りもの』の著作以降…………………………211

4　〈知恵〉（Sapientia）といういわゆる「神の名称」……218

5　ブリクセン時代の中期以降において……………………221

6　〈非他者〉（non-aliud）という〈エニグマ〉……………228

7　トマスとの比較におけるクザーヌスの「神の命名」の特徴……233

8　結　語………………………………………………………236

第3章　表象力の機能とその射程……………………………241

1　思惟における多様な図形と比喩の活用…………………241

2　表象力の地位と意義………………………………………244

xvi 目　次

　　3　〈キリストという山〉……………………………………………247
　　4　〈キリストのまねび〉としての表象力論……………………249
　　5　〈似像–表象力–複合構造〉（Imago-imaginatio-Komplex）………252

第4章　クザーヌス哲学における幾何学的象徴の意義……………257
　　1　数学的思考における連続性と非連続性………………………257
　　2　数の本質の〈世俗化〉…………………………………………258
　　3　円の本質の〈世俗化〉…………………………………………262
　　4　多角形と円との接近および〈円の象徴〉の発展……………267
　　5　〈数学的味見〉（Praegustatio mathematica）………………274

第5章　『可能現実存在』の構造——possest, non-esse, aenígma, vísío
　　………………………………………………………………………283
　　1　〈可能現実存在〉（possest）…………………………………283
　　2　〈非存在〉（non-esse）………………………………………300
　　3　〈観ること・観〉（visio）……………………………………310

Ⅳ　Theopania としての世界

第1章　〈神の顕現〉（Theophania）と〈神化〉（Deificatio）
　　　　——『諸々の光の父の贈りもの』を中心にして………………319
　　序　　………………………………………………………………319
　　1　〈光の父〉（pater luminum）とその〈贈りもの〉（datum）………320
　　2　〈神の顕現〉と知解…………………………………………324
　　3　〈信仰の光〉と〈神化〉……………………………………330
　　4　信仰と欠如的主体性…………………………………………338

第2章　〈全能なる神〉の復権——〈第一質料〉を超克する試み………345
　　1　〈可能態〉と〈現実態〉……………………………………346
　　2　〈第一質料〉の超克…………………………………………349
　　3　被造物・非存在的存在………………………………………364
　　4　原像としての〈可能現実存在〉……………………………369

目　次　xvii

5　〈観〉（visio）……………………………………………………………371
6　結語　生気あふれる〈全能なる神〉………………………………374

第3章　『球遊び』における〈丸さ〉の思惟……………………………377
1　〈丸さ〉（rotunditas）という概念における思考上の刷新…………378
2　〈万物が運動している〉„omnia sunt in motu“………………383
3　人間の現在位置……………………………………………………385
4　〈神を観ること〉の説明システムとしての〈丸さ〉の思惟……388
5　おわりに………………………………………………………………393

第4章　〈神の現われ〉としての〈世界という書物〉………………395
1　書物および文書に対するクザーヌスの関心………………………395
2　〈書物の比喩〉の受容………………………………………………396
3　〈書物の比喩〉の展開………………………………………………403
4　〈書物の比喩〉の適用………………………………………………420

V　宗教寛容論

第1章　〈信仰の平和〉という思想 ── 『信仰の平和』を中心にして
……………………………………………………………………431
はじめに……………………………………………………………………431
1　神の見え方の多様性………………………………………………434
2　〈神の民としてのイディオータ〉（populus Dei・idiota）…………437
3　〈諸宗教〉から〈一なる信仰〉へ…………………………………443
4　〈信仰の平和〉（Pax fidei）………………………………………453

第2章　宗教寛容の哲学…………………………………………………459
はじめに……………………………………………………………………459
1　終生のテーマとしての寛容思想…………………………………460
2　「多様な儀礼のなかに一なる宗教が」……………………………463
3　〈一なる宗教が現存する〉…………………………………………474
4　〈一なる信仰〉………………………………………………………480

xviii 目　次

　5　結　論……………………………………………………………496

第3章　〈言語の類比〉による宗教寛容論……………………………499
　1　フッカーによる〈類比〉の提示…………………………………499
　2　フッカーの源泉としてのクザーヌス……………………………500
　3　〈儀礼〉と〈言語〉の関係………………………………………502
　4　ベールとヴォルテール……………………………………………508
　5　啓蒙期における〈言語の類比〉の限界…………………………511
　6　20世紀後半の〈言語の類比〉……………………………………513
　7　〈言語の類比〉の本質と現代的意義……………………………515

第4章　現代における宗教的多元論の要請……………………………521
　1　人間の〈総合的生活活動〉における三層構造…………………521
　2　グローバリゼーションの陥穽……………………………………523
　3　中層における宗教の役割…………………………………………527
　4　宗教的多元論の要請………………………………………………528
　5　比喩による「宗教多元論」の可能性の提示……………………535
　6　世俗化（Secularization）の意義…………………………………540
　7　ハーバーマスの〈ポスト世俗化社会〉という思想……………542
　8　いかなる〈宗教〉が要請されるのか……………………………545

Ⅵ　イディオータの思想

第1章　『イディオータ篇』における〈イディオータ〉像について
　　………………………………………………………………………549
　序　　………………………………………………………………………549
　1　五つの要素…………………………………………………………551
　2　聖年という〈時〉…………………………………………………552
　3　ローマという〈所〉………………………………………………554
　4　対話相手：〈哲学者〉……………………………………………555
　5　対話相手：〈弁論家〉……………………………………………558
　6　著述形式としての〈対話〉………………………………………564

目　次　　xix

7　〈イディオータ〉‥‥‥‥‥‥‥‥‥‥‥‥‥‥‥‥‥‥‥‥566

第2章　楽しむ〈イディオータ〉——後期クザーヌスにおける思想的
　　　　革新の一局面‥‥‥‥‥‥‥‥‥‥‥‥‥‥‥‥‥‥‥‥577
　1　「楽しむ〈イディオータ〉」の典型的な場面‥‥‥‥‥‥‥‥577
　2　人生の絶頂にして転換点としての 1448-50 年‥‥‥‥‥‥580
　3　職人としての〈イディオータ〉‥‥‥‥‥‥‥‥‥‥‥‥584
　4　大きな喜びを伴う知恵の狩猟‥‥‥‥‥‥‥‥‥‥‥‥‥588
　5　楽しみとしてのメタ三段論法的な発見的哲学‥‥‥‥‥‥592
　6　結語——〈楽しむイディータ〉としての枢機卿クザーヌス‥‥‥‥596

第3章　〈周縁からの眼差し〉——『普遍的協和』から『イディオータ
　　　　篇』，『全面的改革』へ‥‥‥‥‥‥‥‥‥‥‥‥‥‥‥599
　はじめに‥‥‥‥‥‥‥‥‥‥‥‥‥‥‥‥‥‥‥‥‥‥‥‥599
　1　『普遍的協和』における〈イディオータ思想〉‥‥‥‥‥‥603
　2　〈レプレゼンタチオ〉(Repraesentatio) の思想‥‥‥‥‥613
　3　〈レプレゼンタチオ〉から〈包含—展開〉へ‥‥‥‥‥‥625
　4　〈周縁〉からの眼差し‥‥‥‥‥‥‥‥‥‥‥‥‥‥‥‥629

第4章　後期クザーヌスにおける〈語りかけの存在論〉
　　　　——神と世界と人間の親密な関係‥‥‥‥‥‥‥‥‥‥641
　はじめに‥‥‥‥‥‥‥‥‥‥‥‥‥‥‥‥‥‥‥‥‥‥‥‥641
　1　〈レプレゼンタチオ〉の思想‥‥‥‥‥‥‥‥‥‥‥‥‥642
　2　〈包含—展開〉のシェーマ‥‥‥‥‥‥‥‥‥‥‥‥‥‥645
　3　神と世界と人間の親密な関係‥‥‥‥‥‥‥‥‥‥‥‥‥655

あとがき‥‥‥‥‥‥‥‥‥‥‥‥‥‥‥‥‥‥‥‥‥‥‥‥‥‥667
初出一覧‥‥‥‥‥‥‥‥‥‥‥‥‥‥‥‥‥‥‥‥‥‥‥‥‥‥669
引用文献‥‥‥‥‥‥‥‥‥‥‥‥‥‥‥‥‥‥‥‥‥‥‥‥‥‥673
人名索引‥‥‥‥‥‥‥‥‥‥‥‥‥‥‥‥‥‥‥‥‥‥‥‥‥‥689
固有名索引‥‥‥‥‥‥‥‥‥‥‥‥‥‥‥‥‥‥‥‥‥‥‥‥‥695
用語索引‥‥‥‥‥‥‥‥‥‥‥‥‥‥‥‥‥‥‥‥‥‥‥‥‥‥701

クザーヌスの思索のプリズム

――中世末期の現実を超克する試み――

I
クザーヌスという人物

第 1 章

クザーヌスにとっての〈場所〉
—— 「随処に主と作れば，立処皆真なり」（臨済録）——

1　クザーヌスと旅

　おそらく 1401 年 6 月の初めまでにこの家で誕生したニコラウスという名前の少年が[1]，1415 年の秋から 1416 年の初夏の間のある日に[2]，その生涯にわたって続く旅の日々を始めて，この故郷を後にした。彼はまずハイデルベルクに向かったのだった。

　クザーヌスが最初に学んだハイデルベルク大学は，当時のヨーロッパでは未だ新興大学の一つに過ぎなかった。それゆえであろう，彼はそこでの 1 年間の修学の後に，教会法を勉学するためにアルプスを越えて，最古の伝統を誇る大学の一つであるパドヴァに移った。そしてそこでの 6 年間にわたる修学の後，1423 年に教会法の博士号を得た[3]。

　その後，このパドヴァ時代に築いた学問的経歴ならびに交友関係を基盤にして，彼の旅する世界はたえず拡大していった。遅くとも 30 歳からは，ほとんどいつも旅をしていたと言えるだろう。或る時はバーゼルへ，或る時はローマへ，或る時はコンスタンティノープルへ，また或る時はヨーロッパ全体を巡って，そして最終的にはアドリア海に面する港町アンコナに向かう旅に出た。しかし，この最後の旅の道半ばにして，

---

　　1)　*Acta Cusana*, Nr. 1. なお，「この家」という表現は，本章の元来の成立がクザーヌスの生家における講演であるゆえである。

　　2)　Ibid., Nr. 11.

　　3)　Meuthen: *N. v. K*, S. 15.（酒井訳『クザーヌス』13 頁）。

6　　　　　　　　Ⅰ　クザーヌスという人物

1464 年 8 月 11 日にアペニン山脈の小さな町トーディで齢 63 歳の生涯
を閉じたのであった。

　注目すべきことには，これらの旅において彼は，自身に課せられた任
務をそのつど立派に果たすことによって，それぞれの旅行の終了後にカ
トリック教会内部において栄進を遂げていった。さらには，大きな旅行
を終えるごとに，彼はその 1―2 年以内に重要な哲学的著作を著してい
るということも，見逃せない。例えば，コンスタンティノープルへの旅
行の後に『覚知的無知』を，教皇特使としてのヨーロッパ全体を巡る旅
行の後に『信仰の平和』『神学的補遺』および『神を観ることについて』
を著した。

　ところで一般的に言って，定住を旨とする人間にとって旅とは，非日
常に他ならない。だから，それが人間にとって与える意味は，次の二つ
のドイツのことわざが示しているように，常にアンビヴァレントであ
る：「よく旅をする人は，たくさん経験できる[4]」。しかし同時に「よく
旅をする人は，休むことができず靴が磨り減るだけだ[5]」。旅が肯定的
な意味を持つのは，旅する者が旅において新たなことを経験しながら楽
しさも得られるからである。逆に，旅が否定的な意味を持つのは，旅す
る者にとって旅は肉体的にも精神的にも負担を与えるものであり，とき
に自己のアイデンティティを損なう可能性さえもあるからである。

　その上，クザーヌスの旅行は，そのほとんどが教会から派遣される公
用旅行であって，困難な交渉を任務として与えられていたものであった
から，彼の労苦は途方もなく大きいものであったに違いない。そればか
りか彼は，訪問先の人びとからしばしば敵とみなされることさえもあっ
た。これは，彼が教皇特使としての旅行の際に報告しているとおりであ
る[6]。

　このような困難な状況の下にあって，自己の人格を保持しながら託さ
れた任務を成功裏に成就することは，きわめて困難なことである。しか
しクザーヌスはこれを生涯にわたって，最後のアンコナへの旅を例外と
して，やってのけたのである。

　4）　‚Wer viel reist, erfährt viel‘.
　5）　‚Wer viel reist, hat wenig Ruhe und zerreisst viel Schuhe‘.
　6）　例えば，以下を参照：Meuthen, *N. v. K.*, S. 89.（酒井訳『クザーヌス』113 頁）。

これができた根拠はどこにあるのだろうか。それを以下で考察してみたい。

2 決定的な旅行経験としての
コンスタンティノープル経験

クザーヌスは 1437 年に教皇派遣団の一人としてコンスタンティノープルに旅して，そこに約 2 か月にわたり滞在した[7]。これを，上述のような彼のさまざまな旅行経験の枠のなかでとらえ直すならば，この旅こそがその後の彼にとって決定的な意味をもつものとなったと思われる。なぜならば，コンスタンティノープルならびにそこからの帰途の船上での経験は，彼の生涯にわたって大きな影響を及ぼしたことが明らかだからである。

この点を十分に理解するためには，それに先立って，おそらくは彼が若いときから抱いていたであろう思想的な根本問題を一瞥しておく必要がある。それはすなわち，もしも世界が一なる神によって創造されたのであれば，なぜ世界には事物の多様性が存在しており，それが繰り返しさまざまな紛争を引き起こすということが生じるのか，という深くて重い疑問である。

この点について私は，すでに「〈多様性〉問題」と名付けつつ理論的に立ち入って考察したことがあるので[8]，ここではこの問題のクザーヌスにおける最初期の様相を提示するにとどめることとする。この「〈多様性〉問題」が彼の思惟活動の初めからきわめて深刻なものとしてとらえられていたことは，1430 年になされた最初期の説教が示しているばかりでなく[9]，1433 年頃にまとめられたと推測されている最初の著作である『普遍的協和』も示している。

しかしながら，この問題について彼が関心を抱くことになったのはもっと早く，おそらくはパドヴァ留学時代であろうと推測される。この

---

7) Vgl. *Acta Cusana* I-2, Nr. 849.
8) 八巻和彦『世界像』第 2 章。
9) Vgl. *Sermo* I, n.13, 1- 11.

8 I　クザーヌスという人物

点について彼自身が当時書き残したものがあるわけではないが，想像を
たくましくすれば，当時のヨーロッパの片田舎にすぎないクースで生ま
れ育ち，田舎町としてのハイデルベルクでの学生生活を1年間経験し
ただけの若きクザーヌスが，イタリアの一大都市であるパドヴァに行っ
た時，大学の内部でもまた市内においても多彩に咲き誇る文化の有り様
に遭遇することで衝撃を受けつつ，この「〈多様性〉問題」に気づかさ
れたのではないだろうか。というのは，当時のパドヴァ大学は，ヴェネ
チア共和国が運営する都市大学の一つであり，そのヴェネチア共和国は
この時代の一大精神的センターであったので[10]，この大学にはほとんど
全ヨーロッパから学生が集まっており，学生たちは各自が出身民族を代
表するような形になっていたのである。当時のイタリアの大学の教室の
雰囲気をよく伝えている画像として，イタリアで当時，パドヴァ大学と
名声を競い合っていたボローニャ大学の講義室の有名な画像がある[11]。

　クザーヌスのこの「〈多様性〉問題」に関連して興味深いことには，
彼が当時すでにライムンドゥス・ルルス（1232頃-1315/16）の思想にな
じんでいたらしいのである[12]。というのは，聖ニコラウス・ホスピタル
の書庫に収められているクザーヌス所有になるルルスの著作のうちのい
くつかの写本は，彼の修学時代当時のイタリアの書体で書かれているの
であり，それゆえに，それらの写本は彼がパドヴァ時代に入手したこと
が推測されるからである[13]。ルルスは，よく知られているように，上で
言及した「〈多様性〉問題」にすでに13世紀に集中的に取り組んだ人
物であり，この問題を解決するために天才的な着想によるさまざまな著
作を残していた。それゆえに，同じ問題に深い関心を抱いていたクザー
ヌスにとって，このようなルルスの思想は意義深いものと見えたのであ
ろう。
　さらに1428年，当時ケルン大学にいたクザーヌスは，そこでの

10）　Cardini, et al., *Universitäten im Mittelalter* S. 44.

11）　この画像は以下のURLで見ることが可能である：https://en.wikipedia.org/wiki/
Lecture#/media/File: Laurentius_de_Voltolina_001.jpg

12）　Reinhardt, Die Lullus-Handschriften in der Bibliothek des Nikolaus von Kues: Ein
Forschungsbericht, S. 19.

13）　Euler, *Unitas et Pax*, S. 251.

第1章 クザーヌスにとっての〈場所〉　　　9

彼にとって先生でもあり同僚でもあったハイメリクス・デ・カンポ
（Heymericus de Campo, 1395-1460）と共にパリに旅をして，ルルスの
いくつかの著作を自ら筆写してきたという事実も存在する。その上，ク
ザーヌスは，──モイテンが具体的な証拠を挙げつつ強調しているよう
に[14]──極めて集中的にルルスを研究しているのであり，このルルス研
究の影響は，クザーヌスの最初期の説教ならびに最初の著作である『普
遍的協和』に明らかに見て取れるのである。

　先に言及した説教において彼は，さまざまな宗教の根底には神性とい
う共通性があることを説いており，『普遍的協和』では，新プラトン主
義的な思考モデルを活用しながら，キリスト教界ならびに神聖ローマ帝
国の両方において調和的な構造を再構築するための理論的な提案を試み
ているのである。しかしながら，これらの論の展開を立ち入って考察し
てみると，当時のクザーヌスが，理論的な根拠づけをできないままに，
世界に存在している多様な事物が協和に向けて創造されているのだ，と
主張するだけにとどまっているということが，明らかになる。

　しかし同時に注目すべきことに，この『普遍的協和』を著したバーゼ
ル滞在時に，彼は同僚のセゴヴィアのヨハネ（Johannes von Segovia ca.
1400-56）からたくさんのイスラーム関係の書物ならびに情報を提供し
てもらいながら[15]，イスラームについて研究を深めていた。この事実は，
イスラームそのものならびにキリスト教とイスラームとの間の宗教的な
応酬という問題についての彼の関心が，ケルン時代のみならずこのバー
ゼル時代においても続いていたことを明らかに示している。

　このような彼の思想上の態度は，モイテン（Meuthen）も言ってい
るように，「人間の本質を究極的にまで貫き通したものとしてのあらゆ
る人間の偉大なる協和への信念」をまぎれもなく示しているのである
が[16]，これは彼が，パドヴァにおける修学時代から1453年のコンスタン
ティノープル陥落の時を超えて，おそらくは生涯の終りまで持ち続けた
信念であった。

　それゆえにこそ，1437年，フェララにおける合同公会議へ東方教会

14）　Meuthen, *N. v. K.*, S. 29f.（酒井訳『クザーヌス』32 頁以下）。
15）　*Crib. Alk.* Prologus, n. 2, 10; Euler, op. cit. 36f. も参照されたい。
16）　Meuthen, op.cit.. S. 125.（酒井訳『クザーヌス』152 頁）。

を招聘するべく，コンスタンティノープルに派遣される代表団の主要メンバーとして自分が教皇によって選ばれた時に彼の感じた喜びは，とほうもなく大きなものであったに違いない。モイテンも言っているように，彼はこの旅を神からの委託を完遂する機会であるとも捉えたであろう[17]。その委託とは，——根本においては同一のことになるのだが——現象的には二つの異なるものであったと推測される。その第一はもとより，教皇から与えられた任務としての，教会合同を実現するために東方教会と交渉することであった。もう一つは，彼自身が神から直接に託されたものであって教皇も知らない任務としての，イスラムについて包括的で根本的な研究をすることである。

　だからこそ彼はこの研究のために，出発に先立って周到な準備をしていたに違いない。そのことは，彼が，わずか二か月ほどのコンスタンティノープル滞在の間に，派遣団の本来の任務と併せて，もう一つの任務のためにきわめて精力的に活動したことからも推測されるのである。この点について，以下に記してみよう。

　彼の加わる派遣団が，正確にいつヴェネチアからコンスタンティノープルに向けて出発したのか，またいつ目的地に到着したのか，その日付けは不明であるが，1437 年 8 月初旬にヴェネチアを発ち，9 月 24 日にコンスタンティノープルに到着したと推測されている[18]。そして一行は約 2 か月にわたってそこに滞在した。その間の交渉の結果，1437 年 11 月 27 日に，ビザンチンの皇帝と東方教会の総主教が，（バーゼル公会議における）少数派によって派遣された一行〔クザーヌスたちの派遣団〕と一緒に西に向けて出発した[19]。この事実は，クザーヌスたちの派遣団が公会議多数派の派遣団をさしおいて，ビザンチン側の信頼を勝ち得たことの結果であり，それは彼らが輝かしい成功を収めたことを意味している。

　同時にきわめて興味深いことに，彼は滞在中に，本来の任務の他に，もう一つの課題としてのイスラーム問題とかなり集中的に取り組んでいるのである。彼の後期の著作である『コーランの精査』（1460-61）にお

17）　Meuthen, Ibid., S. 52.（酒井訳『クザーヌス』63 頁）。
18）　*Acta Cusana,* Nr. 323 sqq.
19）　Meuthen, op. cit. S. 53.（酒井訳『クザーヌス』64 頁）。

第1章　クザーヌスにとっての〈場所〉　　11

ける叙述によると，彼はコンスタンティノープルでイスラーム問題と関
わる以下のような三つの異なった事柄と取り組んだという。それの一つ
は，聖十字架のそばに住んでいるフランシスコ会の修道士のところでア
ラビア語のコーランを見出して，いくつかの点について説明してもらっ
たということである[20]。二つ目は，その地にあるドミニコ会の修道院に
おいて，コーランを論駁しているギリシア語の文献を手に入れようと努
めたことである。しかしながら，結果として明らかになったことは，ダ
マスクスのヨハンネス（Johannes von Damaskus 650 頃 -754 年以前）によ
る古くて小さな文献しかないということであった[21]。三つ目は，ヴェネ
チアの銀行家バルタザール・デ・ルプリス（Balthasar de Lupris）の仲
介による大きな企てであった。すなわち，学識があり人望もある一人の
トルコ人を，本人の希望によって，聖ヨハネの福音書について完璧に学
ばせるために，同じような立場のトルコ人 12 人と共にローマ教皇のも
とに派遣することを，クザーヌスが計画したことである。しかしこの
計画は，このトルコ人がペストに罹患して亡くなったので実現しなかっ
た[22]。

　東方教会との交渉で成功を収めたという事実は，クザーヌス個人に
とってもきわめて意義深い二つの学問的副産物をもたらした。まず，当
時のもっとも学識の深いギリシア人の一人，すなわちニカエアの大司教
であるベッサリオン（Bessarion 1399/1408-72）と知り合うことができ，
その結果，「この精神的に近しい人物と生涯にわたって友情を築くこと
になった」[23]。それに加えて彼は，たくさんのギリシア語の写本を西方に
持ち帰ることができた——おそらくはベッサリオンの仲介によって。そ
れにしても，約 2 か月というこの短いコンスタンティノープル滞在の
間にクザーヌスは何という集中力をもって仕事をしたのだろうか。

　さて，クース出身のこの青年は，世界最古の都市の一つである帝都コ
ンスタンティノープルに到着した時，この都市の壮麗さに心を打たれた
に違いない。確かに彼は，クースから直接にではなく，イタリアを経て

20）　*Crib. Alk.*, Prologus, n. 2.

21）　Ibid.

22）　Ibid., Prologus, n. 3.

23）　Meuthen, op. cit. S. 54.（酒井訳『クザーヌス』65 頁）。

12 Ⅰ　クザーヌスという人物

ここに到着したのではあるが，当時はローマでさえも，教皇座の長年に
わたるアヴィニョンへの移転のために，今日では想像できないほどに荒
廃していたという[24]。同時に彼は，今，自分が，キリスト教における東
西の教会合同ならびにキリスト教とイスラームとの平和的共存という，
自身の二つの関心事の最前線に立っていることを意識して，大いなる満
足感を抱くと共に強い緊張感をも抱いて，複雑な心境に立ち至ったこと
だろう。

　しかしこの齢37歳の若き聖職者にして思想家は，自身の心理的な危
機を首尾よく克服して，神から託された二つの任務を完遂しようと，上
述のような多くの事柄をこなしていったのである。

　注目すべきことに彼は，──上掲の著作『コーランの精査』における
記述によるならば──派遣団のうちの他の二人の団員とは別に，自分だ
けでイスラーム問題を研究していたらしい。このことは，彼がイスラー
ム問題に取り組むことを，神から自分に特別に託された仕事ととらえて
おり，それゆえにこそ，すでに見たような集中力をもってこの問題と取
り組んだのであろう，という推測を成立させるのである。

　ここで再び想像をたくましくしてみよう。〈多様な儀礼のなかにただ
一つの宗教が存在する〉という，クザーヌスの寛容論において極めて重
要な確信を，──すなわち後年の1453年に著された『信仰の平和』に
おいて文字化されることになる[25]確信を，──実はすでにこのコンスタ
ンティノープル滞在中のさまざまな経験に基づいて，獲得していたので
はないのだろうか。というのは，彼のこの確信は，『信仰の平和』に記
されている多様な宗教同士の応酬においてだけではなく，すでに1437
年時点で彼に課せられていた明示的任務としての東方教会との応酬にお
いても，妥当しうるのだからである。

　さらにコンスタンティノープルに滞在中のクザーヌスをめぐる充実し
た日々を考慮してみると，この確信を彼はこの帝都において，神から
の火花として，あるいは天上での幻視のようにして受け取ったのではな
いかと推測することもあながち不合理ではないだろう──『覚知的無

---

　24)　金一氏（米国オーバン大学准教授）の教示による。
　25)　una religio in rituum varietate: *De pace*, I, n. 6, p. 7, 10sq.（八巻訳『信仰の平和』587
頁）。

知』の末尾に添えられたユリアヌス枢機卿への書簡で言及されている，ギリシアからの帰路の船上で経験したという有名な状況に似たものとして[26]，また，『信仰の平和』の冒頭に描かれている，かつてコンスタンティノープルを訪れたことの或る人がそこの陥落の報に接した時に現れたという観に似たものとして[27]。

　なぜならば，この著作に展開されているよく練られた構想は，例えば，当時のヨーロッパにおいては伝統的に軽蔑の対象でしかなかったタタール人にこの著作の中心的命題を主張させるというような構想は，かなりの時間をかけて練られたものであるに違いないからである。つまり，コンスタンティノープル陥落の報が届いてからこの著作を構想したとは考えられず，むしろ彼は，自身のコンスタンティノープル体験に引き続く形で，世界中から賢者が集って討論し，その結果，〈多様な儀礼のなかにただ一つの宗教が存在する〉ということを確認する構想を，自身が直面していた〈イスラーム問題〉の唯一の解決策として練り続けていたように思われるのである。

3　随処に主と作れば，立処皆真なり

　ところでクザーヌスは，すでに言及した「あらゆる人間の偉大なる協和への彼自身の信念」に依拠しながら，自身の前に現れるあらゆる紛争と対立を調停し解決することに，生涯にわたって力を尽くした。この状況を比喩的に表現すれば次のようになるだろう。一つの紛争が存在する場合，紛争当事者双方の間に裂け目が生じている。紛争仲介者としてのクザーヌスは，いったんはこの裂け目を自らの両足でまたいで双方の立場に足を置かねばならない。対立しているそれぞれの側の現状を冷静かつ客観的に観察するためである。しかし同時に彼は，紛争を調停し解決するための，対立する双方に潜在している共通の基盤を見出すべく，双方の間で口を開けている裂け目の深淵にして根底を，しっかりと眼を見

---

26)　*De doct. ign.* III, n. 263.（岩崎・大出訳『知ある無知』220 頁）。

27)　*De pace*, I, n.1.（八巻訳『信仰の平和』584 頁）。なお，この原文は，本書第 V 部第 1 章註 3 として引用されている。

開き勇気をもって覗き込まねばならないであろう。

　そのような立場におかれていた彼は，1437 年の秋に，当時すでにその領土を狭められていたビザンチン帝国の首都コンスタンティノープルにおいて，自身の眼でボスポラス海峡を見て，さらにそのわずか 1000 メートルほどの向こうにトルコを眺望した時，きわめて深刻なアンビヴァレンツな思いにとらわれたであろう。つまり，キリスト教とイスラームとはこれほどにも地理的に近い状況にあるのかと実感するとともに，他方において現実的な脅威を弁えれば，これからもキリスト教とイスラームとが，曲がりなりにも平和的に分かれたままであり続けるためには，このボスポラス海峡がもっと広くて深ければよいのに，という思いにもとらわれたかもしれないのである[28]。

　しかしながら彼は我に返って，すでに記したのと同じプロセスを，自身の想像力で遂行したことであろう。すなわち，対立している双方の側の現状を冷静かつ客観的に観察して，ボスポラス海峡という裂け目の根底を，つまり対立する双方に共通する基盤を見出すべく，双方の間に口をあけている裂け目の深淵にして根底をしっかりと眼を見開き勇気をもって覗き込んだであろう。

　このような想像力を通しての経験のゆえに，彼は上掲の〈多様な儀礼のなかにただ一つの宗教が存在する〉という洞察を得られたのではないだろうか。この状況は，さらに次のように比喩的に表現できるかも知れない。すなわち，『信仰の平和』の 2 か月後に執筆した『神を観ることについて』の中で自身が記しているとおりに彼は神の眼差しを感じながら[29]，神から託された任務を完遂するために勇気をもってボスポラス海峡という裂け目の根底を覗き込んだその時に，絶対的一性としての神がその根底から彼に〈多様な儀礼のなかにただ一つの宗教が存在する〉という洞察を贈ってくれたということではないだろうか。最高の天と最深の根底とは，彼自身の〈反対対立の合致〉の思想に従えば，合致しうるのである。

　28）　まさに類似した感想がクザーヌスの親友であったピッコローミニによって残されている。以下を参照されたい：Euler, Religionsfriede und Ringparabel, S. 4.

　29）　*De vis.* 5. n. 15.（八巻和彦訳『神を観ることについて』（以下，八巻訳と表記する）32 頁。

第 1 章　クザーヌスにとっての〈場所〉　　　15

　ここで，クザーヌスの思想的営為としての旅という経験を，禅の宗匠
である臨済の視点から解釈するために，西田幾多郎の遺作「場所的論理
と宗教的世界観」(1945) の叙述を引用してみたい。西田はクザーヌス
から終生にわたって強い影響を受けたのであり[30]，この論文においても，
クザーヌスの名前は挙げていないものの，無限球という彼の思考を用い
ているのである。以下に引用する文章の前半では，「絶対現在の自己限
定」という西田晩年の思想が重要な役割を果たしている。

　　絶対の自己否定を含み，絶対の無にして自己自身を限定する絶対者
　　の世界は，何処までも矛盾的自己同一的に自己の中に自己を表現す
　　る，即ち，自己に於いて自己に対立するものを含む，絶対現在の世
　　界でなければならない。應無所住而生其心と云われる所以である。
　　中世哲学に於いて神を無限球に喩へた人〔クザーヌスが『覚知的無
　　知』で―引用者〕は，周辺なくして到る所が中心になると云つた。
　　これは正しく私の所謂絶対現在の自己限定である。之を我々の自己
　　の霊性上の事実に於て把握せないで，単に抽象論理的に解するなら
　　ば，此等の語は無意義なる矛盾概念に過ぎない[31]。

　言うまでもなく，絶対現在の自己限定という規定はわれわれ自身にも
妥当する。「そこに〔平常心の底〕我々の自己は，絶対現在の自己限定
として，逆対応的に何時も絶対的一者に触れて居るのである」[32]。
　西田自身の記しているように，この絶対現在の自己限定という思想
は，クザーヌスの思想と，例えば『神を観ることについて』における次
のような叙述と内容的に対応している。「私が瞑想の沈黙のなかにたた
ずんでいると，主よ，あなたは私の心の内奥で次のように答えて下さい
ます。『汝は汝のものとなるべし。そうすれば私さえも汝のものとなる』

――――――――――
　30)　この点については，八巻和彦「西田幾多郎におけるクザーヌスとの出会い」（八巻・
矢内（編）『境界』361-398 頁）を参照されたい。
　31)　西田幾多郎「場所的論理と宗教的世界観」(355 頁以下)。
　32)　西田幾多郎，上掲書，359 頁。

と」[33]。

　西田の同じ論文からの次の引用は，臨済自身の言葉が中心になっている。

　　絶対現在の自己限定としての我々の行動の一々が終末論的と云ふことは，臨済の所謂全体作用的と云ふことであり，逆にそれは仏法無用功処と云ふことであり，道は平常底と云ふことである。〔…〕故に祇是平常無事，即ち平常底と云ふ。而して随処作主，立処皆真と云ふのである[34]。

　西田のとらえ方に従うならば，クザーヌスはコンスタンティノープルにおいて絶対現在の自己限定として絶対的一者に，同じく絶対現在の自己限定としての自身が触れたのであり，すなわち，まさにその時にその場所で自分自身が成立したということであり，それゆえにこそ，この一者によって上掲の洞察を与えられたということなのであろう。彼においてこのことが，まさしくあの時点であそこで生じたという事実は，臨済の意味での平常底ということであろう。これまで考察してきたように，彼の日常は，ほとんどいつも公用旅行で占められていて，並はずれた忙しさの日々であった。それにも拘らず彼は，自己のキリスト教信仰に基づいて，渾身の力をふるって自分の任務を成功裏に遂行したのである。この点において彼の立ち居振る舞いは，西田の解釈する意味での臨済の「随処作主，立処皆真」という思想と深い共通性をもっていると言えるであろう。

　さらにここでわれわれが見逃してはならないことは，このコンスタンティノープルへの派遣団の一員としての旅行が，クース出身のこの青年にとってはほとんど最初の大きな公用旅行であった，ということである。それゆえにこそ，この旅行が彼に生涯にわたって決定的な影響を及ぼすことになったのだと推測することも，あながち不合理ではないだろう。

---

33)　*De vis.*, VII, n. 25.（八巻訳『神を観ることについて』44頁）
34)　西田幾多郎，上掲書，355頁。

4　クザーヌスにとって故郷とは

　既に見てきたように，彼は若くしてふるさとを離れて，ヨーロッパ大陸を広く旅する日々を，その生涯の終わりの日まで過ごした。しかし彼は，自分の故郷を忘れたり無視することは片時もなかったと言えるだろう。むしろ彼はふるさとに対して深い結びつきを感じていたにちがいない。というのは，1449 年の 10 月，クースで自分の「小自伝」[35]を記させた直後に，自分の財産を基にしてこの町に聖ニコラウス・ホスピタルを設立することを計画したことが，それを示しているであろう。このホスピタルは，礼拝堂を備えた老人ホームであり，同時に自身が収集した貴重な写本の一大コレクションを保存する書庫をも併設するという施設である。これが 600 年後の今も両方の機能を立派に果たしつつ存続していることは，われわれの知っているとおりである[36]。さらに彼は，自分がどこで死んでも自分の心臓は必ずクースに埋葬してほしいと生前から希望しており，その遺志に従って，それがこの礼拝堂に埋葬されていることも，知られているとおりである[37]。

　ホスピタルについてのこのような立地選択は，単に郷土愛の発露というにとどまらず，クザーヌスのきわめて深い思慮があったとも言える。なぜならば，クースは当時のヨーロッパの政治の中心地からはるかに離れた片田舎であり，貴重な写本コレクションを保管するには最適の場所であったからである。というのは，彼自身もコンスタンティノープルの陥落の報に接して知らされたように，長い歴史経過のなかでは少なくない重要な都市が戦乱によって破壊されるということが生じ，その結果として貴重な文化的遺産が完全に潰えてしまうという事態が起こっているからである。

　彼は故郷やドイツ人，そして神聖ローマ帝国を深く愛していたのみな

---

　35)　これの内容については，本書第 I 部第 2 章 7 および註 62 を参照されたい。
　36)　Meuthen, *N. v. K.* S. 137f.（酒井訳，167 頁以下）。
　37)　Ibid., S. 137.（酒井訳，167 頁）。

らず[38]，彼が一般的な意味での郷土愛をもっていたことは，今述べた彼の行動から明らかである。しかし，若きクザーヌスが著した『覚知的無知』の中ですでに次のような見解を示していることを考慮するならば，彼が単純で一面的な郷土愛からは距離を取っていたに違いないのである。彼は言う。

　　誰もが——他の人たちを讃嘆することもあるにせよ——自分自身に満足し，また自分の祖国に満足して，その結果，その国の習慣や言語やその他のことがらにおいても出生の地が〔他と比して〕一層好ましく思われるものである[39]。

　つまり，人間には誰しも自己中心性があるが，それに基づく判断が正しいとは限らないという指摘である。

　そうであるならば，彼にとって本来の故郷とはどのようなものであったのだろうか。ローマ教会の聖職者であり，その上，枢機卿でもあったのだから，ピウス二世教皇と同じく，ローマをふるさととみなしていたのだろうか，彼はクザーヌスへの手紙において以下のように記した。

　　一人の従者の願いが聞き入れられるに値するならば，私は汝に故郷に戻ってくるようにお願いする。なぜならば，ローマだけが枢機卿の故郷であるのだから——たとえ汝がインド人のもとに生まれたとしても。……来てくれ！　汝が来てくれることを請い願う。汝の力は，雪の中で，そして日当たりの悪い谷間で使い果たされるべきものとして定められているわけではないのだから[40]。

　クザーヌスも同じ考えだったのだろうか。否，彼の考えは異なっていたにちがいない。なぜならば，彼は教皇のこの懇請に応じることなく，アルプスの山中である自分の司教区にできる限り長く留まろうとしたの

　　38）　Ibid., S. 36.（酒井訳，41 頁）。
　　39）　*De doct. ign.* III, c. 1（岩崎・大出訳，163 頁以下）。同様なクザーヌスの指摘は以下にも：*De pace*, I, c. 4, p. 6.（八巻訳『信仰の平和』586 頁）。
　　40）　Meuthen: *Die Letzten Jahre,* S. 133.

第 1 章　クザーヌスにとっての〈場所〉　　　　19

だからである。

　つまりクザーヌスにとっての故郷とは，二種類のものがあったはずである。そしてそれが，ほとんど常に旅路にあった彼の活動において，いわば方向確認のための定点のような役割を果たしていたであろう。その一つは，彼の生地であるベルンカステル・クースであり，もう一つは彼がその生涯をささげた神に他ならない。前者はいわば水平的な定点であり，後者は垂直的な定点である。この私の想定は，晩年の著作である『全面的改革』をもってローマの教皇庁のただ中で彼が同僚の枢機卿団に訴えた提案の内容からも，支持されうるだろう[41]。

　彼は，その生涯の終りまで，真摯に，正しく，そして成功裏に働くことができたのであるが，その理由は，彼が，今挙げた二つの定点から，すなわち故郷であるクースと神とから，温かくも厳格な視察の電波（火花）をたえず受け取ることができていたからであろう[42]——飛行中の航空機がそうであるのにも似て。これが，クザーヌスにおける「随処に主と作れば，立処皆真なり」と言ってよいだろう事態であると思われる。

　41）　これについては，以下を参照されたい：本書第 VI 部第 3 章「クザーヌスにおける〈周縁からの眼差し〉」4-1.。

　42）　Funken der Visitation: ドイツ語の ‘Funken’ には，「火花」という意味と「電波」という意味がある。また，‘Funken’ という概念がエックハルトらの神秘思想において神からの働きかけとして重要な役割を果たしていることも，想い起こされてよいだろう。

第2章

「知の制度化」批判

　13世紀の初頭に西ヨーロッパで成立した高等教育機関としての大学（universitas）という制度がまだ若かった中世末期において，大学における哲学と神学のあり方に対して失望しつつ独自の思想を紡ぎあげ，その結果，西ヨーロッパにおいて一定の影響を与えたという視点から，クザーヌスの思索を紹介する。そして，彼によって浮き彫りにされた「知の制度化」としての大学における学問研究の限界が，西ヨーロッパ近代の新たな思想形成にも小さくない影響を与えたことにも言及する。

1　同時代におけるクザーヌスについての評価

　今，記したような目的をもって本章をまとめるに際しては，クザーヌスが生きていた当時，つまり15世紀において，この人物がいかなる人として評価されていたのかをしっかりと把握しておく必要があるだろう。なぜならば，大学という制度を批判する人物が知的世界においていかなる重みをもっていたのかが明らかでなければ，その人物によってなされる批判の重みもまた評価できないことになるからである。

　クザーヌスは，15歳の時に故郷から100キロ程の距離にあるハイデルベルク大学に入学し，そこで1年を過ごした後，アルプスを越えてイタリアのパドヴァ大学に移り，そこでの6年間の勉学ののちに教会

法博士となった[1]。

そして 1425 年には，故郷がその司教区に属するトリーア大司教の法律顧問となったが，同じ年にケルン大学に学籍登録をして，ハイメリクス・デ・カンポ（Heymericus de Campo 1395 頃 -1460）の下で哲学と神学を学んだ。このケルン時代には，教会法の講義をも担当したと推測されており，「コンスタンティヌス寄進状」が 8 世紀に偽造されたものであることを立証する等の学問的活動により，法律の分野での名声を高めた。さらに，師ハイメリクスと共にパリに赴いてライムンドゥス・ルルス（Raimundus Lullus 1232/33-1315/16）の著作を自ら筆写する等，哲学と神学の研究をも深めた。さらに，ケルンの司教座聖堂の図書室を中心に各所の古写本を閲読することで，イタリアにも残っていなかった古典作家の写本を発見して，イタリアの人文主義者たちの間でも名声を博することになった。

このような多彩な活動を背景にしつつ，1432 年からトリーア大司教区に関する訴訟の代理人として，折から開催中のバーゼル公会議に出席して，カトリック界全体に頭角を現すことになった。当初は公会議派に属していたクザーヌスであるが，バーゼル公会議における公会議派の主張が教会を分裂に導くものであるとの判断に基づき，この公会議では少数派であった教皇派に，あえて自らの所属を変えた。そしてそれ以降，教皇庁の置かれた困難な状況の打開のために多大な貢献をなした。そのために彼は 1450 年 1 月に，ドイツの市民階級出身者としては極めて異例なことに，枢機卿に任命された。

この間，彼は『普遍的協和』（1432-34 年），『覚知的無知』（1440 年），『推測』（1440 年代の初め），『覚知的無知の弁護』（1449 年）等々の著作も公刊している。

歴史家として綿密なクザーヌス研究を遂行したモイテンは，1440 年代後半以降のクザーヌスについて次のように描写している。

　　彼には学問や精神生活や信仰のうえでのサークルが存在した。〔…〕アーヘンにはクザーヌス・サークルができたが，その中心には医者

---

1)　以下の伝記的叙述は主として以下の書による：Meuthen, *N. v. K.*

第 2 章 「知の制度化」批判　　　23

であるヨハンネス・スコーブラント（Johannes Scoblant）がいた。
彼はルーヴァンの学者サークルに属していた人物であるが，クザー
ヌスが書いたばかりの数学論文を，写本をつくるために彼から送っ
てもらっていた。この写本は 250 年後に有名な数学者であるジョ
ン・ウォリス（John Wallis 1616-1703）の手に入ることとなった。
そしてウォリスは，サイクロイド曲線についてのライプニッツとの
文通において，この写本に依拠したのである。およそ当時のドイツ
で〔このクザーヌスのように〕，どこにおいても政治や学問や教会
の権威者たちの間でこれほどまでに当然のごとく声望を得た人物
は，そして，敵対者たちが彼を攻撃する際の鋭さのなかに——彼ら
が恐れている場合であっても——自ずと彼の存在の意味の大きさを
認識していることが明らかになってしまうような人物は，確かにい
なかったのである[2]。

　つまり，クザーヌスは当代一流の知識人であったとみなすことができ
るであろう。

2　クザーヌスの大学への関わり

　前記のように，クザーヌスは 1416 年にハイデルベルク大学に入学し
た。今ではドイツ最古の大学の一つに数えられるこの大学も当時は若い
大学であった。1386 年に創設されてから 30 年しか経っていない，いわ
ば出来たての大学であった——そもそもドイツ語圏に大学が設立された
のは，イギリス，フランス，イタリアなどに比較すると遅れていたので
ある。
　他方，クザーヌスが 1 年後に留学したパドヴァ大学は 1222 年の創設
であって，ヨーロッパでも最古の大学の一つであり，当時ですでに 200
年近くの伝統を，とりわけ法学と医学の分野で伝統を誇る大学であっ
た。従ってクザーヌスは，「ヨーロッパ中にその名を知られた教育施設

---

　2)　Meuthen, op. cit., S. 80f.（酒井訳 102 頁）。

に通うドイツ人の中のエリート集団に入っていた」ことになり，「パドヴァ大学で学ぶことによって，その修業者には諸侯やその他の為政者に仕官して輝かしい地位を得る資格が与えられたのである。博士号取得者にはもう一つの道として，大学教授の道を歩むことも開かれていた。とりわけ，仕官した場所に大学がある場合，この二つの経歴をある程度は両立させることができた。従って，例えばケルン大学の教員がケルンの教会や近隣諸侯の宮廷の職に就くこともできたのである」[3]。

　クザーヌスの場合は，博士号取得後，前記のように，トリーアの大司教に仕官しつつケルン大学に在籍して哲学と神学を学んだが，ここに職を得ることはなかった。また，ケルン時代に法学の分野でも目覚ましい成果を上げたことは，上記のとおりである。

　このことと密接に関連しているであろうが，1428 年 12 月にケルンに滞在中のクザーヌスは，新設のルーヴァン大学から教会法の教授としての招聘を受けた[4]。しかし，彼はこの招聘を断った。再度，1435 年 2 月初めにも同じ大学から同じ招聘を受けたが，それも断っている[5]。

　彼は，自身が学ぶということについては大学に大いに負っていたのであるが，大学という場で教えたり研究するという状況には入らなかった。これは教会法の教授職への招聘だから断ったということなのであろうか，それとも違う理由があったのだろうか。この理由についてグローテンは以下のように推測している。「前もって定められた教科書の説明が主たる任務となる大学教員という職務が彼の性向に沿わなかったことは明らかである。また大学というものは彼の広範な精神的活動にとってけっしてふさわしい場でもなかった」と[6]。

　しかし，後に詳細に検討するように，彼が大学に職を求めなかったことの理由には，いっそう積極的かつ本質的なものがあったはずである。

　3）　Groten, Vom Studenten zum Kardinal – Lebensweg und Lebenswelt eines spätmittel-alterlichen Intellektuellen, S. 113.（グローテン「ニコラウス・クザーヌス　学生から枢機卿へ」55 頁）。

　4）　Meuthen, op. cit., S. 27（酒井訳 29 頁）; Acta Cusana, Nr. 64.

　5）　Acta Cusana, Nr. 232.

　6）　Groten, op. cit., S. 116.（上掲書，59 頁以下）。

3 クザーヌスとヴェンクの応酬

クザーヌスは 1440 年 2 月に故郷であるクースにおいて『覚知的無知』をまとめ上げたが，その巻末に置かれている「ユリアヌス枢機卿への手紙」において，この書物として結実することになった思索において彼がとった方法がいかに同時代の哲学者たちのそれとは異なるものであるかについて，十分に意識的であることが分かる。その冒頭で彼は，この書物の核心は，長年にわたり様々な学説によって到達しようとして果たせなかったのだが，神からの助力によってようやく可能になったものである，と記した上で，その内容を「人間の仕方では単に知られるだけの消滅しえない真なるものへと超越することによって，把握されえないものを把握されえない仕方で〈覚知的無知〉において抱握するということであります」[7]と説明する。

さらにこの書物の内容について，以下のように付言する。

> ところで，この深遠な事柄に関して，われわれ人間の天賦がなすべき努力はすべて，矛盾するものどもが合致するところのあの単純性へと自らを高めることでなければなりません。第 1 巻の内容はこの事に関わっています。第 2 巻はそれ〔第 1 巻の内容〕からさらに宇宙についての若干のことを，哲学者たちに共通の方法を超えて導き出していますが，これは多くの人には奇異なものと見えるでしょう[8]。

このように，自らの思惟とその結果が既成の哲学説とは異なるものであることを明確に記しているのである。そしてこの点はクザーヌス哲学の骨格を形成するものであり，以後，終生にわたり維持されるばかりか，様々な形で彫琢され続けるものでもあった。

ところで，クザーヌスとほぼ同時代の人で，1426 年の終わりごろに

---

7) *De doct. ign.* III, 12, p. 163, 6-11, n. 263.（岩崎・大出訳 220 頁）。
8) Ibid. 16-18.（岩崎・大出訳同頁）。

26 I クザーヌスという人物

ハイデルベルク大学に学籍登録をして以降，ハイデルベルク大学神学部にとどまり，教授として死去したヴェンク（Johannes Wenck 1396 頃-1460 年）という講壇哲学者にして講壇神学者がいた。この人物が，『覚知的無知』の刊行からそれほど経たない時期に[9]，これに対する論駁書として『無知の書物』（*De ignota litteratura*）を書いて，クザーヌスの理論には異端の嫌疑があると主張していた。クザーヌスはこの書物をおそらく 1449 年までは知らずにいたが，この年にこれを知った彼は『覚知的無知の弁護』（*Apologia doctae ignorantiae*〔以下『弁護』〕）を執筆して，ヴェンクに対して論駁したのである[10]。

　以下，この論争の経緯を具体的に見ることにする。ヴェンクは上掲の著書において次のように，クザーヌスの学説には異端とされた者たちの主張との共通点があるとしている。上掲書から三箇所を引用する。

　　この覚知的無知の説がいかなる精神から出てきたかと言うと，久しく以前からヴァルドー派，エックハルトの一派，そしてウィクリフの一派が言ってきていることである[11]。

　　この命題〔万物は神と一致する。これは神が，それにはより大きいとかより小さいとかということはありえない絶対的最大者であることから明らかである。従って何ものも神には対立しない，等々のクザーヌスの主張〕[12]は，マイスター・エックハルトがハンガリーの后，オーストリア王の妹のためにまとめた彼の俗語の本の中でほ

　9）　ハウプストは，1442 年 3 月 26 日から 1443 年の盛夏までの時期に執筆されたと推測している。Cf. Haubst, *Studien zu Nikolaus von Kues und Johannes Wenck*, S. 99.

　10）　この論争発生の原因としては，単なる理論上の対立だけではなく，バーゼル公会議以来の両者の教会内での政治的立場をめぐる政治的かつ感情的対立が伏在しているという指摘もある（Haubst, op. cit., S. 110-113）。すなわち，ヴェンクが公会議派であり続けたのに対して，クザーヌスは公会議派から教皇派へと立場を変えた。それに対して，前者が批判的感情をもっていたという判断である。この点についてはクザーヌス自身も，バーゼル公会議との関連に言及しながら，ヴェンクはハイデルベルク大学の教授たちから外れていて，バーゼル公会議の弾劾された派に参加していた，と『弁護』で記している。Cf. *Apologia*, p. 5, 11-13.

　11）　Johannes Wenck, *De ignota litteratura*, n. 21, 1-3. なお，ヴェンクのテキストは，以下の Hopkins の著書に依拠する：Hopkins, *Nicholas of Cusa's Debate with John Wenck*. また，クザーヌスとの対比箇所の指摘も同書に大幅に依拠している。

　12）　実際にクザーヌスがこのような命題を記している訳ではない。

第 2 章 「知の制度化」批判　　27

のめかしているものである[13]。

　　よく見てほしい，このような極めて単純で極めて隔絶した覚知的
無知の説には何という多くの悪が溢れて出ていることか！　そのゆ
えにこそ，シュトラスブールの司教ヨハンネスが主の紀元 1317 年
の聖母マリアの聖母被昇天の祝日の前の安息日に，彼の都市のベガ
ルディン派〔ベギン会〕とそれに従う尼僧たちを裁判にかけたので
ある。つまり彼らは，神は現に存在する万物であり，自分たちは神
と区別のない本性によって神であると主張したからである[14]。

　上の三つの引用のうちの後の二者に記されているヴェンクによるク
ザーヌスの「覚知的無知の説」についての理解から明らかなように，
ヴェンクは——意識的にか無意識的にかは不明であるが[15]——この学説
を誤解あるいは曲解した上で，自分の論駁を展開していることが分か
る。
　さらにヴェンクは，クザーヌスが『覚知的無知』の巻末に置いた「ユ
リアヌス枢機卿への手紙」にも批判の目を向けている。

　　〔この著者は主張している〕かくも深くて把握しえないものを把握
しえない仕方で抱握するべく，自らを，矛盾するものが一致するあ
の単純性へと上げることへと，われわれ人間の天賦の全てが努める
のだと。この点に自分の小冊子の第 1 巻の内容が関わっている，と
彼は言う。〔…〕このような類の主張はあらゆる学問の根本を取り
去ることになる。〔アリストテレスの〕『形而上学』第 4 巻には明
確にこう言われている。同じものが存在しかつ存在しないことは不
可能であると。しかしこの人は，アリストテレスのこの文言にほと
んど留意していないのである。なぜなら彼は，自分がたえず同じ基
礎から出発して，哲学者たちに共通の方法を超えて，多くの人には

---

13)　Ibid., n. 24, 26.

14)　Ibid., n. 25, 15-21.

15)　ヴェンクはクザーヌスのこの書物を入念に読むことをしなかったと見られる。Cf.
Hopkins, op. cit., pp. 13f.

28 　　　　　　　Ⅰ　クザーヌスという人物

　奇異にみえるものを引き出した，と認めているからである[16]。

　さすがに講壇哲学と講壇神学の中枢にいた人物ではある。ヴェンクの
批判の照準は，われわれが先に，クザーヌスが同時代の「学としての
哲学」に明確に距離を置こうとしている姿勢の現れであろうとして引用
した文章に対して正確に向けられている。ヴェンクは自らの批判を行い
やすくするために，クザーヌスの二つの原文を一つの文章にまとめた上
で，クザーヌスが力を込めて説いた「把握できないものを把握しえない
仕方で抱握する」という主張と，「反対対立の合致」および「矛盾対立
の合致」という説は，矛盾律に背反するので学問の根本を取り去るもの
だ，と批判しているのである[17]。

　このようなヴェンクの批判に対して，クザーヌスは『弁護』の中で，
この批判を紹介した弟子に対して以下のように答えている[18]。

　16）　Wenck, op. cit., n. 21, l. 21- 25; n. 21, l. 34 – n. 22, l. 4.

　17）　同様に，クザーヌスの主張は学問の根本を取り去ることになる，という批判は以下
にもある。Ibid., n. 29, l. 9-19.

　18）　この書物の論述形式は，いささか韜晦的な設定になっている。すなわち，クザー
ヌスを師とする或る弟子が，師クザーヌスにヴェンクの本に見出される，しばしば激情に駆
られて記したかのような内容を挙げて師の答を求めたのに対して，クザーヌスがいかにゆと
りをもってヴェンクの批判を一蹴したか，その経緯について，弟子が後日，他の弟子のため
にまとめたものである，という複雑な設定である。つまり，この書物の内容に対してクザー
ヌス自身は直接責任を負う必要がないという形式が設定されている訳である。このような設
定にした目的の一つは，後にみるように，クザーヌスが哲学におけるソクラテス（Socrates
前 470/469-399 年）の振る舞いを模倣するという意図のもとに，プラトン（Platon 前 427-347
年）の『饗宴』（Symposium）の著述形式（ソクラテスの弟子のアリストデモスがソクラテス
に関わって直接に経験したことを，別の弟子であるアポロドイロスがアリストデモスから聞
き，そのことをさらに別の友人に対して話して聞かせるという構造）に似せたということも
あるだろう。もう一つ，いささか下世話な理由もあると思われる。というのは，先にハウプ
ストの推測を紹介したように，ヴェンクとクザーヌスとの間には感情的な対立が存在してい
たであろうことである。それはバーゼル公会議における立場の相違のみならず，ハイデルベ
ルク大学を巡ってのことである。クザーヌスは 1416 年に同大学に学籍登録したが，翌年には
パドヴァ大学に移っており，ヴェンクは 1426 年に同大学に学籍登録をし，さらに上述のよう
に，その死の時まで同大学の神学部で教授をしていた。このことに関わって，まずヴェンク
が自分の論駁書においてクザーヌスのことを，後者がハイデルベルク大学において教養学科
に在籍しただけであったことをとらえて，「教養学士」（bacchalarius）という一番低い学位を
もって侮蔑的に呼称したのである（Meuthen, N. v. K., S. 15, 酒井訳 12 頁）。これに対して，パ
ドヴァ大学で教会法博士となっていたクザーヌスがいささか憤慨したであろうことは想像に
難くない。そこでクザーヌスはヴェンクのことを，先にも挙げたように，「ヴェンクはハイデ
ルベルク大学の教授たちから外れていて，バーゼル公会議の弾劾された派に参加していた」

第 2 章　「知の制度化」批判　　29

　もし彼〔ヴェンク〕が，「いかなるものも存在するか存在しないか
である」という原理に含まれている学問の基礎とあらゆる推論が
〔〈覚知的無知〉によって〕取り去られると言うのであれば，彼は十
分に理解していない。なぜなら彼は，〈覚知的無知〉が精神の眼と
知解可能性に関わって働くものであるということに気付いていない
からである。彼は〔神の〕直視に導かれる熟慮〔〈覚知的無知〉の
こと〕からまったく離れているのであり，彼の証言は幻に由来する
のである。〔…〕論理的探求およびいかなる哲学的探求もけっして
直視にまで到達することはないのだ」[19]。

　以上の応酬によって，両者の間には，問題となる思惟と認識において
レベルの相違が存在することが明らかであり，クザーヌスは伝統的哲学
の探求が自分の探求のもとめているレベルに達するものではないことを
明言しているのである。この点に関わってもう一つのヴェンクの批判を
紹介したい。

　　彼〔クザーヌス〕の無知の教説の第三の命題は以下の通り。「諸存
　在者の真理としての諸々のレス〔もの〕の何性は，その純粋性にお
　いては到達不可能である。なぜなら知性認識は限りなく純粋化され
　うるし洗練されうるからである」。今，上で述べたように，諸々の
　レスの真理は，似像と類似においてわれわれの知性認識によって把
　握されるのである。なぜなら『霊魂論』第 3 巻[20]によれば，可能的
　知性は知解可能な諸表象の場だからである。またすでに述べたよう
　に，レスをその存在する通りに純粋性において見ることは途上の生
　には存在せず，天国に存在するのである。ところが，この〈覚知的
　無知〉の人は，あらゆる類似から離れて，レスをその純粋性におい
　て知解しようとするのである。しかし，諸々のレスの何性つまり真

───────────

と記すのみならず，ヴェンクがクザーヌスよりも年長であるのにもかかわらず，同大学に遅
れて入学したことをとらえて，「かなり高齢な白髪の教授」と弟子に言わせることで（注 39
参照），人格攻撃に近い応酬を展開しているのである。

　19）　*Apologia*, nn. 20, p.14, 12-17; 24f.
　20）　Aristoteles, *De anima* III, c. 4, 429a15-17.

理は，今ここでも知解可能なのである。なぜなら，何かが存在する
ということは知性の対象であるので〔『霊魂論』第3巻によれば〕，
それゆえに，この事実〔何性が知解可能であること〕には本性的に
知性の働きかけが存在しているのである。そして，もしそれ〔何性
つまり真理〕が到達不可能であるとすれば，この知性の運動は最終
目的なしに存在していることになる。従って運動の目的がないこと
になり，従ってそれは限りなくかつ理由なく運動することになる。
このようなことは，知性の固有の働きを破壊することになるだろ
う[21]。

　この論旨がいささか錯綜したヴェンクの批判を整理すると明らかにな
ることは，彼がクザーヌスの真理とは異なるレベルの認識内容をも「何
性」・「真理」とみなしているということである。これに対してクザーヌ
スは，『弁護』で以下のように反駁している。

　たとえそれ〔何性・真理〕が，彼の反論しているように，知解可能
であるとしても，現実には，神〔の何性〕が最高に知解可能である
ほどまで，また太陽〔の何性〕が最高に知解可能であるほどまで知
解されることは，決してないのである。また，この論敵が引き出し
ているように，最大者における〈反対対立の合致〉から『誤りと欺
瞞の害毒』つまり，諸学問の根本・すなわち第一原理の破壊が帰結
するということもない。なぜならあの原理は，三段論法の推論を担
う理性（ratio）に関しては第一原理であるが，知性直観を担う知性
（intellectus）に関しては決して第一原理ではないからである[22]。

　つまり，クザーヌスは純粋性において見られるレスをレスの「何
性」・「真理」と考えた上で，それには知性は到達しえないとするのに対
して[23]，ヴェンクは，純粋性においてレスを見ることはそもそもこの世

————————————

21)　Wenck, op. cit., n. 28, 26- n. 29, l. 5.

22)　*Apologia*, n. 42, p.28, 11-17.

23)　*De doct. ign.*, I, 3, (n. 10), p. 9, 24-26（岩崎・大出訳28頁以下）; *Idioda de mente* (= *De mente*), II, n. 58, 12f.; *Compendium*, I, n. 1, 7- 9.（大出哲・野澤建彦訳12頁）つまり，ク

界においては不可能であり[24]，レスについて似像と類似において知性によって捉えられるものがすでに「何性」・「真理」なのだ，と主張しているのである。ここには，真理観をめぐっての二人の対立が，より鮮明に現れている。ヴェンクの真理観は，人間の知性の働きについての目的論的解釈に依拠して，知性は「真理」に到達しうると主張する点において，まさに伝統的であるのだが，クザーヌスはこの世界においても，もう一段高い真理の到来を求めているのである[25]。またヴェンクは，真理への到達・獲得という目的のためにクザーヌスにおいて重要な役割を果たしている，理性と知性の区別の意味を認めていないように思われる。他方，クザーヌスにおいては，理性によって理性推論を行い，それを基盤にして知性を用いて〈覚知的無知〉ならびに〈反対対立の合致〉等の，理性推論の段階では容認されえない原理を容認しつつ，絶対的存在としての神・真理の到来を待ち望む，という構造が想定されているのである。

　中世一般においては理性と知性が必ずしも常に明確に区別されていたわけではないので，この点でクザーヌスの用語法には確かに中世の伝統とは異なる点がある。フラッシュ（Flasch）はこの新たな立場の源泉をプロクロス（412-485）の学説のなかに見ているが，それにクザーヌスが出会うことになった場として，クザーヌス自身も関わってイタリアに招聘したビザンツの学者たちの一人であるアンブロシウス・トラベルサーリ（Ambrosius Traversarius 1386-1439）に依頼したプロクロスの新たな翻訳の可能性を指摘している[26]。他方，ハイデルベルク大学の講壇にあるヴェンクは，依然としてラテン中世の伝統の真っただ中に居たと

────────────

ザーヌスは前期から後期まで，何性には到達しえないという見解を持ち続けていたことになる。

　24）　Wenck, op. cit., n. 30, l. 28f.:「彼〔クザーヌス〕が「類似を飛び越えて知解する」という表現で考えているらしい神の至福直観は未来の状態のために保存されてきているからである」。

　25）　島田勝巳は，ヴェンクとクザーヌスとの何性をめぐる応酬について，クザーヌスの『覚知的無知』における絶対的何性（quidditas absoluta）と縮限的何性（quidditas contraceta）という区別を用いて整理している。島田勝巳「クザーヌスの認識論と存在論──『知ある無知』をめぐって」，『天理大学学報』第229輯，2012年，19-30-頁；島田勝巳「『知ある無知』の争点とそのコンテクスト──ヴェンクとクザーヌスの論争をめぐって」，『天理大学おやさと研究所年報』第18号，63-81頁。

　26）　Flasch, *Nikolaus von Kues – Geschichte einer Entwicklung*, S. 152-155.

いうことなのであろう。

4　ヴェンクによるクザーヌス批判と
クザーヌスによる真理探求の制度化批判

　ヴェンクのクザーヌスへの批判には，その論法において特徴がある。その第一は，彼がクザーヌスの文章を討論（Disputatio）に適するように（しばしば恣意的に）整理しては，それに対して自らの批判を付記するという，中世大学における討論の形式に則った論駁を展開しようとしていることである。第二の特徴は，論駁の根拠付け方にある。すなわち，すでに上の引用でも明らかなように，繰り返しアリストテレスの名前ならびにその著作を引き合いに出すことで，いわば権威に訴えているのである。この特徴は，神学についてのヴェンクの以下の主張に典型的に表れている。少し長く引用する。

　　彼〔クザーヌス〕の〈覚知的無知〉の教説の第五の命題は以下の通り。「あの最大者は，現実に最大度に，あらゆる可能的なものでもある。しかし，それは，可能的なものに由来するものとしてそうであるのではなくて，最大度に現にそうであるのだ」。これは比例関係から以下のように証明される。つまり，「無限な線は有限な線から引き出されるものとしての三角形ではなくて，それは現実に，〔無限な〕線と同じものであるものとしての無限な三角形である。それゆえに，最大者における絶対的可能性は，あの現実に最大者以外のものではない」。そしてさらに彼は，「われわれに把握可能な全ての神学が，このかくも重要な原理から引き出される」と言う。この命題は聖書の総体によってわれわれに伝えられてきた神学の方法を全て破壊するものである。〔…〕この〈覚知的無知〉の書物の著者のやっていることは，実は次のようなことに他ならない。すなわち彼はこの方法によって，自らも十分なる燃え上がりで献心し信仰においてさえ燃え上がっていると言いながら，結局は人々を神の礼拝ならびに誠実で適度な献心から引き離すように導いているのであ

り，上で言及した神学の方法を提示しようとして，人々を神学の真なる方法から遠ざけているのである。もし神の力によって伝えられてきた聖書の神学の方法が取り除かれるならば，救い主自らがヨハネ福音書 5 章で示している証言[27]が消え去ることになるのだ[28]。

　このような，いわば「制度化された伝統」という基地から（ヴェンクの表現では「霊的な武器によって」[29]）攻撃の舌鋒を繰り出すヴェンクに対して，クザーヌスは自らの考える，あるべき神学について以下のように応じている。少し長いが引用する。

　　そうすると〈真の神学〉は文字表現にはなじまないということになりますが，と私〔弟子〕は反論しました。すると彼〔クザーヌス〕は，書かれたり聞かれたりするいかなるものも〈真の神学〉からは遥かに劣ったものである，と明言されました。その上で，その〈真の神学〉は聖書の中に隠されているのである，と付け加えて，さらに言われました。なぜなら神学は神の王国に関して存在しているのである。この隠されたものが秘密の宝庫に存在するということを，われわれの師であるキリストが告知したのだ。それゆえにあらゆる探求がこれを目指しているはずである。つまり，聖書を探索するのだが，見出されるはずのものは隠されており秘密なものとしてとどまっていて，近づくことができない，ということを見出すことになるのである。そしてこれこそがまさに〈覚知的無知〉に他ならないのである，と言われました。さらに先生は言われました。「聖書という耕地をもっている現代の極めて多くの教授たちが，そこには神の王国の宝物が隠されていると聞いているはずなのに，彼らは〔それを〕もっているということだけで，自分のことを長者であるとみなしている。この『無知の書物』なる本の著者もこういう類の人物である。だが，この宝庫はいかなる知者の眼からも隠されたままであることを悟る人は，自分が貧しい者であると知ることを心から

---

27)　ヨハ五・39 参照。
28)　Wenck , op, cit., n. 31, 29- n. 32, 5; n. 32, 14- 20.
29)　Ibid., n. 19, 19.

34 I クザーヌスという人物

喜ぶのである。そして彼は，他の人々はそれを知らないが，自分は自らが貧しい者であることを知っている点において，先に言及した人々よりも豊かであることを悟り，そして，まさにこの貧しさを知っていることによって，彼はへりくだるのである。ところが，この無知な人物のように，自分のことを長者であると思いなすことで，言葉だけの虚しい学問に思い上がった上に，その序文において，永遠なる知恵の解明を約束することにためらいを覚えることのない人もいるのだ[30]。

　この引用から明らかになることは，クザーヌスにとっての〈真の神学〉は，文字表現とは直接の関係がないものであるということである。その意味では，聖書という耕地を，先の引用にあったように，伝統として保持しているだけの神学教授たちは，〈真の神学〉からかけ離れていることになる。しかし同時に留意すべきことは，当然のことながらクザーヌスは〈真の神学〉が聖書と一切関係がないと言っているわけではないことである。それを研究することで，〈覚知的無知〉へと導かれ，また「へりくだる」態度へとつながる点において，それは有意義であると見なされているのである。

　さらにクザーヌスは，大学において展開されている哲学とか神学という学問を，争いと分裂のなかでの功名心争いにすぎないと見て，以下のように述べる。

　〔真の神学としての〕神秘神学はわれわれを安らぎと静けさに導くが，そこにはわれわれに許し与えられる不可視の神の観が存在するのである。ところが学問は，争いへと駆り立てられているものであるから，言葉の上での勝利を願望し，増長するものであって，われわれの平安としての神へと向かって急ぐものからは遥かに離れているのである[31]。

---

　30)　*Apologia*, n. 5, p. 4, 1-12; 14-19.
　31)　Ibid., n. 10, p.7, 26- p. 8, 2. また，クザーヌスと親交のあったカルトゥジオ会のディオニュシウス（Dionyusius Cartusianus 1402/03-71）も，外にばかり眼を向けている大学の学者に対する批判を記している。Dionysius Cartusianus, *Difficultatum praeciparum praecedentium*

第2章　「知の制度化」批判　　　35

同じ『弁護』においてクザーヌスはさらに述べる。

　〈反対対立の合致〉〔の方法〕を容認することが神秘神学への上昇
　の発端であるにもかかわらず，今は，〈反対対立の合致〉を異端視
　するアリストテレス派が優勢である。この学派で育てられた人々に
　とっては〈反対対立の合致〉は全くつまらないもので，自分たち
　の企図するものとは反対のものであるかのようにみなされることに
　よって，それは彼らから排除されているのである。従って，彼らが
　アリストテレスを否定して高みへと上昇するのは，いわば宗派を替
　えることであって，ほとんど奇跡に近いことであろう[32]。

さらに次のような一節もある。

　神学の研究に専心しているほとんどの人が，何らかの定められた伝
　承とそれの形式に関わり合っているのであって，彼らが自分にとっ
　ての権威者とみなす人々のように話す方法を知ると，自分のことを
　神学者と思い込むのである。しかし彼らは，一切の闇が存在するこ
　とのないあの近づきえない光について自分が無知である，という認
　識は持っていないのである[33]。

さらに同書の末尾には以下のような言葉が記されている。

　以上の思弁は，疑いもなくあらゆる哲学者達のいかなる理性推論の
　方法にも勝るであろう。確かに，慣れ親しんだものを捨て去ること
　は困難ではあるのだが[34]。

以上の引用から，真理を探求しているはずの学者がいかに容易に本来

---

librorum absolutiones breves ac necessariae, V, 494a. 邦訳：八巻和彦訳『先行する諸著作にお
ける主要な困難についての必要最小限の解決』911 頁。
　32)　*Apologia*, n. 7, p. 6, 7-12.
　33)　Ibid., n. 3, p. 2, 24- p. 3, l. 3.
　34)　Ibid., n. 55, p.36, 8f.

の目的を忘れて，自己が属する集団の惰性に身を委せ易いものであるか
を，クザーヌスが彼の弟子に向かって説いていることが分かる。このよう
な，大学というギルドの内に身を置くことで満足している専門家に対
するクザーヌスの批判は，実はヴェンクとの応酬を展開した 1449 年頃
にはじめて生じたものではない。『覚知的無知』に引き続いて著された
『推測について』でもすでに明言されているものであり[35]，このような態
度は，さらに彼の生涯の最期に至るまで続いたのである。これについて
は，本稿の最後に言及する。

5 〈ソクラテスに学びて〉Imitatio Socratis

　ヴェンクとクザーヌスとの応酬はこれで終わってはいなかった。ク
ザーヌス自身は知らなかったようだが，ヴェンクは『覚知的無知の学派
の見せかけ』（*De facie scolae doctae ignorantiae*）という再反論を書い
ていたようだ。もはや遺されていないこの書物についてヴェンクが言及
しているのは，彼がハイデルベルク大学での講義に用いた擬ディオニュ
シウス・アレオパギータ（Ps. Dionysius Areopagita 500 年頃）の『天上
位階論』の注釈に用いた写本への傍注においてである[36]。ハウプストが
見出して紹介しているこの傍注の内容は，晩年に至るまでヴェンクが大
学という制度の維持を第一の目的としていたことを明らかに示してい
る。以下に，その傍注を訳出する。

　　「無知において上昇せよ」と『神秘神学』に記されているのである
　　から，この書物では「無知」とは非合理的な状態にあるという意
　　味でのそれではなくて，知性的で神的な状態にあるという意味での
　　それと理解されるのであり，また，知識の欠如のことを意味して
　　いるのではなくて，知識の卓越，超過，そして進歩を意味している
　　のである。私が『無知の書物』をもって否定しておいた『覚知的無
　　知』全 3 巻を書いた人物〔クザーヌス〕は，「無知」のこのような

35）　*De coniecturis* I, 8, n. 34, 10-15.

36）　Haubst, op. cit., S. 102f.

評価を知らなかったのだと思う。これ〔『無知の書物』〕を目にした彼は，前代未聞の誹謗をもって私を名指しで非難しながら『弁護』を書いた。この『弁護』に対して私は『覚知的無知の学派の見せかけ』という書物を書いて，それ〔覚知的無知の学派〕がいかに全大学における学説を破壊するものであるかが理解されるようにしたのである[37]。

　高齢のヴェンクは自分が『無知の書物』のなかで展開したクザーヌス批判の内容をもはや覚えていなかったようだと，ハウプストはヴェンクの傍注を紹介したこの研究書のなかで記している。それに加えて，『覚知的無知』第１巻においてクザーヌスがひんぱんに擬ディオニュシウスの名前と学説を挙げている[38]ことにも，ヴェンクは気づいていなかったようである。ここには『弁護』のなかで，「とりわけ覚知的無知を“隠棲する生”と解釈するなど，子供じみた馬鹿げたことを書いておきながら，自分のことを知識あるものとみなしている，このかなり高齢な白髪の人物には驚かざるをえません」[39]と〔クザーヌスの〕弟子に言われてしまうのもむべなるかな，という姿が現れているであろう。

　つまりヴェンクにとっては，「真理がいずこにあるか」が問題なのではなく，自らが属する大学という制度への攻撃をはねのけて，その制度を維持することが，まずもって重要だったことになる。ここには，制度化された知のあり方の限界が典型的に露呈していると言えるだろう。

　これに対してクザーヌスは，制度化された知の陥る危険性をできるだけ忌避しようと努めていた。それをわれわれは，授業料を取ることもなく，また未だ自らの学園を設立することもなく，アテネのアゴラにおいてただ哲学的対話を展開していたソクラテスを，クザーヌスが自分の理想像としているらしいあり方に見出すことができると思う。

　実は，すぐ前に引用した『弁護』における〔クザーヌスの弟子による〕ヴェンク批判の直前には，以下のようなクザーヌスの指摘が記されているのである。すなわち，自著でソクラテスを引き合いに出したヴェ

37）　Ibid., S. 102.
38）　*De doct. ign.*, I, c. 16-18; c. 24; c. 26.
39）　*Apologia*, n. 45, p. 31, 13- 15.

ンクが実際にはソクラテスについて何も知っていないので，「彼には，
ソクラテスが法廷で自分を弁護した様子が記されているプラトンの『ソ
クラテスの弁明』を読ませたいものだ。そうすれば彼は，自分の幻想が
いかなる真理をも欠いたものであることを見出すことになるだろう」[40]
と。

　そればかりか，このヴェンクに対する論駁書が『覚知的無知の弁護』
というタイトルをもっていることがすでに十分に『ソクラテスの弁明』
を意識したものであるだろう。というのは，この書物の冒頭において以
下のように設定されているからである。

　　先生〔クザーヌス〕はしばらく微笑んでから，私を愛情のこもった
　眼差しで見つめつつ次のように言われました。「友よ，狼狽するに
　は及ばない。むしろ，多大の光を汝に与えて下さった創造主に感謝
　するがよい。それによって汝は，ソクラテスが彼の同時代の物知り
　たちを凌駕していたように，汝もこの人〔ヴェンク〕を〈知恵〉に
　おいて凌駕しているのだから」。そこで私は，ソクラテスがいかな
　る点でアテナイ人を凌駕していたのかと尋ねました。すると彼は次
　のように答えて下さいました。「なぜなら彼は自分の無知を知って
　いたからである。ところが他の人々は，多くのことを知らないのに
　も関わらず，自分たちが何か重要なことを知っていると思い上がっ
　ていて，自分たちが無知であることを知らなかったのである。まさ
　にこのことによって，ソクラテスはデルフォイの神託から自分が知
　恵あるものであることの証言を得たのである」と[41]。

　また，次の引用には，同じ書物におけるクザーヌス自身の〈ソクラテ
ス的無知の知〉を実践しているような振る舞いが描写されている。

　　私は先生〔クザーヌス〕にお願いしました。敵対者〔ヴェンク〕が
　先生のことを，惨めで貧しく盲目で知性を欠いている人物だと，粗
　野な口調で不当にも軽蔑しているという事実に対して，何かおっ

---

40)　Ibid., 10-12.
41)　Ibid., n. 2, p. 2, 9-13.

しゃって下さるようにと。それに応じて先生は次のように言われました。「彼が知性の盲目について言っていることは私も十分に認める」と。しかし先生は，自分が盲目であることを知っているという点において，敵対者を凌駕しているのだ，とも言われました[42]。

　以上のような，形式的にソクラテスを模範としていることに加えて，ソクラテスのいかなる点をクザーヌスは模範の根拠としているのであろうか。まず，『覚知的無知』執筆の翌年である 1441 年年頭の「説教 23」でクザーヌスは，ソクラテスのことを，〈知恵〉について思索したが何も書き残さなかった第一級の哲学者の一人であるとみなして，以下のように述べている。

　　ピュタゴラスやソクラテスのような第一級の知者たちも，そしてキリストも，何も書き残さなかったと，アウグスティヌスが『福音書記者の用語索引』の中で言っているが，その理由は，〈知恵〉について書いたとしても，〈知恵〉については伝達することができないと，彼らがみなしたからである。これ〔書き残すこと〕は〈知恵〉の卓越性をむしろ小さくして隠すことになるのである。〔…〕われわれは膨大な書物に関わって苦労する必要はない。それらは人間によって産み出されたものなのだから。もし必要があるならば，われわれは感覚的なものから知性的なものへと上昇し，外的なものから内的なものへと，また可視的なものから霊的なものへと，さらに神の指によって書き付けられた唯一の書物へと向き変わるべきなのだ[43]。

　ここには，大学の講壇においてたくさんの書物に関わって苦労しながら，〈知恵〉についてあれこれと論じている大学教授への批判が読み取れるであろう。

　42）　Ibid., n. 51, p. 33, 27-p. 34, 3.
　43）　*Sermo* XXIII, n.14, l. 15-20; n.15, l. 1-6. なお『福音書記者の用語索引』は *De concordantia Evangelitarum* の訳だが，この書名はクザーヌスの誤記である。

さらに，1456 年になされた「説教 217」には以下のような一節がある。

> 最も知恵あるソクラテスが〈知恵〉から退くことがなく金を投げ捨てたように，それほどに，逸楽は言葉と〈知恵〉に敵対するのである。学と〈知恵〉を愛する人は，肉の悪徳を愛することはない。なぜならそれらは互いに対立するものだからである[44]。

ここには，ソクラテスがソフィストとは異なり，授業料を取ることなく教えたことが述べられているのだが，それはとりもなおさずクザーヌスの時代の教授たちが大学の講壇で授業料を取ることに対する批判となっているであろう[45]。

また，翌年である 1457 年の「説教 262」には次のような一節がある。

> ソクラテスの中には〈知恵〉が大いに輝き出ていたのではないか。実際，彼が〈知恵〉そのものであるに違いないほどに，彼には〈知恵〉が現れていたのである——彼の謙遜に，正義に，優しさに，忍耐強さに，そして真理のために死をかけたことに。それゆえにこそ彼は，その死の時まで彼を見放すことのない弟子達を持ったのではないか——『ファイドン』に描かれているように[46]。

ここには，大学の講壇においては子弟間であってもたえず争いがあったことが批判されているのであろう。

こうしてクザーヌスは，ソクラテスという，制度にからめとられることなく真理の探求を続けた人物に自らの理想的人間像を見出していたのだ，と言えるだろう。

---

44) *Sermo* CCXVII, n.15, l. 31-35.

45) なお，クザーヌス自身がローマ教皇庁においていかに貧しく質素な枢機卿であったかが，同時代の資料と書物に描写されている。以下を参照されたい。Cf. Meuthen, *Die letzten Jahre des Nikolaus von Kues*, S. 89- 92; 渡邉守道『ニコラウス・クザーヌス』120 頁以下。

46) *Sermo* CCLXII, n. 23, l. 22- 28.

6 ソクラテス的理想像としての
〈イディオータ〉

　『弁護』におけるヴェンクに対する論駁を経て，制度化された知の府としての大学に対するクザーヌスの批判は，さらに徹底化され具体化される。それが翌 1450 年の夏の 2 か月ほどの間に執筆された一連の『イディオータ篇』三部作である[47]。

　さて，この対話は以下のような時と所で行われたと設定されている。『イディオータ──〈知恵〉について』第 1 巻の始まりでは，〔西暦・キリスト降誕 1450 年の〕記念祭のためにほとんど全世界からたくさんの信仰深い民衆が集まってきているローマにおいて[48]，極めて裕福な知識人でもある弁論家が，貧しい〈イディオータ〉と広場で出会った時に，〈イディオータ〉の方から話しかける[49]。さらに『イディオータ──〈知恵〉について』第 2 巻では[50]，この対話の結果，不安にかられた弁論家が，後日〈イディオータ〉に教えを請おうと彼を捜し，ついに彼が「永遠の神殿」近くの，とある地下室に引きこもって棲んでいるのを見出して対話が始まる。さらに『イディオータ──〈精神に〉ついて』の始まりは，以下のように設定されている。精神の不滅性への確信を深めるために世界中を旅して諸々の知者のもとを訪ねてきたアリストテレス派の一哲学者が，ローマ市内の或る橋で，ローマに到着しつつある巡礼の群を眺めて驚異の念に打たれているところに，弁論家が話しかける。すると哲学者は「自分は未だに，この無知な民衆が信仰によって到達しているほどには，自分の探求しているものに完全にかつ明晰な理解をもって

---

47)　'idiota' というラテン語は，（知者に対して）「愚か者」，（聖職者に対して）「在俗者」，（専門家に対して）「素人」というような多様な意味を持っており，実際にこの対話篇においても，多様な役割を担う存在として描かれているので，以下では〈イディオータ〉と表記して用いることにしたい。この点の詳細は本書第 VI 部第 1 章を参照されたい。

48)　*De mente*, I, n. 51.

49)　*De sap.* I, n. 1.（小山訳 541 頁以下）。

50)　Ibid., II, n. 28.（小山訳 599 頁）。

42   I　クザーヌスという人物

到達してはいないのです」[51]と述懐する。そこで弁論家が，〈イディオー
タ〉のところに話を聞きに行ってみようと，哲学者を誘ったというので
ある[52]。

　この〈イディオータ〉は，弁論家および哲学者とは対照的に，貧し
く，無学で，地下室に棲み，木さじを作る一介の職人として描かれてお
り，すでに明らかなように，その存在の〈低さ〉が強調されている[53]。

　彼に対して，当時のイタリアのヒューマニズムを体現する弁論家[54]が
「見すぼらしくて全く無学なイディオータよ」[55]と呼びかける。しかし
〈イディオータ〉は弁論家に向かって，〈知恵〉は書物の学問の中には存
在しない，弁論家は権威に縛られていると端的に指摘する。これに対し
て弁論家は，学問研究なしにたまたま何かを知ることがあるとしても，
むずかしいことや重要なことは知ることができない，知識は積み重ねに
よって増大したのだからと，典型的に学者の立場から反論する。

　それに対して〈イディオータ〉は以下のように宣言する。「私はあな
たに申し上げます。〈知恵〉は野外で巷に呼ばわっているのです。また
〈知恵〉はいと高い所に住まわっているので，それの叫びがここに存在
しているのです」[56]。これに対して弁論家はいささか呆れ気味に，君は無
学者なのにどうやら自分のことを知恵ある者とみなしているようだと応
答する。それに対して〈イディオータ〉が答えて言う。「私は自分が無
学者であることを承知している。それゆえにいっそう謙遜になる。この
点において私の方が〔あなたより〕知恵ある者ということになるので
しょう」。すると弁論家は「君は無学者なのに，どうして自分の無知の
知へと導かれることができたのか」と，いまだ知識としての〈ソクラテ
スの無知の知〉について尋ね，さらに〈イディオータ〉に教えを請おう
とする。これに対して〈イディオータ〉は，「あなたが好奇心による探
求を捨てた心構えになっていることが確認できれば，私は大いなること

　51）　*De mente*, I, n.52, 12f.
　52）　Ibid., I, nn. 51- 54.
　53）　Ibid., I, n. 54, 2- 7.
　54）　本書第 VI 部第 1 章「『イディオータ篇』における〈イディオータ〉像について」
を参照されたい。
　55）　*De sap.*, I, n. 1, 11- 13.（小山訳 541 頁）。
　56）　Ibid., n. 2f.（小山訳 542 頁）。

第 2 章　「知の制度化」批判　　43

を解き明かすことができるのですが」[57]と応じることで，二人の立場は
完全に逆転することになる。

　ここには，弁論家を批判の対象にしながらも制度のなかに安住する知
識人に対する批判と，ソクラテス的理想をさらに徹底した形で実践して
いる存在としての〈イディオータ〉の称揚が描写されているのである。

　また『イディオータ──〈精神〉について』では，アリストテレス主
義を奉じる哲学者が対話の相手であるが，この哲学者は弁論家ほど直截
に〈イディオータ〉から批判されることはない。その理由は，彼が魂の
不滅性の確信を深めるために〔おそらく当時のアリストテレス主義の中
心であるパリ大学という制度から外に出て〕世界を旅してローマに至っ
た存在であって，ヴェンクのように講壇にしがみついているわけではな
いからであろう。

　この哲学者の真摯な探求の姿勢が分かった後に〈イディオータ〉は，
哲学者に対して，「哲学者」（philosophus）ではなくて，興味深いこと
にあえて「知恵を愛する者」（amator sapientiae）という用語を用いて呼
びかけているのである[58]。これはギリシア語の（philosophos）の本来の
意味をラテン語で表記したものであるが，ここにはクザーヌスが〈哲
学〉をアウグスティヌス（Aurelius Augustinus 354-430）にならって[59]，
スコラ哲学とは異なる位相で捉え直そうと試みていることが明示されて
いるであろう。

　そればかりか，実は「知恵を愛する者」と呼びかけられるにふさわし
いのは，この哲学者であるよりもむしろ〈イディオータ〉自身なのであ
る。なぜならば，後者は前者に教えを授けるのみならず，この哲学者
から，君の思想は，プラトン哲学とアリストテレス哲学等の全ての学説
を調和させるものに他ならないとも言われる[60]と同時に，さらに神への
信仰の篤い人物であると共に，クザーヌスにとっての真の知恵とは神に
他ならないものであるから，まさに〈イディオータ〉こそが正真正銘の

　57）　Ibid., n. 4.（小山訳 543-543 頁）。

　58）　De mente, VIII, n. 115.

　59）　Augustinus, De civitate dei, VIII, 1 (CCSL XLVII, p. 216). なお出村和彦「教父哲学の
アクチュアリティ」20-27 頁において，アウグスティヌスにおけるこの思想が論じられてい
る。

　60）　De mente, III, n. 71.

「知恵を愛する者」であることになるからである。

　もう一つ，目下のわれわれの課題と関わる視点からもこの〈イディオータ〉は「知恵を愛する者」として積極的な意義を有する存在として設定されていると思われる。すでに言及したようにこの〈イディオータ〉は徹底的にその社会的地位の低さが強調されているのみならず，彼はヴェンクのように「教授」（professor）としてのプロではなく，あくまでもアマチュア（amator, amateur）に過ぎないということによって，むしろ彼は自由に真理としての知恵を探求できることになっているのである。

　ここにも，〈イディオータ〉という存在を活用してクザーヌスが，大学あるいは知の制度化に対して手きびしい批判を展開していることが見て取れるであろう。つまり，アテネのアゴラで問いかけるソクラテスどころか，ローマの片隅の，それも地下室に住まう一介の木サジ作りの職人としての〈イディオータ〉像を設定しているところに，前年の著作『弁護』の中に描写された〈ソクラテス〉像のいっそうの深化を読み取ることができるのではなかろうか。

7　クザーヌスの大学批判が語りかけるもの

　ニコラウス・クザーヌスは，遅くとも 1450 年には，自らが〈イディオータ〉として，そしてその意味での「知恵を愛する者」として生きることを決意したであろう。すわなち，自分は知恵という神を愛するものとして生きるという決意であり，さらにそれは，職業的な知恵の探求者としてではなく，あくまでもその語義のとおりにアマチュア（amateur）の探求者として生きるという決意である。そして実際にクザーヌスは，その生涯の最後までそのように生きたと言ってよいであろう。彼は，最晩年に枢機卿として教皇庁に滞在することを余儀なくされるなかで，教皇の依頼によって教皇庁改革の案をまとめ上げて教皇に提出した。しかしそれが体よく店ざらしにされていたことから，教皇ならびに西ヨーロッパ各地の貴族出身者から形成されている枢機卿団を正面から批判して，自分をこの枢機卿団から解放してほしいと教皇に訴えたのであ

る[61]。ローマから見てアルプスの向こうのドイツの田舎町出身の〈イディオータ〉（分からず屋）にして無骨者であると，自他共に認めていたクザーヌスは，アテナイの無骨者ソクラテスこそが自分の模範にふさわしいと考えていたに違いない[62]。

　最後に，ここに描出したクザーヌスの大学批判を前にするとき，われわれはこれを現代のわれわれ自身の立場に当てはめて考えることを忌避することができないであろう。

　講壇哲学に対する低い評価は，クザーヌスによってなされたばかりではない。その後の時代のデカルト（René Descartes 1596-1650）を始めとして[63]，ホッブズ（Thomas Hobbes 1588-1679）[64]も大学の学問に対して厳しい批判を下している。そればかりか，現代のわれわれが学ぶに値するとみなしている近代初期の哲学者たち，例えば前掲の二人に加えて，ジョン・ロック（John Locke 1632-1704）やライプニッツ（Gottfried Wilhelm Leibniz 1646-1716）らも，いずれも当時の大学における教授ではなかった。その意味では，彼らはプロフェッショナルではなく，アマチュアであった。そのアマチュアが当時の講壇哲学に対してなした批判としての哲学的言説を，今日われわれが高く評価して教材に用いている

　61）　この批判については，本書第 VI 部第 3 章，ならびに八巻『世界像』188 頁以下を参照されたい。

　62）　クザーヌスが自身の出自に意識的であったことの傍証として以下のような事実が挙げられる。「1449 年 10 月 21 日，クースで認められた」との記録がある，いわゆる「クザーヌスの簡単な自伝」（*Kurze Autobiographie des N v K*, in: *Acta Cusana*, Nr. 849）において彼は，自分の出自について，船主であるヨハン・クリュフツがヘルマン・レーマーの娘カタリーナとともにトリーア司教区のクースにニコラウス・クザーヌス氏を出生させたと記させ，さらに「聖なるローマ教会は〔人の〕生まれた所や階層に顧慮することなく，〔その人の〕働きに対してこそきわめて寛大に報いるということを誰もが知ることができるように，当地に滞在している枢機卿ご本人が 1449 年 10 月 21 日に〔家族に〕別れを告げるに際して，神を讃えつつこれを記すように命じたのである」と記させている。さらに，クザーヌスは，彼の哲学的処女作である *De docta ignorantia* の末尾に，「1440 年 2 月 12 日，クースにて擱筆」Complevi in CUSA 1440, XII, FEBRUAR と記している。また，中央ヨーロッパの地図を作ったのもクザーヌスであるが，その図面上のトリーアとコブレンツの間に自分の出生地クースの名前を書き込ませているが，それはこの両都市の間で名前が記されている唯一の地名なのである（Meuthen, *N. v. K.* S. 24. 酒井訳 24 頁）。

　63）　Descartes, *Discours de la Méthode*, I, p. 35. 邦訳：野田又夫訳『方法序説』6 頁以下。

　64）　Hobbes, *Leviathan*, II, Chap. 30, p. 264f. ; Chap. 46, p. 400f. 邦訳：水田洋訳『リヴァイアサン』(2)，268-270 頁：425 頁以下。

のである。

　つまり，カント（Immanuel Kant 1724-1804）によって基礎がおき直された講壇哲学を，われわれも 20 世紀から 21 世紀にかけて担っているとも言えるのである。この点にはわれわれに反省を促すものが存在するはずだ。われわれの講壇に今もなお真の〈哲学〉が存在していると，われわれは確信をもって言えるだろうか。学としての哲学に従事するためには，確かに専門的な能力が必要とされる。しかし，それが〈哲学をする〉ために必要とされる条件の全てを尽くしているのか，また，専門的な能力というものを定めている制度が〈哲学をする〉ことに相応しいものであるのだろうか，そもそも絶えざる自己吟味を必要とする〈哲学をする〉ことには，制度化がふさわしいものであるのだろうか。このような問いが胸中に浮かぶのを禁じえないのである[65]。

　65）　ここで私は，大学という制度が一切無意味であるとするものではない。非大学人であって重要な近代哲学者たちとして上に名を挙げた人物たちのいずれもが大学で教育を受けているのであるし，また，近代における西ヨーロッパ社会総体の爆発的発展において，中世以来の大学という，高度な知的独立性と批判能力を有する高等教育機関の果たした役割は大きいものがあると考えているからである。佐々木力も近代科学成立に対して果たした大学の役割を評価しているとおりである：佐々木力『科学論入門』58 頁。

第 3 章

クザーヌスと「近代」

———————

1 「ヤーヌスの頭をもつ近代の先駆者」

「クザーヌスはヤーヌスの頭をもっている。その一方は中世を，もう一方は近代を見やっている」[1]と，19 世紀末にヴィンデルバントによって描写された。以来，クザーヌスの思想は，近代と中世を兼ね備えており「近代の先駆者」であった，と特色付けるのが定説となっている。本稿の目的は，できる限りクザーヌスに則して考察することによって，この定説を改めて検討することにある。

　カッシーラーはクザーヌスをヴィンデルバント流に解釈する一人であるが，彼は，例えば『ルネサンス哲学における個と宇宙』の冒頭近くにおいて[2]，クザーヌスが認識問題に定位していることをもって，つまりカント的な認識批判の萌芽形態がクザーヌスに見られることを理由として，クザーヌスを「最初の近代的思想家」と位置づけている。

　またガダマーは，新カント派とは立場を異にする哲学者ではあるが，クザーヌスの位置づけについてはほぼ同じ流れに立っている。例えば，その著書『哲学読本』第 2 巻導入において次のように記している。「近代の発展がすでに中世において準備されていたという事実は，歴史的な

---

　　1)　Windelband, *Die Geschichte der neueren Philosophie in ihrem Zusammenhänge mit der allgemeinen Kultur und den besonderen Wissenschaften*, S.45.
　　2)　Cassirer, *Individuum und Kosmos in der Philosophie der Renaissance*, S.10.（薗田訳『個と宇宙』13 頁)。

個別研究がよく明らかにしているところである。この事実についてのよい具体例が，この本の第1巻を締めくくっている思想家，つまりニコラウス・クザーヌスである。教会の人にして同時にフマニストである一人の人物が新たな時代の戸口に立っているのである」[3]。

　その際にガダマーは，哲学における「近代」の特色として，第一に，17世紀における自然科学の成立，第二に，それに伴う哲学の地位の低下と特殊化，そして第三に，進歩の思想という3点を挙げている[4]。その上で彼は，以下のようにも付け加えている。「近代の始めの数世紀は広い意味での啓蒙の時代と名付けることができる。もちろん本来，啓蒙という表現は，近代の学問的思考がキリスト教の宗教的習慣に対立する場面に適用されうるものではあるが。近代のこの数世紀に生じたこと，すなわち伝統と進歩との間の緊張に満ちた応酬は，近代ヨーロッパが成長するための統一的な運動を表現していたのである」[5]。この付言にも留意しながら，先ず，このガダマーが挙げている三つの要素の，クザーヌ

---

　3)　Gadamer, *Philosophisches Lesebuch*, Bd.2, S.8. なお，クザーヌスは，編者ガダマー自身もこの引用で述べているように，古代から中世までを範囲とする第1巻の末尾に収められており，また，クザーヌスのテクストとしては *De apice theoriae* が選ばれている。このことは，当然のことながらガダマーが一方的にクザーヌスを近代の哲学者とみなそうとしている訳ではないことを示している。また，この点については，ガダマーの次の論文でも論じられている：,Nikolaus von Kues im modernen Denken', pp. 9-48. また，クザーヌスを安易に「近代の先駆者」とすることに異議を唱える人に Hans Blumenberg がいる。ブルーメンベルクはその著 *Aspekte der Epochenschwelle: Cusaner und Nolaner*（なおこの版は，同じ著者の *Die Legitimität der Neuzeit* (1966) の第4部を独立させたものである）S.29 で，クザーヌスを「近代の旗頭」とする説は，学問的研究の成果ではなく，時代の要求に沿ったものに過ぎないとしている。そしてガダマーとブルーメンベルクの間には，後者がクザーヌスを「中世に気づかう人物」と特徴付けたことについて，応酬が存在した（Cf. Blumenberg, *Aspekte*, S. 28）。また，クザーヌスの哲学史的位置付けについては，他にも次のような研究が存在するが，それらの内容は今のわれわれの問題設定の枠には直接係わらない：Joachim Ritter, Die Stellung des Nicolaus von Cues in der Philosophiegeschichte, in: H. Heimsoeth (Hrg.), *Blätter für Deutsche Philosophie* Bd. 13 (1939/40) S. 111-153. Johannes Hirschberger, *Die Stellung des Nicolaus von Kues in der Entwicklung der Deutschen Philosophie.*

　4)　Gadamer, Ibid. Bd. 2, S. 7ff. なお，一般に「近代的要素」として挙げられる幾つかのものの中には相互に矛盾するものがある。「近代的要素」として何を挙げるかは，定義する人自身の「近代像」によって相違することになる。結局それはその人の立脚点の特性をも明らかに示すことになる。この点自体が一つの興味深い研究テーマとなりうるが，今は立ち入らない。

　5)　Ibid. S. 10. この文章には，上の註3で言及したブルーメンベルクとの応酬の結果が現れているのかも知れない。

スにおけるあり方を検討することから始めよう。

2　「近代的要素」

1　自然科学的思想

　確かにクザーヌスには，ガダマーのあげた第一の要素である「自然科学の成立」と関わる思想がある。例えば，地球の運動について「地動説」とみなしうる記述を，『覚知的無知』の第 2 巻 11 章以下でしている。

　先ず彼は，同巻第 1 章で，被造物としての宇宙は，神のような絶対的に無限なもの・否定的に無限なものではないが，限界をもたないという意味で，欠如的に無限なものである[6]とする。このことを最有力の根拠として，第 11 章において以下のように論を展開する。

　　それゆえ，中心でありえないところの地〔地球〕が，どんな運動も
　　していない〔静止している〕，ということはありえない。なぜなら，
　　地が無限により少なく動かされるという仕方で，動かされることは
　　必然的でさえあるからである。それゆえ，地が世界の中心でないよ
　　うに，諸恒星の球は世界の周ではない——地と天とを比較すると
　　地は中心にいっそう近く天は周にいっそう近いようにみえるけれど
　　も[7]。

さらに諸天体の円的運動を次のように限定する。

　　太陽も月も地も，他のいかなる球も，——われわれにはそうでない
　　ように見えるけれども——，その運動において真の円を描くことは
　　できない，なぜなら，それらは固定点のまわりを運動するのではな

---

　6)　*De docta ignorantia*（以下，*De doct. ign.* と表記する），II, 1, n.97, (h.I, p.64).（岩崎・大出訳 85 頁）。
　7)　Ibid. II, 11, n.157, (p. 100).（岩崎・大出訳 136 頁）。

50 I　クザーヌスという人物

いからである[8]。

　この点に関してクザーヌスは自分の表象力をさらに推し進めて，次の
ような思考にまで至っている。すなわち，地球上の誰かが天球の北極の
下にいて，他の人が天球の北極そのものにいるならば，地球にいる人に
は，北極が天頂にあるように思われ，逆に天球の北極そのものにいる人
には，中心は天頂にあるように思われるだろう。また，対蹠点にいる人
たちも，われわれと同じように天を上方にもっているが，そのように，
両極のいずれにいる人たちにも，地は天頂にあるように思われる。この
ように，人は，どこにいようとも，自分が中心にいると信じるものであ
る[9]，と。

　確かにこれは，その後の近代の自然科学的天文学の理論および観測の
結果とも符号する驚くべき表象力である。しかしながら，この推論の直
ぐ後でクザーヌスは記している。「以上に述べた諸点に古代の人たちは
到達しなかった。なぜなら，かれらは覚知的無知において欠けていたか
らである」[10]。ここで言われている「覚知的無知」については，この語そ
のものを表題とするこの著作の各所で説明されているが，今は第1巻
末尾および第2巻冒頭によって，その意味を確認しよう。

　　厳密な真理は，われわれの無知の闇のなかに把握されない仕方で
　　光っている。これがわれわれの探究していたあの覚知的無知なので
　　ある。また，既に説明したとおり，覚知的無知によってのみ，われ
　　われは，あの無知の教えの段階にしたがって，無限な善性をもつ最
　　大な，一で三な神に近づくことができるのであり，その結果，われ
　　われは神を，彼が自身を把握されないものとしてわれわれに示して
　　くださっているということのゆえに，われわれの努力のかぎりをつ
　　くして常に讃美しうるのである[11]。

---

　8)　Ibid. II, 11, n.160, (p. 102). (岩崎・大出訳 138 頁)。
　9)　Ibid. II, 11, n.161, (p. 102f.). (岩崎・大出訳 138 頁以下)。
　10)　Ibid. II, 12, n.162, (p. 103.). (岩崎・大出訳 139 頁)。
　11)　Ibid. I, 26, n.89, (p. 56.), (岩崎・大出訳 75 頁以下)。

第 3 章　クザーヌスと「近代」　　51

以上は第 1 巻末尾であるが，第 2 巻緒言では次のように記している。

　　われわれには，われわれの把捉能力を超える或る無知においてわ
　　れわれが知あるものとされるということがふさわしい。その結果，
　　――われわれはあるがままの真理を厳密に捉えうるものではないの
　　で，――とにかく，われわれがいまは把握しえないでいる真理が実
　　は存在するのだということが分かるところまで，われわれが導かれ
　　るためである[12]。

　そして，続く第 2 巻第 1 章の冒頭で，「覚知的無知」から出てくる予
備的な諸帰結として，次のように述べられている。

　　上述したことがらの根幹にあったのは，超えられるものと超えるも
　　のとの領域では，存在においても可能においても，最大なものに到
　　達することはないということである。このことから，われわれは先
　　に，厳密な相等性はただ神にのみ適合する，ということを示した。
　　そしてこのことからまた，存在しうるものはすべて――神自身は別
　　として――差別をもっているということが帰結される。それ故，或
　　る運動が他の運動と相等しいということはありえないし，また或る
　　運動が他の運動の尺度となることもありえない，なぜなら，尺度と
　　それによって測られるものとは，必然的に差別をもたざるをえない
　　からである[13]。

　いささか長い引用になったが，この引用から明らかになる「覚知的無
知」とは，あくまでも思弁による形而上学的思索の方法である。そして
これによってこそ，前にみた（近代の自然科学的天文学の成果とも符合す
る）内容に到達したのであると，クザーヌス自身が述べているのである。
この 2 点を考慮すると，彼の思想のなかに近代の自然科学の先駆とし
て近代自然科学的な要素が存在している，と単純に結論することはでき

　12）　Ibid. II, prologus, n. 90 (p. 60).（岩崎・大出訳 79 頁）。
　13）　Ibid. II, 1, n.91, (p. 61).（岩崎・大出訳 80 頁）。

ないであろう[14]。

2 伝統的哲学への批判的態度

また，ガダマーのあげる第二の要素である，哲学への批判的態度としては，すでに上で見た「覚知的無知」という概念および方法の担う意味自体が，それを有しているとみなすことができる。なぜなら，「覚知的無知」がスコラ哲学の方法に，とりわけその方法の主流たるアリストテレスの論理学に真っ向から挑むものであったからである。それゆえにこそ，本書の前章3でみたように，『覚知的無知』が書物として公表された時，ハイデルベルク大学の神学教授であったヴェンクが，この方法と書物を批判する『無知の著作』という本を著して批判したのである。

さらにここで，幾らか方向を異にする，哲学への批判的態度も，クザーヌスに存在することを確認しておこう。それは，1450年夏にまとめられた一連の対話篇『知恵について』および『精神について』において，伝統的な方法に囚われている哲学者たちを，〈イディオータ〉に激しく批判させていることである。実は，先に註14の中で言及した『秤の実験』，そして今挙げた『知恵について』および『精神について』のいずれも，正式な書名としては，その始めに〈イディオータ〉Idiota（愚か者，素人，俗人）という語が付加されているのである。つまり，専門的な学識をもたない〈イディオータ〉が，真理の探究において，専門家である哲学者や弁論家に自らの愚かさを悟らせ，かえって逆に彼らに教えを請われる立場になるという設定がされているのである。ここには明白にクザーヌスによる，伝統的な学問への批判が示されているだろう。

14）　なお，*De staticis experimentis*（『秤の実験』）のなかでクザーヌスは物の重量の比較を通して物の性質や状態をつきとめようとして，「質の量化」とも言えるような思考実験を行っている。具体例を挙げれば，人の尿の重さを測定することによって，その人の健康の度合いを調べることができるだろう。また，様々な水源の水の比重を測定して相互に比較することによって，それぞれの水源の水の質を決定できるだろう，としている。しかしながら，この「秤の実験」は同書の冒頭において，「重さと天秤は主なる神の判断である」，「神は万物を数，重さおよび尺で創造したのである」から，妥当性を有するとされており，「事物の秘密にいっそう真に到達しうるし，いっそう真実らしい推測によって多くのことを知りうるのである」とされている（Ibid., n.162 (h ^{2}V, p.222)）ことからも明らかなように，キリスト教的な伝統に依拠しているものであり，同時に，その記述内容から判断してクザーヌス自身が実際に実験を行ったとは考えられていない。しかし本小論においては，この内容については立ち入らない。

従って，先に言及したカッシーラーは同じ書物において，この『イディオータ篇』を「新たな俗人的知の理想を明晰かつ判明に提示している」[15]としている。このような，専門に制度化された当時の学問に対するクザーヌスの批判的態度は，彼が1428年と1435年の二度にわたってルーヴァン大学からの教会法教授職への招聘を断っている，という事実にも窺うことができるだろう[16]。

しかしながら，この〈イディオータ〉は，われわれが想定しがちな宗教的信仰と無関係な存在なのではなくて，むしろ信仰の篤い無名者なのである。制度化されたキリスト教体制の中に安住する専門家としての聖職者でも学者でもない〈イディオータ〉が，だからこそ彼は，見るべきものを見ることができ，尊重すべきものを尊重することができ，そして神に祝福されて，真理への接近において特権的な立場を与えられているとされているのである。これが，クザーヌスのここでの場面設定である。このような，信仰の役割を無視することは，クザーヌスの真意の理解において誤ることになるだろう[17]。

3　進歩の思想

次に，ガダマーのあげる第三の要素である「進歩の思想」について検討してみよう。ガダマーは，神的真理に人間が直接的に到達することが断念された後，推測に基づく真理への漸近的接近が哲学の新たな試みとなったとしつつ，その典型例としてクザーヌスを挙げている[18]。この思想に関わるものがクザーヌスに存在することは確かである。

例えば『覚知的無知』において，無限・絶対者における「反対対立の合致」の思想を導出する際の推論がある。その典型的な例として，第1巻第3章をあげてみよう。

　　無限なものの有限なものに対する比が存在しないことはおのずと明

---

15)　Cassirer, op. cit. S. 59.（薗田訳 69 頁）。

16)　この招聘の事実は，*Acta Cusana* の中の，Nr. 64 (1428 Dezember 23. Lowen) および Nr.232 (1435 Februar 5. Löwen) の項で確認できる。また Meuthen, *N. v. K.*, S.27（酒井訳 29 頁）も参照されたい。

17)　この〈イディオータ〉については，本書第 VI 部第 1 章を参照されたい。

18)　Gadamer, *Philosophisches Lesebuch*. Bd. 2, S. 8.

54　　　I　クザーヌスという人物

白である。〔…〕円の存在は何らかの分割されえないものからなっ
ているので，円は円でないものによっては〔測定されることが〕不
可能である。〔…〕〔それ自身が真理ではない有限な〕知性は，限り
なくいっそう厳密には把握されえないほどにまでに厳密に真理を把
握することはけっしてない。知性の真理に対する関係は，ちょう
ど，多角形の円に対する関係のようなものである。多角形は，いっ
そう多くの角をもつものとして書かれれば，それだけいっそう円に
類似したものになるが，しかし，角が無限に増加されたとしても，
けっして円と等しくされることはないのである——この多角形が円
との同一性に帰着するのでないかぎり。〔…〕われわれは，この無
知をいっそう深く教えられれば，それだけいっそう，真理そのもの
に近づくのである[19]。

　また，『覚知的無知』に引き続いて著された『推測について』にも次
のような一節がある。

　　人は，あの近づきえない最高の真理に，それ以上接近不可能なほど
　　にまで近づくことはできないし，従ってまた，現実にそれに接近し
　　それを把握したと信じてもならない。むしろ，人はそれに絶えず接
　　近できるのだが，あるがままのそのもの自体は，近づきえないも
　　のとして離れたままであるのだ。それはちょうど，時が永遠へと向
　　かって行く場合に，絶えず接近して行ったとしてもけっしてそれと
　　等しくなりえないのと同様である[20]。

───────────
　19)　*De doct. ign.* I, 3, n.9f. (p. 8, 20f.; p. 9, 14-20; 26-28)（岩崎・大出訳 12 頁以下）:
ex se manifestum est infiniti ad finitum proportionem non esse. [...] nec circulum, cuius esse
in quodam indivisibili consistit, non-circulus. Intellectus igitur, qui non est veritas, numquam
veritatem adeo praecise comprehendit, quin per infinitum praecisius comprehendi possit, habens
se ad veritatem sicut polygonia ad circulum, quae quanto inscripta plurium angulorum fuerit, tanto
similior circulo, numquam tamen efficitur aequalis, etiam si angulos in inifinitum multiplicaverit,
nisi in identitatem cum circulo se resolvat. [...] quanto in hac ignorantia profundius docti fuerimus,
tanto magis ipsam accedimus veritatem. なお，同書第 3 巻に，キリストという例外的存在にお
いては，人間性という多角形が円という神性に内在しつつ円に合致しているようなものだ，
という説明がなされている（Ibid. III, 4, n.206 (p.132)（岩崎・大出訳 176 頁以下））。
　20)　*De coniecturis,* I, 11, n.56, 17-22 (h.III, p.57f.): Nec est inaccessibilis illa summitas ita
aggredienda, quasi in ipsam accedi non possit, nec aggressa credi debet actu apprehensa, sed potius,

第3章　クザーヌスと「近代」　　　55

　これらの論述は，あたかも，真理への絶えざる接近，すなわち「無限な進歩」が提唱されているようにも読めそうである。とりわけ始めの引用は，多角形が円に近づくという表象が用いられているので，それを近代数学における無限概念の操作の流儀で解釈するならば，真理への絶えざる接近，すなわち真理への到達が言われているかのように，容易に誤解されうるし，事実そのような誤解もしばしばなされてきた。しかし，注意深く読むならば，ここでクザーヌスは，多角形が円と同一になると言っているわけではない[21]。つまり，知性が絶えざる接近の果てに真理に到達しうる，とは言っていないのである。そのことは，第二の引用からいっそう容易に読みとれるだろう。

　また註19の引用の末尾の一節，「無知をいっそう深く教えられれば，それだけいっそう，真理そのものに近づくのである」という叙述も，自力で真理に近づいて行くという意味ではなく，信仰を深めることによって，神による真理の啓示を受け入れる魂の条件が整うことを言っているのである[22]。クザーヌスの真理探究において，この魂の受け容れ条件の信仰による整い（dispositio）ということの果たす役割の重要性を，われわれは見逃すべきではないだろう。

　実際，クザーヌスにおける三要素としてこれまでに見てきたなかで最も近代的に見える自然科学的探究という第一の要素についても，彼は『覚知的無知』第2巻13章において，次のように記している。

　　彼〔神〕は，これほど驚くべき〔神の被造物である〕世界の機構によって，われわれが驚嘆するように導かれることを欲してさえいる。しかしながら，われわれがこれ〔世界の機構〕にのみ驚嘆して

---

ut accedi possit semper quidem propinquius ipsa semper, uti est, inattingibili remanente. Tempus enim ad aevum ita pergit, cui numquam, quamvis accesserit continue, poterit adaequari.

　21)　同様な指摘は，すでにクザーヌスの初期の説教 Sermo II (1431), n.4, 26-29 にもある：'Licet aliquae propinquiores sint plus ad rotunditatem tendentes, adhuc tamen semper infinite angulum distat a rotundo.'（〔多角形の〕円により近いものがさらに円性に向かっているとしても，角は円からたえず無限に隔たっている）。

　22)　信仰の連続的な増大と，それによる段階的上昇について次の箇所に明白な記述がある：De doct. ign. III, 12, n.257, (p.159)（岩崎・大出訳 214頁以下）。なお，この問題について少々詳細な考察を，本書第Ⅰ部第4章「デッサウアーのクザーヌス像──自然科学と哲学・神学の出会い？」で試みている。

いるならば，驚嘆すればするほど，彼はわれわれに対してこれを隠してしまう。〔…〕また，〔神の被造物である万物自身がわれわれに対してこう答える。〕「あなたがわれわれ（万物）について何かを知ろうと望むならば，それを，われわれの内にではなく，われわれの根拠と原因〔神〕のうちに探し求めねばならない。あなたが一なるものを探し求めるかぎり，そこ〔われわれの根拠と原因のうち〕に万物を見出すであろう。また，彼（神）のうちにおいてでなければ，あなたは，あなた自身を見出すこともできないのである」[23] と。

　ここで繰り返されている「驚異」admiratio は，アリストテレス以来の「哲学の始めとしての驚異」の意味もあるが，むしろ神秘主義における上昇への出発条件としての「驚かされ」として解釈すべきである。あるいは，単なるアリストテレスの哲学的驚きを，神秘主義的な意味での「驚かされ」に解釈しなおすことが，ここで要求されていると言えるだろう。その際に重要な役割を果たすものが信仰である。
　ここで事態は，すでに上で見たあの〈イディオータ〉の思想へと再び結ばれることになる。それを端的に表現するならば，真理に到達するためには単なる哲学者を脱して敬虔な〈イディオータ〉にならねばならない，ということである。つまり，世界および自然を探究するという営みの目的は，もっぱら信仰に基づく神の探究と賛美にあると，クザーヌス自身が明確に書きつけているのである。

3　『終末の日々についての推測』

　さらには，そもそもクザーヌスの思索に「近代」Neuzeit への眼差しや予感が存在していただろうか。この点を確認するために重要な役割

---

　23)　*De doct. ign*. II, 13, n.179f. (p. 113. 12-15; 26-29), （岩崎・大出訳 152 頁以下）: Qui etiam vult, ut in admirationem ex mundi machina tam mirabili ducamur; quam tamen nobis occultat eo plus, quo plus admiranmur, quoniam ipse tantum est, qui vult omni corde et diligentia quaeri.[...] (omnia respondit) Si quid scire de nobis optas, hoc quidem in ratione et causa nostra, non in nobis quaere. Ibi reperies omnia, dum unum quaeris. Et neque teipsum nisi in eo reperire potes.

第3章　クザーヌスと「近代」　　57

を果たしうるのが，『終末の日々についての推測』*Coniectura de ultimis diebus* という 1446 年の短い著作である。以下で少しその内容を追ってみよう。

　この世界は全能なる神の意志に依存しているのであるから，本来だれも主の意志を忖度できない。従って，未来のことについての従来の様々な研究もすべて正確さを欠いている。しかしながら，「聖なる書物に基づく，傲慢さを棄てた敬虔で建設的な探究によって未来のことを推測するのは，それがわれわれの巡礼としての生にとっての慰めと勇気付けとして役立つ限り，あながち非難すべきものであるとは，私には思われない。われわれは把握不可能な真理を，この世界ではそのあるがままの姿からは無限に隔たった〈エニグマ〉的な形によってしか知りえないのであるが，とにかくこの把握不可能な真理をこの生において理解するべく誠心誠意努力してみよう」[24]。これがクザーヌスのこの推測の出発点である。さらにもう一つの前提を彼は設定する。

　　彼〔キリスト〕自身がわれわれに教えているように，もしわれわれがキリスト教的な生命を得ようと努めるのであれば，われわれは彼からそれを学ばなければならない。彼は言っている，「私から学びなさい。私は心おだやかで謙遜なものだから」と。こうして彼は，キリスト教徒であることを欲するわれわれが，彼自身がなしたのと同様になすようにと，自らわれわれに模範を与えて下さったのである。また彼は，自分の兄弟のうちの最も小さき者になされることは自分自身になされることであると言って，すべての信じる者が彼の肢体であることをわれわれに教えて下さった。〔…〕キリストが模範として先行して，教会が似像として真理に従うのである[25]。

　24）　*Coniectura de ultimis diebus*（以下，*De ult.* と表記する），n. 123, 11-17.: semota arrogantia pia atque aedificatoria investigatione ex sanctis litteris futura conicere, inquantum nostrae peregrinatione consolatoriam affert refrectionem, non arbitror reprehensibile. Nitimur etenim omni diligentia incomprehensibilem veritatem in hac vita cognoscere, quamvis in hoc mundo non absque aegnimatica figura infinite distanter a se ipsa uti est ipsam inapprehensibilem sciamus.

　25）　Ibid. n. 124, Sicut [...] ipse nos docet, si Christianam vitam habere studemus, ab eo ipsam addiscere debemus, qui ait: Discite a me, quia mitis sum et humilis corde. Sic et ipse exemplum nobis dedit, ut quemadmodum ipse fecit et nos, qui Christiani esse cupimus, similiter

58   I　クザーヌスという人物

　すなわち，クザーヌスはこの推測を，この世界で神の国への巡礼の日々をおくる一人のキリスト教徒として，〈エニグマ〉[26]を用いつつ，キリストに倣った形で遂行するのである。それは，具体的には以下のようになされている。キリストが昇天したのは34歳であったとみなして，その34年間の生涯が，キリスト以降のこの世界の経過に〈エニグマ〉的に展開される。その際に，神の1年は普通の年の50年にあたり，それが聖年（Jubilaeum）である。すると，34の50倍である1700年が，キリスト以降のこの世界の存続期間であることになる。そしてクザーヌスは，世界の終末をキリスト生誕から1700年目と，キリスト昇天から1700年目の間，すなわち西暦1700年から1734年の間のことと算定する[27]。そして，彼の同時代は28回目の聖年の時代であるから，この後，終末までに世界に生じることは，キリストの28歳以降，磔刑後の復活に至るまでの年月にキリスト自身がなした事および彼に関してなされた事の〈エニグマ〉として生じるとみなして，アンチ・キリストの到来と教会の混乱等々，いくつかの予測を行う。

　また，彼はこの推測を補強するために，他のいくつかの説も併記する。目を引くのは，終末的緊張に満ちた黙示文学の一つであるダニエル書の記述に基づく算定と共に，フィロンに帰せられている書物『聖書古代誌』における，世界の歴史を四区分する説の紹介である[28]。後者によると，アダムからノアまでが第1期，ノアからモーセまでが第2期，モーセからキリストまでが第3期，そしてキリストから終末までが第4期に分けられる。それぞれの期間の年数の算定には諸説あるが，それぞれの期間が等しく34聖年で構成されると考えるのが最も真実に近いだろうと，クザーヌスは記す。

　その上で彼は，自らが遂行してきた推測に関して，この書物の末尾近くでいささかの自信をこめて次のように記している。「私なりに熱心に彼ら〔終末について推測した昔の多くの人々〕の書物を研究してきた

---

faciamus. Ipse etiam nos instruit, quomodo omenes fideles eius membra sunt, quando ait id sibi fieri, quod minimo fit suorum. [...] Praecessit Christus ut exemplar, sequitur ecclesia ut imago veritatem.

　26）　クザーヌスの〈エニグマ〉については，本書第III部第5章を参照されたい。

　27）　*De ult.* n. 133.

　28）　Ibid. n. 138f.

第 3 章　クザーヌスと「近代」　　59

が，それらの中には私自身が用いた考察に基づいて注釈されたものは見出さなかった」[29]。また，クザーヌスはこれと同様な推測を，単にこの書物だけではなく，すでに 1441 年に行われた「説教 23」でも行っている[30]。このようなクザーヌスの熱心さは，後世の私たちにはいささか奇妙にさえ思われる。

　しかし彼は真剣であったに違いない。彼が真剣であることについては，この書物を執筆していた当時の彼自身の状況もそれを傍証する。つまり，1446 年 8 月 30 日にマインツで彼はこの書物を完成したのだが[31]，この直後の 9 月 1 日から 10 月 12 日までフランクフルトで開催された帝国国会との困難な交渉に，彼は教皇特使という最高の権限を授与されて参加しているのである[32]。この国会での彼の課題は，長年の懸案であるドイツ国内の諸侯を公会議側ではなくて教皇側に引き入れることであった[33]。当時，このような極めて現実的で重い任務を帯びていて，かつその会議が目前に迫っていたその時に，この書物を書いていたという事実は，彼がこの書物に込めた内容を大いに重視していたことを示しているだろう。また，このように極めて現実的なことと「終末の日々についての推測」というような理念に関わることとを同時並行的に実践しているところにも，クザーヌス的な生が典型的に現れていると言えるだろう。いな，そればかりか，むしろ，眼前の時代状況を打開せねばならないという切迫した思いに駆られた彼が，フランクフルトでの目前に迫った交渉の意味とそのあるべき方向を確認するためにこそ，この『終末の日々についての推測』を書き下ろしていたのかも知れないのである[34]。

---

　29)　Ibid. n. 140. 7f.: Ego eorum scripta diligenter perquaevisi et nihil in illis de hac praemissa consideratione annotatum inveni.

　30)　*Sermo* XXIII, n. 6 -13.

　31)　*Acta Cusana*, II, Nr.703 (S.523).

　32)　Ibid. Nr.705 (S.524ff.). Cf. Meuthen: *N. v. K.* S.76; S.79.（酒井訳 96 頁および 99 頁）

　33)　Meuthen, *N. v. K.* S.76f.（酒井訳 96 頁以下。）この交渉は翌年 7 月のアッシャフェンブルクの諸侯会議において一応の成功をみた。そして 1448 年 2 月，神聖ローマ皇帝がその内容を認証して「ウィーン政教条約 Wiener Konkordat」として結実した。この政教条約は長く 19 世紀初頭の神聖ローマ帝国の終焉まで存続した。

　34)　ちなみにこの *De ult.* は，1700 年頃までにフランス語，英語，ドイツ語等の諸国語に翻訳されて版を重ねているという：Cf. Vansteenberghe: *Nichloas de Cues*, p.468f. これも留意しておきたい事実である。

4　クザーヌスの改革の方向

　確かに彼は，教会および社会の改革に生涯を捧げたといっても過言ではない生き方をした[35]。さらに，彼がかくも改革に熱心であったことは，彼が同時代の状況に満足できなかったばかりか，同時に現状変革の方向としての理想を自ら構想しえたということをも意味する。

　しかしながらここで，その改革の方向がいずこに向かうものであったのか，彼が理想としたものがいかなるものであったのか，を冷静に考察する必要があるだろう。

　例えば，クザーヌスがカトリック世界の檜舞台に登場したことになるバーゼル公会議の期間中に，同地で彼が著わした『普遍的協和』という初期の書物がある。これは，教皇から教区司祭に至るまでのローマ教会のあり方を改革すると共に，それと対応関係にある俗権たる神聖ローマ帝国の内部をも，教会との対応関係にふさわしくあるように改革することを提案するという内容をもつ。その際になされるクザーヌスの主張は，つねに次のような形式をとっている。すなわち，当の問題・機構の過去のあり方を，自らの研究によって明らかにしたうえで，それを理想とみなして，その方向に改革されるべしと主張するものである。典型例として以下のような文言がある。「往時のすでによく用いられて確証されている方法以上によい方法は見出しえないので，われわれは改革に際してその方向に向かわねばならない」[36]。

　またクザーヌスは 1450 年末から 1452 年 3 月にかけて，教会と修道院の改革，および記念贖宥，紛争の調停の 3 件を主たる任務とする教皇特使として，オーストリア，ドイツそれにニーダーラントを旅行して，

　35）　Iserloh, Reform der Kirche bei Nikolaus von Kues, S.54. また，クザーヌスの教会改革については，渡邉守道「教会改革者としてクザーヌス研究に関する諸問題」（渡邉守道『ニコラウス・クザーヌス』に所収）が多くの有益な示唆を与えてくれる。

　36）　*De conc. cath.* III, 32, n.507 (h. XIV-3, p.438): Non potest autem melius provideri, quam per iam tritas et expertas antiquas vias, ad quas per reformationem accedere necesse habemus. また，この点については，本書第 VI 部第 3 章でも言及している。また，ネメシェギ「教会改革者としてクザーヌス」262-265 頁にも，*De conc. cath.* での改革提案について言及されている。

第3章　クザーヌスと「近代」　　　61

精力的に改革事業を進めた。モイテンによれば,「彼は中世の様々な社会的要求の中から生まれ・野放しに大きくなってきた,溢れんばかりのがらくたの山から,キリスト教の信仰の本質と核心を解き放しつつ,まずもって聖餐の秘蹟に眼を向ける」[37) という形での,極めて厳格な改革構想を進めようとし,それゆえに各所で抵抗にあったのである[38)。

　さらに,その教皇特使としての旅行を終えた後,その足で赴任した自らの司教区ブリクセンでも,彼は積極的な改革に着手した。この改革もまた,過去数百年にわたって世俗権力に侵害されてきていた教会の領地や様々な特権を,その原初の状態に戻すことを企図するものであった。したがって,世俗権力の代表者たるチロル大公ジギスムントと激しい対立を引き起こすことになったのである[39)。

　クザーヌスの改革への熱意は,既述のように終生にわたるものであるが,ブリクセンの改革が「頓挫」する中,教皇に請われる形で 1458 年9 月にローマに戻った彼は,教皇庁改革の立案を教皇から依頼された。そしてそれを 1459 年 7 月に『全面的改革』としてまとめた。これは,大いに興味深いことには,上で言及した初期の著作『普遍的協和』の内容と一致するところをもつものであるが[40),その中には,彼の改革の姿勢を明示する次のような一文がある。

　「監察官は留意して,改革されるべき者たちを原初の形に連れ戻すようにしなければならない。すなわち,すべてのキリスト教徒を,彼らがキリスト教徒になった時に洗礼においてまとったあの形へと,あまねく連れ戻さねばならない」[41)。

　37）　Meuthen, Ibid. S.85.（酒井訳 108 頁以下）。

　38）　Ibid. S.84ff.（酒井訳 107 頁以下）。

　39）　クザーヌスのブリクセンでの改革の試みに対して,地元の研究者は伝統的に批判的であり,アナクロニズムであったとさえ言うこともある。例えば Posch, Nikolaus von Kues, Bischof von Brixen, im Kampf um Kirchenreform und landeshoheit in seinem Bistum, S. 250. ブリクセン司教区でのクザーヌスの改革への努力が,真摯で深い精神性を伴って遂行されていたことは, Watanabe（渡邉守道）, Cusanus and the *De visione dei*, in: G. Piaia (ed.), *Concordia Discors - Studi su Niccolo Cusano e l'umanesimo europeo offerti a Giovanni Santinello,* pp.181-197 に活写されている。なお,この論文は,前掲の渡邉書『ニコラウス・クザーヌス』155-176 頁に収載されている。

　40）　改革の具体的内容での両著作での共通点については,註 36 で挙げた本書の個所で扱っている。

　41）　*Reformatio generalis,* n. 9, 14-16: quod ipsi visitatores curam habere debeant

この改革の方向は，先に見た「改革に際しては，昔のすでによく用いられて確証されている方法に向かうべし」というものと同一である。つまり，クザーヌスにあって，改革の熱意のみならず，その方向も，終生変わることがなく，それは「原初の形へ」というものであったことになる[42]。つまり，彼の改革は，むしろ過去の「黄金時代」に戻ることの提唱であったのだ。この意味において，クザーヌスの思想のあり方に，ガダマーのいうところの近代初期の「進歩と伝統との間の緊張に満ちた応酬」を見出すことには無理があるのであり，むしろ，同時代を批判して伝統への復帰を提唱するものであったと言うべきであろう。

5 〈巡礼〉としての時代

以上のように考察してくると，クザーヌスが，改革の提案によって「新たな時代」を，つまり「近代」（Neuzeit）を切り開こうとしていた，とは言えないだろう。しかしながら，彼に今，時代は変わりつつあり，また，変わらねばならないのだ，という強い確信が存在していたことは明らかである。

古代ローマ帝国の末期，キリスト教がその地歩を固めた時以来，ヨーロッパは，コンスタンティノープルとローマという二つの極をもつ，いわば楕円として一つの世界を形成してきていた。その結果，その二極の間にはある種の競争が生じ，同時にそれぞれの小世界が自らを戒めるという，ダイナミズムが存在していた。ところが，クザーヌスの時代に至り，外見的にはイスラームの攻勢によって，その一方の極が消失しつつあったが，1453 年 5 月 29 日，ついにコンスタンティノープルの陥落により，この一つの極が現実に消失してしまった。この現実を前にして，二極間の協同を再構築するために長年尽力してきたクザーヌスの喪失感

---

reformandos ad formam primam reducere, puta generaliter omnes christianos ad formam, quam induerunt in baptiamate, dum fierent christiani.

42）　渡邉守道は，この点にこそ，すなわちクザーヌスの改革の理想が「conservative and "restorative" であった」ことにこそ，彼の改革の試みがかならずしも成功しなかった理由があると指摘する：Cf. M. Watanabe, Nicholas of Cusa and the reform of the Roman Curia, p.184.

は大きかったに違いない。しかし彼は，私が他でも言及しているように[43]，このコンスタンティノープルの陥落を，単にイスラーム勢力の暴力による結果であるとはとらえず，むしろ，キリスト教世界内部にある腐敗と堕落に対する神からの鞭打ちなのだと認識した。

このような，内へと反省するクザーヌスの認識は，先にみた終末の日々に関するあの推測と密接に関わっていたはずである。つまり彼は，一連の事態を，キリストの生涯において彼の周辺で生じた裏切りとそれへの反省との類比で解釈しえたからこそ[44]，眼前に生じる事態について皮相的に反応することのない深い認識をも獲得できたのであろう。

そうであるならば，クザーヌスにとって，彼の同時代とそれに続く時代は，終末 Finis までの「間の時・猶予の時」であることになる。そして，そこに起きることは，すでにキリストの生涯として聖書に示されていることの類比として生じるのである。その意味では，何も〈新たなこと〉は起きえない。従って〈新たな時代〉が来るわけでもないことになる。

では，全てが予め定められているのだから，一人の人間が主体的になすべき事は何もないことになるのだろうか。いや，そうではない。先にみた『終末の日々についての推測』におけるクザーヌスの推測の前提を想いかえしてみよう。彼はそこで，「キリストに倣って」推測をすすめ，「キリストを模範として」生きねばならないとしていたのである[45]。

43） 本書第 V 部第 4 章を参照されたい。また，コンスタンティノープルの陥落により，当時の西欧が一般的にいかなる危機的雰囲気にとらわれたかについては，以下のモイテンの論文を参照されたい：Meuthen, Der Fall von Konstantinopel und der lateinische Westen, S.35-60. 同論文 S.48f. に引用されている 1456 年の説教に，クザーヌスのイスラームの軍事的攻勢についてのこの時点でも変わらぬ深い内省的見解が示されている。

44） 例えば De ult. n. 131, 7f. : flebit Petrus amare, quia fugit. Sic et ceteri spostoli, scilicet ecclesiae episcopi et sacerdotes（ペテロは外へ出て，激しく泣くだろう。他の使徒たちも，すなわち教会の司教たちも聖職者たちも同様にするだろう）。これは，「マタイ福音書」26, 75, および「ルカ福音書」22, 62 にある「ペテロの否認」を踏まえている。

45） さらに 1457 年 3 月 20 日にブリクセンでなされた Sermo CCLXXIII (n. 4, 6-10; 13) に次のような一節がある：'illa doctrina [Christi domini nostri] non consistit in verbo et sermone, sed in imitatione. Si quis enim sciret omnia evangelia menti, non esset propterea perfectus; sed requiritur quod per imitationem induat formam filii dei. [...] ministerium est sequela seu imtatio'（〔われわれの主なるキリストの〕あの教えは言葉や会話でではなく，倣うことで成り立つのである。従って誰かが福音のすべてを精神に受け取って分かったとするだけならば，それゆえに彼は完成されないであろう。そうではなくて，倣うことによって神の子の形をしつらえ

従って，彼における〈キリストのまねび〉Imitatio Christi とは，単にキリストにならって生きるという意味ではなく，終末に向かう「間の時」に，キリストの生涯におけるキリスト自身のように，キリストそのものを歩むべき道として[46]自らも生きることを，すなわち，ペテロのようにキリストから背く側に身を置くのではなく，キリストの側に身を置いて生きることを意味していたのであろう。

　そして，このような意味でキリストに倣って生きる道程を，すでに見たようにアウグスティヌスに従って，〈巡礼〉（peregrinatio）と捉えたのである。興味深いことには，クザーヌスは『覚知的無知』においてキリスト自身のことも〈巡礼〉における〈旅人〉（viator）と記している[47]。すると，クザーヌスにおいてキリストに倣って生きることの意味は，ますます深いものとなる。つまり，先ずは，地上の旅人でもあったキリストに自らを近づけるのであるが，さらには，そのことを通して，神の子としてのキリストと同じものに自分が上げられることを待ち望むのである[48]。

　また，〈巡礼〉における〈旅人〉であることは，言うまでもなく，あてどなくさまよう放浪者を意味するものではない。むしろ，finis（「この世界の終末」であると共に「天国という故郷である目的地」）を明確に意識しつつ，この世界を歩む〈旅人〉である。それゆえにこそ，この観念は，混乱の時代に生きるクザーヌスにとって魅力的なものであったの

ることが求められるのである。〔…〕なすべきことは〔彼の〕後に従い倣うことである）。

　46）　クザーヌスは「ヨハネ福音書」に従ってキリストを「道」として表現することが多い。例えば，'Quando igitur dicimus Christum viam ad imortalitatem, intelligere debemus quod, qui viam virtutum tenet, Christum imitatur et sequitur et secum intrat in regnum immortalitatis. ' rta litatem, intelligere debemus quod, qui viam virtutum tenet, Christum imitatur et sequitur et secum intrat in regnum immortalitatis.'（われわれがキリストは不死性への道であると言うのであれば，われわれは，諸々の力の道を守っている人は，キリストを模倣して彼と共に不死性の王国へと入るということが分からねばならない）（Sermo CLXXX, n. 16, 10-13）; 'viva via'（命あふれる道）（De possest, n.75,〔大出・八巻訳 106 頁〕）。

　47）　De doct. ign. II, 12, n. 254 (p.158),（岩崎・大出訳 212 頁）: Iesu Christo, qui viator et coprehensor, amans homo et amatus.

　48）　すでに見た『全面的改革案』のなかの「洗礼においてまとったあの形〔キリスト〕へと，あまねく連れ戻さねばならない」という文言を参照されたい。また，De doct. ign. III, 11, n.252 (p.156),（岩崎・大出訳 210 頁）も。さらに著作 De fil.（坂本堯訳『神の子であることについて』も。

第 3 章　クザーヌスと「近代」　　　65

だ。例えばアウグスティヌスは言っている。

　　信仰によって生きる人の家は，来るべき世において永遠であること
　　が約束されているものを待ち望むと共に，地上の時間的なことを，
　　異国のものと弁えた上で利用する。その際に彼らは，これらのこと
　　に捉えられてしまい，本来目指すべき神から離れてしまうようなこ
　　とはなく，むしろそれらによって支えられて，魂を重くおさえつけ
　　ている朽ちるべき肉体の重荷に耐えるのを容易にすると共に，極め
　　て軽減するのである[49]。

　このアウグスティヌスの言葉は，地の国に一定の存在意義を容認する
というアウグスティヌス自身が込めた意味とは逆の意味において，ク
ザーヌスにとっては，自己の進むべき道を示す大きな「慰めと勇気づ
け」[50]になったに違いない。何故なら彼は，1400 年代の混乱する西欧の
真っ只中を生きざるをえなかったのであり，その彼がこの思想に励まさ
れる時，いかなる混沌の中に巻き込まれていても，目的地を見失うこと
がなくて済んだであろうからである。それがクザーヌスの，すでに上で
みたような生き方に結実したのではないだろうか。
　さらにわれわれは，上で用いた〈道程〉という概念について，ここ
で少々入念な考察をしておかねばならない。これは，アウグスティヌ
スの〈巡礼〉の思想においては processus 等の概念で示されているも
のであるが[51]，普通の意味では先ず空間的延長が含意され，また比喩的
には，時間的な延長も含意されうるだろう。しかし，〈巡礼〉の思想に
おいてはそれだけにとどまらない。なぜなら，旅人として歩む〈道程〉
が，〈神の国〉という天上の祖国に，何らかの仕方で連なっているのだ
からである。この事態を図式的に表象してみよう。まず〈巡礼〉の〈道
程〉あるいは〈時代〉は水平的に表象される。しかし，アウグスティヌ
スの思想では〈神の国〉がすでに信徒の集まりとしての教会に，そのつ

　49）　Augustinus, *De civitate dei*, XIX, 17.
　50）　*De ult.* 冒頭近く（n. 123 [h. IV-1, p.91], 13）の言葉 'nostrae peregrinaitioni
consolatoriam ...refectionem'（われわれの巡礼としての生にとっての慰めと勇気づけとして）。
　51）　例えば Augustinus, op. cit. XI, 1 [p.462, l, 10].

どの働きとして姿を現しているのであるから，それは垂直的な働きかけとして表象されうるであろう。すると，この水平的な〈道程〉と垂直的な〈神の国〉という，本来，出会い交わることのないはずのものが，〈巡礼〉の思想における〈終末・目的地〉（finis）においては，一致するのである。この状況を視点を変えて捉えれば，この道程を歩む者にとっては，いつその道行きが中断されて自己の眼前に天国への門が現れるか分からない，ということである。この意味で，すでに記したように，この〈道程〉は〈間の時・猶予の時〉である。

　だからこそクザーヌスは『終末の日々についての推測』の末尾で，控えめに次のように記しているのであろう。

　　それにしても神はかくも寛大にも，虫けらに過ぎないわれわれが御自身について知られていることによってこのような憶測的な推測をすることを，許して下さった。もしこの推測が威厳ある神のお気に召せば，これを御自分の贈り物によって何か意義あるものと示して下さるだろうし，そうでなければそうはなさらずに虚しいものとして示されるだろう。あらゆる知恵は神にのみ由来するのだからである。神こそ永遠に讃美されるべき方である[52]。

　この意味では，終末についての数字の算出の正確さは，この推測の本来の課題ではない。そうではなくて，必ず finis が来るということの確認こそが，その課題であったのだ。

　従って，クザーヌスにとって，自分の同時代である 1400 年代から終末の時と算定された 1700 年代までの 300 年間は，300 年間という延長が保持されるものとしての「時代」aetas ではない。もう一度，先の図式に戻るならば，彼の生きて歩んでいる〈道程〉が，いつ水平的なものから神の国へと向かう垂直的なものへと変わるか分からない，そのような認識に立った上での 300 年である。クザーヌスも以下のように記しているのである。「『贖いの日は，合図なしに夜に盗人のようにやって来る，また洪水のようにやって来る』とキリスト御自身が言われた」[53]。

---

52) *De ult.* n.140 [h. IV-1, p.100], 13ff.
53) Ibid. n.134, 7f.（なお，この「盗人のように……洪水のようにやって来る」という

第3章　クザーヌスと「近代」　　67

　そうであるならばクザーヌスにとって，一つの時代 aetas に後続する新たな時代という意味での「近代」Neuzeit が続くことはありえない。彼の生きる時が続いていくとしても，その時の積み重ねは，「時代」ではなくて，「時代」をいわば次元的に垂直に超えた「超時代」Überzeit であるはずだ。すなわち，彼にとって「近代」は想像だにできなかったであろう[54]。

6　「先駆者」とする思想的怠惰

　とはいえ，次のような主張がなされるかも知れない。「否，そうではなくて，クザーヌスにおいては，彼が意識しないままにすでに『近代』が開かれつつあったのであり，その意味で矛盾を孕んだ『近代の先駆者』だったのだ」。これは，従来からしばしばなされてきたとらえ方でもある。その典型例は，冒頭に紹介した「ヤーヌスの頭をもつクザーヌス」という規定の生みの親・ヴィンデルバントである[55]。

　だが，この主張が意義を持ちうるのは，まずもって「近代」というものが善なるものとされて，その「善なる近代」の片鱗でも持っていた者は，それゆえにまた善である，という思考回路が機能しうる場合であろう。

　また，歴史の展開を法則性において見ようとする立場においてこそ，「先駆的である」ということにとりわけ大きな意義が与えられるだろう[56]。

表現には，クザーヌスの生地クースでモーゼル河が，毎年雪解けの時期に静かに水位を高め，その河畔に建つ彼の生家も時に1階部分の途中まで水没することもあるような Hochwasser（洪水）の体験が反映しているように思われる。）

　54）　ここでいう「超」とは，Ps.Dionysius の，例えば『神秘神学』（*Peri mystikes theologias, De mystica theologia*）で説かれている 'hyper' の意味でのそれである（今義博訳『神秘神学』447 頁以下参照）。従って，今われわれが「超時代」と言うのは，単に近代の延長上にある，いわば「ポスト・モダン」という意味ではない。もう一度繰り返せば，クザーヌスの上への眼差しの先にある，「finis としての終末」・〈永遠〉を，それは意味する。つまりここでの「超」は，水平的な意味ではなく，垂直的なそれである。

　55）　Windelband, Ibid. S. 2; S. 46.

　56）　この点では，われわれは以下のヤスパースの主張と見解を共にすることになる。「史学的必然性の思想は——それによれば，人間に関してさえもこれを認識することが可能で

68 I　クザーヌスという人物

　しかしながら，一人の人間の思想をそのように，あたかも部品から組み立てられた機械の如くに分解し吟味して，「これは今でも使用可能である」とでも言うかのようにその一部分を取り出して，そこを評価することが，どれだけの意味を有するであろうか。ましてや，19世紀末のヴィンデルバントの時代はともかくも，「近代」が総体として反省の対象とされつつある今日にあっても，なお依然として「矛盾を孕んだ近代の先駆者」と解釈して済ますとすれば，それは，むしろ思考の怠惰というべきではないだろうか。

　21世紀の初頭である今，われわれがクザーヌスの思想的営為から学ぶべきことは，彼の思想内容にどれだけ近代的なものがあったか，なかったか，ということだけではなく，むしろ，彼の思想の内容とその思考の姿勢，思惟の構造に注目することにより，転換期に生きた彼が，その時代のただ中で，混迷を極める現実にいかに対処したか，を冷静に読み取るということではないか。

　すでにみたようにクザーヌスは，眼前に存在するものを単に次の時代にまで存続させることを意図して改革を構想したのではなかった。むしろ，それを真なるものとして在らしめるために，さらにはあるべき原初に戻すためにさえも，そうしたのである。この姿勢には，今，われわれに大きな説得力をもって迫ってくるものがあるのではないだろうか。

ある，というのだが——歴史的なもの自体の意味を破壊する一つの誤謬である。〔…〕史学的把握のこのような危険をあくまで意識していることは，クザーヌスに対する場合とりわけ必要とされる」(Jaspers, *Nikolaus Cusanus* S.214f.) (薗田訳『クザーヌス』315頁以下)。

第4章

デッサウアーのクザーヌス像
──自然科学と哲学・神学の出会い？──

は じ め に

　自からも放射線物理学者および生物理学者であったデッサウアー（Friedlich Dessauer1881-1963）は，第二次大戦をはさんで科学論の専門家として活躍したドイツの人であるが，この小論では彼のクザーヌス像を考察する。しかし，いまわれわれがこれを論ずるのは，デッサウアー自身のように──後に立ち入って考察されるであろう──クザーヌスの思想を近代自然科学のいわば「味方」につけるためにではなく，さらにまた，ツィンマーマン（Albert Zimmermann）[1]およびナーゲル（Fritz Nagel）[2]のように近代科学をクザーヌスの「味方」につけるためにでもない。両者は互いに反対からアプローチしつつも，その底には共通するものを有している。すなわち先ず近代自然科学を善しとして，それにクザーヌスを結びつけることである。それによって，前者は近代科学をいっそう称揚し，後者はクザーヌスをますます称賛するのである。

　さらにまたわれわれは，クザーヌスの思想の近代科学に対する影響の有無について論ずるのでもない。確かに彼は近代科学に影響を与えたであろう。彼ほどの思想がヤスパースの言うように「無影響であった」[3]

---

　1)　Zimmermann, *"Belehrte Unwissenheit"als Ziel der Naturforschung*, in: K. Jacobi (hrsg.) *Nikolaus von Kues*.

　2)　Nagel, *Nicolaus Cusanus und die Entstehung der exakten Wissenschaften*.

　3)　Jaspers, *Nicolaus Cusanus,* S. 226ff.（薗田訳 332 頁以下）。

とはおおよそ考えがたい。この点はナーゲルが上掲書で具体的に論じているとおりであろう。むしろわれわれは，この考察を通してデッサウアーの近代科学像のはらむ問題性を明らかにしたいのである。

1　デッサウアーの近代科学像

　彼はクザーヌスを近代科学成立の先駆者の一人として高く評価している[4]。上で触れたように，他にも多くの論者がクザーヌスを近代科学の「先駆者」あるいはその成立に貢献した者としている中で，なぜ今デッサウアーであるのか。その理由は，先ず，上記のように彼が自然科学者の一人でもある点にある。さらに興味深いことに，彼は一般の科学者・技術者とは異なり，――彼自身も意識的にしていることだが――彼の言うところの「批判的形而上学から」[5]自然科学を考察し続けてきた点に特色がある。彼の思索の根本的立場はその著『自然科学的認識』において，次のように敷衍されている。

　　この熟慮が呼び求められている時にあって重要なことは，自然探究者と哲学者が互いによりよく理解することではないだろうか。かつてカントは言った，「概念なき直観は盲目であり，直観なき概念は空虚である」[6]と。これを使って次のように言うこともできるだろう。背景なき，共通の意見なき，さらに「形而上学」なき自然科学と技術は近視眼的であって，成功をおさめるうちに自己を見失い，道を失い，その最高度の発展のなかで世界の破滅に瀕するところにまで追いやられるのではないだろうか。また同様に，諸科学のなかに実際的基盤なき哲学，諸科学によって保証された成果および新たに出現する問題との恒常的かつ緊密な接触なき，また創造の精神的

---

　4)　Dessauer, *Begegnung zwischen Naturwissenchaft und Theologie*（以下 *Begegnung* と表記する）S. 32.

　5)　*Philosophie der Technik,* S. 34（永田広志訳『技術の哲学』57 頁）。

　6)　デッサウアーは Kant, *Kritik der reinen Vernunft,* B. 75 を念頭においている。但し文字通りではない。

大洋から現れ来たる全く驚くべき諸結果をたえず新たに考え抜くことなき，心からの関心へと通じるそれらに対する敬意なき哲学，つまり自己へのうぬぼれに凝り固まっている哲学は，飢えたる人々にパンの代わりに石や空の手を差し出すことになりかねないのではないだろうか[7]。

　以上の引用からも明白なように，デッサウアーは近代科学の直面する問題に十分に意識的であって，それの解決に意を注いでいる極めて誠実な科学者の一人とみなすことができるだろう。
　このような視点から自然科学の問題を考察する彼は，クザーヌスに自分の求める理想的な自然探究者を見出す。そこで，小さいものではあるがクザーヌスを主題的に扱っている一書であり，デッサウアーがヴュルツブルク大学から自然科学者としては異例な神学博士号を授与された際の記念講演を一書にまとめた『自然科学と神学の出会い』[8]の行論を手短に把握することから，われわれの考察を始めよう。

　　物理学者が神学部に招かれて共通の話題について論じることは，しばしばあることとは言えない。その逆のケースもまったくまれなことになっている。神学者と物理学者とは真理への志向では一致していたのに，共に語りあうことが滅多に無くなってから久しい。70 パーセント以上の成人男性が自然科学と技術に立脚した職業に就いていながら，絶対者への結び付きについてほとんど認識することがないままでいることは，由々しいことである。他方で聖職者たちは，自分たちの活動が彼らに理解されないと嘆いている。
　　しかし，われわれがこうして一堂に会しているのだから，今晩ここに新たな転回，自然科学と神学の再会が成立するだろう。実はすでに 550 年前にそれを実践していた人がいる。それがニコラウス・クザーヌスである。この神学者のルネサンス的思惟は「宇宙を神の存在の展開として」見て，コスモスに自ら積極的に向かうという転回を遂行した。「コスモスとは見えざる神の顕現以外の何であろう

---

7)　Dessauer, *Naturwissenschaftliches Erkennen*（以下 *Erkennen* とする）S. 13.
8)　Dessauer, *Begegnung*, S. 29.

か」……かつてグノーシス派がほとんど架橋不可能とみなしたような，神と世界の間には希望もないほど，遙か遠く深い隔離が存在するということは，もはやなくなった。いな，永遠なるものと時間的なるものが，無限なる存在と有限なる存在が創造において出会っている，そしてそれゆえに志向は止むことなく，動揺は抑えがたく，終わりなき進歩が任務と成った[9]。

いましばらくデッサウアーの行論を追ってみよう。

今やニコラウスによって，変化可能性は，そこから由来しまたそれへと向かう対象たる神への志向の表現となった。だからそれは，もはや低い評価を受けるいわれはない。コスモスは神的精神の住処である。人間の精神は，──彼〔クザーヌス〕は記している──「たえずより多く果てしなく認識できるように，また，そしてたえずより多く愛することへと」召集されているのである。人間の憧憬は宇宙に満足するはずがない，なぜならそれは認識への要求を満たすことがないからである。だから志向すること，造りだすこと，そして作用させることへの喜び，つまり変化が肯定され，生の内容は人間の「精神の無限存在へと上昇すること」になる。ニコラウスは，一目でコスモスと人間から神へと見晴るかして，この宇宙を「英雄的な愛」で抱擁しようとするのである[10]。

しかしその後に悲劇的な方向転換が来た，とデッサウアーは言う。ガリレイの理論に対する教会の断罪である。その根拠はアリストテレスの哲学が中世においても絶大な信頼をかち得ていたことにある。しかし結局は新たな研究の道が根づいた。その根本的前提は大別して二つある。先ず，人間の精神は以前に考えられていたほどには大きくなく，それから生み出される概念操作では創造の秘密に到達することはできないということであり，もう一つは，しかしながら人間はむやみに懐疑的になる必要はなく，探究をこの世界から始めて，自然に正しく問いかけるなら

---

9) Ibid.
10) Ibid., S. 30.

第4章　デッサウアーのクザーヌス像　　73

ば正しい答えが与えられるということである。人間は自分の内に由来する確信に依存することなく，実験と分析・総合の操作を用いて，自然の暗号を解読する。これは，逆に人間が自然に対して謙遜になり，現実の対象に自己を合わせていくことである。この自然科学的認識は，絶対の真理には到達できないが，認識をたえず改善することによって限りなくそれに近づくことはできるという，特徴的な自己認識を有する。この漸近的性格の指摘がすでにクザーヌスの〈覚知的無知〉の中心思想としての「われわれは純粋な真理を知解することはない」に見出せる[11]。しかし，ガリレイが断罪されたことによって，自然探究と敬虔とが不幸に満ちた二者択一となってしまった。そこで自然科学は自然だけを自己の領域として限定し，神学との間には深い溝ができた。

　だがその後，自然科学とそれに基づく技術は目覚ましい成果をあげた。様々な技術の実践上の成功が，認識された自然法則の正当性を証明している。またそれは次々と新たな発見をしているが，それは，隠されていたものがより高い存在の力によって布告されたという意味で，「啓示」と言うことのできるものである。

　自然研究者と技術者は極めて精度の高い確実性の空間に生きている。そこでは全てが検証可能であって，これほどの確実性を有する領域は他に何処にもない。この点から，彼らは厳密で繊細な良心を持っている。過誤や虚偽は直ちに結果によって罰せられるからである。

　しかし神学は，今もなお科学と技術に不信と誤解を抱いている。確かに科学・技術の理論は変化する。しかしそれは前のものが誤りであったからではなく，後になれば，いっそう包括的な理論が発見されるという形での変化である　時代の状況に神学も対応してほしい。キリストの言葉「行って宣べ伝えよ」とは，現代では自然研究とその応用としての技術の世界のことをも意味するはずだ。

　　「行け」とはコスモスを通じての啓示に対して，自由をもたらす大
　　なる「然り」を言うべし，ということである。それをクザーヌスは
　　言ったのである[12]。

　11）　Ibid. S. 40.
　12）　Ibid. S. 56.

自然科学の成果は神のしるしを認識したことであるから，現代ほど神のしるしが鮮明である時代はかつてなかった。誤用はどんな善いことにも付随するものであるから，科学・技術のそれにつまずいてはならない。過去をふり返る批評家たちは，ひたすら科学の誤用と堕落を批判する一方で，神の恵みであるそれの成果は感謝もせずに受け入れているのである。

　教会の執り行う神を讃える祭祀は，みずからその営みで神に近づいている科学者と技術者を「働きつつ祈れ」へと導いたためしがない。しかし，いかなる超自然的啓示も信仰も希望も，自然に基づいている。自然において自らを啓示する神に再び出会うこと，これこそが遠くにいる者たちにその故郷に戻るための道を開くのである。

　以上がデッサウアーの講演の概略である。われわれはここに自然科学と技術について極めて楽観的な見解を読み取ることができるであろう。しかし当面は，そのことには立ち入らない。先ずはデッサウアーが近代科学との関係でクザーヌスに帰していることを検討しよう。すでに明らかなように，デッサウアーは，自然研究（自然探究）の価値を認めたことと，真理把握が漸近的進歩であると主張したことの 2 点において，クザーヌスの近代自然科学への貢献を見ているので，われわれもこの二つの点をクザーヌスに則して検討してみよう[13]。

2　クザーヌスの自然探究

　デッサウアーの記すように，確かにクザーヌスはこの世界を神の顕現とみなした[14]。それゆえに世界をその限りで研究に値するものであるとも考えて，しばしば世界は神が自ら著した書物であるとも言う[15]。だが，

---

　13)　デッサウアーは，その他幾つかの点で，例えばクザーヌスが実験的探究方法を取ったこと，および数学的方法を探究に用いたこと等にも先駆的意味を見出している。Vgl. *Erkennen*, S. 9; 48. さらに別の書物でも：*Was ist der Mensch*, S. 68.

　14)　例えば *De possest*（以下 *De poss.* と表記），n. 72（大出哲・八巻和彦訳『可能現実存在』102 頁）：Quid …est mundus nisi invisibilis dei apparitio?（世界は，見えない神の現れ以外の何でありましょうか）。

　15)　例えば *Idiota de sapientia*（以下 *De sap.* と表記），I, n.4f.（小山訳 543 頁以下）：

第 4 章　デッサウアーのクザーヌス像　　　75

世界が「神の顕現」であるとしても，それは絶対的無限としての神と何らか直接的な関係にある顕現，例えば神の一部分であるという形でのそれなのではない。そもそも無限の（真の意味での）部分というものは存在不可能であるし，もし存在するとすればそれもやはり無限であることになる[16]。しかしそれは，クザーヌスの思惟においてはもはや世界ではない。それゆえ世界は，神の〈似像〉あるいは〈エニグマ〉なのであって[17]，また世界からの神への認識も同様にすべて〈エニグマ〉になり[18]，また推測（憶測）となるのである[19]。もし世界が神の一部分であるという仕方で神の顕現であるならば，世界を探究することによって，部分から全体へと探究を拡張することも可能かもしれない。だが事実はそうではないのであるから，クザーヌスにおいてはデッサウアーのように，単純に自然探究が神の認識に連なるものとはならないのである。この事情についてクザーヌスは，『創造について』の中の上掲の「書物としての世界」の比喩を叙述する箇所で次のように言っている。

　　世界をなぞらえるのには，それが書かれている言語も文字も知られていない書物とするのが充分に相応しいと思う。例えばそれはドイツ人にとっての，プラトンが自分の知性の力を記述したギリシア語の書物のようなものである。ものの形態に注意深いドイツ人が子細にそれを観察すれば，文字の相違と一致とから何らかの要素を推測

「あなたがもっている書物からではなく，神の書物から学びました。……それは神が御自分の指で書いたものです。……それはどこにでも見出せます。……すでに申したように，知恵が巷に叫んでいます。その叫びは，知恵が至高なることどもに住んでいることを示しているのです」。さらに，*De genesi*（『創造について』）IV, n. 171（酒井訳 522 頁）:「世界を書き付けられた書物になぞらえた聖人たちがいる」。

16)　*De doct. ign.* I, 15, 29,（岩崎・大出訳 39 頁）。なおクザーヌスは，世界も無限であるとするが，その場合の「無限」とは，神の無限が「否定的無限 negative finitum」であるのに対して「欠如的無限 privative finitum」として区別されたものである。それは限界がないという意味での無限である。Vgl. *De doct. ign.* II, 1, 64（岩崎・大出訳 85 頁）。

17)　*De doct. ign.* I, 11, 22（岩崎・大出訳 30 頁）。

18)　*De poss.* loc. cit. なお，クザーヌスの考える世界の似像性には次の 3 種ある。1）もの res，2）ものの多様性における相互の秩序・関係 proportio。さらに，3）それらを捉える能力・人間に典型的な知性，理性。

19)　この点についてはクザーヌスの著作 *De coniecturis*（『推測について』）で論じられている。

し，多様な組み合わせから音声を推測できるとしても，しかし書物の何性そのものは，その全体にせよ部分にせよ推測することは絶対に不可能である——読もうとしている者にそれが啓示されないかぎりは[20]。

そもそもクザーヌスにとって神は，デッサウアーの上述の論にも関わらず，この世界とは限りなく隔たって存在するものである[21]。したがって神は人間の側からは把握することができない。なぜなら「探究はみな，難易の差こそあれ，比較的な比をおこなうことである。したがって，無限であるかぎりの無限は，いっさいの比を避けるがゆえに，知られない」[22]からである。

しかしながら，そして当然のことながら，クザーヌスにおけるあらゆる探究の目的としての真理は，神そのものに他ならない[23]。それではいかにしてこのような探究が成立し，また，なぜそれが遂行されるのか，それが問題となる。そこでまず，彼の「真理」という語の用法を検討してみると明らかなことは，人間の自然探究の意味を高く評価しているように見える彼の中期の『イディオータ篇』三部作においてさえも，「真理」という語はほとんどの場合，神に対してしか用いられていない[24]。とりわけ興味深いのは，一般に近代自然科学に特徴的な実験的方法論の先駆けとして評価される『秤の実験』において 'veritas' という語はただ

---

20) *De genesi*（『創造について』）IV, n. 171（酒井訳 522 頁以下）。

21) *De poss.* loc. cit.

22) *De doct. ign* I. 1, 5f.（岩崎・大出訳 8 頁）。

23) *De principio*『根源について』, n. 37, 3-5: Mundus [...] iste, [...] non est veritas, sed eius principium veritas.「この世界は〔…〕真理ではなく，それの根源〔神〕こそが真理である」: *De venatione sapientiae*（以下 *De ven. sap.*）『知恵の狩猟』,VII, n. 16（酒井・岩田訳 :151 頁）「私の憶測の狩猟が静止する所は，万物の唯一の原因が存在し，それが万物の生成可能を創造すること，およびこの原因があらゆる生成可能に先立つものであって同時にそれの終点（目的）である，ということの認識である」。さらに *De visione dei*（以下，*De vis.*）『神を観ることについて』）VIII, n. 27（八巻訳 48 頁）:「主よ，私の心は安らぎません。なぜなら，あなたの愛がそれを，あなたのうちにおいてのみ安らうことができるにちがいないという願望によって燃え上がらせたのだからです」。

24) 三部作とは，上の註 15 の *De sap.* に加えて *Idiota de mente*『精神についての無学者の対話』（以下 *De mente*），*Idiota destaticis experimentis*『秤の実験についての無学者の対話』（以下 *De stat.*）であり，いずれも 1450 年の夏に書かれた。「真理」という語は，例外的に *De mente* の VII, X, XV 章等で，数学の真理について限定付きで用いられている。

第4章　デッサウアーのクザーヌス像　　77

2個所でしか用いられておらず，それも神のもとでの「厳密は真理」という意味で用いられていることである[25]。今日，われわれが言う所の「真理」のことを彼は，「ものの秘密」（rerum secreta）と表現している。ここから，彼が自然認識におけるいわゆる「真理」を真理とは考えていないことが明らかになる。実際，彼は人間の認識内容に，次のような段階を付けているのである。

　　汝が正しく考察するならば精神の眼によって見られうるものの全ては，真理 veritas か，真なるもの verum か，真らしきもの verisimile かのどれかである。真理とは存在可能なすべてであって，増えることも減ることもありえず，永遠に同一のままである。真なるものとは永遠なる真理の，知性的な分有としての永続的な類似である。〔…〕真らしきものとは，知性把握されうる真なるものの時間的類似である。〔…〕知性は知解される対象に合致している時に，知解において真である[26]。

　われわれは先に論展開の便宜上，神についての人間の認識はすべて推測（憶測）であることになる，と記したのであるが，実はそれは，さらに人間の行うこの世界についての認識行為についても妥当するのであり，そこでもやはり厳密な真理には到達できないのである。クザーヌスは言う。

　　存在しうるものはすべて――神自身は別として――差別をもっている。〔…〕なにごとにおいてにせよ，――たとえば，感覚にせよ，表象力にせよ，知性にせよ，また行為，著述，絵画，あるいは技術にせよ――，なんぴとも他の人と同様ではない。それゆえに何ごとにおいても，或る人が，千年ものあいだ他の人を模倣しようと努力

---

　25)　*De stat.* n. 163, p. 222, 15: 'Videntur' ais, quasi aliud sit in veritate'.「君は，真理においてはそれが異なっているかのように『のように見える』と言う」。Ibid. n. 171, p. 227, 11: 'quantum a veritate deficerent'「〔諸金属の性質調査は，詭弁的な錬金術が〕いかに真理から背いているか〔を明らかにするのに有効です〕」。

　26)　*De ven. sap.* XXXVI, n. 106.（酒井・岩田訳 106 頁）。

78 　　　　　　　Ⅰ　クザーヌスという人物

したとしても，けっして厳密な合致には到達しないであろう[27]。

　しかし言うまでもなく，だからといって人間のこの世界に関する認識がすべて支離滅裂なものであるという訳ではない。それは神なる真理との関係では憶測に他ならないが，「憶測の術」ars coniecturalis[28] として，「一つの秩序立った方法論として形成され，確固たる基礎の上に立つ」ものである[29]。したがってそれによって知られるものは，この世界の限りでは有効性をもつのであり，だから，例えば，それで得た知識を集めて人間は実際の世界・宇宙の似像たる「世界地図」を作成することもできる。それが，〈地理学者としての人間〉という表象である。
　だが，上に述べたことですでに明らかなように，クザーヌスにおいて人間の探究は，ここで，この地図をより精確に描くことに努めることで満足しているわけではない。つまり世界認識そのものが目的ではないのである。この事情を明らかにするために，以下で少し長くなるが『神学綱要』の一節を見てみよう。

　　　それゆえ感覚と知性をもつ完全な動物〔人間〕は地理学者とみなさ
　　　れるべきである。彼は五感という五つの門をもつ都市を所有する。
　　　これらの門を通って使者たちが全世界から入って来て，世界の全て
　　　の成り立ちを報告する。〔…〕地理学者は腰を下ろして全ての報告
　　　を書き記すが，それは感覚的世界全体の略図を自己の都市のなかに
　　　秩序付けられたものとして所有するためである。〔…〕彼は，つい
　　　に感覚的世界を全て秩序づけ終えると，それを失うことのないよう
　　　に，よく整えられて比例的に正しく測定された地図の上へとそれを
　　　転記する。そして彼は地図に注目し，使者たちを次の機会のために
　　　帰して，門を閉じる。その後に世界の建設者に内的視線を向け
　　　る。それは，自分が使者たちから理解し書き記したものどものうち

---

　　27)　*De doct. ign.* II, 1, p.61; 63（岩崎・大出訳 80 頁 ; 82 頁以下）；さらに Ibid. II, 2, p.
66, 14-16:「われわれの知性は〔…〕被造物の存在に到達することはない」（岩崎・大出訳 88
頁）；*De mente,* VI, n. 95:「われわれの精神の数は，ものの原型たる神の数の似像であるから，
それは諸観念の原型でもある」。
　　28)　*De coniecturis* I, 11, n. 60; II, prologus, n. 70.
　　29)　薗田『〈無限〉の思惟』67 頁。

のいかなるものでもなく，むしろそれら万物の制作者であり原因なのである。彼〔地理学者〕は，自分が地理学者として地図に関わるのと同様に，この世界建設者が，しかし自分に先立って，全世界に関わっていると考えると共に，また，地図の真の世界に対する関係から地理学者としての他ならぬ自分のうちに創造者を洞察する——似像のうちに真理を，〈しるし〉のうちに〈しるしで示されるもの〉を思弁しつつ。この洞察の過程で彼は，理性を所有しない動物も類似した都市と門および使者たちをもっているように見えるが，このような地図を作成することはできないことに気付く。このことの故に，彼は自己のなかに世界建設者にかなり近い第一の〈しるし〉を見出すが，それは，その〈しるし〉のなかに創造力が，他のいかなる既知の動物におけるよりも多く反照しているからである。〔…〕彼はできる限り全ての感覚的な〈しるし〉から自己を引き離して，知性的で単純な形相的な〈しるし〉へと向かう。そして，精神の視線のいかなる鋭さをもってしても近寄りえない永遠な光がそれらにおいて輝いている事情を，彼は極めて注意深く認識して以下のことを理解することになる。把握されえないもの〔神〕は，存在が把握されえない仕方でのみ観られうること，把握されうるいかなる方法によっても把握されえないものである彼は，現に存在する万物の存在の形相であること，さらにこの形相は，現に存在する万物のなかに把握されえないものとして止まりつつ，知性的なもろもろの〈しるし〉のなかで「闇のなかで光る」ように光っているが，知性的〈しるし〉によってはけっして把握されないことを。〔…〕このような思弁によって観照者は，自己と万物の原因であり始めであり終わりであるものに向かって極めて甘美な仕方で出発して，幸福裡に到達するのである[30]。

　このいささか長過ぎる引用を，〈自然についての情報が神探究とどのような関係にあるのか〉という観点から整理してみよう。まず，地理学者が地図を作成するまでは，神についての記述は現れない。次に彼が

---

30)　*Compendium*（『神学綱要』）Ⅷ，n. 22ff.（大出・野澤訳 40-43 頁）。

80 I クザーヌスという人物

自己の視線を地図から内に転じた時，それはまったく論理的に想定されうる世界の制作者（conditor mundi）として[31]，地図制作者である地理学者のうちに——どこか他の所にではなく——思弁される。次に地理学者の地図作成能力という創造力との関係において，それを〈しるし〉（signum）とする〈しるしで表されるもの〉（signatum）としての神の創造力が指示される。最後に，知性的な〈しるし〉のなかに光ってはいるがけっしてそれによっては把握されないものとして神が示されている。以上の整理から明らかなように，このクザーヌスの叙述においては，神の現れ方が次第に抽象化かつ内面化しているのである。

　またこの地理学者の自然探究は，それを自己目的とするものではなく，この内面化の過程での最初の一段階，神に向かっての上昇のための条件の一つにすぎない。さらに注意すべきことは，この条件としての自然認識のあり方は，けっして自然科学的意味での必要十分条件でもなければ十分条件でもなく，ある種の必要条件とでもいうべきものであることである。あるいは，目的と手段というような直接的な関係が存在しないという意味では，いかなる条件でもない，と言うべきかもしれない。なぜなら，地理学者が作った地図はそれ自体が神についての何らかの知識であるわけではなく，また彼は思弁の途中で「できる限り全ての感覚的なしるしから自己を引き離す」のである。そして，この思弁で把握されることは，神そのものではなくて，神はいかにしても知性によっては知られないということである。これはクザーヌスの〈覚知的無知〉の思想に他ならない。

　では，なぜ地理学者は先ず外界の情報を集めて地図を作成するのだろうか。それは，いわば「神を観たいと望む信徒にとって必然的に要求される〈整いのよさ〉（dispositio）は心の清らかさです」[32]という場合の〈整いのよさ〉を準備するためである。だから実は「世界の成り立ち

31）　ここでクザーヌスは注意深く 'creator' というキリスト教用語を用いていない。conditor と creator を区別することは，以下にも：*Sermo* CCLXXXIX（1459年1月27日），n. 3, 4-6: conditorem intellectum primumu movens, quem Pulus Deum nominat.「第一の知性に作用する制作者をパウロは神と名付けている」。さらにここで神を「制作者」としているのは，人間の地理学者という地図制作者との間に原像と似像の関係を想定しているのであろう。

32）　*De poss.* n. 34.（大出・八巻訳50頁）。

第4章　デッサウアーのクザーヌス像　　　81

（dispositio）」[33]が直接的に必要なのではなくて，それが神に近づくことを願望する者の「心の整いのよさ」を準備するのに役立つ限りにおいてである。かくして，もはや言うまでもなく，クザーヌスにおいて自然認識と真理とは，いかなる意味においても「部分と全体」の関係に立つものではない。

　しかしながらクザーヌスは，自然認識も「心の整いのよさ」を準備するのには役立つと考えている。それは，どのようにであろうか。第一の理由は，人間の精神（mens）の，いったん外界を測定する（mensurare）ことによって自己の能力を高めて，後に真理へと向かうという特性にある。「精神は他のものを測ることによって自己の理解力（capacitas）に到達するのである。それは自己を認識するために全てをなす。それは万物のなかに自己の尺度を探究するが，しかしこれを，万物が一であるところ〔神〕にのみ見出すのである。そこには精神の厳密性なる真理が存在している」[34]。第二の理由は，存在論的なものである。すでに見たように世界は神の顕現であるから，それを精神が探究することは，世界の有する秩序正しさ，美しさを認識することになり，それに対する驚嘆から，一定の条件の下では，すなわち人間が〈覚知的無知〉という事態を正しく把握している場合には，それの源泉へと向かわされることになるからである。

　　われわれは，神のすべての業についてどんな根拠をも知ることはできないが，これらすべての業に驚嘆することだけはできるということを，覚知的無知によって経験する。〔…〕彼〔神〕は，これほど驚くべき〔神の被造物である〕世界の機構によって，われわれが驚嘆するように導かれることを欲してさえいる。しかしながら，われ

　33）　註30のCompendiumの引用の冒頭参照。

　34）　De mente, IX, n. 123. なおここで「理解力」と訳した 'capacitas' という語は，キリスト教の伝統では「神を受け入れる能力」という意味をも有していることに，留意したい。cf. Augustinus. De Trinitate（『三位一体論』），XVI, 8, n. 11 (CCSL, LA 436)（中沢宣夫訳399頁）参照。さらにクザーヌスの書 De beryllo『緑柱石について』7では，人間の知性的探究をaenigmatica scientia（〈エニグマ〉のような学）としつつ，それは大いに鋭敏な力を所有しており，それによって，〈エニグマ〉が真理の〈エニグマ〉であることを見抜き，さらに，その真理はなんらかの〈エニグマ〉において形成されうる真理ではないことを知る，とされている。

われがこれ〔世界の機構〕にのみ驚嘆しているならば，驚嘆すれば
するほど，彼はわれわれに対してこれを隠してしまう。なぜなら，
全心全精力を傾けつくして探求されることを欲するのは，彼ただ一
人なのであるから。〔…〕万物が何であるか，あるいは，万物がど
のような仕方で，もしくは，何のために存在するのかを，覚知的無
知において万物から探知しようと努めている者に対して，ほかなら
ぬ万物はこう答える。「われわれ（万物）は，みずから何ものでも
なく，何も答えることができないということしか答えることができ
ない。〔…〕もしあなたが，われわれについて何かを知ろうと望む
ならば，それを，われわれの内にではなく，われわれの根拠と原因
〔神〕のうちに探し求めねばならない。あなたが一なるものを探し
求めるかぎり，そこ〔われわれの根拠と原因のうち〕に万物を見出
すであろう。また，彼（神）のうちにおいてでなければ，あなたは，
あなた自身を見出すこともできないのである」[35]と

　第三の理由は，神の超世界的な存在の仕方にあるだろう。つまり，世
界内に存在するものとして人間は，上の引用文で見たように先ず世界に
真理と根拠を見出そうとするのであるが，それがそこには存在しないと
分かった時に，初めてそれらが真に存在するところへと向かって探究を
開始することになるというのである。それは，先の地理学者の営みに
も典型的に表れているように，先ず外に，そして内に，さらにその内奥
へ，ということである。しかし，この「内に」[36]ということは，クザー

---

35) *De doct. ign.* II, 13, n. 179f. (p. 113. 4f.; 12-15; 19-23; 28f.)（岩崎・大出訳 152 頁以
下 ）: per doctam ignorantiam experimur iuxta praemissa nos ommium operum Dei nullam scire
posse rationem, sed tantum admirari [...] Qui etiam vult, ut in admirationem ex mundi machina tam
mirabili ducamur; quam tamen nobis occultat eo plus, quo plus admiranmur, quoniam ipse tantum
est, qui vult omni corde et diligentia quaeri.[...] omnia quidem in docta ignorantia ab eis sciscitanti,
quid sint aut quomodo aut ad quid, respondent. Ex nobis nihil neque ex nobis tibi aliud quam nihil
respondere possumus [...] Si quid scire de nobis optas, hoc quidem in ratione et causa nostra, non
in nobis quaere. Ibi reperies omnia, dum unum quaeris. Et neque teipsum nisi in eo reperire potes.
なお，この部分の叙述は Augustinus, Confessiones, X, 6, n. 9（山田晶訳『告白』334-336 頁）
とよく似ている。先にみたクザーヌスの『神学綱要』における地理学者が五感という使者か
ら外界の情報を得るというイメージもアウグスティヌスのこの箇所に描かれている。

36) *De ven. sap.* XVII, n. 50, 16f.（酒井・岩田訳 183 頁）: Quantum sufficientiae habeat
inte11ectualis venatio, quando intra se pergit non cessans se ipsam profundare.「知性の狩は，自

第4章　デッサウアーのクザーヌス像　　83

ヌスの表現にも関わらず，単に外界に対する自己の「内界」を意味する
のではなく，究極的には，われわれの指示できる「いずこ」でもないと
いうことを意味するはずである[37]。以上の三つの理由により，人間が自
然を探究することは，神を探究する者の「心の整いのよさ」を準備する
のに役立つのである。

　したがってクザーヌスにあっては，──後期の著作でいっそう明確に
なっているのであるが──，すべての学問探究は自己愛とこの世界の評
価につらなるものであってはならない，換言すれば自足的なものであっ
てはならないのである。むしろ自己否定的なものでなければならないの
である。なぜならそれは，すでに上で見た『緑柱石』（注34の個所）の
叙述が示しているように，〈エニグマ〉のような学問探究だからである。
そして，むしろ，「もっとも知恵ゆたかな・最も美味な学問」をこそ見
出さねばならない。それは人間が神を賛美する所にこそ見出される，と
いうのである[38]。

　われわれはここに，近代の科学的な方法についての考え方を当ては
めることには慎重でなければならない。つまり，一定の（物理的にせよ，
心的にせよ）エネルギーを投入することは，それができるだけ効率よく
直接的にそれに見合う結果を生み出すべきであるし，そうでなければな
らないと，われわれは考えがちであるが，ここにはそれは妥当しないの
である。ただ待つためにのみ，何かに励むということもあるべきだとい

───────────

己の内に入り，たえず自己を深めることが進めば進むほど，十分な獲物が手に入るのである」。
さらに，De quaerendo deum（以下 De quaer. と表記，）III, n. 50（大出訳『神の探求について』
80頁）にも。

　37)　De doct. ign. II, 12, 104（岩崎・大出訳140頁）：Deus, qui est undique et nullibi.「い
たるところに存在しいかなるとろにも存在しない神」。また Sermo CCXVI, n. 16, 24-26: Unde
Deus est in omnibus et in nullo. In quolibet enim est, ut ens est,in nullo vero, ut hoc ens est. さらに
Apologia, n. 25, p. 17, 20f.: Sicut enim Deus ita est ubique quod nullibi-cum nulli loco desit, qui
in nullo loco est-, ut sit in omni loco illocaliter sicut magnus sine quantitate.

　38)　De ven. sap., XVIII, n. 53（酒井・岩田訳186頁）。なお，この18章の叙述は興味深
い構造をもっている。先ず n. 51-52 において，被造的存在のすべてが神を賛美している，と
論じて来て，n.53においては，だから人間も神を賛美しているし，知性的存在としての人間
は他にもまして特別に神を賛美する存在である，と論が展開されているのである。ケプラー
およびガリレイらの場合には，論の前段は同じでも，後段が，「だから万物・自然を探究する
ことで神を賛美しよう」となるはずだ。この点について永井博『近代科学哲学の形成』41,
59, 116頁参照。

84 　　　　　　I　クザーヌスという人物

うのだ。後の註 50 に引用したクザーヌスの文章はこのように読まれる
べきであろう[39]。

　以上のように考察してくると，クザーヌスの「自然探究」は，彼がし
ばしばボナヴェントゥーラ等にならって人間の認識の神への段階的上昇
を言っているとしても[40]，その上部段階には信仰によってのみ達成され
る段階が前提にされているのであるから，けっしてデッサウアーが言う
ような意味での「英雄的な愛による宇宙の抱擁」ではない。それは，彼
が想定しているように，近代自然科学的意味で「たえずより多くはてし
なく認識できる」ものと考えられているわけではないからである。また
クザーヌスにおいて，デッサウアーが言うような意味で「志向は止むこ
となく，動揺は抑えがたく，終わりなき進歩が任務と成った」というこ
ともない。クザーヌスにおいては「神と世界の間には希望もないほどに
遙か遠く深い隔離が存在するということは，もはやなくなった」という
ことはないからである[41]。確かに彼は神のこの世界への「近さ」を強調
するが，それは同時にその「根源的な遠さ」を前提にしている。「遠さ」
とは存在論的な場においてであり，それが救済論的な場で初めて「近
さ」として説かれるのである。その点を見失ってならないだろう。

　したがってクザーヌスの自然探究は，デッサウアーが言う「働きつつ
祈れ」ora laborans[42]で表されるような，「働き」（探究）と「祈り」とが
別々に想定されている「働き」ではなく，「働き」が「祈り」である体
のものである。したがってそれは，むしろ古典的に labore est orare（働
きは祈りである）と言われるべき自然探究であるだろう。あるいは「修

---

　39)　クザーヌスは以下のように説いている：「極めて敬虔な希求をもってあの全能な太
陽を待ち望む」（De poss. n. 15，（大出・八巻訳 26 頁）：「望むものが受け取られるのは，信
仰の尺度に従ってであって，肉体（物体）的努力の重さによってではない」（Sermo CXVIII,
n. 6, 6-8: Secundum mensuram fidei recipietur desideratum et non secundum pondus laboris
corpolaris）.

　40)　De quaer. I, n. 19 およびその訳注 5（『隠れたる神』44 頁および 84 頁以下）。

　41)　岩崎・大出訳『知ある無知』の訳注（243 頁）にも「かれは，無限な三角形の肯定
的な洞察を神の三位一体へと転用する。しかしこのさい，神の無限性とわれわれとの間に横
たわる深淵をあらわにすることを忘れない」とされている。

　42)　Begegnung S. 59.

練としての自然認識」とも言いうるかもしれない[43]。かくして，デッサウアーはクザーヌスを余りにも自分の見解に引きつけ過ぎて誤解している，と言わねばならないだろう。

3　クザーヌスにおける真理把握の漸近性？

デッサウアーは，近代自然科学の真理観である「真理把握の漸近性」の先駆がクザーヌスに見出せるとしていた。クザーヌスにおいて実情はどうであろうか。

確かにクザーヌスは，しばしば「真理把握の漸近性」と解することが可能な記述をしている。例えば『秤の実験』において，「実験的学知というものは膨大な記録を必要とする。それが多ければ多いだけ，われわれはより誤りが少なく実験によって実験から成立する術に到達しうるのである」[44]と記している。さらに主著『覚知的無知』においても以下のような記述が見出される。

「われわれは，この無知をいっそう深く教えられれば，それだけいっそう，真理そのものに近づくのである」[45]。また，「知性は真理ではないので，——限りなくいっそう厳密には把握されえないほどまで，——厳密に真理を把握することはけっしてない，知性が真理に対する関係は，ちょうど，多角形が円にたいする関係のようなものであるのだから。多角形は，いっそう多くの角をもつものとして描かれれば，それだけいっそう円に類似したものになるが，しかし，角を無限に増加したとしても，この多角形が円との同一性に帰着するのでないかぎり，けっして円と等しくされることはないのである」[46]。

---

43)　この点については，本書第 VI 部第 2 章を参照されたい。また，筆者は 2017 年に，*Anregung und Übung—Zur Laienphilosophie des Nikolaus von Kues*（『励起と修練——クザーヌスのイディオータ哲学』）という論文集を出版した。これは，クザーヌスの哲学に「励起と修練」という要素が特徴的である事をタイトルにしたものである。

44)　*De stat.* n. 178: experimentalis scientia latas deposcit scripturas. Quanto enim plures fuerint, tanto infallibilius de experimentis ad artem, quae ex ipsis elicitur, posset deveniri.

45)　*De doct, ign.* I, 3, 9（岩崎・大出訳 13 頁）: quanto in hac ignorantia profundius docti fuerimus, tanto magis ipsam accedimus veritatem. 同様な表現は，Ibid., 1, 1, 6（9 頁）にもある。

46)　Ibid. 3, 9（岩崎・大出訳 13 頁）: Intellectus igitur, qui non est veritas, numquam ver

第一の『秤の実験』からの引用は，まぎれもなく近代自然科学では「真理把握の漸近性」とみなすことができるであろうが，すでに上の2でみたように，クザーヌスにおいてはそれは「真理」の把握ではないのである。また，第二の引用での「いっそう深く教えられれば」というのは，資料や情報が増えることを意味しているのではなく，探究する者があらゆる意味において自己が無力であることをより痛切に自覚することである。デッサウアーの言葉を借りるならば，真の意味で「探究者が謙遜になる」[47]ということである。そしてそれがたえず繰り返されるべき営みとしてなされるということである。

　この問題を明らかにするためには，第三の引用を正確に理解することがもっとも重要であろう。この文章には，一見すると二つの異なった内容が含まれているように見える。つまり，一方において「知性は真理を把握できない」ということと，他方，「円と多角形との関係」から，「しかし知性は真理に限りなく接近できる」ということである。もし後者を前者の補足とみなすと，デッサウアーのいう「真理把握の漸近性」という内容を読み取ることもできるだろう。しかし，この節のコンテクストから判断するかぎり，著者の重点は後者にではなく前者にある。つまり，後者は前者の主張を補強する意味で，「（たとえ）角を無限に増加したとしても，多角形は円と等しくされることはない」のだから[48]，それと同様に「たとえ知性が無限に前進したとしても真理を把握できないのだ」と言われているのであろう。実は，先にみた第二の引用は，この結論の，すなわち「この無知」の確認だったのである[49]。

　この点は，実はクザーヌスが似像と原像の関係をどのようなものとして考えているか，という問題とも関わっている。彼は同じ『覚知的無知』第1巻第11章で記している。

---

itatem adeo praecise comprehendit, quin per infinitum praecisius comprehendi possit, habens se ad veritatem sicut polygonia ad circulum, quae quanto inscripta plurium angulorum fuerit, tanto similior criculo, numquam tamen efficitur aequalis, etiam si angulos in infinitum multiplicaverit, nisi in identitatem cum circulo se resolvat.

　47)　*Begegnung*, S. 38.

　48)　最初期の説教にも同じ趣旨のことが：*Sermo* II, n. 4, 28f:: semper infinite angulum distata a rotundo.「角は円形から絶えず無限に離れている」。

　49)　このことの傍証として「〈エニグマ〉には終わりがない」（*De poss.* n. 58）という文章も。

第 4 章　デッサウアーのクザーヌス像　　　87

いかなる似像も原像の類似へと近づいていくように思われるけれど
も，同じ一つの本性においてその原像と同じ最大な似像以外には
〔神における父なる神と子なる神との在り方のこと〕，いっそう類似
しいっそう相等しい似像がかぎりなく存することができないほどに
まで原像に類似し相等しいというような似像は，存在しないのであ
る[50]

　ここで先ず確認しておかねばならないことは，この引用で言われてい
る「いかなる似像も」というのは，この文章であえて神における同一性
を除外していることからみて，特に人間が神を原像とする似像であるこ
とが言われているのではなく，一般的な意味で言われているということ
である。つまり，「一般に似像は原像の類似に近づいていくように思わ
れる」ということである。すると，ここにも先の引用と同様に二つの異
なった内容が含まれているように思われる。つまり，「似像は原像に近
づく」ということと，「似像は原像に完全に相等しい似像にはならない」
ということである。これを逆転して，「似像は原像に完全に等しくはな
れないが，かぎりなく近づくことはできる」と漸近的に理解すること
が，すべての場合に可能だろうか。
　とくに今問題となっているのは，人間が原像たる真理・神に近づくと
いう場合である。この章の書き出しは，人間も含むこの世界の存在が神
の似像である，ということである。ここで一般に或るものが他のものに
近づくという場合，先の例の多角形が円に近づく場合のように，近づく
対象がすでに知られていると想定されがちである。その場合には，どれ
ほど近づいたか，逆にどれほどまだ離れているかについては，その過程
で知ることが可能である。しかし，人間にとっての原像たる神について
はどうであろうか。この章の冒頭を正確に見よう。

　　われわれのきわめてかしこくきわめて敬虔な博士たちは，皆，以下

---

　50)　*De doct. ign.* I, 11, 22（岩崎・大出訳 30 頁）: Et quamvis omnis imago accedere
videatur ad similitudinem exemplaris: tamen praeter maximam imaginem, quae est hoc ipsum quod
exemplar in unitate naturae, non est imago adeo similis aut aequalis exemplari, quin per infinitum
similior et aequalior esse possit.

88   Ⅰ　クザーヌスという人物

の点で一致している。，眼に見えるものは，まことに，眼に見えないものの似像であり，創造主は，いわば鏡のなかでそしてぼんやりとした像のなかでのように被造物によって知られうる[51]。

　ここから明らかなように，人間が神の似像であることは，当然のことながら，人間（或いは他の世界存在）の側からの何らかの知的検証によって確証されたことではなくて，権威が証明している啓示あるいは所与なのである[52]。したがって，その一方の当事者たる神への接近の道筋が予め人間に分かっているわけではない。さらにその対象たる神も当然のことながら，先の円の場合のように予め知られているわけではない。そうであるならば，その神たる原像に近づくということは，認識論的に何によって保証されるのだろうか。今自分の進み行きが神に次第に近づいているということは，いかにして認識できるのだろうか。そもそも不可能なのではないか。この点については，クザーヌス自身が他の書物で明確に指摘している。「似像から知識の原因を追求するといっても，ソクラテスを知らない限りは，誰もソクラテスの似像であることを認識できないのである」[53]。いま，この「ソクラテス」を人間の知性は知らないのである。

　論理的に見るとこの事態はより単純で明らかである。すでに2節の冒頭で見たように，無限の部分はやはり無限でなければならない。この場合，原像は神なる無限であるから，それについての知識としての似像が成立するならば，それはその部分をなすことはできず，それ自体が無限でなければならない。あるいは，そもそも真の無限については，それへの加算的接近が成立するような知識はありえない，ということでもある。逆に，前ですでに見た『秤の実験』で，「誤り」（正確さ）の漸近的

　51）　Ibid.
　52）　この権威による啓示に探究を基づかせるという方法論にクザーヌスは十分に意識的である。cf. *De genesi*, Ⅴ. n. 175（酒井訳525頁）：「私は経験から権威が探究に大いに役立つものであることを学んだ。すなわち，或る人が神の啓示によって明らかにされたような何らかの言明を受け取り，さらに，どのように言表されることであろうとも自分の信じることを，あらゆる試みをもって知性的に観ようと努めているならば，まったく隠れたる宝庫が自ら，そこに把握できない仕方で現れてくれるのである」。
　53）　*De genesi*, Ⅳ, n. 172, 16f.（　酒　井　訳　523　頁　）：Nemo potest imaginem Socratis cognoscere ex ea causam scientiae venando Socrate ignorato.

減少（増加）が言われうるのは，その知の対象が有限な全体を成しているか，あるいはせいぜい欠如的無限たる宇宙なのだからである。つまり，有限な道程のばあいには，一定の過程は「そこまでの進歩」とみなしうるのである。

　しかしながら確かにクザーヌスは，しばしば真理への限りない接近を説いているように見える。但しそれは，もはや全く別の地平において，すなわち信仰の地平においてのことに他ならないのである。

　　あなたの内奥へと毎日毎日いっそう深く歩みいることにより，外へと向かっているものどもすべてを見捨てることにより，彼〔神〕へと向きを変えて進むがよい。そうすれば，あなたは，神が見出されるあの道の上に見出されることになり，ついにあなたは，これらのことの後に彼を真理として把捉することができるようになるであろう[54]。

　これは，信仰の場でのこととして，まったく個人的・人格的事態であって，自然科学での認識のように，この営みの成果を一般的なものとして蓄積し，万人の客観的利用に供することのできるものではない[55]。確かにここには，心の「整いのよさ」を準備することとして一定の段階が想定されうるだろう。しかし，それはけっして客観的な意味での方法論的段階ではない。あくまでも啓示を待たねばならないのであり，それとの間には無限な「深淵」がある。したがって，このようにして「隠れたる神」に向かって上昇していくことは，けっして「漸近線へと接近していく」場合のような，いわば安定的な営みではなく，しばしばそれは探究者の実存の根本をつき崩すような混乱と恐れをも伴うものなのであると，クザーヌスは言っているのである[56]。

　54）　*De quaer.* III, n. 50（大出訳 80 頁）。さらに以下も参照されたい：*De vis.* XXIV, n. 113（八巻訳 148 頁）；*Sermo* CCXVI, n. 9, 1-10.

　55）　*De fil.* III, n. 62（坂本訳 131 頁）：「神は把握しがたいものであって，子としての身分，すなわち神である真理の把握に到達することはできないということをたびたび聞いて，恐らくあなたは動揺なさることがあるでしょう。私はあなたが，真理はそれぞれの人によって異なった様式で把握されうるということを，充分理解しておられると思います」。

　56）　*De doct. ign.*, III, 11, p. 153（岩崎・大出訳 205 頁以下)；*De vis.* XIIf.（八巻訳 68-82

90 　　　　　　Ⅰ　クザーヌスという人物

　クザーヌスにおいて真理の探究がこのようなものであるのであれば，いかにデッサウアーの想定していたものと異なるものであろうか[57]。

4　デッサウアー批判

　以上のように誤解が多く含まれたデッサウアーによるクザーヌス像を考察して来た今，その根源がどこにあるのかを，尋ねなければならない。先ずデッサウアーの近代自然科学像を，先の紹介からまとめてみよう。1）自然科学の成果は自然的啓示としての神の〈しるし〉の認識である。2）科学・技術の正しさはその実践における成功が証明している[58]。それはカントの，純粋理性，実践理性，判断力の三つの王国に加えて「第四の王国」と称することのできる領域である[59]。3）科学者・技術者は厳密で繊細な良心を所有している。4）誤りはどんなことにも付随しうるので，それを理由にして科学・技術を否定してはならない。以上いずれも，彼なりの形而上学的基礎付けに基づく極めて楽観的な見解である。この楽観性の根源は，おそらく彼の真理観における徹底した〈世俗化〉Säkularisierung にあるだろう。これは，すでにクザーヌスに則して検討した際に明らかになったことと密接にかかわるものであって，具体的には，自然科学的真理の自立性と真理の漸近的獲得という 2 点である。

　これはすでにガリレイにも明確に見出されることであるが[60]，しかし

頁）

　　57）　ヤスパースも，クザーヌスの真理観が漸近的性格を有するものでないとしている。（*Nicolaus Cusanus*（註3））S. 144f.（薗田訳 209 頁以下）。また，クザーヌスに真理への漸近的接近を見る点では，ツィンマーマンもデッサウアー同様に誤っていると言わねばならない。op cit.（註 1）S. 127f.

　　58）　*Erkennen*. 1, S. 9; S. 18f. にも同様な言明あり。

　　59）　*Philosophie der Technik*, II, 2, S. 51（82 頁）。

　　60）　自然学の真理の自立性については「ガリレイのカステレリあての手紙（1613 年）」（清水純一『ガリレイの書簡』33 頁）)：「自然の結論は，感覚的経験を通してもたらされたものであろうと必然的証明によって帰結されたものであろうと，疑いを挟むことを許さぬものであります。たとえ聖書のどこかに違ったふうに述べられているからと申してもです。〔…〕二つの真理が互に対立するというようなことがありえないのも明白なことですから，我々にとっては何よりも経験あるいは必要な証明を通じて確実なものとして与えられている自然の

第 4 章　デッサウアーのクザーヌス像　　　91

　ガリレイは,「聖書の真理」と「自然学（科学）の真理」とを区別して,
後者の自立性を主張しつつも, いわば前者の内容と後者とをどう調停す
るかを, 依然として不可欠の課題と意識していた。あるいはより積極的
に, 両者の調停をこそ, 自分の自然学の任務と自負さえしていたであろ
う[61]。その限りでガリレイの真理観は依然として,「真・善・美」が互い
に等価な「真理」であるというクザーヌス的な側面を有していたと言え
よう。

　しかしデッサウアーは, このような, 真理観をめぐってクザーヌスと
ガリレイとの間に存在する相違, さらにはこの両者と自分自身との間に
存在する相違を無視している。それゆえにこそ彼は 1 節で見たように,
クザーヌスの後にガリレイにおいて悲劇的な方向転換が来た, と捉えて
いたのである。しかし, 実際にはクザーヌスとガリレイの間には真理観
をめぐって明らかな相違があったのであって, ガリレイが教皇庁の気ま
ぐれで断罪されることになったというわけではないのである。

　また, 真理の漸近的獲得について, デッサウアーはなぜそれを無造作
にクザーヌスにも適用したのだろうか。それは彼の言うところの「自
然的啓示」の理解にクザーヌスとは根本的に異なるところがあったから
に違いない。デッサウアーは自著 *Erkennen* において, ヤスパースがク
ザーヌスから示唆を受けて構築したと言われる〈Chiffer〉（暗号）の思
想[62]に言及しつつ,「この暗号・自然は沈黙しており, ただ人間のみが

結果とも一致するような真実の意味を, 聖書の言葉のうちに見つけ出すように努力するのが,
賢明な解説者のとるべき態度と申すべきものでしょう」。また, 聖書の真理についてさえも,
その漸近的獲得について記している。「ガリレイのクリスティーナ大公妃あての手紙（1615
年 6 月）」（青木靖三篇『ガリレオ』214 頁以下：「聖書のなかにはひじょうに深い神秘と, ひ
じょうに崇高な観念がありますので 幾百人のきわめて俊敏な学者の徹夜と労苦の研究も, 幾
千年にわたってつづけられているのに, いまだ完全に理解に達していないのです」。

　61）　ガリレイは自分が「哲学者」と呼ばれることを望んでいたという。清水上掲論文
（註 60）31 頁参照。また, 永井上掲書（註 38）116 頁も参照。この理由として, 以下のよう
なことが考えられる。当時は「科学者」Scientist と呼ばれる存在はまだいなかった。また,
自然科学に近い研究分野は「自然哲学」philosophia naturalis と称される哲学の一分野であり,
一般の哲学としての「道徳哲学」philosophia moralis と併存していた。さらに, 近代になるま
での西欧では, artes liberales（自由学芸）と artes mechanicae（機械的学芸）という区別があ
り, 後者に携わる者は, 前者に携わる者に比較すると, 社会的に低位に位置づけられていた。
後者は主として職人層であり, 前者は大学における学者たちであった。ガリレイには, 自ら
実験に携わることで職人とみなされることを避けるという意図があったのだろう。

　62）　ハウブストへのヤスパース自身の手紙。Haubst, *Philosophie, Religionsphilosophie*, S.

92 I クザーヌスという人物

人間に答える，とヤスパースは言うが，人間というものはこんなふうに
宙ぶらりんではないのではないか」と言い[63]，別の著書 *Begegnung* では
自然科学の「暗号解読」に関して次のように言う。

　　自然探究者になるということは，自然への問いかけの術を身に付け
　　ることを意味するが，この術は現代では名人芸にまで発展させられ
　　ている。これにはもう一つ別のことも属している。つまり自然の答
　　えを解釈すること，自然を暗号解読することである[64]。

　ここにも見事な〈世俗化〉が見られる。デッサウアーの言う「暗号」
はヤスパースの〈Chiffer〉ではない。後者のそれは，通常の認識とは
まったく無関係であって，普遍妥当的経験や検証の対象とはならない
ものであり，ただ単に実存と超越者との関係の中での〈なぞ〉〈エニグ
マ〉であり，超越者の言葉なのだからである[65]。ヤスパースの〈Chiffer〉
に対応させて表現するならば，デッサウアーのそれは「パズル」Puzzle
に過ぎないのである。
　つまりヤスパースは，自然科学と技術で解きうる「パズル」よりも根
源的な事態を問題としているのである。他方，デッサウアーの真理探究
をある種のパズルであると解するならば，彼が「真理獲得の漸近性」を
強調するのも理解しやすくなる。なぜなら，パズルを解くことは一般に
部分から全体への絶えざる進行なのだからである。

828.
　63）　*Erkennen,* S. 42.
　64）　*Begegnung,* S. 37. ちなみにこの「問いかけの術」についてのデッサウアーの表現は，
カントの『純粋理性批判』の以下の一節を彷彿とさせる。すなわち，「こうして自然科学者た
ちは次のことを知った，すなわち理性は自分の計画に従い，みずから産出するところのもの
しか認識しない，——また理性は一定不変の法則に従う理性判断の諸原理を携えて先導し，
自然を強要して自分の問いに答えさせねばならないのであって，徒らに自然に引き廻されて，
あたかも幼児が手引き紐でよちよち歩きをするような真似をしてはならない，ということで
ある」（*Kritik der reinen Vernunft,* B XIII〔篠田訳『純粋理性批判』上 30 頁〕）。
　65）　Jaspers, *Der philosophische Glaube angesichts der Offenbarung,* S. 153. さらにヤス
パースは，*Nicolaus Cusanus*（註 3）の中で，自然科学への盲信によって 'Entzauberung der
Welt'（世界の魔法解除）が主張されているが，それはクザーヌスの考えていたことではない
としている（S. 225f.（薗田訳 331 頁以下））。ここにヤスパースのデッサウアーの論に対する
返答が窺えるのかもしれない。）

第 4 章　デッサウアーのクザーヌス像　　　93

　さらにまた，彼が自然科学者と技術者の気高い良心を強調して，彼らの営みの誤りの少なさ，確実性を保証しようとしていたことも，理解しやすくなる。つまりパズルをパズルとして成立させるためには，その際に則っとられるべきルールが存在するが，これは人間が約束事として定めたものであり，しかも，パズルでルールが守られるのも当然のことであって，そのことを「良心」と言っているのであろう。それが守られるならば，その結果が内部で「妥当性」をもつのもまた当然のことである。

　しかし端的に言って，クザーヌスの真理はこの地平にはない。それはいわば「パズルを解く」という人間の一つの営みさえをも成立させる根拠・基盤としてのものである[66]。ヤスパースにおいても同様である。この地平には，そもそも「問いかけの名人芸」などというものは成立するわけがない。この事態を仮に「問い」という語で表現するならば，真理が分からないからこそ問うのであり，問い自体が全てである体のものなのである。したがってそれにあっては，「問いかけの方法」が問題とされうるべく，その「問い」そのものが再度問われるということはもはや不可能な「問い」なのである[67]。

　したがってさらに，クザーヌスの立場からすれば，デッサウアーが技術の自然に対する実効性に自然認識の正しさを根拠付けていることを，つまり彼の真理観そのものを問わねばならないのである。たとえ自然認識の成果が何物かを理論通りに現実に動かしたとしても，そもそもその科学・技術がこの世界にあるべきものか，あってよいものであるのか，と問われる必要があるのだ。例えば，中世において錬金術が排斥され禁止されたのは，それがいかなる成果をも自然界であげなかったからではなくて，その目指す成果が「真理」ではない，倫理的に善ではないと判断されたからでもあろう[68]。

───────────

　66)　リーゼンフーバーはこれを「地平としての真理」としている：「知られざる神を知る」173 頁。

　67)　ヤスパースのこの問についての思惟は以下を参照されたい：*Notizen zu Martin Heidegger*, Nr. 209, S. 223ff.

　68)　錬金術がしばしば実効を伴って，学の一角を占めていたこともあったことは，諸書に記されている：村上陽一郎『西欧近代科学』247 頁以下；Butterfield, *The origin of the modern science*, p. 35. なお，クザーヌス自身も，「医術にせよ錬金術にせよ魔術にせよ，その

94　　　　　　　　Ⅰ　クザーヌスという人物

　デッサウアーは繰り返し，確かに科学は人間に若干の害をもたらしたが，それをはるかに上回る益をもたらしつつある，だから科学を否定すべきでないと説き，また試行錯誤の方法論を承認している。すべてを量へと換算して扱うことを欲する，まさに近代科学に典型的な「量的比較」論に立つならば，そのように評価することが可能であるとしても，またパズルにおいては，その遂行を何度でも繰り返すことが可能であるから試行錯誤が許されるにしても，しかし，今問題であるのは，そのような地平ではない。たった一つの悪あるいは誤りによっても「そもそも科学という営みが人間にとっての真理であるのか」と，問われうるということである[69]。

　この問いを問うことのないデッサウアーは，知的探究をほとんど無条件的に肯定している。クザーヌスに則して言えば，彼の〈覚知的無知〉という自らの知的営みへの批判・否定が，デッサウアーには存在しないのである。したがってまた，クザーヌスの思想におけるこの要素を，それに言及しはするものの，実際には無視している。その結果，クザーヌスと並んでアウグスティヌスをさえも，自然の啓示の解読として自然研究の価値を先駆的に認めた思想家として，名をあげることになる[70]。しかしこの両者においては，知的好奇心（curiositas）に対する強い批判が存在するのであって[71]，とうていデッサウアーの評価は当たらないので

───────────

他，事物を変化させる術はみな，真理の厳密性に欠けている」（*De doct. ign.* II, 1, 63（岩崎・大出訳 83 頁））として，錬金術を否定的に扱っている。さらには，上の註 25 も参照されたい。ここにはクザーヌスの依然として伝統的な技術観も伺えるだろう。

　　69）　例えば次のような見解もある。Haubst, *Nikolaus von Kues,* S. 26：「近年の傲慢な科学的進歩の信仰にひたるなかで，人間相互の社会的連帯意識はこれほどまでに貧弱で盲目になっているのである。しかし，よりにもよって科学の高度な進歩を象徴する原子炉が，突然にこの地上での人間の生命への脅威であることが明らかになった今，その熱中も覚まされ，それどころか恐怖へともたらされるはずだ。クザーヌスの『普遍的協和』は単に技術的な思考よりもはるかに深い根をもっている。それは，なによりも次のような人間の自己理解から，すなわち，端的にキリスト教的に言えば，キリストによって導かれ勇気付けられて，自己を神の子としてみなし，従ってすべての人間に対して兄弟姉妹のように接するという人間の自己理解から成立しているのである」。このハウプストの文章は，チェルノブイリのカタストロフィの直後に記されたものであるが，その四半世紀後にフクシマを経験したわれわれは，改めてこの文章の意味をかみしめざるをえない。

　　70）　*Streit um die Technik,* S. 254; 260.

　　71）　Cusanus, *De sap.* 1, n. 4：「あなたが単なる好奇的な探究心 curiosa inquisitio を棄てていることが私に見て取れなければ，私はあなたに偉大なことを知らせることはできない」。

ある。古来「啓示」はつねにその内容自体が問われて来た。それは権威
をもってしかその正当性を保証されないのだが，それゆえにこそつねに
問われうるのであり，しかし再び権威をもってしか答えられないのであ
る。「自然的啓示」であっても，「啓示」であるかぎりこの問題は不可避
であるはずだ。自然の何を啓示とみなすか，みなしうるか，ということ
である。つまりデッサウアーの言う「自然的啓示」の内容が真に啓示で
あるのか，別のものこそが真の啓示なのではないか，と自問される必要
が本来あるのにもかかわらず，彼が「自然的啓示」という時に，これは
全て無視されている。この問いの欠如した「啓示」は，もはや啓示の意
味を喪失している。ここにもまたデッサウアーの〈世俗化〉が見られる
のである。

　かくして，いまデッサウアーの自然科学像の総体も問われている。そ
ればかりか，彼のこの科学像が，単なるあるがままの科学についてまと
められた見解というものではなく，基礎論的探究を経たものであるとす
れば，これはデッサウアー個人のものであるにとどまらず，むしろ，近
代自然科学観の一典型を示しているものとみなされうるのであり，それ
ゆえに同時に，自然科学そのものも問われねばならないと言うべきであ
ろう。

Augustinus, *De trinitate*（註 34）XIV, 1, n. 3 (424)（中沢訳 387 頁）：「私は無益な虚栄や危険
な好奇心 superuacanea vanitas et noxia curiositas に満ちている人間的事物において人間が知り
うるものではなく，真の浄福に導く極めて有効な信仰を生み，養い，擁護し，強めるものの
みをこの知識〔知恵〕に帰するのである」。さらに Augustinus, *Confessiones*『告白』IV, 12,
n.18; V, 3, n. 3ff. にも，被造物にとらわれることへの激しい批判がある。

II

クザーヌスにおける主体性

第1章

クザーヌスにおける人間の主体性について
——『イディオータ』篇を中心にして——

序

　クザーヌスの思想の中に主体性（Subjektivität）の思考を見てとり，その哲学を〈主体性の哲学〉としてとらえる解釈の仕方は，カトリックの哲学者であるシュタールマッハ（Stallmach）がクザーヌスの死後 500 年を記念する論文集で，以下のように論じたことで市民権を得たようである。

　　「現実の世界が神の無限な理性から進み出るように，われわれの推
　　測はわれわれの精神から進み出る」[1]。世界は精神から進み出るので
　　ある。〈世界そのもの〉は神の無限なる精神からであり，またわれ
　　われが思惟するような，〈われわれにとっての世界〉，すなわちその
　　下でわれわれが現実的関係をもとうと試みる近似モデルは，われわ
　　れの有限な精神からである——このことは，あらゆる主体性の哲学
　　に共通な根本的モチーフである。存在者の単なる事実性は，それが
　　創造的精神から到来したということの揚棄によって洞察される[2]。

　その後，このテーマは一つの重要なものとして認識されたようで，1970 年代に入って，〈クザーヌスにおける主体性〉をタイトルとする研

---

　1)　Cusanus, *De coniecturis.* I, 1, 5, 3f.（以下 *De coni.* と略す）。
　2)　Stallmach, Ansätze neuzeitlichen Philosophierens bei Cusanus in: *MFCG*, Bd. 4, S. 349 f.

究書が複数公刊された。その一つがフレンツキー（Fräntzki）のものであり[3]，もう一点がヘロルド（Herold）の研究である[4]。さらにヴェルトーヴェン（Velthoven）は〈主体性の哲学〉の問題意識に立ってクザーヌスの認識論を扱った研究を発表している[5]。

　フレンツキーは，クザーヌスの哲学を古代・中世哲学の伝統と十分に対照して考察しながら，人間の主体性をカント的意味で扱うのではなく，むしろヘーゲル的意味で，神なる絶対的主体の下に位置づけて捉えようとする。その際に主体性とは，一種の自己運動性とみなされており，自己実現，自己実現によって限定される識別，および識別されるものの根源への回帰の三つの契機からなっているとする[6]。さらに絶対的主体性においては，上の三つの契機が，自己関係，識別および統一であるとする[7]。しかし人間の主体性においては，上記の三つの契機がいずれも完全な形で成立しているわけではなく，欠如的にのみ成立しているゆえに，人間の主体性を欠如的主体性として，彼は捉えることになる[8]。

　他方ヘロルドの研究は，彼に先立つ諸研究の批判的総括を企図しつつ，新しい方法論を提示している。それは，クザーヌスが駆使している〈点〉，〈球〉，〈鏡〉および〈分有図〉などの形象に着目して，それに考察の焦点を絞りながらクザーヌスにおける主体性の思考を解明しようとするものである[9]。ヘロルドは，フレンツキーのように絶対的主体性の下で人間の主体性を考察することは，クザーヌスにおける，神から与えられたものとしての人間の自律という理念の成長を見失うことになるのではないか[10]，と批判しつつ，自身はカント的な有限的主体性に定位する。その主体性概念の特徴は，基礎として存在し空間へ広がりつつある精神の統一性，精神の限界設定と限界超越運動，人間の思考の自発性と

3）　Fräntzki, *Nikolaus von Kues und das Problem der absoluten Subjektivität.*

4）　Herold, *Menschliche Perspektive und Wahrheit, Zur Deutung der Subjektivität in den philosophischen Schriften des Nikolaus von Kues.*

5）　Velthoven, *Gottesschau und menschliche Kreativität.*

6）　Fräntzki, Ibid., S. 31 f.

7）　Ibid., S. 68.

8）　Ibid., S. 67.

9）　Herold, Ibid., S. 2

10）　Ibid., S. 9 f.

第 1 章 クザーヌスにおける人間の主体性について 101

固有の被制約性への反省，有限な視と無限な真理との結合における遠近
法の思想という四点があげられている。そして，とりわけクザーヌスの
『精神について』における精神（mens）に着目しつつ，その〈遠近法〉
を解明しようと努めて，その〈遠近法〉が人間の主体性の証左であると
結論している。

　しかし，このようなヘロルドの把握に対しては，逆に主体性からこそ
〈遠近法〉が証明されるのだ，というフレンツキーの批判がなされてい
る[11]。

　さて私は以下の小論において，これら二つの主体性を扱った論文の間
に定位しつつ考察を試みることとする。すなわち，主体性についてはフ
レンツキーの把握に依拠しつつ，（従ってヘロルドの精神の把握を批判し
つつ），同時に絶対的主体性の下の欠如的主体性なる関係には，看過し
てはならない事態として〈信仰〉がその根底に〈基体〉（subiectum）と
して存在していることを明らかにすることを目指す。

　その際に，『イディオータ篇』（『知恵について』，『精神について』，『秤
の実験について』））を同一の場で，とりわけ『知恵について』と『精神
について』とを相互に密接に関係づけて考察を進めることにする。〈信
仰〉を見失わないためである。

1 　『知恵について』における知恵と知識

　私は先ずこの節において，クザーヌスによる知恵（sapientia）と知識
（scientia）の区分と規定およびそれらの関係づけが，根本的に〈信仰〉
的立場からなされていることを明らかにしたい。

　対話篇である『イディオータ篇』には，異例なことに対話者のホスト
役として〈イディオータ〉idiota（ドイツ語では一致して 'Laie' と訳されて
いる[12]。）が一貫して登場している。質問者の方は，『知恵について』に

　11）　*MFCG*, 12, S. 172

　12）　この，固有名をもたない 'idiota'（（学者に対しては）無学者，（聖職者に対しては）
俗人，（専門家に対しては）素人等の意味がある）を日本語でどう訳すのが適当かは，必ずし

102　　　　　Ⅱ　クザーヌスにおける主体性

おいては〈弁論家〉（orator）であり，『精神について』においては主と
して〈哲学者〉（philosophus）であり，時に〈弁論家〉であるが，『秤
の実験について』では〈弁論家〉一人である。

　さて，『知恵について』の冒頭は，大いに博学をもって自認してい
る〈弁論家〉とみすぼらしく無学な〈イディオータ〉とが，ローマの
市場で出会うことから始まっている。話は，彼らの風体とは逆に，〈イ
ディオータ〉の次のような断固たる〈弁論家〉批判から始まる。〈弁論
家〉が自負しているこの世界の〔についての，または，に由来する〕知
識は，神の下では愚昧にすぎず，人を高慢にさせるものであるが，真の
知識は逆に人を謙遜にさせるのである[13]。そのことに〈弁論家〉が気づ
かないのは，本来は自由に生まれついているのに端綱によって飼い葉
桶に固くつながれている馬が，与えられるものだけを食べているのと同
様に，彼の知性が著作家たちの権威に縛りつけられて，本来的でない食
べ物によって生きているからである[14]。そもそも著作家たちの中で最初
に知恵について書き記した知者は，書物から知恵を受け取ったのではな
く，人間の本性にかなった食べ物によって知者となったのである，と。

　このような事態を認識している〈イディオータ〉は，無学者である
にもかかわらず自己が無知であることについての知識を所有しており，
従っていっそう謙遜である。またその知識は，〈弁論家〉のように書物
からではなく，神が自分の指で書いた神の書物から得たのである[15]。人
を謙遜にさせる真の知識（知恵としての「覚知的無知」）は，権威の中に
も書物のなかにも存在するわけではなく，「知恵は巷に叫び，市場にそ

も自明なことではない。対話相手の orator（弁論家），philosophus（哲学者）とともに含蓄深
い場面設定で登場しているからである。ここでは原語のカタカナ表記〈イディオータ〉とす
る。なお，orator とは，後に humanista と称されることになるルネサンス時代初期の教師のこ
とであろう。この点については，本書第Ⅵ部第1章を参照されたい。

　　13）　De sap., I, n. 1, 9f. 3（小山訳541頁）。なおここでの「真の知識」vera scientia が，
後に出てくる神的知識としての sapientia を指すことは，この行文が関わる新約聖書の「コリ
ント一」3,19 および 8,1 の Vulgata 訳からわかる。

　　14）　Ibid., n. 2, 7f.

　　15）　Ibid., I, n. 4, 6.「神の書物」とはもちろん世界のことである。このような比喩は
中世哲学の中に一つの伝統として見られる。Curtius, Europäische Literatur und lateini-sches
Mittelalter, S. 323ff.（日本語訳464頁以下）。また 'ex tuis (libris)' なる表現は，書物を「自己
の書物」と，知を「自己の知」として，私的に大量に独占しては誇っている〈弁論家〉への
批判を含んでいるとみなせるだろう。

第1章　クザーヌスにおける人間の主体性について　　　103

の声をあげるのであり，またその叫びがそこに存在するのは，知恵が至高なるところに住んでいるからである」[16]。そこで〈イディオータ〉は，眼前の雑踏のなかにもそれが現れていることを〈弁論家〉に示すべく話し始め，それに〈弁論家〉も耳を傾けていくのである。

　これらの叙述から明らかになることは，知識とりわけ「この世界の知識」と知恵とが区分された上で，知識のみにかかずらわって驕りたかぶっている〈弁論家〉と，知識はないが信仰に篤い〈イディオータ〉との立場が逆転させられていることである。〈イディオータ〉の〈弁論家〉への批判は，単に知識の上でのことにとどまらず，〈弁論家〉の〈知への態度〉にも及ぶ。「あなたが単なる好奇的な探求心を棄てていることが私に見てとれなければ，私はあなたに偉大なことを知らせることはできません」[17]。従って，ここで設定されている知識と知恵の区分および〈弁論家〉批判は，単に〈知〉に関してどちらの方が量が多いか少ないか，方法が正しいか誤っているか，だけを問題にしているのではなく，より根源的な批判をも含意しているのである。

　このクザーヌスの意図を適切に示すものとして，私は次のようなアウグスティヌスの『三位一体論』の文章を掲げたい。

　　　この知恵についての定義は，神的事物の知は固有の意味で知恵
　　（sapientia）といわれ，人間的事物の知は固有の意味で知識（scientia）
　　と称ばれ得るように区別されなければならない。〔…〕しかし私は
　　無益な虚栄や危険な好奇心に満ちている人間的事物において人間が
　　知り得るものではなく，真の浄福に導く極めて有効な信仰を生み，
　　養い，擁護し，強めるもののみをこの知識に帰するのである。多く
　　の信実な者は信仰そのものにおいては非常に優れているが，この知
　　識については貧しい[18]。

────────────
　16）　Ibid.（小山訳 542 頁）。また引用文中の前半は「箴言」1,20 に，後半は「集会書」24,7 に拠っている。またテキスト Ibid., I, n. 27, 2（小山訳 558 頁）で「知恵は弁論術の内にも多量の書物の内にも存在することはない」と。
　17）　Ibid. I, n. 4, 15f.（小山訳 543 頁）。
　18）　Augustinus, De trinitate, 14, 1, 3.（訳文は中沢宣夫のもの。中沢訳 387 頁）なおこの箇所について，クザーヌスが依拠している確証はなく，ハイデルベルク版全集の脚註でも指示されていない。しかし De sap. におけるクザーヌスの全体的思想像から判断して，これ

104　　Ⅱ　クザーヌスにおける主体性

　従ってクザーヌスにおいて最高の知恵とは，「いかにして到達不可能なもの〔神・真理〕が，すでに説明された類似において到達不可能な仕方で到達されるかを，あなたが知ることである。」[19]とされる。

　しかし実は，クザーヌスのこのような知恵のとらえ方は，上掲のアウグスティヌスの文章の直前にある「知恵について論考することが私たちの今の課題である。しかし，確かに神にいます神の知恵について論考するのではない。神の知恵とは神の独り子なる御子である，と言われるから」[20]という区別する態度とは，微妙な点で異なっている。もちろんクザーヌスも神なる知恵と人間のもつ知恵とを区別しているが[21]，論考を進める過程でアウグスティヌスのように区別して扱っているわけではない。むしろ，神的事物についての知として人間のもつ知恵と神なる知恵とを密接に関係づけて，以下のように論じているのである。「われわれの精神に本性的に内在し，それによってのみわれわれの精神が知恵そのものの中に安らうことになるものとしての知恵の類似は，言わば知恵の生命ある似像（imago）である」[22]。この「知恵そのもの」は本文の直ぐ後で「永遠な知恵としての無限な生命」と換言されており，また似像の原像（exemplar）ともされている。従ってここにはクザーヌスによって，神なる知恵を原像とし，人間のもつ知恵を以像とする〈原像─似像〉関係が設定されていることがわかる。

　さらにこの関係は単なる静的なものではない。各関係項において，原像は勿論のこと，似像そのものも生命ある似像（viva imago）として動的なものであり，また関係総体も動的なものと考えられている。例えば，人間の精神の働きとしての知解にとって最も美味なものは，味わう

との関連は強いと思われる。クザーヌスがアウグスティヌスの思想の影響を強く受けていたことは，クザーヌスの他の著作からも分かる。例えば *De ven. sap.* 21, n. 59, 3-5（酒井・岩田訳 193 頁）において，クザーヌスはアウグスティヌスの名前とその著作 *De ordine* を挙げて，「アウグスティヌスは知恵を狩猟しようと努めた際に，『秩序について』のなかで，全ての哲学者の考察は一なるものをめぐって狩猟していると書いた」としている。

　　19）　*De sap.*, 1, n. 7, 12-14.（小山訳 546 頁）
　　20）　Augustinus, Ibid., 14, 1, 1.（中沢訳 385 頁）。
　　21）　*De sap.*, I, n. 21, 4f.（小山訳 555 頁）: [Orator]: Estne aliud sapientia aeterna quam deus? [Idiota]: Absit quod aliud, sed est deus（〈弁論家〉：永遠なる知恵は神とは別のものではないのですね？〈イディオータ〉：別のものであるどころか，それは神そのものなのです）。
　　22）　Ibid., I, n. 18, 1-3.（小山訳 553 頁）

働きをする知恵（saplentia quae sapit）であるとされている[23]。
　また，少々長くなるが次の文章も引用しておきたい。

　　知性的運動によって知恵を探求する人は，内的に感動させられ我を
　　忘れて，あたかも肉体の外にあるかのように肉体において美味なる
　　〔知恵の〕味見に引き寄せられる。するとあらゆる感覚的なものの
　　重さをもってしても，探求者を引き寄せている知恵に一致させよう
　　と努めるのをとどめることは不可能となる。そこで彼は狼狽し驚い
　　て感覚を棄て去り魂を狂わせる。その結果，彼は知恵以外のいかな
　　るものも全く何物でもないとみなすようになる。かくしてこれら知
　　恵の探求者にとっては，この世界とこの生とを棄てることができる
　　ことが美味なることとなり，従って彼らは，不死な知恵へとすばや
　　く運ばれることが可能となるのである[24]。

　以上の引用によって，クザーヌスが神なる知恵と人間のもつ知恵との
関係を，動詞の能動形と受動形を微妙に混合した表現によって，密接
なものとして説明しようとしていることを見てとれるだろう。（この点
についての立ち入った考察は後に行われる。）これと同様な事態は，知識と
知恵との関係について，端綱でつながれた馬としての〈弁論家〉の知識
と，味わい内在化させるものとしての〈イディオータ〉の知恵との対照
にも捉えることができる。
　かくして〈イディオータ〉においては，知識および知恵が単なる量
の多寡あるいは方法の正誤において問われているのではなく，生きる
ことと密接に関係づけられているのである。それゆえに，〈イディオー
タ〉は〈弁論家〉に対して断固たる批判的態度をもって臨んでいるので

　23）　Ibid., I, n. 10, 7.（小山訳 548 頁）。
　24）　Ibid., I, n. 17, 4-11（小 山 訳 552 頁 以 下 ）: "Qui [...] quaerit motu intellectuali
sapientiam, hic interne tactus ad praegustatam dulcedinem sui oblitus rapitur in corpore quasi extra
corpus. Omnium sensibilium pondus eum tenere nequit, quousque se uniat attrahenti sapientiae. Ex
stupida admiratione sensum relinquens insanire facit animam, ut cuncta praeter eam penitus nihili
faciat. Et illis dulce est hunc mundum et hanc vitam posse linquere, ut expeditius ferri possint in
immortalitatis sapientiam."（傍点引用者）。

106 　Ⅱ　クザーヌスにおける主体性

ある[25]。知恵は従来の〈弁論家〉のような態度で探求すべきものでもな
く[26]，またそれによって見出されることもない。知恵は，「精神の内奥か
ら」探求すべきものなのである[27]。

　すなわち，〈イディオータ〉の〈弁論家〉批判および〈知〉の区分と
規定は，他ならぬ〈信仰〉に根ざすものとして成立しているのである。
確かに，先にあげた〈弁論家〉的な知識の"受動性"の指摘，つまり世
俗的外見では能動的なものとみえる知識が，神の前では愚昧で世俗的強
制による受動的なものにすぎないという捉え方，および知恵以外のあら
ゆるものを全く何物でもないと見なす態度は，キリスト教信仰に基づく
世俗世界への批判の現れであると言えるだろう。同様な事態は知恵につ
いての次のような記述にも見てとれる。「知恵は感覚的なものから切り
離されることの内に，最も単純で無限な形相へと向き変わることの内に
存在するものである。〔…〕知恵とは，燃える愛をもって無限な形相に
固着することである」[28]。

---

　25)　Vgl. Ibid., I, n. 19, 9-12（小山訳 554 頁）:「永遠な知恵の探求者にとっては，それ
について書かれていることを知ること scire は十分ではなく，むしろそれが存在する場所を知
性によって発見した後に，それを自己のものとすることが必要である」。
　26)　Vgl. Ibid., I, nn. 12f.
　27)　Ibid., I, n. 9, 3 小山訳 547 頁。また同様な表現は Ibid., I, n. 7, 5 にも 'ex affectu' とし
て存在する。この 'affectus' という語は，「感情」，「感覚」，「愛情」など多様な意味を持ち，
クザーヌスもこのような意味で使用していることがあるが，〈知恵の探求〉という場面で使用
される場合には，'intellectus'（知性）との対比的関係のなかで使用されて，意味としては「求
めるものを切望する心の働き」と表現できるものとなる。この対比的関係の背後には，神と
合一するためには，'affectus' だけでよいのか，'intellectus' も必要なのか，という中世末期の
神秘主義的思想における論争が存在している。この対立の中で，クザーヌスは両方ともが必
要であるという立場をとっている。この点は，この書物 De sapientia, I, n. 12, 4（小山訳 549
頁）に明白であり，さらに同書 n. 16f.（同訳 522 頁以下）にも詳述されている。
　　この関係についてのクザーヌスの典型的な説明は，彼の説教 CLXXII（1455 年 2 月
2 日），n. 3 の以下の文章に見られる：'mens sine desiderio non intelligit et sine intellctu non
desiderat. Mens igitur est principium intellectus et affectus. Mens est vis simplex nobilissima, in
qua coincidunt intelligere et diligere'（精神は，願望なしには認識することがなく，認識なしに
は願望することがない。それゆえに精神は認識と渇望との原理である。精神とは，そこにお
いて認識と願望とが合致する単純にして最も高貴な力である）。さらにクザーヌスは一般的に
「意志とか願望というものは不可能なものおよび全く知らないものについては存在しない」と
もしている（後註 68 の箇所を参照されたい）。
　　さらにこのような 'affectus' の使い方には，Devotio Moderna との思想的関係（たとえば，
Thomas à Kempis, De Imitatione Christi, IV, 8, 1）も見受けられるが，今は立ち入らない。
　28)　De sap., I, n. 27, 3- 5.（小山訳 558 頁以下）

2 精神の“能動性”と〈シーソー構造〉

さて，クザーヌスが人間の精神的働きを積極的，能動的なものとして把握することは，『イディオータ篇』に限らずすでに初期の著作『推測について』においても見られる。「推測とは，真理を他性において，現に存在しているように分有する積極的な陳述である」[29]。

『精神について』においては，『推測について』の一性形而上学的認識論の枠組みを踏襲しつつも，とくに人間の精神に焦点が絞られている。「精神とは，万物の限界（目標）と測定がそこから生じてくるものである。精神が‘mens’と称されるのは，それの測る働きによって（mensurando）だろう，と私は推測する」[30]。この文からも分かるように，クザーヌスは精神の働きを主として測定および類似化（assimilatio）において説明している。測定は，『推測について』でも明らかにされたように，主として認識作用を説明するものであるが，類似化とはむしろ，精神の創造作用も含んだ総体的事態を説明するものである。彼は，「われわれの精神の把握は現存在者の類似化である」[31]としている。

ではこの場合，精神の類似化とは，何が何に類似するのだろうか。もとより，精神が外なるものに，押しつけられたロウがその範形に類似するように類似する，つまり外なるものによって類似させられる，というわけではない。そうであるならば，精神が万物について判断する[32]ということはありえないであろう。また，精神が自己に類似したものを外なるものとして創り出す，ということでもない。「神の精神の把握はもの産出であるが，われわれの精神の把握はもの認知である」[33]のだか

---

29) *De coni.*, I, 11, n. 57, 10f: 'Coniectura ……est positiva assertio, in alteritate veritatem, uti est, participans.'

30) *De mente*, I, n. 57, 5f.

31) Ibid., 3, n. 72, 3f. さらに Ibid., 2, n. 62, 8-14 では，イディオータの職業としての木さじ作りに関して，木さじという人工物は精神のイデア以外に自然界にはその範形をもっていない，と指摘して，精神の創造性の証左としている。この点についての詳細な考察は，本書第Ⅵ部第 2 章を参照されたい。

32) Ibid., 5, n. 85, 1-3.

33) Ibid., 3, n. 72, 6f.

ら。さらにはカントにおけるように，精神が外なるものを，自分に合う
ように自分のカテゴリーで整理し，認識対象として構成することでもな
い[34]。

　クザーヌスは，現実のわれわれの世界および人間の精神の「それな
りの豊かさ」を十分に認めた上で，思考を出発させている。現に，「知
恵はちまたに叫び，市場にその声をあげる」と〈イディオータ〉に言わ
せ，また「〈哲学者〉たちが理性によって到達するのよりも一層明瞭に，
〈イディオータ〉たちが信仰によって到達する」と〈弁論家〉に言わせ
ているのである[35]。そしてこのような，世界と精神の「豊かさ」を説明
する枠組みとして，神を包含（complicatio）とし，世界をそれからの
展開（explicatio）とする関係を，また精神については，神を原像とし，
精神をそれの第一で唯一の似像とするという関係を設定している[36]。

　従ってこれらの関係を自明のものとするかぎりは――現にクザーヌス
はそうしており，その根拠をわれわれは後に問うであろうが――問題と
なるのは，似像としての精神と，展開としての世界との関係であること
になる。これに対してクザーヌスが提出する解答の基本的構造は次の
ようなものである。「精神は，無限な精神としての絶対的包含の似像で
あることによって，自己をあらゆる展開〔世界〕に類似させることを可
能とする力を所有している」[37]。ここでいう「似像」については，上でも
言及したように当面われわれは敢えて関わらないで考察したいのである
が，では，この「自己をあらゆる展開に類似させる」とはいかなること
であろうか。この能動的表現に注目するならば，精神が自発的に外に出
て行って認識を成立させるかのような印象を与える。しかし「認識は
……類似によって成立する」[38]とも言われており，「類似化によって」と
は言われていないことに注意したい。

　この類似とは精神の類似化の働きによって成立するものであるから，
〈自己を類似させる〉と〈認識の成立〉の間には，類似が介在している

---

　34)　Velthoven, Ibid., S. 59. 彼は，クザーヌスの assimilatio を assimilieren なる今日的用
法で解釈することを戒めている。

　35)　*De mente*, I, n. 52, 1f.

　36)　Ibid., 4, n. 74, 18.「唯一の似像」は Ibid., 4, n. 76, 1: sola mens sit dei imago.

　37)　Ibid., 4, n. 75, 9f.

　38)　Ibid., 3, n. 72, 13f.

第1章　クザーヌスにおける人間の主体性について　　　109

ことになる。つまり，精神と外的なものとの直接的接触が想定されているわけではないのである。

　では，類似と外的なものとの関係はどうなっているのだろうか。精神が外界と直接に接しないのであれば，そもそも類似はどのようにして形成されるのだろうか。「われわれの精神はこれら全ての場所〔感覚器官〕に動脈の気息の中を運ばれる。するとわれわれの精神は，対象物から気息に向けて多重化された諸々の形態という障害物によって刺激されてexcitata per obstaclum，諸々のものにその形態に関して自己を類似させるのである」[39]。ここには，精神と外界とを媒介する気息の働きと，それを通しての外界から精神への刺激が想定されている。従って精神は，能動性のみではなく受動性をも帯びていることになる。しかし注意すべきことに，精神が自己をものに類似させるのは，「障害物によって刺激されて」であって，直接的に「障害物によって」ではないことである[40]。

　つまり精神は外界に対して完全に受動的になっているわけではなく，むしろ精神は「自己によって」類似を形成するのである。次の文章を考察してみよう。「精神という力にはいかなる観念的形相も存在していないにもかかわらず，刺激を受ければ自己をいかなる形相にも類似させることが可能であり，またいかなるものの観念をも形成することが可能である」[41]。先ず，この文の後半に自を向けたい。ここでは認識の成立について，〈形相への類似化〉と〈ものの観念の形成〉の二つに分けて述べられている。これまで単に「ものに自己を類似させる」と述べられていた事態が，「感覚的事物によって刺激される」ことの成立と同時に二分化し，実は精神の外なるものへの類似ではなく，外なるものの形相への類似が成立するのであり，その類似の成立によってものの観念（notio）が形成されて，認識（cognitio）が成立することになるのである。

　しかし，外なるものの形相は神のもとに存在するはずであるから，精神とそれとの関係がいかなるものであるかと問われねばならない。実は

　39）　Ibid., 7, n. 100, 8-10.
　40）　「刺激されて」については，クザーヌスは十分に意識的である。他にも Ibid., 5, n. 85, 10; 8, n. 108, 7f.。
　41）　Ibid., 4, n. 78, 7- 9: mentem esse vim illam, quae licet caret omni notionali forma, potest tamen excitata se ipsam omni formae assimilara et omnium rerum notiones facere.

110　　　　　　　Ⅱ　クザーヌスにおける主体性

すでに見たように，精神は神の似像であり，神は万物の包含であるから，精神は万物の包含の似像として，その内に万物の包含を，言わば可能態として所有しているのである[42]。

　この点に関して，ここで先の引用文の前半が注目されるべきである。ここにいう「観念的形相」とは，ものの観念の形相のことに他ならないが，テキスト本文の少し前で 'notio concreata'「共に創造された観念（すなわち本有観念）」と言われているもののことであるから，従ってこれの存在が否定されていることは，上の「万物の包含を可能態として所有している」ことの説明になるであろう。つまり，精神の行う類似化としての認識は，決して単に神の似像としての自己の内に本有観念としての被造物の類似を見出す，という静的なトートロジーとしてであるわけではない。「それ〔精神〕は，自己の知性的生命の運動によって，自己が探求しているものが自己の中に記述されているのを発見するのである」[43]。

　このことはさらに次のように説明される。外的刺激をきっかけとしてわれわれの精神が形成する類似化によっては，ただ感覚的なものの観念に到達するだけであり，そこではものの形相は真なるものとしては存在していない[44]。しかし精神は自己の不変性に気付く時に，諸形相の類似を質料と関わりのない形で形成するのである[45]。従って精神はその認識において，自己の活動によって可能態としての万物の包含を現実態にもたらす，すなわち，神にならって，精神なりにそれらを展開するのである。

　では，この活動の原動力は何だろうか。先にクザーヌスは本有観念の存在を否定したが，本有的判断力の存在は，次のように肯定している。「われわれの精神は，前進するために不可欠な〈共に創造された判断力〉（concreatum iudicium）を所有しているのである。この判断力は，本性的に精神と共に創造されたのであり，精神はこの力を用いてみずから諸々の推論について判断する」[46]。従ってわれわれはフェルトーフェンと

　42）　Ibid., 4, n. 74, 20f.
　43）　Ibid., 5, n. 85, 10f.
　44）　Ibid., 7, n. 102, 15-18.
　45）　Ibid., 7, n. 103, 2-4.
　46）　Ibid, 4, n. 77, 23-25（傍点引用者），判断力については Ibid., 5, n. 85 にも。私はこの concreatum iudicium の存在を，神の世界創造の際の "viditque Deus cuncta quae fecit et erat

第 1 章　クザーヌスにおける人間の主体性について　　111

共に，「精神とは，みずから現実化する能動的能力である。この能力は自己から諸観念を産出すると同時に，これらの概念の価値を判定することができるのである」[47]と言えるだろう。

　しかし，このような精神の能動的働きは，さらに微妙な構造を有している。先に，認識としての類似化が〈形相への類似〉と〈ものの観念への類似〉との二つに分けられていたことを見たが[48]，これは精神の運動の方向としては同一ではなく，むしろ逆方向である。すなわち，前者は言わば〈神へ向かう〉のであり，後者は〈ものへ向かう〉のである。さらにこの運動は，時を異にしているのではなく同時的に成立しているのである。つまり，精神は〈ものへ向かう〉言わば下降運動（descensus）と，〈神へ向かう〉言わば上昇運動（ascensus）とを同時に行っているわけである。同一のものが同時に反対方向へ運動するということから，私は精神のこのあり方を，遊具のシーソーになぞらえて〈シーソー構造〉と名付けておく[49]。

　また，同一のものが同時に反対方向に運動するということは，それが何らかの存在者であるかぎり不可能である。それゆえに私はクザーヌスにおける〈精神〉は，フレンツキーの把握に従って，「〈精神〉とは何らかの存在者を意味するのではなく，人間という存在者の存在状態の名称である。〈精神〉とは存在的事態ではなく，存在論的事態である。」[50]と考える。

　ところで〈シーソー構造〉は，単に〈類似化〉においてだけ見られるものではなく，クザーヌスにおける，精神という人間の〈存在の状態〉に関する説明の随所に見ることができる。例えばすでに言及した測定においてでもある。精神が測定に由来してそのように名付けられているのであれば，なぜそれがかくも熱心にものの測定に夢中になるのか，という〈弁論家〉の問いに対して〈イディオータ〉は次のように答えてい

---

valde bona"(*Genesis*, 1, 31.) ということの似像と理解しておきたい。

　　47）　Velthoven, Ibid., S. 106.

　　48）　この点に assimilatio の二義性をみることもできる。Henke, *Der Abbildbegriff in der Erkenntnislehre des Nikolaus von Kues,* S. 32 f. また Schwarz, *Das Problem der Seinsvermittlung bei Nikolaus von Cues*, S. 251; S. 265 さらに Herold, Ibid., S. 82.

　　49）　〈シーソー構造〉については，本書第Ⅲ部第 1 章の「認識の問題」も参照されたい。

　　50）　Fräntzki, Ibid., S 64 .

る。「精神がそれ自身の測定に到達するためである。なぜなら精神は，他のものを測ることによって自己の理解力に到達する生命ある尺度であるのだからである。それは自己を認識するために全てをなす。それは万物の中に自己の尺度を探求するが，それを見出すのは万物が一なるものである場所においてのみである。そこには精神にふさわしい原像が存在しているから，それの厳密性としての真理が存在しているのである」[51]。つまり，精神は万物を測る（測ろうとする）という下へ向かう運動をする時に，同様に上に向かい，神における真の自己に到達するのである。

さらに，数および数えることにおいてもこの構造がみられる。クザーヌスの精神の働きにおいては，数が重要な役割を担っている。原像としての無限な一性は適切な比の中にのみ輝き出ることができるのだが，この比は数なしには存在しえない。つまり数は「比の根底に存在するもの」とされ，従って「根源に由来する第一のもの」と象徴的に称される[52]。このようなものとしての数について，クザーヌスはさらに次のような考察をしている。ある人が数える場合に，その数が10であるならば，それは一性の力を10として展開することであり，同時に，10という数としてとらえることは，そのものを10として一性に包含することでもある。すなわち，数える人は展開しかつ包含する。従って，精神が数えることにおいては，展開と包含が合致していることになる[53]。ものを数えるという展開的・下降的運動をする時に，ものを数なるまとまりとしてとらえるという包含的・上昇的運動が成立していることになるのである。

さらに注意すべきことは，展開することによって包含する能力はより小さくなることはありえないから，精神が尽き果てることはありえない，とも付言されていることである[54]。すなわちこの〈シーソー構造〉は，精神のそれなりの無尽性，能動性を説明する根拠ともされているわけである。また，これらの〈シーソー構造〉が決して単に偶然的なもの

---

51) *De mente*, 9, n. 123, 5-9.
52) Ibid., 6, n. 92, 4-6. なお数の重要性，多義性，中間者性については，本書第Ⅲ部第4章も参照されたい。
53) Ibid., 15, n. 158, 4-6.
54) Ibid.

とされているのではないことは，下降運動に対する次のような評価からも分かる。「われわれの精神は，肉体をもたなければ，知解するべく前進するように刺激されることが不可能である」[55]。ここでの「刺激されること」は文字通りには受動的であって，精神の下降運動とは関係ないように見えるが，実は刺激されることは諸気息を通して成立するのであり，これらの気息には精神が生命を与えており[56]，また精神が浸透しているのであるから[57]，結局，それは精神の下降運動によっても成立しているのである。

　以上のように〈シーソー構造〉の有する意味を積極的なものとして解するならば，クザーヌスが精神に対する外界からの刺激にかくも入念に意識的であった理由がわかるであろう。一方において精神の外界に対する能動性を強調しつつも，他方において外界からの刺激の役割をも無視していない。これは単に，認識論の超越論的性格を薄めるという彼の消極的な意図の結果であるにとどまらず，精神という存在状態の〈シーソー構造〉を十分に説明するためのものでもあるのだろう。従って，このような意味連関において，以下の『精神について』末尾近くの記述を味わうべきであろう。「かくしてわれわれは，この世界においては初学者であるが，かの世界においては学匠である」[58]。

3　人間の主体性と根源的受動性

　さて前節で考察した能動的な精神とそこに摘出された〈シーソー構造〉を改めて考察してみる時，私はそこに人間の主体性を見出すことができると考える。ここで主体性とは，先に紹介したフレンツキーのあげる三つの契機を有するものである[59]。

　55）　Ibid., 15, n. 155, 3f.: sine corpore excitari ad progressum intellectualem non possint.

　56）　Ibid., 7, n. 100, 12. なお気息については，大出哲の詳細な考察がある。'Der Einfluss der galenischen Pneumatheorie auf die cusanische Spiritustheorie' im *MFCG*, 13.

　57）　*De mente*, 7, n. 102, 7.6

　58）　Ibid., 15, n. 155, 14:"Sic sumus in hoc mundodo docibiles, in alio magistri." また*De sap.* 冒頭の「知恵はちまたに叫び……」も同じ意味で味わうことができるだろう。

　59）　Fräntzki, Ibid., S. 31 f.：'Selbstvollzug, das durch diesen bedingte Unterscheiden, der

114 　　Ⅱ　クザーヌスにおける主体性

　この点について立ち入って考察する前に，次のようなテキストを再び引用しておきたい。

　　精神は，永遠で無限な知恵の生命ある記述である。しかし，その生命は初めは眠っているような状態にある。そしてそれが，感覚可能な事物によって生じさせられる驚きによって刺激されると，それは動き始める。すると精神は自己の知性的生命の運動によって，自己が探求しているものが自己の内に記述されているのを発見するのである。[60]

　ところでフレンツキーの言う〈自己実現〉とは，生命としての，従って運動としての〈シーソー構造〉総体と言えるだろう。「精神は自己自身を動かす知性的生命である」[61]。しかしその自己実現は，神の自己関係のように〈常にすでに〉成立しているわけではない。はじめの眠っているような状態から〈運動〉によって，また〈刺激〉という他者をきっかけとして成立するものであることにおいて，それは欠如的である。
　また〈自己実現により限定される識別〉とは次のことの内に摘出されよう。〈シーソー構造〉運動において，生命としての精神は，自己観察・自己反省を行いうるようになり，その結果，自己の内に万物の形相の類似を形成することになるのであるが，この時に自己と本来的自己とを識別するのであり，それゆえに万物をも識別するのである。しかし，この識別も〈運動〉とそれに基づく〈自己実現〉の結果として成立するものであるから，欠如的である。
　さらに，〈識別されたものの根源への回帰〉は，〈シーソー構造〉のまさしく“シーソー性”においてとらえることができる。下降運動と共にある上昇運動とは，精神の本来的自己への回帰，統一を目指すものである。しかし，この回帰，統一への志向は，下降運動とともに成立するの

_____

Rückbezug des Unterschiedenen auf den Ursprung — diese drei Momente machen das Wesen der Subjektivität aus. '
　60) *De mente*, 5, n. 85, 7-13.
　61) Ibid., 15, n. 157, 15f.

第 1 章　クザーヌスにおける人間の主体性について　　　　115

であり，またこの上昇運動は止むことがない[62]ゆえに，やはり欠如的である。

　かくして，〈シーソー構造〉を有する精神という，人間の〈存在状態〉に見出すことのできる主体性は，はじめの眠っているような状態から〈驚きによって刺激されれば〉自力で自己を実現し，同時に自己を識別し，また万物をも識別する。さらに，そのような営みのなかで自己の根源に回帰すべく上昇もするものである。この点においてそれは確かに主体性を有するのであるが，神の絶対的な主体性との関係でとらえれば欠如的主体性[63]であろう。

　否，むしろこの主体性は，神の絶対的主体性によって成立しているはずである。この点について考察するために，少々長くなるが『精神について』冒頭の記述に注目したい。

　　聖年のために驚くべき敬虔さをもって多くの人々がローマへと急いでやって来ていた時に，同時代人の中で最も優れた，ある〈哲学者〉が，橋を渡っていくその人々に驚いている姿が見出されたそうだ。その〈哲学者〉に対してある〈弁論家〉が，何が〈哲学者〉をそこに立ち止まらせているのか，と尋ねた。〈哲学者〉は「驚きである」と答えた。〈弁論家〉は，「それがいかなることであれ何かを知ろうと欲する人の全てにとって，驚きは刺激となるように思えます。その上，あなたは学者たちの中でもとりわけ優れているので，あなたの驚きがかくも強くあなたを動かし続けるほどに大きなものとなっているのでしょう」[64]。

　ここで述べられている〈哲学者〉の驚きは，その 'admirari' という，動詞としてはデポネンティアであるが受動性を帯びていること，および〈哲学者〉の驚きとして，有名なアリストテレスの記述「けだし，驚異することによって人間は，今日でもそうであるがあの最初の場合にも

---

62)　*De sap*, I, n. 18, 11.（小山訳 553 頁）。
63)　Fräntzki, Ibid., S. 67 f.
64)　*De mente*, I, n. 51, 13-15. 同じような〈驚かされ〉は，*De sap*., II, n. 28, 3-6 にも〈弁論家〉の場合としてみられる。

あのように，知恵を愛求し〔哲学し〕始めたのである」[65]を踏まえていることが明らかである。従って，この驚きを〈哲学者〉としての衒いとして解釈することも，『精神について』の冒頭の文章としては大いに興味深いが，ここでは彼の真の驚き，驚かされであると理解すべきであろう[66]。また「驚きが刺激になるように思える」という行文にも注意したい。つまり，われわれの探求は〈驚かされ〉によって〈刺激される〉ことから始まるのである。しかし，この〈受動〉がそのままの形で精神の内部にまで入り込んでいるわけではないことは，すでに前節でみたとおりである。精神は主体性として能動的に認識を行うのである。

　それにもかかわらず，〈シーソー構造〉を有する精神の働きの叙述において拭いがたく受動的表現が存続していることも事実である。その典型例は，I 節の註 24 として引用した『知恵について』の文章である。ここには傍点で示したように，能動的表現に混じって受動的表現がなされているのであるが，ここで説明されている事態は〈シーソー構造〉に他ならない。〈シーソー構造〉に限って叙述する場合には，確かに受動的表現は巧妙に回避されていたが，それが神との関係の中でとらえられる場合には受動的表現が現れてくるのだろう。私はここに，人間という欠如的主体性が負っている（負わされている）〈根源的受動性〉とも言うべきものを見出すのである。先にふれた，〈哲学者〉の〈驚き〉とは，クザーヌスにとって，それが単にアリストテレスの説であるからという理由からではなく，その説がクザーヌスの考える事態に則しているゆえにこそ，あるいは，自己の思想に合致すべく改釈した上で，『精神について』冒頭に記すに値すると考えられたのであろう。

　この〈根源的受動性〉に関わる思考は，他にもいくつか指摘できる。例えば，第 I 節註 27 で言及した，「知恵は精神の内奥から探求するものである」という箇所である。この「内奥」'affectus' なる語は 'afficere'「ある物にある事をする，働きかける」なる語から派生したもので，受動的意味を有することは明らかである。従って上の箇所にも根源的受動

---

65)　Aristoteles, *Met.*, 1, 2, 982b. 訳文は出隆のもの。
66)　文学的には，哲学者と〈弁論家〉の間では〈衒いとしての驚き〉であったものが，〈哲学者〉において後に〈真の驚き〉に転化していく，と解釈するのも興味深いであろう。いずれにせよクザーヌス自身が意図している事は同じであろう。

第 1 章　クザーヌスにおける人間の主体性について　　117

性の意識を見てとることができる。〈イディオータ〉が〈弁論家〉をその探求の態度についてあのように批判したのは，実はこの根源的受動性を味わうべし・噛みしめるべし，という意味であったのだろう。

　さらには，〈精神〉に関して mens と spiritus の二種の語が用いられていることにも注目したい。もちろん『精神について』においては，その表題のとおりにほとんどの場合に 'mens' が使用されている。しかし 13 章においてプラトンの世界霊魂を議論する中では 'spiritus' が使用され，それについては以下のように説明されている。「プラトンが世界霊魂と称しているものを，アリストテレスは本性と称していると思う。それゆえに私としては，その魂も本性も，万物の中で万物を働かせている神に他ならないと思う。だからわれわれは，それを宇宙の精神（universorum spiritus）と称する」[67]。また本文の少し後の箇所では，ガラス職人が息（spiritus）を吹き込んでコップを作る例があげられており，ガラス職人の放つ息の中に彼の作り出すものの可能態および概念が存在しており，それゆえにコップが生じるのだ，とされている。「かくして完全な意志には知恵と万能が内在するのであり，またそれは次のような類似点によって spiritus と称されるのである。すなわち，spiritus がなければ運動が存在しなくなるから，風の中で，また他のあらゆるものの中で運動を生じさせるものを，われわれは spiritus と称するのだからである」[68]。つまり神が spiritus と称される場合は，それが万物を形成し動かすという点が注目されているのである。従ってわれわれの精神が spiritus と称される場合には，このような神との連関が重視されているのであろう。これの具体例が『知恵について』に以下のように見いだされる。

　　永遠で無限な知恵が万物の内に輝いているので，それは，その諸々の作用のある種の味見によってわれわれを引き寄せる。その結果われわれは驚くべき願望によってその知恵へと運ばれるのである。この知恵は，精神的知性（spiritualis intellectus）の生命である〔…〕。たとえ接近不可能なものであるとしても，生命の根源に向かって絶

67）　*De mente*, 13, n. 145, 6-9.
68）　Ibid., n. 147, 7-10.

えず上昇することは全ての精神（spiritus）にとって喜びである[69]。

　ここでの‘spiritus’が人間の精神を指すことは明白であるが，この精神は，万物を形成し動かす神なる spiritus という自己の生命の根源に向かって運ばれて行く，という構造の中で考えられていると言えよう。
　さて spiritus は，その語形が動詞 spirare から派生し，受動的意味を有しており，言わば〈吹き込まれ〉とでも言うべきものであるから，このことを上の〈spiritus としての人間の精神〉に関連づけて考察してみよう。すると，クザーヌスにおいて精神が‘spiritus’とされる場合には，〈神からの吹き込まれ〉という神との親近性および神からの受動性が強く意識されていると解釈できるのではなかろうか。これに対して‘mens’は，その言語学的な当否は別として，クザーヌスではすでにみたように‘mensurare’（測る）に関係づけて捉えられており，その語形も，‘spiritus’が“受動的”であるのに比して，“能動的”であるように見える。従って私は，クザーヌスがわれわれの精神を mens として扱いながらも，時に spiritus と言表することの中に，先の〈根源的受動性〉への思慮が働いているのだろう，と考える。
　さらに以前には単なる〈刺激〉とみなしておいた‘stimulus’ならびに‘excitatio’（励起）[70]も，このコンテクストにおいて改めて注目されてよいだろう。そもそもこの〈刺激〉はどのようにして成立しているのだろうか。いかにその本来的な役割が小さかろうと，それは人間の精神の働きにとって，その働き総体の始源にただ一度だけ必要であって以後は無用になるようなものではない。たとえ不分明で混乱したかたまりとしてであっても，精神の働きのその都度，精神を刺激するものであろう。また〈刺激〉はすでに見たように，肉体的気息とものとの接触において生じるのであるが，肉体的気息の中には精神が浸透している。また，「意志とか願望というものは不可能なものおよび全く知らないものについては存在しない」[71]とも言われている。それゆえに〈刺激〉と〈励起〉が

---

　69)　*De sap.*, I, n. 10, 17-19.（小山訳 548 頁）。

　70)　Vgl. *De mente*, 14, n. 155, 3f.

　71)　Ibid., 13, n. 147, 6f.: Impossibilium [...] et penitus ignotorum non est voluntas seu desiderium.

第 1 章　クザーヌスにおける人間の主体性について　　119

成立する場合は，それの契機としての外なるものと精神との間に何らか
の〈見知り合い〉が前提されているのであろう。ヴェルトーヴェンも，
「認識過程に先立って根底に存在する，精神と存在者総体との親近性」
を指摘している[72]。

　実はこの親近性は，外なるものと精神の両者がともに，（前者は展開と
して，後者は似像としてという相異はあるにせよ）神によって創造された
ものであることに根拠づけられているであろう。〈刺激〉と〈励起〉は，
確かに反映論的意味での精神の受動性を成立させるものではないが，語
の本来的意味での〈根源的受動性〉の現れと解釈できるのではなかろう
か[73]。ここで言う「根源的」とは，われわれの捉えた精神の場，すなわ
ち〈シーソー構造〉を根底において支えている，という意味である。

　かくして，われわれの精神が根源的受動性によって支えられているこ
と，あるいはその主体性が根源的受動性を負っていること（負わされて
いること）が明らかになったであろう。また，精神の〈シーソー構造〉
も根源的受動性によって，その止むことのない〈運動〉（すなわち，静止
と一致することのない，その意味で欠如的な運動）を許されているのであ
る。しかし，この根源的受動性とは，われわれの主体性がその場にとど
まっている限りは，それに気付くことはできても，それが何であるの
か，何に由来するのかを〈さとる〉ことはできないものである[74]。それ
が不可能であるゆえに，すなわち完全な自己関係を所有していないがゆ
えに，われわれの主体性は欠如的主体性である。また，根源的受動性を
負っている（負わされている）という理由によっても，それは欠如的主
体性である。

　72）　Velthoven, Ibid., S. 102.
　73）　ここでの〈親近性〉と〈根源的受動性〉は，クザーヌスの後期の思想においては
〈神からの被造物を通しての呼びかけ〉となる。本書第 VI 部第 4 章を参照されたい。
　74）　以下の他の思想家の指摘も参照されたい：Thomas Aquinas, *In Boethii De Trinitae*, I,
a. 2, ad. 1（長倉訳 193 頁）；Plotin, *Enneades*, V, 5, 6, 21.（田中・水地・田之頭訳『プロティ
ノス全集』第 3 巻 478 頁）。

4 欠如的主体性と信仰

　前節までの考察によって，クザーヌスの思想において，人間が主体性を有するとともに，その主体性が根源的受動性を負っていることを明らかにした。人間に関するこの二つの事態（決して同じ水準での二つの側面ではない）は，クザーヌスによっては〈原像─似像〉相関の場において説明されている，と言える。人間の主体性そのものについては〈原像─似像〉内部において説明されているが，それが根源的受動性を負っていることについては，〈原像─似像〉が成立している場において説明されているのである。この点をさらに考察してみよう。

　人間の mens が能動的であることに関しての説明が，〈原像─似像〉によってなされている例は，『精神について』のすでに見た箇所以外にも見出すことができる。「無限な精神は絶対的形成力であり，同様に有限な精神は模倣力，模造力である」[75]。さらにこの似像論を前提とすれば，精神のものへの関わりは，似像としての精神が，言わば〈似像の似像〉としての（自分より下位なるものとしての）〈類似〉に関わることであるから，確かにそれは精神にとっては能動的なことになるわけであり，結果としてそれなりの主体性が成立することにもなる。

　ここでさらに，クザーヌスの似像論の立っている根拠を問う必要がある。『精神について』11 章において，彼は以下のように，精神の中に三一性を見出そうと努めている。

　　われわれの精神は三一性における一なるものである限りにおいて何ものかを知解するのである─神の精神がそうであるように。そこで，精神が知解するべく運動する場合には，先ず被成可能（posse fieri），すなわち質料の類似におけるあるものを前提する。そして，それに作成可能（posse facere），すなわち形相の類似の中での他の

　75）　*De mente*, 4, n. 74, 8f. また Ibid., 7, n. 99, 7. ところで私はこれまでは，クザーヌスにおける人間の mens そのもののあり方を考察するべく，〈exemplar-imago〉相関に依拠して解釈することをできる限り避けてきた。

　　　　　第 1 章　クザーヌスにおける人間の主体性について　　　　121

ものを付加する。すると，両者からの構成の類似の中で精神が知解
することになる[76]。

　このように伝統的〈質料－形相〉論を三一的に改釈することには，ク
ザーヌスの極めて強い〈信仰〉が作用していることを見てとるべきであ
ろう[77]。精神に三一性を見出すことが，信仰と密接に関わって成立する
ものであることは，アウグスティヌスの「似像論」ともみなすことがで
きるであろう『三位一体論』においても見られることである[78]。
　さらに，このことが『創世記』1 章 27 節に支えられていることは言
うまでもない。そこでは，似像であることは創造の結果とされている。
かくして，クザーヌスの似像論も〈創造〉に不可避的に結びついている
はずである。ところが彼にとって〈創造〉は，〈信仰〉によって明らか
になることである。「最高に形成された信仰をもって神を探求する人々
に対して，神が創造者として自己を現わす」[79]とされているのである。
従って，クザーヌスが似像論に立つ根拠は，何よりも〈信仰〉にあるこ
とが明らかであろう。
　実は，人間の主体性の負っている根源的受動性は，このような〈原像
―似像〉論が成立している根拠としての〈信仰〉に関わっている，と考
えられるのである。すなわち，先には，この主体性がその場にとどまっ
ている限り，根源的受動性の存在に気付くことはできてもさとることは
できなかったのであるが，今や〈信仰〉によってそれの意味をさとるこ
とができるのである。推論的精神には根源的受動性としてしか気付かれ
なかったものが，実は〈根源的能動性〉とでも言うべきものからの自己
に対する働きかけであったことが，この地平に立つ人間には分かるので
ある[80]。もちろん，この〈根源的能動性〉とは人間の欠如的主体性に比

---

　　76)　Ibid, 11, n. 133, 5-10.（傍点引用者)。
　　77)　この点については晩年の著作 De possest でより明瞭に論じられている。本書第Ⅲ部
第 1 章の「認識の問題」を参照されたい。
　　78)　たとえば Augustinus, De trinitate, 14, 12, 15.「この精神の三一性は，……自己を造
られたお方を記憶し，知解し，愛し得るゆえに，神の似像なのである。」（中沢訳 405 頁）こ
の書物とクザーヌスの思想との親近性についてはすでに 1 節で言及した。
　　79)　De poss. n. 15, 13f.（大出・八巻訳『可能現実存在』27 頁）。
　　80)　この〈分かる〉の構造については，クザーヌスの中期の著作 De theologicis
complementis, n. 2, 46- 70 においても，‹quia est› から ‹quod est› への動きとして説明されてい

122　　　　　Ⅱ　クザーヌスにおける主体性

しては〈絶対的主体性〉と言うべきものであり，〈信仰〉の場では神である。このように〈信仰〉の場を前提にする時にのみ，欠如的主体性は絶対的主体性に向かうことが可能となるのであり，また精神の認識がより一層真理に近づくことが可能となるのである。この点に密接に関わる一節が『諸々の光の父の贈り物』に以下のように見出される。

　　神の照明によって注ぎ込まれるもう一つの光〔認識を成立させる内
　　なる光と外なる光以外の光としての〕が存在する。それは知性的可
　　能態を完全へと導くものであり，言わば信仰の光（lumen fidei）で
　　ある。……それによって知性は理性を超えて上昇する。また知性
　　は，この光に導かれることによって，自身が真理に到達できると信
　　じるのである[81]。

　この〈信仰の光〉の〈注ぎ込まれ〉が，われわれには根源的受動性として気付かれるのであろう。
　以上のようにクザーヌスの哲学における〈信仰〉に注目した上で，改めて人間の主体性について考察してみよう。フレンツキーは，クザーヌスにおける絶対的主体性と欠如的主体性との関係は超範疇的な存在規定であるとしつつ[82]，その〈主体性〉の典型的な表現として『神を観ることについて』5章の「あなた〔神〕を観ることは，あなたを観ている者をあなたが観ることに他ならない」[83]をあげている。この文章の解釈から，彼は次のように説明する。

　　観られるものと観る行為のいずれも，観つつある者に相対して現れ
　　るが，異なったものとして現れるわけではない。この観る者，観ら
　　れる者および観る行為の三性は，区別のない一なる同一に解消され
　　ることはないが，各々の他性はそれらによって否定される。〔…〕

────────────
る。
　81）　*De dato patr.* 5, n. 119. またこの書を中心に扱っている本書第 IV 部第 1 章「〈神の顕現〉（Theophania）と〈神化〉（Deificatio）」も参照されたい。
　82）　Fräntzki, Ibid., S. 75.
　83）　Ibid., S. 79. また *De visione dei*, 5, n. 13, 13f.（八巻訳『神を観ることについて』30頁）。

観（Schau）の三つの契機は他性なしに一性に共属している。[84]

　私はこのフレンツキーの主体性の理解に従うが，さらに，それが十全な意味を有するのは〈信仰〉の場においてに他ならないことを指摘したい。すなわち，〈信じる“主体”〉は，〈信じられる“客体”・信じる目的〉を一方的に〈信じる〉のではなく，“客体”からの〈呼びかけ・応答〉（つまり“主体”にとっては〈呼びかけられ〉）と同時的に信じることが成立しているのであろう。また，〈信じる行為〉は一回限りのものではなく，むしろ“主体”と“客体”との同時的で相互的な〈呼びかけ・応答〉において成立しているであろう[85]。また，このような〈信仰〉の場でこそ，絶対的主体性と欠如的主体性が超範疇的存在規定であるとされることも十分に理解できるであろう。
　さらに，欠如的主体性の〈シーソー構造〉も〈信仰〉の場においてより深く解釈できるであろう。すでに見た，〈シーソー構造〉の原動力としての本有的判断力のいささか唐突な導入についても，その根拠を〈信仰〉の場でこそ納得できるであろう[86]。また，〈イディオータ〉は信仰をもって神に向かいつつも，〈イディオータ〉であるゆえに木サジ作り職人として「この世に巡礼しているのであり，その間に，信仰はわれわれのうちにおいて連続的に増大しうるし，愛もまた同じように増大しうる」[87]と言うことができるはずである。つまり，欠如的主体性の〈シーソー構造〉も，実はこのような〈信仰〉における〈シーソー構造〉の言わば〈似像〉としての意味をもっているのではなかろうか，と考えられるのである。
　また I 節で見た，〈イディオータ〉の〈弁論家〉批判および知恵と知識との区分と規定が，極めて〈信仰〉的であったことも想起したい。つまり『イディオータ篇』においてクザーヌスは，生きた〈信仰〉に立って哲学しているのであり，先ず『知恵について』において知恵を信仰的

84）　Fräntzki, S. 85

85）　この〈呼びかけ・応答〉のクザーヌスにおける最終的な形については，本書第 VI 部第 4 章を参照されたい。

86）　Vgl. 前註 46 の箇所。

87）　De doct. ign., 3, 12, 257.（岩崎・大出訳 214 頁）。

に理解した上で，『精神について』において，その知恵をとらえる主体としての精神を扱っているのである。

　以上のように，〈信仰〉を根底（subiectum）とする構造の中で，それに密接に関係づけて人間の精神とその主体性を理解することが，クザーヌスの思想に即していることであると考える。私の解釈に対比してフレンツキーのそれをとらえるならば，彼自身がヘーゲル的な〈理性への信仰〉に無前提的に立っているために，〈理性〉と区別される〈信仰〉をクザーヌスの思想の中で見失っているようにみえる。またヘロルドの解釈は，言わば〈信仰〉と〈理性〉の切り離しに意を注ぎ過ぎて[88]，切り離したまま放置しており，構造的に再結合（再一致ではない）することを怠っているようにみえる。彼が〈遠近法〉から主体性を導出するのは，フレンツキーの指摘の通りに，誤りと言えるが，その原因はヘロルドが〈信仰〉を忘却して〈遠近法〉を水平的にのみ理解していることにあるだろう。クザーヌスの思考に〈遠近法〉を見出すのであれば，何よりもそれが（神と人との間の）垂直的なものであることを見落としてはならないのである[89]。

　私の視点からとらえるならば，この二人はクザーヌスの『イディオータ篇』において，ヘロルドが〈イディオータ〉を見失っているのに対して，フレンツキーは〈イディオータ〉を「人間の本来的な自己存在の称号としての〈イディオータ〉」として[90]，性急に一般化しすぎているのである。

　このような理解に立って，この考察の締めくくりとして，『精神について』冒頭にある〈哲学者〉の次の発言を味わいたい。「世界のほとんどあらゆるところから無数の民衆が急ぎ集まって来ているのを見ていると，これほどに多様な肉体の中に一つの信仰が存在していることに，私はとりわけ驚かされているのである」[91]。

88）　Herold, Ibid., S. 105.
89）　この点については，本書第Ⅰ部第4章末尾も参照されたい。
90）　Fräntzki, Ibid., S. 88ff.
91）　*De mente*, I, n. 51, 16-19.

第 2 章

クザーヌスの思考における主体性の二重構造
――〈観〉videre を中心に――

1 『神を観ることについて』において

　クザーヌスの『神を観ることについて』には「あなたが私を見つめていて下さるので，私が存在するのです」[1]という一節がある。同じ書物の中にある次の一節と併せてこの文章を読むならば，ここに人間の主体性の二重構造が想定されていることを見出すことができるであろう。「主よ，あなたは私の心の内奥でこう答えて下さいます。『汝は汝であれ，そうすれば私は汝のものとなる』と」[2]。

　この「主体性の二重構造」という表現で筆者が意味させようとしていることは，以下のことである。一方においてこの「私」は，神である「主」が自分から視線を遠ざけてしまえば，存在し続けることができないというのであるから[3]，ここには神の主体性が存在している。同時に，

---

　　1)　*De vis.* IV, n. 10, 10（八巻訳『神を観ることについて』26 頁）: ‚Ego sum, quia tu me respicis‘

　　2)　Ibid. VII, n. 25, 12-14. 註 4 を参照。さらに，この「私」が自分になることについては次のように説明されている: (Ibid. n. 26, 3-7)（八巻訳『神を観ることについて』45 頁以下）: ‚Quomodo autem ero mei ipsius, nisi tu, domine, docueris me? Hoc autem tu me doces, ut sensus oboediat rationi et ratio dominetur. Quando igitur sensus servit rationi, sum mei ipsius. Sed non habet ratio, unde dirigatur, nisi per te, domine, qui es verbum et ratio rationum. Unde nunc video, si audiero verbum tuum, quod in me loqui non cessat et continue lucet in ratione, ero mei ipsius, liber et non servus peccati, et tu eris meus et dabis mihi videre faciem tuam, et tunc salvus ero‘. この点についての詳細は，本書の次の章を参照されたい。

　　3)　以下を参照されたい: Ibid. IV, n. 10, 11.（八巻訳『神を観ることについて』26 頁）。

126　　　　　　　　Ⅱ　クザーヌスにおける主体性

上で引用した一文が含まれているコンテキストを考慮するならば，人間
の主体性も想定されていることが明らかになる。以下に当該箇所を少々
長く引用する。

　　私が瞑想の沈黙のなかにたたずんでいると，主よ，あなたは私の心
　　の内奥でこう答えて下さいます。『汝は汝のものとなるべし，そう
　　すれば私さえも汝のものとなる』と。おお主よ，あらゆる甘美さの
　　快さよ，あなたは，私が望みさえすれば私が私自身のものとなると
　　いうことを，私の自由のうちにおいて下さいました。したがって，
　　私が私自身のものとならない限りは，あなたは私のものとなること
　　がありません。さもなければ，あなたが私に自由を強制するという
　　ことになるのだからです。すなわち私が私自身となる限りにおい
　　て，あなたが私のものとなりうるのです。さらにあなたは，このこ
　　とを私の自由のうちにおいて下さったのですから，あなたは，私が
　　私自身になることを選択するように強制しているのではなくて，期
　　待しているのです[4]。

　「私」の自由がこれほどまでに強調されているこの一節には，人間の
特別な主体性が見出されるであろう。しかしながら，それによって意味
されている主体性とは，カント以降の近代哲学において意味されるよう
な，徹底的に自律的な自由が意味されているわけではない[5]。ここでの

---

　4)　Ibid. VII, n. 25, 12-19（八巻訳『神を観ることについて』44 頁）: Et cum sic in
silentio contemplationis quisco, tu, domine, intra praecordia mea respondes dicens: Sis tu tuus et
ego ero tuus. O domine, suavitas omnis dulcedinis, posuisti in libertate mea, ut sim, si voluero, mei
ipsius. Hinc nisi sim mei ipsius, tu non es meus. Necessitares enim libertatem, cum tu non possis
esse meus, nisi et ego sim mei ipsius.

　5)　Vgl. *Kritik der reinen Vernunft*, A 357（篠田英雄訳『純粋理性批判』〔岩波文庫・下，
183 頁以下。なお引用者は，Subjekt を「主体」と直した〕:「我々はさきに先験的感性論に
おいて，物体は我々の外感の単なる現象であって物自体ではないということを，論駁の余地
のないほど確実に証明した。この見解に従って，我々は当然次のように言って差し支えない，
——我々の『思惟する主体』は物的なものではない，——換言すればこの主体は，内感の対
象としてのみ我々に示されるものであるから，かかる主体が思惟するものであるかぎり，外
感の対象，すなわち空間における現象ではあり得ない，と。このことの意味するところは，
——外的現象のなかには，思惟する存在者は思惟するものとしては決して現れないというこ
とである。或はまた——我々は，思惟する存在者の思考，意識，欲望その他を外的に直観す

第 2 章　クザーヌスの思考における主体性の二重構造　　127

神の主体性と人間のそれとの関係は，この両方の主体性が互いに対立しているわけでもなく，また前者が後者を一方的に支配するというわけでもなく，むしろ神の主体性が人間のそれを支える基盤となるような形で双方の主体性が共存していると捉えるべきであろう。このようなクザーヌスにおける人間の主体性を，私は「主体性の二重構造」と表現するのであり，これがクザーヌスの後期の哲学において通底的に存在していると考えるのである。本書の前章において筆者が「欠如的主体性」としてとらえた事態は，この二重構造のなかにある人間の主体性の特質を一語で表現したものである。

　ところで「主体性の二重構造」と言えるような主体性の捉え方は，クザーヌスの思惟の初期から存在していたわけではない。そこでこの章において私は，このようなクザーヌスにおける人間の主体性についての思想的変化が，いつから，そして何ゆえに生じ，さらにその結果としての主体性の二重構造を，クザーヌスが具体的にどのように考えているのかについて，「見ること」あるいは「観」に焦点を当てつつ，考察することとする。

2　『覚知的無知』において

　先ず，問題性を明らかにするために，クザーヌスの最初の哲学的著作である『覚知的無知』第 2 巻第 13 章から少々長い一節を引用する。そこは，覚知的無知において尋ねる者が万物に対して，それらは何ものであり，どのようにして，そして何のために存在しているのかと尋ねて，それに対して万物が答えるという場面である。

ることはできない，と言ってもよい」。Ibid. B. 278（篠田英雄訳『純粋理性批判』〔岩波文庫・上，305 頁〕：「『私』という表象に含まれている私自身に関する意識は，決して直観ではなく，思惟する主体の自発的活動によって生じた〔自発的に思惟する『私』の〕知性的表象〔概念〕である。それだからこの『私』は，直観から得られるようないかなる述語をももつものではない。かかる『私』は，常住不変なものとして，内感における時間規定の相関の用をなしうるようなもの――つまり経験的直観としての物質における不可入性と同じようなものである」。

われわれは自ら何ものでもありません。また，われわれは自らあな
たに何も答えることが出来ないということ以外のことを答えること
もできません。なぜならばわれわれはわれわれ自身についての知識
さえももっていないのです。それをもっているのは，その方の知解
によってわれわれが，その方がわれわれのうちで意志し命令し知る
ようなものとして現に存在するという，その方〔神〕だけなので
す。われわれ万物は唖なのです。われわれ万物のうちで語るのは彼
です。われわれを創った彼だけが，われわれが何ものであり，どの
ように，そして何のために存在するのかを知っています。もしあな
たが，われわれについて何かを知りたいのであれば，われわれの根
拠と原因に尋ねるべきであって，われわれの内にではありません。
あなたが一なるものを探し求めれば，そこにすべてを見出すでしょ
う。あなた自身でさえも，彼においてのみ見出すことができるので
す[6]。

この引用から，以下の3点を取り出すことが出来る。
1) 　万物を創造した者が万物において語る。
2) 　万物について何かを知りたいと望む者は，万物の根拠と原因〔神〕
　　にそれを尋ねねばならない。
3) 　尋ねる者さえも，自分自身を神のうちに見出す。

以上の3点を，すでに冒頭で引用した『神を観ることについて』の
一節と比較すると，この引用では神の一方的な全能性が明らかである。
その上，人間が自己をいかに見出すべきかについての神の教えも，両
者で対照的である。すなわち，『神を観ることについて』における「私」
は「汝は汝のものとなるべし，そうすれば私さえも汝のものとなる」と
教えられたのに対して，『覚知的無知』における尋ねる者は，万物から，

---

　6) *De doct. ign.* II, c. 13, n. 180, p. 113, 22-29（岩崎・大出訳 15 頁。なお訳文は筆者の
もの。以下，クザーヌスの著作の訳文も同様）: Ex nobis nihil neque ex nobis tibi aliud quam
nihil respondere possumus, cum etiam scientiam nostri non nos habeamus, sed ille solus, per cuius
intelligere id sumus, quod ipse in nobis vult, imperat et scit. Muta quidem sumus omnia; ipse est,
qui in omnibus loquitur. Qui fecit nos, solus scit, quid sumus, quomodo et ad quid. Si quid scire de
nobis optas, hoc quidem in ratione et causa nostra, non in nobis quaere. Ibi reperies omnia, dum
unum quaeris. Et neque te ipsum nisi in eo reperire potes.

第 2 章　クザーヌスの思考における主体性の二重構造　　129

自己自身を神の内に探すべし，そうすればそこに見出されるであろう，
と教えられるのである。

3　『推測について』において

　このような二つの著作における比較から，人間の主体性の本質につい
て，両者には大きな相違が存在することが明らかになる。そこで以下で
は，『神を観ることについて』における主体性の二重構造が成立するま
での過程をかんたんに検討する。
　『覚知的無知』のすぐ後に著作されたと推定されている『推測につい
て』（De coniecturis）は以下のような文章で始められている。

　　私の前著である『覚知的無知』において汝〔ユリアヌス枢機卿〕
　　は，真理がそれの厳密性においては到達されることが不可能である
　　ことを認識したのであるから，それゆえに，真なることについて人
　　間がなしうるあらゆる肯定的な措定は推測に過ぎないということに
　　なる[7]。

　この著作における「推測」という概念は，〈単なる推測である〉とい
う否定的な側面だけではなくて，ある事態が〈一定の所までは理解可能
でありうる〉という肯定的な側面も有している。このような前提のもと
でクザーヌスは，一方において万物の構造総体を存在論的に，他方にお
いて人間の認識の構造総体を認識論的に説明しようと試みている。その
際に彼は，新プラトン主義的な分有論という伝統的なシェーマに依拠し
ている。
　このためにクザーヌスは，「分有図」[8]と「普遍図」[9]という二つの図形

---

　7)　De coni. Prologus, n. 2, 1-5: Quoniam autem in prioribus Doctae ignorantiae libellis ...
praecisionem veritatis inattingibilem intuitus es, consequens est omnem humanam veri positivam
assertionem esse coniecturam.
　8)　Figura Participationis: Ibid. I, c.9, n. 41. なお，この「分有図」と次の「宇宙図」は，
それぞれ本書第Ⅲ部第 1 章と第 3 章に収載されている。
　9)　Figura Universi: Ibid. I, c.13, n. 65.

130 Ⅱ　クザーヌスにおける主体性

を活用している。「分有図」について以下のように説明する。

　　汝〔ユリアヌス枢機卿〕は，万物が一性と他性とから成立している
　　という洞察に到達しているのであるから，一性を形相的な光および
　　第一の一性の似像として捉え，他方の他性を闇として，第一の単純
　　性からの逸脱として，さらに分厚い質料的なものとして捉えてほし
　　い。光のピラミッドを闇のなかに入りこませ，闇のピラミッドを光
　　の中に入りこませた上で，汝が探求したいあらゆるものをこの図形
　　に適用してみるべし。するとこの可感的な導きによって，汝の推測
　　を隠されたものへと向けることができるようになる。そして汝が例
　　示によって助けられるように，万物を次の図形に還元して考察して
　　みるべし[10]。

　この具体的な手順によってクザーヌスが試みていることは，宇宙の諸
事物の多様性とそれらの間の序列を説明することである。その際に彼
は，序列が下である存在者ほど闇のピラミッドをより多く分有するとし
ている。この説明の仕方は，彼がこの世界の総体を闇的で価値がないも
のとみなしていることをうかがわせる。
　同時にわれわれが考慮しておくべきことは，この著作において彼が，
人間は自身の精神の力によって神ならびに世界を人間としての可能性
において包摂することを理由として，人間のことを「人間的な神」とか
「人間的な世界」と表現していることである[11]。しかしながらこの思想の
コンテキストを綿密に考察するならば，彼がこの表現によって，人間に

───────────

　10）　Ibid. I, c.9, n. 41, 1-8: Cum ergo nunc ad hoc perveneris, ut omnia ex unitate et alteritate
coniecturando videas, unitatem lucem quandam formalem atque primae unitatis similitudinem,
alteritatem vero umbram atque recessum a primo simplicissimo atque grossitiem materialem
concipito. Facque pyramidem lucis in tenebras et tenebrae pyramidem in lucem progredi, et omne
inquisibile in figuram redigito, ut sensibili manuductione ad arcana coniecturam conevertere possis.
Et ut in exemplo allevieris, universum in eam figuram hic subtus conspice redactum.

　11）　De coni. II, c. 14, n. 143, 5-12: Quoniam omnia sensu aut ratione aut intellectu
coniecturatur attingi atque has virtutes in sua unitate complicari dum conspicit, se ad omnia
humaniter progredi posse supponit. Homo enim deus est, sed non absolute, quoniam homo;
humanus est igitur deus. Homo etiam mundus est, sed non contracte omnia, quoniam homo. Est
igitur homo microcosmos aut humanus quidem mundum. Regio igitur ipsa humanitatis deum atque
universum mundum humanali sua potentia ambit.

第2章　クザーヌスの思考における主体性の二重構造　　131

対して神に似た高い序列を付与することを意図している訳ではないこと
が明らかになる。というのは，この箇所のすぐ後の文章で，以下のよう
に述べているからである。

　　彼〔人間〕は人間的な天使であり，人間的な動物であり，人間的な
　　ライオンあるいは熊，あるいはその他何ものでもありうる。人間本
　　性の可能性の内に，万物が彼〔人間〕の仕方で存在しているのであ
　　る[12]。

　つまり，上掲の「人間的な神」とか「人間的な世界」という印象的な
表記は，人間の精神においては万物が人間の力と尺度とに応じて受け取
られるという，人間の精神の本質について説明したものであることにな
る。
　このような『推測について』における被造物に対する明白な評価の低
さは，この著作において著者が人間の精神を「神の似像」と表記するこ
とが，ほとんどないという興味深い事実にも現れている——厳密に言え
ば，この表現は一箇所だけ見出されるが[13]。これは，後の著作である『精
神について』（1450年）とはまったく異なっている。この点については，
後に再度触れる。
　つまり，この時点でクザーヌスは，「正確な真理はわれわれの無知の
闇のなかに把握不能な仕方で光っている」[14]という『覚知的無知』と同
じ立場から人間の認識を捉えていたことが明らかである。その結果，こ
の段階では，神の主体性に加えて人間の主体性が容認されるということ
は，いまだ成立してはいないのである。

───────────

　12)　Ibid. II, c. 14, n. 143, 12 – 15: Potest igitur homo esse humanus deus atque, ut deus,
humaniter potest esse humanus angelus, humanus bestia, humanus leo aut ursus aut aliud
quodcumque. Intra enim humanitatis potentiam omnia suo exsistunt modo.

　13)　Ibid. I, c. 1, n. 5, 4 – 7: Dum enim humana mens, alta dei similitudo, fecunditatem
creatricis naturae, ut potest, participat, ex se ipsa, ut imagine omnipotentis formae, in realium
entium similitudine rationalia exserit.

　14)　*De doct. ign.* I, c. 13, n. 89, p. 56, 13-15（岩崎・大出訳『知ある無知』75頁）: Ex
quibus concludimus praecisionem veritatis in tenebris nostrae ignorantiae incomprehensibiliter
lucere. 以下も参照されたい：*De ap. theor.* n. 5, 9f.（佐藤訳『テオリアの最高段階について』
651頁）Putabam ego aliquando ipsam [veritas] in obscuro melius reperiri.

4 1445年頃の三部作において

　1445年頃にクザーヌスは,『隠れたる神』,『神の探求』,『神の子であること』という一連の三つの著作をまとめた。これらに共通していることは,これに先立つ『覚知的無知』および『推測について』の二著と比較すると小さな著作であることと,いずれもがマイスター・エックハルトの強い影響の下にあることである。

　目下のわれわれの問題意識から,まずは『神の探求』（De quaerendo deum）に注目してみたい。というのは,この標題が「神を探求すべし」という要求を意味しており,従ってここでは人間の主体性が何らか重要な役割を果たすことが推測されるからである。そして,確かにここには,人が神を探求するためには外界を捨て去って自己の内部へと向かうべし,という明白な教えが説かれている[15]。

　しかしながら,ここにも被造物に対する低い評価が目立つ。というのは,神の探求における外界の積極的な役割が未だ認定されてはおらず,そればかりか,人間の主体性については何も論及されていない。この点は,以下に引用するこの著作の一節が明示しているところである。

　　〔汝は以下のことを確知するであろう。〕代々に賛美されるわれわれの神は,どのような仕方で,ちょうど識別的な光が諸感覚の内に存在し,知性的な光が理性の内に存在するように,存在するどんなものの内にも存するところの一切であるのかということ,および,被造物がそれ自身であるところのものと生命と運動とを受け取る源は彼〔神〕であり,われわれの認識はすべて彼の光において存在するのであって,それゆえに,認識するのはわれわれではなくて,むしろ,われわれの内に存する彼であるということになることを[16]。

---

　15)　*De quaer.* V, n. 50, 2-5（大出訳『神の探求について』80頁）: Ad ipsum te convertis intra te dietim profundius intrando, linquendo omnia, quae sunt ad extra, ut inveniaris in via illa, qua reperitur deus, ut eum post haec in veritate apprehendere queas.

　16)　Ibid. II, n. 36, 4-9（大出訳63頁）: deus noster in saecula benedictus ita est omne id,

第2章 クザーヌスの思考における主体性の二重構造　133

　聖句[17]に依拠する最後の文章は，神の全能と人間の無力を強調するものとなっており，それは，アウグスティヌスの『告白』にも見られるような[18]，キリスト教の伝統に則したものである。

　同様なことは，上掲の三つの小品の一つである『神の子であること』の次の一節にも妥当する。

　　知性は神の知性的で生命ある類似であるので，それが自己を認識するときには，万物を一者として自己の中に認識する。知性は，神の中にあるがままの自己を直観する時，その時にこそ自己を認識するのである。そしてまさにこの時に，神は知性においては知性そのものとなっているのである[19]。

　しかしながらここで見逃すべきでないことは，知性が知性的で生命ある神の類似であるとされていることである。つまりこの一節では，人間の知性が神の類似と表記されていて，後の著作である『精神について』におけるように神の似像（imago）と表現されているわけではないが，人間の知性と神のそれとの近さが根本に想定されているように見える。この意味で，人間が自己を内的な人間として捉える限りは，その近さのゆえに人間が一定の肯定的な評価の中に位置づけられていると言えるだろう。ここにエックハルトの強い影響が見てとれるだろう。

　これとの関連において，さらに以下の2点が指摘されねばならない。

　1　神は，純粋な，現実に存在者として存在するわけではない主体性である。このことは，クザーヌスの思考における根本的な規定である[20]。これは，この一連の著作のもう一つである『隠れたる

---

quod est in quolibet quod est, sicut lumen discretivum in sensibus et intellectuale in rationibus ac quod ipse est, a quo creatura habet id quod est et vitam et motum, et in lumine ipsius est omnis cognitio nostra, ut nos non simus illi, qui cognoscimus, sed potius ipse in nobis.

　17）　ガラテア 2. 19-20; マタイ 10, 20.。
　18）　Augustinus, *Confessiones*, XIII, c.31, n. 46.
　19）　*De fil.* VI, n. 86, 5-8（坂本訳『神の子であること』150 頁）: Intellectus autem cum sit intellectualis viva dei similitudo, omnia in se uno cognoscit, dum se cognoscit. Tunc autem se cognoscit, quando se in ipso deo uti est intuetur. Hoc autem tunc est, quando deus in ipso ipse.
　20）　Schulz, *Der Gott der neuzeitlichen Metaphysik*, S. 15.

神』においても裏付けられる。そこでは，神と神によって創造された万物との関係が，観ることと観られうるものとの関係と類比関係におかれており，その結果として，神の超越と内在が説明されることになっているのである[21]。

2　クザーヌスは同じ著作『隠れたる神』において，「神」についてのギリシア語 ‚theos‘ の語源として，伝統的な ‚theoro‘ を採用して，それの意味する「私は観る」および「私は走る」を活用している[22]。その中でも「私は観る」の方を優先して活用し，後には *De visione dei*（『神を観ることについて』）というタイトルの書物を著した。この著作には大いに深い神秘思想が展開されていることは，次章で確認されるところである。

　上述のようなクザーヌスの思考の展開が，彼に人間の主体性というものを構想する道を開くことになったのではないかと，考えられる。というのは，視覚という能力は，他の感覚に比べて本人の主体性をより強く気づかせるものだからである。つまり，われわれは或るものを見るか見ないかを，自らの眼を開けたり閉じたりすることによって選択することができる。しかし他の感覚では，例えば触覚においては，視覚におけるほどに自身の意志によってコントロールすることが容易ではない。さらに視る者は或る他の人を視ているということを常に弁えているが，視られている人は，今，自分が誰かによって視られているということに常に気づいているわけではない。だが，触覚においては，そもそもこのような非対称性が成立することはないのである[23]。

---

　21)　*De deo absc.* n. 14, 12f.（大出訳 15 頁以下）：Eo igitur deus se habet ad omnia sicut visus ad visibilia.

　22)　Ibid. n. 14, 1（大出訳『隠れたる神』15 頁）：Deus dicitur a theoro, id est video; 以下も参照されたい：*De quer.* I, n. 26（大出訳『神の探求について』51 頁）。

　23)　Jonas, *Das Prinzip Leben*, S. 249f.（細見・吉本訳『生命の哲学』265 頁以下）。

5 『光の父の贈りもの』において

　『神の子であること』から約半年後に，クザーヌスは『諸々の光の父の贈りもの』という著作を書いた。この中で彼は，神的な光の存在の仕方について論じている。その際に彼は，創造主である神とそれの被造物との関係を，新プラトン主義的な光の分有というシェーマに基づいて説明する。すなわち，父としての神は，彼によって創造された諸存在者の中に多様な光を注ぎ込んだのであり，それゆえにいかなる存在者も光と表現されるのだと[24]。

　この関係において重要な意味を持つことになるのは，この書物の中の以下の一節である。

　　創造されたものは全て，知性的な力を現実態化するための或る光であり，その結果，その力は自身に贈られた光の中をこの諸々の光の源泉へと進んで行くのである。人間は，多様な被造物が存在するのを視て，その結果，これらの多様性の中で照明されることによって，諸々の被造物の本質的な光へと進んで行くのである[25]。

　この一節によれば，クザーヌスはすべての被造物を或る種の光とみなしており，その光が人間に対して，人間に備わっている理性を介して，自己を神の被造物であると開示し，その結果，人間は光の源泉，すなわち神へと進みゆく能力を与えられることになるというのである[26]。ここでは新たに，人間が神へと進み行くために果たす外界の役割が容認され

---

　24)　*De dato*, IV, n. 108, 7f.（大出・高岡訳『光の父の贈りもの』37 頁）：Sunt igitur omnia apparitiones sive lumina quaedam.。

　25)　Ibid. V, n. 115, 4-7（大出・高岡訳 45 頁以下）：Omnia [...] quaecumque creata sunt, lumina quaedam sunt ad actuandum virtutem intellectualem, ut in lumine sic sibi donato ad fontem luminum pergat. Videt homo varias creaturas esse, et in ipsa varietate illuminatur, ut ad essentiale lumen creaturarum pergat.。

　26)　ここにはエリウゲナの思想との親近性が見出される；例えば以下を参照されたい：Eriugena, *Super Ier. Cael.* 128B-129D.。

136 　　　　　　Ⅱ　クザーヌスにおける主体性

るようになっている。こうしてクザーヌスがこの世界を，以前のように
低く評価するのではなく，むしろ肯定的に捉えていることが明らかに
なった[27]。

6 『イディオータ篇』において

　これ以降，外界に対するクザーヌスの肯定的な評価は次第に強まって
行く。彼は 1447 年の『創造について』という著作において，神を〈同〉
（idem）という新たな概念によって説明して，神が世界のあらゆる存在
者に内在していることを，以下のようにして証明しようとする。

　　いかなるものも自身に対しては同であるということが決して否定
　　されないということに私が注目すれば，私は，〈絶対的同〉（idem
　　absolutum）が万物によって分有されていることを視るのである[28]。

　この点についての立ち入った考察は，ここでは差し控えながら[29]，さ
らに一文だけを引用して，クザーヌスがしだいに被造物にも主体性を容
認するようになることを明らかにしたい。

　　これまで述べてきたことから以下のことが明らかになる。あらゆる
　　行為者は自己自身に対して同であるから，自同化するのであり，そ
　　れゆえにあらゆる行為者が，その行為において何らかの創造を類似
　　によって表現しているのである[30]。

　27）　以下を参照されたい：*De dato,* II, n. 97, 6-8（大出・高岡訳 23 頁）：‚Datum [...]
optimum si est creatura, quoniam omnis creatura est bona valde, videtur deus datus esse '.
　28）　*De genesi* I, n. 147, 14f.（酒井訳 506 頁）：Quando adverto negari non posse quodlibet
esse idem sibi ipsi, video idem absolutum ab omnibus participari.
　29）　この点については，八巻『世界像』第 2 章第 4 節（100-110 頁以下）で詳細に論じ
た。
　30）　*De genesi,* III, n. 162, 10-12（酒井訳 516 頁）：per praemissa ostenditur omne agens,
quia idem sibi ipsi, identificare. Igitur omne agens in agendo quadam similitudine creationem
repraesentat.

第 2 章　クザーヌスの思考における主体性の二重構造　　137

　この 3 年後の 1450 年の夏にクザーヌスは『イディオータ篇』をまとめて，神の探求において外界が果たし得る役割の評価をこれまでの最高にまで高めた。それは，彼が晩年に以下のようにふりかえりつつ記していることで，示されている。

　　そこにおいて可能自体〔神のこと〕が輝きわたる真理は，大きな能力を有するものである。それは路上で呼びかけているのである――汝が『イディオータ』篇で読んだことがあるように。実際に真理は到る所で容易に見出されるように自らを示しているのである[31]。

　われわれの目下の問題意識との関係から，ここで『イディオータ』篇における論述について，以下の 4 点を確認しておきたい。
1　すぐ前で示されたように，クザーヌスは『知恵について』において，神の知恵としての真理は，この世界の到る所で見出されうるのであって，むしろ学問的な書物におけるよりも多く，そこに見出されるのだと言って[32]，この世界の肯定的な役割を強調している。この点を彼は以下のように具体化している。「それ〔永遠で無限な知恵〕はあらゆるものに輝き出ているので，結果についての或る種の味の予感からわれわれを誘って，われわれが驚くべき切望によって知恵に向かうようにと駆り立てるのである」[33]。
2　他方において彼は，とくに『精神について』において，人間の精神の創造性を明白に強調している。以下に少し長く同書から引用する。
　　「君は，神の単純性が万物を包含していることを知っている。精神とはこの包含している単純性の似像である。従って，君がこの神的単純性を無限な精神と名付けるのであれば，それはわれわれの精神の原像であることになる。〔…〕神の精神の把握はものの産出で

――――――――――
　31)　*De ap. theor.* n. 5, 10-13（佐藤訳『テオリアの最高段階について』651 頁）: Magnae potentiae veritas est, in qua posse ipsum valde lucet. Clamat enim in plateis, sicut in libello De idiota legisti. Valde certe se undique facilem repertu ostendit.
　32)　*De sap.* I, nn. 3（小山訳 542 頁以下）。
　33)　Ibid. I, n. 10, 17-19（小山訳 548 頁）: aeterna et infinita sapientia cum in omnibus reluceat, nos allicit ex quadam praegustatione effectuum, ut mirabili desiderio ad ipsam feramur.

ある。われわれの精神の把握はものの認知である。神の精神が絶対的存在性であるならば，それの把握は現存在者の創造である。そして，われわれの精神の把握は現存在者の類似化である。無限な真理としての神の精神に適合するものは，それ〔神の精神〕に近似した似像としてのわれわれの精神にも適合する。万物が神の精神の中に，その厳密で固有な真理の内にあるものとして存在するのであれば，万物がわれわれの精神の内には，固有の真理の似像あるいは類似の内にあるものとして存在する。つまり観念という形においてである。すなわち認識は類似によって成立するのである[34]。」

3　このような人間の精神の認識が成立するためには，外界からの感覚的な刺激が必要である。この点を以下の引用が証拠立てる。
「それゆえ精神は，永遠で無限な知恵の生命ある記述である。しかしその生命はわれわれの精神の中では，始めは眠っているのに似ている。そしてそれは，感覚可能な事物によって生じさせられる驚きによって刺激されると，はじめて動き出すのである。そうするとそれは，自己の知性的な生命の運動によって，自身が探しているものがすでに自身のなかに記述されているのを見出すのである[35]。」

　上に示したような全体構造によって，人間の主体性についての思惟が『イディオータ篇』において展開されることが可能となったのである。この展開については，この一連の著作の主人公である〈イディオータ〉が自ら明らかに示している。彼は単純素朴で貧しい木サジ職人であるが，対話相手である〈哲学者〉から，彼の手仕事を神の創造に応用して

---

34)　*De mente* III, n. 72, 1-13: Scis, quomodo simplicitas divina omnium rerum est complicativa. Mens est huius complicantis simplicitatis imago. Unde si hanc divinam simplicitatem inifinitam mentem vocitaveris, erit ipsa nostrae mentis exemplar. [...] Conceptio divinae mentis est rerum productio; conceptio nostrae mentis est rerum notio. Si mens divina est absoluta entitas, tunc eius conceptio est eintium creatio, et nostrae mentis conceptio est eintium assimilatio. Quae enim divinae menti ut infinitae conveniunt veritati, nostrae conveniunt menti ut propinquae eius imagini. Si omnia sunt in mente divina ut in sua praecisa et propria veritate, omnia sunt in mente nostra ut in imagine seu similitudine propriae veritatis, hoc est notionabiliter, similitudine enim fit cognitio.

35)　Ibid. V, n. 85, 7-11: Unde mens est viva descriptio aeternae et infinitae sapientiae. Sed in nostris mentibus ab initio vita illa similis est dormienti, quousque admiratione, quae ex sensibilibus oritur, excitetur, ut moveatur. Tunc motu vitae suae intellictivae in se descriptum reperit, quod quaerit.

第 2 章　クザーヌスの思考における主体性の二重構造　　139

説明できるかと問われた際に，自分が考案した，鏡のように磨き上げられたサジを用いながら，以下のように述べて自身の主体性を明言する。

　　私は鏡のようなサジを作ってみたかった。そこで私は，大いに均質で他のいかなる木材よりも高貴な木材を探し続けた。そして私は，道具を用いて，それの運動によりサジの形相が完全に輝き出るもっとも相応しい比を作り出すようにした。それに続いて，サジの表面を磨き上げて，サジの形相の映現の中に鏡の形相を導入するようにした。それが今，君が見ているものである。〔…〕このサジの中に君はすべての種類の鏡を所有していることになる。つまり，凹面鏡，凸面鏡，平面鏡と柱状の鏡である。取っ手の底には平面鏡が，取っ手には柱状の鏡が，サジのくぼみに凹面鏡が，サジの凸部に凸面鏡がある[36]。

　この木サジ職人はさらに，自分の手仕事によって自己の誇りと満足を得ていると言明する。この著作における対話の開始に際して，彼は以下のように言っていた。

　　私は自分のこの術において，自分の欲することを象徴的に探求しては精神を養い，サジを売っては身体を生気づけているのです。こうして私は，自分にとって必要なもの全てに十分に到達しているのです[37]。

　ここに，この木サジ職人が自己の主体性について明瞭に意識していることが明示されている。しかしながら，すでに述べたように，この意識

---

36)　Ibid. V, n. 86, 11- n. 87, 4: Volui facere coclear speculare. Quaesivi lignum valde unitum et nobile super omnia. Applicui instrumenta, quorum motu elicui convenientem proportionem, in qua forma coclearis perfecte resplenderet. Post haec perpolivi coclearis superficiem adeo, quod induxi in resplendentiam formae coclearis formam specularem, ut vides. […] Habes enim in eo omnia genera speculorum, scilicet concavum, convexum, rectum et columnare: in base manubrii rectum, in manubrio columnare, in concavitate coclearis concavum, in convexitate convexum.

37)　Ibid. I, n. 55, 1-3: Immo in hac mea arte id, quod volo, symbolice inquiro et mentem depasco, commuto coclearia et corpus reficio; ita quidem omnia mihi necessaria, quantum sufficit, attingo.

が成立する大前提は，永遠で無限な知恵が万物に映現していることであり[38]，またあらゆる存在者が光として捉えられていることである[39]。

　このような条件のもとでこそ，外界およびその中に存在するあらゆる存在者が，人間という主体の意志に従うことになり，それゆえに人間が自身に固有の主体性の存在を主張することが可能となるのである。さもなければ，いかなる人間にとってもこの世界内で自身の主体的な目的を実現することは不可能となるはずである。

　この関係をさらに深く理解するためには，クザーヌスの思考の根底に存在している，神と世界と知性的生命としての人間という三者の間に成立する三角構造を想定することが有益である。それは，神を三角形の頂点としつつ他の二つが下の二つの頂点を形成するというものであり，それが三種の〈知恵〉のあり方として典型的に成立しているのである。この点については，すでに詳細に論じたことがあるので，ここではこの構造の存在だけを指摘するにとどめる[40]。

7　再び『神を観ることについて』において

　人間の主体性の二重構造についての思索は，1453 年の著作である『神を観ることについて』において頂点に達した。この著作でクザーヌスは，人間の主体性という思想を極めて明瞭に述べているが，それはこの考察の最初に示したとおりである。それに加えて彼は，以下の引用が示すように，神の探求における被造世界一般の存在意義をも極めて高く評価するようになっている。

　　私の神よ，私はあなたの贈りものとして，この可視的世界の総体ならびに聖書の全体，そして奉仕的霊の全てを，あなたを知ることへと進みゆくための手助けとして所有しています。万物が私を励起し

---

38)　上の註 33 を参照されたい。

39)　*De dato*, IV, n. 108, 7f.（大出・高岡訳 37 頁）: Sunt igitur omnia apparitiones sive lumina quaedam.

40)　八巻『世界像』第 1 章第 4 節（特に 52-60 頁）を参照されたい。

第 2 章　クザーヌスの思考における主体性の二重構造　　　141

て，私があなたへと向き直るように促しています。聖書の総体が努
めているのは，あなたを開示することだけです。すべての知性的霊
がもっている任務は，あなたを探求し，それらがあなたについて見
出すかぎりのことを啓示することだけです[41]。

　さらに，この著作の最後で「世界も私を見捨てることを欲していま
す」[42]とまで記されていることを考慮するならば，外界もまた主体性を
有するとクザーヌスが考えていることを言わねばならないだろう——こ
の点については，後に扱う。
　最後に，クザーヌスの思考における観 videre の成立構造を分析しな
がら，彼における人間の主体性の二重構造をさらに考察してみたい。
　近代の人間中心主義的な立脚点から観の構造を考察する場合には，以
下のようなことが前提になるだろう。一方に視つつある主体が存在し，
他方に観られる客体が存在するのであるが，その場合に客体の側が自身
の観られていることに気づいているかどうかには無関係に，観る主体が
客体を観るという構造である[43]。同時に見逃してはならないことは，こ
の構造においては外界に第三者としての光が存在しており，主体と客体
の双方がこの光によって照らされているゆえに，この〈観〉が成立する
ということである[44]。
　しかしながら，クザーヌスの立脚点から〈観〉の成立を捉えるなら
ば，事態はまったく異なったものとして現れる。主体と客体と外界の光
の三者以外に，この〈観〉総体を支えている根本構造が存在するのであ
る。しかしこの根本構造があまりにも大きいので，人間はそれに気づく
ことがないというわけである。この捉え方を上で言及した三角構造と結

---

　41)　*De vis*. XXV, n. 118, 10-16（八巻訳 152 頁以下）: Habeo igitur dono tuo, deus
meus, totum hunc visibilem mundum et omnem scripturam et omnes administratorios spiritus
in adiutorium, ut proficiam in cognitione tui. Omnia me excitant, ut ad te convertar. Non aliud
scripturae omnes facere nituntur nisi te ostendere, neque omnes intellectuales spiritus aliud habent
exercitii, nisi ut te quaerant et, quantum de te reppererint, revelent. 世界が神からの贈りものであ
ることは以下にも言及されている。Ibid. VII, n. 25, 9-11（八巻訳 44 頁）: quomodo dabis tu te
mihi, si non pariter dederis mihi caelum et terram et omnia, quae in eis sunt?
　42)　Ibid. XXV, n. 119, 16f.: me linquere vult mundus.
　43)　註 23 も参照されたい。
　44)　この構造は，上の註 21 で示したクザーヌスの捉え方とも関わる。

142 　　　　　Ⅱ　クザーヌスにおける主体性

びつけてみれば，この〈観〉の成立構造は，知恵をめぐる三角構造とは
逆の，いわば逆三角構造となり，〈観〉の主体と客体を支える存在が下
の頂点となるのである。

　この事態を，観る人間の主体性に当てはめてみれば，それはけっして
独立的なものではないことが明らかになる。この主体性を確保するため
には，人間の〈観〉総体を可能にする根本構造としての，神という絶対
的な主体性が必要となるのである。この考察の最初に引用して示した，
神から人間に付与された自由は，このような根本構造の上にのみ成立し
ているのである。

　同時にこの構造は，次のように表象されるべきである。人間の主体性
は確かに神の絶対的な主体性によって支えられているのであるが，神の
絶対的な主体性が人間の主体性に直接的な作用を及ぼすことはなく，後
者が成立するためにだけ前者が間接的に作用するのである。そしてこれ
を認識することによってはじめて，（観る）人間の主体性における二重
構造を知ることができるのである。

　この二重構造の表象は，この根本構造をヒュポケイメノン
（Hypokeimenon）として捉えるならば，この点からも支持されるで
あろう。なぜならば中世においてヒュポケイメノンは，まさに主体
（Subjectum）として表現されていたからである[45]。

　さらには，観る主体と観られる客体との，クザーヌスにおいて想定さ
れている関係には，もう一つの二重構造が存在していることが見出され
る。すでに見たように，あらゆる存在者が光として捉えられるので[46]，
〈観〉の「客体」としての存在者が同時に「主体」としても捉えられる

　45）　以下を参照されたい：Kaulbach, *Immanuel Kant*, S. 67（井上昌計訳『イマヌエル・
カント』84 頁）：「世界が一般に実存在するないし現存在していることを，世界は創造に負っ
ている。この創造は諸物の絶対的措定（現存在の‐中へと‐置くこと）であり，措定され
た諸物は普遍的‐合法則的秩序と体制のなかで存続している。神が世界の創始者の役を演じ
てもろもろの内的可能性に現存在を与えるものであるかぎり，神は第一根拠であって，すべ
ての個々の基礎づけの連関すらもこの第一根拠において基礎づけられている。したがって神
は基礎になっているもの（ὑποκείμενον），すなわち主体 Subjekt である。古代的な意味でな
く近代的な意味で解される主体という名称は，カントにおいて初めてわれわれの熟知してい
るような意味において仕上げられたのである」。ここにクザーヌスが中世と近代との境界に立
つ思想家の典型的な一人であることが明らかになる。
　46）　註 39 を参照されたい。

第 2 章　クザーヌスの思考における主体性の二重構造　　　143

からである。この事情は以下のようなものである。〈観〉の「客体」として
しての存在者は，自らが光であるゆえに，「主体」として想定される
「観る存在者」から自身が観られることをすでに想定しているのである。
その意味でそれ自身が，すでに主体となっていることになる。逆に捉え
るならば，一般的な意味での観る「主体」がすでにその「客体」の側か
ら観られていることになる。この意味において，この「観られる客体」
が主体でもあることになるわけである。すなわち，ある主体が主体であ
りうるのは，それが他の主体から支えられているからである。〈観〉の
観点からこの事態を整理すると，「客体」とされる存在者も光であって，
それが光を放出してくれているから，〈観〉の主体が「客体」とされる
存在者，つまり他者を観ることも可能となるのである。ここに，〈観〉
における主体性の水平的な二重構造を見出すことができるのである。

　この構造をクザーヌスが前提にしていたからこそ，「世界も私を見捨
てることを欲しています」[47]と記したにちがいない。ここで「世界が私
を見捨てる」とは，文字通りに，それが「私」を見捨てるという意味で
はなくて，この世界で「私」が十分に吟味されて，神から引き寄せられ
るに相応しい存在となっている[48]という意味である。さらには，世界が
そのように判断したということである。

　ここに見出された主体性の水平的な二重構造は，言うまでもなく，前
に指摘した，より大きな二重構造によって支えられている。それゆえ
に，後者の二重構造は，先に指摘したクザーヌスの思考に典型的な神と
被造物との関係としての〈原像─似像〉関係における，より大きな二重
構造を原像とする「似像としての二重構造」と捉えることが出来るだろ
う。最後に，この関係を，『神を観ることについて』の一節によって鮮
明にしたい。

　　主よ，あなたが私を慈愛の眼差しで見つめて下さっているのですか
　　ら，あなたの観ることは，私によってあなたが観られること以外の
　　何でありましょうか。あなたは私を観ながら，隠れたる神であるあ
　　なたを私によって観させるために〔あなたを私に〕贈ってくださっ

---

47)　註 42 を参照されたい。
48)　以下を参照されたい：*De vis.* XXV, n. 119, 18（八巻訳 154 頁）: Trahe me, domine.

ているのです。〔…〕あなたを観ることは，あなたを観ている者を
あなたが観て下さることに他ならないのです[49]。

　このようにほとんど極限にまで深められた神と人との関係についての
思考を，クザーヌスは晩年まで維持し続けた。このことは，彼の晩年の
二つの著作，すなわち『可能現実存在』(1460) と『観想の頂点』(1464)
が示している。そこでは，自分の弟子に対して，われわれがこの考察で
扱った『神の探求について』，『諸々の光の父の贈りもの』，『知恵につい
て』そして『神を観ることについて』を再読することを薦めているのだ
からである[50]。

---

　49)　Ibid. V, n. 13, 10-14（八巻訳 30 頁）: Quid aliud, domine, est videre tuum, quando me
pietatis oculo respicis, quam a me videri? Videndo me das te a me videri, qui es deus absconditus.
[...] Nec est aliud te videre, quam quod tu videas videntem te.
　50)　以下を参照されたい：De poss. n. 59, 12; 19（大出・八巻訳『可能現実存在』85
頁）; De ap. theor. n. 16, 4; 6（佐藤訳 658 頁）。

第 3 章

〈精神的な引き上げ〉という神秘主義
──『神を観ることについて』を中心にして──

は じ め に

　本章では，クザーヌスの神秘主義の特徴について，思索活動の中期に
あたる 1453 年秋の著作である『神を観ることについて』を中心的な材
料として使用しつつ，考察を進める。その特徴を先取り的に記すなら
ば，クザーヌスは，中世の神秘主義の伝統を踏まえつつも，人間の精神
の働きに積極的な意義を認めている。その際に彼は，人間の精神活動に
おける感覚，理性および知性のあり方とそれら相互の関係を綿密に考察
する。その上で，信仰のなかで生き生きと働く愛に注目しつつ，信仰と
精神活動との関係を考察して，神探求における両者の積極的な役割を認
める。この一連の思弁においては〈楽園の市壁〉という特徴的な表象が
重要な役割を果たしている。

1　上昇の諸段階

1　理性（ratio）とそれの挫折

　　主よ，あなたの面前に現れるに価しない私が，どうしたらあなたを
　自己のものとできるでしょうか。〔…〕私が瞑想の沈黙のなかにた
　たずんでいると，主よ，あなたは私の心の内奥でこう答えて下さい
　ます。『汝は汝のものとなるべし，そうすれば私さえも汝のものと

なる』と[1]。

　クザーヌスは『神を観ることについて』の第 7 章でこう記した後，さらに以下のように続けている。

　　私が私自身のものとならない限りは，あなたは私のものとなることがありません。〔…〕ところが，主よ，あなたが私に教えて下さらなければ，どのようにして私が自分のものとなりましょうか。するとあなたは，私にこう教えて下さいます。感性が理性に従属し，理性が〔それを〕支配すべし，と。つまり，感性が理性に仕えるならば，私が自分のものとなるのである，と。〔…〕このことから，今，私には観えました。私の内で絶えず語りかけ，私の理性を照らして下さるあなたの御言葉に私が耳を傾けるならば，私は，罪の奴隷ではなく自由な人間たる自分のものとなりうるのである，ということが[2]。

　ここで求められている「自己のものとなる」ために理性が果たす役割は，以下のようにまとめることが出来るだろう。神を蔽いなしに観ることを求める者は，以前には，自己を捨てねばならないと思いなしていたのに，今では，自分自身になるべしと神から教えられているのである。その際に理性が道案内として大きな役割を果たす。感性を理性に従属させることによってはじめて，自分自身になることができるというのである。つまり彼は「あなた〔神〕から遥かに離れた領域」から戻って来なければならない，すなわち「われわれが諸々の感覚による腐敗した欲望のために，あなたから離れ去ったり，自由と最善の実体を浪費する」[3]という状況から脱出する必要があるのだ。

　しかしながら理性は，完全に自立的に存在しているわけではない。理

　1）　*De vis.* 7, n. 25, 5f; 12-14; n. 26, 3- 6; 7-11（八巻訳『神を観ることについて』〔以下，八巻訳と表記する〕44 頁）: Quomodo habeo te, domine, qui non sum dignus, ut comparem in conspectu tuo? [...] Et cum sic in silentio contemplationes quisco, tu, domine, intra praecordia mea respondes dicens: Sis tu tuus et ego ero tuus.

　2）　Ibid. n. 25, 16f.; n. 26, 3- 6; 7-11.（八巻訳 45 頁以下）。

　3）　Ibid. n. 28, 7f.; 9-12.（八巻訳 48 頁）。

第 3 章　〈精神的な引き上げ〉という神秘主義　　147

性は,「私の内で絶えず語りかけ, 私の理性を照らして下さる」神の御言葉に耳を傾けねばならない。その理由は,「理性が導かれるものとしては, 主よ, 御言葉であり諸々の理性の理性であるあなた以外には, 何も有することがない」からである[4]。さらに理性は,「あなたの愛がそれ〔私の心〕を, あなたのうちにおいてのみ安らうことができるにちがいないという願望によって燃え上がらせた」[5]というような, 神の愛によって燃え上がらされた願望から, 神を観ることへと出発するのである。

　しかしその際に, 概念による弁別[6]と推論によって神の本質を捉えようと理性が試みるかぎり[7], それは挫折する。この理性のたどる道の上位の段階をクザーヌスは以下のようにも描写している。

　　私は身をもって分かります。自分が闇の中に歩み入って, 理性の全
　　ての能力を超える〈反対対立の合致〉を許容し, 不可能性が現れる
　　場にこそ真理を探究しなければならないということが[8]。

　先に理性は, 神を探求する者に対して, 神への回帰と自己自身になることを指し示したのだが, この段階になると理性の力は否定される。神の愛によって燃え上がらされた願望をもって神を探求する者は,〈反対対立の合致〉の入口で神を観始めるのだが, しかしこの段階では, まだ

---

4)　Ibid. n. 26,6f.; 8f.（八巻訳 45 頁以下）。
5)　Ibid. 8, n. 27, 4-6.（八巻訳 46 頁）。
6)　discernere: Ibid, 8, n. 29, 6; 8.（八巻訳 49 頁）。
7)　Ibid, 9, n. 32.（八巻訳 52 頁以下）この挫折の認識が, 感覚器官に限定された理性の能力の限界とその際に生じる欺きに気づくことを可能とする。これが万能の神への驚きに導く。この点が理性の 2 段階として, この箇所にある以下のテキストで示されているのだろう。「いかにしてあなたの視力において〔このような〕普遍的なものが個物に合致しているのか, 私は驚かされています。しかし, 私は以下のことには気づくことができます。すなわち, あなたの観ることを探究する際に, 私は自分の視力をもってせざるをえないがゆえに, これ〔この合致〕がどうして成立するのかを, 私の想像力は捉えることがないのだということを」。これは, ratio apprehensiva（理解力）としての上位の（本来の）理性と, ratio imginativa（想像力）としての下位の理性との 2 段階である。これは De coni. II, 16, n. 157 における叙述と同様である。つまり,〈合致〉coincidentia に驚かされて imaginatio の限界に気づくものは,〈合致〉を理解することのできない imaginatio ではありえないからである。De coni. II, 7, n. 111 および Ibid. 16, n. 159 の記述によると, 驚きは理性の作用であって, これによって理性が真理探求へと励起されるのである。
8)　Ibid. 9, n. 36.（八巻訳 56 頁以下）。

入口の敷居に立ち止まっているのである[9]。

　ところでクザーヌスは楽園の市壁[10]の内側に見ることができるものについて，自身の経験に確かな手がかりを見出して，次のように説いている。つまり，彼が説教をする時に，会衆全体に対してと同時にそれの個々人に対して語りかけることはできるけれども，会衆全体の個々の人を同時に視ることもできなければ，個々の人から同時に聞き取ることもできない[11]。このような自身の経験における限界についての反省——これは「自己省察」とも表現できるであろうが——が，神における以下のような〈対立の合致〉を彼にいくらか予感させることになる。すなわち神においては，個々の人を視たり聞いたりすることが全体を視たり聞いたりすることと合致するのであり，聞くことと聞かれることが合致するのであることを[12]。同時に理性の最高の精神[13]は，人間の予感したことだけが現実であると誤解することを防ぐ。すなわち，理性の完全な挫折によってのみ楽園への歩み入りと楽園の市壁の「乗り越え」[14]が果たされる，とされているのである。

2　知性 intellectus とそれの挫折

　まず，『神を観ることについて』における理性と知性の使用法について，簡単に押さえておこう。第一に，両者に意味の違いをつけることなく用いているわけではないことは明らかである。むしろ第9章にある記述は，彼が人間の認識能力のうちで理性を知性の下に位置づけている

---

　9)　Ibid. 10, n. 40.（八巻訳60頁）。

　10)　この「市壁」という表象の背景には，以下のような中世ヨーロッパの都市の事情がある。当時の各都市は市壁で囲まれており，その市壁には市の東西南北方向に四つの門が設置されていて，その門には門衛がいた。門は，毎日，昼間だけ開かれた。門が開いている間に市外から市内に入って来た者も，市壁が閉じられる前に退去しなければならない。そして夜間も市壁の内側に安全に居住する権利を持つものが「市民」であった。ところで，従来，私はこの 'murus paradisi' を「天国の城壁」と訳してきたが，今は，「楽園の市壁」と表記すべきだと考えている。

　11)　Ibid. 10, n. 38.（八巻訳58頁以下）。

　12)　Ibid. 10, n. 40.（八巻訳60頁以下）。

　13)　spiritus altissimus rationis: Ibid. 10, n. 37.（八巻訳57頁以下）。ここの表現は旧約聖書「創世記」3・24を踏まえている。しかしクザーヌスは，この表記で人間の精神の最高段階の思惟を表現しているであろう。

　14)　下の註53を参照されたい。

第 3 章　〈精神的な引き上げ〉という神秘主義　　　149

ことを示している。対立の合致は理性のあらゆる把握能力と「知性的な
最高の上昇さえも乗り越える」[15]ものであると，表現しているのである。
これは，『推測について』De coniecturis 第 2 巻の第 6 章と第 7 章におけ
る記述と相即している。同書でクザーヌスは，理性は反対対立を容認す
る能力であるが，これに対して知性は矛盾対立を容認する能力である，
と述べている。さらに『神を観ることについて』では，理性は〈矛盾
対立の合致〉[16]を容認することができないので，理性の最高の精神が打
倒されない限り，楽園への入り口が開かれることはない，としている。
第 12 章においても彼は，人間の認識能力におけるこのような序列づけ
を念頭におきながら，知性を理性の上位に位置付けて，以下のように記
している。「私が〔あなたを〕〈創造しつつある創造者〉と把握する限り
は，私はまだ楽園の市壁のこちら側にいるのです」[17]。

　そして，もはやこちら側ではなく，市壁によって設定されている境界
の中に自己がいることを見出すのは，「私が〔あなたを〕〈創造されるこ
とが可能な創造者〉と把握する」時である[18]。しかしながら，〈創造しつ
つある創造者〉という名称も〈創造されることが可能な創造者〉という
名称も実は神に適合することがないということが分かった時に，この
〈私〉は楽園に入り始める。なぜならば，「諸々の名称を表示するあら
ゆる方法の限界が，あの〔楽園を取り巻く〕市壁である」[19]からである。
つまり，神を〈創造しつつある創造者〉と捉える理性は市壁のこちら側
にとどまらざるをえないのであり，それに対して知性は，市壁によって
形成されている境界に到達できるということであろう。つまり知性は，
神があらゆる対立の彼方に存在していることを理解するのである。

　ところが神は，どこにも存在すると同時にどこにも存在しないのであ

---

　15)　*De vis.* 9, n. 36, 4.（八巻訳 56 頁以下）。
　16)　coincidentia contradictoriorum: Ibid. 13, n. 53, 15f.（八巻訳 77 頁）さらに『覚知的
無知の弁明』*Apologia doctae ignorantiae* (n. 23, p. 16, 9) にも。さらに以下も参照されたい：
Flasch, *Die Metaphysik des Einen bei Nikolaus von Kues* 194ff.
　17)　Ibid. 12, n. 50, 2.（八巻訳 72 頁）。
　18)　Ibid. n. 50, 3f.（八巻訳 72 頁）。
　19)　Ibid. 13, n. 51, 8f.（八巻訳 73 頁）: Terminus [...] omnis modi significandi nominum
est murus.

り[20]，創造しつつあるばかりか創造されることが可能でもある[21]。神がこのようなものとして存在することを，知性は，神とは〈諸々の対立の対立〉oppositio oppositorum であって，これは「対立なき対立」であるとして[22]捉えようとするのである。しかし，この〈対立なき諸々の対立の対立〉oppositio oppositorum sine oppositione という思考は，知性には把握不能である。

　この，神は万物の何ものでもなく同時に万物であるという思想は，クザーヌスに先立つ思想家によっても提出されていた[23]。しかしクザーヌスにおいては〈同時に〉という表現に新たな意味が付与された。〈神は万物の何ものでもない〉ということと〈神は万物である〉ということが，彼の〈反対対立の合致〉の思想によって〈合致〉するのである。この思想は，知性にとって把握できることのすべてを凌駕するものである。この点についてクザーヌスは第 13 章で以下のように記している。

　　あなた〔神〕に近づこうとする者は，あらゆる限界と終わりと限定を超えて上昇しなければなりません。しかし，もし彼が終わり[24]をも超えて上昇しなければならないとするならば，彼は，自分が目指している当の目的であるあなたに，いかにして到達するというのでしょうか。目的をも超えて上昇する者は，その時，限定されておらず混乱したものへと歩み入ることになるのではないでしょうか。さらに，こうして知性としては，知性の混乱に他ならない無知と暗さに歩み入ることになるのではないでしょうか。従って，知性があなたを観ることを欲するのであれば，それは無知となって闇のなかに置かれねばならないのです。しかし，私の神よ，無知のなかにある知性とは何でしょうか。それは〈覚知的無知〉に他ならないのでは

---

20)　*De doct. ign.* I, 16, [n. 43], p. 31, 5-7.（岩崎・大出訳『知ある無知』41 頁）。

21)　*De vis.* 12, n. 49, 8f.（八巻訳 73 頁）。

22)　Ibid. XIII, n. 54, 7-9.（八巻訳 77 頁以下）以下も参照されたい：Beierwaltes, *Deus oppositio oppositorum,* 175ff.。

23)　例えば，Ps. Dionysius Areopagita, *De div. nom.* I, 6 (PG 3, 596C); V, 8 (PG 3, 824 AB); VII, 3 (PG 3, 872A); Thierry v. Chartres, *Glossa* II, 13. (Häring, p. 271).

24)　原語 finis には「終わり，限界」と「目的」という両方の意味があり，その両方の意味を含ませて用いている。

第 3 章　〈精神的な引き上げ〉という神秘主義　　　151

ないでしょうか。神よ，あなたは無限でありますから，自己の知性
を無知のなかに置いた者によってのみ，つまり自分があなたについ
ては無知であるということを知っている者によってのみ，近づかれ
うるのです[25]。

　しかしながら精神が，自身の衰えることない願望[26]によって目指して
いる目的に到達しようとする場合に，知性は次のようにふるまわねばな
らないのである。

　　信仰によって神の言葉に自己を投げ出し，心を大いに張り詰めて最
　　高の師のあの内的な教えを聞かねばならないのです。そして，自己
　　のうちで主が語りかけることに耳を傾けるとき，それは完成される
　　のです。〔…〕ところが，神の言葉は知性の内部に存在するのです
　　から，知性がそれを自己の外に探求する必要はありません。なぜな
　　らば，それは神の言葉を〔自己の〕内部に見出して，信仰によって
　　それに近づくことができるのだからです[27]。

　人間が自身の内奥にたえず深く進みゆく時に，知性は神の前で自己
の挫折を経験することになる。しかしクザーヌスにおけるこの挫折は，
けっして 1 回限りの思考の挫折ではなくて，また緊張もなく繰り返され
るものでもなく，たえず新たになされる営みである。この点について彼
は記している。「もしも私の心の内に，何であれ，あなたを把握可能な
ものとして示そうとするものが生じたら，私はそれを投げ捨てます。な
ぜなら，それは〔私を〕惑わすものだからです」[28]。

---

　25)　*De vis.* 13, n. 52, 3- 12.（八巻訳 74 頁以下）: oportet ad te accedentem super omnem
terminum et finem et finitum ascendere. Sed quomodo ad te perveniet, qui es finis, ad quem tendit,
si ultra finem ascendere debet? Qui ultra finem ascendit, nonne hic subintrat in indeterminatum et
confusum et ita quoad intellectum ignorantiam et obscuritatem, quae sunt confusionis intellectualis?
Oportet igitur intellectum ignorantem fieri et in umbra constitui, si te videre velit. Sed quid est,
deus meus, intellectus in ignorantia? Nonne docta ignorantia? Non igitur accedi potes, deus, qui es
infinitas, nisi per illum, cuius intellectus est in ignorantia, qui scilicet scit se ignorantem tui.

　26)　Ibid. 16, n. 67ff.（八巻訳 94-98 頁）。

　27)　Ibid. 24, n. 113.（八巻訳 147 頁以下）。

　28)　Ibid. 16, n. 69, 3f.（八巻訳 97 頁）禅における「仏に逢えば，仏をも殺す」（『臨在

ここでクザーヌスが単に〈神の観〉を待ち望んでいるだけではなくて，それに向けてたえず新たに努力するとしていることには，注目すべきである。なぜならば「投げ捨てること」は，新たな経験に基づいて照らされた知性によってなされる判断という行為なのだからである。ここには〈覚知的無知〉という継続的な営みが生き生きと遂行されているのである。

2 精神的な引き上げ（raptus mentalis）

1 知性と愛の関係

知性が挫折した後に始めて，人間にとって新たな可能性が，すなわち〈引き上げ〉raptus の可能性が開かれることになる。興味深いことにクザーヌスはこれを「精神的な引き上げ」と表現している[29]。この「精神的な引き上げ」とは何であろうか。これを明らかにするためには，それに先立って，知性の挫折について，今一度検討しておく必要がある。

確かに知性は挫折した。しかし，それによって知性が無化されたわけではない。事態は逆であって，先に引用した箇所が明らかに示しているように[30]，挫折した知性が，神によって照らされたいっそう高貴な知性に自己を開く時に，知性が完成されるのだとされているからである。この箇所のすぐ後で，この完成についてクザーヌスは以下のように記している。

救い主キリストよ，あなたはただ二つのことを教えて下さいました。それは信仰と愛です。知性は，信仰によって〔神の〕言葉に近

録』）という思想とも通い合うものがうかがわれる。

29) Ibid. n. 70, 1-3.（八巻訳 97 頁以下）: „Video te, domine Deus meus, in raptu quodam mentali, quoniam si visus non satiatur visu nec auris auditu, tunc minus intellectus intellectu.“ さらに De fil. 3, n. 62, 5ff.: „Sed cum illi modi theophanici sint *intellectuales*,une deus, etsi non uti ipse est attingitur, intuebitur tamen sine omni aenigmatico phantasmate in puritate spiritus intellectualis, et haec ipsi intellectui clara est atque facialis visio.“ さらに De poss. n. 38, 5ff.: „Felicitas enim ultima, quae est *visio intellectualis* ipsius cunctipotentis, est adimpletio illius desiderii nostri quo omnes scire desideramus“（イタリックは引用者）。

30) 上の註 27 を参照されたい。

第3章 〈精神的な引き上げ〉という神秘主義 　　153

づき，愛によってそれに結合するのです[31]。

　『神を観ることについて』の最後から一つ手前の章でこの言葉に出会
うことで，〈神の観〉がテーマになっているこの書物においてクザーヌ
スが繰り返し愛について述べてきた理由がよく分かる[32]。挫折した知性
は愛によって完成されるのである。それゆえに知性は愛と対立するので
はなくて，前者が後者によって導かれるのである。この関係について
は，この2年後の1456年の説教において繰り返し説いているほどに[33]，
クザーヌスにとってこの点は重要なものであった。『神を観ることにつ
いて』ならびにこの説教におけるクザーヌスの説明をまとめるならば，
愛は完成された知性に統合されるのである。
　クザーヌスの考える愛と知性の関係を，彼の同時代人であるカルトジ
オ会士アクスバッハのヴィンツェンツ（Vinzenz von Aggsbach 1389頃
-1464）のこれについての見解と比較することは，クザーヌスの〈精神
的な引き上げ〉を理解するために大いに助けとなる。ヴィンツェンツは
神秘的上昇について以下のように考えていた。これは，いかなる知性的
な助けもなしに純粋に〈情意〉（affectus）において，いかなる神および
神の創造についての瞑想もキリストについての瞑想さえもなしに，〈愛
に満ちた願望〉において起こるにちがいないと。ヴィンツェンツの考え
に従うならば，精神の特殊な神秘的経験は，完全な闇に入り込むという
だけではなく，肉体の感覚ならびに精神の眼さえも完全に遮断された状
況のなかで起こるとされるのである[34]。実は，同様なことを彼らに先立
つボナヴェントゥーラも『魂の神への道程』のなかで言っている。「こ

　31）　*De vis.* 24, n. 113, 6-8（八巻訳147頁以下）：„Duo tantum docuisti, Christe salvator:
fidem et doctionem. Per fidem accedit intellectus ad verbum; per dilectionem unitur ei". なお，こ
こで「言葉」が擬人化されているのは，それがキリストを意味しているからである。

　32）　Ibid. 4, n. 10, 3-6; Ibid. 6, n. 19, 6-8; Ibid. 8, n. 27; Ibid.15, n. 65, 12-14; Ibid. n. 66;
Ibid. 17 passim; Ibid. 18; Ibid.19, n. 83f.; Ibid. 24, n. 108, 5-8; Ibid. 25, n.117, 7-9; Ibid. n. 119,
10f.

　33）　*Sermo* CCXX n. 9, 28-31; n.10, 5-7: „Nam qui amat deum, hic cognitus est ab eo.
Quanto igitur plus amat, tanto plus cognitus [⋯] Nam amare intra se habet cognoscere [⋯]
colligere poterimus ex his caritatem esse formam et perfectionem omnium rationalium actionum
seu virtutum". *Sermo* CCXXXVII n.12, 14-17: „Modus igitur apprehendendi scientiam veritatis seu
apprehendendi deum mente intelligentiae est accedere ipsum spiritu desiderii seu amoris."

　34）　Haubst, *Christliche Mystik im Leben und Werk des Nikolaus von Kues* S. 326f..

の移行においてそれが完全になされるためには，あらゆる知性の働きが捨て去られ，すべての〈情意〉の頂点が神のうちに移し入れられて変容されねばなりません」[35]。

　アクスバッハのヴィンツェンツにおいてもボナヴェントゥーラにおいても，知性に対する〈情意〉の優位が明白である。つまり，彼らにあっては，知性の挫折の後に神を求める者を導くのは〈情意〉だけとなるのである。しかしクザーヌスにおいては，すでに見たように，〈情意〉──彼は情愛 'dilectio' と愛 'amor' という用語の方を愛用するが──は知性に統合される。知性と〈情意〉のいずれか，という二者択一は問題にならないのである。だからこそ，彼は〈引き上げ〉を知性的な出来事として理解するわけである。このことを，〈知性的な引き上げ〉について述べる『神を観ることについて』の一節が[36]明瞭に示している。この節には，〈知性的な引き上げ〉のより深い理解に資する以下の4点が述べられている。

1) 知性は自己を超越できる。それゆえに知性は，視覚や聴覚が自らによって満たされるよりもはるかに少なくしか満たされることがない。

2) 知性は知性的でないものによって何ものかを洞察することができる。この「知性的でないものによって」とは，文脈から判断すると一種の「引き上げ」である。

3) 知性が知性的でないものによって何ものかを洞察した，その何ものかによって果てしなく満たされる当のものは知性に他ならない[37]。

4) 知性を満たす当のものは知性とは全く無縁のものである。この自

---

35) *Itinerarium* VII, N. 4 (*Opera Omnia* V: „In hoc autem transitu, si sit perfectus, oportet quod relinquantur omnes intellectuales operationes, et apex affectus totus transferatur et transformetur in Deum". 312). 訳文は，長倉久子訳註『魂の神への道程』82頁以下に拠りつつ，引用者が少し変更した。さらにはこの章のタイトル（*Opera omnia* V, 312）が以下のようになっている：„De excessus mentali et mystico, in quo reliquies datur intellectui, affectu totaliter in Deum per excessum transeunte."（精神的にして神秘的な超出について，この段階において安息が知性に与えられ，情意は自己を超え出て神のうちに完全に没入する）〔長倉訳註 79頁〕。

36) *De vis.* 16, n. 70（八巻訳 97頁以下）。

37) Vgl. *De doct. ign.* III, 12 p. 160, 16-161, 6 (n. 259)（岩崎・大出訳『知ある無知』216頁）。

第3章 〈精神的な引き上げ〉という神秘主義　　155

己自身を超えて存在するということは，知性の本来的な性格に応じ
ている。知性は，それが自身をたえず超越するということによっ
て，知性の本性に適しているものによってのみ満たされるというこ
とを認識するのである。

2 〈精神的な引き上げ〉とは

すでに見たように，知性は自身を超越する際にもたえず働いている。
それゆえにこそクザーヌスは〈引き上げ〉を或る種の精神的な引き上げ
と名付けたのである。このような，知性が関与する〈引き上げ〉につい
ては，『神を観ることについて』のなかに別の例を見出すことができる。

　　私の神よ，あなたの子〔キリスト〕は万物の合一の媒介であります
　　から，いかなるものもあなたの子の媒介によって，あなたのうちに
　　安らうのであるということを，私は観ています。さらに私は，人間
　　の子である祝福されるべきイエスが，あなたの子に最高の仕方で合
　　一しているのを観ています。また，人間の子は，あなたの子である
　　絶対的仲介者の媒介によってのみ〔一テモテ2, 5〕父なる神である
　　あなたに結合されえた，ということを観ています。このこと〔イエ
　　ス・キリストの存在の仕方〕を注意深く考察する人に，最も高く上
　　げられない人がいるでしょうか〔ありえません〕[38]。

　この一節においてクザーヌスが「注意深く考察する」対象は，イエ
ス・キリストの〈神の子にして人である〉という存在の仕方であり，さ
らに「注意深く考察する」という表現で彼が意味していることは，人間
の精神による概念と推論による考察のことである。このことから，ここ
でクザーヌスが'raptus'とか'rapere'という語をもって考えているのは，
けっして有名なパウロの〈引き上げ〉のようなことではないということ

---

　38)　*De vis*. 19, n. 85, 1-6（八巻訳114頁以下）: „Video deinde, Deus meus, Filum tuum
esse medium unionis omnium, ut cuncta in te, mediante Filio tuo, quiescant. Et video Ihesum
benedictum hominis filium Filio tuo unitum altissime; et quod filius hominis non potuit tibi Deo
patri uniri nisi mediante Filio tuo mediatore absolute. Quis non altissime rapitur haec attentius
prospiciens ?“.

が明らかになる。つまりこのクザーヌスの〈引き上げ〉によって人間に明らかにされる秘密は，パウロの〈引き上げ〉の場合とは異なって，言語によって表現されうるものである[39]。

さらにこの〈精神的な引き上げ〉は，継続的な，より適切に表現すれば〈断続的なたえざるプロセス〉の最終段階として現れているのである。それゆえに，この〈精神的な引き上げ〉はいくつかの段階を経て上げられることが前提されている[40]。そして，この〈引き上げ〉の決定的な特徴は，精神が，概念的にせよ類似においてにせよ，何らかの方法で神を肯定的に捉えようとするのだが，結局はそれを断念するという点にある。

神によって上げられた人は，神を無限性として捉えようとする[41]ことができるようになり，また神を「第一質料」[42]の類似に従って考えようとすることができるようになる。この点においてクザーヌスの思考では，中世の理論において一般に二つの低い方の段階として位置づけられ

39）　パウロの〈引き上げ〉については，クザーヌスもこの著作で言及している：*De vis.* 17, n. 79, 7f.（八巻訳『神を観ることについて』107 頁）さらに Ibid. 24, n. 107, 10f.（八巻訳 142 頁）。

40）　Haubst, op. cit.（上註 34）S. 348-351. さらに以下も参照されたい：*De pace fidei* 1, n. 1f. (p. 4, l. 5ff.)（八巻訳『信仰の平和』584 頁）：„Unde ut haec visio ad notitiam eorum qui hiis maximis praesunt aliquando deveniret, eam quantum memoria praesentabat, plane subter conscripsit. Raptus est enim ad quondam intellectualem altitudinem"（そこで彼は，自分の観が，このようにきわめて重大なことを将来決定する任にあたる人々の認識に届くように，記憶が再現できるかぎり明らかに，以下のように記したのである。彼はある知性的な高みに引き上げられた）。この一節における 'visio' は，この著作の著者がすでに知性的な高みに引き上げられた結果であって，その内容が言語で表現されうるものである。この点ではトマス・アクィナスが〈引き上げ〉を 3 段階に区別していることも留意されてよいだろう。「人間の精神が神の真理を観想することへと，神によって引き上げられるのには，三つの仕方がある。ひとつは，神の真理を何らかの想像的な類似像 similitudines によって観想することである。ペトロにおいて起った精神の離脱 excessus mentis とは，このようなものであった。——第二は，神の真理をその可知的な諸結果 intelligibiles effectus を通して観想することである。たとえば，「私はわが離脱において言った。すべての人は欺く，と」，と述べたダビデの離脱はこれである。——第三は，神の真理をその本質によって観想することである。パウロの引き上げもモーセの引き上げも，このようなものであった」（*Summa Theologiae,* II, II, q. 175, 3, ad 1〔稲垣良典・片山寛訳『神学大全』23，109 頁，なお 'raptus' を引用者が「引き上げ」と表記して引用した〕）。しかしクザーヌスは，このように厳密に区別しているわけではない。

41）　*De vis.* 13, n. 52, 1.（八巻訳 72 頁）。

42）　Ibid. 15, n. 63, 1f.（八巻訳 90 頁）。

第 3 章　〈精神的な引き上げ〉という神秘主義　　157

ていたもの[43]，すなわち，想像力による何らかの類似によって捉えることと知性的な働きによって捉えることとが，出会っていることになる。このような低い段階の方は，前の註でみたように，例えば「ペテロの離脱」と「ダビデの離脱」と，中世の理論では名付けられていた。しかしクザーヌスの〈精神的引き上げ〉は，中世の理論における「パウロの引き上げ」に匹敵する所もある。

　ところが「パウロの引き上げ」と異なる点もある。それは，クザーヌスの意味で引き上げられた人間は，彼自身の「引き上げ」についての情報を提供することができる点である。とはいえそれは，自身の無知についての情報である。それを可能とするのはクザーヌスに特有の〈覚知的無知〉の思想の力である。さらにクザーヌスの引き上げに欠けていることは，パウロにおける自身の経験についての決定的な確信である。それは『神を観ることについて』の中の以下の一節が示している

　　　私は，あなたの無限な善性を信じながら，その引き上げに自分を委ねて，不可視なあなたを観るように，また，あからさまに観られえない観をあからさまに観ることができるように，努めてきました。私がどこまで達しているかは，あなたはご存知ですが，私には分かりません。あなたの恵みが私を満たしています。それによってあなたは私に，あなたが把握できないものとして存在していることを確信させるとともに，私があなたという導き手によってあなたを享受することに到達するという確固たる希望に向けて，私を励ましてくださるのです[44]。

　またクザーヌスの〈引き上げ〉は，その人間を別の世界に引き上げる訳ではない。上で言及した上昇の「非連続的に連続的なプロセス」は，むしろ感覚的で可視的な世界から出発するものとして始まっているので

---

　43)　註 40 におけるトマスの説を参照されたい。
　44)　*De vis.* 17, n. 79, 9-13.（八巻訳 107 頁以下）これに対してパウロでは，以下のように記されている：「わたしは，キリストに結ばれていた一人の人を知っていますが，その人は14 年前，第三の天まで引き上げられたのです。体のままか，体を離れてかは知りません。神がご存じです」（二コリント 12, 2-3）。

ある。

> 私の神よ，私はあなたの贈りものによって，この感覚的世界の総体
> ならびに聖書の全体，そして奉仕的な霊の全てを，あなたを知るこ
> とに進み行くための手助けとして所有しています。万物が私を励起
> して，私があなたへと向き直るように促しています[45]。

　この引用から明らかなように，クザーヌスは神の贈りものということ
について深く広く考えている。彼は，この世界の総体が，すなわち物
質的世界ならびに精神的世界が神からの贈りものに他ならないのであっ
て，神はそれを通して人間に語りかけると共に，人間が神に近づくため
の助けを差し伸べている，と捉えているのである。
　しかし，だからといって人間の知性が独力で機能できるわけではな
く，それは謙遜においてのみ機能できるとされているのである。「あな
たがご自分を与えてくださる者だけが，あなたを捉えるのです」[46]。この
贈りものによってこそ上昇のプロセスが始まるのである。

3　楽園の市壁

　先ず初めに，楽園の市壁[47]，すなわち〈反対対立の合致〉の市壁[48]に
ついてのクザーヌスの叙述を整理しておこう。
1) 楽園を市壁が囲んでいる[49]。
2) 神は楽園の市壁の向こう側に[50]，そして遥か彼方に[51]住まわってい
る。

---

　45)　Ibid. 25, n.118, 10-13.（八巻訳 152 頁以下）。
　46)　Ibid. 7, n. 25, 4f.（八巻訳 44 頁）。
　47)　‚Murus paradisi': Ibid. 9, n. 37, 9（八巻訳 57 頁以下）等。
　48)　‚Murus coincidentiae oppositorum': Ibid. 11, n. 46, 7f.（八巻訳 68 頁）等。
　49)　Ibid. 9, n. 37, 8.（八巻訳 57 頁）。以下も参照されたい : Ibid. 10, n, 42, 16f.（八巻訳
64 頁）。
　50)　Ibid. 11, n. 46, 9f.（八巻訳 68 頁）。
　51)　Ibid. 17, n. 74, 3-5: 'Te ultra habitare quam remote'.（八巻訳 102 頁）。

第 3 章 〈精神的な引き上げ〉という神秘主義　　159

3）この市壁が，あらゆる言表されうること，考えられうることを神から分離している[52]。

4）市壁の門は，理性の最高の精神が監守しており，それが打ち負かされない限り，中に入れない[53]。

5）知性が神を観ることを求めるのであれば，この市壁において闇に入らねばならない[54]。

6）人間のいかなる能力も，自分の力ではこの市壁によじ登ることができない[55]。

7）この市壁には一つの門と入口がある[56]。

1　市壁と闇

以上の前提にたって考察を進める。人が神を観るために上昇して行くと，彼の前に障害物としての市壁と闇とが出現するというのである。しかし，なぜクザーヌスはこの書物においては，1453 年（つまり『神を観ることについて』の著作年）9 月 14 日付けのカスパール・アインドルファーならびにテーゲルンゼーの修道士たちに宛てた書簡[57]とは異なって，闇のみならず市壁についても述べているのだろうか。闇と市壁は同一のものなのだろうか。

第 1 節ですでに明らかにしたように，クザーヌスは理性と知性を明確に区別するだけではなく，神への接近に関わって，知性の決定的な優位を容認している。彼はイエスに呼びかけつつ，イエスについて以下のように述べている。

　あなたは最も完全な人間なのですから，あなたのうちでは感覚的能力の頂点としての理性的能力つまり識別能力が知性に合一されてい

52）Ibid. 13, n. 51, 17（八巻訳 74 頁）：„separat [...] murus omnia, quae dici aut cogitari possunt, a te“.

53）Ibid. 9, n. 37, 9f.（八巻訳 57 頁以下）。

54）Ibid. n. 52, 8f.（八巻訳 75 頁）：„Oportet igitur intellectum ignorantem fieri et in umbra constitui, si te videre velit“

55）Ibid. 12, n. 48（八巻訳 69 頁）。

56）註 49 ならびに *De vis.*10, n. 40, 1f.（八巻訳 60 頁）を参照されたい。

57）Vansteenberghe, *Autour de la docte ignorance* 113ff; Baum u. Senoner (hrg.): *Nikolaus von Kues Briefe und Dokumente zum Brixener Streit,* 96- 103.

160 　Ⅱ　クザーヌスにおける主体性

るのを，私は観ます。さらに私は，〔イエスにおいては〕知性がい
わば自己の場にあるようにして理性のうちにあるのを観ます。〔…〕
さらに私は観ます，〔イエスにおいては〕知性の頂点で神の言葉が
知性に対して結合されており，知性そのものが，この言葉の把握さ
れる場であるということを[58]。

　このような思考のコンテキストにおいてクザーヌスは，知性の限界を
弁えつつも，概念をつくりそれによって機能する認識能力としての理性
と比較して，知性を高く評価しているのである。以下の，理性の限界を
指摘する一節がこれを明示している。

　　諸々の名称を表示するあらゆる方法の限界が，あの〔楽園を取り巻
　　く〕市壁であって，〔…〕あらゆる概念が楽園の市壁で限界づけら
　　れるのです[59]。

　これに対して知性については，以下のように述べている。

　　知性としては，知性の混乱に他ならない無知と暗さに歩み入ること
　　になるのではないでしょうか。従って，知性があなたを観ることを
　　欲するのであれば，それは無知となって闇のなかに置かれねばなら
　　ないのです[60]。

　この叙述は，理性にとっての障害が市壁であるのに対して，知性に
とっての障害は闇であることをうかがわせる。この解釈は，別の叙述に
よっても支持されるのであるが，そこでは，人間の願望の目的を「限界
と終り」と表現した上で，知性がこの限界を乗り越えて，無知と闇に歩
み入ることを求めているのである[61]。

---

　58)　*De vis.* 22, n. 100, 1-4; 7f.（八巻訳 134 頁）。
　59)　Ibid. 13, n. 51, 8f.; 11f.（八巻訳 73 頁以下）：„Terminus […] omnis modi significandi
nominum est murus […] Omnis […] conceptus terminatur in muro paradisi.“
　60)　註 25 を参照されたい。
　61)　前註と同じ個所を参照されたい。

第3章　〈精神的な引き上げ〉という神秘主義　　161

　こうして，クザーヌスが楽園の市壁をめぐって考えているであろうこ
とは，以下のように捉えることができる。理性は市壁において自己の限
界を見出すが，知性はこの限界の領域のなかに歩み入り，そこで闇に突
き当たる。知性がより深く歩み入るにつれて，その闇もいっそう深くな
る。同様の表象は，理性と知性の違いを明らかにするためにわれわれが
すでに検討した第12章の具体例の根底にも想定される。

　知性が限界の領域のなかに歩み入ったとしても，それがこの領域にと
どまっている限り，すなわち闇の中にいる限り，神を「あからさまに観
る」[62]ことも〈顔と顔を合わせて観ること〉[63]もない。換言すれば，知性
が神の本質の神秘に到達することがないままにあらゆる限界を超越する
と，そこで知性は〈覚知的無知〉の状態に入り，その結果，そこで神の
本質の神秘についての何らかの予感を得ることになるのである。

2　楽園の「門」ostium としてのイエス・キリスト

　人が，神をあからさまに観るために楽園に入ろうとするならば，人は
自分の力では乗り越えることのできない市壁によって妨げられる。この
ことは，これまでの検討によって確認した。

　それでは，いかなる道が神へと通じているのだろうか。それを明らか
にするためには，もう一度，神の探求にまつわる状況を確認しておく必
要がある。

　「私は，あなたがあからさまに見出される場を見出したのです。そこ
は諸々の矛盾するものの合致によって囲まれているのですが，これはあ
なたが住まっておられる楽園の市壁です。それの門は理性の最高の霊が
監守しており，彼が打ち負かされない限りその中に入ることはできませ
ん」[64]。さらに「あなたの言葉であり概念であるこの門を通って，私が同
時に入り出る時に，私は極めて甘美な糧を見出すのです」[65]。

　この場面でクザーヌスは確かに「飛び越える」とか「乗り越える」と

---

62)　*De vis.* 12, n. 50, 6（八巻訳72頁）: „revelate te inspicere incipio".

63)　visio facialis: Ibid. 6（八巻訳34頁）: この章の標題が „De visione faciali".

64)　註53を参照されたい。

65)　*De vis.* 11, n.45, 7f.（八巻訳67頁）: „Et cum per hoc ostium verbi et conceptus tui intro et exeo simul, pascura reperio dulcissima".

いう語も用いているが[66]，むしろ入口を通り抜けるという表象の方を優
先している。この構造は，新約聖書「ヨハネ福音書」10章9節の「わ
たしは門である。わたしを通って入る者は救われる。その人は，門を
出入りして牧草を見つける」に依拠しつつ構想されていることが明らか
である[67]。キリストが門であり入口であるとされていることが想起され
る時に初めて，上に引用した「知性は信仰によって〔神の言葉〕に近づ
き，愛によってそれに結合する」[68]という文の意味が十分に理解できる
ようになる。これは，知性が神の言葉としてのイエスを信じることで，
それによって導かれつつ，入口としてのイエスを通って言葉としてのキ
リストに近づくということである。なぜならば「神の言葉」あるいは
「受容しうる精神的な光」としてのイエスは，神を求めている者に対し
て，彼の探求の初めから，ある時は強く，ある時は弱く，しかし「たえ

---

66) Ibid. 12, n. 48, 1-3; 4f.（八巻訳 69 頁）: „Oportet igitur me, domine, murum illum
invisibilis visionis translire, ubi tu reperieris. Est autem murus omnia et nihil simul. Tu ... habitas
intra murum illum excelsum, quem nullum ingenium sua virtute scandere porest". それゆえにこの
「市壁を乗り越える」という表現は空間的にではなく，内容的に理解しなければならない。つ
まり，「あらゆるこの世界的なものを乗り越える」という意味であるはずだ。以下の箇所も参
照されたい。Ibid. 25, n. 119, 15-17（八巻訳『神を観ることについて』69頁）:「主よ，あな
たは，私がこの世界に属することどもを見捨てようと欲することを許して下さっているので
すから，私もそれを欲しています」。さらに De poss. n. 39, 7ff.（大出・八巻訳『可能現実存
在』55頁）。

67) この聖句への依拠は，クザーヌスの他の著作にもある：De poss. n. 32, 20ff.（大出・
八巻訳『可能現実存在』49頁）；Sermo CCXVI, n. 14, 9-16. さらに，彼以外の神秘主義的文献
にも多く見出される：以下の文献も参照されたい：Bonaventura, Itinerarium, c. 4, n. 2 (Opera
Omnia V 306)（長倉訳『魂の神への道程』49頁以下）:「人が自然本性の光と獲得された知
の光によってどれほど照らされたとしても，キリストの仲介がないならば，自己自身のうち
に入り，自己自身において『主にあって喜ぶ』ことはできない。キリストは『私は門である。
私を通って入るならば，その人は安全で，出入りして牧草を見出すであろう』と言われる。
ところで，この門に近づくことは，彼を信じ，彼に希望をおき，彼を愛することなしにはあ
りえない。それゆえ，もし，楽園に再び入るが如くに〈真理〉の享受に再び入ることを欲す
るならば，神と人との仲介者なるイエス・キリストに対する信仰と希望と愛によって入るこ
とが必要である。イエス・キリストは，いわば『楽園の中央にあった生命の樹』である」。さ
らに同じ著作の別の箇所 Itinerarium c. 7, N.1 (Opera Omnia V, 312)（長倉訳『魂の神への道程』
81頁）でボナヴェンツーラは以下のように明白に記している：「〔われわれの精神に〕残ると
ころは，これらを観照しつつ，この可感的世界のみならず，自己自身をもまた超越し超出し
て行くことです。この過ぎ越しの旅路において，キリストは『道であり門なのです』Christus
est via et ostium。

68) 註31を参照されたい。

第3章 〈精神的な引き上げ〉という神秘主義　　163

ず語りかけ」[69]てくれるのだからである。

　だがイエスは神にして同時に目的でもある[70]。このことは，イエスに
おいて「もっとも真なる矛盾を確証する」[71]ということでもある。彼は
同時に神であり人であるゆえに，同時に目的であり，その目的へとつな
がる道でもあると，クザーヌスは言うのである。

3　反対対立の合致（coincidentia oppositorum）

　われわれのこれまで解釈が当を得ているとするならば，それはクザー
ヌスに特有の〈反対対立の合致〉を十分に理解することにも有効であ
る。『神を観ることについて』における〈反対対立の合致〉は，直ぐ前
で見たように，単に〈反対対立の合致〉のみならず〈矛盾対立の合致〉
（coincidentia contradictoriorum）の意味をももっている。実は彼は，こ
の著作内の数か所で市壁のことを「合致の市壁」と称しているのであ
る。その一例は以下の通りである。

　　実に，この市壁はあの合致であって，そこでは〈より後〉が〈より
　　先〉に合致し，初めに終わりが合致し，アルファとオメガが同じな
　　のです〔黙示録21, 6; 22, 13〕。〔…〕〈今〉と〈その時〉とは楽園の
　　市壁の周りで合致しているのです[72]。

　われわれが無限なる者，絶対者あるいは永遠性という概念から考える
ならば，このテキストに挙げられている対立的な概念がどのように合致
するのかが理解できる。クザーヌスはプロクロスのこれに対応する思
考を『シュトラスブール写本84』のなかに抜き書きをしているが，[73]ク
ザーヌスの神は，プロクロスにおけるように単にあらゆる相違に先立つ

---

69)　*De vis.* 7, n. 26, 7f.（八巻訳45頁以下）。

70)　Ibid. 20, n. 91, 3f.（八巻訳123頁）。

71)　Ibid. 21, n. 91, 5f.（八巻訳123頁）：'de te contradictoria verissima affirmamus'.

72)　Ibid. 10, n. 42, 17f.（八巻訳63頁以下）。

73)　„Proculus in commento super Parmenidem Platonis: In omni enim oppositione
necessarium est unum exaltatum esse ab ambobus oppositis"（Nikolaus von Kues, Exzerpt aus
dem VI. Buch des Parmenides-Kommentars des Proklos. ed. R. Haubst, Die Thomas- und Proklos-
Exzerpte des „Nicolaus Treverensis" im Codicillus Strassburg 84, S. 27. Vgl. *De vis.* 9, n. 35f.（八
巻訳55頁以下）。

ものである[74]だけではない。その唯一の子であるイエス・キリストと共に三一なるものである。クザーヌスは第17章において神の三一性とイエスの位格的合一を説明することに努めているのであるが，それによれば，神は一人の子をもっており，その子は（神であるかぎり）創造者であり，同時に（人であるかぎり）被造物でもある。この点において，神は矛盾するものを一つにしているのである。この洞察は，彼が後の箇所で記しているように，「この世界のあらゆる知者にとって」大きな躓きの石となるのである[75]。

三一性について彼はさらに記している。

　　私の神よ，あなたのうちに私によって観られる複数性は，他性なしの他性です。なぜならば，それは自同性でもある他性だからです。というのは，私が，〔あなたにおいて〕愛する者は愛されるべき者ではなく，〔この両者の〕結合は愛する者でもなく愛されるべき者でもないということを観る時に，私は，愛する者と愛されるべき者とが別々のものであるという意味において，愛する者は愛されるべき者ではないことを観るのではなく，愛する者と愛されるべき者との区別が一性と他性の合致の市壁の内側に存在することを観るのです。従って，区別されたものと区別されないものとが合致する場としての合致の市壁の内側に存在するあの区別は，知解されうるあらゆる他性と相異性とに先だっているのです[76]。

　しかし知性は自らの力では三一性を理解できない。三一性の本質は，

　74）　以下を参照：De doct. ign. I, 26, (p. 55) [n. 74]（岩崎・大出訳『知ある無知』74頁）：„hanc negativam theologiam, secundum quam (Deus) est infinitus tantum"（否定神学に従うならば，神は単に無限なものである）。このことはプロクロスも思考していた：In Parm. (Plato Latinus, III 70, 9f.: „exaltatum propter simplicitatem ab omni oppositione et omni negatione"; 36, 15: „ante differentia". さらに以下も参照されたい：Beierwaltes, Deus Oppositio oppositorum（註22）178f. この点についてクザーヌスは以下のように記している（De vis. 12, n. 50, 4-6（八巻訳72頁））「私があなたを〈絶対的無限〉として観る時，——なぜならあなたには〈創造しつつある創造者〉という名称も〈被造可能な創造者〉という名称も相応しくないのですから——，その時に私はあなたをあからさまに観始め，喜びの庭園に入り始めるのです」。

　75）　De vis. 21, n. 91, 5-7.（八巻訳123頁）。

　76）　Ibid. 17, n. 75, 1-9.（八巻訳103頁）。

第3章　〈精神的な引き上げ〉という神秘主義　　165

知性にとっては「無知と暗さ」[77]の領域に，すなわち，クザーヌスが別
の箇所で述べているように[78]，不可視な光のなかに存在している。ここ
で，つまり闇が最大になる場所で，闇は光に逆転するのである。神を三
にして一なるものとして理解することは，知性に矛盾を容認すべしとい
う要求がつきつけられることを意味する。知性は，あらゆる相違が合致
するところでは，「諸々の対立の対立」，すなわち「対立のない対立」[79]
という相違を容認しなければならない。逆に言えば，「神よ，あなたは
『諸々の対立の対立』です。あなたは無限なのですから」[80]という言明こ
そが，神の三一性を理解するための前提であることになる。すでに第
13章において，「諸々の対立の対立」という概念を用いて，「単純性に
おける他性は，それが単純性そのものであるから，他性化なしに存在す
る」[81]と哲学的に捉えられたことが，この第17章において，三一性の神
秘を矛盾律から解放するために応用されるのである。それゆえにクザー
ヌスはここで，「諸々の対立の対立」を市壁の周りで成立する「諸々の
対立の合致」から区別しつつ，三一性の本質は「市壁の内側に存在す
る」とか「市壁の内側に見出される」と言っているわけである。

4　「最も真なる矛盾」としてのイエス・キリストへの信仰

さらにイエスの本質については，すでに言及した，イエスの秘密はこ
の世界のあらゆる知者に矛盾として現れるにちがいないという視点に加
えて，第21章において述べられていることも注目に値する[82]。知者たち
は，イエスがキリストであり，神であると共に人でもあること，そして
生命ある神の子であるということを信じない。彼らは自らを知者である
とみなしており，それゆえに闇に歩み入ったことがないのである。

このような思考が展開される『神を観ることについて』において初め
て，知性がそれによって言葉への接近を願望することになる信仰という

---

77)　註25を参照されたい。
78)　*De vis.* 6, n. 21, 23.（八巻訳39頁）。
79)　Ibid. 13, n. 54, 7（八巻訳77頁以下）:„oppositio oppositorum est oppositio sine oppositione".。
80)　Ibid. 8f.（八巻訳77頁）:„Es igitur tu, Deus, oppositio oppositorum quia es infinitus".。
81)　Ibid. 4f.（八巻訳77頁）。
82)　Ibid. 21, n.91, 3-14（八巻訳123頁以下）.

166   Ⅱ　クザーヌスにおける主体性

ものがどこに存在しているのかを，規定しやすくなっている。弁証法的
に先鋭化された表現ではあるが，「不可能性が現れる場にこそ真理を探
究しなければならない」[83]とされる場においてこそ，あるいは前節末尾
で示したように，「最も真なる矛盾を確証する」場においてこそ，なの
である。
　この点をクザーヌスはさらに詳述する。

　　　主よ，私はあなたが助けて下さることを確信しつつ，〈包含と展開
　　の合致〉の市壁の向こう側にあなたを見出すために，もう一度戻り
　　ます。すると，あなたの言葉であり概念であるこの門を通って，私
　　が同時に入り出る時に，私は極めて甘美な糧を見出すのです。私が
　　あなたを，万物を包含している力として見出す時，私は入っていま
　　す。私があなたを，〔万物を〕展開している力として見出す時，私
　　は出ています。私があなたを，〔万物を〕同時に包含し展開してい
　　る力として見出す時，私は同時に入り出ているのです。〔…〕被造
　　物があなたから出ることは被造物が〔あなたに〕入ることであり，
　　展開することは包含することなのです。〔…〕同時に分離すること
　　であり結合することであるものが合致の市壁であり，あなた〔神〕
　　はこの市壁の向こうに，言い表わされたり考えられたりすることが
　　可能な一切のものからかけ離れた〔絶対的な〕ものとして，存在し
　　ておられるのです[84]。

さらに別の場所では，以下のようにも記している。

　　　私の精神の命よ，あなたは私を慰めてくださいます。たとえ，創造
　　することが創造されることに合致するという不条理の市壁が，あた
　　かも創造することが創造されることに合致することは不可能である
　　かのように現れたとしても。〔…〕同時に創造し創造されることは，
　　〔あなたが〕あなたの存在を万物に分与することに他なりませんが，
　　その場合あなたは，万物において万物として存在しつつ，しかし，

───────────────
83)　註 8 を参照されたい。
84)　*De vis.* 11, n. 45, 5-11 ; 46, 9-11.（八巻訳 67 頁以下）。

第 3 章　〈精神的な引き上げ〉という神秘主義　　　167

万物からは引き上げられたもの〔絶対的なもの〕としてとどまるの
です[85]。

　上の二つの引用においては，神であり人である存在としてのイエス
が，〈包含―展開〉というシェーマの成立の経緯とそれが神においては
合致することを理解するための鍵ともなっている。クザーヌスは，「神
は万物のいかなるものでもなく，同時に万物である」という自身の確信
に依拠しつつ，新プラトン主義から学んだ〈包含―展開〉のシェーマを
新プラトン主義的意味を超えて発展させて，〈包含―展開〉を一回限り
の事態ではなく，継続的で生動的で同時的な[86]事態として表象し，その
際にイエスが決定的な役割を果たすとしているわけである[87]。このキリ
ストの働きについて，彼はさらに説明する。

　　〔私には観えます〕その子〔キリスト〕は根拠であるゆえに，万物
　　の媒介でもある事情が。すなわち，父なる神よ，あなたは根拠と知
　　恵〔としての子〕を媒介させることによって，万物を働かせておら
　　れるのです[88]。

　さらにクザーヌスは，この生動的な〈包含―展開〉のシェーマにおい
てイエス・キリストが人間の精神に対してもつ決定的な意味を，こう強
調する。「いかなる知性も，信仰によって神の言葉に自己を投げ出し，
心を大いに張り詰めて最高の師のあの内的な教えを聞かねばならないの
です」[89]。そればかりか，すでに見た，イエス・キリストが楽園への入口

――――――――――
　85)　Ibid. 12, n. 49, 5-7; 10-12.（八巻訳 71 頁以下）。
　86)　Ibid. 8, n. 30,18f.（八巻訳 51 頁）：「それ〔神の眼〕は，万物を同時に，円的に，ま
た，上方に向かっても，下方に向かっても，見るのです」。
　87)　Ibid. 10, n. 40, 12f.（八巻訳 61 頁）：「現に存在している万物に対して，あなたはあ
なたの言葉をもって語りかけているのであり，存在していないものを存在へと呼び出してい
るのです。従って，あなたが語ることは万物に語りかけることであり，あなたが語りかけて
いる万物があなたに耳を傾けることなのです」。キリストは神の〈言葉〉でもあるから，ここ
にはキリストの役割が説かれていると解釈できる。
　88)　Ibid. 19, n. 84, 11f.（八巻訳 114 頁）さらに註 38 も参照されたい。
　89)　註 27 を参照されたい。さらに以下も：*De vis.* 15, n. 66, 1-4（八巻訳『神を観るこ
とについて』93 頁）：「神よ，あなたはあなたの無限の善性に由来する謙遜によって，あなた
自身をわれわれの被造物であるかのように〔われわれに〕示して下さり，こうすることで，

であるという事実は，キリストをめぐって生じる事象の全体にも適合
するのである。〈包含―展開〉のシェーマにおけるイエスの働きを，ク
ザーヌスは木とか種[90]という具体的な表象をもって，「生命の樹」[91]とい
うイエスの喩えと結合することで，より明瞭にしようと試みているよう
に思われる。

　これまでの検討から明らかなように，イエスは，継続的創造ならびに
救済という神の働きにおいて，決定的な役割を果たす。神の精神の人間
のそれへの下降としての継続的創造は，同時に上昇において人間の精神
が完成されることを可能とする[92]。さらには，創造することと創造され
ることとの合致，あるいは包含と展開の合致は，構造的に見るならば，
クザーヌスにおいては同時に神の内在と超越をも意味する。さらに，こ
の「同時に」ということは，彼が合致の説明において以下のように矛
盾的表現をもって神に呼びかけていることをも示唆するように思われ
るのである。「おお，最も深い高みよ，私の神よ」[93]。さらには，「おお主
よ，あなたは，万物を超えて何と高く存在していると同時に，何と低く
〔遜って〕存在しておられるのでしょう」[94]。

5　神の引き寄せ（attrahere）

　さらに注目すべきことには，包含と展開の合致がどのように成立する
のか，イエスがそれにどのように関与するのかについて，クザーヌスは
〈引き寄せ〉という概念によってより明瞭に説明しようと努めているの
である。包含と展開の「同時に」について，彼は以下のように述べてい

われわれをあなたへと引き寄せて下さるのです。というのは，あなたはわれわれをご自分の
もとへ，自由で理性のある被造物が引き寄せられるためのあらゆる可能な方法をもって，引
き寄せて下さるのです。こうして，神よ，あなたにおいて創造されることが創造することと
合致するのです」。

　90）　Ibid. 7, n. 22, 7f.（八巻訳 40 頁以下）：「今，私は自分をこの大きくて聳え立つ胡桃
の木に向け変えて，それの始源を見ようと努めることにします」。さらに以下も参照された
い：Ibid. 12, n.48, 9-11（八巻訳 70 頁）；ibid. 25, n.115, 8f.（八巻訳 150 頁）。

　91）　Ibid. 21, n. 92, 1.（八巻訳 124 頁）。

　92）　Ibid. 24, n. 114, 1; 2f.（八巻訳 148 頁）：――Tibi, Ihesu, gratias ago […] tu verbum
influis omnibus credentibus vitam, et perficis omnes te diligentes".

　93）　Ibid. 15, n. 65, 11（八巻訳 92 頁）：O altitudo profundissima, deus meus.

　94）　Ibid. 13. n.57, 1（八巻訳 81 頁）：O quam excelsus es, domine, supra omnia et cum hoc
humilis.。

第3章 〈精神的な引き上げ〉という神秘主義　　169

る。

　もしも無限性が，何らかの名付けられうるものに対して縮限され
　て，線とか面とか種とかとして存在するとされるならば，それは自
　己がそこへと縮限された〔とされる〕当のものを自己に引き寄せて
　いるのです。〔…〕私が「無限な線」と言うことによって，無限者
　が線に縮限されると言うとするならば，その場合には，線が無限者
　のうちに引き寄せられてもいるのです[95]。

　さらに，この〈引き寄せ〉という表象を応用して，イエスの位格的合
一について以下のように説明する。

　人間の本性が神の本性に合一しているという，〔イエスにおける〕
　この合一は，人間の本性の神の本性への最高度における引き寄せで
　あるのですから，この人間の本性としての人間の本性は，それ以上
　に高く引き寄せられることは不可能なのです[96]。

　クザーヌスは〈引き寄せ〉を用いつつ，さらに説く。

　イエスよ，あなたの人間性を父〔なる神〕が，彼の〔イエスにおけ
　る〕子であることを介して引き寄せたのであり，イエスよ，そのあ
　なたを介して，父が全ての人間を引き寄せているのです。それゆえ
　に，イエスよ，あなたの人間性が，いわば媒介としての「父なる神
　の子」に合一されているのであり，この媒介を介して父がそれ〔イ
　エスの人間性〕を引き寄せたのですが，それと同様にして，あらゆ
　る人間の人間性が，イエスよ，いわば唯一の媒介としてのあなたに
　結合されているのであり，こうして父〔なる神〕が全ての人間を引
　き寄せているのです[97]。

───────────

　95）　Ibid. 2-4; 5-7.（八巻訳 81 頁）。
　96）　Ibid. 20, n. 87, 13-16.（八巻訳 118 頁以下）。
　97）　Ibid. 21, n. 93, 1-6.（八巻訳 125 頁以下）。

170　　　Ⅱ　クザーヌスにおける主体性

　神はイエスを世界に遣わしたのであるが，この遣わしは同時に，神に
由来して存在している人間を神へと引き寄せることをも意味する。この
著作における最後の文章でクザーヌスが記している神への懇願は[98]，実
はこのことに相即しているのである。このように捉えるならば，包含と
展開の合致および創造することと創造されることの合致が，イエスにお
ける位格的合一によって成立し，それによって完成されていることにな
るのである。

　ここで，改めて合致の市壁において成立することをまとめてみよう。
人が神に近づくことを欲するのであれば，まずは水平的な視野における
合致に身をさらさねばならない。すなわち絶対的な無限性において〈今〉
と〈過去〉とが合致することを容認しなければならない[99]。続いて，彼
はイエス・キリストである入口に入って垂直的な合致に身をまかせね
ばならない。そうすることによって，この著作のタイトルである〈神の
観〉（visio dei）のもつ二義性，すなわち「あなた〔神〕を観ることは，
あなたを観ている者をあなたが観て下さることに他ならないのです」[100]
という言明に含まれている合致に自らを開かねばならないのである。そ
して最後に彼は，〈諸々の対立の対立〉そのもの[101]，クザーヌスの意味
では「区別なき区別」[102]としての三一性が存在する場としての〈諸々の
対立の対立〉を認めねばならないのである。そうするときに彼は「神を
あからさまに観始める」[103]ことができるのであるが，「眼が観るものを，
それは言表することも知解することもできません」[104]というのである。

　このように捉えるならば，クザーヌスの思考にはキリスト的に分節化
された二種の〈反対対立の合致〉が存在することになる。一つは，上で
「水平的」と表現した新プラトン主義的なものであって，神の無限性か

---

　98)　Ibid. 25, n. 119, 18-21（八巻訳 125 頁以下）：主よ，私を引き寄せたまえ，——あな
たによって引き寄せられない限りは，誰もあなたに到達できないのですから。引き寄せて下
さるならば，引き寄せられた者はこの世界から引き離されて，栄光に満ちた生命の永遠性の
うちで，絶対的神であるあなたにに結合されることになるのです」。
　99)　註 72 を参照されたい。
　100)　De vis. 5, n. 13, 13f.（八巻訳 30 頁）。
　101)　註 79 と註 80 における引用テキストを参照されたい。
　102)　註 76 を参照されたい。
　103)　De vis. 12, n. 50, 6f,（八巻訳 72 頁）。
　104)　Ibid. 17, 75; 10f.（八巻訳 103 頁）。

第3章 〈精神的な引き上げ〉という神秘主義 　171

ら理解されうるものである。もう一つは，これまでの考察から見ていっ
そう深いものとしてのそれであって，その中に三位一体の秘密が隠され
ているような〈反対対立の合致〉である。これを，前者との対比におい
て比喩的に〈垂直的合致〉と表現してもよいだろう。この両方の〈反対
対立の合致〉が，市壁のところで成立するのである。

4　市壁の中の楽園に住まう神

1　『神学綱要』における地理学者

『神を観ることについて』において図像的ともいえるほどに具体的に
描写されていることに従えば，楽園は市壁によって取り巻かれていて，
それの内側のはるか向こうに神が住まわっているのである[105]。その神は
現に存在している万物とそれらのうちの個々のものを同時に観てくれ
ている[106]。神のこの観方は，神に観つめられている当の者だけが可能な
限りのよい仕方で存在できるようにと，ひたすらそれを配慮して下さっ
ているという印象を，その者に与えるような仕方である[107]。なぜならば
神の観ることは愛することであり[108]，生命を与えることであるからであ
る[109]。神が一つの門によって開かれる市壁の内部に住まわりながら，万
物の個々を同時に観つめて愛している，という表象は，神の似像として
の人間の精神が可視的な被造物との間に有する関係を，クザーヌス自身
が念頭においていることを推測させる。

---

105)　このような表象をクザーヌスはすでに初期の説教でも用いている。例えば *Sermo*
VIII, n. 5, 10-13: „Tunc videre possemus, quam pulchra et decora et quam fortis atque munita haec
sancta Jerusalem foret" (n. 5, 10ff.). しかしながら，この説教における説明と *De vis.* におけるそ
れとの間には大きな相違が存在する。すなわち，前者の説明ではエルサレムという都市が具
体的に描かれているが，そこには市壁とそこにあるはずの門・入口とについての解釈は存在
していない。

106)　*De vis.*1, n. 5, 7f.（八巻訳 19 頁）: „si visus pictus apparere potest in imagine simul
omnia et singula inspiciens, cum hoc sit perfectionis visus […]". さらに註 11 も参照されたい。

107)　Ibid. 4, n. 9, 16-19.（八巻訳 25 頁）: „Ita enim tu, domine, intueris quodlibet quod
est, ut non possit concipi per omne id quod est, te aliam curam habere, quam ut id solum sit meliori
modo quo esse potest".

108)　Ibid. n. 10, 3（八巻訳 26 頁）: „Domine, videre tuum est amare".

109)　Ibid. n. 12, 4（八巻訳 28 頁）: „non est videre tuum nisi vivificare".

このことはさらに，彼が10年以上後に著した『神学綱要』における
地理学者の活動についての描写を想い起させる[110]。それゆえに，この地
理学者のあり方と『神を観ることについて』における神の探求とを比較
照合しながら，ここでの神探求をよりよく理解することを試みる。

『神学綱要』における地理学者は五つの門で囲まれた都市の内部にい
るが，『神を観ることについて』における神は楽園の市壁の内側に住ま
わっている。楽園の内側にいる神の状況は，市内にいる地理学者とは
明らかに異なっている。神の観ることと構想することは同時に成立する
が，地理学者は彼の情報収集という活動の後に，それの結果を用いて地
図製作に取り組むことができるようになる。彼の構想は，神が構想した
とおりに事物をとらえようとすることに過ぎず，さらにこの試みが実行
されるのは，五感という門を閉じて自身の内部に向かって後のことであ
る[111]。

さて『神を観ることについて』においては，人の神を観ることへの道
は，外の世界から精神という内部の世界へと人が段階的に還帰すること
として描かれている[112]。このような「再度の自己集中」[113]は，地理学者
の活動にも見られる。また『神学綱要』で強調されている，神の類似と
しての人間の精神という思想は，当然のことながら『神を観ることにつ
いて』でも重要な役割を担っている[114]。その点で人間は，その精神性に
おいて神と根本的に無縁であるというわけではないゆえに，神に近づく

---

110) *Comp.* 8, n. 22f.（大出・野澤訳 40-42 頁）以下も参照されたい：*De fil.* 6, n. 86, 10-
13 (h IV, S. 62) .（坂本訳『神の子であることについて』151 頁）。

111) 註 110 を参照されたい。

112) *De vis.* 8, n. 28, 12-17（八巻訳 48 頁）同様の道程はボナヴェンツーラでも描か
れている：*Itineranum* 3, n. 1（長倉訳『魂の神への道程』37 頁）：„(duo gradus praedicti)
manuduxerunt nos usque ad hoc, ut ad nos reintraremus, in mentem scilicet nostram, in qua divina
relucet imago".

113) Recollectio: *De fil.* 6, n. 86, 10- 13 (h IV, S. 62) .（坂本訳 151 頁）。

114) *De vis.* 25, n.118, 5f.（八巻訳 152 頁）：„Omnes […] alii spiritus intellectuales sunt,
illo spiritu mediante, similitudines". さらに以下も参照されたい：Ibid. n.115, 9f.（八巻訳 149 頁
以下）：„Spiritus tuus, Deus, venit in spiritum intellectualem boni hominis". この点は，同じ 1453
年に著された『信仰の平和』にいっそう明瞭である：*De pace* 4, n.12, P. 12, 20ff.（八巻訳 592
頁）：„in quo (spiritu rationali) super omnia ut in propinqua ymagine relucet sapientia aeterna ut
veritas in propinqua similitudine!" さらに 1450 年の著作『精神について』も：*De mente* 13, n.
149, Z. 10ff.: „omnis mens, etiam et nostra, quamvis infra omnes sit creata, a deo habet, ut modo
quo potest sit artis infinitae perfecta et viva imago".

第 3 章　〈精神的な引き上げ〉という神秘主義　　　173

通路をもつ。しかしこの通路は，唯一の門を通って，すなわち神の言葉
であり構想であるイエス・キリストという門を通って神の住まう楽園へ
とつながっている，とされるのである。

2　市壁の役割

　絶対的存在である神にとっては，市壁が限界となることはありえな
い。彼はたえず万物を視ているのであり，また彼が意図するとおりに万
物に自身の顔を示しているのである。ところが人間には，神から背くこ
とも「すっかり他のものの方を向いてしまう」[115]ことも可能である。さ
らに，彼が神を観ようと意図する際に，それを単に理性あるいは知性に
よって求めようとするのであれば，市壁はその可能性を阻むのである。
　ところがこの可感的で可視的な世界の総体は，すでに引用した『神を
観ることについて』の一節が示しているように[116]，神からの贈りもので
あって，神を探求する者がそれを無視することは許されないのである。
彼がこの世界に見出すもののいかなるものも神ではないということを，
彼は認識しなければならないからである。神は「この世界全体を知性的
本性のために創造した」[117]のであり，その神は人間にとってあたかも画
家のようであり[118]，この世界は彼の作品であり印なのでもある。
　他方，『神学綱要』における地理学者は，自身が制作した地図をより
深く正確に観察するならば，それに応じて彼は世界の真の創造者を探求
することへと励起されることになる。それゆえに彼は，自身の門を閉じ
ると共に自身の眼差しを地図からそらして，すなわち自身の感覚的な眼
を閉じて，内的な眼差しで神を視つめようとする。このようにする時に
初めて，人が独力では認識できない神の本質を観るべく，彼の眼差しが
開かれることになるというのである[119]。その時にはすでに「あなたの言

---

　115)　以下を参照されたい：*De vis.* 5, n.14, 4（八巻訳 30 頁）。
　116)　註 45 を参照されたい。
　117)　*De vis.* 25, 116, 10f.（八巻訳 151 頁）。
　118)　以下を参照されたい：*De mente*, 13, n. 148f.
　119)　*Comp.* 9, n. 24, 2ff.（大出・野澤訳 42 頁）：「〔地理学者は〕次の事柄を観るに至る。
把握されえない者〔神〕は存在が把握されえない仕方によってのみ観られうること，および，
把握されうるどんな仕方によっても把握されえない者〔神〕は，存在する万物の存在の形相
であること，および，存在の形相は，存在する万物の中に把握されえないままに留まりなが
ら，光が闇の中で光るように，知性的な諸々の印の中で光るが，しかし知性的な印によって

174 　　　　　Ⅱ　クザーヌスにおける主体性

葉であり概念であるこの門を通って，私が同時に入り出る」[120]のである。つまり，彼は自分の門を閉じる時に，それによってキリストの門を通って入ることが可能となるのである。ここに述べられている弁証法的構造は，彼が自身を失うことを意味するのではなく，むしろ彼は自己自身になること[121]を明示している。

　このような神と人間の精神との内的な関係が，〈顔と顔を合わせての観〉ならびに〈精神的な引き上げ〉の前提条件となっているのである。なぜならば精神は，自身のうちに神の精神に類似した構造を有しているからである。従って精神は自身の活動を完全に滅却する必要がないのである。さらに，この神と人との関係は，すでに見たように，抽象的なものでも静態的なものでもなく，むしろ具体的で生動的なものである。このような人の神への関係をさらに詳細に説明する場合には，市壁と愛とが大きな役割を果たすことになる。クザーヌスは以下のように記している。

　　　知性が認識する知性的なものが知性を満足させることはなく，知性が全く認識することのない知性的なものもそれを満足させることがなく，むしろ，十分に知性認識されることはとうてい不可能であるほどに知性的であると知性自身が知るもの，これのみが知性を満足させることができるのです[122]。

　愛と結合しそれに支えられる段階に到っている知性が神を探求するその仕方は，典型的に愛のダイナミズムをもつ。愛は，それが愛する者に近づくことを何らかの障害によって——例えば市壁によって——妨げられれば妨げられるほど，愛する者に到達しようとますます強く燃え上がるものである[123]。この意味においても，この楽園の市壁は「同時に分離

──────────
は決して把握されないこと」（訳文は上掲書からの借用であるが，少し変えたところがある）。
　　120）　註 65 を参照されたい。
　　121）　De vis. 7, n. 25, 13.（八巻訳 44 頁）。これはさらに以下のことも意味する：「いかなる人間も傲慢をまとった古い人を脱ぎ捨てて，謙遜をまとってあなたに従って生きる新しい人を，身につけねばならないのです」（Ibid. 21, n. 92, 5f.（八巻訳 124 頁以下））。
　　122）　Ibid. 16, n. 70, 6-8.（八巻訳 98 頁）。
　　123）　註 5 を参照されたい。

第 3 章　〈精神的な引き上げ〉という神秘主義　　175

することであり結合することである」[124]市壁であることになる。

3　人間の精神活動の産物としての〈市壁〉

ハウプストは「『神を観ることについて』においては『楽園の市壁』という表現が神の無限性の限定として理解されうる，むしろ誤解されうる」と指摘している[125]。彼の指摘した誤解の可能性は，確かに〈市壁〉という表象からほとんど自動的に生み出されるものである。そもそも市壁という存在は，外から侵入しようとするものを阻み，内部に存在するものを守るためのものだからである。

しかしながら，『神を観ることについて』における〈市壁〉によって囲まれているものは，クザーヌス自身の表現にも関わらず[126]，存在論的に見るならば，神ではなくて，われわれ人間であり世界であるはずだ。われわれが〈市壁〉に入るときに出遭うことになる闇も，同様な事情にある。われわれの側から捉える時に初めて，〈市壁〉の向こうの領域が闇として現れるのである。クザーヌスの用語法に従っても，闇は，実際に「最も聖なる闇」であり「接近不可能な光」[127]の場なのである。ここでわれわれは，神秘主義的な思弁に典型的にみられる〈逆転〉に出遭っているわけである。この闇の〈逆転〉については，クザーヌス自身もしばしば言及している[128]が，包囲についての〈逆転〉には言及してはいないのである。

とはいえ，クザーヌス自身も〈市壁〉を，われわれの〈市壁〉についての解釈に適合する形で，外に向かっての防護という表象と結びつけて以下のように述べている。

たとえ誰かが，それによってあなたが把握されうるという何らかの

---

124)　*De vis.* 11, n. 46, 9f.（八巻訳 68 頁）。

125)　Haubst, *Die erkenntnistheoretische und mystische Bedeutung der "Mauer der Koinzidenz"*188.

126)　*De vis.* 10, n.42, 16（八巻訳 64 頁）: „in muro, qui circumdat locum, ubi habitas in coincidentia"（あなた〔神〕が住んで居られる場所を囲んでいる城壁）; ibid. 11, n.46, 7f.: quem [te deum] hic murus coincidentiae oppositorum cingit.

127)　Ibid. n. 1, 13.（八巻訳 13 頁）。

128)　Ibid. 6, n. 21, 20-23（八巻訳 39 頁以下）; 13, n. 53, 11f.（八巻訳 76 頁）; 21, n. 91, 12-14（八巻訳 124 頁）等。

概念を表現したとしても，その概念もあなたの概念ではないことが，私には分かります。というのは，あらゆる概念が楽園の市壁で限界づけられるのだからです[129]。

それに加えて，楽園の〈市壁〉はクザーヌスによって「矛盾の合致の市壁」とか「不可能性が現れ取り巻いている所」[130]として，さらには「不条理の市壁」[131]としてさえも描かれている。つまり，この〈市壁〉とは，この世界にある人間が自身の思考で自己自身を超えて神に近づこうと試みる場合にはいつも出遭うことになる不可能性を表示する表象とみなすことが可能なのである。同時にこれは，遮断とか阻止という否定的な意味をもつ本来的な任務を，人間の思惟にとっての挑戦の対象として提示される新たな積極的課題へと逆転するものでもある。というのは，それは，人間の知性が自身の力では到達できないことが明らかな目的に，それでもなお向かうという矛盾を体験させるものでもあるからである。

　〈市壁〉をめぐる以上の事態を総体として考察するならば，この〈市壁〉とは，それ自体で存在しているものでもなければ，神に属しているものでもありえないことが明らかになる。それは，言わば「理性の産物」（ens rationis）であり，より適切には「理性の中にだけある存在」（ens in ratione）なのであり，人間の精神の認識論的な限界経験についての表象なのである。なぜならば，そもそも最大の愛である神が，自分のもとに来ようとする人間を〈市壁〉によって阻むということはありえないからである。むしろ〈市壁〉は，人間自身に，さらに言えば人間の認識に属しているのである。神学的により正確に表現するならば，罪の支配の下にあり[132]，自分自身ではない者[133]として楽園から追放された人間の認識を生み出すものであるということになるだろう。

　さらに比喩的に表現するならば，この〈壁〉とは，神に向かう人間の

---

129) Ibid. 13, n. 51, 9- 12.（八巻訳 74 頁）。
130) Ibid. 9, n. 37, 4f.（八巻訳 75 頁）：“ubi impossibilitas occurit et obviat”.
131) Ibid. 12, n. 49, 6（八巻訳 71 頁）：“occurat murus absurditatis”.
132) 以下を参照されたい：Ibid. 8, n. 28.（八巻訳 48 頁）。
133) 以下を参照されたい：Ibid. 7, n. 25, 13f.（八巻訳』71 頁）。

第3章　〈精神的な引き上げ〉という神秘主義　　　　177

志向の前に，いわば音速を超えて飛ぼうとする航空機の前に現れる音速の壁のようなものとして現れるものなのである。それゆえに，理性と知性とが信仰において神の言葉に従うならば，その両者はその壁を通り抜けることが可能となるのだが，その通り抜けの瞬間にこの〈市壁〉は両者から消え去るのである。

　ところが人間は，神への志向においてこの〈市壁〉に遭遇すると，自己の有限性と自己中心性のゆえに，神が彼の接近を阻んでいるのだと思いなしやすく，その場合に，自身の前に出現した〈市壁〉は，中世ヨーロッパ都市の市壁の状況と類似して，彼自身にではなく神に属していて，その壁によって囲まれているのは，彼自身ではなく神である，と想像しやすいのである。

　「理性の最高の精神が監守しており，それが打ち負かされない限り，中に入れない」[134]という言明も，「知性はこの市壁において闇に入らねばならない」[135]ということも，この事態を意味していたのである。ここにクザーヌスの神秘主義の特徴がよく示されていると言えるだろう。

　この点において〈市壁〉の表象は，彼の根本的思想である〈覚知的無知〉の論理的展開の一つなのである。自身の無知を弁えることによってのみ神から導かれ救われるのであるという確信の表現なのである[136]。

　134）　註 53 を参照されたい。
　135）　註 54 を参照されたい。
　136）　ニコラウス・クザーヌスが 1440 年頃に明確に到達したこの立場からみれば，天のエルサレムに直線的に向かうという，若き日の彼の説教 Sermo VIII で使用した，人間の魂と未来の栄光のための古来からの表象（註 105 参照）は，もはや不十分なものと見えたに違いない。

Ⅲ

クザーヌスの認識論

第 1 章

〈認識の問題〉

──『覚知的無知』と『推測について』を中心にして──

は じ め に

　本章では，クザーヌスの哲学的思索における〈認識の問題〉[1]につい
て，初期の哲学的著作である『覚知的無知』（1440 年）と『推測につい
て』（1442 年頃）を中心的テキストとして用いつつ，検討を進める。

1　覚知的無知（Docta Ignorantia）

　クザーヌスの哲学的思考は，人間の知的探究を比較的探究と規定す
る[2]ことから始められた。しかし，比なるものは有限なものの相互の間
には成立しても，有限なものと無限なもの（神）との間には成立しない。
それゆえに，その探究が比そのものを用いて神を知ることは不可能であ
り，もしそれが可能であるとすれば，いわば比の比喩としての転用的な
比[3]のみが神を知るための唯一の道であることになる。

　1）　この〈認識の問題〉という表現は，近代以降の哲学における「認識論」ではないも
のを意図している。その詳細については本章 4 を参照されたい。
　2）　*De docta ignorantia*（以下 *De doct. ign.* と表示する），I, 1, n. 5, p. 5, 14- 16（岩崎・大
出訳『知ある無知』〔以下，岩崎・大出訳と表記する〕7 頁以下）: Omnes[...] investigantes in
comparatione praesuppositi certi proportionabiliter incertum iudicant; comparativa igitur est omnis
inquisitio, medio proportionis utens.
　3）　*De doct. ign.* I, 11, n. 31, p. 22, 18（岩崎・大出訳 30 頁）: in cuius transsumptiva

では，この比（類比）はどのような根拠で神と人間との間に成立するのだろうか。それは，われわれが絶対なる神の似像として存在しているからだとされる[4]。しかし，その似像性の成立する根拠そのものについては，以下のように述べられるだけである。「それがどのように成立するのかは分からないが，〔…〕神が万物の包含であるかぎりは，万物が神においては神そのものであり，神が万物の展開であるかぎりは，万物における神はそれらが現に存在しているところのものである，あたかも似像における真理のように」[5]。クザーヌスによるこの説明文で印象的なのは，'ignorare'とか'ignorans'という語を用いて，似像性成立の根拠について人間は無知である，と強調されていることである。

　また，この似像性を強調する意義は，単にそういう事実の指摘にとどまるものではなくて，「われわれが神の似像である・が・ゆ・え・に，われわれは創造主を知りうるはずである」という上昇のベクトルを有しているのであり，これが次の段階では，「創造主がわれわれによって知られる・が・ゆ・え・に，われわれは確かに創造主の似像である」という確信へと戻って行くことになるのだろう。この似像性にまつわる循環性こそが，彼が〈原像―似像〉関係の根拠を積極的に述べない（述べえない）理由であると推測されるが，実はこの循環性は，後に見るように，彼の形而上学のいわば中心的構造である。

　さて，認識の目的としての，存在するものどもの真理（何性 quiditas）を把捉することは，クザーヌスにあっては，結局，それらを創造した唯一の真理（神）を把捉することへと収束される。しかしそれは，先に見たような比的探究をもってしても不可能である。なぜなら「厳密な真理

---

proportione incognitum investigatur.

　4）　Ibid. n. 30, p. 22, 4- 6, （岩崎・大出訳 30 頁）: Consensere omnes sapientissimi nostri et divinissimi doctores visibilia veraciter invisibilium imagines esse atque creatorem ita cognoscibiliter a creaturis videri posse quasi in speculo et in aenigmate; *De coniecturis*（以下 *De coni.* と表記する）, II, 17, n. 179: 1: Vides autem, Iuliane, quomodo dei similitudo exsistens.

　5）　Ibid. II, 3, n. 111, p. 72, 9- 16（岩崎・大出訳 97 頁）: necesse est [...] fateri te penitus et complicationem et explicationem, quomodo fiat, ignorare; hoc tantum scire, quod tu ignorans modum, licet etiam scias Deum omnium rerum complicationem et explicationem, et – ut est complicatio – omnia in ipso esse ipse, et – ut est explicatio – ipsum in omnibus esse id quod sunt, sicut veritas in imagine.

第1章　〈認識の問題〉　　　183

は，われわれの無知の闇の中に，把捉されえない仕方で光っている」[6]
からである。

　こうして，われわれは〈無知〉へと行き当る。しかしそれは，クザー
ヌスの思惟の終点ではなくて，むしろ出発点である。「これ〔覚知的無
知（docta ignorantia）〕によってのみ，われわれはあの無知の教えの段
階に従って，無限な善性をもつ最大にして三一なる神に近づくことがで
きる」[7]のである。そして，この矛盾を結び合わせて解決すべく登場す
るのが〈覚知的無知〉の多義性である。これは先ず〈学ばれた（成果と
しての）無知〉と捉えられよう。さらにこれは，ある特定の人間のそれ
である場合と，人間存在そのものの限界としてのそれである場合との二
種に分けられる。ここで大きな意味を持つのは後者であって，この場
合には，〈知〉は神の側に，〈無知〉は人間の側にあるものとされてい
る[8]。

　さらに，〈無知〉にはこれとは別の，欠如の意味を有さず，むしろ完
全な知としての〈聖なる無知〉がある[9]。これは，神が言表しえないも
のであることを教える[10]とともに，その中において神が知られうるもの
でもある[11]。これはもはや知に対する無知ではなく，それらの〈反対対
立の合致〉として〈非知〉あるいは〈超知〉とでも名付けられるべきも
のでもある。では，先の欠如としての無知である〈覚知的無知〉と〈聖
なる無知〉との関係はどうであろうか。もし人が前者を〈われわれの
覚知的無知〉と言えるほどに徹底的に自己のものとするならば，それが
〈聖なる無知〉へと転化して，人を神へと積極的に導くものとなるので
あろう。「われわれの覚知的無知はこう言う。『さあ，汝は汝自身を彼の

---

　6)　Ibid. I, 26, p. 56, 14f（岩崎・大出訳75頁）：praecisionem veritatis in tenebris nostrae
ignorantiae incomprehensibiliter lucere.

　7)　Ibid. I, 26, n. 89, p. 56, 16-19（岩崎・大出訳75頁以下）：さらに以下を参照された
い：De visione dei（以下，De vis. と表記），9, n. 32（八巻和彦訳『神を観ることについて』
〔以下，八巻訳と表記〕52頁以下）：De possest（以下，De poss. と表記），n. 59.（大出・八巻
訳『可能現実存在』〔以下，大出・八巻訳と表記〕86頁）。

　8)　新約聖書1コリ3・19：「この世の知恵は神の前では愚かなものである」を踏まえた
見解。

　9)　De doct. ign. I, 17, n. 51.（岩崎・大出訳46頁以下）。

　10)　sacra ignorantia: Ibid. I, 17, p. 35.（47頁）および I, 26, p. 54.（73頁）。

　11)　Ibid.

184 Ⅲ　クザーヌスの認識論

うちに見出すようにしなさい。そうすれば，万物は彼〔神〕のうちでは
彼自身であるので，何ものも汝に欠けることがありえないであろう。し
かし，近寄りえないものにわれわれを近寄らせるものは，われわれ自身
の力ではなく，彼へと向けられた顔を，彼を探し求める最高の希求と共
にわれわれに与えたところの彼の力である。われわれがこのことを実行
する限り，彼は，極めて慈悲深くあって，われわれを見捨てることはな
いだろう』」[12]。

　かくして，〈覚知的無知〉は単に消極的なものではなくして，その欠
如性，否定をくぐり抜けることによって積極的，能動的なものとなって
いるのである。ここには，クザーヌスの思考に特有の〈反対対立の合
致〉を見出すことができるであろう。

2　推測（Coniectura）

1　推測の提示

　上にみたように，われわれは厳密な真理に到達しえない。それゆえに
「真なるものについての人間のあらゆる積極的な主張は推測であること
になる」[13]。これは，クザーヌスの第二の哲学的著作である『推測につい
て』の冒頭に記されている言明である。この推測性は先にふれた似像性
と密接な関係にある。われわれ（被造物）は神の似像であるゆえに，神
は似像のフィルターを通してしか把捉されることがない。一方，この世
界に現に存在しているものの何性を把捉することは，似像のフィルター
を通して似像を把捉することになるので，二重の似像性をもつことにな
る。また，〈推測〉の働きはわれわれの精神に由来するのであるから，
この〈原像―似像〉関係が次々頁の表①[14]のように整理される。

---

　12)　Ibid. II, 13, n. 180, p. 114, 1-5（岩崎・大出訳 153 頁）。また以下も参照されたい：
Ibid. II, 2, n. 98, p. 65, 13（岩崎・大出訳 86 頁）：‘Docuit nos sacra ignorantia’; *De possest*,
72.（大出・八巻訳 102 頁）。

　13)　*De coni.* I, prolous. n. 2, 4f：est omnem humanam veri positivam assertionem esse
coniecturam.

　14)　この表は Winfried Happ の整理による：Einführung des Herausgebers, XII, in: *Nicolai
de Cusa, De coniecturis, Mutmaßungen*.

第1章 〈認識の問題〉　　185

　ところで，〈覚知的無知〉に個人的無知と人間存在そのものの限界と
しての無知があったように，〈推測〉にも二種がある。その結果，個人
的な推測性は三重の似像性にあることになる。しかしそれは，互いに共
通な比を入れることによって，つまり理性（ratio）[15]によって処理する
ことで，二重の似像性へと移行できる。
　さらに，推測の「測」である点をも敷衍してみよう。推測とは，先に
見た『覚知的無知』冒頭での言明以来の，人間に特有の比的探究の具体
的機能である。それゆえに「測る」ための単位，尺度が問題となる。そ
れをクザーヌスは，認識の各段階において，各々の上位にあるもの（感
覚では理性，理性では知性，知性では神）とする[16]。そして，〈あらゆる尺
度の尺度〉を神であるとする[17]。また，測る方向も定まらねばならない
が，それは彼のここでの探求においては，当然のことであるが神方向で
ある。なぜならば，彼にとって認識とは神という真理を求めることだか
らである。しかし，その測定が「神から」であるか，「われわれから」
であるかは，一定ではない。むしろ，この点の不定性，自在性にクザー
ヌスの立場の特色があるといえよう。かくして，推測が神にかかわるも
のである点において，それは先の転用的な比の具体化であることが分か
る。実際，転用的な比は，それ自体が似像である比の比喩として二重の
似像性においてあるゆえに，推測の二重の似像性と照応しているのであ
る。
　以上のようなものとしての〈推測〉は，先の〈覚知的無知〉の場合に
言われていたのと同様に，厳密な真理に到達することが不可能である点
では確かに憶測でもあるが，一定の段階を経ることによってその近くま
で到達しうる点では推測であると言いうる積極性[18]を有していることに

――――――――――
　15）　この語は「比」や「比例」の意味をも有する。
　16）　*De coni.* I, 10, n. 52, 9- 13: ipsa sensibilia rationali praecisione mensurantur. Sed haec
non est vera simpliciter, sed rationaliter vera mensura. Rationalium vero praecisio intellectus est,
qui est vera mensura. Summa autem praecisio intellectus est veritas ipsa, quae deus est.
　17）　Ibid. I, 5, n. 17, 15: mensura una omnium mensurarum. なお，「尺度」についての言及
は，前著 *De doct. ign.* にも，第1巻の第16章，18章，20章，23章に見られる。さらにこの
「推測」と「尺度」への思考は，中期の『精神について』*De mente* で発展させられることに
なる。
　18）　Ibid. I, II, n. 57, 10f: Coniectura [...] est positiva assertio, in alteritate vritatem, uti est,
participans（推測は，あるがままの真理を他性において分有している積極的な言明である）。

なる。

2 数（numerus）

すでに見たように，〈推測〉は比と関わり，測るものであるゆえに，「数」を基底にしてこそその機能が完遂されるはずである。ところで，数とは，クザーヌスによれば，展開した理性に他ならない[19]。その数の原理としての一性（数の原理としての１）と，あらゆる存在者がそこから下降した無限な一性[20]（神性）との間に，クザーヌスは比例関係を想定する。すると，二つの「一性」の比例から，〈神的な数〉と存在者の各々を原理とする〈数一般〉との間に〈原像—似像〉関係が設定されることになる。〈神的な数〉は創造者の霊魂の内にある事物の第一の原像であり，同様にわれわれの理性から生じる〈数一般〉は似像的世界の原像であるとされる[21]。かくして，表①にならった形で表②を作成できる。そして，表①と表②を合わせて見ると，両者が重なり合うことがわかる。〈推測〉が数を基底にして働くことは，表①の二重の似像性 Bb から②の Ab へ移動することであるが，その際，相補的にわれわれの思考がその対象を②の Bb から① Ab のへと高めていることになる。（また，クザーヌスでは①の Ba と Ab は後に見るように同一のものとなる。）。

表①

	A. 原　　像	B. 似　　像
a. 原　　　像	神 的 理 性	現 実 世 界
b. 似　　　像	われわれの精神	推　　　測

---

19)　Ibid. I, 2, n. 7, 4f.: Nec est aliud numerus quam ratio explicata.

20)　*De doct. ign.* I. 1, p. 5, p. 13, 1f.（18 頁 ）; Ibid. p. 13, 11（19 頁 ）: Deitas [...] est uniats infinita. [...] Unitas absoluta est entitas.

21)　*De coni.* I, 3, n. 9, 5- 9: Symbolice etenim de rationalibus nemeris nostrae mentis ad reales ineffabiles divinae mentis coniecturantes, dicimus in animo conditoris primum rerum exemplar ipsum numerum, uti similitudinarii mundi numerus a nostra ratione exsurgens（確かに象徴的にではあるが，われわれの精神の理性的な数から神の精神の実在的で言表不可能な数へと推測しつつ，われわれは言う。数とは創造者の精神のなかで事物の第一の原像なのであり，それはわれわれの理性に由来する数が，この類似としての世界の原像であるのと同様であると。）. さらに以下も参照されたい：*De doct. ign.* I, 11, n. 32（岩崎・大出訳 31 頁）。

第 1 章 〈認識の問題〉　　　187

表②

	A. 原　　像	B. 似　　像
a. 原　　像	神 的 な 神	神の霊魂内の事物
b. 似　　像	理性からの数	似 像 的 世 界

3　一性の下降

　さて，上で見た数と存在との関係は次のように具体化される。数 1，2，3，4 を加え合わすと 10 ができて，同様に 10，20，30，40 を加え合わすと 100 が，同様に 100，200，300，400 を加え合わすと 1000 ができるが，この 1000 で万物（宇宙）が表現できているとされる。ここから，1，10，100，1000 の 4 種の数で表現される 4 種の一性が提示される[22]。

第1の一性……最も単純……… 1……徹底的に絶対………
　　　　　　　　　　　　　……点の一性………神，真理
第2の一性……平方根的………10……絶対的＞縮限的……
　　　　　　　　　　　　　……線の一性……宇宙，万物
第3の一性……平方的……… 100……絶対的＜縮限的……
　　　　　　　　　　　　　……面の一性……類
第4の一性……立方的………1000……可能なかぎり縮限的
　　　　　　　　　　　　　……物体の一性……種

　これは前表のように整理されよう。ここで，第 2，第 3 の一性において「絶対的」（absolutus）が「縮限的」（contractus）と比的なものとされているのは，その本来の意味からして不可解だが，これは「普遍的」（abstractus）の意味であろう[23]。つまり，ここで absolutus は二義的であることになるのである。

　さて，一性（unitas）が上から順次下降することは，縮限（contractio）がより多く介在することであり，それは他性（alteritas）によってより多く限定されることである。ここで下のような分有図（Figura

---

　22）　*De coni.* I, 4, n. 13ff.; I, 5, n. 17ff.

　23）　cf. Wackerzapp, *Der Einfluss Meister Eckharts auf die ersten philiosophischen Schriften des Nikorau von Kues (1440-1450)*, S. 49.

participationis）が提示される[24]。

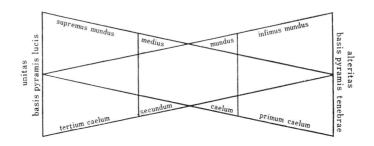

　これは，4種の一性の連続性とダイナミズムを如実に示している。あらゆる存在者が，常に一性と他性との両者を分有しており，下降するに従って一性が減り，他性が増加するという形で，互いに相違しながら多様に存在することが説明されている[25]。
　ところで，クザーヌスによって4種の一性とされている，先の1, 10, 100, 1000 を，各々の「一性」という共通性が分かりやすくなるように，10の累乗の形に整理してみる。すると，$1=10^0$, $10=10^1$,

---

24) *De coni.* I, 9, n. 41. なお，この分有図を構成する二つの三角形について，クザーヌスは一方を 'basis pyramis lucis'（光を底辺とするピラミッド）と，他方を 'basis pyramis lucis tenebrae'（闇を底辺とするピラミッド）と表現した上で，「光を底辺とする」方に unitas（一性）を，「闇を底辺とする」方に alteritas（他性）を配している。この構造によって世界を説明しようとするクザーヌスの考えの根底には，この「被造世界」の暗さと否定的な意味での多様性とが強く意識されていることがうかがわれる。これは，先に註6の箇所で引用した「厳密な真理は，われわれの無知の闇の中に，把捉されえない仕方で光っている」という言明と共に，前期クザーヌスの思惟に特徴的な姿である。

25) Ibid. I, 9, n. 39. なお，この事態は下のような関数で表されてもよいだろう。この曲線が漸近線であることにおいて，宇宙内の諸存在が決して一性のみでも他性のみでも存在しえない事が示されるだろう。

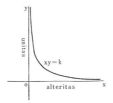

第 1 章 〈認識の問題〉　　189

$100=10^2$, $1000=10^3$ となる。このなかで $10=10^1$ は 10 の相等性を示し，それは，人間のそれでしかありえないものとして，他の被造物に比して最高の一性，すなわち自同性（identitas）を有する存在であることを意味すると解釈できるだろう。一方，絶対的一性であり存在性でもある神は 1 であるので，$1=10^0$ と表わされるが，これは 0 乗であることにおいて，神が他の全てを超越していることを意味しているとみなすことができるだろう。

3　認識としての上昇

1　感覚，理性，知性

すでにみたように諸存在者は，絶対的一性からの下降として現に存在している。それゆえに，われわれの認識とは，下降とは逆の過程をたどること，つまり思弁の段階的上昇[26]によって，諸存在者の源である神における諸存在者の存在意義，すなわち何性，真理を探求しようとすることに他ならない。

この段階的上昇には，下降の段階性に応じて，① 感覚的で混乱した推測，② 理性的で真らしい推測，③知性的で真なる推測の 3 段階がある。そして，この 3 段階をそれぞれ，感覚，理性，知性という精神の諸機能が担っている。感覚は物体と直かに接しており，感覚するのみで識別しないから否定することもなく，受容するだけである[27]。理性は感覚知覚の内容を識別し，否定，肯定をし，対立を対立として把えるが[28]，その否定，肯定の根拠はその上位の知性によって与えられる。つまり理性は，一方で感覚と関わりながら一定の積極的役割を果すが，他方では知性に依存する。ここから理性は，二つの部分に，すなわち上位の①理解的理性と下位の②表象的又は想像的理性とに分けられて，それぞれが

---

26)　scalaris ascensus: *De quaerendo deum*（以下 *De quaer.* と表記），32, 3.（大出訳『神の探求について』〔以下，大出訳と表記〕58 頁）。

27)　*De coni.* I, 8, n. 32.

28)　Ibid. I, 6, n. 25. I, 8, n. 32. ゆえに理性は〈反対対立の合致〉を捉えることができない。さらに Ibid. II, 1, n. 76, 6: Negat [...] ratio complicationem oppositorum et eorum inattingibilitatem affirmat.

190　　　　　　　Ⅲ　クザーヌスの認識論

知性と感覚に接していることになる。

　最後の知性は，普遍的なものを所有する唯一のものであり，単に対象を識別するのではなくて，その普遍的なものを知解する。この点で知性は神に近いものであって[29]，対立を理性の如くにとらえるのではなくて，両立的にとらえることができる[30]。かくして，知性は認識能力の最高位にあって，裁判官であり[31]，指導者である[32]。しかし，これとても神を把捉するのには小さすぎるのである[33]。

2　感覚，理性，知性のダイナミズム

　感覚，理性，知性の各々は，先の第四，第三，第二の一性によってそれぞれ担われており，それらの一性には〈一性〉としての連続性があるゆえに，これらもまた，連続性のダイナミズムに位置づけられうる。つまり，先の分有図に従って，理性の他性が感覚の一性であり，逆に理性は感覚的事物の一性であり，また，理性は知性の一性の他性であり，知性は理性の一性でありつつ，神である無限な一性の他性であるとされる[34]。

　ここでは，すでにみた〈一性〉の二義性，すなわち数の原理としてのそれと，他性との相関におけるそれとの二義性が駆使されている。従って，理性の他性が感覚の一性であるというのは，理性の一性の縮限されたものが感覚の一性である，という意味であるはずだ。

　〈一性―他性〉において，感覚と理性との関係および理性と知性との関係を把握してみると，感覚が上昇することは理性が下降することであり，理性が上昇することは知性が下降することであり，知性自体は自身へと下降する神性によって，絶対的な一性との接近と類似へと上昇す

---

　29)　*De coni.* I, 11, n. 56, 4jf.: Actualitas [...] intelligentiae nostrae in participatione divini intellectus exsistit. さらに以下も：*De filiatione dei*（以下，*De fil.* と表記），86（坂本堯訳『神の子であることについて』〔以下，坂本訳と表記〕150 頁）。

　30)　Ibid. II, 1, n. 78.

　31)　iudex: Ibid. II, 13, n. 135, 8.

　32)　rectrix: Ibid. II, 13, n. 136, 1.

　33)　以下を参照されたい：*De quaer.* 18.（大出訳 43 頁）。

　34)　*De coni.* II, 16, n 167, 6-9: Intellectus [...] alteritas est infinitae unitatis. Quanto igitur ipse intellectus a sua alteritate se altius abstrahit, ut in unitatem simplicissima plus ascendere queat, tanto perfectior altiorque exsistit.

第 1 章　〈認識の問題〉　　　　191

る[35]ということになる。

　この事態をより一般的に言うならば，「理性が感覚へと下降する際に
感覚は理性へと上昇し，……理性は叡智体（intelligentia）へ，叡智体は
神へと上昇する。神は完結された円環のはじまりであり，完成である」[36]
となる。ここに，下降と上昇の各々の内での段階的連続性のみならず，
下降と上昇との連続性も明らかになる。さらには，それらの単なる連続
性のみならず，その総体としての連続性の中での〈下降―上昇〉が同時
的であることも見てとれる。

　実は，この〈下降―上昇〉は，一方が下降すると同時に（必然的に）
他方が上昇するという，いわば〈シーソー構造〉を有しているのであ
る。その際に，下降するのは知性（知性的一性）であり，上昇するのは
感覚（感覚的一性）である。さらに同時に，先に二部分に分けられた理
性は上下へと吸収されてしまう[37]。この事情は以下のとおりである。理
性は，ある時は感覚の上位の機能として識別を行うが，それはいわば知
性の下請けとしての，感覚が知性に関わることを手助けするための作業
なのである。「理性は，立体的物体の根であるとみなすべきではなくて，
それによって知性的な根が物体へと下降する媒介であるとみなすべき
である。すなわち理性は，知性の道具であり，同時に物体の道具的な根
である」[38]。つまり理性は〈下降―上昇〉において，その段階性を担うも
のとしては機能を発揮するが，連続性においては機能を失い，二分解す
る。このような理性の二義性，中間者性に注目しておきたい。

　では，この〈シーソー構造〉においては，どちらが先に行動を起こす
のか。クザーヌスはこれを同時的に表現することによって，先験主義と
感覚主義との二者択一を回避しようとしているのではあるが，結局は知
性が優越していることが明らかになる。まず，われわれの知覚は，対象
との「出会い」によって生じる[39]。しかし，感覚が感覚知覚できるのは

　35）　前註 34 を参照されたい。

　36）　*De coni.* I, 8, n. 36, 3- 6: descendente ratione in sensum sensus redit in rationem. Et
in hoc regressionis progressiones advertito, redit enim sensus in rationem, ratio in intelligentiam,
intelligentia in deum, ubi est initium et consummatio in perfecta circulatione.

　37）　cf. Schwarz, *Das Problem der Seinsvermittlung bei Nikolaus von Kues*, S. 245.

　38）　*De coni.* I, 7, n. 27, 17-20.

　39）　obviatio: Ibid. 14, n. 141,1-3.

192　　　　Ⅲ　クザーヌスの認識論

知性的活力による[40]のであり，また，知性が感覚を必要とするのは，知性の力がわれわれ人間においては弱々しいから，それを刺激するものとしてであるにすぎない[41]。つまり，「知性は自分自身から知解しうるものをつくり出し，それが知性へと歩み入るのであるから，いわば知性は自分自身のための豊かさである」[42]。かくして，知性の優越，〈下降〉の優先が明らかになり[43]，この認識は総体としてトートロジーであることが確認される。

4　人　　間

さて次に，以上のような認識成立の構造を現実の人間存在そのものにひき付けて考察してみよう。クザーヌスも，人間を霊魂と肉体との複合体としてみなすというスコラ学の伝統に従っているが[44]，霊魂を一性，肉体を他性として，先の分有図のダイナミズムの内で説明する点にその特徴がある。ここでもまた，霊魂（精神性）の肉体性に向かっての下降と，肉体の精神性への上昇とが存在し，精神の下降は肉体の上昇であるとされる[45]。では両者のいずれが先立つのか，という問への答は，「最高の職人」[46]の手を借りて，やはり下降を優先させる。先と同様に，ここでもまた「精神は自分自身へと戻る」のである[47]。

さらに，「この知性はわれわれの霊魂を通って感覚へと下降し，その結果，感覚的なものが知性へと上昇する」[48]のであるから，人間におけ

40）　Ibid. 16, n. 157, 10-13.

41）　Ibid. 16, n. 160, 5f.

42）　Ibid. n. 161, 7f.: intellectus, ex se intelligibile faciens quod in intellectum progreditur, est sui ipsius fecunditas.

43）　上の註 34 の箇所を参照されたい。これは，知性という，人間の精神活動のなかでは最も神に近い機能のなかに，すでに神からの働きかけが存在していることを意味する。この点については，本書第Ⅱ部第 1 章ならびに第 2 章を参照されたい。

44）　これは以下の箇所のタイトルが示している：De coni. II, n. 120, 1: 'De differentiis compositorum ex anima et corpore'.

45）　Ibid. II, 10, n. 120.

46）　opifex summus: Ibid. II, 10, n. 121, 9f. この表現は，プラトンの『ティマイオス』におけるデミウルゴス像の影響であろう。しかし，神をあえて 'opifex'（職人）という語で表現する点には，クザーヌスが当時，自由学芸のみならず機械的学芸にも注目していたことが現れているように思われる。この点については，本書第Ⅵ部第 2 章を参照されたい。

47）　Ibid. 16: redit enim supra se spiritus.

48）　Ibid. II, 16, n. 157, 10- 12: Intellctus […] iste in nostra anima eapropter in sensum

る〈下降―上昇〉は，先に見た宇宙総体としてのそれに合致していることになる。これはクザーヌス自身の実感でもある。「われわれは次のことを経験によって知っている。何らかの光，すなわち肉体的精神が存在していて，それを通して魂の力が肉体へ，また感覚的なものへと作用しており，その結果，その魂の力がこれらの媒介によって肉体へと結びつけられて，自分の仕事を実行していることを」[49]。

　霊魂はまた，一性の連続性においては知性的な本性の最下位のものであるゆえに，霊魂・肉体複合体としての人間は，縮限された人間性の中に神性を分有していることになる[50]。それゆえ，人間の能力の内に万物が人間的なあり方で現存していることになり，かくして人間はまさに「小宇宙」なのであるとされる[51]。

　思考がここに至れば，上の引用で示したように，人間存在としての自己の内を貫流する〈下降―上昇〉の流れを，霊魂・肉体のダイナミズムにおいて「経験している」[52]，力みなぎるクザーヌス像が浮かび上る。この実感にあっては，〈推測・憶測〉という人間の思考活動が，確かに厳密な真理を把捉することは不可能であるとしても，神によって創造された万物を人間的な仕方で把捉しうる，とする積極的なものとなっていると言えるだろう。

4　実存的認識批判

　すでに見たように，クザーヌスは厳密な真理を把握することが不可能であることを，〈覚知的無知〉および〈推測〉という人間の思惟の特性によって説明しようとしている。従って，この人間の思惟の限界について暫定的に語ることはできても，神そのものについて積極的に語ること

---

descendit, ut sensibile ascendat ad ipsum.

　49)　Ibid. 10, n. 128, 13- 16: Experimur lucem quandam seu spiritum corporalem esse, per quem vis animae operatur in corpus et in sensibile, ut sic virtus animae his mediis corpori annectatur pro exercendis suis operationibus.

　50)　Ibid. II, 17, n. 174.

　51)　Ibid. 14, n. 143, 9f.: Est [...] homo microcosmos aut humanus quidem mundus.

　52)　上の註 49 を参照されたい。

194　　　Ⅲ　クザーヌスの認識論

はできない。この点について，彼はさらに以下のように徹底的な限界を
指摘する。「『神は存在するか』という問には，『それは存在することも
ないし，存在しないこともない』とともに，『それは存在し，かつ存在
しない，というわけでもない』と答える以外により無限定的な仕方で答
えられはしないだろう」[53]。

　このような人間の思惟の無力さが，クザーヌスの強力な信仰体制の中
で，自身へとはね返って来る自己反省の矢を生み出しているのだろう。
つまり，彼の〈認識批判〉はいわば〈実存批判〉と共にあり，そのあり
方は一般的な，あるいは近代的な「認識批判」とは異なるのである。と
いうのは，一般的なそれは，〈実存肯定〉の上に立って，実存そのもの
の認識と外なる〈実在〉との不一致を批判するものであって，いわば実
存と外なる実在との間にあると想定されている「認識装置」への批判で
あると言えるであろうからである。

　実は，クザーヌスにおいて〈認識批判〉が〈実存批判〉と共にあると
いうことは，先にみた認識としての上昇が下降と同時的であった事に相
即しているのである。クザーヌスは「信仰は知解の始まりであり，知解
は信仰の展開である」という立場に依拠して[54]，4種の一性の〈下降―
上昇〉のシェーマを読み替えようとする。興味深いことに『推測につい
て』では，信仰については一切論じられていないが，それに先立つ『覚
知的無知』では，とりわけ第3巻においてこれが深く論じられている。

　　神の最大で最も深い神秘は，この世界をさまよっている人たちに
　　は，たとえ知者であったとしても，隠されているが，小さな人たち
　　や謙遜な人たちには啓示される。〔…〕この世界でわれわれは，概
　　念や臆見や学説によって導かれ，もろもろの象徴のなかで，より
　　よく知られているものを介して未知なものへと導かれるのであるか
　　ら，この世界にあっては彼〔キリスト〕は認識されないがゆえに，
　　言葉による説得が終わり，信仰が入ってくる場でのみ，彼は把捉さ
　　れるのである。〔…〕われわれキリスト信じるものたちは，われわ
　　れの動物的な本性をもってしては触れることが禁じられているあの

---

53)　Ibid. I, 5, n. 21.（傍点引用者）。
54)　*De doct. ign.* III, 11, n. 244, p. 151, 26- p. 152, 5.（岩崎・大出訳 203 頁以下）。

第 1 章　〈認識の問題〉　　　　　　　　　　　195

山，すなわちキリストへと，〈覚知的無知〉において導かれるのである[55]。

　〈下降〉が自身を動物的な本性への落ち込みにまで引きずり下ろす可能性を弁えつつ，知と信仰の結合の力によってキリストという山への〈上昇〉を実現しようとしている。つまりクザーヌスは，神へと向かおうと努めつつも，他方で自己の無力さのゆえに神から離れ下ってしまうという，自分も含めた人間の現実を十分に弁えている。彼はこのような人間存在の引き裂かれを実感しつつ，この困難の克服を図っているのである[56]。

1　存在，生，知解の三位一体

　さて，上の〈実存批判〉で言及した「実存」は，「存在」と「生」という二つの契機より成っている。またクザーヌスは，伝統的な〈存在，生，知解の三位一体〉を神に見出している[57]。すると似像としてのわれわれにも，その三一性の似像を見出しうるはずである。

　つまり，「私が実存する」ことは「私が認識〈知解〉する」ことと相即しており，さらに「私が実存する」ことは「私は存在であり，現に生きている」ということへと分解されうる。以上をまとめて表現すれば，「私は存在であり，存在であることによって生きつつあり，生きつつあることによって知解している」となる。これは，「私が知解していることによって，存在が私にとって真の存在となっている」と循環する。この循環は，神の三一性における同等性が似像として循環となっていると理解されるだろう。この循環は論証としては無意味であるにもかかわらず，実存にとっては意味をもつことになる。「私は神によって存在させられ，生かされ，知解させられている」という実感の鮮烈さが深い意味を，その〈私〉にもたらすのである。

　さらに，自身が似像としての三一性の地平にあることを実感すること

---

55)　Ibid. nn. 245, p. 152, 25-28; p. 153, 8-10.（岩崎・大出訳 204 頁以下）。
56)　この点についてクザーヌスは，『神を観ることについて』で詳細かつ具体的に述べている。本書第 II 部第 3 章も参照されたい。
57)　大出哲の指摘による（『隠れたる神についての対話』訳註 n. 6, (2) 30 頁）。

によって,「われわれは実存する限り知解すべきであり,知解する限り,知解の内容にふさわしく実存すべきである」という当為が現れる。そして,この当為についての意識は,クザーヌスの晩年にいたるまで,彼の日々の生活で強烈に生き続けている[58]。

この似像としての三一性は,神のそれとの関係では〈水平的〉に存在していると考えられるが,この世界内では諸存在者が段階性をもって存在しているので,それの中で捉えられる場合には〈垂直的〉な意味をもつことになる。つまり,知解は最上位にある被造物としての人間の最高能力の内に,生は中位の被造物の中位の能力の内に,存在は最下位の被造物(非生物)の内に典型的に存在している,とされている[59]。さらにこの〈垂直性〉は総体としての被造物においてのみならず,各々の人間,動物,植物の内にもそれなりに存在しているとみなせよう。

かくして,先の〈下降―上昇〉のダイナミズムの意味がいっそう明白となる。〈下降―上昇〉がわれわれの内を貫流していることは,われわれ自身が,下に万物と,上に神と連なることになる。これを実感するときに,われわれはさらなる認識に導かれる。「われわれは知性的な生命によって自分で生きるのではなくて,むしろ,われわれの内に無限な生命である神が生きているのである」[60]。この,新約聖書「ガラテヤの信徒への手紙」2・20を踏まえたクザーヌスの言葉は,上述のような充実性において理解されるべきであろう。

さらに同時にこのことは,われわれ自身の内に,〈包含―展開〉の原理によって万物と神とがそれなりに内在していることを意味することになるのである。これが,上述の「小宇宙」としての実存の姿である。

---

58) 似像としての〈存在,生,知解の三位一体〉については,最晩年の著作 *De ap. theor* でも明言されている。次章註72を参照されたい。また,三一的当為については,*Epistula ad Nicolaum Bononiensem*(『ニコラウスへの書簡』,八巻和彦訳『神を観ることについて』に所収)等の晩年の著作にとくに鮮明に記されている。これについては本書第VI部第3章で扱っている。

59) *De coni*. II, 6, n. 98.

60) *De quaer*. n. 38, 9f.(大出訳166頁)。さらに以下も参照されたい：*De doct. ign*. III, n. 248, p. 154, 15f.(岩崎・大出訳207頁)

2　思考の二視点性

　以上のような，いわば実存としての実感を説明し解決しようとするダイナミズム・運動性は，クザーヌスの思考に特有の二元論的構造によって支えられている。それには，ⓐ〈一性—他性〉，ⓑ〈光—闇〉，ⓒ〈下降—上昇〉，ⓓ〈精神—肉体〉などがあるが，これらは全て，クザーヌスに先立つ哲学の伝統の中で問題とされてきたものである。しかし，クザーヌスにおいて特徴的なことは，上のⓐⓑⓒⓓが各々が別々のものではなく，最終的にはⓑⓒⓓが明白にⓐへと吸収解消されるということにある。

　ところが〈一性—他性〉は，外見でのダイナミズムにも拘らず，上述のように，結局は他性が一性へと従属すべきものとして規定される。それゆえに，これは単に二元論的に見えたということであったにすぎず，実は一元論的構造が設定されていることになるのである。

　さらに，この二元論的な外見を支えるものは，すでにみてきた主要概念の二義性である。これには以下のような4種がある。すなわち，㋑〈docta ingorantia〉の「覚知的無知・世俗な無知」と「聖なる無知」との二義性，㋺〈coniectura〉の「憶測」と「推測」の二義性，㋩〈absolutus—contractus〉において，〈神—被造物〉および〈普遍—個物〉の二つの関係に出現する二義性，㋬一性に見出される，数の原理としてのそれと，他性との相関に設定されているそれという，二義性がある。これらのうち，㋩はいわば汎神論回避の方策を講じつつも，実存が神との直接の関わりを求めるゆえに生じるものであり，㋬はすでに見てきた連続性と段階性のダイナミズムを設定する役割を果しているものである。

　しかし，㋑と㋺は他のものとはいささか異なっている。それは，当の概念を支える視点が二つあることを想定することで生じる二義性だからである。㋑の「世俗な無知」は確かにわれわれの世界に存在し，「聖な無知」は神の側に在って，こちら側からは後者は知られえないが，神の側からは後者の存在を捉えることができるのであり，そこから見ると前者も単なる欠如の意味のみではないことが分かるという体のものである。㋺の場合にも「憶測」と判断できるのは神の側に視点を置いた時

であって，こちら側に視点を置くかぎりは，「そこまでは測りえた」という「推測」となるはずである。さらにこの二視点性を〈absolutus—contractus〉にあてはめて考察してみよう。一般に absolutus と対になるのは relativus「相対的」である，しかし，ここでクザーヌスが対にしている 'contractus' という語は「収縮させられた」という意味をもつので，〈absolutus—contractus〉という関係性の方が，よりダイナミックな対概念となっている。つまり，人間の側に視点を置いた時に，神は absolutus「（人間から）引き離された」形で存在するのであり[61]，逆に神から被造物を見ると，それらは自身に比較して contractus「収縮させられた」ということになるのだからである。ここにも二視点性が明白に見てとれるだろう。

3　中間者の浮上

しかし，この二視点性は，引き裂かれつつあっても，現に生きている今，一つの立場をとらざるをえない実存においては，そのままにはとどまりえない。そこで，これら二視点の中間に位置する立場を設定して，そこに身を置くことによってこの困難を解決しようと，クザーヌスは試みている。この中間者的な立場にあるものとして，先ず被造物がある。「神と無との間に全ての被造物が落ちているとわれわれは推測する」[62]として，被造物が神と無との中間に位置づけられる。次に，第一の中間者としての被造物と神との中間に，第二の中間者としての人間が位置づけられる。さらには，その人間と神との中間に，信仰的に神人イエス・キリストが位置づけられる。「イエスの人間性は純粋に絶対的なものと純粋に〔たんに〕縮限されたものとの間の中間者である」[63]。

クザーヌスは以上のように，三重の中間者的立場に注目しつつ思考を進めているのであるが，これは彼が，人間存在そのものが，とりわけ信

---

61)　この点についてクザーヌスは，別の諸著作で論じている。たとえば中期の著作『隠れたる神』*De deo abscondito*（以下，*De deo absc.* と表記）。

62)　*De coni.* I, 9, n. 42, 2f.: Inter deum [...] et nihil coniecturamur omnem cadere creaturam. さらには *De doct. ign.* II, 2, n. 100, p. 66, 9-14.（岩崎・大出訳 87 頁）。

63)　*De doct. ign.* III, 7, n. 225, p. 141, 19f.（岩崎・大出訳 189 頁）。この点について，実存に引き付けた解釈を展開しているのが中期の著作『神を観ることについて』である。本書第 II 部第 3 章を参照されたい。

第 1 章　〈認識の問題〉　　　　　　　　　199

仰においてイエスを信じる時に，この三重性をまとっていると考えているからに他ならないであろう。

5　平安（pax）と静けさ（quies）

　上述のようにクザーヌスが種々の中間者的立場を設定した上で，それを駆使して神と人間のあり方を説明しようとしているのは，彼が，〈多様性問題〉[64]を意識しつつ，一性形而上学[65]を確保しようとしていることを示している。

　そもそもアリストテレス・トマス的な質料形相説或いは可能態・現実態思考は，質料の積極的役割を容認することになり，万能な神の退位へとつながりやすい。これに対する批判としてクザーヌスは，質料の役割を神へと吸収し[66]，万能な神の復権を図っていると言えよう[67]。これは実際に，晩年の彼の著作『可能現実存在』で試みられていることである[68]。

　しかし，質料が一性へ吸収されたとしても，他性はどうなのだろうか[69]。「神は一性であるから神が光の土台であり，一方，闇の土台はいわば無である」[70]。この傍点部分に，未だ彼が処理できていない無へのとまどいと恐れを読みとれるだろう。だが，結局，クザーヌスは，無と存在とを正面から対決させることは避けている。彼によれば，神は一切の名称を斥けるが，無は「無」という名称を持っているゆえに，神に従属すべきものである。この「無」はもはや存在に対決しえず，その牙を抜かれて，神が「無においては無でもある」[71]ような〈無〉に位置づけられ

---

　64)　これは，クザーヌスの思索活動の中期に至るまで，彼にとって極めて重大な問題であった。これについての詳細は，八巻『世界像』第 2 章を参照されたい。

　65)　Einheitsmetaphysik. Wackerzapp, ibid., S. 60 での表現による。

　66)　「第一質料」を神としても捉えようとする：De vis. 15, n. 63.（八巻訳『神を観ることについて』90 頁）。

　67)　Schwarz, Ibid. I, 1, S. 8. I, 2, 1, S. 10.

　68)　De possest, 29, 4- 6; 12f.（大出・八巻訳 44 頁以下）。

　69)　註 24 の図参照。

　70)　De coni. I, 9, n. 42, 1f.

　71)　De fil. 72, 8f.（坂本訳 138 頁）: in omnibus omnia, in nihilo nihil. なおこの文言の淵

ている。これは存在を前提としたにしたものとしての「非存在」（non-esse）であり，むしろ「未存在」（nondum-esse）と言うべきものかもしれない。これが縮限から解き放たれると，「最大なものにおける非存在は最高度の存在である」[72]とされて，〈反対対立の合致〉の思考において一性へと吸収されることになるのである。

クザーヌスが無をこのように考えることによって，実は伝統的な二つの対立する主張，「無からの創造」と「無からは何も生じない」が調停されているとみなせよう。つまり，無は非存在であるゆえに，確かに神は「無」（非存在）から存在を創造しているし，また，非存在は無ではないから，確かに無からは何も生じないことにもなる。この「無」は被造物の区別のメルクマール[73]としてのみあらわれるような，いわば道具的な「無」である。かくして，クザーヌスにおける〈無〉は神に従順であり[74]，神（存在）の傍らにその場所を見つけていると考えられよう[75]。以上のようにして，彼の一性形而上学は完成されており，確かにここでは，万物が万能な神によってその存在を与えられていることになる。

そして，この「一性形而上学」により，上昇としての認識はトートロジーであることが再確認される。真理は他ならぬ真理自からによってのみ把捉され，知性は，すでに確認したように，その一切の豊かさを自分のための豊かさとして持つ。だが，このような認識は，近代以降の哲学の認識論におけるように，それがトートロジーであるという理由によって無意味となるわけではない。一般に，認識論は出発にすぎないとみなされがちだが，クザーヌスにとっての〈認識の問題〉は〈下降―上昇〉という存在構造の中において目的であって，それがトートロジーであることを確認できることで彼は満たされるのである。今，自身の内を貫く下降と上昇の流れが，真理から世界を経て真理へと還帰しつつあり，さらに自身の認識行為がその上昇に連なり，同時に下降にも連なり，自分にとって真理の発見として創造にも似た喜びを与えてくれる。そのよう

源は以下であるとみなされている：Ps. Dionysius Areopgita, *De div. nom.* VII, 3, PG3, 872A, *Dionysiaca* I, 405, 2f.（熊田洋一郎訳『神名論』226 頁）。

72）　*De doct. ign.* I, 21, n. 65, p. 43, 23f.（岩崎・大出訳 59 頁）。

73）　Wackerzapp, Ibid. S. 64.

74）　*De deo absc.* 9.（大出訳 10 頁）。

75）　Wackerzapp, Ibid. S. 60.

第 1 章 〈認識の問題〉 201

な実感を，彼は自分のものとしようと努めている。このような段階の認識には，その装置のものものしさゆえの運動性はすでに無く，下降と上昇は，各々の内にあって運動であるにしても，総体としては「静止」[76]となっているのである。

知性の領域においては，全てが静的なもの，単純なものへと還元されており，一切は「静止という目的」[77]に向かっているとされる。「かくして，人間が神の形相に近づけば，そこでは全てが永遠な平安において安らっている」[78]。しかし，この平安と静けさは，すでに見てきたように，単純なそれではなく，人間存在が実存であるゆえに陥る頽落という運動を克服して，真理に向かって上昇を続けるというダイナミックな営みの究極の姿なのである[79]。

以上のようにして，クザーヌスの〈認識の問題〉は，その装置のものものしさゆえの運動性にもかかわらず，最終的にはトートロジーとして平安と静けさに至るのではあるが，それは確かに，内には相反する葛藤を秘めている。知性の自分のための豊かさも，〈下降—上昇〉が連続性と段階性において説明されたことも，いずれも人間存在自身がそこに確かに位置づけられねばならない，という切実な彼の願望なのだろう。やはり彼は，二方向へ引き裂かれつつある中間者性に眼をつぶることがない——〈下降—上昇〉は身心問題回避のための装置としても設定されているのであり，また，理性という中間者的なものを二義性において説明しようとした，等々。

このようなことの全ては，他ならぬ〈精神—肉体〉の複合としての人間存在の二面性の否定しえぬ現実である。クザーヌスの〈認識の問題〉とは，かくして，あくまでも人間存在にかかわり続け，その二面性を解決しようという試みであると言えよう。同時に，この試み自体がまた，この二面性の一面であるのだとも言えるのではあるが。

---

76) *De coni.* II, 16, n. 167, 22.
77) *De quaer.* n. 31, 13（大出訳 58 頁）。
78) *De coni.* II, 15, n. 145, 20f.
79) この点については，本書第 II 部第 3 章 1 を参照されたい。

第 2 章

神の命名の試み

　本章では，クザーヌスの生涯にわたって試み続けられた「神の命名」という特徴的な思想的営みを，時代を追いつつ考察する。その結果として，それが世界への神の内在を確信するための営みであると共に，神により近づこうとする営みでもあったことが明らかになるであろう。そして，それは単なる彼個人の試みではなく，クザーヌスという人物を通しての，人とこの世界に対する神の働きかけであると，少なくとも彼個人においては捉えられていたであろうことも指摘する。

1　初期の説教

　クザーヌスはその思考活動の極めて早い段階で，神がこの世界においては多様な名称で呼ばれていることを意識していた。それは，彼の最初の「説教1」（1430 年 12 月）と「説教2」（1431 年 1 月）が明白に示しているところである。当時のクザーヌスは，キリスト教の神とイエス・キリストが世界中で信じられ崇敬されていると考えていた。この点について「説教1」で，以下のように述べている。

　　ギリシア人も一なる神について多様な名称を付していた。その力によって「イシュロス」と，その支配によって「キュリオス」と。そして本来的には「テオス」と呼んだ。そしてラテン語の「デウス」はこの「テオス」から派生したものであり，タタール語では「ビル

テンゲル」とされるが，それは「一なる神」という意味である。ま
たドイツ語では「アイン・ゴート」とされるが，それは「一なるよ
い神」という意味である。同じようにしてスラヴ語では「ボエグ」
と，トルコ語とサラセン語では「正義にして偉大なる神」という意
味で「オッラ・ウハクベル」と，カルデア語とインド語では「宇宙
の創造者」という意味で「エスギ・アブヒル」と呼ばれる。このよ
うに一なる神に，多様な民族が多様な属性を捧げていることに従っ
て，彼はさまざまに名称を得ているのである――神はいかなるもの
においてもいかなるものとの関わりにおいても一であるにも関わら
ず[1]。

　ここでクザーヌスは，当時の彼の知識の範囲では世界中のほとんど全
ての民族を包括していると思われたほどに多様な民族名を挙げつつ，世
界で神としてさまざまな名前で呼ばれているものの本質は，キリスト教
の一なる神であると主張しているのである[2]。
　彼はこのような前提に立って，説教Ⅱにおいては次のように言明す
る。

　世界中で，神の子にして処女から生まれたキリストが信仰されてい
　る。このことは，インド人も，モハメット教徒も，ネストリウス派
　も，アルメニア人も，ヤコブ派も，ギリシア人も，そしてわれわれ
　のような西洋のキリスト教徒も信じているのである。タタール人は
　これには馴染んでいない。しかし彼らも，それと気づいてはいない
　のだが，このことを一般的に信じているのである。つまり，昔の人

　1）　*Sermo* I, n. 5, 1-13: „Habent itidem Graeci unius Dei diversa nomina, puta ‚ischyros‘
iuxta potentiam, ‚kyrios‘ iuxta dominationem, et proprie vocatur ‚theos‘. Ita et latine a ‚thoes‘
‚deus‘ derivatur, et tartarice ‚birtenger‘, id est ‚unus deus‘, et almanice ‚ein got‘, id est ‚eine gut‘.
Ita in lingua Slavorum ‚boeg‘ et in Turkia et Sarracenia ‚olla uhacber‘, id est ‚iustus deus magnus‘,
et in caldaea et indica ‚esgi abhir‘, id est ‚creator universi‘, appellatur. Ita unus Deus secundum
attributa diversa a diversis gentibus aliter et aliter nomen sortitur, licet sit unus in omnibus et per
omnia.“
　2）　ここに挙げられている民族名は，クザーヌスの後の著作 *De pace fidei*（『信仰の平
和』）においても ‘omnibus nationibus et linguis’（全ての民族と言語を）という表現をもって使
用されている（3, n. 9, p. 10, 7f.）（八巻訳『信仰の平和』589 頁）。

びとが到来を待っていた真の救世主がキリストにおいて実際に到来
したことを信じない民族は，今日，存在しないのである——彼はこ
れから来るのだと信じているユダヤ人を除いて[3]。

2 『覚知的無知』の成立期

前節で示されたような神の命名についての考察は，彼にとって大きな
意味を持ち続けたのであるが，その思考の展開の過程を見ると[4]，それ
ほど簡単な道筋ではない。というのは，神を命名するということに関し
て，彼が一つの弁証法的思惟を前提としているからである。それは当然
のことながら，神の超越と内在との間に存在する明白な弁証法の反映で
ある。

この弁証法に彼を直面させたのは，遅くとも『覚知的無知』を執筆
した 1440 年の時点までに彼が知ることになった擬ディオニュシウスの
諸文献であると推測される[5]。そのことは，とりわけ『覚知的無知』第 1
巻の最後の三つの章から明白に知ることができる。つまり，第 24 章の
タイトルは「神の名称と肯定神学」であり，第 25 章のタイトルは「異
教徒たちは被造物との関係から神をさまざまに命名した」であり，第
26 章のタイトルは「否定神学」となっているのである。

そしてクザーヌスも擬ディオニュシウスと共に，人間は神をふさわし
く命名することを断念しなければならないほどに，神は言表不可能であ
る，という立場をとっている。彼は，その立場を以下のように根拠付け
ようとしている。

---

3) *Sermo* II, n. 8, 4-14: „Creditur enim per universum mundum Christum Dei filium de virgine natum. Hoc credunt Indi, hoc Machmetani, hoc Nestoriani, hoc Armeni, hoc Jacobini, hoc Graeci, hoc Christiani occidentales, ut sumus nos. Hoc Tartari non inficiunt, immo communiter credunt, licet non advertant. Et nulla est hodie mundi natio, quin credat Christum verum Messiam, quem exspectabant antiqui, venisse exceptis Judaeis, qui eum tantum credunt venturum."

4) ここで発展させられる神の命名と宗教についての理解が，後に『精神について』お
よび『信仰の平和』においてクザーヌスが述べることになる ‘*connata religio*’ という思考につ
ながったのであろう。後註 47 を参照されたい。

5) Baur, *Nicolaus Cusanus und Ps. Dionysius im Lichte der Zitate und Randbemerkungen des Cusanus* の特に 15 頁を参照されたい。

206 Ⅲ　クザーヌスの認識論

最大なものは，それにいかなるものも対立しないほどの端的な最大
なものであるゆえに，いかなる名称もそれに本来的に適合すること
がないことは明白である。あらゆる名称は，或るものの他のものか
らの区別がそれによって成立させられる理性的な弁別による何らか
の特殊性によって与えられるものである。しかしながら，あらゆる
ものが一であるところには，いかなる固有な名称も存在しえないの
である[6]。

　続いてクザーヌスは伝統的なテトラグラムとしての JHWH つまり
ヤーヴェという神の名に注目する。そして，それは，被造物との関係に
よってではなく，神に固有の本質によって名づけられているので，それ
を，〈一的に全て〉（omnia uniter）と解釈するべきである，とする。と
いうのは，彼は，この章に先立つ諸章において神を〈一性〉（unitas）と
表記していたからである。この〈一性〉について説明している箇所を以
下に引用する。

　　〈一性〉が神の名称であるのは，われわれが〈一性〉を名づけたり
　　知解する仕方によってではない。なぜなら，神はいっさいの知性を
　　超出しており，それにもましていっさいの名称を超出しているから
　　である。〔そもそも〕諸名称は，知性よりもはるかに下位にある理
　　性の運動によって諸事物を区別するために与えられるのである。と
　　ころが理性は，矛盾するものを飛び越えることができないのであ
　　り，それゆえに理性の運動に従いつつ他のものがそれに対立するこ
　　とのない名称というものは存在しない。理性の運動に従えば，〈一
　　性〉には複数性あるいは夥多性が対立する。従ってこのような〈一
　　性〉は神には適合しないのであり，適合するのは，それには他性や
　　複数性や夥多性が対立することのない〈一性〉である。これが，自
　　身の単純な〈一性〉のなかに万物を包含している最大な名称であ

---

　6)　*De doct. ign.* I, 24, p. 48, 8-12 [n. 74]: „Nam manifestum est, cum maximum sit ipsum
maximum simpliciter, cui nihil opponitur, nullum nomen ei proprie posse convenire. Omnia enim
nomina ex quadam singularitate rationis, per quam discretio fit unius ab alio, imposita sunt. Ubi
vero omnia sunt unum, nullum nomen proprium esse potest.“

第 2 章　神の命名の試み　　　　　　　　207

り，これこそは，言表不可能でありいっさいの知覚を凌駕している
のである[7]。

しかしながら，この〈一性〉は神の名称とみなされるわけではない。
それは次の引用が示している。

　　覚知的無知においてわれわれは次のような理解に到達する。〈一性〉
　　は最大なものの名称に比較的近いと思われるが，最大なものそれ自
　　体である最大なものの真なる名称からは無限に隔たっている。こう
　　して，このことから，われわれが神に付与する肯定的な名称は，神
　　には無限に少ない仕方でしか適合しないということが明らかであ
　　る[8]。

クザーヌスは神をふさわしく命名することを最終的に断念するための
根拠を，ヘルメス・トリスメギストスの『アスクレピウス』の中に見出
す。

　　ヘルメス・トリスメギストスは正当にも以下のように述べている。
　　神は諸物の総体であるから，それのためのいかなる固有名も存在し
　　ない。なぜならば，もし存在するとすれば，神はあらゆる名称で呼
　　ばれねばならないし，あるいは，あらゆるものが彼の名称で呼ばれ
　　ねばならないことになるからである[9]。

　7）　Ibid. 1, 24, p. 49, 3-13 [n. 76]: „Non est autem unitas nomen Dei eo modo, quo nos aut
nominamus aut intelligimus unitatem, quoniam, sicut supergreditur Deus omnem intellectum, ita
a fortiori omne nomen. Nomina quidem per motum rationis, qui intellectu multo inferior est, ad
rerum discretionem imponuntur. Quoniam autem ratio contradictoria transilire nequit, hinc non est
nomen, cui aliud non opponatur secundum motum rationis; quare unitati pluralitas aut multitudo
secundum rationis motum opponitur. Hinc unitas Deo non convenit, sed unitas, cui non opponitur
aut alteritas aut pluralitas aut multitudo. Hoc est nomen maximum omnia in sua simplicitate unitatis
complicans, istud est nomen inefabile et super omnem intellctum.“

　8）　Ibid. I, 24, p. 49, 24 - p. 50, 1 [n. 77f.]: „[...] in docta ignorantia attingimus: Licet
‚unitas‘ videatur propinquius nomen maximi, tamen adhuc a vero nomine maximi, quod est
ipsum maximum, distat per infinitum. Est itaque ex hoc manifestum nomina afirmativa, quae Deo
attribuimus, per infinitum diminute sibi convenire;“

　9）　Ibid. I, 24, p. 48, 13f. [n. 75]: „[...] recte ait Hermes Trismegistus: Quoniam Deus est

208   Ⅲ　クザーヌスの認識論

　今後の考察のために，ここでクザーヌスが引用しているヘルメス・ト
リスメギストスの文章を，彼が他の著作で引用している文章と比較しつ
つ分析しておこう。先ず，ここでの文章は接続法の形で引用されてお
り，これはトリスメギストスのオリジナルの文章と文法的に一致してい
る[10]。この表現形式は，「説教 23」（1441 年新年すなわち『覚知的無知』を
執筆した約一年後になされた）においても，以下のとおりに維持されてい
る。

　　　トリスメギストスは，神は言表不可能であると言った。その理由
　　　は，〔もし名づけるとしたら〕万物の名称をもって名づけるか，あ
　　　るいは万物を彼の名称で名づけるかしなければならないからであ
　　　る。というのは，彼は，それ自体がこの一性によって存在している
　　　ものとしての多性における一性であるはずなのだからである[11]。

　この二つのトリスメギストスへの言及から明らかなように，1440 年
頃のクザーヌスはトリスメギストスのテキストを，神の名称は言表不可
能であることを証明するための間接的な根拠として用いているのであ
る。
　もう一点，興味深いことに，クザーヌスはトリスメギストスの写本を
所有していて，それの当該箇所の欄外に以下のように注釈を記している
のである：「なぜ神が言表不可能であるかの理由に留意せよ」[12]。
　以上のクザーヌスの考察が示すのは，この時代に彼は神の名称が言表
不可能であると考えていたということであるが，この視点を彼がとった

---

universitas rerum, tunc nullum nomen proprium est eius, quoniam aut necesse esset omni nomine
Deum aut omnia eius nomine nuncupari.“

　10)　„ut sit necesse aut omnia esse eius nomine aut ipsum omnium nominibus nuncupari“ (in:
Hermes Trismegistus: *Corpus Hermeticum*, Band 2, 321). Thierry v. Chartres の当該箇所について
の註で挙げられている箇所も接続法で表現されている（Thierry v. Chartres, *Lectiones* IV 11）.
これについては以下も参照されたい：Häring, *A commentary on Boethius'* „De Trinitate“ *by
Thierry of Chartres*, p. 257f., 188.

　11)　*Sermo* XXIII (1.1.1441), n. 29, 1-5: „propterea ait Trismegistus deum ineffabilem, quia
aut necessarium foret eum omnium nominibus nominari aut omnia nomine ipsius, cum ipse sit
unitas in multitudine, quae est in ipsa unitate.“

　12)　nota racionem cur deus sit inefabilis: いつ彼がこの欄外注を記したのかは明らかでは
ない。全集版の以下の箇所の第 2 脚注を参照されたい：*De mente* 3, n. 69, 3-9.

第 2 章　神の命名の試み　　　209

原因は，神がまったく超越的に存在していると考えていたことにあるだろう。このような彼の考えの根源として，彼が長年にわたって解決に苦労した一つの大きな問題——私が〈多様性問題〉と名づけているもの——があると思われる。それは，この世界が一なる神によって創造されたのにも関わらず，なぜこの世界の中には事物が多様に存在しているのか，その多様性はどのように理解されるべきであるのか，というものである。

　彼の，神をふさわしく命名することは不可能であるという考えは，その後，1445 年までは，すなわち，いわゆる『隠れたる神についての三部作』と言われる『隠れたる神』，『神の探求』，そして『神の子であること』がまとめられた時期まで，なお支配的であった。このことは，『隠れたる神』のなかの以下の文章が示している。

　　彼〔神〕は名づけられることもなく名づけられないこともない。と共に，名づけられると共に名づけられないということもないのである。むしろ，一致あるいは矛盾によって選言的かつ繋合的に言われうることは全て，彼の無限性という卓越性のゆえに，彼には適合しないのである。それゆえに彼は，彼について形成されうるあらゆる思考に先立つものとしての原理なのである[13]。

　興味深いことに，ここで引用した表現は，これに数年先立つ著作である『推測』で，神の超越性を示すためにも用いられていた。以下に引用して示そう。

　　〈神が存在するか〉という問に対しては，次のように答える以上に非限定的な仕方では答えられないであろう。〈彼は存在することもないし存在しないこともない〉，と共に，〈彼は存在するとともに存

---

13)　*De deo absc*. n. 10, 13-17 （ 大 出 訳 12 頁 ）: „Quod neque nominatur neque non nominatur, neque nominatur et non nominatur, sed omnia, quae dici possunt disiunctive et copulative per consensum vel contradictionem, sibi non conveniunt propter excellentiam infinitatis eius, ut sit unum principium ante omnem cogitationem de eo formabilem.“

210 Ⅲ　クザーヌスの認識論

在しないこともない〉[14]。

　このように神の命名不可能性に関わるテキストを比較すれば，クザーヌスが神について，神は絶対的に超越して存在しているので適切に命名されることは不可能であると考えていたことが明らかになる。このことは，神の存在のあり方と神の命名の問題を，彼が並行的に捉えていることから生じているのである。それゆえに彼は，『隠れたる神』の最後で対話相手の「異教徒」にこう言わせているわけである。

　　あらゆる被造物の領域で神と彼の名称のいずれも見出されることがなく，さらに，被造物の領域では被造物であるという条件をもつことのないものは見出されないので，神は，或るものとして肯定されるよりも，むしろあらゆる把握から逃げ去るのだということが，私には明らかに分かった[15]。

　このクザーヌスの姿勢は，当時の彼がいかに強く神の超越性を捉えていたかということを，さらに彼が，神の存在そのものといわゆる「神の名称」とを区別していなかった，ということを明示している。
　とは言え，彼が上掲の三部作において神の内在についても理解しようと努めていることも見逃してはならない。このことに関して彼はいわゆる「神の名称」について以下のように述べている。

　　「テオス」という名称は，いかなる概念をも卓越している神そのものの名称ではない。なぜならば概念化されえないものは言表不可能なものとして留まるからである。〔…〕それの類似が概念化されな

---

　14)　*De coni.* I 5, n. 21, 10-14: „Non poterit enim infinitus responderi ›an deus sit‹ quam quod ipse nec est nec non est, atque quod ipse nec est et non est. Haec est una ad omnem quaestionem altior, simplicior, absolutior conformiorque responsio ad primam ispsam simplicissimam ineffabilem entitatem.“

　15)　*De deo absc.* n. 15, 1-5（大出訳 16 頁）: „[...] plane intelligo in regione omnium creaturarum non reperiri deum nec nomen eius et quod deus potius aufugiat omnem conceptum quam afrmetur aliquid, cum in regione creaturarum non habens condicionem creaturae non reperiatur.“

いものの名称は知られえない。それゆえに「テオス」が神の名称であるのは，彼がこの世界において人間によって探求される場合に限られるのである[16]。

さらにこれに続く箇所でクザーヌスは，ギリシア語の「神の名称」であるテオスを，ギリシア語の theoreo（私は見る）あるいは theo（私は走る）から導くと言う伝統的な語源説によって説明している[17]。

それゆえに，クザーヌスが先に引用した箇所で「『テオス』が神の名称であるのは，彼がこの世界において人間によって探求される場合に限られるのである」としていることに留意しておきたい。なぜならば，ここには，後の著作において，典型的には『非他なるもの』において現れる，いわゆる「神の名称」についての彼の思考転換の兆候を見てとれるからである。この点については，後ほど改めて検討する。

3 『光の父の贈りもの』の著作以降

この著作がなされた1446年頃以降において，クザーヌスの「神の名称」に関する見解に変化が生じる。これを明白に示しているのは，『光の父の贈りもの』の中に引用されているヘルメス・トリスメギストスの『アスクレピウス』の一節である。これをそのまま翻訳すると以下のようになる。

「神は万物の名称によって，また万物は神の名称によって名づけら

---

16) *De quaer*. 1, n. 19, 2-7（大出訳44頁）: „Non est enim nomen ipsum theos nomen dei, qui excellit omnem conceptum. Id enim, quod concipi nequit, ineffabile remanet. [...] Cuius igitur similitudo non concipitur, nomen ignoratur. Non est igitur theos nomen dei, nisi ut quaeritur ab homnine in hoc mundo."

17) Vgl. Ps.Dionysius, *De div. nom.*, XII, n. 431（熊田陽一郎訳『神名論』255頁），さらに以下も参照されたい：Johannes Scotus Eriugena, *De div. nat.*, I, n. 12: Johannes Scotus Eriugena, *Periphyseon, Liber primus*, hg. von Edouard Jeauneau, (Corpus Christianorum, Continuatio Medievalis 161), I, 18.（今義博訳『ペリフュセオン』498頁以下）。トマス・アクィナスもこの語源説をダマスケヌスのものとして引用している：Thomas vom Aquin, *Summa theologiae*, I q.13 a.8.

212   Ⅲ　クザーヌスの認識論

れる」というヘルメス・トリスメギストスの言明は，健全なる知性
によって受け容れられうるのである[18]。

　明らかなように，クザーヌスはこの引用を文法的な変更を施しつつ
行っている。つまり，以前の引用では接続法であった文章をここでは
直説法で表現しているのである。この変更によって意味されることに
なっているのは，神は現実に万物の名称によって，また万物は神の名称
によって名づけられる，ということである。この文法的な変化は偶然的
に生じたことなのだろうか，あるいは彼の不用意な錯誤なのだろうか。
否，そのいずれでもない。というのは，私が調べた限りでは，この時点
以降，クザーヌスによるトリスメギストスの『アスクレピウス』のこの
一節の引用は，いずれも直接法をもってなされているからである[19]。
　この見解の変化の根拠はどこにあるのだろうか。それは，クザーヌス
が神のこの世界への内在についてますます確信を深めたということにあ
るはずだ。その確信のあり様は，この『光の父の贈りもの』の中で展開
されている，神を探求する際に被造物が果たす積極的な役割を認めると
いう思想である。その具体相は，新プラトン主義の分有論を基礎にした
神と被造物の関係であり，父なる神は彼が創造した諸存在者に多様な光
を流し込んでおり，その結果，いかなる被造物も一種の光として捉えら
れる，という思想である[20]。
　その際に彼は，ある種の光としてのあらゆる被造物と理性的な光とし
ての人間との間に密接な関係を見出す。それによれば，人間は人間に生
得的な理性によって，光の源すなわち神へと進み行くことができるとい
うのである[21]。

――――――――――

　18）　*De dato* 2, n. 102, 10-12（大出・高岡訳 31 頁）: „[...] posset sano intellectu Hermetis
Trismegisti dictum admitti deum omnium rerum nominibus et res omnes dei nomine nominari.“

　19）　このことは以下の引用に妥当する：*De mente* 3, n. 69, 6-8: „Mirabiliter Trismegisti
dictum dilucidasti, qui aiebat deum omnium rerum nominibus ac omnes res dei nomine nominari.“;
De beryl. n. 13, 10-12: „[...] quomodo debeat omnium nominibus et nullo omnium nominum
nominari, ut Hermes Mericurius de eo dicebat [...]“.

　20）　*De dato* 4, n. 108, 7f.（大出・高岡訳 37 頁）: „Sunt [...] omnia apparitiones sive
lumina quaedam.“

　21）　Ibid. 5: n. 115, 4–7（大出・高岡訳 45 頁以下）: „Omnia [...] quaecumque creata sunt,
lumina quaedam sunt ad actuandum virtutem intellectualem, ut in lumine sic sibi donato ad fontem

第 2 章　神の命名の試み　　　　　213

　先のトリスメギストスの言明の文法的な変更の成立に対応して，これ
以降，さまざまな名称を用いながら神の内在を名付けることが，クザー
ヌスにおいて始まる。それの最初の具体例が，新約聖書「ヤコブの手
紙」に依拠した，この著作のタイトルである「諸々の光の父の贈りも
の」である[22]。

　さらに 1446 年 8 月 15 日，つまりこの著作から約半年後に，クザー
ヌスは「説教 71」[23]において，神を新たに〈一者〉（unum）と名付けて
いる。以下にその一節を引用する。

　　あらゆる被造物は，それが一なるものでない限りは存在し得ないの
　　であるから，絶対的で卓越した〈一者〉の類似として見出されるの
　　である。ところで，〈一者〉は多数化不可能であるので，複数の被
　　造物が〔この一者の〕類似に関して一にして同じ段階を有すること
　　は不可能である。こうしていかなる被造物も，各々の個別の仕方
　　で唯一の絶対者の類似として見出されるのである。ところで，複数
　　の被造物が唯一なる絶対者の類似としてのみ見出されるのであるか
　　ら，それらは個別性の多様性において協和的に存在しているはずで
　　ある。これが世界の調和である[24]。

　ところで，この調和的世界を見ることができるのは，理性を付与され
た存在としての人間であるとされる。再度，同じ説教から引用をする。

　　誰もが，彼のうちで理性的精神が語ることに耳を傾けるために，感

---

luminum pergat. Videt homo varias creaturas esse, et in ipsa varietate illuminatur, ut ad essentiale lumen creaturarum pergat.“

　22)　Ibid. n. 91, 5f.（大出・高岡訳 15 頁）: „[...] ‚omne datum optimum et omne donum perfectum desursum esse a patre luminum.“

　23)　*Sermo* LXXI: h XVII, 422-441.

　24)　Ibid. n. 11, 20 - n. 12, 9: „Omnis [...] creatura, quia non potest esse, nisi sit una, reperitur in assimilatione unius absoluti et superexaltati. Plures autem creaturae non possunt unum et eundem gradum assimilationis habere, quia unum immultiplicabile. Quare quaelibet creatura suo singulari modo in assimilatione unius absoluti reperitur. Plures autem creaturae cum non reperiantur nisi in assimilatione unius absoluti, hinc erunt in diversitate singulatitatis concordantes; et haec est harmonia mundi.“

覚的世界のもとで安らうのである[25]。なぜならば彼は，あらゆる〈一者〉の類似としての被造物において〈必要な一者〉を考察しそれを選ぶためである。彼は，ここに一本の木を，あそこに一個の石を，向こうに一匹の動物を，さらに向こうに一個の星を見る。それゆえに，彼は次のことを容易に知解する。これら全ては一性においてのみ協和しているのであるから，これら全てが〈一者〉に由来して存在しているのであり，それらが〈一者〉において一となって存在するということをこの〈一者〉から得ているのであり，そして，〈一者〉は〈一者〉としてしか存在できないので，万物は自己の一性をこの唯一の一性から得ているのである[26]。

　しかしながら，ここに用いられている具体例を厳密に考察すると，一つの困難が存在することが容易に見出される。すなわち，例えば，一個の石が割れて五個の破片になったら，それをどのように理解すべきなのだろうか。というのは，五個になった破片も，それぞれが一個の石なのだからである。ということは，それぞれの個物の本質をそのように成立させているのが〈一者〉としての神であるという意味において，神の内在を〈必要な一者〉（unum necessarium）という概念で根拠づけることは，不可能であることになるのである[27]。

　そこで，この説教から約半年後の 1447 年 3 月，クザーヌスは『創造について』[28]を著して，その中でこの困難を解消しようとするのである。この著作は，上で引用した説教と内容的に多くの共通性をもっているのであるが，一つの決定的な違いがある。この点を検討すると，クザーヌスにおける〈多様性問題〉についての彼の思考に決定的な転回が成立したことが明らかになる。

25）　新約聖書「ルカ福音書」10・39 に依拠した表現である。

26）　*Sermo* LXXI, n. 14, 1-12: „Hic quiescit circa pedes sinsibilis mundi, ut audiat, quid in eo loquatur spiritus rationalis, quia in qualibet creatura ut in assimilatione unius ipsum ›unum necessarium‹ intuetur et ipsum eligit. Videt ibi arborem unam et ibi lapidem unum et ibi animal unum et ibi stellam unam. Unde facile intellegit, cum illa omnia in unitate solum concordent, quod tunc haec omnia ab uno sunt, a quo habent, quod sunt in uno unita. Et quoniam non potest esse nisi unum unum, habent omnia suam unitatem ab una.“

27）　この困難は，鏡のような人工物にも妥当する。

28）　*De genesi* (h IV, 103-129).

第 2 章　神の命名の試み　　　　215

　この著作は，これまで〈一者〉と表現されてきた神を〈同者自体〉
（idem ipsum）と表現することから始められる。そしてクザーヌスは，
この表現を聖書の中に根拠づけることを試みて[29]，以下のように言う。

　　始めと終りが一致する場では，必然的に中央も一致する。これが，
　　万物が〈同者そのもの〉であるものとしての〈同者自体〉である
　　ように思われる。これについて預言者ダビデが次のように述べてい
　　る。「あなたは始めに地の基を据えられました。諸々の天もあなた
　　の手のわざです。これらのものが滅びても，あなたは〈同者そのも
　　の〉としてあり続けます」と[30]。

これに続いて対話相手のコンラドゥスが問いかける。

　　私は，〈同者そのもの〉が，これほどに多様で相反さえしている万
　　物の原因であるということに驚かされている[31]。

　この問の提出は，この著作においてもなお〈多様性問題〉が扱われる
ことを明らかに示している。そこでクザーヌスは，最初に新プラトン主
義の〈一者〉の概念史に論及する。

　　汝にはまた，神が他の場合には〈一〉と呼ばれたり〈同〉と呼ば
　　れたりすることに注意してもらいたい。というのは，いろいろな
　　語の意味について熱心に取り組んだ人びとは，あたかも〈自同性〉
　　が〈一者〉よりも価値が劣るかのように，〈同者〉という名称より
　　も〈一者〉という名称を優先した。つまり，あらゆる〈同者〉が

---

　29)　*Ps* 101（旧約聖書『詩編』102），28: „Tu autem idem ipse es, et anni tui non
deficient". 1 Kor（コリントの信徒への手紙一）12, 11: „Haec autem omnia operatur unus atque
idem Spiritus."

　30)　*De gen.* 1, n. 142, 4-8（酒井訳『創造についての対話』502 頁）: „Ubi autem est
principii et termini coincidentia, ibi et medium coincidere necesse est. Hoc autem videtur esse
ipsum idem, in quo omnia idem ipsum. De quo propheta David ait: ‚Initio tu terram fundasti et
opera manuum tuarum sunt caeli. Ipsi peribunt, tu autem idem ipse es'."

　31)　Ibid. 1, n. 143, 1f.（酒井訳 502 頁）: „Admiror quomodo idem ipse est omnium causa,
quae adeo sunt diversa et adversa."

〈一者〉であり，その逆ではないとした。また彼らは，存在者と永遠者とその他の〈非一者〉であるものは，単純なる〈一者〉よりも後なるものと考えた——とくにプラトン主義者がそうであった。しかし汝には，この〈同者〉は思惟可能な語としての〈同者〉を絶対的に超えたものであると捉えてもらわねばならない。〔…〕普遍者と個別者は〈同者〉においてはその〈同者〉であり，一性と無限性も〈同者〉においては〈同者〉である。〔…〕さらに存在と非存在も〈絶対的同者〉においては〈同者そのもの〉であることが必然なのである[32]。

「説教 71」で言及されていた「プラトン主義者」がここでも言及されているが，「いろいろな語の意味について熱心に取り組んだ人びと」としてである。しかしここでは彼らの理論は，先の言及の際とは異なって，クザーヌスが提出した〈同者〉という概念を優先するために，否定的に扱われているのである[33]。ここには，半年の間に〈多様性問題〉についてのクザーヌスの考察がさらに深められたことが，如実にうかがわれる。

〈一者〉に代えて，この著作で新たに案出された〈同者〉という概念が意味するところを明確にするために，さらにクザーヌスの行論に従ってみよう。

異なっているものが異なっている，とわれわれが言う時に，われわれは，異なっているものはそれ自身に対しては〈同者〉として存在している，ということを肯定しているわけである。なぜならば，現

---

32) Ibid. 1, n. 145, 1-7; 10-11; 12-13（酒井訳 504 頁）: „Volo etiam ut attendas quomodo deus alibi vocatur unus et idem. Nam qui virtutibus vocabulorum diligentius operam impertiti sunt, adhuc ipsi idem unum praetulerunt, quasi identitas sit minus uno. Omne enim idem unum est et non e converso. Illi etiam et ens et aeternum et quidquid non-unum post unum simplex consideranrunt, ita Platonici maxime. Tu vero concipito idem absolute supra idem in vocabulo considerabile. [...] Universale et particulare in idem ipsum idem, unitas et infinitas in idem idem. [...] Immo esse et non-esse in idem absoluto idem ipsum esse necesse est.“

33) Ibid. 1, n. 148, 1-4（酒井訳 506 頁）: „Nec te moveat Platonicorum quamvis subtilis consideratio primum imparticipabiliter superexaltatum. Intelligi enim absolutum unum in identitate, quam post ipsum primum absolutum unum esse aiunt, identice pariticipari.“

第2章　神の命名の試み　　　217

に存在している全てのものが，自身に対しては〈同者〉であり他の
ものに対しては他者である，ということの根拠である〈絶対的同
者〉によってのみ，異なっているものが異なっているものとして存
在することが可能なのだからである[34]。

　ここには，現に存在するあらゆる存在者が，自身に対しては〈同者〉
であり異なっているものに対しては異なっているものである，という仕
方で，神という〈絶対的同者〉[35]があらゆる存在者に内在しているのだ，
というクザーヌスの発見が，確信をもって表現されているわけである。
　これと関わってとりわけ留意したい点は，この「自身に対しては〈同
者〉であり他のものに対しては他者である」ということを認識できるの
は，英知的存在としての人間に特徴的な事態であるということである。
それゆえにわれわれは，個人的に極めて危機的な，あるいは感動的な状
況を経験した後に，自分がなお同じ自分であることに気づき安心すると
いうことがあるのみならず，その〈自同性〉が他の絶対的な存在によっ
て支えられているという感覚をもつことは，誰しもが経験するところで
あろう。このような私の推測は，彼の中期著作である『神を観ることに
ついて』の中にある「もしあなたがあなたの眼差しを私から遠ざけてし
まわれれば，私はもはや存在し続けることがありません」[36]という一節
からも，支持されるだろう。
　さらに〈同者〉（idem）という概念の背後には，註 32 の引用の中に
あったように，自同性（identitas）という抽象名詞が控えているが，こ
れは現代の心理学では「自我同一性」という概念として，人格の統一を
説明する際に重要な役割を負わされている。概念の存在の有無とは別
に，個人に生起する事態としては，上述のようにクザーヌスの時代にお

---

34)　Ibid. 1, n. 146, 1-4（酒井訳 505 頁）: „Nam cum dicimus diversum esse diversum,
afirmamus diversum esse sibi ipsi idem. Non enim potest diversum esse diversum nisi per idem
absolutum, per quod omne quod est est idem sibi ipsi et alteri aliud."

35)　Ibid. 1, n. 147, 1（酒井訳 505 頁）: „[...] idem absolutum, quod et deum dicimus [...]".

36)　De vis. IV, n. 10, 11（八巻訳 26 頁）: si a me vultum tuum subtraxeris, nequaquam
subsistam; さらに以下も参照されたい：Ibid. X, n. 40, 10-12（八巻訳 60 頁以下）: Aliter
einm esse non possunt creaturae, quia visione tua sunt; quod si te non viderent videntem, a te non
caperent esse. Esse creaturae est videre tuum pariter et videri.

いても同様に存在したはずである[37]。

以上のような意味が込められうるこの〈同者〉の思考によって彼は，人間とこの世界とのいずれをも大いに肯定的に捉えることができる，という思想的段階に到達したのである。

4　〈知恵〉（Sapientia）といういわゆる「神の名称」[38]

これ以降，クザーヌスの思考世界には新たな発展がみられるようになり，それが『イディオータ篇』に表されている。先ず『イディオータ・知恵について』（以下『知恵について』と表記する）においては，この被造世界が高く評価されている。そこでは，知恵は巷で叫んでいるのであるから，そこに知恵の叫びが見出される，とされる。また『イディオータ・精神について』（以下『精神について』と表記する）では，人間の精神が，神の生命ある似像として，世界についての概念を形成することができるし，世界の秩序を認識することができるとされる。さらにこの視点は，きわめて多様に創造されているこの世界の総体をクザーヌスが大いに肯定的に捉えることを可能にした。その結果，『イディオータ・秤の実験について』（以下『秤の実験について』と表記する）において示されているように，彼は自然についての研究に意義を認めるようになったのである。そしてこの著作では，主人公の〈イディオータ〉が，自身の考案した測定方法を用いてさまざまな事物の多様な質を量的に表示することを提案しているのである。

このように，『イディオータ篇』に示されているモティーフの全てが，神の内在についての強くなりつつあるクザーヌスの確信に由来することが明らかである。その際に重要な役割を果たしているのが，なかでも〈知恵〉という概念である。『知恵について』第1巻では，神である永遠な知恵について，以下のように説明されている。

---

37)　この点については，本書第I部第1章の「クザーヌスにとっての〈場所〉」も参照されたい。

38)　「いわゆる『神の名称』」と表記している理由は，次の章の冒頭で説明する。

第 2 章　神の命名の試み　　　　　　　　　219

　永遠にして無限な知恵は万物に輝き出ていて，それがわれわれをそ
れのもろもろの結果についての或る種の味の予感によって駆り立て
るので，われわれは驚くべき切望を抱いてその知恵へと運ばれるこ
とになる[39]。

さらに以下の説明が続く。

　無限な知恵は尽きることのない生命の糧であり，それによってわれ
われの精神は永遠に生きる。われわれの精神は，知恵と真理だけし
か愛することができないからである[40]。

　そして最終的に，「永遠な知恵とは神以外の何かなのか」という〈弁
論家〉の問に対して〈イディオータ〉が，「それが何かなのだとはとん
でもない。それは神である」と答える場面で，永遠な知恵とは神である
ことが確信される[41]。
　実はクザーヌスの中期の思考には，神としての知恵がこの世界に内
在することを根拠として，以下に述べるような三種の知恵の間に，私
が「知恵の三角構造」と名付ける特徴的な関係が存在するようになって
いるのである。この三角構造についてはすでに別の箇所で論じているの
で[42]，ここではこの構造の全体についてだけ記す。この三角構造は，創
造主たる神としての知恵と，人間に生得的に与えられている知恵と，神
によって創造された世界が有する秩序としての知恵という，三種の知恵
からなっている。興味深いことにクザーヌスは，神によって創造された
世界の秩序をも知恵と理解している。従って，第一の知恵を〈創造主と
しての知恵〉と，第二のそれを〈精神としての知恵〉と，第三のそれを

　39）　*De sap*. I, n. 10, 17-19（小山訳 548 頁）：„[...] aeterna et infinita sapientia cum in
omnibus reluceat, nos allicit ex quadam praegustatione effectuum, ut mirabili desiderio ad ipsam
feramur.“
　40）　Ibid. I, n. 12, 15-17（小山訳 550 頁）：„Sapientia [...] infinita est indeficiens vitae
pabulum, de quo aeternaliter vivit spiritus noster, qui non nisi sapientiam et veritatem amare
potest.“
　41）　Ibid. I, n. 21, 4f.（小山訳 555 頁）：„[Orator]: Estne aliud sapientia aeterna quam deus?
[Idiota]: Absit quod aliud, sed est deus.“
　42）　八巻『世界像』52-70 頁。

〈秩序としての知恵〉と名付けることができるだろう。そして，これら
の三つの概念が，それぞれ異なった，しかし中核においては共通する知
恵として三角構造を形成しているのである。その際，〈精神としての知
恵〉は〈創造主としての知恵〉に導かれつつ，〈秩序としての知恵〉を
認識しようと努めながら〈創造主としての知恵〉に到達することを願望
するのである。〈秩序としての知恵〉の方は〈精神としての知恵〉に働
きかけて，後者が〈秩序としての知恵〉の美しさを認識することによっ
て，それの創造主である〈創造主としての知恵〉を賛美するように仕向
けるのである。この知恵の三角構造は，遅くとも 1450 年代からクザー
ヌスの哲学の根本的要素となって働いていたと思われる[43]。

　このようにして，神の内在を説明するために知恵という概念が極めて
重要な役割を果たしていることが明らかになる。この伝統的な概念にこ
れほどの重要性を見出したのは，クザーヌスの独自の思惟である。彼
は，上で挙げた三種の知恵に存在する共通性に注目する。それは，ある
種の作用である。これについて彼は，この著作の主人公の〈イディオー
タ〉に何度も述べさせている[44]。「知恵は野外で，街で叫んでいる」とか，
「あなたはすべてを知恵によって成し遂げられた」[45]という詩編の聖句に
依拠しながら「神はすべてを知恵において創った」[46]と。

　このような形での神の内在についての理解によって，クザーヌスには
次の二点が可能となったと考えられる。先ず，〈多様性問題〉の否定的
な意味が彼にとって軽減されることになった。なぜならば，神の内在を
上述のように捉えることで，この世界における多様性が最終的には調和
へともたらされるに違いない，と考えることができるようになったから
である。第二には，その結果，クザーヌスの思考世界の地平が現実に世
界大にまで拡大されて，〈多様な儀礼の中に一なる宗教が〉という理念
ならびに〈本有的宗教心〉という理念の双方が，彼の思考世界に出現し
たのである[47]。この新たな理念は，私が本章の最初に紹介した点，すな

---

　43)　この三角構造については，1455 年の説教 Sermo CCIII の以下の箇所を参照された
い：n. 2, 24-n. 3, 7.
　44)　De sap. I, n. 3; n. 4; n. 5; n. 7.
　45)　Ps（詩編）103,24: „Omnia in sapientia fecisti.“
　46)　De sap. I, n. 22, 1: „[...] deum omnia in sapientia fecisse [...]“.
　47)　クザーヌスによる connata religio という理念への最初の言及は，1450 年の著作

わちキリスト教以外の宗教における多様な「神の名称」を「神の名称」として認めているという，クザーヌスの態度と関係していることは明らかである。なぜならば，その態度には，他の民族によって信仰されている他の宗教も，内容として捉えるならば，彼自身にとって真なる宗教としてのキリスト教と等しいものを，あるいは少なくとも類似したものをもっているはずだ，という前提が必要だからである。

　ところが歴史的に見ると，キリスト教世界一般においてこのような想定が共有されることは，そう容易なことではなかった。しかしクザーヌスは，若いころからこの想定をもっていたのである。そしてこの「知恵の三角構造」を見出しえた時点において，神の内在について確信をもてるようになったことによって，彼はついに〈本有的宗教心〉という理念に到ったのだと考えられるのである。

5　ブリクセン時代の中期以降において

　クザーヌスは 1452 年 4 月以降，南チロル地方一帯を管轄するブリクセン司教区の司教として，自からその司教館に滞在しながら司教としての活動を開始した。そして，沈滞と堕落の極みにあった司教区を霊的にも物質的にも改革することに精を出した[48]。

　彼はこの自身の司教区において求められる機会ごとに，当時の司教としては異例にも，自ら説教をした。当時の説教が今もなお，たくさん残されている。さらに彼は，ブリクセン時代の中期以降から生涯最後の年まで，ほぼ毎年のように哲学的著作も残した。

　そのような旺盛な精神的活動のなかで，彼は神について〈可能現実存在〉（possest），〈可能自体〉（posse ipsum）および〈非他者〉（non-aliud）という，彼独自のいわゆる「神の名称」を考案し始めたのである。

　これらを検討すると，以下のように分類できる。まず一方に，本来が哲学的であってキリスト教の伝統でも用いられてきており，それにク

である『精神について』*De mente* (15, n. 159, 6) である。ここでは，キリスト教徒における
connata religio が論じられている。本書第Ⅴ部第 2 章 2 も参照されたい。
　48)　Meuthen: *N. v. K.* 102（酒井訳 99 頁）。

222　　　　　Ⅲ　クザーヌスの認識論

ザーヌスが新たな意味を付与して使っているものがある。それらに属するものは、〈光〉（lumen）、〈一者〉（unum）、〈同者〉（ipsum）および〈知恵〉（sapientia）である。さらに他方に、クザーヌス自身が案出して、神の内在を説明するために用いているものがある。これらに属するものは、〈可能現実存在〉、〈非他者〉および〈可能自体〉である。

　興味深いことに、神の内在についてクザーヌスが完全に確信を得た時期以降には、後者に属するものが考案され使用されることになっているのである。同時に見逃すべきではないことに、彼は自分の案出した〈可能現実存在〉や〈非他者〉というような表示について、それは厳密な意味では「神の名称」ではないと明言しているのである。例えば〈可能現実存在〉については、それが使用されている著作『可能現実存在』において、「神について人間がつくる概念に従う限り、それは神に十分に接近する名詞である」[49]としつつも、同時にそれを〈エニグマ〉[50]とみなしている。また、〈非他者〉については同名の著作『非他者について』において、それは〈一者〉について彼自身が作成した概念の名称であるとしている[51]。

　この二つの箇所から、なぜ私がこの考察の始めにこれらの名称を「いわゆる神の名称」と表記してきたかが明らかになっただろう[52]。確かに

---

　49)　*De poss.* n. 14, 7f.（大出・八巻訳 25 頁）：„est dei satis propinquum nomen secundum humanum de eo conceptum."

　50)　Ibid. n. 25, 1-3（大出・八巻訳 39 頁）：„In hoc aenigmate vides quomodo si possest applicatur ad aliquid nominatum, [quomodo] fit aenigma ad ascendendum ad innominabile." ここで使用されている 'aenigma' という語を、共訳者の大出哲は「ぼんやりした映像」と訳したが、今は〈エニグマ〉とカタカナで表記しておく。ここでのクザーヌスの用法は、新約聖書「コリントの信徒への手紙一」13・12 の 'Videmus nunc per speculum in aenigmate: tunc autem facie ad faciem'（わたしたちは、今は、鏡におぼろに映ったものを見ている。だがそのときには、顔と顔とを合わせてみることになる）（下線は引用者）を踏まえている。この世界で「神を観る」ことの限界を示すために、クザーヌスがこの著作以外でも頻用するのみならず（たとえば、*De doct. ign.* 1, 12, I. p. 24, 24（岩崎・大出訳 33 頁）；*Apol.* n. 14, II, p. 11, 9; *De vis.* 4, n. 12, 1（八巻訳 28 頁）等）、キリスト教における伝統ともなっていて、「エニグマ」と表記されることも多いので、今は〈エニグマ〉とする。

　51)　*De non aliud* 22, p. 52, 9-13 [n. 99]（松山訳『非他なるもの』112 頁）：„[...] ipsum ›non aliud‹ non dico equidem illius nomen, cuius est super omne nomen nuncupatio. Sed de ipso primo conceptus mei nomen per ipsum ›non aliud‹ tibi patefacio; neque mihi praecisius occurrit conceptum meum exprimens nomen de innominabili, quod quidem a nullo aliud est."

　52)　バイアーヴァルテスは、これらの名称について以下のように述べている：「non-aliud, idem, possest というクザーヌスによる三つの神の名称、より正確には、神という根源

第2章　神の命名の試み　　223

　今やクザーヌスは，神がこの世界に内在していることについては確信を
もてているのだが，同時にそれが神の超越の否定につながっているわけ
ではないのである。むしろ，神はあくまでも超越的に存在しつつ同時に
世界に内在しているという，神の存在の弁証法的構造が，彼にとってま
すます明らかになったのである。この弁証法的確信に従ったとしても，
依然として神をふさわしく命名することは不可能なままではある。しか
し，この階段に到達した彼には，一定の名称・〈エニグマ〉を介して思
考の上で神に近づいて行くことは可能になると捉えられているのであ
る。

　この状況を正確に理解するためには，神を命名することが不可能であ
ることの根拠を，改めて綿密に見ておくことが必要である。クザーヌス
は『覚知的無知』以来，神の命名の問題には新プラトン主義的伝統に
従って「諸名称は，知性よりもはるかに下位にある理性の運動によって
諸事物を区別するために与えられるのである」[53]と考えている。さらに
『覚知的無知』を執筆した当時のクザーヌスは，まだ神の内在について
確信を得ていなかったので，理性であっても神について一定の適切さを
もって考察できるとは考えることができなかったのである。しかし後年
にこれについての確信を得るなかで彼は，理性も被造物として神の内在
に関与しているのであるから，理性には神について一定の適切さをもっ
て考察する能力があると想定できるようになったのである。これは，
1453年になされた「説教135」の一節が示しているとおりである[54]。

　まさにそれゆえにクザーヌスは，神についての幾つかの概念あるいは
名称を案出し始めたのに違いない──もちろん，上掲の前提のもとにで

についての三つのエニグマ的表示は，逆説的に，すなわち同時に思考されるべき超存在と内
存在の，ならびに絶対的な超越と内在の両方の側面を結合しているのである」（Beierwaltes,
Identität und Differenz, 113）。

　53）　上の註7を参照されたい。さらに以下も：*De Deo absc.* n. 4（大出訳6頁）；*De
mente*, 2, n. 58.

　54）　*Sermo* CXXXV, n. 4, 5-11: „[...] sapientia Dei sic creavit animam hominis, quod ipsa
est tamquam tabula apta, in qua possit sapientia suae rationis similitudinem, cur omnia creavit,
formare. Creatur igitur in spiritu hominis sapientia similis aeternae sapientiae, sicut de terra creatur
homo similis conceptui sapientiae.“（神の知恵は人間の魂を，〔神の〕知恵が万物を創造した根
拠の類似をそこに形成できるのにふさわしい書字板となるように創造した。それゆえに人間
の霊のうちに，永遠な知恵に似た知恵が創造されるのである。それは，人間が〔永遠な〕知
恵の計画の類似として地から創造されるのと同様である）。

224 Ⅲ　クザーヌスの認識論

あるが[55]。それの一つとしての〈可能現実存在〉が説明される著作『可能現実存在』は，パウロの「ローマの信徒への手紙」[56]の以下のような言葉から始められている。

　　神の不可視なもの，すなわち，神の永遠な力と神性とは世界の創造によって造られた物を通して明らかに認知されていると。このような仕方についての解明を，私はあなたにお願いする次第です[57]。

　この引用箇所が神の内在を強調しているということは明白である。この立脚点からクザーヌスは次のように言う。

　　神が，可能態と区別される現実性に先立つものとして，また現実態と区別される可能性に先立つものとして，世界の単純な根源そのものであるということは，今やわれわれにとって確実である。しかし，神の後なる万物は，可能態と現実態の区別と共に存在しているのである。従って，神だけが存在可能であるとおりに現に存在しているのである[58]。

　この措定に基づいてクザーヌスは，〈可能現実存在〉という「神の名前」を形成するための説明を，以下のように展開する。

　　〈可能が現に存在する〉すなわち〈可能そのものが現に存在する〉

　55）　*De poss.* n. 41, 1-4（大出・八巻訳 57 頁）も参照されたい。

　56）　*Rom* 1, 20: „Invisibilia enim ipsius, a creatura mundi, per ea qua facta sunt, intellecta conspiciuntur; sempiterna quoque ejus virtus, et divinitas."

　57）　*De poss.*, n. 2, 3-6（大出・八巻訳 8 頁）: „Invisibilia enim ipsius a creatura mundi per ea quae facta sunt intellecta conspiciuntur, sempiterna quoque eius virtus et divinitas. Istius modi elucidationem a te audire exposcimus."

　58）　Ibid. n. 7, 3-8（大出・八巻訳 14 頁以下）: „[…] nunc nobis constare deum ante actualitatem, quae distinguitur a potentia, et ante possibilitatem, quae distinguitur ab actu, esse ipsum simplex mundi principium. Omnia autem quae post ipsum sunt cum distinctione potentiae et actus, ita ut solus deus id sit quod esse potest, […]"［強調は引用者］. この箇所のすぐ後で以下のように敷衍している：*Ibid.* n. 8, 6（大出・八巻訳 15 頁）: „[…] deus omne id est actu, de quo posse esse potest verificari"（神は現実に，それについての存在可能が証明されるところのもの全てである）。

というこの複合表示が意味表示するのと同じ意味を，ある陳述が極めて単純な意味表示によって表示すると想定してみよう。すると，〈存在する〉ということは〈現実に存在する〉ということであるから，〈可能が存在すること〉は，〈可能が現実に存在すること〉と同じだけの意味を表示する。即ちそれは，「可能現実存在」と名付けられてもよいはずである[59]。

　これが，「可能現実存在」といういわゆる「神の名称」にクザーヌスが到達した道筋であるが，この考察には以下の三点の特徴を見出すことができる。

　第一に彼は，明らかに意図して，神の自己言明である「われは在りてあるもの」[60]を踏まえて，それを上の註58での引用箇所の最後にある「神は存在可能であるとおりに現に存在している」という文章に応用して，神の〈可能〉を強調しているのである。これは，この箇所に続く彼の解釈が明示しているところである[61]。第一人称で表現されているこの聖句を第三人称に変換してみれば[62]，この両方の言明の間の並行関係ならびに意味内容の相違は明瞭になる。

　第二に，クザーヌスはここで〈可能〉（posse），〈可能態〉（poteintia）および〈可能性〉（possibilitas）という，スコラ哲学の伝統では区別されて用いられていた三つの概念を互いに同義のものとして使用している[63]。

　第三に，クザーヌスはここで神を，初期の著作である『覚知的無知』での理解とは異なり[64]，絶対的可能性と表現している[65]。この事実は，彼

　59）　Ibid. n. 14, 3–8（大出・八巻訳 24 頁以下）：„Esto enim quod aliqua dictio significet simplicissimo significato quantum hoc complexum ‚posse est‘, scilicet quod ipsum posse sit. Et quia quod est actu est, ideo posse esse est tantum quantum posse esse actu. Puta vocetur possest.“

　60）　‘ego sum, qui sum’: 旧約聖書「創世記」3・14。

　61）　*De poss.* n. 14, 12; 15（大出・八巻訳 25 頁）。

　62）　‘deus est, qui est’.

　63）　このことは，Hopkins も指摘している：Hopkins, *A Concise Introduction to the Philosophy of Nicholas of Cusa*, 18.

　64）　*De doct. ign.* II, 8, p. 87, 13- p. 88, 2 [n. 135]．（岩崎・大出訳 118 頁）。

　65）　absoluta possibilitas（*De poss.* n. 6, 7）; possibilitas absoluta（Ibid. 12f.）．（大出・八巻訳 13 頁）。

が神はその全能性によって世界にダイナミックに働いている存在である
と捉えようとしていることを明示している。というのは，この著作のな
かで鼎談の相手に「神の創造能力はそれの創造活動において空になるこ
とはない」[66]と述べさせていたり，「創世記」に依拠する「私は全能の神
である」[67]という言明を自ら掲げているからである。クザーヌスの神理
解についてのこのような判断は，彼がこの著作において無限な速度で自
転するコマという〈エニグマ〉を神のあり方に適用していることから
も，裏付けられるであろう。

　さらにクザーヌスはその最晩年に，〈可能自体〉（posse ipsum）とい
う新たな神についての表示を案出した。それは〈可能現実存在〉と密接
に関わる表示であるので，ここで考察しておくことにする。
　彼はそれを〈可能現実存在〉よりも優先して，以下のように述べる。

　　これから汝は，それよりも権能あるもの，より先なるもの，より善
　　いものが存在しえない〈可能自体〉の方が，〈可能現実存在〉ある
　　いは他のいかなる名詞よりもはるかに的確に，それなしにはいかな
　　るものも存在しえず生存しえず知解しえないものである当のもの
　　〔神〕を命名することができるということを観るであろう。なぜな
　　らば，もし〔それが〕命名されうるのであれば，いかなるものもそ
　　れよりも完全には存在しえないものである〈可能自体〉こそが，そ
　　れを最も適切に命名するだろうからである。これ〔可能自体〕より
　　も明瞭で真で容易な名称は存在不可能だと私は確信している[68]。

　ここには，自身の最期から数か月前の復活祭における黙想のなかで得

　66）　*De poss.* n. 8, 12f.（大出・八巻訳 16 頁）：„[...] dei potentia creativa non sit evacuata in
ipsius creatione."
　67）　Ibid. n. 14, 11（大出・八巻訳 25 頁）：„ ‚Ego' sum ‚deus omnipotens' [...]".
　68）　*De ap. theor.* n. 5, 1-6（佐藤直子訳『テオリアの最高段階について』〔以下，佐
藤訳と表記〕650 頁以下）：Videbis infra posse ipsum, quo nihil potentius nec prius nec melius
esse potest, longe aptius nominare illud, sine quo nihil quicquam potest nec esse nec vivere nec
intelligere, quam possest aut aliud quodcumque vocabulum. Si enim nominare potest, utique posse
ipsum, quo nihil perfectius esse potest, melius ipsum nominabit. Nec aliud clarius, verius aut
facilius nomen dabile credo. さらに Ibid. n. 18, 1.（佐藤訳 659 頁）

第2章　神の命名の試み　　227

た[69]クザーヌスの確信が吐露されていると捉えることができるだろう。そしてそれの核心は，神は絶対的な能力であるから〈可能〉の視点からそれを表現することが最善である，というものである。それゆえに彼は，〈可能現実存在〉を案出した時点での立脚点をさらに進めて，「それが存在することが可能であるということなしに存在するものはない」[70]として，〈存在〉よりも〈可能〉の方がより根源的なものであると説いているのである。これは，トマス以来のスコラ哲学における〈存在〉（esse）中心の神の捉え方から訣別していることを意味するが，この点については，後に考察する。

　さらにまた，このように〈可能〉をいっさいの根源に位置づけるクザーヌスの考察は，次のようにさえも展開される。

　　〈可能自体〉が存在するか否かを問う人は，〔問そのものに〕注意を向ければすぐに，この問の不適切であることが分かるはずである。可能なしには可能自体について問が出されることも不可能なのだからである。〔…〕このようにこれ〔可能自体〕については，いかなるものも，それに付加されることも，そこから分離されることも減ぜられることも不可能なのである[71]。

　さらに同時に彼は，自身が長年にわたって自らに課してきた任務としての〈神の内在〉を説明することについても，〈可能自体〉という表示を用いて遂行し続けている。

　　存在しているもの，生存しているもの，知解しているものにおいては，〈可能自体〉という，存在可能，生存可能，知解可能のそれぞれがそれの顕現であるもの以外の何ものも見られることは不可能である[72]。

───────────

69)　Ibid. n. 2, 2f..（佐藤訳 648 頁）。

70)　Ibid. n. 6, 3f.（佐藤訳 651 頁）: nihil ess quin possit esse.

71)　Ibid. n. 13, 7-9; 14f.（佐藤訳 651 頁）:Qui [...] quaereret an posse ipsum sit, statim, dum advertit,videt quaesitionem impertinentem, quando sine posse de ipso posse quaeri non posset. [...] Sic ad ipsum non potest quicquam addi nec ab eo separari aut minui.

72)　Ibid. n. 10, 1- 3; 14f.（佐藤訳 654 頁）：さらに，Ibid. n. 20, 6f.（佐藤訳 660 頁）:

228 Ⅲ　クザーヌスの認識論

　さらにこの〈可能自体〉の顕現は，当然のことながら人間の精神の働きにも存在するとされている。それをクザーヌスは，精神が概念によって捉える可能（posse comprehendere）と観る可能（posse videre）とに区別しつつ，次のように説く。

　　精神が自己の可能において，〈可能自体〉の卓越性ゆえにそれを捉えることが不可能であると観るときには，自身の観る能力を超える力によって観ているのであり，それはあたかも少年が，ある石の大きさは自力で担うことができる以上に大きい，と観る〔判断する〕ようなものである。それゆえに精神の単純な観は把握的な観ではないのであって，それは自らを把握的な観から把握されえないものを観ることへと上げるのである。〔…〕あらゆる把握的な力と可能とを超えるこの精神の〈観る可能〉は，〈可能自体〉が最大度に自己を顕現する場としての精神の最高の可能であり，それは〈可能自体〉のこちら側からは限定されえないものである[73]。

　ここには，最晩年のクザーヌスが，神という存在の全能性を実感しつつ，同時にそれの似像たる自身の精神の内奥においてそれが確かに働きつつある，という確信を深めていることが示されていると言えるだろう。

6　〈非他者〉（non-aliud）という〈エニグマ〉

　1462 年にクザーヌスは，擬ディオニュシウスの著作からの刺激の下

sicut imago est apparitio veritatis, ita omnia non sunt nisi appritiones ipsius posse（似像が真理の現れであるように，万物も〈可能自体〉の現れに他ならない）。

73)　Ibid. n. 10, 11- n. 11, 2; n. 11, 6-8（佐藤訳 654 頁以下）: Quando [...] mens in posse suo videt posse ipsum ob suam excellentia capi non posse, tunc visu supra suam capacitatem videt, sicut puer videt quantitatem lapidis maiorem, quam fortitudo suae potentiae portare posset. Posse igitur vider mentis excellit posse comprehendere. Unde simplex visio menitis non est visio comprehensiva, sed de comrehensiva se elevat ad videndum incomprehensibile. [...] hoc posse videre mentis supra omnem comprehensibilem virtutem et potentiam est posse suprenum mentis, in quo posse ipsum maxime se manifestat; et est interminatum citra posse ipsum.

第 2 章　神の命名の試み　　　　　　　229

で，神についての〈エニグマ〉として〈非他者〉という表示を案出した。それは，同名の著作『思弁者への指針または非他者について』のなかで説明されている。以下では，これまでに扱った〈一者〉，〈同者〉と比較しつつ，この〈非他者〉を考察することにしよう。彼は〈一者〉と〈非他者〉とを以下のように比較する。

　　彼〔プロクロス〕も述べているように，万物の原因は万物によって分有されねばならない。それゆえに，彼も言っているように，現に一なるものとして存在しているものに先立って，それの原因たる〈一者〉が存在しているのであり，現に存在する一なるものはそれ〔原因たる〈一者〉〕に由来して存在しているのである。それゆえに，現に存在する一なるものの原因を〈一者〉として表現しているのであるが，それは〈非他者〉を表現するためである[74]。

　この引用からも分かるように，〈一者〉という神の名称は，プロティノスからプロクロスを経て，クザーヌスの時代でもすでに長い伝統となっていた。その理由は，万物を凌駕する絶対者としての神を表示するためであるとともに，神のこの世界への流出を説明するために，この〈一者〉は好都合であったからである[75]。ここで彼は，プロクロスの〈一者〉は〈非他者〉のことを意図していたのだとすることで，〈非他者〉をこの伝統のなかに位置づけようとしているのである。そればかりか，彼は〈非他者〉の方が優れた表示であるとして，以下のように論じる。

　　人間のあらゆる概念は何らかの一なるものについての概念である。しかしながら，或る概念は概念に〈他ならない〉のであるから，この概念に〈非他者〉（〈他ならない〉）が先立つのである。それゆえにこの〈非他者〉は絶対的な概念と呼ばれてよいだろう。これは，精

　74）　*De non aliud*, 20, n. 93, 3-7 (p. 48, 29-p. 49, 4)（松山・塩路訳 104 頁以下）：ut ipse ait, omnium causam ab omnibus oportet participari. Ideo ipsum unum, quod dicit esse ante unum, quod est unum, ab eo non est aliud, cum eius sit causa; quare causam ipsius unius, quod est, ideo unum nominat, ut 'non aliud' exprimat.

　75）　クザーヌスも〈一者〉は頻繁に用いている。例えば『神の子であること』第 70 節以下，とりわけ 83 節（坂本訳 137-147 頁）。

230　　　　　　　Ⅲ　クザーヌスの認識論

　神によっては確かに観られるのであるが，しかし概念化されること
はないのである[76]。

　ここで意図されていることは，プロクロスの〈一者〉も概念である限
り，「〈一者〉は〈一者〉に他ならない」と表現されうるので，クザーヌ
スの〈非他者〉・〈他ならない〉の方が優れているというのである。同時
に彼は無についてさえも，この〈非他者〉の思考枠組みに入れて次のよ
うに述べる。

　　今，私は，無に他ならないものである無は自身に先立って〈非他
　　者〉をもっているのであり，それ〔無〕は〈非他者〉からは，現実
　　存在と可能存在とが隔たっているよりもはるかに遠く離れていると
　　いうことを観る。というのは，それ〔無〕は精神にはまったく不分
　　明なカオスとして現れるのであって，〈非他者〉である無限な力に
　　よってのみ，それがそのようなものであるように限定されることが
　　可能なのだからである[77]。

　こうしてクザーヌスは〈非他者〉の優位性を明確にしようとしてい
る。しかしながら彼のこの試みを論理的な証明として捉える限り，これ
が成功しているとは言えない。なぜならば，彼の議論は，すべてを『A
はAに他ならない』A est non aliud quam A という式に当てはめている
だけだからである。やはりこれは，超論理的な〈エニグマ〉と捉えるべ
きであろう。
　さらに彼は，〈同者〉と〈非他者〉との比較を，1463 年の著作である

---

　76)　*De non aliud*, 20, n. 94, 4-7 (p. 49, 17-21)（松山・塩路訳 105 頁以下）: Omnis enim
humanus conceptus unius alicuius conceptus est. Verum ante conceptum ‚non aliud‘ est, quando
quidem conceptus non aliud quam conceptus est. Vocetur igitur ipsum ‚non aliud‘ conceptus
absolutus, qui videtur quidem mente, ceterum non concipitur‘ なお，ここでの記述は，先の〈可
能自体〉についての説明と内容的に同じである。上の註 73 の箇所を参照されたい。
　77)　Ibid. 7, n.24, 1-4 (p. 15, 31-p. 16, 3): ‚Nunc nihil video, quod est non aliud quam nihil,
‚non aliud‘ ante se habere, a quo distat ultra actu esse et ens potentia. Videtur enim mente quam
confusissimum chaos, quod infinita dumtaxat virtute, quae ‚non aliud‘ est, ut determinetur, potest
astringi. ‘ クザーヌスにおいては〈無〉が神に従属するものであることは，本書第 IV 部第 2
章を参照されたい。

第 2 章　神の命名の試み　　　　　231

『知恵の狩猟』の中で以下のように展開している。

　　汝は〈非他者〉という表記が〈同者〉という表記と同じだけの意
　　味表示をするわけではないと気づくかもしれない。しかしながら，
　　〈同者〉は〈同者〉に他ならないのであるから，この〈非他者〉が
　　これ〔同者〕と他のあらゆる名づけられることが可能なものに先
　　立っているのである[78]。

　こうしてクザーヌスは，〈非他者〉を〈同者〉よりも優位に位置づけ
るのであるが，われわれは〈同者〉という概念を再度，注意深く検討す
る必要がある。先に〈同者〉を扱った際に，彼の〈同者〉の発見には人
間の内的経験が一定の役割を果たしているかもしれないと指摘しておい
た。しかし，〈一者〉を確認するプロセスには，このような人間におけ
る個人的・人格的な吟味は必要とされることがない。単に，或る一つの
ものが一であると外的に観察して確定されればそれで十分である。
　しかし〈同者〉についての状況は全く異なっている。或るものが実際
に同じものであることを確認するためには，そのものを内的にも調べ
吟味することが不可欠である。それゆえに〈同者〉についてはクザーヌ
スが何らかの複合的な構造を想定しているのではないかと考えられるの
である。この点に関わって，バイアーバルテスが〈絶対的同者〉（idem
absolutum）に三一的な構造を指摘している[79]ことは正しいであろう。
〈同者〉を被造物に対して，とりわけ人間に対して適用するならば，人
間の自己愛には次のような三一的な構造を見出すことが可能だからであ
る。すなわち，愛する者と愛する愛と愛される対象とが，機能的には三
様に区別されるが一人の同じ人格なのである[80]。

　78）　*De ven. sap.* XIV, n. 41, 1 – 3（酒井・岩田訳 174 頁）: ‚Advertas autem, quomodo
li non aliud non significat tantum sicut li idem. Sed cum idem sit non aliud quam idem, non aliud
ipsum et omnia , quae nominari possunt, praecedit.‘

　79）　Beierwaltes, *Identität und Differenz,* S. 48.

　80）　クザーヌスによってこの三一構造が以下に描かれている：*De vis.* XVII, n. 76, 7-11
（八巻訳 104 頁）: Ego sum amans, ego sum amabile, ego sum nexus. Unus est igitur amor, sine
quo non posset aliquod trium esse. Ego unus sum, qui sum amans, et ille idem, qui sum amabilis, et
ille idem, qui sum nexus exsurgens ex amore, quo me amo. Ego sum unus et non sum tria.

232　　　Ⅲ　クザーヌスの認識論

　クザーヌスは『精神について』（1450 年）において人間の精神の創造
的能力を説明しているが，その際には，興味深いことに〈一者〉を用い
ている[81]。ここでの説明において新しい点は，以下のとおりである。い
かなる個物も，それ固有の形相が成立することになる比例をそれ自身に
有している限りにおいて，そのようなものとして存在する，としてい
ることである。さらに，このことは，あらゆる人間の魂に妥当するだけ
ではなく，精神と肉体の結合としての魂の機能にも妥当するとされてい
る[82]。すなわちここでの説明は，「説教 71」での説明のように，個物が
それとして存在しているので，そこに〈一者〉が内在しているとする
ような単純なものではない。また，それは，『創造についての対話』に
おけるような，いかなるものもそれ自身に対しては〈同〉であるゆえ
に，それらに〈絶対的同者〉としての神が内在しているという説明でも
ない。このような違いを捉えるならば，「説教 71」から『創造について
の対話』を経て『精神について』に到るまでの間に，クザーヌスの思考
が大いに深められて，〈同者〉の内部に複合的構造が想定されるように
なったことが明らかになる。換言すれば，ここでは〈同者〉の理論的な
優位性を取り込んだ〈一者〉が考えられているのである。

　〈同者〉についてのこれまでの考察を基礎にすれば，〈同者〉と〈非
他者〉との比較が可能となる。〈同者〉を用いて世界への神の内在を明
確にするという方法は，以下の二つの事柄を必要とする。その一つは，
〈同者〉の内部の複合的構造であり，二つめは，同なるものをそれとし
て認識する〈同者〉の自己認識能力である。しかしながら，あらゆる事
物がこの認識能力を有しているわけではないから，あらゆる被造物にお
ける神の内在を証拠立てるためには，〈同者〉がいつも有効であるとい
うわけではない。おそらくはそれゆえにこそ，クザーヌスは〈同者〉に
代えて〈非他者〉を案出したのだろう。

　では，上述のような点に関して，この〈非他者〉には，いかなる優位
性があるのだろうか。それは以下の 4 点である。

　1）'A est non aliud quam A' という表現における 'quam' を同格の意味

　81）　*De mente*, VI, n. 93; Ibid. V, nn. 87-88.

　82）　以下を参照されたい：Ibid. n. 87; Ibid. XII, n. 142, 18: identitas proportionis est immultiplicabilis.

にとって，『AはAである〈非他者〉である』と理解すれば，これによって神の被造物への内在（展開）を表示できる。

2）この表現における 'quam' を比較の意味にとって，『AはAであるよりもむしろ〈非他者〉である』と理解すれば，これによって神による万物の包含を表示できる。

3）この表現を，クザーヌス自身が〈同者〉との比較の際に説いているように，『AはAであるよりもむしろ〈非他者〉である』ので，Aは〈非他者〉よりも後なる存在である，つまり〈非他者〉はAよりも先なる存在であると理解することで，神の超越を表示できる。

4）〈非他者〉non aliud という一つの表示を用いることで，上に述べた事態の総体を一つの単純な文章で表現できる。

しかしながら，次の二つの点も見逃すことはできない。第一には，〈非他者〉non aliud は，'non' と 'aliud' からなる複合表現であるので，一なる神を表現するのにはどこか違和感を覚えさせられるということがある。第二には，もしクザーヌスが〈同者〉を発見していなかったら〈非他者〉という概念を案出することも不可能であっただろうということがある。なぜならば，〈非他者〉は〈同者〉における思考的視点が意味的に発展させられたものであると捉えることができるからである。

7　トマスとの比較における
クザーヌスの「神の命名」の特徴

初期の著作である『覚知的無知』における「神の命名」に関するクザーヌスの論述は[83]，トマス・アクィナスの『神学大全』第1巻第13問題の説明と多くの共通性を有しているから，前者が後者から多くを学んだはずであるにも関わらず，大きな相違も見出される。

ここでは，いくつかの大きな相違についてだけ扱うこととして，先ず第一の相違点を明らかにするべく，以下にトマスを引用する。

83）　*De doct. ign.* I, 24（岩崎・大出訳 65-70 頁）。

234 Ⅲ　クザーヌスの認識論

それ〔神という名称〕は，すなわち，我々が絶えず経験するところ
の，神に固有な働きに基づいて，神的本性そのものを表示せんがた
めに附せられた名称なのである[84]。

ところがクザーヌスによれば，すでに見てきたように，神の働きを認
識することも神の本性を表示することも人間には不可能なのである。
　第二の相違は，以下のトマスからの引用で明らかになる。

（三）についてはこういわなくてはならぬ。神のあらゆる名称が必
ずしも被造物への関聯を含意していることを要するわけではない。
それは，神から被造物へ発出するところの何らかの完全性に基づい
て附せられた名称であれば足りる。こうした諸々の完全性のうち，
その第一に位するものは存在 esse ということなのであって，「在る
ところの者」Qui est という名称はこの完全性よりして採られたも
のにほかならない[85]。

　これに対してクザーヌスは，神の名称は被造物に見出されるもろもろ
の特性に基づいて付されざるをえないと考えている[86]。その理由は，そ
もそも名称というものが，知性よりもはるかに劣る理性の運動によって
事物を区別するために，それらに付与されるものだからである[87]。
　第三にして最大の相違は以下の点にある。トマスは，「『在るところの
者』なるこの名称は三様の理由によって，如何なる名称にもまして神に
固有な名称である」[88]とするのに対して，クザーヌスは，すでに見たよ

───────────────
　84）　*Summa theologiae* I, q. 13, a. 9, ad tert.（高田三郎訳『神学大全』〔以下，高田訳
と表記する〕1，302 頁）：„hoc nomen Dues impositum est ab operatione Deo propria, quam
experimur continue, ad significandum divinam naturam.“
　85）　Ibid. I, q. 13, a. 11, ad tert.（高田訳 311 頁）：„Ad tertium dicendum quod non est
necessarium quod omnia nomina divina important habitudinem ad creaturas; sed sufcit quod
impornantur ab aliquibus perfectionibus procedentibus a Deo in creaturas. Inter quas prima est
ipsum esse, a qua sumitur hoc nomen qui est.“
　86）　以下を参照されたい：*De doct. ign.* I, 24,: h I, p. 49, 27– p. 50, 2. [n. 78]（岩崎・大出
訳 67 頁）。
　87）　前註 7 を参照されたい。また理性の運動による命名活動については，以下も：*De
mente* 3, n. 69.
　88）　Thomas Aquinas, op. cit. I, q. 13, a. 11（高田訳 309 頁）。

第 2 章　神の命名の試み　　　235

うに，〈可能現実存在〉は神について人間がつくる概念に従う限り，神
に十分に接近する名称である，としているのである[89]——自身の〈可能
現実存在〉導出のための 'deus id sit quod esse potest' という表現をトマ
スの 'ipse [Deus] est qui est' という表現と並行関係に置きながら。クザー
ヌスがこの表現によって，全能なる神のダイナミックな内在を強調して
いることは，すでに言及したとおりである。

　では，このような両者の相違はどこに原因があるのだろうか。それは
おそらく，proportio（比例，類比）という概念についての両者の理解の
違いにあると思われる。トマスは，少なくとも第 13 問題においては，
proportio を analogia の同意語とみなしており[90]，その結果，神と被造物
の間には一定の関係が成立すると想定しているのに対して，クザーヌス
は，この両者の間にはいかなる関係的同等性も存在しないと考えてきて
いるのである[91]。

　従ってクザーヌスの後期の著作においては，いわゆる「神の名称」
は，「名称」としてではなく〈エニグマ〉と表記されているのである[92]。
つまり，これらの「名称」というものが彼において上述のような条件
の下にある限り，それらは被造物の側から神に対して転移的な仕方で
（translative）[93]応用されるのでなければならず，トマス的な類比という
仕方によることは不可能であることになる。

　その結果として，〈エニグマ〉の役割は特別なものとならざるをえな
い。たとえば〈可能現実存在〉は「〔この名称を〕思弁する者を，あら
ゆる感覚，理性，知性を超えて神秘的な観へと導くが，そこにはあらゆ
る認識能力の上昇の終点と，認識されえない神の啓示の始点が存在する

---

89)　*De poss.* n. 14.（大出・八巻訳 25 頁）。

90)　Thomas Aquinas, op. cit. q. 13, a. 5, resp.（高田訳 309 頁）：„[...] Dicendum ergo quod
hujusmodi nomina dicuntur de Deo et creaturis secundum analogiam, id est proportionem"（我々
は，それゆえ，この種の名称が神についてもまた被造物についても語られるのは，アナロジ
ア analogia に従って，すなわち，対比 proportio に従ってであるといわなくてはならない）

91)　以下を参照されたい：*De doct. ign.* I, 1, p. 6, 1f. [n. 3]（岩崎・大出訳 8 頁）：„propter
quod infinitum ut infinitum, cum omnem proportionem aufugiat, ignotum est." *De poss.* n. 10,
14-16（大出・八巻訳 20 頁）：„[...] omnis quae potest creari pulchritudo non est nisi quaedam
similitudo improportionalis ad illam quae actu est omnis essendi possibilitas pulchritudinis."

92)　*De poss.* のドイツ語訳者である Steiger の指摘（NvKdU 9）。

93)　以下を参照されたい：*De doct. ign.* I, 24, p. 50, 19-22 [n. 79]（岩崎・大出訳 68 頁）；
De poss. n. 11, 10f.（大出・八巻訳 21 頁）。

のである」[94]。

　すなわち，〈可能現実存在〉という〈エニグマ〉は，それに直面することで何らかの驚きに置かれた思弁者に，重要なものは当該の〈エニグマ〉の表面的な意味ではなくて，〈エニグマ〉によって新たに開かれる表象の世界であることを認識させながら，この思弁者を論理的推論にではなく超論理的な神の洞察へと導くのである。そしてこの洞察とは，この世界が不可視な神の現れにほかならないのであって[95]，「不可視な神はこの世界には鏡と〈エニグマ〉において認識されるように自らを啓示する」[96]というものである。このように，例えば〈可能現実存在〉という〈エニグマ〉は，文法的にみれば正しい意味表示を有するわけではなく，クザーヌスの造語に過ぎないものなのではあるが，われわれに神の内在を気づかせる働きをするのである。

8　結　　語

　クザーヌスほどに「神の名称」に集中して取り組んだ思想家が，他にいるだろうか。

　これまでの検討が明らかにしたように，彼による「神を命名する」という試みは，自身と同胞に対して，神の超越性を維持しながら神のこの世界への内在を納得させようとする試みである。そして，命名とは理性の或る種の運動とみなされていた。そうであるならば，命名とは，聖書におけるモーセ[97]やヤコブの「神の命名」のケースが示しているよう

　94）　*De poss.* n. 15, 1-4（大出・八巻訳 26 頁）：„Ducit [...] hoc nomen speculantem super omnem sensum, rationem et intellectum in mysticam visionem, ubi est finis ascensus omnis cognitivae virtutis et revelationis incogniti dei initium.“

　95）　Ibid. n. 72, 6f.（大出・八巻訳 102 頁）：„Quid [...] est mundus nisi invisibilis dei apparitio?“

　96）　Ibid. n. 72, 10f.（大出・八巻訳 102 頁）：„[...] incognoscibilis deus se mundo in speculo et aenigmate cognoscibiliter ostendit [...]“

　97）　旧約聖書「出エジプト記」3, 13f.：「かれらは『その名は一体何か』と問うに違いありません。彼らに何と答えるべきでしょうか。」神はモーセに，『わたしはある，わたしはあるという者だ』と言われ，またイスラエルの人々にこう言うがよい。『わたしはある』という方がわたしをあなたに遣わされたのだと」。

第2章　神の命名の試み　　237

に[98]，典型的な人間の試みであるとみなすことも可能であろう。

　従って神を命名しようと試みることは，二重の意味で神の内在の印であることになる。すなわち，理性の働きによる命名において神の内在が知らされると同時に，そういう理性の活動そのものが神の内在の印でもあるからである。それゆえにこそクザーヌスは，命名の試みをたえず続けたのであろう。

　そうであるならば，「神の命名」という活動のなかに，クザーヌスの〈神の観〉visio dei という思想に似た構造を見出すことも可能であろう。なぜならば，この思想は，神が人間を観ていてくれるので，人間が神を観ることができるという二重の構造を有しているからである。それは『神を観ることについて』の以下の一節が示している。

　　主よ，あなたが私を慈愛の眼差しで見つめて下さっているのですか
　　ら，あなたの観ることは，私によってあなたが観られること以外の
　　何でありましょうか。あなたは私を観ながら，隠れたる神であるあ
　　なたを私によって観させるために，〔あなたを私に〕贈って下さっ
　　ているのです。〔…〕あなたを観ることは，あなたを観ている者を
　　あなたが観て下さることに他ならないのです[99]。

　ここで確認された「神の命名」の有する二重構造は，さらに次のことを明らかにする。事態を人間の側から捉えるならば，人は神にいっそう近づきたいという願望に基づいて神の命名を試みるのであるが，この願望そのものがすでに，神を名づけようと人を自身にいっそう近くにまで

---

　98)　旧約聖書「創世記」32, 27-31:「もう去らせてくれ。夜が明けてしまうから」とその人は言ったが，ヤコブは答えた。「いいえ，祝福してくださるまでは離しません。」「お前の名は何というのか」とその人が尋ね，「ヤコブです」と答えると，その人は言った。「お前の名はもうヤコブではなく，これからはイスラエルと呼ばれる。お前は神と人と闘って勝ったからだ。」「どうか，あなたの名前を教えてください」とヤコブが尋ねると，「どうして，わたしの名を尋ねるのか」と言って，ヤコブをその場で祝福した。ヤコブは「わたしは顔と顔とを合わせて神を見たのに，なお生きている」と言って，その場所をペヌエル（神の顔）と名付けた」。

　99)　De vis. 5, n. 13, 10-14（八巻　訳30頁）: „Quid aliud, domine, est videre tuum, quando me pietatis oculo respicis, quam a me videri? Videndo me das te a me videri, qui es deus absconditus. [...] Nec est aliud te videre, quam quod tu videas videntem te."

来させるように仕向けるという，神からの贈りものなのである。なぜならば神は命名可能性の根源でもあるのだからである[100]。ここには，〈神の観〉の或る種の味見（praegustatio）とみなすことが可能な，神の命名の二重構造というものを見出すことができるのである。

　本章を締めくくるに際して，命名者の心理的側面を一瞥しておこう。一般的に言って命名という行為は親密性の表われでもある[101]。そうであるならば，このようにクザーヌスが「神の命名」を繰り返し試みたということは，彼がその生涯にわたってできるかぎり神に近づこうと努めていたのだと想定することができる。しかしながら，このような彼の試みは決して彼個人の営みではなくて，不可視な神がニコラウス・クザーヌスという名前の一人の人物をとおして，この世界における自身の内在をわれわれに明示すると共に，鏡と〈エニグマ〉において自己を世界に対して現わすための試みであったと，少なくとも彼自身には捉えられていたはずである[102]。この意味においてクザーヌスは，これほどに自らが神を愛し，またこれほどに神によって自身が愛された人物であったのであり，それゆえにまさに〈神という知恵を愛する者〉（Amator Sapientiae）であり，すなわちキリスト教的な意味において真にして正なる哲学

---

100)　*De mente* 2, n. 68, 2-6: „Quod quidem ineffabile nomen in omnibus nominibus suo modo relucet, quia infinita nominabilitas omnium nominium et infinita vocabilitas omnium voce expressibilium, ut sic omne nomen sit imago praecisi nominis."

101)　命名という行為は，責任の意識と結合した支配という意味をももつ。この意味においてクザーヌス自身もニコラウスという自分の名前を，ボローニャ出身でオリヴェト山修道院に入る一人の修練士に僧名として授与した。これについては以下を参照されたい：「オリヴェト山修道院での説教」n. 36（八巻訳『神を観ることについて』所収 180 頁）および「ボローニャのニコラウスへの書簡」（八巻訳 184 頁）。この二つの文書は以下に収められている：Bredow: *Das Vermächtnis.* またクザーヌスは，神が相応しくない名称で名づけられることを避けるべきであると考えつつ，他方において，人は誰もが自分の職務の名前にふさわしく行動すべきであるとも考えていた。それは，上掲の説教（n. 6，八巻訳 160 頁以下）でも以下のように説かれている：「全ての人が，自分の名前が表現していることを模倣し，自分の任務の意味する語とその力を実行し，それから得られるものを自分の実践において熱心に保持しなければならない」。さらに以下のクザーヌスの著作にも，枢機卿の職務名 cardinalis は cardo（蝶番）に由来するのであるから，そのように生きるべしという教えがある：*Reformatio generalis*（『全面的改革』）h XV, n. 46, 1-10. この点については，本書第 VI 部第 3 章も参照されたい。

102)　クザーヌスは，自己の精神活動の典型としての知性が神の生命ある似像の本質からできていると実感しており，それを神の賛美のためにこそ活用するべきだと考えていた（『ボローニャのニコラウスへの書簡』（上の註 101 参照，八巻訳 186-188 頁）。

第 2 章　神の命名の試み　　　239

者[103]でもあったのだと言えよう。

---

103)　この 'amator sapientiae' という，ギリシア語の 'philosophia' の語源に依拠したラ
テン語表現については以下を参照されたい：*De mente* 8 , n. 115, 13; *De pace* 4, n. 10, p. 11, 14;
Sermo CLXXXVII n. 11, 8f.; 八巻『世界像』第 1 章第 5 節。

第 3 章

表象力の機能とその射程

---

1 思惟における多様な図形と比喩の活用

　クザーヌスはその哲学的思考の始めから，自身の思惟を分かりやす
く表現するために多様な図形を使用している。それの典型は，最初の
哲学的著作である『覚知的無知』における三角形，円，円弧である[1]。
それらを用いて彼は，人間の限界ある思惟が無限なる神を少しでも把
握しやすくしようと試みたのである。同じく初期の著作である『推測
について』でも〈分有図〉（Figura Participationis）と〈普遍図〉（Figura
Universi）という二つの図形が使用されている[2]。「分有図」は，二つ三
角形が互いに向かい合った形となっているもので，一方の三角形の底辺
は「光のピラミッド」と名付けられ，他方の三角形の底辺は「闇のピラ
ミッド」と名付けられている。この図形を用いてクザーヌスが試みてい
ることは，あらゆる存在者が一性と他性との合成から成立しているので
あり，それぞれの存在者の段階に応じてその一性と他性の合成の度合い
が異なり，それゆえにあらゆる存在者が互いに異なっているのである，
ということを説き明かすことである。もう一つの「普遍図」（次頁に収
載）は，大小合わせて総計 40 個の円から構成されているものであり，
これによってクザーヌスは，宇宙ならびにその内に存在するあらゆるも

---

1)　例えば *De doct. ign.* I, c.13-15, p. 27-29（岩崎・大出訳 34-39 頁）。
2)　*De coni.* I, 9, n. 41; Ibid. 13, n.65. このうち，「分有の図」は，本書第 III 部第 1 章に収
載されている。

のが，存在としての段階性をもちつつも，一性を根源として分有していることを示そうとしているのである。

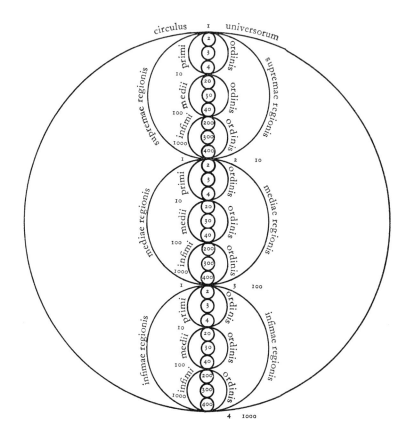

さらに幾何学図形でもなく具体的な図でもない一連の比喩も使用している。それらに属するものは，『神を観ることについて』における〈万物を観るもの〉という有名な比喩であり[3]，また，『知恵の狩猟』における，真理探求のための哲学的プロセスを10の狩場をもって示すという〈狩〉の表象であり[4]，さらに『神学綱要』に描写されている，五感を活用しながら世界地図を製作するという人間についての〈五つの門をもっ

---

3) De vis.: Praefatio, n. 2, 3 f.（八巻和彦『神を観ることについて』13頁）。
4) De ven. sap. n.1.（酒井・岩田訳『知恵の狩猟について』135頁）。

た一つの都市〉という表象である[5]。後者の二つは，クザーヌスの死の前年である 1463 年にまとめられたと推測されている著作に描写されているものである。その他に，同じカテゴリーに属するものとして，〈緑柱石〉の比喩というものもあるが，これは彼が駆使する特徴的な思考法としての〈反対対立の合致〉を説明するために，1458 年の著作『緑柱石』で用いられているものである[6]。

　さらに，幾何学図形と比喩との中間に分類されうるものとして，後期の二つの著作で使用されている幾何学図形を転用するというケースがある。それの一つは，『可能現実存在』（1460 年）で使用されている〈コマの比喩〉であるが，それは中心を同じくする二つの円からなっている[7]。もう一つは，『球遊び』（1463 年）における 9 つの同心円からなる図形である[8]。

　前者の〈コマの比喩〉においては，無限と時点の関係ならびに神と被造物の関係について以下のように説かれる。内側の円が無限大の速度で回転するならば，内側の円周上のどの点も外側の円周上の全ての点と同時に出会っていることになるので，これによって無限性は時間のいかなる時点とも同時に出会っていることが示されるとした上で，さらに，内側の円を神と見立てると，始め（始原）にして終り（目的）である神は，外側の円周上の各点として見なされる万物のなかに，同時に全体として存在することも示されるとする[9]。

　後者の 9 つの同心円からなる図形は，この著作の中で，9 つの同心円からなる平面図形とされることもあるが，また，9 つの同心球からなる立体として表象される場合もある。前者は，この著作の第一部において，球を転がして得点を競う遊びのための得点板として利用される場合である[10]。この場合には，キリストが居るとされる中心に近い円ほど得

---

　5)　*Comp.* VIII, nn. 22.（大出・野澤訳『神学綱要』40-42 頁）。

　6)　例えば *De beryl.* n.3.

　7)　*De poss.* n.18 f.（大出・八巻訳 30-33 頁）. なお，この図は本書第 III 部第 5 章に収載されている。

　8)　*De ludo* I, n. 50, 6-12.

　9)　*De poss.* n.19, 28-30（大出・八巻訳 33 頁）：„aeternitatem simul totam esse in quolibet puncto temporis et deum principium et finem simul esse totum in omnibus et quaelibet talia.“

　10)　*De ludo* I, n. 50, 9-12.

点が高くなるという設定の得点板とみなされ，その上を競技者たちが，球の半径分が抉り取られた「球」——それゆえに極めて不規則にしか転がらない球——を転がして，なるべく早くキリストの生涯をあらわす34という総得点に達することを競う遊びが説かれている。

またこれは，中心に居るキリストを観るための9段階として利用されることもあり[11]，さらに人間の精神が有する9つの段階的機能とみなされることもある[12]。そして最終的には，9つの同心球から構成される立体図形として表象されて，それが宇宙全体を表わす天球とみなされた上で，その中心にはキリストが隠されていると説かれる[13]。

以上のような図像的な発案としての第三のカテゴリーに特徴的なことは，これらが幾何学的図形に由来するものでありながらも，クザーヌスの表象力によって，形而上学的な連関性を有するように発展させられていることである。中でも『球遊び』における図形の応用には興味深いものがあるので，後に改めて検討する。

2 表象力の地位と意義

クザーヌスの思惟において多様な思考モデルを提供することになっている表象力（imaginatio）は，人間の認識能力の総体においていかなる位置と意義が付与されているのだろうか。この点を明らかにするために，初期の著作である『推測について』から引用する。

　　知性的な力が生み出す印を，われわれは感覚において認識するが，表象力においてはより多く〔認識し〕，さらに理性においてはいっそう十分にして明瞭かつ近接して〔認識する〕[14]。

11）　Ibid. II, n. 72-75.

12）　Ibid. n. 103.

13）　Ibid. n. 104.

14）　*De coni.* II, 10, n.123 10-13 „in sensu, deinde magis in imaginatione, adhuc amplius in ratione clarius et propinquius signa experimur intellectualis vigoris".

第 3 章　表象力の機能とその射程　　　245

　クザーヌスがこのように，感覚（sensus）と理性（ratio）の中間に表象力を位置づけていることには，中世における伝統的な捉え方と異なるところはない。そして，表象力についてのこの段階付けも，彼の中期の著作を経て[15]，晩年の著作まで変わることはなかった[16]。

　では，表象力はいかなる機能をもつとされているのだろうか。『精神について』において彼は，これを魂が自身から離れて存在するものについての〈似像〉を自分のうちに形成するための魂の力であるとしている[17]。感覚と表象力との間にある相違は，感覚が，ものの現存する限りにおいて物質の中にそれの形相を認知するのに対して，表象力は，ものが現存していなくてもそれを実行できるという点にある。

　そうであるとすると，表象力の位置づけと機能とにおいて中世の典型的なそれに従っているのであって，真理に到達するための手段としては表象力はあくまでも低い評価しか与えていないように見えるであろう。しかしながら，綿密に考察すると，そうではなくて，むしろ正反対であることが判明する。クザーヌスは『球遊び』において以下のように記しているのである。

　　知性認識する者が，もろもろの壊れることのないものの表象像から〔それらについての〕思弁を汲み取るということは，極めて確かである。表象力が提供するものは〔それらについての〕表象像なのである。〔…〕われわれの精神が，それの唯一の探求対象である真理に，──しかし表象像を凌駕するものとしての真理に──到達するためには，いわば溝を飛び越える者がそのためには杖を必要とするように，表象像の助けを必要とすることがないとすれば，精神がわれわれのうちで表象力と結合していることはないはずである[18]。

---

15)　後の註 17 を参照されたい。

16)　*De ven. sap.* XXXIX, n. 123（酒井・岩田訳 251 頁）。

17)　*De mente* VIII, n.114, 12-16 „Quae vis animae imaginatio dicitur, quoniam per eam anima rei absentatae imaginem sibi conformat. Et per hoc a sensu differt, qui solum re praesente formam comprehendit in materia, imaginatio vero re absentata, confuse tamen, ut statum non discernat, sed multos status simul confuse comprehendat".

18)　*De ludo* II, n. 88, 10-16 „certissimum est intelligentem ex phantasmatibus incorruptibilium haurire speculationem. Sunt autem phantasmata, quae offert imaginatio. [...] Nisi enim mens nostra indigeret adiutorio imaginationis, ut ad veritatem, quae imaginationem excedit,

246　　　　　Ⅲ　クザーヌスの認識論

　知性認識する者が表象像から思弁を汲み取る仕方には，二つの方法が
ある。まず，それは外から内へという順で成立する。
　「人間の知性が現実に働くものとされるには，表象像が必要であるが，
この表象像は感覚なしには獲得されることが不可能であり，感覚は肉体
なしには存在しない」[19]からである。
　この汲み取りには，さらに広くかつ根源的な次元が存在するのであ
り，そこでは，低位の表象力が高位の知性を凌駕することもあるとされ
ている。それは，『可能現実存在』の中の以下の一節が示している。こ
れは，先に紹介した〈コマの比喩〉と関係させつつ理解されるべきもの
である。

　　われわれは，何らかの感覚されうる表象像によって導かれることを
　　望む。とりわけ，どのようにして〈永遠なもの〉が万物であると共
　　に永遠という今において全体であるのかという問題について，われ
　　われはそれを望む。その理由は，〔その後に〕われわれがその表象
　　像を置き去りにしてあらゆる感覚されうるものを飛び越える者とな
　　るならば，われわれは引き上げられることになるからである[20]。

　このような表象像を用いての飛躍によって，神的なものが〈エニグ
マ〉的に観られるようになるというのである[21]。この最後の段階は，ク
ザーヌスの〈覚知的無知〉という思考が含意するものとして現れてくる
ものである。この世界に肉体をもって存在している人間も，この表象力
によって，すでにこの世界において真理の味見に到達することが可能に
なるというのである。そして，このようなクザーヌスの表象力論は，宇
宙全体を神の〈似像〉（imago）と捉える彼の似像論（Imago-lehre）と

――――――――――
quam solum quaerit, perveniat – quasi saltator fossati baculo –, non esset in nobis imaginationi
coniuncta“.
　19)　*De vis.* XXII, n. 98, 16-18（八巻訳 132 頁）：„intellectus humanus ut ponatur in actu,
opus habet phantasmatibus, et phantasmata sine sensibus haberi nequeunt et sensus sine corpore
non subsistent.“
　20)　*De poss.* n. 18, 3-6（大出・八巻訳 30 頁）：„optamus […] aliquo sensibili phantasmate
manuduci, maxime quomodo aeternum est omnia simul et in nunc aeternitatis tota, ut ipso
phantasmate relicto salientes supra omnia sensibilia elevemur.“
　21)　Ibid. n.19, 26-30（大出・八巻訳 33 頁）。

第 3 章　表象力の機能とその射程　　　　247

密接にかかわっているはずである。するとここに，クザーヌスにおける
〈似像-表象力-複合構造〉（Imago-imaginatio-Komplex）というものが見
出されることになる。これについては，後に再度，論及する。

3　〈キリストという山〉

　これまでの考察を踏まえつつ，クザーヌスの晩年の著作である『球遊
び』の中に述べられている同心円的図形を，あえて応用的に考察してみ
よう。すでに記したように，この図形は9つの同心円からなっており，
それぞれの円が，内側の小さな円になるほど高い得点となるという形の
得点領域を示している。同時にこの図形は，9つに段階付けられた宇宙
全体をも表示するのであり，その中心には〈神にして人であるキリス
ト〉が隠されているとも説明されている。

　興味深いことには，この図形は初期の著作である『推測について』で
提示されている〈普遍図〉——本章2に収載——から導きだされるとも
考えられる。つまり，〈普遍図〉における最上の領域のなかの第一の秩
序の円の頂点〔1と記されている点〕から最下の領域のなかの最下の秩
序の円の下〔最も大きな円におけるもう一つの直径の端〕までを直径と
みなして，最上の領域のなかの第一の秩序の円の頂点を中心に回転させ
ると，そこに9個の同心円からなる『球遊び』の図形が成立すること
になる——このような思考上の操作は，クザーヌスが『覚知的無知』の
第一巻でしばしば遂行しているものである[22]。

　さらにクザーヌス的な方法を用いて，この9個の同心円からなる図
形を，いわば畳まれた提灯を引き上げるような形で，その中心を上に引
き上げるという操作を思念上でしてみよう。すると，そこには9段階
の区別をもつ円錐形という立体が成立し，それの頂点にはキリストが居
ることになる。

　さらにこの円錐形の全体を眺めると，クザーヌスが最初の哲学的著作
である『覚知的無知』の第三巻で描写している〈キリストという山〉の

---

　22)　例えば De doct. ign. I, c. 13-15（岩崎・大出訳 34-39 頁）。

248　　　　　　　Ⅲ　クザーヌスの認識論

ことが，容易に思い当たる。これについての彼自身の説明は以下のよう
になっている。少し長く引用する。

　　われわれキリストを信じる者たちは覚知的無知において，キリスト
　　であるあの山に，──われわれの動物的本性によってわれわれがそ
　　れに触れることを禁じられていたあの山に，──導かれる。そし
　　て，われわれが知性的な眼によってこの山を視通そうと努力すると
　　き，われわれは闇のなかに入り込むのだが，その際にわれわれは，
　　この闇の内部にこそ，知性によって生気付けられた人々だけが住む
　　のにふさわしい山があることを知る。この山にわれわれがいっそう
　　大きくて堅固な信仰をもって近づくならば，われわれは感覚的にさ
　　まよっている人々の眼から引き上げられることになる。〔…〕さら
　　に，キリストを信じる者たちは熱烈な希求によってたえず上昇し
　　て，あたかも夢から覚醒へと，聞くことから観ることへと移行する
　　ように，あらゆる感覚的なものを飛び越えて，単純な知解性へと引
　　き上げられる。そこでは，啓示されることの不可能なものが観られ
　　るのである[23]。

　この『覚知的無知』に描写されている〈キリストという山〉は，旧約
聖書「出エジプト記」19章以下のモーセの物語と関わる叙述であるこ
とは明らかであるが，同時に，後期のクザーヌスの著作である『球遊
び』の図形とも隠喩上の共通性をもっていることも明らかである。なぜ
ならば，『球遊び』の第二部で説かれる9層からなる天球は，それの中
心にキリストが隠されていて，キリストを信じる者が外側の天球からそ
の中心に向かって次第に近づいて行く，あるいは吸い込まれて行く，と

─────────
　23)　Ibid. III, 11, p. 153, 8-14; 21-24 (n.246f.)（岩崎・大出訳 205 頁以下）: „Ducimur
[…] nos Christifideles in docta ignorantia ad montem, qui Christus est, quem tangere cum natura
animalitatis nostrae prohibiti sumus; et oculo intellectuali dum inspicere ipsum conamur, in
caliginem incidimus, scientes intra ipsam caliginem montem esse, in quo solum beneplacitum est
habitare omnibus intellectu vigentibus. Quem si cum maiori fidei constantia accesserimus, rapiemur
ab oculis sensualiter ambulantium […] Deinde ardentiori desiderio fideles continuo ascendentes ad
intellectualitatem simplicem rapiuntur, omnia sensibilia transilientes, quasi de somno ad vigiliam,
de auditu ad visum pergentes; ubi ea videntur, quae revelari non possunt.“

第 3 章　表象力の機能とその射程　　　249

説かれているものだからである[24]。つまり，初期の『覚知的無知』における〈キリストという山〉が，晩年の『球遊び』の第二部においては，いっそうダイナミックかつ包括的に，同心球とその中心という構造として表象されていると見なすことができるのである。

　しかし同時に，『覚知的無知』における〈キリストという山〉と『球遊び』における図形との間には明らかな相違も見出される。それは，前者において山を取り巻いていた闇が後者にはもはや存在していないことである。これは何を意味しているのだろうか。この点に関わって想起されてよい一節が，クザーヌスの最後の著作『観想の頂点』の中にある。

　　かつての私は，それ〔真理〕はむしろ暗闇においての方が見つかりやすいと考えていた。そこにおいて可能自体が大いに輝き出る真理とは，大きな権能を有するものである。〔それゆえに〕真理は路上で呼ばわっているのである――あなたが『イディオータ篇』で読んだことがあるように。実にそれ〔真理〕は自らを到る所で容易に見出されるものとして示しているのである[25]。

　このような真理についての考えの変化が晩年のクザーヌスに生じたことによって，あの暗闇も消え去ることになったのであろう。

4　〈キリストのまねび〉としての表象力論

　これまでの考察で明らかなように，クザーヌスにおける表象力は，その思考活動の終生にわたって，図形として，隠喩として，また喩えとしてたえず重要な役割を果たしている。その理由の一つは，彼が表象像によって何とか真理に到達する道を示そうとしていることにあるのだが，

---

　24)　これについての詳細は，本書第 IV 部第 3 章を参照されたい。
　25)　*De ap. theor.* n.5, 9-13（佐藤訳『テオリアの最高段階について』651 頁）：„Putabam ego aliquando ipsam in obscuro melius reperiri. Magnae potentiae veritas est, in qua posse ipsum valde lucet. Clamitat enim in plateis, sicut in libello De idiota legisti. Valde certe se undique facilem repertu ostendit.“

250　　　　　　Ⅲ　クザーヌスの認識論

それはとりもなおさず〈覚知的無知〉の思考によって真理を獲得しよう
とすることに他ならない。
　しかしながら，もう一つ別の理由もあるように思われる。それはク
ザーヌスにおけるある種の〈キリストのまねび〉である。この根拠を示
すために，すでに言及した『球遊び』に描かれている図形に眼を向けて
みよう。この〈球遊び〉（ludus globi）のルール自体が，すでにキリス
トに関わっているのである。

　　この遊びのルールは次のとおりである。転がされた球は円〔同心
　　円〕の内部で静止させられるべきである。そしてその球は，それが
　　静止することになった円が中心に近いほど，円の数値に応じてより
　　多くの点数を得る。そして，キリストの生涯の年数である 34 点に
　　最も早く到達した人が勝者となる[26]。

　さらに，9 つの同心円で構成されたこの図形は，上述のように，中心
に居るキリストを観るための上昇の 9 段階を可視化しているものでも
ある[27]。つまりクザーヌスがこの図形をもって〈キリストのまねび〉を
強く意識していることがわかるであろう。
　さらにキリストに関わって，先に挙げた最晩年の著作である『観想の
頂点』の最後に以下のような一節がある。

　　キリストは，〈可能自体〉の明瞭な観想へと言葉と喩えをもってわ
　　れわれを導いて下さる方である[28]。

　26）　*De ludo,* n. 50, 9-12: „Lex […] ludi est, ut globus intra circulum quiescat a motu
et propinquior centro plus acquirat, iuxta numerum circuli ubi quiescit. Et qui citius XXXIV
acquisiverit, qui sunt anni Christi, victor sit".
　27）　Ibid. 72, 1-6: „Circuli igitur sunt visionis gradus. In omni circulo videtur centrum
omnibus commune, propinquius in propinquioribus, remotius in remotioribus. Extra quem cum
centrum videri nequeat, quod non nisi in circulo videtur, non videtur „vita viventium" seu lux
luminum intellectualium".
　28）　*De ap. theor.* n. 28, 5f. : „Christus est nos ad claram contemplationem ipsius posse
verbo et exemplo perducens". さらに以下も参照されたい："Tu quis es. ‚De principio"n.18, 5f.:
Christus de divinis humaniter locutus est, quoniam non nisi humaniter capi possunt per homines（キ
リストは神的なことを人間的に語ってくれた。なぜならそれは，人間的な方法によってのみ
人間によって理解されうるのだからである）。

第 3 章　表象力の機能とその射程　　　251

　このクザーヌスの言明は，聖書の有名な二つの箇所（マタイ福音書
13・34-35 ならびにマルコ福音書 4・33 － 34）を想い起こさせる。ここで
は前者を引用して示そう。

　　イエスはこれらのことをみな，たとえを用いて群衆に語られ，たと
　　えを用いないでは何も語られなかった。それは，預言者を通して言
　　われていたことが実現するためであった。「わたしは口を開いてた
　　とえを用い，天地創造の時から隠されていたことを告げる」[29]。

　さらに，このような含意の光の下で，以下の，ほぼ同じ年代にクザー
ヌスが修練士ニコラウスに宛てた手紙の一節も読まれるべきであろう。

　　我が子よ，汝が第一に留意するべきことは，われわれがこの世界に
　　おいて類似と〈エニグマ〉によって歩んでいるということである。
　　なぜならば，真理の〈精神〉はこの世界に由来するものではないの
　　であって，喩えとわれわれにそれと知らされた象徴とによってわれ
　　われが未知なるものへと上げられる場合にのみ，それは，この世界
　　からも把握されるものなのだからである[30]。

　この一節には，老いたニコラウスがもう一人の若きニコラウスに対
して，〈エニグマ〉を用いる探求という〈キリストのまねび〉の道を歩
むことで真理に導かれようではないか，と呼びかけている姿が現れて
いる[31]。哲学的に解釈すれば，それ自体が神の似像である精神をもって，

---

　　29)　クザーヌスが用いたであろう Vulgata 訳聖書では，この箇所は以下のように表記
されている：Haec omnia locutus est Jesus in parobolis ad turbas; et sine parobolis non loquebatur
eis. Ut impleretur quod dictum erat per prophetam dicentem: Aperiam in parobolis os meum,
eructabo abscondita a constitutione mundi.
　　30)　*Epis. Nic. Bonon.* n. 48, S. 46, 23-26)（八巻和彦訳「ニコラウスへの書簡」〔『神
を観ることについて』所収〕209 頁以下）：„Primo autem, fili mi, advertas nos in hoc mundo
ambulare per similitudines et aenigmata, quoniam spiritus veritatis non est de hoc mundo neque per
ipsum capi potest, nisi parabolice et per symbola nobis nota ad incognitum rapiamur."
　　31)　あえて記せば，そもそもイエス自身がこの世界に存在していた間は〈エニグマ〉的
存在（謎に満ちた人物）であったとも言えるであろう。例えば，マタイ（13・53-58），マル
コ（6・1-6），ルカ（4・16-30）の三福音書にこぞって記されている事件，故郷ナザレで人々
が彼のことを受け入れることがなくて，「このように人々はイエスにつまずいた」というよう

とりわけ表象力の助けをかりて，神の似像としての世界を認識し，さらにそれの背後に働いている，世界と真理との創造者に到達することを目指すということになるだろう。

5 〈似像−表象力−複合構造〉（Imago-imaginatio-Komplex）

以上の考察に立って，最後にクザーヌスにおける〈似像−表象力−複合構造〉についても考察しておこう。

彼においては，自身の〈覚知的無知〉および〈反対対立の合致〉の思想においてはもとより，ハイデルベルク大学教授ヴェンクからなされた批判に対する論駁においても明らかなように，論理に対する限定的な評価が顕著である。すでに本書第I部第2章においても紹介した論駁の一節を引用しよう。

> もし彼〔ヴェンク〕が，「いかなるものも存在するか存在しないかである」という原理に含まれている学問の基礎とあらゆる推論が〔〈覚知的無知〉によって〕取り去られると言うのであれば，彼は十分に理解していない。なぜなら彼は，〈覚知的無知〉が精神の眼と知解可能性に関わって働くものであるということに気付いていないからである。彼は〔神の〕直視に導かれる熟慮〔〈覚知的無知〉のこと〕からまったく離れているのであり，彼の証言は幻に由来するのである。〔…〕論理的探求およびいかなる哲学的探求もけっして直視にまで到達することはないのだ[32]。

しかしながらクザーヌスも，論理並びに数学というような明解な思考プロセスを示すものを最初から排除して，無意義であると断じ去っているわけではない。むしろ彼がその領域に深い関心を抱いていたことは，円周率を確定しようと腐心していくつかの著作を残していることにも明らかであり，数学的な思考を神の探求に応用しようとさえしているので

なことがあったとされているからである。

[32] *Apologia*, nn. 20, p.14, l. 12-17; 24f.

ある[33]。

　しかしクザーヌスは，明晰な論理的探求のみによって探求の本来的目的である真理に到達することはない，と考えていた。そのような彼の確信を支えた思想は，後年になればなるほど明瞭になってきた彼の〈似像〉論（Imago-lehre）にあると考えられる。それはすなわち，神によって造られた世界ならびにその内に存在するあらゆるものが，つまり〈もの〉であろうと〈能力〉であろうと，広い意味での神の〈似像〉であるとするものである。

　留意すべきことには，このクザーヌスの〈似像〉論は，キリスト教的な「神の〈似像〉」という視点[34]と，新プラトン主義的な〈原像―似像〉（exemplar-imago）関係における〈似像〉という視点の二つが結合されているものなのである。その結果，クザーヌスにおいては，この世界の万物が，広い意味では神の〈似像〉であるものの，それらが新プラトン主義的に〈原像〉・神からの「距離」によって区別されているのである。すなわち，知的能力を有して自己が神の似像であることを認識している人間という本来の意味での〈似像〉imago と，その他の〈もの〉としての〈類似〉similitudo とに分類されることになっているのである[35]。

　その上で，本来の意味での〈似像〉としての人間であっても，自己認

　33）　本書の次章を参照されたい。

　34）　旧約聖書『創世記』1・27: Et creavit Deus hominem ad imginem suum; ad imaginem Dei creavit illum, masculum t feminam creavit eos（神は御自分にかたどって人を創造された。神にかたどって創造された。男と女に創造された）。

　35）　*Epis. Nic. Bonon.*, n. 6, p. 28, 8-13（八巻訳「ニコラウスへの書簡」186 頁以下，なおこの拙訳では imago と similitudo を訳し分けないという誤りを犯している）: Adverte, fili, ad vivam dei intellectualem imaginem in te existentem, quae non esset viva intellectualis imago, si se non cognosceret imaginem. Intellectus igitur est de essentia vivae dei imaginis. Unde inter illam imaginem dei et aliam dei similitudinem, sine qua nulla potest esse creatura, hoc interest quod nulla similitudo praeter illam habet scientiam se dei esse similitudinem, quando vita intellectuali caret〔下線は引用者〕（子よ，汝のうちに現存する神の生命ある知性的な似像に留意するがよい。もしそれが自己を似像であると認識することがないのであれば，それは生命ある知性的似像ではないことになる。つまり，知性は神の生きた似像の本質からできているのである。それゆえに，この神の似像と，被造物が存在するのに不可欠な他の神の類似との間には，次のような相異が存在するのである。すなわち，知性的な神の似像以外のいかなる類似も，自己が神の類似として存在しているという認識を持つことがないのである。なぜならば，それらは知性的生命を欠いているのだからである）。この点については，以下の箇所も参照されたい：*De mente*, n. 73; *De ven. sap.* n. 111（酒井・岩田訳 242 頁）。

254　　　Ⅲ　クザーヌスの認識論

識を超えて神・真理を認識しようとするときには，当然のことながら被
造物としての限界に直面することになる。例えば，存在している〈も
の〉の真理としての何性（quiditas）を認識することは不可能なのであ
る[36]。

　この「被造物としての限界」を，クザーヌスは〈エニグマ〉という思
想的要素として捉えて，彼の後期の思想の展開においてはそれに重要な
役割を付与している。この〈エニグマ〉の直接の淵源は，言うまでもな
く新約聖書「コリントの信徒への手紙一」13・12 の以下の聖句である。

　　　わたしたちは，今は，鏡におぼろに映ったものを見ている。だがそ
　　　のときには，顔と顔を合わせてみることになる[37]

　つまり，〈似像〉としての人間であろうとも，この世界では神・真理
については〈エニグマ〉的にしか観ることが出来ないというのである。
この〈エニグマ〉の思想が，上記のようにクザーヌスの晩年になって重
要な役割を担うようになったのは[38]，先に引用した「かつての私は，そ
れ〔真理〕はむしろ暗闇においての方が見つかりやすいと考えていた。
そこにおいて可能自体が大いに輝き出る真理とは，大きな権能を有する
ものである。〔それゆえに〕真理は路上で呼ばわっているのである」と
いう，クザーヌスの遺著となった『観想の頂点』に明言されている確信
と関わっているはずである。すなわち，神・真理は，この世界に輝き出
ているのであるが，しかしそれはあくまでも〈エニグマ〉としてなので
あるから，われわれが路上で出会うものそのものを神・真理そのものと
みなしてはならないという主張である。

　しかし，クザーヌスにあってはこの〈エニグマ〉は，すでに見たよう
に，単に否定的な意味だけを付与されているのではない。〈エニグマ〉

　36）　この点については，本書第 I 部第 2 章 3 ならびに *De ven. sap.* 12, n. 31, 23（酒井訳
166 頁）を参照されたい。

　37）　Vulgata 訳聖書の当該箇所は以下のとおり：Videmus nunc per speculum in
aenigmate; tunc autem facie ad faciem. この聖句をクザーヌスは若い時から繰り返し引用してい
る。

　38）　〈エニグマ〉については，特に晩年の二著作，『緑柱石』（1458 年）と『可能現実存
在』（1460 年）において繰り返し扱われている。

第3章　表象力の機能とその射程　　255

を〈エニグマ〉として捉えることで，真理への上昇の手助けともなると
されているのである[39]。

　このように〈エニグマ〉が真理探求において重要な役割を果たすとさ
れるならば，そこに〈表象力・想像力〉という能力ならびに，それの活
動の所産としての〈表象像〉が独自に果たす役割も留意されるべきであ
ることになる。この点に関わる重要な一節が『観想の頂点』に見出され
る[40]。ここには明らかに，論理的な〈把握〉（comprehendere）よりも端
的に〈観ること〉（videre）の方が高く深く捉えることができるという
ことが述べられている。このことは，註40で指示した箇所での枢機卿
の発言に続く対話相手のペトルスが，枢機卿から「私の言ったことが分
かりましたか videsne quae dixi?」と尋ねられて答える際の，以下の発言
からも裏付けられる。

　　あなたの言ったことは〔私の〕理解力を凌駕しているにもかかわら
　　ず，私はそれが真であるということが分かります[41]。

　つまり論理的に納得できたという訳ではないけれども，言われたこと
が真であると分かる（観える）というのである。この構造は，本章註20
の引用の中で述べられていることとも密接に関わっている。〈似像〉が
それの〈原像〉たる真理に向かう際に，自身がもつ限界を飛び越えるた
めの〈杖〉[42]の役割をするのが，〈エニグマ〉を用いながら〈観ること〉
なのであり，さらに，それと密接にかかわる〈表象力〉でもあると，考
えられているに違いない。

　このように捉えることができるならば，クザーヌスの真理探求におい
て〈表象力〉は，時に〈理性〉はもとより〈知性〉さえも凌駕する役割

　39）　*De poss.* n. 25, 1-3（大出・八巻訳39頁）.「〈可能現実存在〉が何らかの名指され
うるものに適用されるならば，これが名指されえないもの〔神〕への上昇のための〈エニグ
マ〉となる」。なお〈エニグマ〉については，本書第III部第5章3,1も参照されたい。
　40）　*De ap. theor.* n. 10, 11-n. 11, 2（佐藤訳654頁）. なお，この箇所の訳文とテキスト
は，本書前章註73にある。
　41）　Ibid. n. 12, 1（佐藤訳655頁）：<u>Video</u> haec vera quae dixisti, licet <u>excellant capacitatem</u>
（強調は引用者）.
　42）　上の註18の引用箇所を参照されたい。

を果たしうると考えられていることになる。これが，クザーヌスにおける〈似像‒表象力‒複合構造〉である。

第 4 章

クザーヌス哲学における幾何学的象徴の意義

1 数学的思考における連続性と非連続性

クザーヌスは，自身の神学的思考を分かりやすく提示するために多くの数学的象徴を使用している。その際には，直線，三角形，多角形，そして円などの幾何学図形が重要な役割を担っている。

とくに目立つのは円の活用である。最初の哲学的著作である『覚知的無知』（1440 年）から，死の前年に纏められた著作である『球遊び』（1463 年）に到るまで，彼は円をさまざまに利用して，自己の思考を分かりやすくしようと試みている。

このような円の活用は，さらに特別な形で，初期の著作である『推測について』と最晩年の著作である『球遊び』との間の共通性としても見出される。それは，『推測について』において提示されている「普遍図」と名付けられた図形を回転すると『球遊び』における図形が導き出され，それがさらに『覚知的無知』における〈キリストの山〉という表象につながりうる，ということである。この導出のプロセスについては，本書前章において詳述しているので[1]，ここでは立ち入らない。

以下において私は，むしろ，クザーヌスの円の本質の捉え方において生じた重要な非連続性を明らかにする。そのための出発点として，先ず

---

1) 本書第Ⅲ部第 3 章第 3 節を参照されたい。

258 Ⅲ クザーヌスの認識論

『覚知的無知』の一節を引用しておきたい。

　神は世界の創造に際して算術，幾何学，音楽と天文学を同時に使用
した。われわれもまた，諸事物や諸元素や諸運動の比的な関係を探
求するに際しては，これらの諸学問を利用するのである。〔…〕そ
れゆえに諸元素は，万物を数と重さと尺度に従って創造した神に
よって，驚くべき秩序に整えられた。数は算術に，重さは音楽に，
尺度は幾何学に関わるのである²⁾。

　このような，中世に典型的である彼の叙述を前にすると，これをいか
に理解すべきか，文字通りにか，それとも象徴的にか，という疑問が生
じる。

2　数の本質の〈世俗化〉

　上の問いに対する結論を先取りして記すならば，この時点ではクザー
ヌスも，この思想を中世の伝統に則して文字通りに捉えていた³⁾，ある
いは少なくとも文字通りに理解しようと試みていたと思われる。この点
を明らかにするために，数の本質についてのクザーヌスの捉え方を示そ
う。『覚知的無知』の中で以下のように記している。

　創造者の精神のうちでは数が，創造されるべき諸物の原理的な原像
であることは疑いがない，とわれわれのアウグスティヌスや彼の後

　2）　*De doct. ign.* II, 13, p. 110, 23-24; 111, 11-13 (n.175; n. 176)（岩崎・大出訳149頁
以下）：„Est autem Deus arithmetica, geometria atque musica simul et astronomia usus in mundi
creatione, quibus artibus etiam et nos utimur, dum proportiones rerum et elementorum atque
motuum investigamus. [⋯] Admirabili itaque ordine elementa constituta sunt per Deum, qui omnia
in numero, pondere et mensura creavit. Numerus pertinet ad arithmeticam, pondus ad musicam,
mensura ad geometriam.“

　3）　Steel, Nature as Object of Science, in: Koyama (ed.), *Nature in Medieval Thought, Some
Approaches East & West*, p. 146（小山編『ヨーロッパ中世の自然観』210頁以下）；Bianchi et
Randi, *Vérités Dissonantes, Aristote à la Fin du Moyen Âge*, p. 155; p. 162.

第 4 章　クザーヌス哲学における幾何学的象徴の意義　　　259

のボエティウスは主張した[4]。

　数についての同様の捉え方が，『覚知的無知』に続いて執筆された
『推測について』にも，以下のように見出される。

　　われわれの精神の理性に関わる数に基づいて，神の精神の実在的で
　　言表不可能な数に対して象徴的な方法で推測を遂行しつつ，われわ
　　れは次のように言う。創造者の精神においては諸物の第一の原像は
　　数そのものであり，それは，〔創造者の〕類似としての世界の原像
　　がわれわれの理性から成立する数であるのと同様である，と[5]。

　以上の二つの引用から，この時代のクザーヌスにとって，数の本質は
神的なものの領域に属しているのであって，それゆえに神的な数が優先
することを彼が容認していたことが明らかになる。
　しかし 1450 年に，すなわちクザーヌスが『イディオータ篇』を著
した時点になると，数についての理解に変化が成立した。これは彼が，
『イディオータ：精神について』第 6 章のタイトルを「知者たちは象徴
的な表現で数が諸物の原像であると名づけた」[6]とした上で，〈イディ
オータ〉に以下のように言わせていることから，明らかになる。

　　第一に生じるものを，われわれは象徴的に数と名付ける。その理由
　　は，数が比例の主体なのであって，数なしには比例が存在しえない
　　からである[7]。

　4）　*De doct. ign.* I, 11 (p. 23, 10-12) (n. 32)（岩崎・大出訳 31 頁）: „Augustinus noster
et post ipsum Boethius affirmarent indubie numerum creandarum rerum in animo conditoris
principale exemplar fuisse.“

　5）　*De coni.* I, 2, n. 9, 5-10: „Symbolice etenim de rationalibus numeris nostrae mentis
ad reales ineffabiles divinae mentis coniecturantes, dicimus in animo conditoris primum rerum
exemplar ipsum numerum, uti similitudinarii mundi numerus a nostra ratione exsurgens.

　6）　*De mente*, VI, n. 88, 1f.: "Quomodo symbolice loquendo sapientes numerum rerum
exemplar dixerunt".

　7）　Ibid., n. 92, 4-6: „Primum enim principiatum vocamus symbolice numerum, quia numerus
est subiectum proportionis; non enim potest esse proportio sine numero.“（下線は引用者）

260　　　　　　Ⅲ　クザーヌスの認識論

　さらに彼は，次のように明白に記している。

　　実際の存在を有する数が神の精神と諸々の物との間を媒介するとい
　　うことはなく，諸々の物の数とはそのもの自体であるということ
　　が，以上のことからあなたには分かるだろう[8]。

　これらの引用から明らかになることは，クザーヌスが『精神につい
て』においては，神的な数が優先するという以前の理解を放棄して，
〈神の数〉とは実在する数ではなくて，象徴的な概念であると捉えるよ
うになったということである。同時に彼は，数学的な大きさとしての数
は，もっぱら人間の精神に由来して成立するものであることをも強調し
ているのである[9]。
　さらに，この『精神について』よりも後に執筆された諸著作，とりわ
け『神学的補遺』（1453 年）では，それの処々において，〈数はもっぱら
精神に由来して成立する〉というこのパラダイム転換を，いっそう明瞭
に示している[10]。

---

　8)　Ibid. VI, n. 96, 15-17: „Ex quo habes inter mentem divinam et res non mediare numerum,
qui habeat actuale esse, sed numerus rerum res sunt."
　9)　確かにクザーヌスは『覚知的無知』においても，数は精神に由来するとしているが
（De doct. ign. II, 3,　p. 70, 19-21 (n. 108),: „ex nostra mente, per hoc quod circa unum commune
multa singulariter intelligimus, numerus exoritur")，しかし同時に，すでに見たように，そこに
は，神の数を優先した上での神の数と人間の数との並行関係が想定されているのである。
　10)　De theologicis complementis （以 下，De theol. compl. と 表 記 す る）n. 9, 33f.
„Numerus autem non nisi ex mente est"（数は精神からのみ生じる）; De ludo, II, n. 90, 17-19:
„Videtur igitur anima esse viva illa unitas, numeri principium, in se omnem discretivum numerum
complicans, quae de se ipsa numerum explicat"（魂は生命ある一性であって，それは自身の
内にあらゆるものを区別する数を包含している数の根源であるように見える）.; Ibid. n. 92,
14f.: „Ex se [anima rationalis, 引用者] notionalem multitudinis numerum explicat"（それ〔理性的
魂〕は自身から多数性の概念的な数を展開する）; Ibid. n. 109, 18-23: „De his alias meminimus
latius scripsisse, maxime in libello De mente. Nunc haec sic repetita sint, ut rationem seu virtutem
animae discretivam in numero, qui ex mente nostra est, melius cognoscas ac quod vis illa discretiva
ex eodem et diverso et uno et altero composita dicitur uti numerus, quia numerus discretione mentis
nostrae numerus est"（このことについては他の場所でいっそう詳細に，とりわけ『精神につ
いて』という小著作において繰り返し記しておいたことを覚えている。あなたが以下のこと
をいっそうよく理解できるように，ここで繰り返しておこう。理性すなわち魂の識別能力は，
われわれの精神からその存在を受け取っている数のなかに存在するのであり，さらに，その
識別能力は，数と同様に，同と異とから，また一と他とから構成されていると言われている。
なぜならば，数が数であるのは，われわれの精神の識別によってだからである。

第 4 章　クザーヌス哲学における幾何学的象徴の意義　　　261

　これに関して特に注目すべきものは，クザーヌスが 1453 年 4 月 9 日
以降に記したことが判明している[11]，『ディオニュシウス文書』（*Corpus
Dionysiacum*）についてのアルベルトゥス・マグヌスの註解に対する欄
外註である。そこには，「神のうちには端的に数は存在しない」と，彼
があえてメモしているのである[12]。

　このように，数が神的本質を有するという思想から離れることで，ク
ザーヌスは中世における〈数の神秘主義〉から距離を取ることができる
ようになった。この事実を，本節のタイトルとして「数の本質の〈世俗
化〉」と表現したのである。このことの結果として，彼は数学的な問題
を純粋に論理的・理性的に扱うことができるようになった。これは，以
下の後期著作からの二つの引用が明らかに示している。先ず，『緑柱石』
（1458 年）からの引用である。

　　数学的なものおよび数は，われわれの精神から生じたものであっ
　　て，われわれが把握する方法で存在しているのであるから，感覚可
　　能な諸々のものの実体でも原理でもない。それらは理性による存在
　　なのであって，われわれ自身がそれらの創造者なのである[13]。

さらに『球遊び』では以下のように記されている。

　　それ〔理性的魂〕が，それらの諸学問を，すなわち算術，幾何学，
　　音楽学および天文学を発明したのであるから，それは，それら〔諸

　11）　Haubst, *Streifzüge in die Cusanische Theologie*, 119.

　12）　In Deo non est numerus simpliciter: Vgl. Baur, *Nicolaus Cusanus und Ps. Dionysius im
Lichte der Zitate und Randbemerkungen des Cusanus*, 111, Nr. 578. この欄外註が記された当該
箇所は以下のとおりである : „Dicendum, quod in deo non est numerus simpliciter, sed tantum
numerus secundum quid, qui est numerus personarum" (*Alberti Magni Opera Omnia*, XXXVII-1,
Super Dionysium De divinis Nominibus, 444, 36-38).

　13）　*De beryllo* 56 (XXXIII), 23-26: „mathematicalia et numeros, qui ex nostra mente
procedunt et sunt modo quo nos concipimus, non esse substantias aut principia rerum sensibilium,
sed tantum entium rationis, quarum nos sumus conditores". さらに以下も参照されたい : *De poss*.
『可能現実存在』n. 43,12f.（大出・八巻訳 61 頁）: „non sunt illa mathematicalia neque quid
neque quale sed notionalia a ratione nostra elicita"（あの数学的ないろいろなものは，〈何か〉で
も〈何らかの性質〉でもなく，われわれの理性から抽き出された〈概念的なもの〉なのであ
る）。

262　　　　　　Ⅲ　クザーヌスの認識論

学問〕が自身の力のうちに包含的に存在していることを経験するの
である。つまり，これらの学問は人間によって発明され展開される
ことで存在しているのである[14]。

3　円の本質の〈世俗化〉

クザーヌスの諸著作を読んで行くと，円と正多角形の関係についての
把握にも明瞭な転換が生じていることに気づかされる。先ず，初期の著
作『覚知的無知』の冒頭あたりでは，以下のように記している。

　　円の存在は何らかの分割されえないものによって成立しているので
　あって，円でないものによっては測ることが不可能である。そのよ
　うに，〔有限な〕知性は真理ではないので，限りなくそれ以上厳密
　には把握されえない程にまで厳密に真理を把握することは決してな
　い。この知性の真理に対する関係は，ちょうど多角形の円に対する
　関係のようなものであって，多角形がより多くの角をもつように描
　かれれば，それに応じてそれはいっそう円に似てくるが，しかしな
　がら，たとえ角が無限にまで増加されたとしても，けっして〔円
　と〕等しくはならないのである――この多角形が円との同一性に解
　消されるのでないかぎりは[15]。

　つまり，ここでは明白に，正多角形の角の数を無限に増やしても円に
なることはない，と述べているのである[16]。

---

　　14)　*De ludo* II, n. 93, 1-4: „[anima rationalis] invenit disciplinas, scilicet arithmeticram,
geometricam, musicalem et astronomicam, et illas in sua virtute complicari experitur. Sunt enim
illae disciplinae per homines inventae et explicatae（[...] 内は引用者）.“

　　15)　*De doct. ign.* I, 3, p. 9, 13-20 (n.10)（岩崎・大出訳 12 頁以下）: „nec circulum, cuius
esse in quodam indivisibili consistit, non-circulus [mesurare potest]. Intellectus igitur, qui non est
veritas, numquam veritatem adeo praecise comprehendit, quin per infinitum praecisius comprehendi
possit, habens se ad veritatem sicut polygonia ad circulum, quae quanto inscripta plurium
angulorum fue rit, tanto similior circulo, numquam tamen efficitur aequalis, etiam si angulos in
infinitum multiplicaverit, nisi in identitatem cum circulo se resolvat（[...] 内は引用者）.

　　16)　同様な趣旨の叙述は，以下にもある：*De doct. ign.* I, 6 (n. 15)（岩崎・大出訳 19 頁

第4章　クザーヌス哲学における幾何学的象徴の意義　　　263

　ところが，1453年の著作である『神学的補遺』においては，多角形
の角数が無限に増えると円になると，以下のように説かれている。

　　正多角形がより多くの角を得るほど，いっそう円に似る。もし人が
　　多角形に注目するならば円は無限な数の角から成立していることに
　　なる。また，もし人が円そのものにだけ注目するならば，円にはい
　　かなる角も見出すことはなく，それゆえに円は非限定的で無角的に
　　存在していることになる。それゆえに，無角的で非限定的なものと
　　しての円は，自己のうちに，現に存在しこれから存在することが可
　　能な角的なもろもろの限定のすべてを，すなわち多角形のすべてを
　　包含しているのである[17]。

　では，なぜ『覚知的無知』を執筆する時点のクザーヌスは，多角形の
角の数を無限に増やすことを想定しながらも，多角形の本質と円の本質
とを厳格に区別していたのであろうか。確かに，この著作における無限
についての思惟の展開をみれば，この区別をすることの方がむしろ不合
理なことのように思われるのである。しかしながら，当時のクザーヌス
は，先にみた，数の本質がそうであったと同じく，円の本質も神の領域
に位置づけていたのである。それゆえに円が多角形と同一化するとは考
えられなかったのだろう。
　ところで，この円の本質が神的であるか否かという視点とは別の点に
おいても，円という存在は彼にとって，特別な意義を有するものであっ
た。というのは，『覚知的無知』において彼は，「円は一性と単純性との

以下）；Ibid. I, 11 (n. 30)（岩崎・大出訳30頁）。なお，Ibid. III, 4 (n. 206)（岩崎・大出訳176
頁以下）においては，この本来は起こりえない多角形が円に転化するようなことが起きたの
が，神・人イエスであるとして，円を神性でありその内部の多角形を人間性と見立てた上で，
説かれている。つまり，上の註15の引用文の最後の条件付きの文章の内容が，イエスという
例外的存在において例外的に生じたととらえているのである。
　　17)　*De theol. compl.* n. 5, 6-12 „Quanto [...] polygonia aequalium laterum plurium
fuerit agulorum, tanto similior circulo; circulus enim, si ad polygonias attendis, est infinitorum
angulorum. Et si ad ipsum circulum tantum respicis, nullum angulum in eo reperis, et est
interminatus et inangularis, et ita circulus inangularis et interminatus in se complicat omnes
angulares terminationes, polygonias datas et dabiles.‟

264   Ⅲ　クザーヌスの認識論

完全な図形である」[18]と指摘しているのみならず，「いかなる神学も円的
であり，神の諸属性の名称さえも相互に円的に確証されるほどに円にお
いて措定されているのである」[19]と述べているからである。

　さらに，円そのものの性質，すなわちあらゆる円が互いに厳密に相似
であるという性質も，彼にとっては大きな意味をもっていた[20]。なぜな
らば，この円の相似性という特性は，神の万物への内在という，彼に
とっての最大の関心事の一つを説明する喩えとして，大いに好都合だか
らである。つまり，無限な円を原像とすると，諸々の大小の円とは，そ
れを分有している似像であることになるから，この無限な円を神とみな
すならば，諸々の大小の円は被造物となり，そのような形で，神が多様
な万物に内在しているのである，と説明できるからである。

　以上の検討から，クザーヌスにおける円と多角形との関係についての
理解の変化は，さらにその背後に，円の本質そのものについての理解に
根本的変化が生じていたことが明らかとなる。するとここには，すでに
われわれが数の本質について見たのと同様な発展が成立しているわけで
ある。

　このような，数と円についての彼の理解の変化が成立する上で決定的
であったことは，以下の二つの点であると考えられる。

---

　18)　*De doct. ign.* I, 21, (n. 63) (p. 42, 9) （岩崎・大出訳57頁）: Circulus est figura
perfecta unitatis et simplicitatis.

　19)　Ibid. I, 22 (n. 66) (p. 44, 4-6) （岩崎・大出訳59頁）: „omnis theologia circularis
et in circulo posita existit, adeo etiam quod vocabula attributorum de se invicem verificentur
circulariter". さらに『覚知的無知』には以下のように円と神を関わらせる説明がある：「神は，
いわば最大な球として，あらゆる円運動のもっとも単純な尺度である」(Ibid. I, 23 (n. 72) (p.
47, 11f.) （岩崎・大出訳64頁）；「いたるところに存在しているが，いかなるところにも存在
していないものとしての神こそが，世界の周であり中心である」(Ibid. II, 12 (n. 162) (p. 104,
2) （岩崎・大出訳140頁）；さらに『覚知的無知』に続いて著わされた『推測について』に
は，「完全な循環においては，感覚が理性的魂に，理性的魂が知性に，知性が，完全な循環の
始めであり終りである神へと，帰還するのである」*(De coni.* I, 8, n. 36, 4-6) と。

　20)　*De theol. compl.* n. 7, 26-28 (h X 2a, 35): „figurae circulari, quae nobis completa et
pulchra apparet propter eius uniformitatem et aequalitatem ac simplicitatem" （円という図形は，
それの斉一性と同等性と単純性のゆえにわれわれには完全で美しい図形として現れる）：
De ludo, II, n. 79, 12f. (h IX, 96): in omnibus circulis non vides nisi circulum unius rationis, licet
circumferentia unius plus distet a centro quam alterius （あなたは，たとえある円の円周の中心か
らの距離が他の円のそれよりも多いということがあるとしても，あらゆる円において円の唯
一の根拠しか観ることがない）；*De ven. sap.* XXVIII, n. 85, 12: „cuncti eiusdem speciei" （あら
ゆる〔円〕は同じ種に属している）。

第4章　クザーヌス哲学における幾何学的象徴の意義　　265

1）数と円は人間の理性からのみ成立するものである，という明白な
　理解。
2）神的な数あるいは神的な円とは，象徴的にそのように呼称されて
　いるだけであって，本質から見れば神は数でも円でもない，という
　明白な理解。

　ここから明らかになることは，1450年に著わされた『円の求積法』
（De circuli Quadratura）が，とりわけそれのうちの「神学篇」と名付け
られた部分が，クザーヌスのこの思考変化が成立するために極めて大き
な意義をもったことである。なぜならば，この書物において彼は，円に
ついて新たな定義をしつつ，1）円の真理としての無限な円，2）抽象
的な円，3）感覚可能な円，という円の三種の分類を設定しているので
ある[21]。

　この円の分類に従うならば，第二の円，すなわち抽象的な円は第一の
無限な円の似像であるが，第一の円が無限であるということによって，
第二の円は第一の円とは比較不可能であることになる。同時に，この第
一の円は，その完全な受容性においてあらゆる多角形の受容性を比較不
能な仕方で凌駕することになるのである[22]。

　21）　De circ. quad. Pars Theologica 91-96; 99-101: „Adhuc progredientes advertimus
circulorum varietatem quodque non potest esse nisi unus maximus, verissimus, in se subsistens,
aeternus et infinitus circulus, ad quem per circulos quantos non ascenditur, quoniam in recipientibus
magis et minus non devenitur ad maximum simpliciter; […] Alii autem circuli, licet non videantur
habere principium et finem, prout considerantur via abstractionis a sensibili circulo, tamen quia
non sunt ipsa infinita aeternitas, tunc sunt circuli quorum esse est ab ipso infinito primo aeterno
circulo" (それに加えてわれわれは，円の多様性は，最大にして最も真であり自存している永
遠で無限な円としてのみ存在可能であることに気づく。しかし，そもそもより多いとかより
少ないということを受容しうるものの領域においては，端的に最大なものには到達不可能で
あるので，量的な円によってこれ〔永遠で無限な円〕にまで上昇することはない。……その
他の諸々の円は，それ固有の起源をも目的をももっているようには見えないのではあるが，
感覚可能な円からの抽象という方法によって，そういうものとして観察されるのである。し
かしながら，それらは永遠で無限な円ではないので，それらの円の存在は無限で第一なる永
遠な円から導出されているのである）。

　22）　Ibid. 104-106: „Perfectam habent […] enim capacitatem improportionabiliter
excedentem capacitatem omnium polygoniarum et sunt infiniti circuli primi prima imago, licet ob
infinitatem primi sint ad ipsum imcomparabiles". なお，capacitas というラテン語には，「受容
性・受容力」という意味以外に，「面積」という意味もあるので，ここでは，クザーヌスが格
闘し続けた円の求積法の困難性も意識されているであろう。また興味深いことには，同年に
著わされた『精神について』には無限な円についての論及が存在しない。

266   Ⅲ　クザーヌスの認識論

　このことに関して決定的に重要であるのは，1453 年に著わされた『神学的補遺』である。そこには，円の本質の〈世俗化〉を示す上述の二つの点が，以下のように明記されているのである。

　　精神は感覚的な物質から自由であり，それゆえに数学的な図形に対しては，いわば形相のような関係にある。それゆえにそれらの図形が形相であると言うのであれば，精神は諸形相の形相となる[23]。

次の引用箇所は，この関係をいっそう明瞭に強調している。

　　われわれの精神が図形を描こうとする場合には，一点から始めて，それを線に拡張し，さらにその線を角ができるように折り曲げて，表面を囲い込むことで多角形をつくる。〔…〕直線は一つの拡張によって三角形になり，さらにもう一つ拡張すると四角形になり，最大の拡張は円になる。それゆえに円とは，創造主に最も近い被造物に，すなわち最高の精神に似ている。精神以上に高貴なものは存在しない[24]。

　上掲の第二のメルクマールも，同じ著作に以下のように見出される。

---

　23)　*De theol. compl.* n. 2, 19-22: „Est [···] mens a sensibili materia libera et habet se ad figuras mathematicas quasi forma. Si enim dixeris figuras illas formas esse, erit mens forma formarum"

　24)　Ibid. n. 9, 55-57; 58-62: „uti mens nostra volens figurare incipit ab uno puncto et illum extendit in lineam, deinde illam flectit in angulos, ut claudat superficiem, et facit polygoniam, [···] quomodo linea per unam extensionem fit triangulus, per aliam et maiorem tetragonus, per maximam circulus, circulus igitur competit perfectissimis creaturis suo creatori simillimis, ut sunt supernae mentes; nihil enim mente nobilius". 以下も参照されたい：*De ludo* II, n. 95, 6-10 „ubi ratio circuli videtur? Non extra rationem. Ubi ratio, nisi in anima rationali? Si igitur in se ipsa rationalis anima videt rationem circuli, quae est supra tempus, sive igitur anima rationalis sit ipsa ratio seu disciplina seu ars aut scientia, sive non sit, utique constat ipsam necessario supra tempus esse" (円の存在根拠 ratio はどこに見出されるのか？　理性 ratio の外ではない。理性的霊魂のうちにではないとすると，何処に存在根拠 ratio は？　つまり，その理性的霊魂が，時間を超越して存在する円の存在根拠を自己のうちに見るのであれば，理性的霊魂それ自体が，その存在根拠あるいは学問あるいは術あるいは知識であることになる，あるいは，そうではないのか？　いずれにせよ，それ〔理性的霊魂〕は必然的に時間を超越して存在していることが確かである)。

第4章　クザーヌス哲学における幾何学的象徴の意義　　267

有限な円周が〔有限な〕直線との関係から円的であると呼称されるように，われわれは無限な円周も同じように円的であると呼ぶ。しかしながら，それは命名者の意図に応じて円的であるとされているのではない。なぜならば，それ〔無限な円周〕は直線と異なるものではないので，〔本来は〕円的ではないからである[25]。

　円の本質についてこのような思考を展開することによって，クザーヌスは中世の〈幾何学的神秘主義〉から距離をとることができるようになったわけである。その結果，正多角形と円の関係を純粋に数学的に考察することができるようになった。そして，この新たな方法論からもたらされる結果を，再度，神学に応用することで，後にみる〈神の味見〉[26]にふさわしい比喩を，彼は求め続けたわけである。

4　多角形と円との接近および〈円の象徴〉の発展

　1450年の著作においては，以下にみられるように，まだ円と正多角形の間を厳密に区別していた。

　　一つの多角形のいかなる角周も円の円周からは落下しているのであり，多角形のいかなる面積も円の面積からは比較不可能なほどに離反しているのである[27]。

　しかし1453年の著作になると，この二つの図形の関係についてまったく新たな捉え方が現れる。すでに引用した箇所であるが，再度，示す。

---

　25)　Ibid. n. 14, 29-33 „Sicut […] circularis linea finita vocatur circularis ad differentiam rectae finitae, ita nominamus circularem infinitam similiter circularem, et tamen non secundum intentionem instituentis nomen circularis, quia non est circularis, quando non differt a recta.“

　26)　〈味見〉（praegustatio）については，本章第5節の冒頭を参照されたい。

　27)　*De circ. quad.* Pars theologica, 47-49: „omnis peripheria polygoniae sit cadens a peripheria circuli et omnis capacitas polygoniae improportionabiliter deficiens a capacitate circuli“.

正多角形がより多くの角を得るほど，いっそう円に似る。もし人が多角形に注目するならば円は無限な数の角から成立していることになる。また，もし人が円そのものにだけ注目するならば，円にはいかなる角も見出すことはなく，それゆえに円は非限定的で無角的に存在していることになる。それゆえに，無角的で非限定的なものとしての円は，自己のうちに，現に存在しこれから存在することが可能な角的なもろもろの限定のすべてを，すなわち多角形のすべてを包含しているのである[28]。

このような多角形と円との思考上の接近および等周的アプローチにクザーヌスが到達したのは1453年以降だとされているが[29]，これによって彼は，すでに言及した『可能現実存在』や『球遊び』に示されているように，晩年の著作において円の象徴法を多様に展開できるようになった。その際に彼が前提にしている確信は，以下のようなものである。

円は他のいかなる作成可能な図形よりも単純である。従って，それの受容力はあらゆる図形のなかでもっとも完全である。そのために円は，無限な単純性のゆえにあらゆる形相の形相であり無限な能力を有するというあの図形なのである[30]。

さらに彼は述べている。

---

28) 上の註17を参照されたい。また，以下も：*De theol. compl.* n. 9, 51: „Circulus enim est totus angulus"（つまり円は全角である）; *De vis.*（1453年の著作）VIII, n. 30, 16f.（八巻訳51頁）: „Angulus [⋯] oculi tui, deus, non est quantus sed est infinitus, qui est et circulus, immo et sphaera infinita, quia visus est oculus sphaericitatis et perfectionis infinitae. Omnia igitur in circuitu et sursum et deorsum simul videt"（神よ，あなたの眼の角度は量的なものではなくて無限なものであり，それは円的なものです。むしろそれは無限な球である，と言うべきでしょう。なぜならばこの眼差しは，無限な球性と完全性の眼であるのだからです。それゆえにそれは万物を同時に，円的に，また，上方に向かっても，下方に向かっても，観るのです）。

29) Folkert, *Die Quellen und die Bedeutung der mathematischen Werke des Nikolaus von Kues*, 308.

30) *De theol. compl.* n. 9, 11-14: „Circulus [⋯] simplicior est omni formabili figura, ideo vis capacitatis eius perfectissima inter figuras, quapropter forma illa, quae ob suam infinitam simplicitatem est omnium formarum forma, est infiniti vigoris".

第4章 クザーヌス哲学における幾何学的象徴の意義 269

　円は，〔一点から展開されたあらゆる図形の中で〕最も究極的で最
も単純で最も創造主に似ているものである[31]。

　この引用で示されている，一点から諸図形が導出されるということ
も，幾何学的図形の源泉は人間の精神であるという，第一のメルクマー
ルを前提にすることで可能となっているのである。
　さらに，この新たな視点によって達成された決定的なことは，円形に
運動という要素が導入され，微積分学的なアプローチが示されたことで
ある。というのは，われわれが一つの円に内接する正多角形の角数を増
加させるということを表象する場合には，ほぼ自動的に水車がたえず速
く自転する場合のような，円運動つまり回転運動が想起されてくるから
である。
　実際にクザーヌスは，晩年の著作『可能現実存在』において，この思
考に類似した具体例を挙げている。そこでは，自転するコマがその回転
速度を上げて無限の速さに達する場合が説かれている。それによって彼
は，絶対的な静止と無限速度の運動との〈反対対立の合致〉が成立する
ことを明示しようと試みているのである。
　すでにブレドウが指摘しているように[32]，ここには，プラトンの『国
家』（Politeia）の中の矛盾律を扱っている一節との類比関係が存在して
いる[33]。
　しかしながら，両者の間には以下の二点の相違も存在している。
1）クザーヌスとは異なりプラトンは，コマの例を用いて，コマは回
　転しつつもそのコマの心棒が同一の場所に静止している場合に，静
　止と運動が同じ側面において同一であるかどうか，という問題を説
　明しているのである。クザーヌスの思考内容の方がプラトンのそれ
　よりも深いことは明白である。
2）このプラトンの作品においてソクラテスは，このコマの例示が矛
　盾律の反証にはならないという結論を導いている。これに対して，

　31）　Ibid. n. 9, 44f.: „ultimum atque simplissimum atque perfectissimum et creatori
simillimum circulus".
　32）　Bredow, *Im Gespräch mit Nikolaus von Kues, Gesammelte Aufsätze 1948-1993*, 24.
　33）　Platon, *Politeia* IV, 12, 436c-437a（藤沢令夫訳『国家』304-306 頁）。

270 Ⅲ　クザーヌスの認識論

　クザーヌスのコマの場合には，無限速度で自転するコマにおいては静止と運動が一致する例示としてこれが使用されているのであって，その結果，矛盾律が妥当性をもつことのない〈反対対立の合致〉が証明されるとされているのである。

　さらに明白なことは，もしクザーヌスが，円と正多角形との関係における微積分学的なアプローチを経由しながら円の本質に関する新たな理解に到達していなければ，このような特徴的で説得力のある円の象徴法を展開することが不可能であっただろうということである。

　〈円〉に運動の要素が導入された第二の例は，本章冒頭でもふれた，晩年の著作『球遊び』において繰り返し言及されている球遊びの得点盤である。初期の著作である『推測について』における「普遍図」が40個の大小の円から構成されているのに対して，この得点盤は9つの同心円から成っていて，その盤上を，半分が球形にくり抜かれているために極めて不規則に転がる球を転がして得点を競うのである[34]。円で構成されているこれら二つの図形の間に存在するさらなる相違は，球遊びの得点盤の方は，『推測について』における「普遍図」とは異なって，運動が大きな役割を果たしていることである。つまり，この得点盤の上を球が転がるのみならず，この著作の第Ⅱ部では，得点盤が応用的に活用されて，9つの同心円がそれらの共通の中心の周囲を回転する場面も説かれているのである。

　さらに意義深いことには，『球遊び』では〈丸さ〉（rotunditas）[35]が世界成立の形而上学的で思弁的な原理として主題化されているのである。つまり，この〈丸さ〉は，〈原像―似像〉のシェーマに則しつつ，一方において世界内のあらゆる〈丸い〉ものに内在しているのであるが[36]，さらに世界の最大の〈丸さ〉にもそれの原像として包含されているのであるから，小さな丸いものの中には，もろもろの原像の原像としてこの形而上学的〈丸さ〉が内在していることになる。なぜならば，世界内に

　34）　この二つの図形については，本書前章ならびに本書第Ⅳ部第3章も参照されたい。

　35）　ラテン語の rotunditas は，平面としての丸さ（円）も立体としての丸さ（球）も意味するので，〈丸さ〉と表記しておく。

　36）　De ludo I, n. 11, 16f.: „vera […] rotunditas non potest esse in materia, sed veritatis tantum imago"（真の〈丸さ〉は物質の中には存在することができないのであり，真理の似像だけが〔そこに存在するのである〕。

第4章　クザーヌス哲学における幾何学的象徴の意義　　271

存在する丸いものは，世界の〈丸さ〉を分有しているのであり，世界の
〈丸さ〉は絶対的な〈丸さ〉を分有しているのだからである[37]。

　この規定に加えて，〈丸さ〉のさらなる特性として，新たに運動の要
素が現れる。クザーヌスは以下のように記している。

　　平坦で均質な表面をいつも同じように振舞う球は，いったん運動に
　　投入されるならば，たえず動き続ける[38]。

さらには，以下のようにも。

　　もし〈丸さ〉が，それ以上に大きなものが存在しえないほどに最大
　　であるならば，それはあくまでも自ら運動するのであり，同時に運
　　動するものであり動かされるものであるだろう[39]。

　こうして，この世界に存在しているすべてのものが，〈原像―似像〉
のシェーマに従いつつ運動への傾向を有しており[40]，あらゆる生命ある

　37）　Ibid. I, n. 16, 7-12.: „haec est mundi rotunditas, participatione cuius omne rotundum est
rotundum. Haec est enim participabilis rotunditas in omnibus mundi huius rotundis, quae gerunt
imaginem rotunditatis mundi. Sed mundi rotunditas, licet sit maxima, qua nulla maior actu est, non
est tamen ipsa absoluta verissima rotunditas. Ideo est imago rotunditatis absolutae" （これは世界の
〈丸さ〉であり，あらゆる丸いものはこれを分有している。つまりこれは，この世界のあらゆ
る丸いものに分有されることが可能な世界の〈丸さ〉である。〔この世界の〕あらゆる丸いも
のは，世界の〈丸さ〉の似像を帯びているのである。しかし世界の〈丸さ〉は，実際にはそ
れよりも大きなものが存在しない最大のものであるとはいえ，しかしながらそれ自体が絶対
的で完全に真なる〈丸さ〉ではないのである。それゆえにそれは，絶対的な〈丸さ〉の似像
なのである）。
　38）　Ibid. I, n. 21, 14f.: „sphaera in plana et aequali superficie se semper aequaliter habens,
semel mota, semper moveretur".
　39）　Ibid. I, n. 25, 15-17: „si rotunditas foret maxima, qua etiam maior esse non posset,
utique per seipsam moveretur et esset movens pariter et mobile".
　40）　Ibid. I, n. 40, 2-9: „Non possumus negare hominem dici microcosmum, hoc est parvum
mundum, qui habet animam. Sic et magnum mundum animam habere, quam naturam quidam
dicunt, alii spiritum universorum, qui omnia «intus alit», unit, conectit, fovet et movet. Vis enim
illa mundi, quae seipsam et omnia movet, de qua diximus, est perpetua, quia motus rotundus et
circularis, omnem in se habens motum, sicut circularis figura omnem figuram in se complicat" （人
間が，「小さな世界」という意味のミクロコスモスと呼ばれて魂をもっていることを，われ
われは否定できない。そして同様に，大きな世界が魂をもっていて，それを「自然本性」と
称する人もあり「世界精神」と称する人もあるが，それが万物を内部で養っており，統一し，

272 Ⅲ　クザーヌスの認識論

ものは運動していることになる[41]。なかでも魂は，自己を円形に運動さ
せているが，それは自己を自身に還帰させるからである[42]。同時にクザー
ヌスは，形而上学的原理としての絶対的〈丸さ〉は不可視であるとも述
べている[43]。

　以上の〈丸さ〉に関わる規定は全て，『球遊び』の中の9つの同心円
からなる得点盤を例として説かれているのである——この図形は，本
来，球遊びの得点盤という単純な盤としてクザーヌスが導入していたも
のであるにもかかわらず。

　これらの9つの円が宇宙の構造に転用される場合には，宇宙の存在階
梯に則して，以下のように段階的に秩序付けられてもいる。すなわち，
最大にして最も外側の円はカオスを，その次の円は諸要素の力を，第三
の円は鉱物的力を，第四の円は植物的力を，第五の円は感性的力を，第
六の円は表象力あるいは想像力を，第七の円は論理的力つまり理性的力
を，第八の円は知性を，第九の円は〈観〉を表現している。そして最後
の第十にして最小の円は中心を表現する，とされる[44]。

　先に言及した『可能現実存在』におけるコマの場合とは異なり，こ
の9つの円の回転速度は，中心に近いほど早く回転するとされている。
従って，最も内側の円，すなわち中心の回転速度は無限となるはずであ
る。同時に，この中心は固定された中心であるともされているので，最
大にして無限な運動をしているのでありつつ，同時に最小の運動をし

結合し，温め，動かしていることも〔われわれは否定できない〕。われわれが論じてきた，自
己と万物を運動させる世界のこの力は，たえず存続しているものである。なぜならば，それ
は丸くて円形をしている運動なので，あらゆる運動を自己自身のうちにもっているからであ
る——円形があらゆる図形を自己のうちに包含しているのと同様である）。

41)　Ibid. I, n. 22, 16: „Utique vivere motus quidam est".

42)　Ibid. I, n. 32, 5-7: „in hoc reperio animam movere seipsam motu circulari, quia supra
seipsum ille motus revertitur".

43)　Ibid. I, n. 9, 1-3: „Ultima igitur mundi sphaerica rotunditas, quam puto perfecitssimam,
nequaquam est visibilis. Cardinalis: Nequaquam".

44)　Ibid. II, n. 104, 14-24: „Circulus circumdans et extrinsecus figurat ipsum confusum
chaos. Secundus virtutem elementativam, quae est proxima ipsi chaos. Tertius mineralem; et hi tres
circuli terminantur in quarto, qui est circulus vegetativam figuras. Post illum est quintus circulus
sensitivam figuras. Deinde sextus imaginativam sive phantasticam figurans. Et hi tres circuli,
scilicet quartus, quintus et sextus, in quarto terminantur, scilicet logisticam seu rationalem figurante,
et septimus est. Deinde est octavus figurans intelligentialem et nonus figurans intellctibilem. Et hi
tres, scilicet septimus, octavus et nonus, in quarto, qui est decimus, terminantur".

第 4 章　クザーヌス哲学における幾何学的象徴の意義　　　273

ていることになる[45]。こうしてここに〈反対対立の合致〉が成立すると
されている。そして，この中心にキリストが居るとされているのであ
る[46]。

　興味深いことに，ここまで自身の円の象徴思考を発展させるなかで，
クザーヌスは初めて，円の中心というものに重要な意義を付与するよう
になっている[47]。というのも彼は，キリストとしての中心はあらゆる生
命ある存在のもつ円的運動に対して最大の存在意義を付与しつつ，もし
この中心が存在しなければ継続する生命の継続性も運動性も認識されえ
ないか存在しえない，と記しているからである[48]。

　ここで，〈丸さ〉（rotunditas）というクザーヌスがこの著作で初めて
提出した概念を考慮しつつ，「球遊びの得点盤」の全体を改めて表象し
てみるならば，一つの壮大な天球が構想されていることが見えてくる。
これはそもそも比喩であるので，単に可視的な宇宙のみならず，存在の
価値に則して秩序付けられた〈宇宙〉をも表していることになるのであ
り，それの中心にキリストが居り，彼は全ての存在者があるべき仕方で
存在するようにと，それらに働きかけている，という天球の姿である。
これが，クザーヌスの宇宙像にほかならないのであるが，それを「ク
ザーヌスのビッグバン」と名付けることができるかも知れない。

---

　45)　Ibid. II, n. 69, 16-23: „Quanto autem circulus centro est propinquior, tanto citius
circumvolvi potest. Igitur, qui sic est circulus quod et centrum, in nunc instanti circumvolvi potest.
Erit igitur motus infinitus. Centrum autem punctus fixus est. Erit igitur motus maximus seu infinitus
et pariter minimus, ubi idem est centrum et circumferentia, et vocamus ipsum vitam viventium in
sua fixa aeternitate omnem possibilem vitae motum complicantem".

　46)　下の註 48 の箇所を参照されたい。

　47)　この事実は，円の求積法の研究の展開と密接に関わっているはずである。

　48)　以下を参照されたい：De ludo II, n. 69, 7-10: „quod eo non exsistente non potest nec
perpetuitas nec motus vitae perpetuae, qui in aequalitate ad identitatem centri refertur, aut nosci aut
esse, sic se habet centrum, quod Christus est, ad omnes circulationes". このようなキリストの働き
かけるという特性が，他の箇所ではこんこんと湧き出る泉のイメージをもって説かれている：
Ibid. II, n. 74, 8: „Unus est fons vivus totam regionem viventium implens" (これは，生命あるも
のの領域の全体を潤し尽くす唯一の生命ある泉である)。

5 〈数学的味見〉（Praegustatio mathematica）

ラテン語の 'praegustatio' とは，'praegustare' という，「前もって味わう，試食する」という意味をもつ動詞の名詞形であるが，中世の神秘主義においてそれは，神の至福直観に到る前段階として，何らかの方法によって「前もって少しだけ神を味わう」というような意味で使用されている。

そこで，先ずクザーヌスにおける〈神の味見〉（praegustatio）について考察してみよう。聖職者としての活動の初期である，1431 年 8 月 15 日になされた「説教 8」に以下のような一節がある。

> 魂は神と栄光を把握しようと欲するが，しかしそれは鏡においてでしか可能ではない。だが，それ〔魂〕は恩寵によって〔神の栄光を〕味見するのである。〔しかし〕，アルベルトゥス〔・マグヌス〕によれば，最大の恩寵に恵まれたマリアは，単なるこの世界の旅人としてではなく，この生において栄光の甘美さを味見したのである。旅人〔一般の信徒〕は，美しいものから永遠な美を，楽しいものから永遠な楽しさを，光から永遠な光を，甘美なるものから永遠な甘美さを推論する。しかし旅人が人間の仕方で想像し知性において見るいかなるものも，神性のあの天的な栄光からはかけ離れているのである——ベルナルドゥス〔クレルヴォーの〕によれば，それは，信仰が真理から，時間が永遠から離れているのと同じほどに，離れているのである[49]。

---

49) *Sermo* VIII, n. 18, 1- 6: anima vult Deum et gloriam apprehendere, et non potest nisi per speculum in hac vita, et tamen praegustat iuxta gratiam. Maximae gratiae Maria: Non ut simplex viator praegustavit in hac vita gloriae dulcedinem secundum Albertum. Syllogizat viator ex pulchris pulcheritudinem infinitam, ex amoenis amoenitatem infinitam, ex luce lucem infinitam, ex dulci dulcedinem infinitam; et tamen cuncta, quae viator imaginatur et in intellectu videt humanitus, tantum distant ab illa superna Deitatis gloria, quantum secundum Bernardum fides a veritate, tempus ab aetenitate（下線は引用者）.

第 4 章　クザーヌス哲学における幾何学的象徴の意義　　　275

　この引用から明らかなことは，この段階のクザーヌスは，〈神の味見〉
は恩寵によってしか成立せず，人間の知性的能力によっては鏡において
のようにしか想像することができないので[50]，神とその想像の内容との
距離は，永遠と時間との違いほどにある，と考えていたことである。

　その後，クザーヌスによる 'praegustatio' の用例は，中期の著作に到
るまで，説教も含めて 3 回しかない[51]。この三か所の用法には，註が示
しているように，〈神の味見〉が成立するに際して，最初期の説教が説
いていた「恩寵によって」という側面が，依然として保持されているこ
とが読み取れる。

---

　50)　ちなみに，この，新約聖書「コリントの使徒への手紙一」13・12 を踏まえた表現
の背後には，ガラス製の鏡が製作されるようになるまでは，金属を磨いた鏡か，容器に水を
溜めて写す水鏡しかなかったので，それに写る鏡像は極めて不鮮明であったという事実があ
る。

　51)　これは，クザーヌスの全著作について用語を検索できる Cusanus-Portal (http://
www.cusanus-portal.de/) による検索結果である。その 3 例を以下に示す。なお，下線はいず
れも引用者：*Sermo* XXI（1439 ／ 40 年），n. 18, 13- 19: exponis omnia tua cum fiducia et offers
et comittis sibi. Et tu te proicis in ipsum.: Fiat voluntas tua etc. Tunc attingis ultimum desiderium.
In hac tamen praegustatione vitae futurae intelligis, quam dulcia osucula sunt Mariae et Filii et tui
etc（汝は，信頼をもって汝のもつものの全てを並べ示し，彼にささげ委ねる。その上，自
身をも彼に投げ込む。汝の心が実現されますように。そうすれば汝は究極の希求に触れるこ
とになる。この未来の生についての味見において汝は，マリアとその子と汝との接吻がい
かに甘美なものであるかが分かるようになる，等々）；*De fil.*（1445 年），n. 68, 8- 12（坂本
訳 135 頁）：Poteris [...] quadam intuitione occulta praegustare nihil aliud filiationem esse quam
tranlationem illam de umbrosis vestigiis simulacrorum ad unionem cum ipsa infinita ratione, in
qua et per quam spiritus vivit et se vivere intelligit（汝は，ある秘められた直観によって，〈子
であること〉は諸々の似姿の影に満ちた痕跡からあの無限な理性との合一へと転移するこ
とに他ならないことを味見することができるであろう。〔われわれの〕精神はその理性〔根
拠〕において，その理性によって生きるのであり，自身が生きていることを認識するのであ
る）；*Sermo* LXXI（1446 年 8 月 15 日）n. 20, 5-14: Si omnia bonum naturaliter appetunt, tunc,
quando intellectus intellectualiter optimum elegit, non potest umquam non eligere ipsum. Tunc
autem intellectualiter eligit, quando ipsum intellectualiter praegustavit esse unum necessarium. Et
evenit hic gustus ex administratione refectionis vitae spiritus, quae fit illuminatione Verbi Dei, quod
illuminat, uti Maria Magdalena sedens audiendo verbum Jesu illuminabatur（万物が本性的に善い
ものを希求するものであるかぎり，知性が最善のものを知性的に選択したことがあるのであ
れば，知性は〔それ以降〕それを選択しないことは決してできないのである。それゆえに，
知性が〈一なる必然的なもの〉が存在することを知性的に味見したことがあるのならば，そ
れ〔知性〕は同じもの〔〈一なる必然的なもの〉〕を知性的に選択するのである。そして，こ
の味わうことは精神の生命への食物の施しの指示によって成立する。これ〔食物の施し〕は
神の言葉の照らしによって生じるのである――ちょうど，マリア・マグダレーナが，イエス
の傍らに座って彼の言葉に耳を傾けつつ照らされたように）．

276   Ⅲ　クザーヌスの認識論

　しかしながら，1450 年代の著作に到ると，この点に大きな変化が現れる。神である知恵[52]が世界の到る所にその叫び声を現わしていることをテーマとする著作『知恵について』では，その第 1 巻において，〈神である知恵の味見〉について，ラテン語の 'sapientia'（知恵）が，「味がする」という意味の動詞 'sapere' を語源とするという説を前提にしつつ，以下のように説かれている。少し長く引用する。

　　知恵は，最も高いところに住まわっているので，どんな味覚によっても味わわれえない。それゆえにそれは，味わわれえない仕方で味わわれるのである。というのは，それは，いかなる味わうことが可能なもの，感覚されることが可能なもの，理性的なもの，知性的なものよりも高いところに存在しているからである。しかし，味わうことが不可能な仕方で遠くからであれば味わわれることは可能である──ちょうど或る香りが，味わうことが不可能なものの味見であると言われるのと同様である。すなわち，香り立つものから発する香りが他のものにおいて何重にも受け取られ，そのことでわれわれが〔香りの源へと〕走るべく誘われて，例えば，香油の香りの中を香油に向かって走らされるようにである。それと同様に，永遠で無限な知恵は，それが万物の中に輝き出ているので，<u>それの働きの諸々の結果という何らかの味見によってわれわれを誘って，その結果，われわれは驚くべき切望を抱きつつ知恵へと運ばれることになるのである</u>。それ〔永遠で無限な知恵〕は知性の精神的な生命であるから，<u>自身の内に〔それについての〕生得的なある種の味見をもっている知性は</u>，この味見によって大いに熱心に自身の命の源を探し求めるのである。この味見がなければ，それ〔源〕を探求することもないだろうし，また，たとえそれ〔源〕を発見しても，自身がそれを発見したと認識することもないであろう。このようにして，知性は，それの固有の生命としてのそれ〔永遠で無限な知恵〕に向けて動かされるのである[53]。

────────────

52)　*De sap.*I, n. 21, 5（小山訳 555 頁）「永遠なる知恵とは神である」.

53)　Ibid., I, n. 10, 11- n. 11, 4（小山訳 548 頁以下。ただしここでは praegustatio を「味の予感」と訳している）: Ipsa [sapientia] [...] , quia in altissimis habitat, non est omni

第4章　クザーヌス哲学における幾何学的象徴の意義　　277

　この引用から明らかになることは，〈味見〉が，初期の著作で説かれ
ていたような，恩寵によってのみ成立するものではなくて，人間の自然
本性的あり方の一つである知性的活動にもすでに内在している，とされ
ていることである。それゆえに，この書物においては，この事実に人間
が気づくことが重要である，と繰り返し強調されており，その第一巻は
「あなたは，極めて敬虔で清らかな心で一度味わったことのある知恵に
は，引き離されることがないように固着するであろう」[54]という文章で
締めくくられているのである。

　以上で見たような，〈神の味見〉を人間の側に引きつけた捉え方は，
最晩年のクザーヌスが遺著『観想の頂点について』の中で以下のよう
に，振り返って述べたことと密接に関わっている。「かつて私は，真理
は暗闇においての方が見出されやすいと考えていました。可能自体が大
いに輝きわたる場としての真理は大いなる権能を有するものです。汝が
『知恵について』で読んだことがあるように，真理は路上で呼びかけて
いるのです。真理がいたるところで自らを容易に見出され得るものとし
て示しているのは，確かなことです」[55]。

---

sapore gustabilis. Ingustabiliter ergot gustatur, cum sit altior omni gustabili, sensibili, rationali et
intellectuali. Hoc est autem ingustabiliter et a remotis gustare, quasi sicut odor quidam dici potest
praegustatio ingustabilis. Sicut enim odor ab odorabili multiplicatus in alio receptus nos allicit ad
cursum, ut in odore unguentorum ad unguentum curratur, ita aeterna et infinita sapientia cum in
omnibus reluceat, <u>nos allicit ex quadam praegustatione effectuum, ut mirabili desiderio ad ipsam
feramur</u>. Cum enim ipsa sit vita spritualis intellectus, <u>qui in se habet quandam connaturatam
praegustationem</u>, per quam tanto stuidio inquirit fontem vitae suae, quem sine praegustatione non
quaereret nec se reperisse sciret, si reperiret, hinc ad eam ut ad propriam vitam suam movetur（下
線は引用者）．さらに以下も参照されたい：De sap, I, n.17, 4-6（小山訳552頁）：Qui [...]
quaerit motu intellecutali sapientiam, hic interne tactus <u>ad praegustatam dulcedinem sui oblitus
rapitur</u> in corpore quasi extra corpus（知性的運動によって知恵を求める人は，内的に捉えられ
て忘我状態に陥り，肉体の中にあっても肉体の外にあるかのように，味見したことがあるあ
の甘美さへと引き上げられるのである）（下線は引用者）。

　54)　Ibid. I, n. 28, 9f.: catissimo et purissimo corde semel degustatae sapientiae
indissolubiliter adhaerebis. なお，この表現は，以下の比喩的叙述と類似している：De vis. 21,
n. 108, 1: Quis potest ursum separare a melle, postquam dulcedinem eius degustavit?（熊がいった
ん蜂蜜の甘美さを味わってしまったら，誰がその熊を蜂蜜から引き離すことができるでしょ
うか）。

　55)　De ap. theor. n. 5, 9-13: 'Putabam ego aliquando ipsam in obscuro melius reperiri.
Magnae potentiae veritas est, in qua posse ipsum valde lucet. Clamitat enim in plateis, sicut in
libello De idiota legisti. Valde certe se undique facilem repertu ostendit' [Übersetzung von Senger,
NvKdÜ 19, 9]. 佐藤訳651頁。訳文は引用者が一部変更した。

つまり，クザーヌスは1450年頃には，神という〈真理・知恵〉への人間の到達について，以前に比べると格段に肯定的になっているのであるが，それは人間ならびに被造世界の存在意義を高く評価するようになっていたことに由来するのである。

さらに，〈神の味見〉について人間の生来の能力における可能性が繰り返し説かれた『知恵について』第1巻に続く同書第2巻では，それを踏まえた上で，無限性についての多様な方向からの思考によって，神においては〈反対対立の合致〉が成立することが示される。そしてそれゆえに，「無限な真理は有限な真理の厳密性であり，絶対的に無限なものは有限な万物の厳密性であり，尺度，真理，完全性である」[56]とされる。それに加えて第二巻に顕著なことは，無限について幾何学的に思考することで導き出される結果に対して，「むつかしさの，なんと驚くべき容易さか」[57]と弁論家が吐露するような，〈簡便な神学〉[58]の称揚である。その上で，この書物は以下のようなイディオータの言葉で締めくくられている。

　　このようにしてあなたは今や，永遠なる知恵について観想することが許されたものを有している。それは，あなたが万物を，最も単純な正しさにおいて最も真に，最も厳密に，混乱なく，もっとも完全に，観るためである。とはいえそれは，〈エニグマ〉的な手段によってである。しかしながら，この世界においては〈エニグマ〉的な手段なしに神を観ることは存在しえないのである——神が，御自身をわれわれに対して〈エニグマ〉なしに観えるものとなることを許す時までは。これが知恵のむつかしさの容易さである[59]。

56）　*De sap.* II, 46, 20-22（小山訳572頁）。

57）　Ibid. II, 45, 1: O miranda facilitas difficilium!

58）　theologia brevis: これについては，以下に有益な説明がある：Senger in: *Nikolaus von Kues, Die höchste Stufe der Betrachtung* (Hamburg 1986), 80-82..

59）　Ibid. II, 47, 1-6: Sic nunc habes id, quod in aeterna sapientia contemplari conceditur, ut intuearis omnia in simplicissima rectitudine verissime, praecissime, inconfuse et perfectissime, licet medio aenigmatico, sine quo in hoc mundo dei visio esse nequit, quousque concesserit deus, ut absque aenigmate nobis visibilis reddatur. Et haec est facilitas difficilium sapientiae（下線は引用者）.

第 4 章　クザーヌス哲学における幾何学的象徴の意義　　279

　つまり，第 2 巻で説かれていることは，いわば〈神の味見〉を成立
させるための思考上の修練なのである。そして，ここで見逃すべきでな
いことは，「この世界においては〈エニグマ〉的な手段なしに神を観る
ことは存在しえない」とされていることである。というのは，この点
は，クザーヌスが教皇特派大使としての 1 年 4 か月に及ぶ旅行を終え
て，その足で自身の司教区に入り司教区改革に着手した後，2 年以上に
わたる沈黙を破って，1453 年に著作を開始した際に，彼の思考の前面
に顕著に表れてくるものだからである。同年にまとめられた『神を観る
ことについて』において典型的に〈神の味見〉について記されている箇
所を，以下に引用する。

　　主よ，私はあなたの本性についてのいくらかの味見を，このような
　　類似をもって表現してきました。慈しみ深い方よ，どうか〔私を〕
　　慈しみたまえ。私はあなたの甘美さの表現不可能な味覚を，比喩的
　　に表現しようと努めてきたのですから[60]。

　つまり，この段階のクザーヌスにとっては，〈神の味見〉はまずもっ
て人間の生得的な知的能力を駆使して案出される多様な比喩的方法に
よっても可能である，とみなされていたのである。その際に彼にとっ
て重要であったことは，〈神の味見〉であるかぎりにおいて，それは簡
潔な説明と納得を成立させうるものであるということである。つまり，
「比喩的方法」であるとはいえ，それができる限り容易に深い納得を成
立させるものであることが必要だとみなされていたわけである。
　この目的に適するものは，『神を観ることについて』における〈万物
を観ている像〉のような比喩であると共に，数学的・幾何学的思考にお
いて〈有限なもの〉を〈無限なもの〉へと発展させる方法である。なぜ
ならば，後者にはそれ特有のダイナミズムがあるので，そのダイナミズ

---

　60)　*De vis.* 17, n. 78, 6-8（八巻訳 106 頁）: Expressi, domine, aliqualem praegustationem
naturae tuae in similitudine. Sed parce, misericors, quia nitor infigurabilem gustum dulcedinis
tuae figurare（下線は引用者）．さらに以下も参照されたい: Ibid. n. 76, 3f.（八巻訳 104 頁）:
dulcissima degustatio eius aliqualiter videtur praegustabilis in figura（これ〔三一的な愛〕につい
ての極めて快い味わいは，何らかの仕方で比喩的にならば前もって味わわれうるもののよう
に思われるからです）（下線は引用者）。

280 Ⅲ　クザーヌスの認識論

ムとパラレルに神のことを想像させることで，観想している者に容易に
〈味見〉を成立させることが可能だからである。
　このような思想的コンテキストにおいて，上で言及した著作『知恵に
ついて』でもみたような[61]，〈簡便な神学〉がクザーヌスによって称揚さ
れているのである。同じことが，すでに言及した『可能現実存在』にお
けるコマの比喩によりつつ，以下のようにも説かれている。

　　あなたがたは，あの極めて詳細で同時に簡潔な神学に大いに近づい
　　ているのです[62]。

　つまり，当時のスコラ的神学において〈神学〉（theologia）が言語に
依拠した論証の深い森と化していた状況を批判的に捉えつつ，「神につ
いての言葉」という本来の意味において神学を捉え直した上で，このよ
うに簡便にして簡潔な神学を，クザーヌスは提唱しているのである[63]。
　そのような彼にとっては，幾何学的図形は〈神の味見〉を提供するた
めの格好の手段であったに違いない。実際に彼は『神学的補遺』におい
て，このことを次のように記している。

　　精神が円の原像〔即ち無限な円〕に向けて，また，精神がそれだけ
　　を注視する対象としての無限な形相および美しさに向けて，どれ
　　ほど強く働きかけられているかに注意するべきである。〔…〕あら
　　ゆる愛されているものが，自身が愛されるに値するということを，
　　〔絶対的な〕愛から得ているのであれば，〔以後〕それ〔絶対的な
　　愛〕は〔愛されているものによって〕捨て去られることはない[64]。

　61）　例えば以下を参照されたい：*De sap.* II, n. 29, 15-21（小山訳 561 頁）：„Idiota: Vide,
quam facilis est difficultas in divinis, ut inquisitori semper se ipsam offerat modo, quo inquiritur.
Orator: Nihil indubie mirabilius. Idiota: Omnis quaestio de deo praesupponit quaesitum, et id
est respondendum, quod in omni quaesitione de deo quaesitio praesupponit, nam deus in omni
terminorum significatione significatur, licet sit insignificabilis".
　62）　*De poss.* n. 23, 1f.（大出・八巻訳 36 頁）：„Multum acceditis ad theologiam illam
latissimam partier et concisam".
　63）　ここに，クザーヌスによって考案された〈イディオータ〉の思想の本来的な意味が
あるはずだ。〈イディオータ〉の思想については，本書第 VI 部を参照されたい。
　64）　*De theol. compl.* n. 7, 30f.; 36-38: „Attende, quantum afficitur mens ad exemplar circuli

第 4 章　クザーヌス哲学における幾何学的象徴の意義　　　281

　このようにみてくれば，たとえクザーヌスが中世の単純な〈幾何学的
神秘主義〉から距離を取ったとしても，それは，彼が中世のこの神秘主
義を完全に無意味であるとみなしたわけではないことが明らかになる。
むしろ彼は，自身の数学研究の成果を，〈神の味見〉という認識のため
に意識的に繰り返し活用しているのである[65]。数学は，それ固有の方法
において，このために極めて好都合なのである。なぜならば数学は，一
方において，理性が数学の矛盾律に則して展開される限り，理性の限界
を極めて明瞭に示すことができるからである[66]。また他方において，ま
ずもって図形を用いる幾何学は，ほとんど自然言語を用いる必要がない
のであって，そのことによってクザーヌスの「転用」[67]という思考展開
の次元を，言語を用いる論証よりもはるかに簡便かつ鋭く理解させるこ
とができるからである[68]。

　しかしながらクザーヌスは，これ以降，幾何学的象徴法だけに頼っ

---

ad infinitam formam et pulchritudinem, ad quam solum recipit.[…] Si […] omne id, quod amatur,
hoc habet ab amore, quod est amabile, absolultus amor si degustabitur, non derelinquetur".

　65）　Ibid. n. 5, 23-26: „ex figuris multiangulis et circulo complicante omnes formabiles
polygonias mens ascendit ad theologicas figuras et intueatur dimissis figuris virtutem infinitam primi
principii et creaturarum complicationem et earum differentiam et assimilationem ad ipsum simplex"
（精神は多くの角をもつ図形から，そしてあらゆる形成可能な多角形を包含している円から神
学的な形象へと上昇し，それらの形象を捨て去った後に，第一の原理の無限な力を観ると共
に，〔それに〕包含されている諸被造物の有り様と，それらがその単純な〔第一の原理〕と相
違している様と類似している様をも観るのである）。

　66）　De poss. n. 43, 7-15（大出・八巻訳 60 頁以下）：„in mathematicis quae ex nostra
ratione procedunt et nobis experimur inesse sicut in suo principio per nos ut nostra seu rationis entia
sciuntur praecise, scilicet praecisione tali rationali a qua prodeunt. […] non sunt illa mathematicalia
neque quid neque quale sed notionalia a ratione nostra elicita, sine quibus non posset in suum opus
procedere, scilicet aedificare, mensurare et cetera"（われわれの理性から進み出て，あたかも自
らの根源の中に存在するような仕方でわれわれの中に存在するとわれわれが経験的に知って
いる数学的なものにおいては，それらは，われわれによって〈われわれによる存在者，すな
わち理性による存在者〉として厳密に，すなわち，それらが進み出るときに根源にあったよ
うな〈理性的厳密性〉によって知られるのである。〔…〕あの数学的なものは，〈何か〉でも
なく〈何らかの性質〉でもなくて，われわれの理性から抽き出された〈概念的なもの〉であっ
て，もしこれがなければ，理性は自分の仕事――すなわち，建築したり，測定したり，等々
のこと――へと進み出ることが不可能である）。

　67）　De doct. ign. I, cc. 16-23 (p.30-47)（岩崎・大出訳 40-65 頁）。

　68）　言語を用いる論証は，「無限」とか「絶対」というような‘あいまいな’概念によっ
てこの「転用」を表現し直さねばならない。

て〈神の味見〉および神への接近を説明し続けたというわけではない。その最晩年には，〈非他者〉とか〈可能現実存在〉のような〈エニグマ〉を考案して，それをもって〈神の味見〉および神への接近を成立させようと試みていることも見逃がすべきではないだろう[69]。すると，晩年のクザーヌスには彼独特の〈エニグマ〉の思想が成立していたと言えるだろう。それは，〈エニグマを通しての神の味見〉という，新約聖書「コリントの信徒への手紙一」13・12 に由来するキリスト教における伝統に則しつつも，それを人間の自然本性的能力に引きつけつつ新たに展開したものである。そこでは，あらゆる人間の営みが〈エニグマ〉と捉えられるのであるが，それは，一方において，〈エニグマ〉であるから絶対的な真理ではない，という意味と，他方において，〈エニグマ〉ではあるがそこまでは観える，という意味の両方が付与されるものである[70]。

---

69) この点については，次の第 5 章を参照されたい。もちろん彼が，これらの〈エニグマ〉を考案することで，幾何学的象徴法を完全に捨てたわけではなく，最晩年までそれを，自身の思考を深め説得力あるものとして提示するのに活用し続けた。それは，『球遊び』に描きだされた思考が明瞭に示している。この点については，本書第 IV 部第 3 章を参照されたい。

70) この点については，次章を参照されたい。

第 5 章

『可能現実存在』の構造

—————possest, non-esse, aenígma, vísío—————

　以下の考察では，クザーヌスの晩年の著作である『可能現実存在』（*De possest*）[1]について，その構造を，第一には〈可能現実存在〉にまつわる綿密な思惟，第二には〈非存在・存在否定〉についての思惟，第三には〈観ること・観〉および〈エニグマ〉なるものについての思惟に焦点を絞って考察する。

1　〈可能現実存在〉（possest）

　クザーヌス晩年の 1454 年から 58 年までの間には，哲学的著作がなれさていない。しかしこの 4 年間に続く時代には，神そのものがタイトルになる著作が多く生み出された。例えば，『相等性について』（1459年），『根源について』（1459 年），『非他者について』（1461-62 年）である。この『可能現実存在』という鼎談もその中の一つとして 1460 年に著された。この書のタイトルでもある〈可能現実存在〉とは，クザーヌスが神の在り方について思惟し，その結果として神に一応——なぜ「一応」であるかは後に扱う——あてはめた名称である。では，なぜ神が〈可能現実存在〉と名づけられうるのだろうか。以下では先ず，著作そのものの行論に従って考察を進める。

---

1)　以下，*De poss.* と表記。

1 『ローマの信徒への手紙』

クザーヌス自身とみなされる枢機卿と友人のベルナルドゥス，そして
ローマの修道院長ヨハンネスの三人の間で展開されるこの鼎談は，新
約聖書『ローマの信徒への手紙』1.20：「神の不可視なもの，すなわち
神の永遠な力と神性とは〈世界の創造のときから〉造られたものをと
おして明らかに認知されている」[2]について始められる。この意味を尋
ねるベルナルドゥスとヨハンネスに対して，枢機卿は，この一節の文言
を「世界の創造〔という神の行為〕によって」と解釈したうえで，次の
ように説明する。「神の不可視なもの」が見えない神以外の何物かであ
るということではなくて，世界という被造物の中には不可視な多くのも
のが可視的に存在しているのであって，それらのうちのいかなるもの
も，それ自身の十分な根拠によって〈現に存在しているところのもの〉
であるのだから，使徒パウロは，あらゆる可視的な被造物からそれぞれ
の不可視な根源へと上昇すべきである，と教えていることになるのであ
る[3]。

この点はさらに次のように説明される。「使徒は，私たちがどのよう
な仕方で被造物の中に観るものを神の中に不可視的に把捉することがで
きるか，を私たちに教えようと欲したのです」[4]。

そして議論は〈可能現実存在〉に向かって以下のように展開される。
存在することが不可能であるものは現に存在しないのであるから，現実
に存在している被造物はすべて確かに存在することが可能なのである。
ところが創造することは，非存在 non-esse から存在 esse へと導き出す
ことであるので，非存在そのものは決して被造物ではない，ということ
をパウロは明らかにしたことになる[5]。

---

2) Ibid. n. 2, 3-5: Invisibilia enim ipsius a creatura mundi per ea quae facta sunt intellecta conspiciuntur, sempiterna quoque eius virtus et divinitas.

3) n. 4（大出・八巻訳 11 頁）。

4) Ibid. n. 5（大出・八巻訳 12 頁）。

5) Ibid.（大出・八巻訳同上頁）。

2 絶対的可能性

ところで，あらゆる現存在は，〈現実に存在するところのもの〉であることが可能なのであるから，このことから，〈絶対的現実性〉を，──すなわち〈現実に存在しているところのものども〉が，それによって〈現に存在しているとおりのもの〉として存在することになるそれを，──われわれは認知する。その事情は，われわれが感覚的な眼で白いものを見る時，それがなければ白いものが白いものでなくなる〈白さ〉を知性的に洞察しているのと同様である。

ところが，存在するものは存在することが可能であるからこそ存在するのであるので，現実性は確かに存在することが可能である。従って〈現実に存在しているところのものども〉がそれによって現実に存在することが可能であるところの可能性，すなわち〈絶対的可能性〉が考えられることになる。

ところで，〈絶対的現実性〉は或る種の現実態（actus）に他ならず，また〈絶対的可能性〉は或る種の可能（posse）に他ならない。しかし，〈絶対的可能性〉は，一般に「或る可能態は現実態に先立つ」と言われる場合のように，現実性に先立って存在することはない。なぜなら，〈絶対的現実性〉によらないとすれば，〈絶対的可能性〉は現実態へと現れることがないのだからである。

従って，〈絶対的可能性〉は〈絶対的現実性〉に先立つわけではなく，また〈絶対的現実性〉の後に続くわけでもない。それゆえ，絶対的な可能態と絶対的現実態および両者の結合は，いずれも〈共に永遠なもの〉（coaeterna）である。またこれらの三者は，複数の永遠なものではなく，〈永遠〉（aeternitas）そのものであるという仕方で永遠なものなのである[6]。

---

6) Ibid. n. 6, 5-18（大出・八巻訳 13 頁以下）: Cum igitur actualitas sit actu, utique et ipsa potest esse, cum impossibile esse non sit. Nec potest ipsa absoluta possibilitas aliud esse a posse, sicut nec absoluta actualitas aliud ab actu. Nec potest ipsa iam dicta possibilitas prior esse actualitate quemadmodum dicimus aliquam potentiam praecedere actum. Nam quomodo prodisset in actum nisi per actualitatem? Posse enim fieri si se ipsum ad actum produceret, esset actu antequam actu esset. Possibilitas ergo absoluta, de qua loquimur, per quam ea quae actu sunt actu esse possunt, non praecedit actualitatem neque etiam sequitur. Quomodo enim actualitas esse posset

286　　　Ⅲ　クザーヌスの認識論

　こうしてクザーヌスは，この三位一体的に存在する永遠を「栄光に満ちた神」と名付けて，以下のように説き進める。神は，可能態と区別される現実性に先立つものとして，また現実態と区別される可能性に先立つものとして，世界の単純な根源そのものである。しかし，神の後なる万物は，可能態と現実態の区別と共に存在している。したがって「神だけが存在可能であるとおりに現に存在している」[7]ということになる。というのは，神においては，すでに見たように可能態と現実態とは同一のものであるので，神は，現実に〈それについての存在可能が確証されるところのものすべて〉であるのだからである[8]。

　ところが被造物はいかなるものも，〈存在可能であるとおりに現に存在している〉というわけではない。なぜなら，例えば太陽は，現に存在しているとおりに現実に存在しているとしても，しかし存在可能であるとおりに現に存在しているわけではない。太陽は，現実に存在しているのとは異なった仕方でも存在可能なのだからである。

　以上のように展開されるクザーヌスの思惟に特徴的な第一の点は，ホプキンスも指摘しているように[9]，クザーヌスが posse（可能），potentia（可能態），possibilitas（可能性）を通常は互いに等価なものとして用いており，相互の間に区別をしていないことである。第二に特徴的な点は，第一のことを前提にした上で，〈絶対的可能性〉を神に配当していることである。ところがこれは，彼の初期の著作である『覚知的無知』に展開されている論旨と比較してみると，かなり異なっていることが明らかになる。例えば，同書第 2 巻第 8 章では[10]，先ず（1）神の存在の仕方に絶対的必然性（absoluta necessitas）が配当された後，続いて（2）諸事物の包括の必然性（necessitas complexionis）において存在する仕方，（3）諸事物が限定された可能性（possibilitas determinata）において現実

---

possibilitate non exsistente ? Coaeterna ergo sunt absoluta potentia et actus et utriusque nexus. Neque plura sunt aeterna, sed sic sunt aeterna quod ipsa aeternitas. Videnturne vobis haec sic aut aliter se habere ?

7)　solus deus id est quod esse potest: Ibid. n. 7, 6f.（大出・八巻訳 15 頁）。

8)　Ibid. n. 8, 5f.（大出・八巻訳 15 頁）: Cum potentia et actus sint idem in deo, tunc deus omne id est actu, de quo posse esse potest verificari.

9)　Hopkins, *A Concise Introduction to the Phoilosophy of Nicholas of Cusa*, p. 18.

10)　*De doct. ign.*, II, 8, p. 87f.（岩崎・大出訳 118 頁）。

に「このもの」あるいは「あのもの」として存在する仕方，と説明された上で，最後に（4）諸事物が存在しうるという仕方としての絶対的可能性（possibilitas absoluta）が挙げられている。しかし，（4）の絶対的可能性については，同書のより後の個所で「われわれは，覚知的無知によって，絶対的可能性が存在することは不可能であることを見出すのである。……絶対的可能性は，神のうちでは神であるが神の外では不可能である」とされているのである[11]。

ここから明らかなように，『覚知的無知』と『可能現実存在』とでは，思惟の基本構造では通底していても，その力点の置き方が異なっているのである。『覚知的無知』においては神に絶対的必然性が配当され[12]，一方，絶対的可能性は否定的なものとされている。しかし『可能現実存在』においては，神に絶対的必然性が配当されることは同一であるが[13]，『覚知的無知』で否定的，欠如的に扱われていた絶対的可能性も積極的に神に配当されているのである[14]。

このことは，クザーヌスの〈神〉概念に変化が生じたことを意味するだろう。それを端的に表現するならば，『覚知的無知』においては，神は〈三性でもある最大な一性〉としての〈存在性〉として説明されたが，『可能現実存在』においては，「神だけが存在可能であるとおりに現に存在している」，および〈神の創造能力〉は，「その創造活動において空になることがない」[15]ものとして，〈無限な能力〉[16]とも説明されているのである。

3 〈包含―展開〉

さて，神は，すでに述べたように，〈存在可能なあらゆるもの〉として現実に存在するのであるから，神には，何らかの仕方で現に存在して

---

11) Ibid.（岩崎・大出訳 118 頁）。

12) また *De doct. ign.* I, 22. n. 69（岩崎・大出訳 61 頁）; II, 7, n. 129（岩崎・大出訳 112 頁）。

13) *De poss.* n. 27, 20f.（大出・八巻訳 43 頁）：「あの根源は存在しないことが不可能であるから，絶対的な必然性である」。

14) *De doct. ign.* I, 10, n. 28（28 頁）; 5, n. 14（19 頁）。

15) *De poss.* n. 8, 12f.（大出・八巻訳 16 頁）: dei potentia creativa non sit evacuata in ipsius creatione.

16) Ibid. n. 25, 15（大出・八巻訳 16 頁）: infinita potentia.

288　　　　　　　Ⅲ　クザーヌスの認識論

いるか，あるいは存在可能であるあらゆるものが包含されている。従っ
て何であれ，すでに創造されたものも，未来に創造されるであろうもの
も，それらが包含的にそこに存在している神から，展開されるのであ
る[17]。したがって「神は包含的に万物である」[18]ことになる。

　しかし，名称にせよ，もの（res）にせよ，あるいは創造された大き
さに適合する万物のどれにせよ，それらが神について適合的に言われる
ことはない。なぜなら被造物と神とは無限に異なり，隔たっているから
である[19]。

　そうではあるとしても，〈神が万物であること〉を次のようにして考
えることはできる。もし，人が被造物の美しさから「神は美しい」と言
い，そして神は「存在可能であるところのものすべての美しさ」[20]であ
るという仕方で美しいのである，ということを人が知れば，次のことが
分かることになる。(1) 全世界の美しいものの何ものも神には欠如し
ていないこと，(2)〈創造されうるすべての美しさ〉は，〈すべての美
しさの存在の可能性〉として現実に存在しているあの美しさ（神）に対
しては，比をもつことのない或る類似であるにすぎないこと，(3) 美
なる神は，存在可能であるとおりに現に存在しているので，現に存在す
る以外の仕方では存在しえないこと。同様なことは，善にも生命にも運
動にも他のものどもにも妥当する。

　さらに，このことは，一般の〈もの〉にもあてはまる。たとえば「神
は太陽である」と誰かが言う場合でも，もしも彼が，現実に〈存在可能
であるところのものすべて〉である太陽についてこのことを正しく理解
しているならば，この太陽は，あの太陽〔太陽という天体〕に似ている
何かではないことは明らかである[21]。

　また，神は〈万物における万物〉であるから，それは〈他者でない〉

---

　17)　Ibid. n.8, 20-22（大出・八巻訳16頁以下）: Omnia enim, quae quocumque modo
sunt aut esse possunt, in ipso principio complicantur, et quaecumque creata sunt aut creabuntur,
explicantur ab ipso, in quo complicite sunt.

　18)　Ibid. 19（大出・八巻訳16頁）: patet ipsum（deum）complicite esse omnia.

　19)　Ibid. n. 10, 1-4（大出・八巻訳19頁）。

　20)　Ibid. 12f.（大出・八巻訳19頁以下）: deus est ita pulcher quod pulchritudo quae est
omne id quod esse potest. なお，この表現は，後に神が〈可能現実存在〉とされる際に用いら
れる表現と同じ形式である。

　21)　Ibid. n. 11（大出・八巻訳20頁以下）。

という仕方で或るものであるわけではない。それゆえに，神は〈他者よりも多いという仕方で或る者であるのではない〉という仕方で，万物であることになる。しかしこの意味は，可視的太陽が存在する存在の仕方によってそうである，という意味ではない。神は，太陽の存在を，可視的な太陽よりもいっそうすぐれた仕方で所有しているのである[22]。つまり，〈もの〉は，自身においてよりも〈諸形相の形相〉としての神において，いっそう真に存在するのである[23]。

4 〈可能現実存在〉

以上のような議論がなされた上で，〈可能現実存在〉（possest）が導入されることになる。上の2で記したような、この著作におけるクザーヌスに特徴的な〈可能〉(posse) の捉え方に立って、彼は言う。あらゆる存在者に存在を賦与する源である神としての〈可能〉は現実に存在しているのであるから、'posse est' と表現できる。しかし、この複合表示が意味している内容を、極めて単純な意味表示によって表示しうるとしよう[24]。するとそれは、'possest' という一語で表示されてもよいだろう[25]。こうして、〈可能現実存在〉という表示が成立するのである、とされる。

さらにクザーヌスは説き進める。以上の意味表示からいって，〈可能現実存在〉のなかには確かに万物が包含されており，神について人間の形成しうる概念に従う限り，これは神に十分に肉薄する名称である。というのは，これは万物の名称であり個々の名称の名称であると共に，同時に〈いかなるものでもないもの〉（すなわち神）の名称でもあるからである[26]。

---

22)　Ibid. n. 12（大出・八巻訳 22 頁）。

23)　Ibid. n. 13（大出・八巻訳 24 頁）。

24)　クザーヌスが，〈極めて単純な意味表示によって表示すること〉を求める理由は，ここで複合表示されるものが〈神〉という〈一なるもの〉だからであろう。しかし，これによっても神そのものが十分に表現されるわけではないことは，後で言及するところからも明らかである。したがって，ここで求められている「極めて単純な意味表示」は，あくまでも〈エニグマ〉に過ぎないのである。この著作に続く『非他なるもの』では，〈non-aliud〉という複合表示となる〈エニグマ〉を用いている。この点については，本書第 III 部第 2 章を参照されたい。

25)　Ibid. n. 14（大出・八巻訳 24 頁以下）。

26)　Ibid. n. 14, 3-10.（大出・八巻訳 24 頁以下）: Esto enim quod aliqua dictio significet simplicissimo significato quantum hoc complexum 'posse est', scilicet quod ipsum posse sit. Et

290　　　Ⅲ　クザーヌスの認識論

　このようにしてクザーヌスは，全能である神の〈能力〉を強調する形
で〈可能現実存在〉という〈エニグマ〉を提示したわけである。それゆ
えに，彼は後続する節において，新約聖書『使徒言行録』17,28「我ら
は神の中に生き，動き，存在する」を踏まえつつ，「それの内では，万
物がいかなるものであろうと，現に存在しているとおりに存在し運動し
ている」と述べるのである[27]。

　しかしながら，〈可能現実存在〉という〈エニグマ〉で表示される当
のもの（神）は，認識のいかなる段階によっても到達されない。なぜな
ら，それは無限で無終で一なるもの――万物であると共に〈反対対立と
いう相違がないもの〉であるところのもの――であるゆえに，最高の知
性（天使）といえどもそれを捉えることは不可能なのだからである。と
いうのは，知性は可知的なものに自らを類同化せしめる場合に限り知解
しうるのであるが，上述のようなものとしての神に対してはそれが不可
能なのだからである[28]。

5　〈コマのエニグマ〉

　「それにもかかわらず，〈可能現実存在〉のあり方，〈永遠なもの〉の
あり方について，何らかの感覚できる表象像によって導いて頂きたい」
というベルナルドゥスの願いに応じて，枢機卿は〈子供たちのコマ回し
遊び〉を例にとって以下のように説明を続ける[29]。

---

quia quod est actu est, ideo posse esse est tantum quantum posse esse actu. Puta vocetur possest.
Omnia in illo utique complicantur, et est dei satis propinquum nomen secundum humanum de eo
conceptum. Est enim nomen omnium et singulorum nominum atque nullius pariter.

　　27)　Ibid. n. 16, 14f.（大出・八巻訳 28 頁）: In ipso ergo omnia sunt et moventur et id sunt
quod sunt quicquid sunt.

　　28)　Ibid. n. 17（大出・八巻訳 29 頁）。

　　29)　Ibid. n. 19（大出・八巻訳 30 頁以下）。

第 5 章 『可能現実存在』の構造

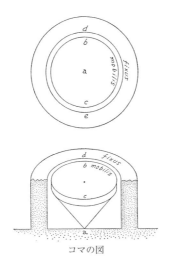

コマの図

　a 点の上で回転する〈コマの上面の円として円 bc〉を描き，もう一つの円 de は固定されているとする。そうすると，可動円 bc（つまりコマ）は，より速く回転すればするほど，より少なく運動しているように見えるようになる。そこで，「コマにおける運動可能が現実に存在する」と仮定すると，すなわち，コマが可能な限り早く現実に運動していると仮定すると，コマは完全に静止しているように見える。さらに，この運動が無限の速度になれば，可動円上の点 b, c は同じ時点において外側の固定円の d 点と一致することになる。なぜなら，b 点が c 点よりも時間的に先に d 点の位置に在ったということがなくなるからである。こうして，d 点に対して b 点，c 点の継起は存在しないことになるから，そこには運動が存在するのではなく，静止が存在することになる。したがって最大な運動は最小な運動でもあり，いかなる運動でもないことになる。

　さらに，この場合，反対対立する点 b, c は，点 d と常に一致しているのと同様に，点 d と反対対立している点，つまり e 点とも常に一致していることになる。そしてそれゆえに，円 bc の中間点もすべて同様であることになるから，たとえこの円全体が最大な円であるとしても，すべての〈いま〉（nunc）において，同時に点 d と一致することになる。これは円 de 上の全ての点においても同様である。

292 　　　　　Ⅲ　クザーヌスの認識論

　以上の表象像によって，〈エニグマのような仕方で〉神について次のことが観られうると，クザーヌスは言う。

　すなわち，円 bc がいわば永遠であり，もう一つの円 de がいわば時間であるならば，

(1) 永遠は時間のいかなる点においても同時に全体とし存在すること。

(2) 神は始め（principium）および終わり（finis）として，万物の中に同時に全体として存在すること[30]。

(3) この世界において時間的に隔たっているいかなるものも，神の前では現在において存在すること。

(4) この世界において反対対立的に隔たっているいかなるものも，神においては結合的に存在しており，ここで相違しているものもあそこでは同一であること[31]。

(5) それゆえに，次のようなさまざまな神学者の説を調和させることが可能となること。

　　1) 神は，最大速度の運動をする。

　　2) 神は，万物を運動させるが，自己は静止している。

　　3) 神は，静止し，かつ運動している。

　　4) 神は，静止しているのでもなく，運動しているのでもない[32]。

　また，神の存在の仕方について様々に言われているところの，以下の諸説を調和させることができること。

　　1) 神は，あらゆる場所に普遍的に存在する。

　　2) 神は，いかなる場所にも特殊的に存在する。

　　3) 神は，1) かつ 2) である。

　　4) 神は，1) でもなく 2) でもない[33]。

---

　30)　Ibid. n. 19（大出・八巻訳 33 頁），これは，新約聖書『ヨハネの黙示録』22, 13 を踏まえている。ここでは，〈principium〉および〈finis〉に関して，〈始め〉および〈終わり〉という時間的な〈エニグマ〉によって，同時に存在論的な〈principium〉（根源）および〈finis〉（目的）も意味されているだろう。De doct. ign., III, 3, [n. 199]（岩崎・大出訳 170 頁）および本書第 II 部第 3 章も参照されたい。

　31)　Ibid. n. 20（大出・八巻訳 34 頁）。

　32)　以上の各命題は次のような書物に見られる。(1) は『知恵の書』7,24，(2) はアリストテレス『自然学』第 3 巻（f 1201 a 27），(3) はクザーヌス，De beryllo, c. 10，(4) は Ps. Dionysius Areopagita, De myst. theol., V（PG 3, 1048 A）。

　33)　以上の各命題は次のような書物に見られる。(1) は『エレミア書』23,24，(2) は

第 5 章 『可能現実存在』の構造　　　293

　また，このコマの図を用いて，神が諸形相の形相である事情も説かれている。もしも円 bc の諸々の点が諸々の〈もの〉のそれぞれの根拠すなわちイデアと理解されるとすれば，可動円 bc 上の点 b が固定円上の点 d と一致している場合，最大速度で回転している可動円 bc 全体が d と一致していることになるから，それら諸々の点は複数ではないことになる。したがって，諸々の〈もの〉の永遠な諸根拠つまりイデアは，諸々の〈もの〉においては別々であり相違していても，神においては多様ではない——たとえ時間としての円 de とその諸点に注目した場合，円 de 上の諸点は複数であるように見えるとしても。

　以上のクザーヌスの説明に加えて，この〈エニグマ〉を次のように考えてみるならば，ここでの彼の意図をいっそうよく理解できると思われる。すなわち，円 de が，その円周上の諸点をそのままにして次第に収縮していくとすると，最終的にはこの円は一点となって点 a と一致するが，その中に先の諸点はそのまま包含されていることになる。すると，確かに，一なる神が諸形相の形相として，自己の内に万物を包含していることになり，先に引用した n.20 の記述と一致することになるのである。

　さらにクザーヌスは，この〈エニグマ〉を利用して創造主のダイナミックな在り方を説明しようとする。コマ遊びをしている子供たちは，「死んだコマ」つまり回らなくなったコマを「生かそう」と望むときには，コマの本性を超える運動，すなわち，重さの方向に向かう運動ではない天球のような回転運動を，様々な手段を用いてコマに与えて回転させる。これは，〈運動させる気息〉（spiritus movens）がコマに不可視的に臨在するようにさせることである。そして，この気息がコマを回転させるのをやめれば，コマは元のように地の中心（重さの方向）に向かう運動にもどる。このような事情から，コマを回す子供は，生命無きものに〈生命の気息〉（spiritus vitae）を与える創造主の似像とみなせるとい

『イザヤ書』66,1，（3）は Johannes Scottus, *De div. nat.* V 31（PL 122, 942 BC），（4）は Ibid. III, 9（643 C）。

うのである[34]。

以上のようにクザーヌスがコマの〈エニグマ〉を用いて説明したのは、(1) 子供たちの技（ars）の中にも自然（natura）が映現しており、自然の中には神が映現しているという事情を分かってもらうためであり、(2) このことを考量するこの世の知者たちは、知られうる事物についてのかなり真実な推測に到達している、ということを考察してもらうためである、とされている[35]。

6　ダイナミックな根源

すでに見たように、神と被造物の間には、〈神の万物への展開〉と〈神の万物の包含〉という、決して比をもつことのない関係が成立していた。これに関して注目しておきたい第一のことは、〈神は同時に万物でも個物でもある〉[36]とされていることである。この思想の内容は、すでに初期の著作『推測について』において詳細に説明されており、同時にその事実の〈エニグマ〉として、〈普遍図〉と〈分有図〉という形で示されている[37]。この図に特徴的なことは、二つの図が共に〈三〉を一つの対とする構造を持っていること、および、〈普遍図〉においては、存在の諸段階が大きさを異にする総計 40 の大小の円で示されていることである。この図では、〈円〉という常に相似形になる図形を用いて存在の諸段階が示されることによって、〈神の万物への展開〉と〈神の万物の包含〉が〈エニグマ〉の仕方で説明されていると解釈しうるのである。

また、これには「神の中には十の範疇が存在している」[38]と言われて

34）　*De poss.* n.23（大出・八巻訳 36 頁以下）。なお、ここで〈エニグマ〉に用いられているコマ遊びは、紐を使って回すのではなくて、鞭を使って回す「たたきコマ」のことである。

35）　Ibid. n. 23（大出・八巻訳 37 頁）。ここにも、1450 年代以降のクザーヌスが人間の知力とそれを利用する技術を肯定的に捉えるようになったことが明示されている。

36）　Ibid. n.58, 14f.（大出・八巻訳 37 頁）: ita ipse（deus）omnia et singula simul est.

37）　「普遍図」は *De coni.* 1, 13, n. 65 に、「分有図」は Ibid. 1, 9, n. 41 に示されている。また本書においては、前者が第Ⅲ部第 3 章に、後者が第Ⅲ部第 1 章に収載されている。この二つの図が大出哲によって統一的に解釈された。以下の論文を参照されたい：大出哲「クザーヌスの推測の基本問題」。

38）　*De poss.* n.9, 3f.（大出・八巻訳 17 頁）。

第 5 章 　『可能現実存在』の構造　　295

いることも関わっていると同時に，先の〈コマのエニグマ〉において，
〈永遠・神・可能現実存在〉に喩えられたのが〈無限速度で回転運動す
る円 bc〉であったことも大いに関わっているだろう。

　つまりクザーヌスはこうして〈包含としての神〉を，決して単なる
〈一〉なるものとしてスタティックに捉えるのではなく，この多様な世
界の〈根源〉に相応しいダイナミックなものとして考えようとしている
のであり，それは初期の著作である『推測について』の二つの図形では
表現しきれなかった，創造における存在者に対する神のダイナミックな
関わりを明示しようとしているのであろう。

7　三的構造

　このことと関わりつつ注目したい第二の点は，n.47 以下に展開され
ている，〈可能〉と〈存在〉と〈両者の結合〉という三者についての次
のような主張である。「もし可能態と現実態とこれら両者の結合がなけ
れば，いかなるものも存在しないし，存在しえない」[39]。このことは，具
体的には植物のバラを例にとって説明されている。さらにこの主張と関
わるものは，n.64 で展開されている，以下のような独特の〈質料形相
論〉である。「（絶対的な形相が）質料には存在の可能性を，質料に到達
する形相には現実性を，そして両者の結合には〈ものという現実存在〉
を与えるということが必然である」[40]。

　これは，アリストテレス―トマスの伝統的な思考法と比較してみる
と，かなり異なったものである。つまり，アリストテレス―トマスにお
いては，〈すべての物体的なものは形相と質料とから複合されている〉
とされる〈質料形相論〉である。これは，クザーヌスの場合のように三
的構造をもつものではなく，質料と形相という二的構造が原理として存
在し，それらの結合（複合）が現実の〈もの〉となるとされるものであ
る。ところがクザーヌスにおいては，〈可能態〉と〈現実態〉と〈これ
ら両者の結合〉という三者が存在することによって，あるいは〈形相〉

---

　39)　Ibid. n.47, 4 f.（大出・八巻訳 67 頁）: sine potentia et actu atque utriusque nexu non
est nec esse potest quicquam.
　40)　Ibid. n. 64, 8-10（大出・八巻訳 92 頁）:（absoluta forma), quae det materiae
possibilitatem essendi et formae ei advenienti actualitatem et utriusque connexioni rei exsistentiam.

と〈質料〉と〈これら両者の結合〉という三者が存在することによって，はじめて〈もの〉が存在するとされるのである。そしてクザーヌスは，すでに見てきたように，とくに〈可能態と現実態とこれら両者の結合〉として現実存在を考えることに重点を置いているのであり，その構造の根源を〈絶対的可能性〉である〈神〉としているのである[41]。

8 〈エニグマ〉としての世界

　このような，〈結合〉を独立的に考える〈三的構造〉とはいったい何だろうか。これは，神という〈一三的根源〉の類似（similitudo）としての「三的構造を持つ被造的な〈もの〉」という思想であると言えよう[42]。このことは，n.47-48の論述の仕方からも十分に窺うことができる。そこでは，先ず〈一三的なバラ〉が捉えられて，その後にそれを〈エニグマ〉として，そのバラの〈一三的な根源〉が観られるのである。「こうして私は，〈一三的なバラ〉が〈一三的な根源〉から出てくるのを観る。また，この根源が万物の中に映現しているのを観る」[43]。このことは，すでに見た〈コマのエニグマ〉による説明のしめくくりで言われた次のこととも相応しているのである。「子供たちの技の中にも自然が映現しており，自然の中には神が映現しているという事情をわかってもらうためである」。

　それゆえにクザーヌスは，〈もの〉を成り立たせる原理の一つとして〈結合〉を独立的に考えているのであろう。このことは，上の註で指摘したように『覚知的無知』にもすでに明確に存在している。

　そうであるならば，この世界の被造物はそれ自体が，聖霊である〈無限な結合〉の下降したものとして現に存在することになるのであり，逆

　41）　この〈可能態と現実態とこれら両者の結合〉という〈三的構造〉は，初期の著作である『覚知的無知』（De doct. ign. II, 7, [n. 130]〔岩崎・大出訳113頁〕）および『推測について』（De coni. II, 17, n. 179）にも見られる。また，クザーヌスは〈質料形相論〉に立って説明する際に，あえて「さて，いま私たちは神学者となって，絶対的な形相について話そう」と記している（De poss. n. 64）。ここには，〈質料形相論〉に立って説明することをクザーヌスが特別なことと意識していることが明らかに窺えるだろう。

　42）　これを Haubst は 'Analogia Trinitatis' と名付けてクザーヌスの思想の一特徴とみている：Das Bild des Einen und Dreieinen Gottes in der Welt nach Nikolaus von Kues.

　43）　De poss. n. 48, 1f.（大出・八巻訳68頁）：Sic video unitrinam rosam ab unitrino principio. Hoc autem principium in omnibus relucere video.

に考えれば，クザーヌスによって考案され活用されている〈コマ〉だけが〈エニグマ〉であるのではなく，この世界の被造物自体が，さらに世界総体が神の〈エニグマ〉であることになる。「自然の中に神が映現している」とは，実はこの事情を述べたものなのである。

　しかしそれは，上記のように〈無限な結合の下降〉であるゆえに二面性を有することになる。すなわち，それが〈神の映現〉であるかぎりにおいて何らか神に類似しているはずであり，したがって〈映像〉であるが，しかし〈下降〉であるかぎりは〈ぼんやりした類似〉・〈エニグマ〉にすぎないことになるであろう。クザーヌスにおいて世界は，このような二義性を有するものとして捉えられている。世界のこのような特有なあり方は，実は，そこに'内在する'〈非存在〉（non-esse）との関わりで規定されているのである。しかしこれについては，後に詳述する。

9 〈三つ巴入れ子構造〉

　ところで，どの〈もの〉においても，それがこの世界に現実に存在する限りは，それを構成している〈可能態と現実態とこれら両者の結合〉という三者は，いっそう完全に存在しうるような仕方で存在している。それゆえに，これらがそれ以上完全に存在することができないほどに完全であるところ，すなわち〈可能現実存在〉においては，現存するものどもすべての一三的根源が観られることになる。これについては，以下のような特異な表現がなされている[44]。

(1) もし〈可能〉が最も完全であるべきならば，〈可能〉の中に〈存在〉と〈両者の結合〉とが存在することは必然である。

(2) 同様に，もし〈存在〉が最も完全であるべきならば，〈存在〉の中に〈可能〉と〈両者の結合〉とが存在することは必然である。

(3) そして，もし〈結合〉が最も完全であるべきならば，〈結合〉の中に〈可能〉と〈現実態〉actus すなわち〈存在〉とが存在する

---

　44)　*De poss.*, n. 51, 15-22（大出・八巻訳 68 頁）: Oportet ergo, si posse debet esse perfectissimum, quod in ipso sit esse et utriusque nexus. Sic si esse debet esse perfectissimum, oportet quod in ipso sit posse et utriusque nexus. Et si nexus debet esse perfectissimus, oportet in ipso esse posse et actum seu esse. Haec ergo videmus necessario in perfectissimo unitrino principio, licet quomodo haec se habeant, omnem intellectum exsuperet.

ことは必然である。

その上で、「それゆえにわれわれは、必然的にこれらのものをもっとも完全な一三的根源の中に観ることになる」と言われるのである。

このような、〈可能〉と〈存在〉と〈結合〉の三者の特異なあり方、いわば〈三つ巴入れ子構造〉とでも言うべきあり方は、この三者がいずれも同一であるゆえに成立すると言いうるものであるが、なぜクザーヌスはここであえてこのような表現をしているのであろうか。

私はここに〈包含―展開〉の思想の、クザーヌスによる徹底化を見てとることができると思う。すなわち、上述のように〈神は包含的に万物である〉ゆえに、神と世界とが〈包含―展開〉という構造をもって存在しているのであれば、神と世界の、そのような両者の構造そのものも、一つの存在として考えることができることになり、それも〈包含〉としての〈神〉・〈可能現実存在〉の中には存在していなければならないはずである。このことは、「〈神自身と宇宙とを懐抱する者〉として神の御言葉」という記述からも裏付けられるだろう[45]。

この点についてもう少し詳しく説明してみよう。先ず、〈可能現実存在〉は、〈posse + est〉というその語形も表現しているように、〈posse〉の優位性をもっている。それは、例えば n.49 において、〈存在〉は〈可能〉を前提にするが、〈可能〉は永遠そのものであるゆえに何ものをも前提にしないとしつつ、三位一体の位格のうち、第一の〈父〉に〈可能〉を、第二の〈子〉に〈存在〉を、第三の〈聖霊〉に〈両者の結合〉をあてはめていることからも分かる。また、すでに言及した〈無限な能力〉としての神という思想にも、それは表われている。

以上のような〈可能〉優位の思想において〈神〉と〈世界〉とを図式的に捉えてみれば、〈神〉が〈可能〉であり、〈世界〉が〈存在〉であり、〈両者の結合〉という〈関係〉として〈神の世界〉の構造が成立している、とも捉えることができるだろう。これは、n.49 で〈存在〉とされた〈子〉たるキリストについて、「〈神の子〉であり、〈生命あふれる道〉であり、〈自らの父・私たちの全能な創造主を啓示する唯一の師キリスト〉」と、クザーヌス自身が表現していること[46]からも十分に裏

---

45) Ibid. n. 38, 11（大出・八巻訳 54 頁）: verbum dei est conceptus sui et universi.

46) Ibid. n. 75, 5-7（大出・八巻訳 106 頁）: magister unicus Christus dei filius, viva via,

第5章　『可能現実存在』の構造　　299

付けられるだろう。

　この構造に，先の〈包含―展開〉を重ね合わせ，またクザーヌスに特有な意味での〈emanatio〉（流出・発出）の思想[47]を重ね合わせつつ〈神と世界〉を捉えた上で，そのあり方が〈神〉の中に包含されていると思惟するならば，上掲の命題のうちの（1）「もし〈可能〉が最も完全であるべきならば，〈可能〉の中に〈存在〉と〈両者の結合〉とが存在することは必然である」となるのであろう。さらに，これら三者は三位一体として同一なものであるのだから，（2），（3）の命題となっていくのであろう。

　この〈三つ巴入れ子構造〉は，以上のことを前提にした上で，さらに次のことも含意しているのではないだろうか。たとえ〈一なる神〉を〈可能〉の優位のもとに一なる〈可能現実存在〉として捉えようとしても，すでに見たように，'deus <u>est</u> <u>id quod</u> <u>esse potest</u>' として，三的な構造をもってしか表現できなかった。つまり，<u>est</u> が〈esse〉であり，<u>id quod</u> が〈conexio〉であり，<u>esse potest</u> が〈posse〉であるような仕方でである。このことは，三位一体についても当てはまる。クザーヌスは三位一体が決して数的な意味での三なるものではないことを力説している[48]。しかし，たとえそれが三なるものではないとしても，神の中にそのような関係が存在することは否めない。このことを，上述のような三つの命題を繰り返すことによって超えようとしたのではないだろうか。つまりエックハルトに見られるような，〈神の自己内関係をも絶した一〉としての〈神性〉[49]を考えようとして，それを〈最も完全な一三的な根源〉と言っているのではないのだろうか[50]。

---

solus ostensor patris sui, creatoris nostri omnipotentis.

　　47）　Ibid. n. 64（大出・八巻訳 92 頁）．クザーヌスの〈emanatio〉は，いわゆる流出説の意味での本質の流出を意味するものではなく，具体的な〈もの〉が存在論的宝庫からその現実存在を手に入れる，という事柄を表現するものである。次の文献を参照されたい：Baur, *Nicolaus Cusanus und Ps. Dionysius im Lichte der Zitate und Randbemerkungen des Cusanus* S. 67; Gandillac, *La Philosophie de Nicholas de Cues*, p. 368, n. 45.

　　48）　*De poss.* n, 46, 11f.（大出・八巻訳 66 頁）: primum principium unitrinum ante omnem numerum.

　　49）　上田閑照の説に学んだ：「マイスター・エックハルト」『教育思想史 IV』180 頁。および『マイスター・エックハルト』〈人類の知的遺産〉第 21 巻，302 頁。

　　50）　*De poss.* n. 51, 20f.（大出・八巻訳 74 頁）: in perfectissimo unitrino principio.

2 〈非存在〉(non-esse)

　すでに考察してきたように，クザーヌスはこの著作において神を〈可能現実存在〉として捉えることで，神が〈全能なる神〉であることを確保しようとしていた。しかし，同時にこれが汎神論とならないための配慮も必要とされていた。これが，〈包含―展開〉であり，〈エニグマ〉であり，〈類似〉であった。実は，これらの思想を説明する上で極めて重要な役割を果たしているのが，〈非存在・存在否定〉である。すなわち，これらは〈非存在〉を介して説明されているのである。そこで，以下では〈非存在〉について考察する。

1 〈他性〉(alteritas)

　先ず〈非存在〉と密接にかかわる〈他性〉を検討しておこう。これに関して『可能現実存在』に次のような叙述がある。「しかし，〈父というペルソナ〉は，何らかの〈他性〉によって別であるのではありません。なぜなら，祝福される三一性は，他のものから出てきたのではなく，自らによって現にあるとおりのものとして存在するがゆえに，あらゆる〈他性〉を凌駕しているからです」[51]。また，「神はすべての〈非存在〉に先立ち，随伴的にすべての〈他性〉と縮限に先立つ」[52]とも。

　以上の二つの引用から分かるように，クザーヌスの考えるところでは，〈もの〉が或るものであって他のものではなく，互いに区別され，異なったものとして存在するのは，〈他性〉によるのであり，その〈他性〉は〈非存在〉に由来するのである[53]。また，クザーヌスにとって，この世界つまり被造世界の根本的な特性は，その存在者が互いに千々に異なって存在しているということにあった[54]。

---

　51)　Ibid. n. 49（大出・八巻訳 70 頁）。

　52)　Ibid. n. 59, 11-13（大出・八巻訳 86 頁）：(deus) praecedet omne non-esse et per consequens omnem alteritatem et contractionem.

　53)　この思考は，*De vis.* XIV（八巻訳 82-87 頁）に典型的に展開されている。本書第 II 部第 3 章も参照されたい。

　54)　彼の終生の目標の一つは，このような世界の「分裂」を超剋することにあったので

第 5 章　『可能現実存在』の構造　　　301

　それゆえ，先に言及したように，『推測について』において存在の諸
段階を説明する際に用いられた〈分有の図〉が，光のピラミッド即ち
〈一性〉と闇のピラミッド即ち〈他性〉とが相互に逆方向から浸透する
図として描かれており，世界の万物は光と闇の双方を分有しつつこの図
形の中の各々の段階に存在するものとして説明され，この双方の分有の
割合が存在者ごとに異なるので，存在者は互いに異なるのである，とさ
れていたのである。またそれゆえに，それぞれのピラミッドの根底につ
いて，光・〈一性〉のそれは〈一性である神〉であるが，闇・〈他性〉の
それは《いわば無》とされていたのでもあろう。

　しかし，上に引用したところからも推測されるように，〈非存在〉が
介在しているのは，この世界内の存在の間だけではない。神と被造物と
の関係においてもそうである。「私は〈世界が神で・は・な・い・こ・と・〉を観る，
と言う」[55]。つまり，世界が神から区別される徴標として〈非存在〉介在
しているのであり，むしろこの方が根本的な〈非存在〉の介在である。

　このことは，「万物が〈可能現実存在〉から否定される」[56]という形で
も述べられている。この意味は，神以外のものが，たとえば，’Intellectus
noster [...] non est ipsum possest’（われわれの知性は〈可能現実存在〉そ
のもの・で・は・な・い・）[57]という形で表現されるということである。これは，
神の側から被造世界を見た場合に，〈非存在〉が被造世界に随伴してい
るということである。つまり，〈非存在〉は神との対比において被造世
界について言われていることになる。ここに，前節の 8 で考察した〈エ
ニグマ〉としての世界の根本的あり方が現れているのである。

2　〈まだ存在していないもの〉（non exstantes）

　しかし他方において，この世界の側から神のもとにある存在を見る場
合に〈非存在〉が介在することを示す，次のような叙述もある。

はないかと考えられる。そのことは，*Concordantia catholica* から始まって，*De pace fidei* を
経て，*Cribratio Alchorani* へと至る彼の著作の経過が示しているだろう。このクザーヌスにお
ける「多様性問題」については，八巻『世界像』第 2 章を参照されたい。
　55）　*De poss.* n. 67, 8（大出・八巻訳 95 頁）: Mundum video non esse deum（下線は引用
者）。
　56）　Ibid. n. 30, 9f.（大出・八巻訳 46 頁）: omnia de possest negantur.。
　57）　Ibid. n. 30, 4（大出・八巻訳 46 頁，強調は引用者）。

この〈知解される〉運動が知解される理由は，この運動が，この運動に対立する静止によって規定されるからであり，（静止によって）限定される概念によって把握されるからである。それゆえ，この運動についての概念が，〈存在可能であるところのまさにそのもの〉であるあの運動——あの運動がどのようなものであるかは知解されないのだが——の概念ではないということが知解されるとき，（私たちの）精神は，〈この知られうる運動〉を棄て去って，〈あの知られえない運動〉を観ることへと向きを変え，あの運動を，名称にも概念にも知識にもよらずに，むしろ〈運動について知られるすべてのことの無知（すなわち，運動についての知は実は無知にすぎないと確信すること）によって〉探究するのです。〔…〕そのとき精神は，〈運動の非存在〉に到達して，探究されているもの〔〈存在可能であるところのまさにそのもの〉であるあの運動〕にいっそう近く上昇するのです[58]。

　ここでの〈非存在〉は，先の場合とは逆であって，この世界の〈存在〉（esse）を前提にした上で，それを超えたものとして考えられているのである。同じ意味で理解されうる次のような文もある。「〈限界の存在しない大きさ〉〔神〕が，〈存在しないもの〉ないしは〈無〉を存在へと必然的に導くあの必然性なのである」[59]。さらに次のような論述もある。「なぜなら，永遠性そのものは〈自らを存在へと導き入れることができない存在否定〉に先立つがゆえに，万物が，永遠な存在によって

---

　58)　Ibid. n. 53, 1-13（大出・八巻訳 75 頁以下）：Motus autem qui intelligitur, cui quies opponitur, ille intelligitur, quia terminatur quiete ei opposita, et concipitur per finitum conceptum. Quando igitur intelligitur hunc conceptum de motu non esse conceptum motus qui id est quod esse potest, licet qualis ille sit intelligi nequeat, dimisso motu qui sciri potest convertit se mens ad videndum motum qui sciri nequit et non quaerit ipsum nec per nomen nec conceptum nec scientiam, immo per omnium quae de motu sciuntur ignorantiam. [...] Tunc ad non-esse motus pertingens propius ad quaesitum ascendit, id enim quod se tunc supra esse et non-esse ipsius motus offert taliter quod quid sit penitus ignorat, quia est supra omne nomen.（強調は引用者）

　59)　Ibid. n. 59, 18f.（大出・八巻訳 86 頁）：magnitudo cuius non est finis estnecessitas illa, quae non-ens seu nihil ut sit necessitat（強調は引用者）．また，後に明らかになるように，『可能現実存在』においては〈non-esse〉と〈nihil〉との間に明確な区別はなされていないので，この引用個所も上述の文意と矛盾することはない。また，ここでクザーヌスは，〈non-esse〉または〈nihil〉が神と同一であるかのように理解される表現は，注意深く避けている。

〈非存在〉すなわち〈もろもろのまだ存在していないもの〉から導き出されることは必然である」[60]。

　以上の引用から分かるように，この場合の〈非存在〉は，いずれもこの世界の側から見る場合に，神の方に向かって超え出たところに考えられている。以上のように捉えてくれば，〈非存在〉が神の側にあるとされる場合と，逆に〈非存在〉が世界の側にあるとされる場合があることが分かる。同じ〈非存在〉が，神についても世界についても言われるということには，エックハルトの思想の影響を見てとることが可能であるのかもしれない[61]。

　さらにここで明らかなことは，〈非存在〉を'はさんで'，〈それが先に定立する存在〉と〈それが否定する存在〉という，いわば二種類の〈存在〉，すなわち〈非存在に先立つ存在＝神〉と〈非存在の後なる存在＝世界〉とが考えられていることである[62]。

3　カオス

　このような〈非存在〉に関するクザーヌスの思考を安直に理解すると，〈非存在〉という〈中間者〉が〈神〉と〈世界〉との間に存在するかのように思われる。実際，クザーヌスは次のように記しているのである。

　　〈存在否定〉の後にはじめられた世界が〔…〕ギリシア語で〈美しきコスモス〉と言われる。〔…〕永遠の不死性に住む人たちと地獄に住む人たちとの間には〈大きなカオス〉がある，とキリストが言っているあの〈大きなカオス〉〔…〕[63]。

60）　Ibid. n. 68, 4-7（大出・八巻訳 96 頁以下）：Cum [...] praecedat ipsa aeternitas non-esse, quod se in esse producere nequit, necesse est omnia per aeternum esse de non-esse seu non exstantibus produci.

61）　上田閑照「エックハルトの生涯と思想形成」『マイスター・エックハルト』109 頁。。

62）　*De poss*. n. 66, 13f.（大出・八巻訳 96 頁以下）：Est [...] ante non-esse, et esse id quod negat post non-esse est initiatum.

63）　Ibid. n. 72, 2f.; 14-16（大出・八巻訳 101 頁以下）：mundum post non-esse initiatum ideo Graece dici pulchrum cosmon.[...] quale sit istud magnum chaos, de quo Christus loquitur quod est inter incolas immortalitatis aeternae et eos qui inhabitant infernum.

304 Ⅲ　クザーヌスの認識論

　この，新約聖書「ルカ福音書」16.26 を踏まえての記述には，〈存在
否定・非存在〉（non-esse）にあたるものが〈カオス〉とされて，そ
れがあたかも〈神〉と〈世界〉との間に存在するかのように説かれ
ている。とくに注目すべきことは，ギリシア語新約聖書では‘χάσμα
μέγα’，ヴルガータ訳聖書の当該個所では‘magnum chasma’（大きな淵）
となっているところを，クザーヌスは‘magnum chaos’として引用して
いることである。これに先立って「世界が……〈美しきコスモス〉と言
われる」という記述がなされていることから，彼がこの世界からの視点
において〈コスモスとしての世界〉と対比して〈非存在〉を〈カオス〉
の意味で捉えようとしていることが明らかになる。
　しかし，この捉え方も方便にすぎず，長く維持されうるものではな
い。なぜなら〈非存在〉を〈中間者〉的に捉えるならば，〈神〉以外に
〈世界〉の根源がもう一つ存在することになるからである。しかし，こ
れはクザーヌスのこの書物での思考とは相容れない。「非存在は，全能
者によって存在することが可能となる。……そこでは〔全能者のもとで
は〕非存在は全存在である」[64]。すなわち，〈非存在〉は神と独立に存在
するわけではないのである。
　では，〈非存在〉とはいったい何であるのだろうか。翻って考えてみ
れば，ここでの〈非存在〉は多義的である。クザーヌスの視点が移動す
ることと関係しているのだろう[65]。第一には，神のもとにある完全な存
在が，被造物という不完全な存在へと創造された事態を意味していた。
つまり，〈存在否定〉という意味である。第二には，被造物が未だ存在
していない状態を意味していた。つまり，〈非存在〉あるいは〈未存在〉
という意味である。第三には，この世界の〈もの〉の，神のもとにおけ
る真のあり方を捉えるために，この世界の側から，その〈もの〉のあり
方を否定した場合に捉えうる存在，という意味もあった。

　64）　Ibid. n. 25, 12; 15f.: non-esse possit [...] esse per omnipotentem. [...] Non-esse [...] ibi
est omnia esse. さらに，Ibid. n. 72, 11f.（大出・八巻訳 102 頁）には，『コリントの信徒への手
紙二』1.19 を踏まえて，「神のもとには〈然りと否〉が存在するのではなく，ただ〈然り〉だ
けが存在する」（apud deum non esse est et non sed est tantum.）と記されている。これは，神
のもとには〈non-esse〉が存在しないという意味となる。
　65）　クザーヌスの思考において視点が自在に移動することについては，本書第 II 部第 3
章を参照されたい。

このように捉えてみれば、〈非存在〉とは中間的な〈もの〉として現実に存在するものではないのである。神と世界との間に存在する事態、すなわち「神は世界ではなく、世界は神ではない。しかし、その両者の間には一切の関係が存在しないのではなく、〈包含─展開〉という独特の関係が存在する」という、本来表現しがたい事態を表現するものであり、その関係のいわば〈接点〉のあり方についての表現である。従って、〈もの〉ではないという意味において、〈非存在〉はあくまでも文字通りに存在しないのである。

4 自己否定

以上のように〈非存在〉を捉える時、〈非存在〉のもう一つの意味を見出すことができると思われる。それは、上掲の三義のなかの最後の意味に関わっている。人間がその力の限りを尽くして、この世界を否定しこの世界を超え出て、真理・神を望見することを欲する時に、そこで発揮される力の中に存在している〈非存在〉のことである。クザーヌスは記している。

> キリストを顔と顔を合わせて観ることを求めるキリスト教徒が、この世界に属する一切のものを捨て去って、その結果、〈この世界に属しているわけではないキリストがあるがままに観られること〉を許さなかったものが遠ざけられるとき、その信仰者はあの引き上げにおいて、自己のうちに〈エニグマ〉に頼ることなくキリストを観ることになる[66]。

次の引用では、人間のもつ力自身による否定が述べられている。

> 人間は、自分自身に絶望して、その結果、自分がいわば病人であって自分の希求するものを把捉するための能力を全くもっていないと

---

66) Ibid. n. 39, 7-11（大出・八巻訳55頁）: Qaundo [...] Christianus Christum videre quaerens faciliter linquet omnia quae huius mundi sunt, ut iis subtractis quae non sinebant Christum, qui de hoc mundo non est, sicuti est videri, in eo raptu fidelis in se sine aenigmate Christum videt.

確信するに至ると，自分の愛する者へと自己を向き変わらせる——
惑うことのない信仰によってキリストの約束に固着しつつ[67]。

　以上の二つの引用には，明らかに人間の，自己の属する世界ならびに
その中に生きる自己自身を〈否定する力〉が現れているだろう。このこ
とは，次の文章にいっそう端的に窺える。

　　私は，世界よりも神の方をいっそう真実に観る。なぜなら，私は世
　　界を〈非存在〉とともに否定的に観るほかないからであり，また，
　　私が言うにしても「私は世界が神ではないことを観る」と言うので
　　ある[68]。

　このような，世界を否定する力，自己を否定し超越しようとする人間
の力は，世界の被造物の中でも人間に特有のものであるだろう。これ
は，もちろん神には不要であるから存在することがなく，また人間以外
の被造物にも存在することはない。
　なぜなら神は，すでにみたように，常にあらゆる意味での万物であっ
て，クザーヌス自身が論じているように〈他であることはないもの〉
（non-aliud）なのだからである[69]。また，人間以外の被造物は，確かに，
すでに言及したように〈他性〉を有するものであり，それゆえに他のも
の（たとえば神）の力をもってすれば，可能態との関わりで考える限り
〈他でもありうるもの〉であるが，しかしながら，これはそれ自体から
〈他となることはありえない〉のである。それゆえに，神とは異なる意

---

　67)　Ibid. n. 32, 17-20（大出・八巻訳 48 頁以下）:Postquam [...] homo est desperatus de se
ipso, ita quod se tamquam infirmum et penitus impotentem ad desiderati apprehensionem certus est,
convertit se ad amatum suum, indubia fide promissioni Christi inhaerens.
　68)　Ibid. n. 67, 6-8（大出・八巻訳 95 頁）: Sic verius video deum quam mundum. Nam
non video mundum nisi cum non-esse et negative, ac si dicerem: Mundum video non esse deum（下
線は引用者）.
　69)　神が〈non-aliud〉であることは，『可能現実存在』の後に著された『非他者につい
て』De li non-aliud で論じられている。本書第 III 部第 2 章を参照されたい。この視点はす
でに『神を観ることについて』（1453 年）にも，〈神の inalterabilitas（他者にはなりえない
こと）〉として記されている：De vis. 15, n. 65, 3（八巻訳 92 頁）; Ibid. 23, n. 101, 15（八巻訳
136 頁）。

第5章　『可能現実存在』の構造　　　307

味ではあるが，これもやはり〈他であることはないもの〉である。

　ところが，ひとり人間のみが，──たとえそれが神からの促しに由来
しているとしても──世界と自己とを自ら否定的に観つつ，神・真理を
希求しうるのである。つまり，人間だけが〈自ら他となることがないわ
けではないもの〉，すなわち〈non non-aliud〉であることになる[70]。すな
わち人間は，自己を否定し超出することによってもう一つの自己を求め
ることができるのである。しかし，そのいずれが真の自己であるのか，
という問いを立てるべきではない。超出される自己と超出する自己との
間に成立する関係そのものが，他ならぬ人間存在の自己なのである。こ
のような〈関係としての人間存在〉というあり方は，本章1-9で考察し
た，神に特有な〈三一的なあり方〉に類似しており，それの〈似像〉な
いし〈エニグマ〉として捉えることができるであろう。

　このような人間に特有の事態は，何に由来するのであろうか。先の第
二の意味に従うならば，（矛盾的表現であるが）被造物一般に〈非存在〉
が「内在」しているのであるが，被造物の中でも特別な位置を占める人
間は，〈非存在〉が自己に「内在」していることそのものを自覚できる
がゆえに，人間において特別にそれが‘発動してくる'ということでは
ないのだろうか[71]。

　このように考えることができるならば，この著作において〈否定の
道〉（via negativa）が強調されていること[72]の意味も十分に明らかにな
るように思われる。この〈道〉は，けっして単なる〈方法〉の意味で言
われているのではない。キリストのことが〈生命あふれる道〉と言われ
ている[73]のと同様な意味で，具体的かつ直接的なものとして人間が当然
歩むべき道という意味で言われているであろう。また，クザーヌスの思
索では〈覚知的無知〉を初めとして，多くの〈否定〉を伴った概念が重
要な役割を果たしていることも，あらためて気付かされる。このこと

---

　70)　この点についてクザーヌスは意識的である：「〔人間という〕知性的本性だけがより
よくなりうる potest fieri melior。他の本性は自らよりよくなることは不可能であって，必然
性の下に存在するものとしてあるのだ」（Sermo, CLXIII, n. 8, 13-15）。

　71)　人間における，このような〈non-esse〉の‘発動'は，Compendium『神学綱要』等
の著作に展開されている〈人間の創造性〉の思想の根拠とも考えられるだろう。

　72)　De poss. nn. 66（大出・八巻訳94頁以下）。

　73)　Ibid. n. 75, 6（大出・八巻訳106頁）。

は，クザーヌスにおいては，〈non-esse〉の内在する世界と人間に，とりわけ人間存在に必然的なことであるのだろう。

5 〈非存在〉(non-esse)

以上のように，〈非存在〉は神と世界・人間の特別な関係の〈接点〉において現れるにすぎず，実在するわけではないことを考察してくると，〈非存在〉が〈悪〉の問題と類似した事態を構成していることが明らかになる。

〈悪〉について，トマス・アクィナスは次のように言っている。日下昭夫の訳文によりつつ，少し長く引用する。

> すべての本性は自らの存在と完成を希求するものなる以上,それぞれの本性の存在と完成が「善」という性格を有するのであるとしなくてはならぬ。だからして，「悪」は或る存在とか，或る形相乃至本性を表示するものではありえないのである。してみれば残る所,「悪」という名辞によって「善の不在」といったものが表示されていると帰結するほかはない[74]。……いま一つの仕方において，命題の真理性を表示するものとして「有」が語られる。命題は複合において成立するが，「ある」ということばはかかる複合の記号にほかならない。こうした「有」は,「であるか」という問いに答えるところのそれなのである。「盲目が眼においてある」とか，その他いかなる欠如であれ，それをある，と我々がいうのはまさしくこうした意味においてに他ならない。悪がやはり「有」といわれるのは,もっぱらかかる仕方においてなのである[75]。……悪は善の除外・不在という意味を含んでいるとはいえ，善の不在がことごとく悪とい

---

74) Thomas Aquinas, *Summa theologiae*, I, q. 48, a. 1.（『神学大全』4，日下訳 89 頁）: cum omnis natura sppetat suum esse et suam perfectionem, necesse est dicere quod esse et perfectio cuiuscumque naturae rationem habeat bonitas. Unde non potest esse qoud malum significet quoddam esse, aut quandam formam seu naturam. Relinquitur ergo quod nomine mali significetur quaedam absentia boni.

75) Ibid. a. 2.（日下訳95頁）: Alio modo dicitur ens, quod significat veritatem propositionis, quae in compositione consistit, cuius nota est hoc verbum est: et hoc est ens quo respondetur ad quaestionem an est.Et sic caecitatem dicimus esse in oculo, vel quamecumque aliam privationem. Et hoc modo etiam malum dicitur ens.

第5章 『可能現実存在』の構造 309

われるわけではない。けだし，善の不在ということは，欠如的にも否定的にも解されうる。善の不在ということが，だから，否定的に解された場合，それは悪という意味を持たないのである[76]。……悪とは，上述のごとく，善の欠如であり，純然たる否定ではないがゆえに，善の欠落ということすべてが悪であるわけではなく，「本来具えているべき善」・「当然もっていなくてはならない善」の欠落が悪なのである。たとえば，視力の欠落が悪であるのは，石の場合においてではなくして動物の場合においてなのである[77]。

　さらにトマスにおいて，「すべての有は，いずれもそれが有たるかぎりにおいて善である」[78]として，〈有〉（ens）と〈善〉とが置換できること[79]を考慮すると，このような〈悪〉の捉え方は，〈非存在〉を考察する際におおいに参考になる。クザーヌスは，すでに本章1-7で見たように，神を〈可能〉（posse）として考えるという独特の存在論に立っているゆえに，トマスにおけるような〈有〉ens と〈存在〉esse を明確に区別した上て，〈非存在〉を考察しているのではない。
　したがって，トマスの上で見たような善の不在における〈否定〉と〈欠如〉の区別が明確ではないことになり，その結果，〈非存在〉（存在否定），つまりトマスにおいては単なる〈善の否定〉が，クザーヌスにおいては〈悪〉の意味を有するかのようになっているのである[80]。それは，先に引用した「この世界に属するものどもすべてを捨て去る」という記述にも窺われる。このような〈反世界的ニュアンス〉が，クザーヌスの「神秘主義的」と言われる一つの理由であるのだろう。
　しかし，いずれにしても，神と世界・人間の関係において，そもそ

---

76)　Ibid. a. 3.（日下訳 98 頁）: sicut dictum est, malum importat remotionem boni. Non autem quaelibet remotio boni malum dicitur. Potest enim accipi remotio boni et privative, et negative. Remotio igitur boni negative accepta, mali rationem non habet.
77)　Ibid. a. 5.（日下訳106頁）: quia malum privatio est boni, et non negatio pura, ut dictum est supra, non omnis defectus boni est malum, sed defectus boni quod natum est et debet haberi. Defectus enim visionis non est malum in lapide, sed in animali.
78)　Ibid. I, q. 5, a. 3.（『神学大全』第 1 冊，高田三郎訳，100 頁）。
79)　山田晶『トマス・アクィナス』〈世界の名著〉続 5, 406 頁。
80)　『可能現実存在』に先立つ著作である『球遊び』De ludo globi, II, n. 81 では，悪および他性は神による被造物ではないとされている。

も何故〈非存在〉が現れるのかということは，いぜんとして不明である[81]。しかし，確かに，われわれにおいて〈非存在〉はある。それは，われわれが自己の内外で日々経験していることである。すでにみたように，それは，われわれの自己超越において，自己の内にも見出されうる。われわれ自身の中から生み出されてもいる。それゆえに，われわれは〈非存在〉に気付き，それを論ずることになる。しかし，その〈根源〉を〈論ずる〉ことはできないのである。

3　〈観ること・観〉（visio）

これまでわれわれが考察してきたようなものとしての被造物が，神へと向かうとすれば，その道すじは，〈非存在〉が「内在する」ものとしての被造物が自ら〈非存在〉を越えて行くものでなければ成立しない。それがどのようなものであるのかについてクザーヌスは，〈観ること・観〉として説いている。以下ではこれについて考察する。

1　〈エニグマ〉

これまで見てきたクザーヌスの思惟は，実は彼自身によってそれの限界が明確に指摘されている。「これらのもの〔先に考察した，最も完全な一三的根源の中の，論理的には矛盾した表現であった〈三つ巴入れ子構造〉〕が，どのようなあり方をしているかは，いっさいの知性を凌駕している」[82]。すなわち，「あの驚嘆すべきわれわれの神は，われわれがどんなに高く上昇したところで，自然本性的には〈エニグマ〉においてしか観ることができないのである」[83]。無限なものと有限なものとの間には，いかなる比も成立しえないゆえに，被造知性は無限なものを捉えることができないからである。そのことの現れが，先の神についてなされ

---

81)　この点は，先に言及した「多様性問題」の根源ともかかわっている。しかし，この時点，すなわち生涯の晩年においては，クザーヌスがこれの根源を探求することに意を注ぐことは，もはやない。

82)　*De poss.* n. 51, 21f.（大出・八巻訳 74 頁）。

83)　Ibid. n. 31, 1-3（大出・八巻訳 46 頁以下）。

第5章 『可能現実存在』の構造　　311

た矛盾的表現なのである。

　このように考えるならば，すでに言及したように，〈可能現実存在〉そのものが，当然のことながら〈エニグマ〉であることになる。「〈可能現実存在〉が何らかの名指されうるものに適用されるならば，これが名指されえないもの〔神〕への上昇のための〈エニグマ〉となる」[84]。

　〈可能現実存在〉という「極めて単純な表示」が神の〈エニグマ〉とされたのは，本章1-3ですでに言及したように，〈一なる神〉・〈真の存在〉・〈万物の根源〉の豊かな意味内容を一語をもっていくらかでも表示するためであって，そのように表現した場合に，他の語と比べてその意味内容を何らかより適切に表示することができていれば目的を果たしていることになるのである。したがって，それは一つの〈しるし〉（signum）に過ぎないのであり，われわれはその〈しるし〉の背後にそれの真の意味内容を求めることが要請されているのであった。

　ところで，この『可能現実存在』という著作には，この他にも種々の〈エニグマ〉が用いられている。〈数学〉（n.42），〈幾何学〉（n.60），〈IN〉（n.54），〈E〉（n.57），〈語ること，観ること〉（n.58），〈無限な線〉（n.59）である。このように〈エニグマ〉を多用していることは，言うまでもなく単なる偶然ではなく，この著作の主題に密接に関わってのクザーヌスの意図の所産である。すでに冒頭においてみた，「あらゆる可視的な被造物からそれぞれの不可視な根源へ上昇すべし」という命題が働いているのである。彼は被造物のすべてを神の〈エニグマ〉として理解しようとしているのだ，と言えるだろう。本書の末尾近くにおいて「世界は見えない神の現れ以外の何であろうか」[85]と記しているからである。

　このようにクザーヌスは，〈エニグマ〉を，それ自体が〈エニグマ〉である人間の認識手段の一つとしているのである。この思想は彼の他の

---

84)　Ibid. n. 25, 1-3（大出・八巻訳39頁）。さらには，この論の冒頭で言及したクザーヌスの他の著作で重要な役割を果たしている，彼が案出した神についての概念（idem や non-aliud 等）も〈エニグマ〉である。これに関しては以下を参照されたい：Beierwaltes,: *Identität und Differenz*, S. 113.。

85)　Ibid. n. 72, 6f.（大出・八巻訳102頁）：Quid [...] est mundus nisi invisibilis dei apparitio? また *Compendium*（『神学綱要』）VII, n. 21, 2f.（大出・高岡訳38頁）では，「被造物は，創造されたのではないことば〔神〕のしるしである」（[crertura], quae est increati verbi signum）と。

312　　　　　　　　Ⅲ　クザーヌスの認識論

晩年の著作にも存在しており，例えば「ニコラウスへの書簡」にも明らかにしたためられている[86]。

　それでは，人間が用いるものとしての知性（理性と知解力の道）〔n.75〕と〈エニグマ〉との関係はいかなるものであるのだろうか。次のような文章がある。「この名称〔〈可能現実存在〉〕は思弁する者を，あらゆる感覚，理性，知性を超えて〈神秘的な観〉へと導くが，そこにはあらゆる認識能力の上昇の終点と，認識されない神の啓示の始点が存在する」[87]。ここに，〈知性〉と〈可能現実存在〉という〈エニグマ〉の他に，もう一つ〈神秘的な観〉という事態が入っており，これら三者が，〈エニグマ〉をいわば〈仲介者〉となしつつ関係づけられているのである。ここでの〈神秘的な観〉とは，いうまでもなく新約聖書『コリントの信徒への手紙一』13,12[88]を踏まえて言われているのであり，それゆえに〈エニグマ〉とも密接な対照関係にある。

　以上のような事態を整理すると，次のようになるはずである。〈エニ

　86）　Bredow, *Das Vermächtnis* S. 46, 23-26, n. 48（八巻訳 209 頁以下）: Primo [...], fili mi, advertas nos in hoc mundo ambulare per similitudines et aenigmata, quoniam spiritus veritatis non est de hoc mundo neque per ipsum capi potest, nisi parabolice et per symbola nobis nota ad incognitum rapiamur.（我が子よ，汝が第一に留意するべきことは，われわれがこの世界においては類似とエニグマによって遍歴しているということである。なぜならば，真理の〈霊〉はこの世界に由来するものではないのであって，比喩とわれわれにそれと知らされた象徴とによってわれわれが未知なるものへと引き上げられ場合にのみ，それはこの世界によっても把握されうるのだからである〔強調は引用者〕）。このような，世界という〈エニグマ〉を神を認識するための手段とするという方法は，イエス・キリストが《響えのみで語った》〈sine parabola non loquebatur〉（『マルコ福音書』4, 33-34）ことの逆のこととして，クザーヌスによって考えられているはずである。つまり，イエスによる〈啓示〉という〈下降〉に対応する〈上昇〉として，この〈認識〉は成立することになるのである。またこの構造は，クザーヌスのイエスについての，以下のような捉え方とも相応していると考えられる。「人間の本性がキリストの中で最も完全なものとして存在したのであり，それによって彼は真の人間であり，他の人間と同じように死すべきものであった」（*De pace*, XIII, n. 31〔八巻訳『信仰の平和』609 頁）。さらに，「師キリスト」（例えば *De poss*, n. 75）とも繰り返し表現されている。したがって，人間はキリストを模範として上昇すべきであることになる。それが〈エニグマ〉を用いて神を探究することの根拠の一つなのであろう。

　87）　*De poss*. n. 15, 14（大出・八巻訳 26 頁）: Ducit [...] hoc nomen speculantem super omnem sensum, rationem et intellectum in mysticam visionem, ubi est finis ascensus omnis cognitivae virtutis et revelationis incogniti dei initium.

　88）　「わたしたちは，今は，鏡におぼろに映ったものを見ている。だがそのときには，顔と顔とを合わせてみることになる」。ヴルガータ訳は以下のとおり: videmus nunc per speculum in aenigmate tunc autem ad faciem（下線引用者）。

グマ〉は，〈知性の持ち主〉を神に向けて導きつつ，同時に知性が，〈エニグマ〉で示される内容は論理的には矛盾する表示でしか表現できないことを，あるいは端的にそれとしては把捉できないことを明らかにして，〈知性の持ち主〉に自らの無能，非力さを自己認識させる。しかし，このことを逆に〈神秘的な観〉の方から見通すならば，〈エニグマ〉はそのようにすることで，〈知性〉の持ち主（人間）に対して，言わば先取りする形で〈観〉visio の内容を〈エニグマとして〉示してやっていることにもなるのである[89]。ここに〈エニグマ〉の有する二面性が明らかになる。すなわち〈エニグマ〉は，〈ぼんやりしている〉という点で否定的なものであるが，〈そこまでは映している〉という点で積極的なものでもある[90]。

　従って，究極的意味での〈観〉visio と対照すれば，〈エニグマ〉による洞察は，〈エニグマ的な観〉と称されうるかもしれない。

2 〈観・観ること〉

　そこで次に〈観・観ること〉そのものの考察に入ろう。そもそもこの『可能現実存在』という著作においては，〈観る〉ということが一般的意味でも強く前面に出ている。対談者たちが〈エニグマ〉に関して思惟し，「……である」という判断を下すとき，ほとんど常に「私は……と観る」'video' と表記している。これは，究極的な意味での〈観〉，つまり〈intelligere〉（知解する）と対照される意味での〈visio〉へと連なる，いわば前触れであろう。

　さて，この究極的で最高位の〈観〉はどのようにして成立するのだろうか。それが自然本性的に成立するわけではないことは言うまでもない。

　　われわれが，この世界を被造物として知解し，世界をこえて世界の

　89）　この点について，中期の著作 *De sapientia*（知恵について）では，praegustatio（味見）としている（例えば Ibid.I, n. 10f.（小山訳 548 頁以下）。さらに，本書前章5も参照されたい。

　90）　このことは，初期の著作 *De coni.* における〈coniectura〉の〈臆測〉と〈推測〉の二面性とも通じている。

創造主を探究するとき，最高に形成された信仰をもって神を探究している者たちに，神は自分自身を彼らの創造主としてあらわにするのです[91]。

　つまり，最高・究極の〈観〉は，最高に形成された〈信仰〉によってはじめてしつらえられるのである。すなわち，人間の理性と知解力は〈エニグマ〉という〈しるし〉の助けによって，はじめて神へと上昇するための出発点に到達できるのであるが，そのような被造知性の無力さが，本来〈しるし〉を必要とせずとも目的に到達しうるものとしての〈信仰〉[92]によって否定的に補完されることで，ようやく人間の〈観〉が成立するのである。ここには，〈非存在〉（non-esse）を考察したときに言及したような，〈自ら他となることがないわけではないもの〉（non non-aliud）としての人間の能力が働いている，と考えることができるであろう。

　　そのとき創造主は黒雲の中で観られるが，彼がいかなる実体であるのか，あるいは彼がいかなる〈もの〉であるのか，あるいは彼が，〈もの〉であるかぎりにおいて存在するものどもの何であるのか，が知られることはない[93]。

　この〈観〉は，言うまでもなく〈〔人が〕神を観ること，見神〉であるが，同時にこれは，〈神が〔人を〕観ること〉という意味をも有している。そのことは，先の註 91 の引用文の末尾が明らかに示している。むしろこの事態の成立する順序は逆であって，〈神が（自己および万物を）観る〉ゆえに，〈われわれが神を観る〉ことができるのであろう[94]。実は

　91）　*De poss.* n. 15, 11-14（大出・八巻訳 26 頁）: quando ipsum mundum creaturam intelligimus et mundum transcendentes creatorem ipsius inquirimus, se manifestare ipsum ut creatorem suum summa formata fiden quaerentibus.

　92）　Ibid. n. 37, 11,（大出・八巻訳 37 頁）。

　93）　Ibid. n. 74, 16f.（大出・八巻訳 105 頁）: Ubi videtur in caligine et nescitur, quae substantia aut quae res aut quid entium, uti res.

　94）　これは『神を観ることについて』5, n. 13 に典型的に説かれている事態である: *De vis.*（八巻訳 30 頁）。本書第 II 部第 2 章，第 3 章も参照されたい。

第 5 章 『可能現実存在』の構造 315

このことが，〈エニグマ〉の思想の根底を支えているのである。「認識さ
れえない神は，〈鏡とエニグマとにおいて〉認識されうるような仕方で
自らを世界に示している」[95]。つまり，神は，単に〈エニグマ〉を人間に
示すだけでなく，その〈エニグマ〉を写す道具としての〈鏡〉をも人間
に与えることで，自己を人間に示すのである[96]。

　ところで，クザーヌスは上述のように，直接的・究極的な〈観〉に
よってのみ人間が神に到達できると言っている。しかし，彼は，広義
の〈知解〉をいっさい無価値で無用なものとしてみなしているわけでは
ない。むしろ彼は，真の〈観〉に到達するためには，〈知解〉も〈学的
訓練〉として[97]必要であると考えている。なぜなら彼は，「われわれす
べてが，〈知ることを希求する〉という希求をもっている」[98]とか「すべ
ての人間は本性的に知ることを欲する」[99]と，アリストテレスにならい
ながら繰り返し記しているのである。このような冷静な態度が，〈可能
現実存在〉にまつわる綿密な思索として展開されているのであろう。ク
ザーヌス特有のこのような思考的枠組みのなかで捉えるならば，〈可能
現実存在〉および〈非存在〉についての思惟も，神・真理の探究に際し
てけっして無用なものではないことが明らかになる。

　翻って考えてみるならば，クザーヌスにおいては〈存在〉に関して，
神の秩序における〈反対対立の合致〉がある。ところが，クザーヌスに
おける〈存在〉と〈認識〉は，その方向に関しては，前者における下
降と後者における上昇として，相互に逆ではあるが，〈構造〉は合致し
ているのである[100]。そうであるならば，神の視点における〈認識〉にも
〈反対対立の合致〉が存在してよいはずである。それが，この〈知解〉
と〈観〉の関係に作用していると考えることができる。実際，クザーヌ
スはこの両者を結合して，次のように記しているのである。

─────────

　95）　Ibid. n. 72, 10f.（大出・八巻訳 72 頁）: incognoscibilis deus se mundo in speculo et
aenigmate cognoscibiliter ostendit. また上の註 88 も参照。
　96）　このことは，本書第 IV 部第 2 章で論及している，〈第一資料〉をも神の中に繰り
込んでいることと相即していると考えられる。
　97）　De poss. n. 63, 11-13（大出・八巻訳 91 頁）.
　98）　Ibid n. 38; De doct. ign. 1, 1, (n. 2)（岩崎・大出訳 7 頁）。
　99）　Comp. II, n. 4（大出・高岡訳 16 頁）。
　100）　この点については，本書第 III 部第 1 章を参照されたい。

全能者自身を知性的に観ることである究極の幸福とは，それによって私たちすべてが知ることを希求する〈われわれのあの欲求〉の充足である[101]。

　このようにしてクザーヌスにおいては，〈知解〉と〈観〉とが究極的には合致するものとされているのである。しかしながらそれは，われわれが〈非存性〉を「内在」させる形で〈この世界〉に存在するものであるかぎり，そのいずれか片方だけで十分であるわけではないものとして，結合されているということなのである。〈エニグマ〉と〈観〉の関係もそのようなものとみなすことができる。つまり彼は，この世界に存在する人間として，〈エニグマ〉における〈被造物，非・真理，論理，言語，日常〉を捉えた上で，同時に〈観〉における〈神，真理，超・論理，超・言語，超・日常〉を捉えようと努めることを断念することがない。ここに，思弁家にして実践者でもあるクザーヌスの独特の哲学が展開されているのである。

101）*De poss.* n. 38, 5-8（大出・八巻訳53頁）: Felicitas [...] ultima, quae est visio intellectualis ipsius cunctipotentis, est adimpletio illius desiderii nostri quo omenes scire desideramus.

IV

Theophania としての世界

第1章

〈神の顕現〉（Theophania）と〈神化〉（Deificatio）
──『諸々の光の父の贈りもの』を中心にして──

序

　われわれの生きるこの世界には，無数とも言える存在者が各々独自の場を占めて多様に存在している。われわれ人間も例外ではない。それらは各々の存在意義を主張しているかのようであり，またそこには様々な調和と共に混乱と対立さえもある。一体，それらの存在者は何であるのか，何故にそれとして存在しているのか，またそれらはいかなる権能を有して存在しているのか。

　このような問に対して，1446年頃のクザーヌスは新約聖書「ヤコブの手紙」の一節をもって答える[1]。

　　あらゆる良い贈りもの，あらゆる完全な賜ものは，上から諸々の光の父から下って来る[2]。

　しかし，このように存在者が〈諸々の光の父〉・神からの贈りもの・賜ものであると説明されることで，全ては事が足りるわけではない。ク

---

　1) *De dato patris luminum*（以下，*De dato* と略す。）『諸々の光の父の贈りものについて』（以下，『光の父の贈りもの』と略す）I, n. 91, 5f.（大出・高岡訳『光の父の贈りもの』〔以下，大出・高岡訳と表記〕15頁）: omne datum optimum et omne donum perfectum desurusum esse a patre luminum.
　2) 新約聖書「ヤコブの手紙」1, 171：「良い贈り物，完全な賜物はみな，上から，光の源である御父から来るのです」。

ザーヌスはその著『光の父の贈りもの』において，単にそれのみではな
く，全ての存在者の各々の存在の意味を，〈諸々の光の父〉・神のそれと
共に捉えて説明しようとしている。そして，この「存在の意味を捉える
こと」すなわち「知解すること」においてもまた，〈贈りものであるこ
と〉が重要な役割を果すのである。かくしてクザーヌスは，この聖句の
一節を徹底的に思索した上で，これを彼の思考の一転機としているので
ある。

　ここで「一転機」と言う理由は，従来の，この被造物としての世界は
存在意義の薄弱な，その意味で暗さが優越する世界であるとする捉え方
から，諸々の存在を或る種の〈光〉と捉えて，その各々がそれなりの存
在意義を有する，その意味で明るさが優越する世界であるとする捉え方
に，彼の思想が転換したということである。この点を詳細に検討するこ
とが本章の目的であり，以下では，『光の父の贈りもの』を中心にしな
がら，考察を進める。

1　〈光の父〉（pater luminum）とその〈贈りもの〉（datum）

　クザーヌスは存在の問題を，基本的には中世の伝統に従って，〈質料
形相論〉においても考えている[3]。それゆえに，「形相を贈る」または
「形相が存在を贈る」ということは存在（者）が存在するようになるこ
とであり，ここに先の一節における「贈りもの」と「贈り主」がその意
味を有効に発揮しているのである。しかしながら，彼においては質料と
しての質料は追放されることになるので[4]，贈られる形相の受取り手が
不在であることになる。すなわち「形相によらずしては何ものも存在し
ないのであるから，形相が存在を贈るべきものは存在していない。それ
ゆえに，形相から存在を受け取るものは存在していない。……従って，
ものに贈られた存在が，存在を贈る形相そのものであることになる」[5]。

---

3)　例えば以下に：*De doct. ign.* II, 8（岩崎・大出訳 115-121 頁）。

4)　この点については，次の 2 章「〈全能なる神〉の復権」において扱っている。

5)　*De dato* II, n. 98, 3f; 6f.（大出・高岡訳 25 頁）:non est res, cui forma det esse, cum
nihil sit nisi per formam. Non est igitur res a forma esse capiens. [...] ut ess datum sit forma ipsa

第1章 〈神の顕現〉(Theophania) と〈神化〉(Deificatio)　　321

　この形相一元化とも言うべき思想の延長上にクザーヌスの神は考えられているのである。(否，むしろ逆に，そのような神を考えるがゆえに形相一元化が結果しているのであるが。) すなわち，神は万物を創造した主であるゆえに，万物に存在を贈るのであり，従って神は存在するための普遍的形相である。換言すれば，神は直接に個々の存在者の形相であるのではなく，存在そのものの形相を贈るのであるから，諸形相の贈り主[6]でもある。また神は創造主であるゆえに縮限 (contractio) なしに存在しているから，存在するための絶対的な形相でもあり，〈アリストテレス―トマス伝統〉に従うならば，まさしく諸形相の形相なのである。
　さらに上述のように，形相においては贈り主と贈られるものは同じ存在であったが，それと同様に神においても，諸形相の贈り主は自己以外のものを贈るのではなく，自己を贈るのである[7]。従ってその贈りものは最善である。それゆえにこそヤコブは「最善の贈りものは下ってくる」と自動詞で表現したのだとされる[8]。しかし，贈り主の贈りものは (不正確な言表ではあるが) それが贈られるとおりに受取られることは不可能である。何故なら贈りものの受取りは下降的になされるのだからである。すなわち，無限なるものは限定的に，普遍的なるものは個別的に，絶対的なるものは縮限されて受取られるのである。従って，受取られたものとしての贈りものは，贈り主の真理ではなくしてそれの類似なのである[9]。しかし，この下降的に受取られた贈りものが，たとえ真理そのものではなくともそれの類似であるということが，クザーヌスにおいては消極的な意味だけではなく積極的な意味を表現することにもなる，ということに留意しておきたい。
　さて，以上のような神，すなわち〈諸形相の贈り主〉から諸存在が下降してきたと考えられることによって，ここに存在の神への一元化が設

───────────

dans esse.
　6)　Ibid. 12 (大出・高岡訳 25 頁)。なおクザーヌスでは，被造物は contracte 〔縮限的に〕存在するが，神は absolute 〔絶対的に〕存在する。
　7)　Ibid. n. 99, 2-4 (大出・高岡訳 26 頁) : dator formarum non aliud a se ipso, sed donum est optimum atque est ipsa sua optimitas absoluta atque universaliter maxima.
　8)　Ibid. n. 99, 1f. (大出・高岡訳 26 頁)。
　9)　Ibid. 6-8 (大出・高岡訳 26 頁以下) : Talis reception [...] ut non sit veritas datoris sed similitudo.

322　　　Ⅳ　Theophania としての世界

定されているわけである。そしてこの一元化構造において，〈諸々の光
の父〉という神はその権能をふるうことになる。

　神を〈光〉と関係させて論じることは，キリスト教に先立つ旧約聖書
の宗教においてもしばしば行なわれていることである[10]。そしてクザー
ヌスの神は，理論的にではなく具体的な宗教性において考察される時に
は，旧約的な神として描かれることが多いのであり[11]，この〈諸々の光
の父〉もその一つとして捉えることができる。さらに，神を〈光〉と関
係させて考察することは，中世キリスト教神学の，とりわけ神秘主義神
学の一貫した伝統であった[12]。クザーヌスも擬ディオニュシウス，ヨハ
ネス・スコトゥス・エリウゲナ，マイスター・エックハルトなどの影響
の下に，〈光〉を神に関係させて考察している。その著書『推測につい
て』においては[13]，全存在を説明するのに〈一性〉と〈他性〉の相互浸
透という形で全存在が現にそれとして存在しているとするが，その際に
は一性を光と，他性を闇と相応させている。そして光の占める割合の大
きい存在ほど上位であり，闇の占める割合の大きいほど下位の存在とさ
れる。すなわち，先ず〈光〉は基本的に〈存在〉の原理とされているの
である[14]。

　また，同じ『推測について』において[15]，この〈光〉が真理の認識を
われわれに可能にする精神（気息・spiritus）の原理としても説かれてい
る。この点については，著作年代が『推測について』より後で『光の父
の贈りもの』より前である『神の探求について』においてはより明確に
論じられており，「知性の光である神」と表現されてもいる[16]。それゆえ

───────────

　10)　旧約聖書「詩篇」27,1：119, 105：旧約聖書「ヨブ記」3, 20；24, 13。

　11)　例えば De doct. ign. III, 11, p. 153（岩崎・大出訳 205 頁以下），ここは旧約聖
書「出エジプト記」19, 16 以下を踏まえている。また，すぐ後の本文で言及する De deo
abscondito という著作のタイトルそのものが，旧約聖書「イザヤ書」45, 15：「まことにあな
たは御自分を隠される神」によっている。

　12)　光の形而上学 Lichtmetaphysik および光の神秘主義 Lichtmystik と称されている。以
下を参照されたい：Bernhart, Die philosophische Mystik des Mittelalters, S. 141ff. またクザーヌ
ス『隠れたる神』の 168 頁以下の坂本堯による訳註。

　13)　De coniecturis（以下，De coni. と略す。），I. 4, n. 14.

　14)　この点の詳細については，本書第 III 部第 1 章を参照されたい。

　15)　De coni. II. 10. n. 128；11, 16. n. 170.

　16)　De quaerendo deum（以下，De quaer. と略す）II. n. 36, 2f.（大出訳『神の探求につ
いて』63 頁）：in deum, qui lumen est intellectus.

に，シュヴァルツ（Schwarz）にならって「認識の光としての神」と言うこともできる[17]。かくしてここに，〈存在〉と〈認識〉のいずれもの原理である〈光〉としての神という思想が浮彫りにされることになった。

　クザーヌスにおいて神は，確かにこのような原理ではあるが，しかしながら，それは単に〈光〉であるわけではない。中世の伝統においては〈光〉というものが多義を有して扱われていた。それは先ず，自然的な光である。次に，先にみたような精神の原理としての光でもある。さらに何よりも神に関わる象徴的な光でもある。このような多義性において〈光の形而上学〉や〈光の神秘主義〉は成立しているのであって，この点ではクザーヌスも同じ系列にある。しかし彼においては，この三義の区別が不明確な中で論が展開されていると言えるだろう[18]。彼は象徴的な光について，「神は近寄りえない光であり，……それは有体的な光ではなくて，……最も単純で無限な光である」と言う[19]。また同様な表現で「無限な光」とする場合もあるが[20]，これは専ら存在の根源としての神を言表するのに用いられていると解釈できる。

　では，このような事情の下で神が〈諸々の光の父〉とされるのは，いかなる意味においてであろうか。クザーヌスは，神は光であるわけではなく，光の父，光の源泉であるとする。しかし，だからといってそれは闇であるわけではないとも言う[21]。従って〈光の父〉は，闇と対立する光ではなくして，まさしく光の〈父〉なのである。しかし，それは全く〈光〉ではないというわけではなく，〈光〉でもある。先に，神は無限な光であるとされていたが，ここにそれが関わっているのである。すなわち，〈無限な光〉とは〈有限な光〉との相関において考えられているはずである。ところが〈神である光〉は，〈有限な光〉ではないから〈光〉ではなくて〈光の父〉とされたのであろう。

　するとここに，〈光の父〉が二義を有していることが明らかになる。

---

　17)　Schwarz, *Das Problem der Seinsvermittlung bei Nikolaus von Kues*, S. 51; S. 204.

　18)　Jacobi, *Die Methode der Cusanischen Philosophie*, S. 145, Anm. 13.

　19)　*De doct. ign.* I. 26. p. 54（岩崎・大出訳73頁）。

　20)　*De dato* II. n. 100（大出・高岡訳28頁）; *De doct. ign.* III. 9. p. 146（岩崎・大出訳195頁）; *De quaer.* II. n. 37（大出訳『神の探求について』65頁）。

　21)　*De dato* IV. n. 108（大出・高岡訳37頁）. また「神は言わば光の土台である」（deus [...] est quasi basis lucis）とも言う（*De coni.* I. 9. n. 42）。

先ず，神・光の父は光の源泉であるゆえに〈諸々の光の父〉である。第二に，すでにみたように，神は万物の贈り主，絶対的な形相であって，それが贈るものは自分自身であるのだから，〈光の父〉は自身を贈って姿を現わすことになる。従って〈光の父〉とは〈諸々の光となる父〉あるいは〈諸々の光である父〉という意味も有することになる。このように解釈するならば，この二義性において，クザーヌスの思想の核心の一つである〈神の万物の包含と展開〉が表現されていることになる。

　では，上に〈諸々の光〉と称されたもの，また神がそれらの父とされたところのものは，そもそも何であろうか。それは，上に述べたように，存在の原理であると共に認識の原理でもあった神の贈りものであるがゆえに，諸存在であり諸認識であることになる。

　　万物は，現われすなわち何らかの光である。ところが，諸々の光の父および源泉は一なるものであるから，従って万物は一なる神の現われたものである[22]。

　このように，万物としての光に関して，それの〈源泉〉・〈諸々の光の父〉が二義性において考えられていることが，実はクザーヌスにおける神と世界存在の理解について非常に重要な役割を担っているのである。また彼においては自然的な光そのものも，中世の伝統に従って，単なる物としてではなく，それも何らか精神的なものとみなされているのである。つまりこの世界は，そのような〈光〉と共に存在していることは紛れもない事実だ，という彼の確信が成立しているのである。

2　〈神の顕現〉と知解

　「神は言われた。『光あれ。』こうして光があった。神は光を見て，良しとされた」（創世記1,3-4）。神のこの世界創造は，クザーヌスにとっても自明の前提である。しかし彼において，〈創造主〉と〈贈り主〉とは

---

　22)　Ibid. IV, n. 108, 7- 9（大出・高岡訳 37 頁）: Sunt [...] omnia apparitiones sive lumina quaedam. Sed quia unus est pater et fons luminum, tunc omnia sunt apparitiones unius dei.

第1章　〈神の顕現〉（Theophania）と〈神化〉（Deificatio）　　325

全く同一の意味を担っているのだろうか。

　クザーヌスは言う。「それ〔神の贈りもの〕は，それが贈られるとおりに受取られることは不可能である。……従って，無限なるものは限定的に，普遍的なるものは個別的に，絶対的なるものは縮限されて受取られる」[23]。また，「無限なる言葉である彼〔父なる神〕の顕示の光をわれわれが下降において受取る時には，（それはわれわれには下降におけるそのような仕方〔のみ〕によって受取られうるのだが），われわれは彼の創造物のある始まりとなるのである」[24]。

　以上の行文をみれば，クザーヌス自身はそれと明言してはいないが，贈りものの〈受取り〉に二種のものがあると解釈することができる。すなわち，第一のものは，神の無からの一回的創造の際の事情を表現する場合であり，受取り手は存在しないにもかかわらず神が存在を〈贈る〉のに応じて〈受取り〉と言わざるをえないものである。先の引用でクザーヌスが〈受取り手〉は存在しないと明言していた[25]のはこれについてであろう。

　他方，〈贈る〉ことについて次のようにも言われている。「贈り主は常にまた永遠に贈り続けてきているのであるが，それは永遠からの下降においてしか受取られなかったのである。またこのような下降は，永遠が始まりのある継続へと縮限されているということである」[26]。この引用文中の「始まりのある継続」とは時間の流れのことであるから，上に言われている縮限された〈贈り＝創造〉は，今も，つまりこの時間においてわれわれが受取りつつあることであろう。これが第二の〈受取り〉であり，クザーヌスによって〈産出〉（generatio）と称されているもの

　23）　Ibid. II. n. 99, 4- 6（大出・高岡訳 26 頁）: non potest recipi ut datur [...] Recipitur igitur infinitum finite et uiversale particulariter et absolutum contracte.

　24）　Ibid. IV. n. 111, 2-4: dum lumen ostensionis eius, quod est verbum infinitum, in descensu recipimus, modo quo hiuiusmodi in descensu a nobis recipi potest, simus initium aliquod creaturae eius. この「われわれの下降における受取り」は，テキストのすぐ後で 'nostro modo'（われわれ人間なりの仕方で）と表現されている（Ibid. n. 111, 7）.

　25）　上の註 5 を参照されたい。

　26）　Ibid. III, n. 104, 6-8（大出・高岡訳 33 頁）: Semper et aeternaliter dator dedit, sed non recipiebatur nisi in descensu ab aeternitate. Descensus autem talis est contractio aetrenitatis in durationem initium habentem.

と解釈できる[27]。確かに〈産出〉とは月満ちることにより，また時の経つことの中で成立するものである。これについてはクザーヌス自身が，「以前，木の種子の真理の内に木の枝の真理も存在したが，それが今，木という形になって成長し始めている。」[28]という例を同じ節であげている。さらに敷衍するならば，この木の枝の産出がさんさんと降りそそぎつつある太陽の光の下で可能となっているように，他のあらゆる存在の産出も〈光の父〉の〈贈りものである光のさんさんとした降りそそぎ〉において可能となっているのだ，とも捉えることができるだろう[29]。

　それゆえに，「完全に無限なる能力〔紳〕は，善性という本性に由来して自身を啓示しようと欲する時に，自身から多様な光を下降させる。それらが〈神の顕現〉と称されるのである」[30]というクザーヌスの言葉は次のように理解されるべきであろう。〈光の父〉から下降した〈光としての万物〉は，神の顕現である。従って，先の〈産出〉という形で創造される万物も〈神の顕現〉であることになる。それゆえに，この世界の万物は，それがどんなものであれ〈神の顕現〉としての意味をもつのであり，〈光の父〉によってそれとして存続させられているということになるのである。すなわち，「現に存在するあらゆるものが最善者に由来して最善の本性におけるものとして，それら自身の個々の本性において安らっている」[31]ことになる。

　しかしながら，これら万物はただそれだけでは，その存在の意味を尽くしているとは言えない。何故なら，「いかなる与えられた本性も，それの種に可能である完全さの段階に現実に到達していることはない」[32]からである。そこで，同様に被造物ではあるが他に優越したものとク

---

27)　'generatio' という用語は以下の箇所に：Ibid. IV. n. 110, 1; Ibid. n. 111, 14 に。その動詞形 'genere' は Ibid. n. 110-112 に。さらにそれから派生した名詞 'genus' は，'genus dei' として Ibid. n. 111, 10 に見出される。

28)　De dato IV, n. 111（大出・高岡訳 41 頁）。

29)　De poss. n. 15（八巻訳 26 頁）において，神が〈全能なる太陽〉と比喩されている。

30)　De dato IV. n. 109, 16f.（大出・高岡訳 38 頁以下）：[infinita virtus], quae dum ex natura bonitatis se vult manifestare, facit a se varia lumina, quae theophania dicuntur, descendere.

31)　Ibid. I. n. 93, 16f.（大出・高岡訳 18 頁）：omne id quod est quiescit in specifica natura sua ut in optima ab optimo.

32)　Ibid. n. 94, 1（大出・高岡訳 18 頁）：non omnis natura data gradum possibilis perfectionis speciei suae actu attingit.

第 1 章　〈神の顕現〉（Theophania）と〈神化〉（Deificatio）　　327

ザーヌスが考えている人間の働きを介することによって，それら万物の
存在の意味が完結することになるとされるのである。

　では，人間は何故に他の被造物に優越しているのだろうか，また，万
物の存在の意味を完結するために介する人間の働きとは何であるのだろ
うか。すでに見たように，われわれ人間は，父である神が〈真理の言
葉〉において産出したものであって，その真理の言葉をわれわれ人間は
われわれなりの仕方で受取っているのであるから，われわれは父の創造
物のある始まりであることになるのである[33]。この〈真理の言葉〉とは，
絶対的な理性，絶対的な技であり，あるいはあらゆる理性の光であると
言われることが可能な理性であるとされる[34]。従って，それの似像とし
てわれわれが受取っているわれわれの言葉は，われわれの理性と技の根
拠である，とクザーヌスが考えていることは明らかである。われわれが
他の被造物に優越しているのは，まさにこのゆえである。従って彼は，
われわれ人間を「神の一族」であるとも言っているのである[35]。

　また，万物の存在の意味を完結するために介される人間の働きとは，
上に見た人間の優越性の根拠である技と知力の二つの能力を発揮するこ
とに他ならない。神の技の似像としての人間の技[36]を用いて，人間は万
物を作用させ，加工し，別なものを創作していく能力を有している。そ
して，その活動を通して人間がこの世界に人間なりの新しい秩序を与え
ることは，神から贈られた人間特有の能力である[37]。だからこそ，人間
は「父の創造物のある始まり」なのであり，人間なりの〈創造〉を営ん
でいると考えることもできることになるのである。

　さらに，人間が人間なりの〈創造〉を営む場合に，それの原案は，原

　33）　上の註 24 を参照されたい。

　34）　*De dato* n. 110, 2f.（大出・高岡訳 39 頁）:Verbum veritatis ratio seu ars est absoluta
seu ratio, quae lumen dici potest omnis rationis.

　35）　Ibid. n. 111, 10f.（大出・高岡訳 40 頁）: Sumus [...] nos genus dei, quia ipse nos
genuit（神がわれわれを産出したのだから，われわれは神の一族である）。この文章は「使徒
言行録」17, 28：「わたしたちは神の子孫なのです」を踏まえているが，これにはあえて従わ
ない。「子孫」という日本語のもつ意味は必ずしも genus とは重ならないからである。

　36）　ars divina と ars humana の対比は以下に：*De poss.* n. 34（八巻訳 50 頁）。この ars
への関心は，この後，1450 年になってクザーヌスによってさらに深化・発展させられている。
とくに本書第Ⅵ部の第 2 章を参照されたい。

　37）　以下を参照されたい：*De coni.* II, 14, 11, n. 145.

像（exemplar）として神から贈られているのであり，逆にその原像をそれとして捉えることが人間にとって不可欠な課題となる。これが，もう一つの人間の特権的能力としての知力を用いることで成立する知解である。そして，原像を捉えることによって，万物についての人間の認識もそれの成立根拠が贈られることになるのであり，その認識によって万物が人間の精神の内に位置づけられ，従って神の被造物としての各々の存在の意味が人間によって確認されることになるわけである[38]。

ところでクザーヌスは，一般的な認識の成立する構造を，視覚が他の諸感覚に対して優越することを前提としながら[39]，人間の知性の〈内なる光〉（lux intrinseca）と〈外なる光〉（lux extrinseca）との協働において考えている[40]。つまり，視力を起こさせる〈内なる光〉と外界から眼の中に入って来る〈外なる光〉とである。前者については，「光の父であるあの知性から，多様で理性的で推論をする諸々の光が下降する」[41]と言われ，この光は精神，気息とも言われるものである[42]。他方の〈外なる光〉は，言わば自然的な光を意味しているのであるが，それは既述のように，必ずしも今日のわれわれが考える自然的な光というわけではない。クザーヌスは色と光との関係について，色とは光が縮限されて受取られたものであるとも言っており[43]，自然的な光のことを考えることもないわけではないが，一方で，存在者は光を分有する闇的なものであるとも考えているので[44]，この〈外なる光〉を単純に自然的な光であるとのみ断定することはできない。

このような事情の下で，〈外なる光〉がわれわれの感覚器官へと認識内容を運搬する役割を果し[45]，〈内なる光〉は諸感覚を活動させつつ，

---

38)　以下を参照されたい：*De coni.* n. 144.

39)　*De quaer.* I. nn. 19-24（大出訳 44-49 頁）。ここでクザーヌスは，ギリシア語の神 Theos は Theoro（私は見る，私は走る）が語源であるという語源説に依拠しつつ，視覚が他の感覚に優越するとしている。

40)　*De coni.* II. 14. n. 164; *De quaer.* II. n. 33（大出訳 59 頁）。

41)　*De dato* IV. n. 109.

42)　*De quaer.* II. n. 33（大出訳 59 頁）。

43)　*De dato* II. n. 100.

44)　本書第Ⅲ部第 1 章，とりわけその中に掲載されている「分有図」を参照されたい。

45)　*De coni.* I. 4. n. 14.

第 1 章 〈神の顕現〉（Theophania）と〈神化〉（Deificatio） 329

〈外なる光〉の運搬して来たものを認識するのである[46]。とはいえ，〈内なる光〉と〈外なる光〉とは，シュヴァルツ（Schwarz）も指摘するように根本的に区別されるものと考えてはならないのであって[47]，〈光の父〉からの贈りものとして，一なる光の段階の相違にすぎないと考えるべきなのである。すなわち〈内なる光〉が上位であり，〈外なる光〉が下位とみなされており，ここに認識成立の根拠が置かれているのである。それゆえにクザーヌスは以下のように言うことになる。「われわれの認識はすべて彼〔われわれの神〕の光において存在しているのだから，認識するのはわれわれではなくて，むしろ，われわれのうちに存在する彼〔われわれの神〕なのである」[48]。

　従って，われわれの知力が存在者を認識することは，存在者が人間を介して神の下に確たるものとして位置づけられることを意味する。これの構造は次のようなものである。〈光の父〉の贈りものとして，すなわち〈神の顕現〉として下降することで存在している万物が，「父と子から進み出る〔下降する〕精神（気息）において完成されて」[49]，今度は逆に，各々の存在段階からそれの直近の上位なものへと上昇し，そこで安らうのである。これは以下のように段階的なものとされている。「闇的な物体的存在は生命的な存在において安らい，生命的な存在は知性的存在において安らい，知性的存在は神である真理において安らう。その結果，物体的存在者の全ては生きている存在者の媒介によって，生命的な存在者の全ては知性的存在者の媒介によって根源へと流帰するのである」[50]。このような過程をクザーヌスは「それの本性の条件が許す限りの

46）　*De quaer*. II. n. 34（大出訳 60 頁以下）。

47）　Schwarz. Ibid. S. 206.

48）　*De quaer*. II. n. 36, 7-9（大出訳 63 頁以下）：in lumine ipsius est ominis cognitio nostra, ut nos son simus, qui cognoscimus, sed potius ipse in nobis. この表現については以下も参照されたい：Augustinus, *Confessiones*, 13, 31, 46（山田晶訳 532 頁上段）：Qui autem per spiritum tuum vident ea, tu vides in eis. さらに新約聖書「マタイ福音書」10, 20：「ガラテヤの信徒への手紙」2, 20。

49）　*De dato* V. n. 112, 9f.（大出・高岡訳 43 頁）：in spiritu procedente a patre et filio perficiuntur cuncuta.

50）　Ibid. n. 113, 6-9: Quietatur [...] esse umbrosum et corporeum in vitali, vitale in intellectutali, intellecutuale in veritate, quae deus est, ut sic omnia entia corporea per medium eorum, quae vivunt, et illa per intellectualia refluant ad principium.

神化（deificatio），すなわち安らいの極み」とも表現している[51]。

　以上のような人間なりの〈創造〉と〈認識〉とは，神の手による〈創造〉の時間的継起における姿としての〈産出〉の一環であると把握することができるだろう。確かにそれも，究極的には〈光の父〉である神の業であるのだが，しかしそれが人間を介して人間なりに営まれているということも疑うことのできない事実である。すなわち，ここには〈われわれなりの仕方で〉（nostro modo）ということの欠如的な意味と積極的な意味とが含意されていることに注目しておこう。

3　〈信仰の光〉と〈神化〉

　前節までで見たように，われわれの世界のことごとくは〈光の父〉の賜ものである。そしてこの父は，〈存在の光〉であると共に〈認識の光〉でもあり，否，むしろ，その両者は何よりも〈一なる光〉であった。また，自身へと下降して来る光によって被造物・存在者が神化に向かって上昇していくという事態に，知性的な存在者としての人間が立ち合っていた[52]。では，この知性的な存在者は，結局のところ単なる中継器官にすぎないのだろうか。それともまた，人間はその知性的本性のゆえに，自身だけで真理を把握しうる完結した存在なのだろうか。

　クザーヌスはそのいずれをもとらない。彼の著『覚知的無知』において典型的に思考されたように，われわれ被造物は，単にそれだけでは決して絶対的なるものに到達することはできないのであり，それは人間も例外でない。従ってわれわれは，独力では〈覚知的無知〉においてその非力さを嘆かざるをえないのであって，その非力さが克服されるためには神からの引き寄せが必須なのである。

　ところがクザーヌスはこの著作『光の父の贈りもの』において，従来の立場を一歩，人間と世界を肯定する方向へ進めているのである。すなわち，この世界は闇的要素が支配的であると考えていた『覚知的無知』

　51）　Ibid. 5f.: ad deificationem, hoc est ad quietis terminum.

　52）　この点については，すでに *De coni.* においてもクザーヌスは考察している。本書第Ⅲ部第2章を参照されたい。

第 1 章　〈神の顕現〉（Theophania）と〈神化〉（Deificatio）　　331

ならびに『推測について』から『隠れたる神』までの思考とは異なる視
点を，今，彼は獲得したのであり，それが世界を〈光〉として捉えるこ
とを可能にしたのである。さらに，彼は次のように言っている。

　　神の照明によって注ぎ込まれるもう一つの光が存在する。それは知
　性的可能態を完全へと導くものであり，言わば信仰の光である。知
　性がこの光に照らされることによって，知性は理性を超えて真理の
　把握へと上昇する。〔…〕知性は自身が真理に到達することが可能
　であると信じるのである[53]。

　この〈信仰の光〉（lumen fidei）とは何だろうか。そもそもの神によ
る創造において，世界は〈光〉を分有する〈闇〉的なものとしてしか存
在しえなかった。従って，その〈闇〉を追放するのには，前節でみたよ
うなこの世界に内在的な〈内なる光〉および〈外なる光〉だけでは不十
分なのであろう。それゆえに，創造主すなわち〈一なる光の父〉から直
接に贈られる〈信仰の光〉が要請されるのであり，それによってのみ闇
の完全な追放が可能であるとされるのである[54]。
　換言するならば，「どのように世界は存在するのか」という問に対し
ては，〈内なる光〉と〈外なる光〉との協調において答えることが可能
であるが，しかし，さらに「そもそも何故に世界は存在するのか」と問
われるならば，もはや両者の協調のみでは答えることができない。この
問に対する答えは，神の創造の根本に立ち帰ることにおいてのみ可能と
なるのである。「真理に到達する」とは，クザーヌスにとってまさしく
「神の世界創造に到達する」ことであり，その真理の本質に到るために
は，〈信仰の光〉において以外には不可能だとされるのである。すなわ

　53）　*De dato* V. n. 119, 1-5（大出・高岡訳 43 頁）：Sunt et alia lumina, quae infunduntur
per divinam illuminationem, quae ducunt intellectualem potentiam ad perfectionem, sicut est lumen
fidei, per quod illuminatur intellctus, ut super rationem ascendat ad apprehensionem veritatis. [...]
credat se posse attingere veritatem（強調は引用者）。
　54）　晩年の著作 *De possest*『可能現実存在』n. 15（大出・八巻訳 26 頁以下）では，最
も大きく形成された信仰をもって，闇を払いのける全能なる太陽を待ち望む者に，全能なる
太陽・神は創造主としての自身を現わすとされている。トマス・アクィナスも〈信仰の光〉
について，〈本性的理性の光〉の働きを補完・完成するものという意味で説いている（*Summa
theologiae*, I-II, q. 109, a. 1; *Expositio super Librum Boethii De Trinitate*, q. 2, a. 3）。

332　　　　　　　　　Ⅳ　Theophania としての世界

ち，それに到るためには〈知る〉ことでは不可能であり，〈信じる〉ことにおいてのみ可能だということである。この点についてはトマス・アクィナスも，「世界に始まりがあった」ということは信仰箇条であって，証明されるべきことではなくして，信じられるべきことであるとしているのである[55]。

　しかしながら，指している事態は同一であっても，目的においてトマスとクザーヌスとは異なっている。トマスが「証明されるべきことではなくして信じられるべきことである」と言う時には，前者と後者とを明確に二分して，それゆえに前者と後者とを結合することはしない，という意図をもっているであろう。

　だがクザーヌスはそうではない。彼は〈知解するために私は信じる〉（credo ut intelligam）の立場から，以下のように言う。

　　知解は信仰によって導かれ，信仰は知解によって拡げられる。それ
　　故に健全な信仰が存在しない所には，いかなる真の知解も存在しな
　　い[56]。

　この〈知解するために私は信じる〉という思想は，アウグスティヌスにおいて明らかにうち立てられ，後にそれがアンセルムスにおいて再び表明されたと言われる[57]。アウグスティヌスがこの立場をとった時，それは彼自身の個人的経験の正確な定式化であったという[58]。すなわち，マニ教徒が，全てのものを何ら信仰に訴えることなしに説明できる，と自分を恃んでいたという事実に対して，アウグスティヌスがこの立場をとったわけである[59]。ところがアウグスティヌスは，自身もかつてマニ教徒であったゆえに，外なるマニ教徒以上に，内なるかつてのマニ教徒を前提として，これを言明したのであろう。

　またアンセルムスの場合には，一方においてアベラルドゥスの〈信ず

---

　55)　Thomas, *Summa Theologiae*. I. 46. a. 2（高田・日下訳 64 頁以下）。

　56)　*De doct. ign.* III. 11, p. 152, 4-6（岩崎・大出訳 204 頁）: Dirigitur [...] intellectus per fidem, et fides per intellctum extenditur. Ubi igitur non est sana fides, nullus est verus intellectus.

　57)　Gilson, *L'ésprit de la philosophie médiévale*, 2. p. 28f.

　58)　Ibid.

　59)　Ibid.

第1章　〈神の顕現〉（Theophania）と〈神化〉（Deificatio）　　　333

るために私は知解する〉（intelligo ut credam）とも言うべき理性強調の
立場に代表されるような弁証家と対決しつつ，他方において単純な反弁
証家の〈信〉が全てであるとするような態度に対峙しながら〈知解する
ために私は信じる〉の立場をとったのだとされる[60]。従って，アンセル
ムスがこの立場を表明する時には，異教徒は前提に入っていなかったで
あろう。

　アンセルムスのこのような主張にもかかわらず，とりわけアルベル
トゥス・マグヌス以後〈信〉と〈知〉とが分裂し，〈信〉が積極的に軽
んじられたわけではなくとも，次第にその存在許容領域が制限されてゆ
き，〈知〉がひとり歩きし始めた[61]。この伝統は，先にみたトマスを経て，
その後のノミナリズムの潮流の中でさらに強まりながらクザーヌスの時
代にまで続いていた。

　他方においてクザーヌスの時代には，東方世界との交流がますます盛
んになっていた。先ず，東方教会との教会統一交渉も進みつつあり，ク
ザーヌス自身がその交渉使節という大役を果したのでもあった[62]。さら
には，コンスタンチノープルへ迫り来るトルコ軍と共に東方イスラーム
文化の流入もいよいよ多くなっていた。このような情勢のなかでクザー
ヌスは，イスラームとの対決と協和のために，1445年頃には『隠れた
る神について』を執筆して異教徒との対話を設定したり，また東ローマ
帝国がトルコによって征服された直後の1453年には『信仰の平和』を，
また1461年には『コーランの精査』をまとめる，というような時代状
況であった。従って，「使徒は告げている。迷うことなく信じ請い願う
者は知恵に到達するであろう，と」[63]とクザーヌスが記す時，彼の周囲
には迷いつつある人々が少なからず存在していたはずである。このよう
な情勢の中で彼が〈知解するために私は信じる〉を主張するのは，彼の
内なると共に外なる弁証家の伝統と対決すると同時に，そのさらに外な
る異教徒とも対決していることになるであろう。

　60）　Gilson, *La philosophie au moyen âge*, IV. 3. p. 241.

　61）　Ibid. VII. 4. p. 507f.

　62）　〈docta ignorantia〉という彼の思想の核心は，この時のギリシアからの帰路の船上
で彼に光の父からの贈りものとして授けられたと，自身が記している（*De doct. ign.* III. 12. p.
163（岩崎・大出訳 220 頁））.

　63）　*De dato* V. 11. 119（大出・高岡訳 49 頁）。

334 Ⅳ Theophania としての世界

　彼のこの〈知解するために私は信じる〉は，もちろん単純に〈知〉を
〈信〉へと従属させて〈知〉の意義を認めないというものではない[64]。
彼の〈覚知的無知〉という思想からも明らかなように，彼は〈知〉と
〈信〉との分立を，第一段階の認識批判として容認するだけなのである。
この点では確かにアンセルムスに近い立場である。しかしクザーヌスの
場合は，単にそれのみにとどまらずに異教徒との対決も意図のうちにあ
るのであるから，彼の他の哲学的姿勢と同様に，さらに溯ってアウグス
ティヌスの立場への回帰であるとみなすことができるだろう。「使徒は，
……あたかも恩寵という贈りものすなわち父による引き寄せがなくとも
自力で知恵の獲得に到達できるかのようにうぬぼれて評価している人々
の誤りを……排除しようと欲した」[65]というクザーヌスの認識は，アウ
グスティヌスがマニ教徒に対して下したものとほとんど同一である。ま
た，クザーヌスの思考において〈信〉と〈知〉の結合としての〈知解す
るために私は信じる〉が貫流していることは，〈師たるキリスト〉とい
う表現がくり返し使われていることからも確認できるのである[66]。

　ここで，彼の〈知解するために私は信じる〉についてもう少し立入っ
た考察をしてみよう。この立場において成立する〈知解〉（intelligere）
は〈信〉（credo）と結合しているがゆえに，単純な認識でないことは言
うまでもない。すなわち，〈光の父〉の贈りものとしての万物について
は，「被造物の多様性において把握されるあらゆるものの内には，本質
に由来して存在するものは何ものも存在しない」[67]とされているのだが，
その貧しき被造物であるわれわれが，〈信仰の光〉の中に立つ時に一気
に豊かさへと転換されるということなのである。

　　われわれの知性的な力は，光という言表不可能な豊かさを可能態の

　64）　この点はクザーヌスの生涯を通じて一貫している。本書第Ⅱ部第3章を参照された
い。

　65）　*De dato* I. n. 95（大出・高岡訳20頁）。

　66）　例えば *De filiatione dei*『神の子であることについて』（以下 . *De fil* と略す）V. n.
83（坂本堯訳『神の子であることについて』147頁）；さらに以下も：*De poss*. n. 75（大出・
八巻訳106頁）：*De visione dei*（神を観ることについて）24, nn. 112（八巻訳146-148頁）；
Epistola ad Nicolaum, n. 53（八巻訳212頁）。

　67）　*De dato* V. n. 116, 5f.（大出・高岡訳46頁）：Nihil [...] omnium, quae apprehenduntur
in varietate creaturarum, de essentia esse intelligit.

第 1 章 〈神の顕現〉(Theophania) と〈神化〉(Deificatio)　　335

形で所有しているのだが，それらが可能態の形で存在しているゆえ
にわれわれは，知性的な光によってそれが現実態として存在するべ
くわれわれに対して開かれ，またそれが現実態へと引出される方法
が提示されるまでは，それを所有していることを知らないままなの
である[68]。

　また彼はここで，「光という言表不可能な豊かさ」について「羊毛も
パンもブドウ酒も肉も，また他の諸々のものも」と敷衍し，「知性的
な光」を「啓示の光」(lumen revelationis) とも言い換えている。つま
り，彼は〈光〉の多義性において，〈信仰の光〉が他の〈光〉と完全に
異なった在り方をするものとは考えていないのである。こうして，彼の
〈知解するために私は信じる〉が，先にみたように，〈信〉と〈知〉の結
合において立てられていることが再確認できるであろう。
　さて，上の引用文に 'ignoramus' として示されている〈われわれの無
知〉は，一般の〈覚知的無知〉とはその意味を異にしているのではな
いだろうか。すなわち，従来の〈覚知的無知〉は〈知っていると思い
こんでいる〉という積極性が否定されて，〈しかし，実際には知らない
し，知ることは不可能である〉という消極性に向かうものであったが，
ここでの〈われわれの無知〉は，〈実際にはすでに所有している豊かさ
に気づかないままでいる〉という消極性が〈啓示の光〉によって否定さ
れて，〈豊かさを所有していて，実際にそれを認識する〉という積極性
へと向かうものである。確かにその認識それ自身としては，〈啓示の光〉
および〈知性的な光〉によって開かれてはじめて認識するという点にお
いて受動的で消極的なものであるとしても，自己の内に豊かさを所有し
ていることを認識するということにおいて，根本的にはすでに肯定への
ベクトルを有していると言えよう[69]。

---

　68)　Ibid. n. 120, 1-4（大出・高岡訳 50 頁）: Habet quidem virtus nostra intellectualis
lucis divitias in potentia, quas nos habere, cum sint in potentia, <u>ignoramus</u>, quousque per lumen
intellectuale in actu existens nobis pandantur, et modus eliciendi in actum ostendatur.（下線は引用
者）。
　69)　それゆえに，ここに述べられた〈無知〉は，われわれに積極的に教える〈無知〉と
して，sacra ignorantia（聖なる無知）(*De doct. ign.* I,17 [n. 51]〔岩崎・大出訳 46 頁以下〕等)
と関わりがあると言えよう。

336　　　　　Ⅳ　Theophania としての世界

　従って，われわれの内なるこの〈豊かさ〉が究極的には〈永遠なる王
国の栄光の豊かさ〉[70]であるとしても，この〈信仰の光〉による否定を
経た後には[71]，そのなかに立つ者にとって，それゆえに〈豊かさ〉の意
味が減少するということは全くない。むしろ，その内なる〈豊かさ〉が
神からの〈豊かさ〉であることを認識することによって，キリスト自身
においてキリスト自身によって恵まれる〈安らぎ〉(quies) という最も
喜ぶべき生命へと到達する[72]ための道筋が明らかになるのである。

　かくして，神からの流出と流帰（下降と上昇）を仲介するものとして
の知性的存在・人間が[73]，一見するところ無内容の貧しさそのものと見
えたのにもかかわらず，〈信仰の光〉によって一挙に〈豊かさ〉へと転
化させられるのである。ではこの〈豊かさ〉への転化とは一体何なのだ
ろうか。これは，〈光の父〉からの贈りものとしての〈神の顕現〉に対
応する逆の道，すなわち上昇としての〈神化〉なのである。クザーヌス
によれば〈神化〉とは知性の究極的完成であり[74]，また〈神の子である
こと〉(filiatio dei) でもあり[75]，神なる真理の把握である[76]。すでに見た
ように，あらゆる被造物が神化に向かって上昇するのだが，それはあく
までも精神の働きによるのであり，従って〈神化〉の中心を担うのは人
間である。かくして，先にみた〈神の創造の似像としての人間なりの
産出〉（これは〈認識〉であると共に〈創造・存続〉でもあったのだが）が，
その本性のゆえに有していた欠如性は，この〈信仰の光〉による〈神
化〉によって取り除かれて，それが完成されることになる。

　また，第 1 節において見たように，贈りものは贈り主の真理ではなく

---

　70)　*De dato* n. 122, 5（大出・高岡訳 52 頁）: divitias gloriae regni aeterni.

　71)　Ibid. n. 119, 6-8（大出・高岡訳 49 頁）: infirmitatem seu caecitatem, ob quam baculo
rationis innitebatur, quodam conatu sibi divinitus indito linquit（「それ〔知性〕は，それゆえに理
性という杖に頼ってきていた自身の弱さすなわち盲目性を，神から自身に与えられたある刺
激によって捨て去る」)。

　72)　Ibid. n. 122（大出・高岡訳 52 頁）。

　73)　ibid. n. 114, 1f.（大出・高岡訳 45 頁）:Intellectualia [...] sunt, per quae inferiora fluunt
a deo et re fluunt ad ipsum.

　74)　*De fil*. I. n. 53, 4f.（坂本訳 123 頁）。ad theosim ipsam, ad ultimam scilicet intellectus
perfectionem.

　75)　Ibid. n. 52, 2f.（坂本訳 122 頁）: Ego autem, ut in summa dicam, non aliud filiationem
dei quam deificationem

　76)　Ibid. III. n. 62, 2（坂本訳 131 頁）: filiatio, quae est apprehensio veritatis quae deus est.

第 1 章　〈神の顕現〉（Theophania）と〈神化〉（Deificatio）　　337

それの類似であるとされていたが，この類似がここにおいて〈神化〉と
して真理へと転化されたことにもなる。さらに，〈神化〉とは神の子で
あることに他ならないとされているのであるから，そこでは〈神の子・
キリスト〉の存在が中枢を占めることになり，従ってわれわれはキリス
ト教信仰の真只中に立つことになる。そこでは，まずキリストの〈子で
あること〉が以下のように説明される。

　　一人子の子としての身分は，様式なしに父の本性と同一であり，
　　従ってそれは絶対的な子であるということである。養子において
　　子となっている者はすべて，そこ〔絶対的な子であるということ〕
　　において，またそれを通して，子としての身分を得ているのであ
　　る[77]。

従って，キリストと信仰する者との間に〈神の子であること〉に関し
ての〈原像―似像〉関係を見てとることができることになる。そして，
その原像たるキリストの十字架上での死は，人間にその知性の究極的完
成への方法的模範を示した，とクザーヌスによって解釈されてもいる。

　　彼〔キリスト〕は〔…〕感覚的な世界を殺すことによって知性的な
　　不死性に到達するべく導いてくれた[78]。

この意味において人間の師たるキリストは，単に知識についての師で
あるというのではなくて，生についての師でもある。すなわち，神人キ
リスト，受肉したキリストによって，常に肉をもってしか存在しえない
人間が，彼に学べば，神の子となり，光の子[79]とされることになる。こ
こに人間という存在の積極的な存在可能性が示されていると解釈でき

---

　77)　Ibid., I, n. 54, 24-26（坂本訳 125 頁）: ipsa unigeniti filiatio sine modo in identitate naturae patris exsisitens est ipsa superabsoluta filiatio, in qua et per quam omnes adoptionis filii filiationem adipiscentur.
　78)　*De dato* V. n. 122, 6f.（大出・高岡訳 52 頁）: intellectualem immortalitatem assequi docuit per mortificationem mundi sensibilis. この思想は晩年に到るとさらに鮮明に説かれるようになる。以下を参照されたい: Epist. Nic. Bonon. n. 70f.（八巻訳 220 頁以下）。
　79)　Ibid. 5（大出・高岡訳 52 頁）: geniti sumus filii lucis.

るだろう。また，キリストこそ〈人間になった神〉〈感覚的な神〉であり[80]，まさしく〈神の顕現〉そのものである。従って，下降としての〈神の顕現〉と上昇としての〈神化〉とがキリストにおいて結合・交錯して，それの具体像として示されているのである。それゆえにも彼は，クザーヌスにとってまさしく〈われわれの師たるキリスト〉なのである。

4 信仰と欠如的主体性

さて，〈光の父〉から下りて来る〈信仰の光〉の中に立つ人間は，実は誰でもがその〈光〉を〈受取り，信仰している〉というわけではない。クザーヌスが信仰を自明のこととして語っているように見えても，すでに考察した〈知解するために私は信じる〉を取りまく状況を考えるならば，不信仰者の存在がむしろ鮮明に前提されているはずである。ここに，〈敢えて信仰する主体としての人間存在〉という問題が浮かび上がることになるだろう[81]。この〈私は信じる〉とは，もとより人間としての自己を恃むことでもなく，被造世界に安住することでもない。否，逆にこの世界の闇を見捨てて精神的な光に専心する[82]ことである。そして〈何を信じるのか〉は，もちろん，創造主としての神であり，真理の存在とそれへのわれわれの到達可能性であろう。クザーヌスは言っている。

> 知性はこの〔信仰の〕光に導かれて，自分が真理に到達することが可能であると信じる。〔…〕また知性は，信仰の言葉において，自身の力で進むことが可能なように強くされて，堅固な信仰によって約束されたものに到達できるという疑いのない希望によって導かれ

---

80) Jacobi, op. cit. S. 159.

81) クザーヌスがその生涯の最期に到るまで，単に制度としてのキリスト教信仰に安住することがなかったことは，彼の晩年の生き方が示している。この点については，本書第Ⅰ部第1章および第Ⅵ部第3章を参照されたい。

82) De dato V. n. 121, 5f.（大出・高岡訳51頁）: sicut viri virtutibus dediti umbras mundi huius linquentes et mentali luci incumbentes.

第 1 章　〈神の顕現〉（Theophania）と〈神化〉（Deificatio）　　339

る[83]。

　確かにわれわれは，真理すなわち万物の根源が存在し，われわれがそ
れに到達可能であるか否か，ということを〈知る〉ことは不可能である
と言える。従ってわれわれには，それを〈試みる〉か，あるいはそれが
可能であると，または不可能であると〈信じる〉か，という道しかあり
えない。そして，〈不可能であると信じる〉ことは真理を断念すること
であり，また〈試みる〉ことは永遠に試み続けることをも覚悟すること
が前提となる。このいずれかに真に耐えることが可能であるほどに，そ
もそも人間というものは強い存在なのだろうか。クザーヌスの〈知解す
るために私は信じる〉を，このような事態を踏まえての〈信〉であると
解釈すべきであろう。そして，〈信じる〉者は真理の存在とそれへの到
達可能性を〈選び取る〉のである。ここに信じる者の〈主体的行為〉が
ある。この〈選び取り〉は，同時に世界の闇を〈見捨てる〉という主体
的行為と同一のことであり，これも決して安易な道ではない。世界を闇
的存在と認識しそれを見拾てる，という否定の行為を主体的に行なうこ
とにおいて，真理の存在を知解し，それに到達可能となる，という肯定
に参入することである。ここに〈信じる者の主体性〉を見出すことが可
能であろう。
　しかしながら，この主体性が発動するのは，あくまでも神の創造した
世界の内であり，またそれの目的は神への到達であって，神を超える
ことではない。また，上の引用において確認できるように，その主体性
は，神からの〈信仰の言葉〉において，あるいは〈信仰の光〉によって
強くされるがゆえに成立するものである。そして何よりも，その主体性
が発動される目的は，自身の欠如を満たし成就するためである。

　　何ものかを熱望する人は，自分が欠いているものを熱望しているの

---

　83)　Ibid. n. 119, 4f.; 8f.（大出・高岡訳 51 頁）: quia hoc lumine ducitur, ut credere se
posse attingere veritatem [...] per se incedere posse inverbo fidei fortificatus ducitur indubia spe
assequendi promissum ex stabile fide. また以下も参照されたい：Ibid. I. n. 92, 13f.（大出・高岡
訳 16 頁以下）: Postulare [...] est intenta fide quaere spe indubia adipisicendi（請い求めるとは，
熱心な信仰によって，獲得できるという疑いのない希望によって探求することである）。

である。それゆえに彼は，自身が何かを欠いている者であることを認識して，それによってその欠如が満たされうるものに向かって熱心に懇願しなければならない[84]。

これに対して，充満（plenitudo）[85]としての神・〈光の父〉は，「自身の善性以外には原因を有することなしに自発的に」[86]万物を産出し，それらを作用させているのである。従って人間の〈主体性〉は，神のそれと比較するならば，言わば〈欠如的主体性〉と言うべきものである。何故なら，第一にそれは，神からの〈信仰の光〉を受取ることによって始めて成立するものであり，第二には，その目的が神のもとの充満に向かって自身の欠乏を満たすためのものだからである[87]。

では，この人間の〈欠如的主体性〉の根拠はどこにあるのだろうか。もちろん，それは〈絶対的主体性〉としての神であると言うことができるのだが，それを現に存在しているわれわれ人間に即して考察してみれば，それは，人間が精神と肉体との結合として存在しているという事実[88]に根拠があると言うべきだろう。すなわち，人間が単に精神的にのみ存在するのであれば，そのままのあり方で神的存在に連なるのであるし，また単に肉体的にのみ存在するのであれば，一方的に創造されたものとして存在するだけであろう。しかし，人間が精神と肉体との結合として存在しているという中間的欠如性のゆえに，人間は〈欠如的主体性〉を有するのであり，それを行使できるのであろう。

そして，神の〈絶対的主体性〉に比較するならば，確かにこれは，神の主体性に支えられて成立しているものとして，全き主体性ではない。しかしながら，そもそも人間にとってこれ以外の主体性がありうるだろうか。むしろわれわれが確保しうる主体性とはこのような〈欠如的主体

---

84) Ibid. I. n. 92, 6-8.（大出・高岡訳 16 頁）: Qui [...] indigens est, eo indiget quo caret. Oportet igitur, ut indigens se indigentem cognoscat atque ut ad eum, a quo indigentia suppleri valeat, avide recurrat.

85) Ibid. 9（大出・高岡訳 16 頁）。

86) Ibid., IV. n. 110, 1f.（大出・高岡訳 39 頁）: voluntarie [...] non habens nisi bonitas eius.

87) この点については，本書第 II 部第 1 章 4 を参照されたい。

88) De coni. II. 10. n. 120. なお詳細については，本書第 III 部第 1 章を参照されたい。

第 1 章 〈神の顕現〉（Theophania）と〈神化〉（Deificatio）　　341

性〉のみであり，これを行使することによって，これに限界が存在することを知るのである。換言するならば，それの〈外〉にそれを超えた〈絶対的主体性〉が存在しうることを認識することが，この〈欠如的主体性〉の第一の任務であるとされているはずである。ここには，クザーヌスの特徴的思考としての〈覚知的無知〉が働いているのである。

　そして，その知られた（覚知した）限界の中を〈主体的に〉生きるということが，人間の〈主体的営み〉なのである。先に 2 節の末尾において言及した〈われわれ人間なりの仕方で〉についての欠如的意味と積極的意味の二義性は，ここにおいてその全てを理解することができるようになったわけである。

　また，この〈主体的営み〉は，クザーヌスにとっては単なるひとりよがりではなくして，縮限的に永遠であり無限である被造世界[89]において人間なりの創造を営み，従って神の創造の協力者としての役割を果しているという意味をもつことになる[90]。かくしてここに，被造世界の存在の意義が，人間存在に関わる形で新たな様相を見せてくることになる。

　　〔神は〕その善性によって，知性的精神のためにかの可感的世界を
　　創造した。……全ての可感的なものは，父なる神からの多様な語り
　　かけの言葉である。〔…〕可感的世界は知性的世界のために存在す
　　るのであり，人間が可感的被造物の目的なのである[91]。

　こうして，先に〈神の顕現〉として規定された被造世界の全てが，単に神が姿を現わしたものというのみならず，人間に対して語りかけるも

---

　89)　Ibid., II. 94. n. 150.

　90)　クザーヌスはここでは未だ，〈神の創造の協力者〉について明言するには到っていない。しかし，ここでの思惟が深められれば当然，〈神の創造の協力者〉という思想が生み出されることになる。これが明言されるのは，この数年後の 1450 年代以降になる。典型的には晩年の書簡 Epistula ad Nicolaum, n. 52（八巻訳 211 頁）:「もし彼〔キリスト〕が，時間的なものを永続的なものへ，死すべきものを不死なるものへ，悲しみを喜びへと変える自分の術を，またあらゆる願望を獲得する自分の術を伝えることを欲して，さらには人間を自分の術の仲間として受け容れて」。

　91)　De fil. IV. n. 76, 1f; 4f.; 8-10（坂本訳 142 頁）: bonitate sua creavit sensibilem istum mundum ad finem intellectualium spirituu. [...] omnia sensibilia sint elocutionum variarum orationes a deo patre per filium. [...] sit totus iste sensibilis mundus sic ob intellectualem et homo finis sensibilium creaturarum..

342　　Ⅳ　Theophania としての世界

のとして姿を現わしたものである，と理解されることになる[92]。従って
この視点から，世界はその各々の存在者がそれなりの意義を有して存在
していることを，人間は再確認するのである。

　それゆえに，真であり善であり美である神の〈顕現〉としての世界
も，同様に美しい[93]。換言するならば，〈光の父〉の顕現として光が浸透
しているこの世界は美しい。また，人間がその知性をもってこの世界の
美を捉えてそれを賞でることは，すなわち神の栄光を讃美することにな
るだろう。このように捉えてくれば，この著作において，人間と被造世
界の万物とがその存在の意義を確認されているのは言うまでもないので
あるが，それらの意義は中世の伝統を超えんとするほどに大きなものと
されている，と言えるであろう。

　しかしながら，このような世界の諸存在に対するクザーヌスの評価
は，彼が積極的に意図したことの結果だろうか。彼の考えている〈諸々
の光の父の贈りもの〉は，彼自身の意図の如何にかかわらず，なお二
義性を有している。一つは，〈光の父〉からの贈りものにすぎないゆえ
にそれは低い価値しか持っていない，とするものであり，もう一つは，
〈光の父〉の贈りものであるゆえにそれは高い価値を有している，とす
るものである。このことは〈神の子であること〉についても同様にあて
はまる。〈諸々の光の父の贈りもの〉にせよ〈神の子であること〉にせ
よ，被造物，人間がこのように明らかに規定されたことにより，上に
あげた積極的と消極的との二つの意味のいずれが前面に出るかは，すで
に極めてアンビバレントな問題となっている。それは，クザーヌス自身
の手を離れて，15世紀中葉のヨーロッパ世界をルネサンスに向けて歩
き出す定めにある，と言ってよいだろう。とはいえ，クザーヌス自身も
この点の微妙さには気付いていないわけではなく，むしろ，彼自身が
その中に積極的に歩み入っているともみなせる記述もある。「被造物は
……贈られた神（deus datus）であるかのように見える」[94]としながら，

---

　92)　この段階での〈神からの語りかけ〉は，De doct, iqn. における神と人とのよそよそ
しい関係からの脱却を意味する。この思想は晩年のクザーヌスによってさらに深められて，
〈語りかけの存在論〉にまで展開されることになる。本書第Ⅵ部第4章を参照されたい。

　93)　Santinello, *Mittelalterliche Quellen der ästhetischen Weltanschauung des Nikolaus von
Kues*. in: *Miscellanca Mediaevalia* Bd.2 S. 684.

　94)　*De dato* II. n. 97, 8（大出・高岡訳 23 頁）。

第1章　〈神の顕現〉(Theophania) と〈神化〉(Deificatio)　　　343

その後で，「以上の言い方は疑いもなく正確さを欠いているが」[95]と言う。また，「世界は，暗さへと変化することにおいて変転する神 (deus transmutabilis) であろう」[96]と言いながらその直後に，「以上の議論は完璧な厳密さを欠いている知性のレベルでの議論である」[97]と断わっている。このような彼の言明とそれに続いて付せられている留保は，上述の問題の証左となるであろう。さらに同様にアンビバレントな問題は，先にみた〈神からの人間への語りかけの言葉としての感覚的な被造物〉という思想にも存在している。この思想は，後にガリレイらに受け継がれ，独自に展開させられて，近代科学思想の成立につながると考えられている[98]。

　しかしながら，クザーヌス自身の意図するところはおそらく次のようなものであるだろう。すなわち，かくも多様に存在する万物の全てが，一にして完全なる神の贈りものなのであるとして，人間存在とその他の万物の豊かさを強調し評価することによって，それらの贈り主・創造主の絶対的な豊かさを一層効果的に明らかにしつつ，自身の〈知解するために私は信じる〉を確たるものとしてうち立てようとするものである。何故なら，彼の人間存在と世界の豊かさに対する評価は，あくまでも〈覚知的無知〉と〈信仰の光〉における〈否定〉を通り抜けることによって〈肯定〉へと転化して成立しているものなのだからである。

---

95)　Ibid. n. 98, 1（大出・高岡訳 24 頁）。
96)　Ibid. III. n. 106, 14（大出・高岡訳 35 頁）。
97)　Ibid. n. 107, 1（大出・高岡訳 35 頁）。
98)　以下を参照されたい：Cassirer, *Individuum und Kosmos* II, S. 49-76（薗田坦訳『個と宇宙』57-88 頁）。またガリレイが用いて有名な〈世界という書物〉というヨーロッパの伝統的比喩は，クザーヌスも活用している。この点については，本書第 IV 部第 4 章を参照されたい。ガリレイ自身の「世界という書物」の使用例の一つは以下のとおりである：「哲学は，われわれの眼前にいつも開かれている壮大な書物（つまり宇宙です）の中に記されているのです。けれども，そこに書いてある言葉を学び，文字を習得しておかなければ，理解することはできません。この書物は，数学の言葉と，三角形・円などの幾何学図形の文字で書かれています。これの仲立ちがなければ，人間の力でこの書物の教えを理解することはできません」（*Il Saggiatore*, in: *Opera* 6, p. 232〔山田・谷訳『偽金鑑識官』308 頁〕）。

第2章

〈全能なる神〉の復権
──〈第一質料〉を超克する試み──

　　　晩年のクザーヌスの思索で重要な位置を占めた課題は，神が超越的で
ありつつも同時にこの世界に姿を示していることを，いかに説得力ある
仕方で説明できるかということであった。その際に彼が力を注いだの
は，一方において神と世界との関係についての説明であり，他方におい
て神という存在の全能性についての説明であった。そのための思索は，
おのずと当時のスコラ哲学に対する批判を含意することになる。この点
についても留意しながら，この章の考察を進めることにする。

　　　ここで検討の中心的な対象となる晩年の著作『可能現実存在』におい
てクザーヌスは，パウロの以下の言葉をその思索の出発点に置いてい
る。

　　　　神の見えない性質，即ち神の永遠の力と神性とは，天地創造このか
　　　た，被造物において知られていて，明らかに認められている[1]。

　　　この被造物としての存在者は可視的なものであり時間的に存在してい
るゆえに，それらの超時間的で永遠な〈根源〉が，クザーヌスの思考に
おいては要請される。その〈根源〉によって無から存在者がもたらされ
ることが被造物の創造である，と彼はする。さらにそれは，〔神が〕〈非
存在〉（non-esse）から〈存在〉（esse）へと導くことであるとし，それ

---

　　1)　*De possest*（以下，*De poss,* と表記する）n.2, 3-5（大出・八巻訳 8 頁）: Invisibilia
enim ipsius a creatura mundi per ea quae facta sunt intellecta conspiciuntur, sempiterna quoque eius
virtus et divinitas. なお，このパウロの言葉は，『ローマの信徒への手紙』1,20 による。

ゆえに，この〈非存在〉は被造物ではないことになる[2]。では，その〈非存在〉とは何か，〈質料〉（materia）ではないのか，それは被造物としての存在者と，また創造主・神・根源といかなる関係にあるのか，という疑問がおのずから湧いてくる。

1 〈可能態〉と〈現実態〉

クザーヌスは創造における存在（者）を，まず，中世に伝統的な〈可能態‐現実態〉相関構造において説明しようとしている。しかし，実はすでにここに，彼独自の思考が導入されている。すなわち彼は，一般に存在者においては，〈可能態〉が〈現実態〉に先立つのであり，存在者は〈可能態〉と〈現実態〉とその両者の〈結合〉（nexus, conexio）として現実に存在している，とするのである。つまり，スコラの伝統によれば，〈可能態‐現実態〉相関という二者の関係をもって個物の成立の経緯が説明されて終わるのであるが，クザーヌスは，それに加えて〈両者との結合〉という第三の相関項を設定するのである。つまり，個物が現実に存在するということは，この三者の相関関係によって成立しているとするのである。

ところで，創造の根源もまた同様な〈可能性―現実性〉相関の構造を有すると考えられるが，この絶対的可能性は〈可能〉（posse）[3]とされ，絶対的現実性は〈現実〉（actus）とされて，この両者及び〈両者の結合〉は絶対的なものである，と彼は規定する。従ってそこには，いずれが〈先なる〉とか〈後なる〉とかという関係はなく[4]，いずれもが互いに同一にして[5]共に永遠である[6]とされる。また，この絶対的可能性としての〈可能〉そのものの内に，意味的には〈能動的可能〉すなわち〈作成可能〉と，〈受動的可能〉すなわち〈生成可能〉との二つの区別が存在

---

2) *De poss.* n. 5, 7f.（大出・八巻訳 12 頁）: Creare [...] cum sit ex non-esse ad esse producere, utique clare ostendit ipsum non-esse nequaquam creaturam.

3) posse は単なる potentia とは区別されている。この点については，後に論及する。

4) *De poss.* n. 6, 12-14（大出・八巻訳 13 頁以下）。

5) Ibid. n. 7, 9（大出・八巻訳 15 頁）: potentia et actus non sint idem nisi in principio.

6) Iibid. n. 6, 16f.（大出・八巻訳 14 頁）。

する点では，存在者（被造物）におけるのと同様である[7]。しかし絶対的可能性（すなわち神）においては，それらの区別は超えられているのである[8]。

以上のような根源・神のあり方を明示するために，クザーヌスは次のように定言化する。〈神だけが存在可能なとおりに現に存在している〉[9]。

しかし被造物としての存在者一般には，この定言は当てはまらない。何故なら，それらは，現に存在するのとは異なった形で存在することも，あるいは，そもそも存在すらしないことも可能だからである。

また，この定言は伝統的な神の規定〈わたしはありてある者である〉（Ego sum qui sum）（『出エジプト』3,14）を踏まえた上で，それを超えようとして，あるいは補足しようとして，クザーヌスが考案したとみなすことができる。というのは，この二つの定言を比較すると分かるように，文法上の人称の違いを別にすれば，'sum' を 'esse potest' と置き換えて表現しているのである。このことは，彼が，神においては，先に示したように，〈可能態〉と〈現実態〉は同一であって，先後の関係はないと言いつつも，〈可能〉の優位を示そうとしていることを意味するであろう。クザーヌスは次のように言う。'posse est' なる命題は「可能〔そのもの〕が存在する」という意味であるゆえに，'esse' が 'posse' の賓辞となっている。それゆえに〈可能〉は〈存在〉に対して優位に立っているのであると。また，「私は全能の神である」（'Ego omnipotens deus'）と自らを名乗った『創世記』の神は，「私はあらゆる可能の現実である」（sum actus omnis potentiae）の意味で言ったのであり，ここにも〈可能〉の優位が示されているとする[10]。

そこでクザーヌスは，結局この事態は，神が〈可能〉優位における現実性であるということであるゆえに，それを〈可能現実存在〉（possest）という一語の名詞として定言化できると述べる。すなわち，上でひとま

---

7)　Ibid. n. 29（大出・八巻訳 44 頁以下）。ここでクザーヌスは，未だ書かれていない本の場合の，著者が本を書く可能の内に，本が書かれる可能が含まれているという区別を示している。

8)　Ibid. n. 27, 5-8（大出・八巻訳 41 頁以下）。この点の重要性は後述。

9)　solus deus id sit quod esse potest: Ibid. n. 7, 7f. この定言の意味は二通りに解釈できるが，これについては後にふれる。

10)　Ibid. n. 14, 11（大出・八巻訳 25 頁）．なお『創世記』の当該箇所は 17, 1。

ずは〈神は存在可能なとおりに存在する〉として言明された神・根源が，〈可能現実存在〉という〈エニグマ〉として端的に定言されるのである[11]。

　そして，この真理・神としての〈可能現実存在〉は，生命，生命力をも意味する[12]。このことは，先の〈可能〉優位からも分かるように，〈可能態〉も神の領域においては欠如的（受動的）可能性の意味ではなくて，力・能力の意味を有するものとされたことと相即するのである[13]。この生命としての〈可能〉は，より明確には〈生可能〉としても示されている。この〈生可能〉とは，もはや posse に従う文法上の不定法としての vivere ではなくして，〈可能とは生命なり〉にして〈生命とは可能なり〉（vivere posse）として解釈する方がその本質を適確に捉えることになるものであろう。

　以上の事からも分かるように，〈可能現実存在〉という神においては〈生命〉という様相が強調されている。そうであるならば，それは生命としての豊かさを持つはずである。その点についてクザーヌスは，〈父―子―聖霊〉という神学的三位一体の構造を，上でみたクザーヌス的な存在者の成立構造としての〈可能態と現実態と両者との結合〉に結びつけて説明することになる。それは，〈posse-esse-nexus〉という三位一体の〈三つ巴入れ子構造〉とも言うべき，次のような相関である。全く完全な〈可能〉の内には必然的に〈存在〉とその両者の〈結合〉とが存在し，また全く完全な〈存在〉の内には必然的に〈可能〉とその両者の〈結合〉とが存在し，また全く完全な〈結合〉の内には必然的に〈可能〉と〈存在〉とが存在する。〈可能現実存在〉は，〈可能〉，〈存在〉と〈結合〉の間での，上にみた同一性に基づいて，このような〈三つ巴入れ子構造〉をとっており，そこには区別は存在しても互いに異なるものでは

---

11)　Ibid. 6f.（大出・八巻訳 25 頁）: Puta vocetur possest.

12)　Ibid. n. 50, 4-8（大出・八巻訳 72 頁）. さらに以下も参照されたい：Ibid. n. 13, 3-6（大出・八巻訳 23 頁）。

13)　これは，上述の posse facere と posse fieri との区別において posse facere の優位が示されているとも言える。この posse facere の優位は，*De possest* の後に書かれた *De venatione sapientiae*『知恵の狩猟』において，神の aenigma〈エニグマ〉としての posse facere と，被造物と理解される posse fieri として展開されることになる。以下を参照されたい：Brüntrop, *Können und Sein,* S. 54 f.

ない，という形で豊かさがあるとされているのである[14]。

2　〈第一質料〉の超克

　次に，以上のような〈可能現実存在〉を改めて〈可能態―現実態〉相関において考察してみよう。〈可能態―現実態〉相関は，具体的な存在者が成立する場面においては，〈質料―形相〉（materia―forma）相関に変換して捉えることも可能である。その場合に〈可能現実存在〉は，最も真なる形相である[15]と共に諸形相の形相であり[16]，また完璧に離存的でいかなるものも欠いていない形相である[17]とされる。そして，この〈可能現実存在〉が〈資料―形相〉相関において，下位の存在者に対して，それの質料には存在可能性を，それの形相には現実性を，そしてそれら両者の結合には事物の現実存在を与える，とされる。すなわち諸形相の形相としての〈可能現実存在〉が，質料にも形相にも各々の本質を与えるとされているのである。かくして，ここに真に質料としての質料の不在という事態が浮上することになる。

　否，むしろクザーヌスは，質料の積極的な存在意義を追放しようとしていると言ってもよいだろう。例えば，次のような問答が，この『可能現実存在』の中に設定されている。「質料は常に存在してきている。そして，それは決して創造されたのではないから，それは非被造的である。それゆえにそれは永遠なる根源である」とするベルナルドゥスに対して，修道院長ヨハンネスは「世界の存在可能性が永遠であることのために，〈可能現実存在〉が〈可能現実存在〉であるという理由以外の何かが要求されるということは真ではない。なぜなら，それ〔可能現実存

---

　14)　*De poss.* n. 51, 13-22（大出・八巻訳 73 頁以下）. 見方を換えれば，この構造は，神の万物における〈包含と展開〉という，神と被造世界の関係的あり方の神内部における原像 exemplar と言えるであろう。本書第Ⅲ部第 5 章 1-9 を参照されたい。

　15)　以下を参照されたい：Ibid. n. 61, 4f.（大出・八巻訳 88 頁）。

　16)　以下を参照されたい：Ibid. n. 13, 5（大出・八巻訳 23 頁）；Ibid. n. 73, 10f.（大出・八巻訳 103 頁）。

　17)　Ibid. n. 64, 7f.（大出・八巻訳 23 頁）。

在〕があらゆる存在様式の唯一の根拠なのだからである」[18]と明確に答えている。そして，クザーヌス自身である枢機卿も「修道院長はうまく語っている」[19]と応じて，その返答を肯定しているのである。

　ここで問題となっている事態は，以下のようなことである。最初の発言者であるベルナルドゥスは，現に存在する〈もの〉が形相と質料という二つの原理から成立していることを前提にして，〈諸形相の形相〉（forma formarum）としての神・〈可能現実存在〉が考えられるならば，それに対応していわば〈諸質料の質料〉（materia materiarum）たる〈第一質料〉（materia prima）（ここではこの語自身は使用されておらず，その理由は後に明らかにするが）が考えられ，それが神とは独立的に「非被造的で……永遠なる根源である」のではないか，と問いただしているのである。

　そもそも「第一質料」という概念は，中世哲学の世界において繰り返し論じられつつ，近代初期まで問題とされ続けたものである[20]。

　この問題の核心は，形相と対でありつつもそれの対極にある質料の，それの究極的なものとしての第一質料は，一切の形相をもつことがないはずだから，どのように「存在する」のか，どのように捉えることができるのか，ということである。

　これについてトマス・アクィナスは，『神学大全』第 1 部第 44 問における「第一質料は神によって原因されたものであるか」という表題をもつ第 2 項において，概略以下のように論じている。

　「第一質料は神によって原因されたものではない，とも考えられる」と論じ起こして，三つの異論を挙げる。その内の第二異論は以下のとおりである。

　　能動と受動とは相互に対立的に区別される。然るに，ちょうど第一

---

18)　Ibid. n. 28, 2-4; 7-10（大出・八巻訳 43 頁以下）。

19)　Ibid. n. 29, 1（大出・八巻訳 44 頁）。

20)　Fitzpatrick & Haldane, Medieval philosophy in later thought, in: McGrade, A. S. (Ed.): *The Cambridge Companion to Medieval Philosophy,* pp. 312-314（マクグレイド編 (川添信介監訳)，『中世の哲学　ケンブリッジ・コンパニオン』460-463 頁 ; De Vries, *Grundbegriffe der Scholastik,* 63-67.

第2章 〈全能なる神〉の復権　　　351

の能動的根源が神であるごとく，同様に第一の受動的根源が質料に
ほかならない。それゆえに，神と第一質料とは相互に対立的に区別
された二つの根源なのであって，その何れか一方が他方に基づくと
いったものではありえない[21]。

これに対してトマスは，主文の最後でこう論じる。

「存在者」たるかぎりにおいての諸々の事物の因であるところのも
のは，だからして，単に付帯的形相によってかくかくのものである
とか，ないしはまた実体的形相によってこのものであるとかといっ
た，ただそうしたことに則しての「諸々の事物の因」たるに尽き
ず，さらにそれは，いかなる仕方においてであれ，これらのものの
存在に属しているところのもの全体に則しての因たるのでなくては
ならぬ。かくしてわれわれは，第一質料もまた，諸々の「存在者」
の普遍的なる因によって創造されたものであるとなさざるをえない
のである[22]。

その上でトマスは，最後の異論解答において，先に挙げた第二異論に
対して以下のように述べる。

受動は能動の果である。だからして，第一の受動的根源が第一の能
動的根源の果であるということもやはり理の当然でなくてはならな
い。すべて不完全なるものは完全なるものによって原因されるもの
なのであるから――。事実，第一の根源が最も完全なるものたるべ
きことは，アリストテレスも『形而上学』第12巻において説いて

---

21)　*Summa Theologiae*, I, Q. 44, a. 2:（日下昭夫訳6頁）。Praeterea actio et passio
dividuntur contra se invicem. Sed sicut primum principium activum est Deus, ita primum
principium passivum est materia. Ergo Deus et materia prima sunt duo principia contra se invicem
divisa, quorum neutrum es ab alio.

22)　Ibid.（日下昭夫訳8頁）。: Hoc igitur quod est causa rerum inquantum sunt entia,
oportet esse causam rerum, non solum secundum quod sunt talia per formas accidentales, nec
secundum quod sunt haec per formas substantiales, sed etiam secundum omne illud quod pertinet
ad esse illorum quocumque modo. Et sic oportet ponere etiam materiam primam creatam ab
universali causa entium.

352 Ⅳ Theophania としての世界

いるところである——[23]。

　以上のトマスの議論において，まず注目したいのは，第二異論で「神
と第一質料とは相互に対立的に区別された二つの根源であって，そのい
ずれか一方が他方に基づくというものではない」とされていることであ
り，これは，『可能現実存在』におけるベルナルドゥスの上掲の発言と
同様である。しかしこれは，トマスによって否定されている。クザーヌ
スも同様のことを修道院長に言わせている。つまり，トマスとクザーヌ
スの両者において，〈第一質料〉は神と区別されそれと並び立つ根源な
のではなく，神という唯一の根源によって原因されたものであるとされ
ているのである。

　その上でトマスは，第一質料について以下のように論じて，〈第一質
料〉というものが存在するという立場は維持することになる。以下に，
『神学大全』におけるこれについての議論を 4 点にまとめて示す。

(1)「神と第一質料は完全に同じものである」という説（Qu. 3, art. 8,
　　第三異論）および「神は第一質料である」というディナンのダヴィ
　　ドの説（Qu. 3, art. 8, 主文）を否定して，「厳密にいえば，第一質料
　　と神とは異なっているのではなくして，却って，そもそも別なもの
　　なのである。だからして，これら両者が同じものだなどという帰結
　　の生じて来るいわれは存しない」とする（第三異論解答）[24]。

(2)「第一質料は，現実態における存在ではなく単に可能態における
　　存在たるにすぎないがゆえに，それ自身独立的にものとして実在し
　　ているわけではない。それは，だから，造られたというよりもむし
　　ろ共に造られた（concreatum）何ものかなのである。しかも，第一
　　質料なるものは，可能態に関するかぎりにおいてでさえ，端的な意
　　味においては無限なものたるのではなく，限られた意味においての
　　み無限たるのである。なぜならば，第一質料の能力は諸々の自然的

---

　23)　*Summa Theologiae*, I, Q. 44, a. 2（日下昭夫訳 9 頁）。: passio est effectus actionis.
Unde et rationabile est quod primum principium passivum sit effectus primi principii activi: nam
omne imperfectum causatur a perfectio. Oportet enim primum principium esse perfectissimum, ut
dicit Aristoteles, in XII Metaphy.
　24)　Ibid. I, Q. 3, a. 8（高田三郎訳 74-77 頁）。: si fiat vis in verbo, materia prima et Deus
non differunt, sed sunt diversa seipsis. Unde non sequitur quod sint idem.

　　　　　第 2 章　〈全能なる神〉の復権　　　　　353

な形相にしか及ばないからである」[25]。
（3）「神から最も遠く隔たったものとはまさしく第一質料なのであっ
　　て，これは，単に可能態においてあるにすぎないものゆえに，如何
　　なる意味においても能動者たることができない」[26]。
（4）第一質料は，被造の諸事物における安定的な何ものかに属す
　　る[27]。

　以上の4つの引用からも分かるように，トマスは〈第一質料〉の存
在を肯定している。しかし，トマス自身の論述からも明らかなように，
〈第一質料〉を肯定することは，繰り返し誤解ならびに困難を生み出す
ことになるのである。というのは，それが，そもそも神とは別なもので
あって，また神から最も遠く隔たっていて，しかし可能態に関する限り
において限られた意味でのみ無限であり安定的に「存在する」ものであ
るということは，いよいよこれが〈何らか存在するもの〉であると，想
定せざるをえなくなるからである。
　先に挙げた『可能現実存在』におけるベルナルドゥスの発言は，この
点に関わっているのであり，それをクザーヌスは修道院長に否定させて
いるのである。しかし，クザーヌスの否定は単純にトマスの諸説の否定
ではない。結論を先に記すと，トマスの諸解釈を踏まえた上での，〈第
一質料〉という伝統的概念をクザーヌス流に読み替えているのである。
　以下で，具体的に初期の著作から『可能現実存在』に到るまでの，ク
ザーヌスの議論を追ってみよう。まず彼の最初の哲学的著作である『覚
知的無知』の一節を，少々長く引用して示す。

　　彼ら〔古代の人々〕がこぞって述べていた命題は，〈無からは何も

　25）　Ibid. I, Q. 7, a. 3（高田三郎訳 132 頁）.: materia prima non existit in rerum natura per
seipsam, cum non sit ens in actu, sed potentia tantum; unde magis est aliquid concreatum, quam
creatum. Nihilominus tamen materia prima, etiam secundum potentiam, non est infinita simpliciter,
sed secundum quid: quia eius potentia non se extendit nisi ad formas naturales.
　26）　Ibid. I, Q. 115, a. 1（横山哲夫訳 244 頁）.: id quod maxime distat a Deo, est materia
prima; quae nullo modo est agens, cum sit in potentia tantum.
　27）　Ibid. I, Q. 103, a. 1（横山哲夫訳 4 頁以下）.: in omnibus rebus creatis est aliquid
stabile, ad minus prima materia.

生じない〉である。それ故に彼らは，万物が存在するための或る絶対的な可能性が存在しそれが永遠であると主張し，それのうちに万物が可能的に包含されていると信じていた。彼らはこの質料即ち可能性について，絶対的な必然性についてのように，われわれの考察とは逆の仕方で推論して考察したのである。〔…〕いったいどのようにしたら或る物体が形相なしに非物体的に知解されるというのであろうか。彼らはこう言った。それ〔質料〕は本性上，あらゆる事物に先行する。従って，もし〈絶対的可能性が存在する〉ということが真でなければ，〈神が存在する〉ということもけっして真ではないことになる，と。しかし彼らは，それ〔絶対的可能性〕は神に由来している故に，それが神と共に永遠であるということを肯定しなかったのである。〔そもそも〕それ〔絶対的可能性〕は，或るものでもなく〈無〉でもなく，一でもなく多でもなく，このものでもなくあのものでもなく，実体でもなく様相でもなくて，むしろ万物への可能性であり，現実においては万物のうちの何ものでもないのである[28]。

　この引用では，古代の人々〔キリスト教成立以前のギリシアの人々〕が，〈無からは何も生じない〉という根本的な立場から，絶対的可能性は神とは別のものであって神にさえも先行する，と考えていたことを示しつつ，クザーヌス自身はそのような見解を批判して，神こそが絶対的可能性に先行するのであり，絶対的可能性そのものはいかなる〈もの〉でもなく，いかなる具体的な存在の仕方もしていないのだ，としているのである。

　他方において，同じ書物の少し前には，〈第一質料〉という語を用い

28）　*De doct. ign.* II, 8, p. 85, 2-6; 8-14 (n. 132)（岩崎・大出 115 頁）: quorum omnium sententia fuit ex nihilo nihil fieri; et ideo quandam absolutam omnia essendi possibilitatem et illam aeternam affirmarunt, in qua omnia possibliter comlplicata credebant. Quam quidem materiam seu possibilitatem contrario modo ratiocinando sicut de absoluta necessitate conceperunt [...] quomodo enim intelligitur sine forma incorporee? Hanc omnem rem natura praeire dicebant, ita quod numquam verum fuit dicere: 'Deus est', quin etiam verum esset dicere: 'Absoluta possibilitas est'. Non tamen affirmarunt eam Deo coaeternam, quoniam ab ipso est; quae nec est aliquid nec nihil, neque una neque plures, neque hoc neque illud, neque quid neque quale, sed possibilitas ad omnia, et nihil omnium actu.

第 2 章 〈全能なる神〉の復権　　355

た以下のような一節がある。

　　ある異教徒たちは，第一質料というものが知性の抽象作用において
　　のみ諸事物の外に現存するのと同様に，神も，諸事物の存在性であ
　　るゆえに，抽象作用においてのみ諸事物の外に存在していると考
　　えて，神が他の仕方で諸事物の外に存在することを理解しなかっ
　　た[29]。

　この引用文は，〈第一質料〉の存在の仕方と神のそれとが，いずれも
「抽象作用」との関係で対応的に成立しているという構造になっていて，
この文章そのものの論点は，〈第一質料〉の方にではなくて，神の存在
の方にある。しかしながらここで注目したいのは，〈第一質料〉の存在
の仕方について，クザーヌスが，それは知性の抽象作用においてのみ，
諸事物の外にしか現存しないものであると，すなわち，一般の事物が存
在するように存在しているものではないと，指摘していることである。
　ところがトマスは，〈第一質料〉について，上でみたように，（2）に
おいては「それ自身独立的にものとして実在しているわけではない」と
しつつも，上の（4）においては「第一質料は，被造の諸事物における
安定的な何ものかに属する」としており，さらに（3）においては，「神
から最も遠く隔たったものとはまさしく第一質料なのであ」るとしつ
つ，「これは，単に可能態においてあるにすぎないものゆえに，如何な
る意味においても能動者たることができない」として，やはり神と対極
的な位置にあって，単に可能態にある存在であるとしているのである。
すなわちトマスは，クザーヌスの視点から見ると，やはり〈第一質料〉
をなんらかの存在者として捉えていることになるのである。
　クザーヌスは，初期の著作である『覚知的無知』の段階から，〈第一
質料〉というものを想定することにそもそも消極的であった。このこと
は，クザーヌスの用語法において 'materia prima'（prima materia も含め

　29）　Ibid. I, 25, p. 53, 21-24 (n. 85)（岩崎・大出訳 72 頁）: quosdam ex paganis non
intellexisse Deum, cum sit entitas rerum, aliter quam per abstractionem extra res esse, sicut materia
prima extra res non nisi per abstrahentem intellectum existit.

356 Ⅳ Theophania としての世界

て）が極めて少数例しか見出されないという事実が示している[30]。上の
『覚知的無知』からの第一の引用で明らかなように，クザーヌスは，ス
コラ哲学の伝統に従うならば〈第一質料〉（materia prima）と表現する
であろうところを〈絶対的可能性〉（absoluta possibilitas）と表記してい
る[31]。つまり彼は，神に対しては〈絶対的必然性〉（absoluta necessitas）
という表記を配当しつつ，諸事物がそもそも存在しうることの根源に対
しては〈第一質料〉ではなく〈絶対的可能性〉を配当しているのであ
る[32]。

　なぜ彼は〈第一質料〉という表現を回避しているのだろうか。おそら
くそれは，〈第一質料〉という表現を用いてしまえば，それがほぼ自動
的に，上でみたトマスの捉え方に，すなわち「神から最も遠く隔たった
安定的な何ものか」という捉え方に拘束されることになるからであろ
う。しかしこの著作におけるクザーヌスは，以下のように考えているの
である。

　　　しかしわれわれは覚知的無知によって，絶対的可能性が存在するこ
　　　とは不可能であることを見出す。〔…〕絶対的可能性は，神のうち
　　　では神であるが，彼の外では不可能である。というのは，絶対的可
　　　能態においてあるところのいかなるものも想定できないからであ
　　　る[33]。

　つまり，〈絶対的可能性〉が存在しうるのは神においてのみであるこ

　30）　クザーヌスの全てのラテン語著作において，用例の総数は 16 例に過ぎない。この
『覚知的無知』においては上掲の一例のみであり，多くは，これから検討する中期の著作に見
出される。彼がこの概念の使用に消極的であったことの理由は，若い彼が想定していた神概
念が，すでにダイナミックなものであった――理論的には晩年に到って説明可能となるので
あるが――ことに求められるだろう。

　31）　この視点は，後の彼の思考にとって，すなわち晩年の『可能現実存在』において展
開される思考にとって重要な役割を果たすことになるのであるが，この段階ではそこまでに
は達していない。

　32）　De doct. ign. II, 7, p. 84 (n. 130)（岩崎・大出訳 113 頁以下）。

　33）　Ibid. II, 8, p. 87, 21f. ; p. 88, 2-4. (n. 136)（岩崎・大出訳 118 頁）:Nos autem
per doctum ignorantiam reperimus impossibile fore possibilitatem absolutam esse.[...] Quare
possibilitas absoluta in Deo est Deus, extra ipsum vero non est possibilis; numquam enim est dabile
aliquid, quod sit in potentia absoluta.

とになる。それゆえに彼はこの同じ著作において，「絶対的可能性は神である」[34]と明言することになる。しかし注意しておかねばならないことは，ここでクザーヌスは「絶対的可能性は神である」としているのであって，すでに第１節において示した〈可能現実存在〉という語をもって示されることになる「神は〈絶対的可能性〉である」という思想を明言するには，未だ至ってはいないことである。

　この思考を彼に可能にしたのは，後期のクザーヌスにおいて成立することになる〈可能〉一般についての新たな思考展開である。それは，ホプキンスも指摘しているように[35]，クザーヌスが posse（可能），potentia（可能態），possibilitas（可能性）という三つの語を通常は互いに等価なものとして用いて，相互の間に区別をしなくなることである。そうすることでクザーヌスは，トマスにおいて「神から最も遠く隔たったもの」とされていた〈第一質料〉とほぼ同義である〈絶対的可能性〉を，神に近いところまで引き寄せることが可能になるのである。

　これに対してトマスは，いうまでもなく potentia（能力）について以下のように二種類を想定している。

　　能力というものに二通りある。一つは，すなわち，受動的なそれであり，この意味での能力は神においては如何なる仕方においても存在しない。いま一つは能動的なそれであり，この意味での能力はわれわれはこれを何ものにもまさって神において措定しなくてはならぬ[36]。

　もちろん，これの内の前者の受動的な能力の究極に第一質料が想定されているのである。

　しかしクザーヌスにおいては上掲のように，この二種類の区別がなされなくなって，posse，potentia，possibilitas が互いに同義なものとして用いられるようになったわけである。

　同時に，このようなクザーヌスの思考展開にとって重要なもう一つの

34）　Ibid. II, 8, p. 89, 16f. (n. 140)（岩崎・大出訳 120 頁）: possibilitas absoluta sit Deus.

35）　Hopkins, *A Concise Introduction to the Phoilosophy of Nicholas of Cusa,* p. 18.

36）　*Summa Theologiae*, I, Q. 25, a. 1（高田三郎訳 295 頁）。

358　　　Ⅳ　Theophania としての世界

視点は，『覚知的無知』の段階においてすでに指摘されている，神とい
う〈否定的に無限なもの〉と，宇宙という〈欠如的に無限なもの〉とい
う，〈無限〉についての二種の区分である。

　　　絶対的に最大なものだけが否定的に無限なものである。それ故に，
　　　それだけが可能な限りに存在しうるものである。しかし，宇宙は万
　　　物を包含しているが，その万物は神ではないゆえに，宇宙は否定的
　　　に無限なものではあり得ない——それが限界をもたないので欠如的
　　　に無限であるにしても。この考察によって，宇宙は有限でもないし
　　　〔否定的に〕無限でもないことになる[37]。

　つまり，神という否定的に無限なもの〔真無限〕と宇宙という欠如的
に無限なもの〔悪無限〕とが区別されて存在することが容認されること
になる。
　以上の二つの視点が〈第一質料〉という伝統的な概念に対して適用さ
れると，〈第一質料〉はクザーヌスにとってもはや厄介な問題とはなら
なくなる。
　そのことが，1453 年にまとめられた三つの著作を検討することで判
明する。彼はこの年の夏以降，〈第一質料〉について関心を集中させて
いたようだ。この年の 8 月 1 日に行った「説教 129」のなかに〈第一質
料〉についての言及がある。

　　　光は，モーセによれば先んじていたものとしての〈第一質料〉すな
　　　わちカオスから造られた。なぜならば神は光をまず思考において見
　　　て，それを善いものとして捉えたので，〈光あれ〉と言った。そし
　　　て光が造られたのである[38]。

　37）　*De doct. ign.* II, 1, p. 64, 14-18 (n. 97)（岩崎・大出訳 85 頁）:Solum igitur absolute
maximum est negative infinitum; quare solum illud est id, quod esse potest omni potentia.
Universum vero cum omnia complectatur, quae Deus non sunt, non potest esse negative infinitum,
licet sit sine termino et ita privative infinitum; et hac consideratione nec finitum nec infinitum est.
　38）　*Sermo* CXXIX, n. 3, 10- 14: sic ex materia prima seu chaos, quod praecedit secundum
Moysen, facta est lux. Nam quia vidit lucem in ratione et ipsam apprehendit bonam, tunc dixit: Fiat
lux! Et facta est lux.

第 2 章　〈全能なる神〉の復権　　　359

　ここで〈第一質料〉は,「創世記」の最初の記述[39]において光が創造
されるのに先立って存在していたカオスであるとされている。厳密に言
えば, ヴルガータ訳聖書では, 光が創造されるのに先立って地に存在し
ていたのは,「カオス」ではなく「空虚」であるが, クザーヌスはそれ
を「カオス」としているのである（これは, 後年の『可能現実存在』にお
いても同様である。本書第Ⅲ部第5章3を参照されたい）。その上で「第一
質料すなわちカオス」と言い換えて, それから光が創造されたととらえ
ているわけである。
　同じ説教に, もう一箇所,〈第一質料〉が言及されている箇所がある。

　　この光はあの知性的な光を多様な段階でもっている。それ故に, 或
　　る光は, あの知性的光の最低段階において存在しているのだが, そ
　　れはちょうど〈第一質料〉が物体的な光の最低段階において〔存在
　　しているのと〕同様である[40]。

　この一節において「〈第一質料〉が物体的な光の最低段階において
〔存在している〕」とされているのは, 上の引用でクザーヌスによっ
て 'Chaos'（カオス）とされていた 'inanis et vacua'（空虚）が,「創世
記」の行文において「闇が深淵の面にあり」（tenebrae erant super faciem
abyssi）とされていることに関連付けられているのである。つまり, ク
ザーヌスはここで「闇がカオスの面にあり」と読み替えた上で, そのカ
オスが〈第一質料〉であると理解しようとしているのである。
　そこで, 第一の引用箇所と第二のそれとを併せて考察するならば, 以
下のような事態が想定されることになる。神は世界創造において, 先ず
地であるカオスを創造し, それから光を創造した。その創造された〈光〉
には霊的な光と自然的な光と物体的な光との区別があり, それらの間に

---

　39)　*Genesis,*1-3： In principio creavit Deus caelum et terram. Terra autem erat inanis et
vacua, et tenebrae erant super faciem abyssi; et Spiritus Dei ferebatur super aquas. Dixit Deus : Fiat
lux. Et facta est lux.（〔日本語訳聖書〕初めに, 神は天地を創造された。地は混とんであって,
闇が深淵の面にあり, 神の霊が水の面をうごいていた。神は言われた。「光あれ。」こうして,
光があった）。
　40)　*Sermo* CXXIX, n. 6, 13- 16: Illa intellectualis habet hoc lumen in vario gradu. Unde aliq
ua est in infimo gradu istius lucis intellectualis, sicut materia prima in infimo gradu lucis corporalis.

360 Ⅳ Theophania としての世界

も多様な段階があるとされているのだが[41]，この構造のなかで〈光〉という視点から〈第一質料〉を捉えるならば，それは〈闇〉であるので，すなわち物体的な光の最低段階であることになるわけである。

このように捉えると，〈第一質料〉が神の創造という事態の中に包含されてしまうことになる。ここにクザーヌスにおける〈光の形而上学〉の一典型を捉えることができるであろう。

同じ年の９月に著わされた『神学的補遺』のなかにも，〈第一質料〉についての論及がある。

　　万物の制作者である神は無から，〈第一質料〉という点のような能力を直接的に創造するが，彼はそれから，前に述べたような仕方で，彼の無限な円の非被造的な円周のもとで彼に合わせて様々な形をもって造られる被造物を引き出すのである[42]。

ここでクザーヌスが〈第一質料〉を「点のような能力」表現していることは，この書物におけるクザーヌスの，数学ならびに幾何学を神学に応用するという試みに由来している。この著作の先の箇所で，彼は上の引用と密接に関連することを述べている。以下に少し長く引用する。

　　創造者は二つのもの，すなわち，無およびほとんど無のような点を造ったように思われる。点と無との間には中間的なものは存在しない。点は無に極めて近いので，たとえ点に点を付加しても，無に無を付加すること以上の結果は生じない。またそれは，自己に近い他なるもの，すなわち一である。また創造者は両者を統一して一つの点にする。この一つの点において宇宙の包含が存在しているのである。したがって宇宙は，ちょうど一つの点から一本の線が引き出され，その線から一つの三角形または四角形が引き出されるのと同様に，あの一なる点から引き出されたものとして把握される。また最

---

41) Ibid. nn. 5.

42) *De theol. compl.* Epilogus, 38f.: Deus omnium artifex immeidiate creat <u>punctualem materiae primae</u> ex nihilo potentiam, a qua erigit modo praetacto diversitatem creaturarum sub increato sui infiniti circuli ambitu ei pluriformiter configuratarum（下線は引用者）。

後のもの，最も単純なもの，最も完全なもの，そして創造者に最もよく似たものは円である[43]。

　以上の二つの引用を併せて理解することで，第一の引用において「点のような能力としての〈第一質料〉」とされていたことの意味がいっそうよく分かる。つまり，一つの点からあらゆる図形が引き出されるのと同様に，いわば〈点のような能力としての第一質料〉から，それを文字通りの材料として，極めて多様な万物が神によって創造されるのである。しかし，「点はほとんど無である」ので——このことは，幾何学的にも〈点は位置だけを示すが面積はもたないものである〉として，一般に想定されていることである——，神は無から宇宙を創造したとみなすことも可能だろう，というのがクザーヌスの主張であると思われる。

　そしてこれは，先にみた「説教129」において〈第一質料〉を，神の創造した光の系列の最も低い段階である物体的な光の最低段階にある光（つまり闇）とすることで，神の創造の末端に位置づけようとしていたこととは異なった方向からの，いっそう説得力のある，〈第一質料〉の存在意義の剥奪の試みとみることができるであろう。

　クザーヌスの〈第一質料〉についての考察は，同じ年の11月に著わされた『神を観ることについて』においてさらに整理されていくことになる。そこでは，〈第一質料〉と絶対的可能（性）とを明確に区別するという新たな言明が見出される。再び少々長く引用する。

　　神よ，あなたは無限性そのものであり，一なる神そのものであります。そこにおいてはあらゆる存在可能が現実に存在することが可能であるということを，私は観ます。なぜならば，〈第一質料〉へと，

---

　43)　Ibid. n. 9, 36-45: Creator [...] duo fecisse videtur, scilicet prope nihil punctum inter enim punctum et nihil non est medium; adeo enim prope nihil est punctus, quod, si puncto punctum addas, non plus resultat, quam si nihilo nihilum addideris – et aliud prope se, scilicet unum. Et illa univit, ut sit unus punctus; in illo uno puncto fuit complicatio univerisi. Universum igitur sic eductum concipitur de illo uno puncto, sicut si de uno puncto educeretur una linea, ut de illa fiat unus trigonus vel unus tetragonus et ultimum atque simplicissimum atque perfectissimum et creatori simillinum circulus.（なお，この著作については，本書第III部第4章を参照されたい）。

あるいは何らかの受動的可能態へと縮限されているいかなる可能態からも解き放たれている〔絶対的な〕可能は，絶対的存在なのだからです。というのは，無限なる存在のうちに存在するいかなるものも，最も単純で無限な存在そのものであるのだからです。かくして，無限な存在における全ての存在可能が，無限な存在そのものです。同様に無限な存在における全ての現実的存在もまた，無限な存在そのものです。それゆえに，私の神よ，あなたのうちなる絶対的な存在可能と絶対的な現実存在は，無限なる神であるあなたなしには存在することがないのです。私の神よ，あなたは全ての存在可能です。しかし，〈第一質料〉の存在可能は絶対的可能ではありません。従ってそれは，絶対的現実態と置換されることは不可能です。それゆえに，〈第一質料〉は，神よ，あなたがそうであるように，存在可能なとおりに現実に存在することは，ありません。〈第一質料〉の存在可能は質料的であり，従って縮限されており絶対的ではありません。同様に，感性的存在可能も理性的存在可能も縮限されています。しかし，まったく縮限されていない可能は，端的な絶対者，すなわち無限者と一致するのです[44]。

　この引用箇所においてクザーヌスは，可能態を能動的な可能態と受動的な可能態とに区別しつつも，後者は神によって縮限されることでそれとして存在しうるのであり，その事態は〈第一質料〉にも当てはまると

---

44)　*De vis.* 15, n. 62, 5-20（八巻訳 89 頁以下）: Tu igitur, deus, qui es ipsa infinitas, es ipse unus deus, in quo video omne posse esse esse actu.Nam absolutum posse ab omni potentia contracta ad materiam primam seu quamcumque passivam potentiam est absolutum esse. Quidquid enim in infinito esse est, est ipsum esse infinitum simplicissimum. Ita posse esse omnia in inifinito esse est ipsum esse infinitum. Similiter et actu esse omnia in infinito esse est ipsum infinitum esse. Quare posse esse absolutum et actu esse absolutum in te deo meo non sunt nisi tu, deus meus inifinitus. Omne posse esse tu es, deus meus. Posse esse materiae primae non est posse absolutum; ideo non potest cum actu absoluto converti. Quare materia prima non est actu, quod esse potest, sicut tu, deus. Posse esse materiae primae est materiale et ita contractum et non absolutum. Sic et posse esse sensibile vel rationale contractum est. Sed penitus incontractum posse cum absoluto simpliciter, hoc est infinito, coincidit（下線は引用者）．なお，この著作において materia prima（第一質料）について説かれることになる経緯は，神が自らを低くして人間に合わせて自らを現わすことが，あたかも〈第一質料〉のように思われる，という視点である。興味深い論点であるが，今は立ち入らない。

第 2 章　〈全能なる神〉の復権　　363

明言している。これは，先の『神学的補遺』において，〈第一質料〉が神によって「点のような能力として創造された」とされていたことと符合するが，神によって「縮限されている」（contracta）と述べられている点で，さらに思索が深められていると言えるだろう。

　その上でクザーヌスは，神を「あなたは全ての存在可能です」と言って，被成可能でもあり作成可能でもあると共に，可能態でもあり現実態でもあるという神のあり方を説き始めている[45]。このことは，引用文の最後辺りにある「〈第一質料〉は，神よ，あなたがそうであるように，存在可能なとおりに現実に存在することはありません」という一節によって，さらに明白である。つまり，〈第一質料〉が存在可能なとおりに存在しえないのに対して，神はそれが可能であるというのである。これが，すでにわれわれが見た晩年の〈可能現実存在〉へと発展させられることになるわけである。しかし，テキストからも分かるように，この段階ではまだ〈神だけが存在可能なとおりに現実に存在している〉というような定式化には至っていない。

　かくしてクザーヌスは，その思索活動の初期から違和感をもっていた〈第一質料〉を，神が無から直接に創造した〈原材料〉とみなして，それゆえにそれはすでにそのようなものとして神によって縮限されたものであり，それが多様な被造物として神によって創造されていくのである，と捉えるのである。こうして，彼は，〈第一質料〉を神の創造活動の内部に包括することができる思考に到達することになった。

　これ以降，〈第一質料〉は，クザーヌスにおいて〈非存在〉（non esse）として捉え直されたのであろう[46]。そして，このことが，われわれがここで考察の対象にしている晩年の著作『可能現実存在』において神を〈可能現実存在〉という名辞をもって表現することを可能にしたの

---

45)　Ibid. 15, n. 61（八巻訳 88 頁）および De poss. n. 8（大出・八巻訳 15 頁以下）。

46)　1453 年以降，クザーヌスは 'materia prima'（第一質料）という概念を使用することがなかった。ただし，失われた彼の著作 "Figura Mundi" の中でこれを扱っているという可能性も考えられる。同時に興味深いことに，クザーヌスは〈第一質料〉について正面から否定することをしない。すでにみたように，淡々と別の解釈を提示しているだけである。正面から論駁することは，彼が批判していた当時のスコラ哲学の論法と同じことになるからであろう。彼のこのような姿勢については，本書第 I 部第 2 章を参照されたい。

である。

3 被造物・非存在的存在

　次に，〈可能現実存在〉としての神によって創造された被造物は，一体どのようなものとして存在すると捉えられているのか，ということについて，再び被造物へと立ち帰ることによって考察してみよう。

　すでに冒頭で示したように，被造物としての万物は永遠な存在によって〈非存在〉から導き入れられるとされている[47]。では，〈非存在〉とは一体何であるのか。われわれは，これまでの考察に依拠して，〈非存在〉とはクザーヌスによって読み替えられた〈第一質料〉であると捉えることから，出発する。

　すると直ちに，〈非存在〉と〈第一質料〉の間の一つの食い違いに出会うことになる。それは，1453 年の著作では〈第一質料〉は神による被造物とされていて，そのようなものとして神によって縮限されたものであるとされていたのに対して，『可能現実存在』における〈非存在〉は被造物ではないとされているのである[48]。これは何を意味するのであろうか。この理由の一つとして考えられることは，トマスが『神学大全』において，われわれもすでに（2）として引用した箇所で「それは，だから，造られたというよりもむしろ共に造られた（concreatum）何ものかなのである」と説いて，被造物ではないとしていることに符号させるための変更であるかもしれない，ということである。ここでのconcreatum について，山田晶は以下のように説明している。

　　本来の意味で「創造されたもの」（creatum）と呼ばれるのは質料と形相とから複合された個物であって，質料は個物が創造されると同時に，個物において創造されるものとして，「いっしょに創造されたもの」（concreatum）と呼ばれる[49]。

---

47)　*De poss.* n. 26（大出・八巻訳 40 頁）；n. 28（大出・八巻訳 43 頁以下）。
48)　本章の註 2 を参照されたい。
49)　山田晶訳『神学大全』第 7 問第 2 項への註（9）〔『世界の名著』続 5, 236 頁〕。

第 2 章　〈全能なる神〉の復権　　　365

　第二の理由として考えられることは，クザーヌスに内発的な理由である。目下，われわれの検討の中心的対象としている『可能現実存在』においても明らかなように，彼の思想には被造世界を神の現れとして捉えようをする特徴があるが，その特徴は晩年になるほど顕著になる[50]。この思想において彼は，神の被造物であるこの世界ならびにそのうちの諸存在は，いずれもが美しく，同時に全体として美しい調和と秩序を形成していると考えているのである[51]。この思想的立場からみると，1453 年の時点で到達した〈第一質料〉についての考察は，不適切であることになる。なぜならば，この時点での〈第一質料〉は，神によって創造されたものでありつつも，いかなる形相ももたないのでいかなる具体的な形もなく，むしろほとんど「闇」であり，それゆえに彼の考える美しい秩序の形成に参画することもないものだからである。そこで彼は，自身が苦心惨憺して捉え直した〈第一質料〉を，その 1460 年に著わされた『可能現実存在』においては〈非存在〉として再配置すると共に，それに際しては，トマスにおける〈共に創造されたもの〉という意味で，〈非存在〉そのものはけっして被造物ではない，としたのだと考えられるのである。しかしここでクザーヌスは，‘concreatum’ という語を用いてはいるわけではない[52]。

　さて，上掲のように，被造物ではないとされている点で，〈非存在〉は被造物としての存在者とは明確に区別されている。ところが，実は，〈非存在〉と〈存在〉との関係については，〈非存在〉を中間に位置させて，二種の存在が，すなわち，〈非存在に先立つ存在〉（esse ante non-esse）と〈非存在に後なる存在〉（esse post non-esse）という二種の存在が，クザーヌスによって想定されているのである[53]。

　前者は，永遠であり，〈根源〉（principium）であり，言表不可能なも

---

　50)　例えば以下を参照されたい：De poss. n. 72, 6f（本章の註 89）。さらに，クザーヌスの遺著である『観想の頂点について』（佐藤訳 651 頁）も。これについては，本書次章の末尾近くで論及する。
　51)　この点については，八巻『世界像』第 5 章ならびに第 6 章を参照されたい。
　52)　ちなみにクザーヌスもこの ‘concreatum’ という語を用いるが，それは「生得的」という意味においてであり，例えば人間の判断力についてである。以下を参照されたい：De mente, IV, n. 77。
　53)　De poss. n. 67 f.（大出・八巻訳 95 頁以下）。なお，この日本語訳書においては，non-esse を「非存在」と「存在否定」に訳し分けているが，今は，これをとらない。

のであって，〈非存在〉がそれを前提とするものである。他方，後者は永遠なものではなく，〈根源に由来するもの〉（principiatum）であり，言表可能なものであって，〈非存在〉がそれを否定するものである。すなわち，〈非存在〉は前者の〈存在〉・神に対しては無力であるが，後者の〈存在〉・被造物に対しては有力である。

　このように〈非存在〉を中間に配した構造のなかに二種の存在が設定されることによって，神の万物における〈包含と展開〉とが，汎神論としてではなく成立するのである。つまり，神においては万物が包含的に存在して神であり，同時にそれら〔神において神として存在する万物〕が世界の被造物の内に展開的に存在して世界であるということになる[54]。この点をさらに敷衍するならば，「万物は〔神においては〕いかなる実体的あるいは偶有的な相違もなしに最も明確な区別をもって最も単純な永遠そのものとして存在する」[55]ということになる。

　かくして，再び先にあげた神の定言〈神は存在可能なとおりに現実に存在している〉（Deus id est quod esse potest）に戻ることが必要となる。この構文のうちの 'quod esse potest' という副文の主語を quod とみなせば，この文章は，「神はおおよそ存在可能な一切である」と解釈できる。つまり，神と被造物の上述のような関係について述べているとみなすことができるのである[56]。

　さて，'中間者' としてみなされうる〈非存在〉は，創造の際に被造物に対して果たす役割からもわかるように，実はそれ自体では存在できず，〈可能現実存在〉によって存在可能なものとして〈存在する〉のである[57]。この点で〈非存在〉は，その名称の示す如く，〈可能現実存在〉でもなく被造物でもないという二重の否定で表わされるように欠如的で消極的なものであって，神の下では無力なものである。しかしながら，そもそも何故に〈非存在〉が存在するのかの根拠は，ここでクザーヌスが〈非存在〉は創造されたものではない，としている以上には明らかで

---

54)　Ibid., n. 9（大出・八巻訳 17 頁）。

55)　Ibid. n. 71,16-18（大出・八巻訳 101 頁）。

56)　本章第一節での解釈は 'quod esse potest' の主語を主文の deus と同一とみなすことによって，神自体の存在の仕方を述べたものと解した。Vgl. Brüntrop, op. cit., I, 4, a）, S. 47.

57)　De poss. n. 27,22-25（大出・八巻訳 43 頁）この点で〈第一質料〉の '存在' の仕方と同じである。

はない。

　ところで，神と被造物との関係を示す〈根源―根源に由来するもの〉という相関構造が想定されていることは本章冒頭で示した通りであるが，それに〈非存在〉を中間者として配するならば，そこには三一的構造が成立することになる。先ず〈根源〉としての〈可能現実存在〉そのものは，〈posse-actus-nexus〉の〈三つ巴入れ子構造〉になっており，その各々が，posse＝父，actus＝子，nexus＝聖霊とされている。そして，posse が父であるのは，存在は可能を前提とするが，可能は何物をも前提にはしないからである，とされている[58]。また，三一性の〈三〉は〈根源〉そのものであって，数から抽き出されたものではなく，あらゆる数に先立つものである[59]がゆえに，生命に満ちた相関的なものである[60]，とされる。他方，〈根源に由来するもの〉としての存在者も，〈形相と質料と両者の結合〉として，あるいは〈可能態と現実態と両者の結合〉として，同様に三一的構造の下に存在しているが，その各々が全て三一的根源に由来してでなければ，それらは説明されえないものである。すなわち，根源が万物に映現しているのである[61]とされるのである。

　さらにこの著作には，これら〈根源〉と〈根源に由来するもの〉との間に立つ中間者的なものとして，数学があげられている。何枚なら，数学は神のわざについて何らかの知覚をわれわれが得るのに有効な〈エニグマ〉を呈出するものであり[62]，その存在の仕方もまた三一的なのだからである。すなわち，算術の根源は〈一〉であり，また幾何学の根源は，それの最も基本的図形が三角形であるゆえに，〈三〉なのである[63]。

　以上のように捉えてくれば，〈神・真なる存在〉と〈被造物・存在者〉とが，〈根源―根源に由来するもの〉として，'中間者'，〈エニグマ〉を

　58）　Ibid. n. 49, 9f.（大出・八巻訳 70 頁）。

　59）　Ibid. n. 46, 7f.（大出・八巻訳 65 頁以下）。

　60）　Ibid. n. 50, 6f.（大出・八巻訳 72 頁）。逆に，数一般は神的な数〈三一性〉を原像とする以像であるとされる。Vgl. *De coniecturis*, I, 3, n. 9. また本書第 III 部第 1 章を参照されたい。

　61）　*De poss.* n. 48, 1f.（大出・八巻訳 68 頁）。

　62）　Ibid. n. 43, 7-22（大出・八巻訳 60 頁以下）. なお，〈エニグマ〉については，本書第 III 部第 5 章を参照されたい。

　63）　Ibid. n. 44, 7-21（大出・八巻訳 61 頁以下）。

介する形で〈原像—似像〉相関として設定されていることが明白となる。例えば次のようにクザーヌスは言う。〈非存在〉の後なる世界はギリシア語で「美しきコスモス」と名付けられるが、それは永遠の美の似像である[64]。また人間の術と神の術とがあるが、後者は神の〈ことば〉であって[65]、「神は〈ことば〉において万物を創造する」[66]のであるから、人間が自身の術を用いて何かを造る場合には、神の術と人間の術との間に〈原像—似像〉相関をみてとれる[67]。また逆に、神はあらゆる被造物の内に自身を、最も真にして最大度に妥当する三一的な原像として示すのである[68]。このように設定された〈原像—似像〉相関は、先にふれた〈可能態—現実態〉相関というアリストテレス—トマスの伝統を、全能なる〈可能現実存在〉として踏み超えようとしていたことについてのさらなる確認として理解できよう。

　クザーヌスのアリストテレス—トマスの伝統に対する批判は、先にあげた〈非存在〉の‘中間者’としての役割にも示されている。そもそもアリストテレスは、〈われわれにとってより先なるもの〉と〈自然において（それ自体において）より先なるもの〉という区別において存在を考えていた[69]。これは表現において二つの〈より先なるもの〉を呈しており、アリストテレス自身の文脈においては妥当であろうとも、後の伝統の中では二つの〈より先なるもの〉の二元論へと分解しかねない傾向を持つに至っている。トマス・アクィナスはこの〈われわれにとってより先なるもの〉と〈自然においてより先なるもの〉との区別を受けついで[70]、存在の類比（analogia entis）を介しつつ、前者にも重要性を認めることによって、感覚的経験的事物の価値を認めることになった。この事は、カントのコペルニクス的転回の先駆として評価されてもいる[71]。しかし、まさにそれゆえに、〈存在〉の二分解が生じる可能性を生みだ

---

64) Ibid. n. 72, 2-4（大出・八巻訳 101 頁）。
65) Ibid. n. 34, 1-6（大出・八巻訳 50 頁）。
66) *De doct. ign.* I, 24, p. 51, 9,(n. 80)（岩崎・大出訳 69 頁）。
67) *De mente*, II, n. 59, 12-14. この箇所については、本書第 VI 部第 2 章 3 を参照されたい。また *De poss.* n. 34（大出・八巻訳 50 頁）も。
68) *De poss.* n. 74, 8f.（大出・八巻訳 105 頁）。
69) *Analytica posteriora*, 71b33-72a3.
70) Thomas, *Summa Theologiae*, I, 2, 2 et al.
71) 稲垣良典『トマス・アクィナス哲学の研究』49 頁。

したと言えよう。

　そこでクザーヌスは，両者の中間に〈非存在〉を立てることによって，〈非存在より先なる存住〉と〈非存在より後なる存在〉という形に変換したとみなすことができる。彼にとって，アリストテレス―トマス的な論の構造を理解できない訳ではないが，存在はあくまで神からの明瞭なる一元論として説明されねばならないのである。ゆえに，〈非存在〉を中間に立てることによって紐帯としての役割を担わせた上で，さらに，先に見たように，この〈非存在〉を明らかに神に従属させることで，神からの一元論的構造を確保しようとしていると解釈できるであろう。

　見方を換えれば，この〈非存在〉という'中間者'を二つの存在の相関に含めて，ここに〈原像―中間者―似像〉という三項関係を見出すこともできる。これは，クザーヌスが完全で同一な〈三つ巴入れ子構造〉としての〈根源〉の三一性を，三項関係へと垂直化することによって〈根源―根源に由来するもの〉相関の密接性を示そうとしているとも解釈できよう[72]。言わば擬三一性である[73]。

4　原像としての〈可能現実存在〉

　さらに，スコラ的な存在の説明としての〈可能態―現実態〉相関ならびに〈形相―質料〉相関を批判的に踏み越えようとして，クザーヌスによって重用されることになった〈原像―似像〉相関において，原像（exemplar）としての〈可能現実存在〉という〈一なる根源〉を考察してみよう。

　すでに見たように〈可能現実存在〉はあらゆる存在様式の唯一の根拠

---

　[72]　三項関係と神の三一性との関係においては，単にキリスト教的三一性のみならず，ピュタゴラスの〈三〉も有力な根拠となっている，と言われる。

　[73]　この垂直化された擬三一性は，先に註14で言及した，本来は垂直的である〈complicatio-explicatio〉が神における〈三つ巴入れ子構造〉で水平化されて説明されていたことと相即しているといえよう。クザーヌスの視点の自在性を示す。ハウプストはこれを〈analogia trinitatis〉と名付けている。例えば以下を参照されたい：Haubst, *Streifzüge in die cusanische Theologie,* 255-324.。

である。この〈可能現実存在〉は最も完全なる形相であり，最も真に形相的で原像的な原因である[74]。また神は，自身の内にあらゆる形づくられうるものの概念と存在根拠とを所有している[75]。

このようにしてクザーヌスの思想においては，質料としての質料はあくまでも排除される。この形での神の全能性が，先の定言〈Deus id est quod esse potest〉が，〈神は存在可能なとおりに現実に存在している〉を意味すると同時に，〈神はおおよそ存在可能な一切である〉をも意味するという，二義性という形で示されているのだと言えよう。すなわち，神は，世界という形で自己を展開するか否かとは無関係に，先ずもって自身で満ち足りて存在しつつ，同時にあらゆる〔世界的〕存在の唯一の根拠でもあるわけである。

さらには，すでに見たような，〈可能現実存在〉においては〈非相違的区別〉が成立しているとわれわれの側から規定するのは，〈非存在〉が〈可能現実存在〉に対しては無力であり，それゆえに〈可能現実存在〉には他性が存在しないからである。従って神・〈可能現実存在〉では〈反対対立の合致〉が成立していると捉えることもできよう。〈可能現実存在〉におけるこの〈非相違的区別〉とは，神の豊かさと自足性とを示すものであり，そのゆえに「被造物は創造主から流出してきた」[76]のだとも言われるのである。しかしこの〈流出〉（emanatio）は単に新プラトン主義的な流出ではなくて，前節末で見たように，〈原像―中間者―似像〉という三項関係において，すなわち擬三一性を有する垂直構造において考えられている〈流出〉なのである。そしてこの〈流出〉は，その擬三一性のゆえにキリスト教の神による〈三一的創造〉と調停可能なものとされているのである。

ところでクザーヌスは，〈創造〉について次のようにも言っている。

　　創造主は他のものから創造するのではなくして，自身から創造する。彼は存在可能な万物なのだからである[77]。

74）　verissima formalis seu exemplaris causa: *De poss. n.* 73, 11f.（大出・八巻訳 103 頁）。
75）　Ibid. 13f.（大出・八巻訳 103 頁）。
76）　Ibid. n. 8（大出・八巻訳 103 頁）: creaturam [...] emanasse a creatore.
77）　Ibid. 18f.（大出・八巻訳 103 頁）: [creator] de nullo alio creat, sed ex se, cum sit

根源であり，原像，〈可能現実存在〉である神の全能さが，かくも強調されているわけである。では，このクザーヌスの言う〈自身から創造する〉は，キリスト教の揺るがすことのできない〈無からの創造〉といかなる関係にあるのだろうか。'ex se' と 'ex nihilo' が形式的に比較されるならば，se=nihil となり，従って「神は無である」ことになる。この命題はどのように解釈すべきだろうか。先ず，〈無〉を弱い意味に解釈するならば，「神は無さえも包含している」ことになり，〈無〉は神に従順なもの，すなわち〈非存在〉として理解されうることになる[78]。しかし〈無〉を強い意味に解釈するならば，「神と無は同一である」ということになる。するとここに，さらに根源的地平が開かれることになるはずである。しかしながらこの点についてクザーヌスは，『可能現実存在』において自覚的に対処することはない。この事実は，先に考察した〈非存在〉について，それを駆使しながら神の全能性を強調的に説明することに努めながらも，そもそも何故にその〈非存在〉が「存在する」のかについては不明確なままに終わっていたことに相即しているのである。

5 〈観〉（visio）

前節までで捉えてきた存在と存在者のあり方に対して，われわれ自身はどのような関係に立つのだろうか。

われわれが存在を捉えることを望んでも，絶対的存在・〈可能現実存在〉は有限な存在者を超えているがゆえに，それは不可能であるとされる。しかし，この〈捉え〉の不可能性のゆえにわれわれの存在・神への関係が全く閉ざされてしまうわけではない。ここに新たな役割を担って設定されているのが，〈捉え〉と対照的な形での〈観〉（visio, videre）である[79]。むしろ〈観〉においてこそ真の存在に関わることができるとされているのである。従ってこの〈観〉は通常のそれではない。すなわち，〈捉え〉と共働するような，感覚，理性，知性だけの段階での〈観〉

---

omne quod esse potest.
    78) この〈無〉について本書第 III 部第 1 章を参照されたい。
    79) *De poss.* n. 15（大出・八巻訳 26 頁以下），n. 74（大出・八巻訳 104 頁以下）。

では，もはやない[80]。

　では，その〈観〉すなわち〈神秘的な観〉（mystica visio）[81]はどのようにして成立するのだろうか。先ずわれわれは〈捉え〉を断念し，従って〈非存在〉のこちら側に量的なものを捨て去り，かくして量の非存在へと到達する。さらに，以前に自分が見ていたものの永遠なる原因と根拠を熟視する[82]。ここに，〈神の観＝神を観ること〉（visio dei）[83]が成立するが，この時にはもはや〈エニグマ〉なしに観るのである[84]。そして，その時に真の存在・神・〈可能現実存在〉とわれわれの関わりが可能だとされるのである。

　以上のような〈神の観〉は，実はもう一つの〈神の観〉＝videre dei によって保証されているのである。それは〈神が観ること〉である[85]。つまり，後者が前者に対して〈原像―似像〉相関に立つと捉えうるのである。

　　　神が観ることは存在することであり，神は同時に万物と個物とを観る故に，神自身が同時に万物であり個物でもある[86]。

　こういう形で，この〈神の観〉が被造物を存在せしめているのである。換言するならば，初期の著作『推測について』においてすでに説明されているように，神からの下降＝創造（流出）としてこの〈神の観〉が存在しているのである。従って前者の〈神の観〉（神を観ること）は，それの逆の道，すなわち上昇＝認識の最高段階として存在していること

　　80）　例えば『ヨハネ福音書』20,25 での，使徒トマスの「見る」とは異なるものであるとも敷衍できよう。トマスは，復活したイエスの手に釘のあとを見，指をその釘あとにさし入れ，自分の手をイエスの脇にさし入れてみなければ決して復活を信じない，と言った。

　　81）　De poss. n. 15, 2（大出・八巻訳 26 頁）。

　　82）　Ibid. n. 70（大出・八巻訳 99 頁以下）. この点について n. 39（大出・八巻訳 55 頁）では，信徒がキリストを観たいと願望するのならば，この世界に属するものの全てを捨て去るはずだと。

　　83）　この visio dei は文法的には目的の属格。

　　84）　De poss. n. 39（大出・八巻訳 55 頁）。

　　85）　この visio dei は文法的には主語の属格。

　　86）　De poss. n. 58, 13-15（大出・八巻訳 85 頁）: Sicut [...] deus omnia et singula simul videt, cuius videre est esse, ita ipse omnia et singula simul est. さらに『神を観ることについて』（八巻訳 58 頁以下）も参照されたい。

第 2 章　〈全能なる神〉の復権　　373

になる[87]。この点について『可能現実存在』においては,「神が観られうる可能そのものを神自らが持ち来たるのである」[88]と述べられている。

　以上のように,〈観〉という形でわれわれが絶対的存在に関わる時に,先にみた〈原像―似像〉相関の変換・連結装置としての役割を果すいくつかの'中間者'の姿が再び浮彫りにされる。先の〈神の観〉において,われわれの〈観〉が神に到ることが可能であることの根拠は,'中間者'・神人イエス・キリストの助けである。キリストはわれわれの師であり,無知を取除いて,不死なる永遠に到る道をわれわれに教えてくれるのである[89],とされている。

　さらに,これ以外に'中間者'的にとらえることの可能なものをあげてみると,数学,〈エニグマ〉,〈非存在〉,否定の道（via negativa）などがある。クザーヌスは言う。

　　神の存在は,現に存在する或いは何らかの方法で存在可能であるあらゆる存在の全存在であるが,そのことは,〔否定の道以外の〕他の道によっては,より一層単純でより一層真実に観られることは不可能である。即ち君は,〈非存在〉に先立つ,かの前提されたものが永遠の内であらゆる存在の存在性としてあることを,否定の道によって単純な洞察において観るのである[90]。

　従って,この〈否定の道〉は〈肯定の道〉すなわち〈捉え〉の立場を否定し,それを超えるものであることがわかる。しかしながら,それは〈否定の道〉としての欠如性のゆえに,端的に充実して完全な「キリストすなわち〈生気あふれる道〉」[91]によっては,さらに否定されるのである。かくしてここに,〈肯定の道―否定の道―生気あふれる道〉という〈擬三一的〉な一すじの〈道〉がつけられることになる。その際に,この〈道〉は,すでに単なる方法としての道ではなく,いわば実存として

---

　87)　descensus と ascensus ついては本書第 III 部第 1 章を参照されたい。

　88)　*De poss.* n. 31, 7-9（大出・八巻訳 47 頁）: Nisi posse videri deducatur in actum per ipsum qui est actualitas omnis potentiae per sui ipsius ostensionem, non videbitur.

　89)　Ibid. n. 72（大出・八巻訳 102 頁以下）。

　90)　Ibid. n. 67（大出・八巻訳 95 頁以下）。

　91)　via viva: Ibid. n. 75, 6（大出・八巻訳 106 頁）。

の〈道〉となっているのである[92]。

6　結語　生気あふれる〈全能なる神〉

　ニコラウス・クザーヌスは，以上のように，この世界における存在を
あくまでも神に収れんさせることで論じ尽くそうとしている。それはアリストテレス―トマスの伝統における存在説明の原理である〈可能態―現実態〉相関が，次第に水平相関的意味をのみ強め，従って二元論的構造が成立する可能性を開き，その結果として，神のこの世界への日々の生き生きとした関与を人が感じることが少なくなり，またそれの必要性さえも感じなくなりつつあるという意味での「全能なる神の退位」が起こるのを防ぐ意図からであろう。

　彼にとって神とは，ひれ伏すアブラハムに現れて〈わたしは全能の神である〉と言い，イスラエルの民と契約をした神，またエジプトで苦難の日をおくるモーセに〈私は有って有る者〉と言いつつ自身が全能であることを示して，苦難からの救いの道を示した神でなければならないのであろう。そのような神の姿を確立するべく，クザーヌスは〈可能態―現実態〉という水平相関的になりつつある構造を，〈根源―根源に由来するもの〉或いは〈原像―似像〉という垂直相関的構造へと変換し，同時にその相関内部における〈上位―下位〉関係を，その間にいくつかの'中間者'を設定することにより接合しようとしているのである。これが，これまでに指摘してきた擬三一的垂直構造である。

　このような構造を設定することにより，上位と下位との間での〈包含と展開〉が成立し，さらに全能なる根源にふさわしい運動性（信仰的には〈救い〉を意味すると言えよう）が上位と下位との間に保持されることになる。その際に被造物としての存在者は，〈非存在〉が介在するゆえに，いわば〈非存在的存在〉として欠如的であり限界を有するものであることが一層明白とされ，それと対照的に神は，〈可能現実存在〉とし

　92）　それ故にクザーヌスは，〈キリストのまねび〉Imitatio Christi を強調するのであろう。このことは，彼の晩年の書簡である『ニコラウスへの書簡』（八巻和彦訳『神を観ることについて』に収載）に顕著である。さらに本書第Ⅲ部第 3 章 4 も参照されたい。

第 2 章 〈全能なる神〉の復権 375

て，また〈可能・生〉（posse vivere）として充実し運動的で，あらゆる
存在様式の唯一の根拠である文字通りの〈全能なる神〉たる存在として
確保されるはずである。そしてその結果，〈世界は見えない神の現れ以
外の何であろうか〉[93]と心おきなく言明できるだけの，宇宙総体におけ
る相互に緊密な布置もまた確認されることになる。

　これまでの考察が明らかにしたであろうように，クザーヌスは〈第一
質料〉という理論的に厄介な「もの」を〈非存在〉として捉え直した。
そして彼は，この〈非存在〉に，一方では存在論的な役割を，他方では
救済論的な役割を担わせるという形で[94]，極めて重要で印象的な働きを
させているのである。〈非存在〉をそのように縦横無尽に活用している
のである。
　とはいえ，この〈非存在〉が，十分に説得力ある形で説明され尽して
いるかについて，われわれは疑問なしとしない。

93）　*De poss.* n. 72, 6f.（八巻訳 102 頁）: Quid [...] est mundus nisi invisibilis dei apparitio?
94）　この点については，本書第 III 部第 5 章を参照されたい。

第 3 章

『球遊び』における〈丸さ〉の思惟

　この『球遊び』というタイトルをもつ 1463 年の著作では，まずク
ザーヌスと目される枢機卿が二人の貴族の若者と一緒に〈球遊び〉をす
る，という設定がなされている。

　この遊びについては以下のように説明されている。この遊びの参加者
は，イエス・キリストの最期の年齢である 34 という数字を，得点とし
てできる限り早く獲得することを競う。得点は，競技者が特殊な形に凹
まされた球を，大小 9 つの同心円が描かれている得点盤の上で転がし，
それが停止した円の領域が示す数で決まる。これらの同心円には，外側
から中心に向かって，1 点から 10 点が配当されている[1]。

　この遊びのむつかしさは，転がす球が，球の半径の深さまで，その球
の球形の側の半分の形だけ凹型に削られているので[2]，転がされた球が
最も理想的に転がされたとしても，それは直線的にではなくらせん状に
転がることになるという点にある[3]。それゆえに，競技者が自分の意図
する円の領域にこの球が止まるように転がすことは，極めて困難であ
る。そしてこのような球の不規則な転がりは，この遊びの参加者の間に

---

　　1)　*De ludo* I n.50, 9-11. „ Lex [...] ludi st, globus intra circulum quiescat a motu et propinquior centro plus acquirat, iuxta numerum circuli ubi quiescit"

　　2)　Ibid. n.4.

　　3)　クザーヌス自身は，「らせん状に」という語は用いていない。しかしクザーヌスの
説明のとおりにくり抜かれた球を転がすならば，それがらせん状に転がることは明白である。
「らせん状に転がる」という指摘は以下の研究にも見られる：Goldschmidt, *Globus Cusani.*
Zum Kugelspiel des Nikolaus von Kues, 20; Eisenkopf, *Mensch, Bewegung und Zeit im Globusspiel*
des Nikolaus von Kues.

笑いを生み出すことになり[4]，それ故にこの遊びは，クザーヌスによっ
て考案された楽しい遊びであるとされている[5]。

　しかしながら，この著作の中で示されている考察は，すべてがこの遊
びに直接に関わっている訳ではない。その理由は，対話者の三人がこの
遊びをかなり長くやった後に対話を始めた，という設定になっているこ
とにある。そして，展開される考察は，むしろ，球および9つの同心円
で構成されている得点盤，さらには競技者としての人間というような，
この遊びの個々の構成要素に向けられているのである。

1 〈丸さ〉（rotunditas）という概念における思考上の刷新

　以下では，この〈球遊び〉を構成する三つの要素の根本構造として機
能している鍵概念としての〈丸さ〉について，先ず考察する。
　そもそも〈丸さ〉という概念は，この著作に到るまではクザーヌスに
よって用いられることがほとんどなかった[6]。それゆえに私は，この概
念と共に展開される思考の過程をできるだけ具体的に解釈しつつ，なぜ
この概念がこの著作に導入されたのかを明らかにすることを試みる。こ
の私の思考過程そのものも，'Ludus Globi'（球概念についての遊び）と名
付けることができるかも知れない。
　さて，概念史から見ると，古代以来，球と円の象徴法が，神的なも
の，聖なるもの，あるいは天的なものを表示するためにしばしば用いら
れてきたことは，よく知られているとおりである[7]。もちろんクザーヌ
ス自身もこの伝統に親しんでいたことは，彼が哲学的処女作である『覚
知的無知』（1440年）においてこの象徴法をしばしば用いていることか
らも，明らかである[8]。

　4）　*De ludo I,* n.50, 5f.
　5）　Ibid. n.1,8; n.2,5; n.50, 3f.; n.2, 5; n.50,.3f.
　6）　これは，クザーヌス研究所の Cusanus-Portal による検索結果である：http://www.
cusanus-portal.de/
　7）　Vgl. Mahnke, *Unendliche Sphäre und Allmittelpunkt.* このことは，東アジアの仏教なら
びに日本の神道においても妥当する。
　8）　典型的には，*De doct. ign.* I, c. 21; 23（岩崎・大出訳 57-59 頁；62-65 頁）。

第3章 『球遊び』における〈丸さ〉の思惟　　　379

　この古くからの伝統に依拠しつつ，クザーヌスはこの1440年の著作
では円の本質を正多角形のそれから明確に区別している。以下にその一
節を引用する。

　　多角形がより多くの角をもつように描かれれば，それに応じてそれ
　　はいっそう円に似てくるが，しかしながら，たとえ角が無限にまで
　　増加されたとしても，けっして〔円と〕等しくはならないのである
　　──この多角形が円との同一性に解消されるのでないかぎりは[9]

ところが1453年にまとめられた著作『神学的補遺』においては，こ
の両者の関係について異なった捉え方が述べられている。

　　正多角形がより多くの角を得るほど，いっそう円に似る。もし人が
　　多角形に注目するならば円は無限な数の角から成立していることに
　　なる。また，もし人が円そのものにだけ注目するならば，円にはい
　　かなる角も見出すことはなく，それゆえに円は非限定的で無角的に
　　存在していることになる。それゆえに，無角的で非限定的なものと
　　して円は，自己のうちに，現に存在しこれから存在することが可能
　　な角的なもろもろの限定のすべてを，すなわち多角形のすべてを包
　　含しているのである[10]。

　このような円と正多角形との関係についてクザーヌスの理解が変化し
たことの背景として，円の本質についての「世俗化」があると私は考え
ている[11]。この新たな把握を基礎にして，この著作において彼は，さら
に円が運動するという要素を導入している。なぜならば，正多角形の数

───────────

　9)　*De doct. ign. I,* c. 3, p. 9, 17-20 (n.10)（岩崎・大出訳13頁）: „polygonia ad circulum,
quae quanto inscripta plurium angulorum fuerit, tanto similior circulo, numquam tamen efficitur
aequalis, etiam si angulos in infinitum multiplicaverit, nisi in identitatem cum circulo se resolvat".

　10)　*De theol. compl.:* n.5, 6-12: „Quanto autem polygonia aequalium laterum plurium
fuerit agulorum, tanto similior circulo; circulus enim, si ad polygonias attendis, est infinitorum
angulorum. Et si ad ipsum circulum tantum respicis, nullum angulum in eo reperis, et est
interminatus et inangularis, et ita circulus inangularis et interminatus in se complicat omnes
angulares terminationes, polygonias datas et dabiles".

　11)　この点については，本書第Ⅲ部第4章を参照されたい。

を無限に増やすと円になるとみなす微積分学的な視点は，円の内側に内包されている正多角形の角数を増やすことを表象する場合に，ごく自然に，次第に回転速度を上げる水車のような姿をわれわれに想像させることになるからである[12]。

　このような自転する円という思考上の発展は，この後に 1460 年の著作である『可能現実存在』においてコマの比喩へと応用されることになる。そこでは，自転するコマの速度が無限にまで達することが述べられているが，この比喩を用いてクザーヌスは以下のような説明を展開する。無限の速度で自転するコマは静止しているように見えるのであり，同時にコマの上のいかなる点も，コマを外から取り巻くいかなる点とも同時に出会うことになるから，運動と静止とが合致する。こうして〈反対対立の合致〉が成立する[13]。

　その後，自転する円という表象の決定的な発展が，最晩年の著書であるこの『球遊び』において成立している訳である。それは，すでに言及した〈丸さ〉という概念が，彼の著作において初めて姿をみせて極めて重要な役割を果たしているということである。

　〈丸さ〉の原語としてのラテン語の 'rotunditas' は，'rotundare' という動詞に由来する名詞であるが，動詞の方は中世には「回転する」という意味ももっていた[14]。それゆえに，この 'rotunditas' は，単に丸いことを意味するだけではなく，「丸いゆえに転がりやすい」というニュアンスも持っており，とりわけこの著作においては，この「回転する」という意味が重要な役割を果たしている。そこで，この語を円形と球形の双方を含意するものとして〈丸さ〉と訳しておく。

　この著作ではこのようにして，円という図形のみならず，さまざまな次元での球形も考察されることになる。対話が開始された直後に，〈丸さ〉という共通の概念を利用して，クザーヌスは対話の主題を，遊ぶための球の形から世界の形へと拡張している[15]。彼がここで意図していることは，立体としての遊ぶための球と得点盤と（当時の天文学的表象と

---

12)　この点についても，本書第Ⅳ部第 4 章を参照されたい。
13)　この比喩については，本書第Ⅲ部第 5 章を参照されたい。
14)　Vgl. Blaise, *Lexicon Latinitatis Medii Aevi.*
15)　*De ludo I* n.9.

しての）天球と人間の人格という四者を，〈丸さ〉という概念を媒介に
して一つの思考システムのなかに位置づけようということであろう。
　確かに彼は，人間の人格も，以下のように一種の球とみなしているの
である。

　　彼〔イエス・キリスト〕がわれわれに似ていたときには，彼は自分
　　の人格という球を，生命の中心においては静止するように運動させ
　　ていたのである[16]。

　まさにそれゆえに，凹型に削り取られた球が大きな意味を持つのであ
る。というのは，〈球遊び〉の球であるということで，われわれは完全
な球を想像しがちであるが，そうではない。すでに述べたようにそれ
は，本体の半分近くがえぐり取られているから直線的に転がることもな
いし，必ずしも常に規則正しく曲線運動をするわけでもないのである。
その意味でこの球遊びが，人間の生きる上での意図と実践との離反を表
現するものとして，ゼンガーが指摘しているように，一種の教訓的な遊
びともみなされうるのである[17]。
　さて，この著作における〈丸さ〉という概念は，クザーヌスの思惟に
おける重要な概念が常にそうであるように，三段階に区別されている。
最高の段階はまったく真なる〈丸さ〉そのものである。第二の段階は，
世界という〈丸さ〉であって，それは現実における最大の〈丸さ〉では
あるが，第一の絶対的〈丸さ〉の似像である。そして第三の段階のも
のは，第二の〈丸さ〉を分有することで成立しているあらゆる〈丸いも
の〉である[18]。

　16）　Ibid. I n.51, 3-5: Qui, cum similis nobis esset, persone suae globum sic movit, ut in
medio vitae quiescat. またここ（Ibid. 5-8）では，一人の人格が以下のように説明されている：
nobis exemplum reliqunes, ut quemadmodum fecit faciamus et globus noster suum sequatur, licet
impossibile sit quod alius globus in eodem centro vitae, in quo globus Christi quiescit, quietatem
attingit（こうして彼〔キリスト〕は，彼自身がなしたことをわれわれもなして，彼の球にわ
れわれの球がならうように，模範を残したのである——キリストの球が安らっているのと同
一の生命の中心で他の者の球が安らぎに到達することは不可能ではあるのだが）。

　17）　Senger, *Globus Intellectualis. Welterfahrung und Welterkenntnis nach De ludo globi.* In:
Senger: *Ludus Sapientiae,* 102-104.

　18）　*De ludo* I n.16, 4-16.

382   Ⅳ　Theophania としての世界

　それゆえに絶対的〈丸さ〉は，世界という〈丸さ〉の本性に由来して
いるのではなくて，むしろそれの原因であり原像である。さらにこれ
は，絶対的な原像として存在しているので，目で見ることもできなけれ
ば言表することもできないものである[19]。

　さて，ある完全な球が真っ平らな平面を転がされているとすれば，そ
の球は平面上のただ一点で平面と接していることになるのは，想像しや
すいだろう。それゆえにここから，以下のような結論を導出する。

　　ある球が，平らで均質の表面にたえず同じ仕方で接しているとする
　　と，それがいったん運動させられれば，それはたえず動き続ける。
　　それゆえに，〈丸さ〉という形は運動の止むことのない継続を表現
　　するのに最も適している。〔…〕最後の〔天〕球はこのような運動
　　において，強制されることもなく疲れることもなく運動している。
　　〔この世界の中で〕本性的な運動を有しているものは，この運動を
　　分有しているのである[20]。

　すると，絶対的な[21]〈丸さ〉はまったく自己自身に由来して運動する
のであって，同時に運動しているものであると共に運動可能なものでも
あることになる[22]。以上のような考察から，クザーヌスはさらなる結論
を導く。すなわち，世界の運動の仕方は自らが転がりつつ円形を描くも
のであって，自身のうちにあらゆる運動を包含しているのである――そ
れは，円があらゆる図形を包含しているのと同様である[23]。

　かくして，この著作における〈丸さ〉という概念は，クザーヌスの意
味での，1．円，2．球，3．（コマのような）自転運動，4．（球遊びにおい

　19）　Ibid. I n.8, 4-7.

　20）　Ibid. n.21, 14-15; 18-20: „sphaera in plana et aequali superficie se semper aequaliter
habens, semel mota, semper moveretur. Forma igitur rotunditatis ad perpetuitatem motus est
aptissima.[...] quo motu [motu naturale 引用者] ultima sphaera movetur sine violentia et fatiga;
quem motum omnia naturalem motum habentia participant“.

　21）　Ibid. n.25, 15f.: „rotunditas foret maxima, qua etiam maior esse non posset.“

　22）　Ibid. n.25, 16f.: „[maxima rotunditas] utique per seipsam moveretur et esset movens
pariter et mobile.“

　23）　Ibid. n.40, 7-9: „motus rotundus et circularis, omnem in se habens motum, sicut
circularis figura omenm figuram in se complicat.“

第 3 章　『球遊び』における〈丸さ〉の思惟　　　383

て投げられた球のような）不規則に転がる運動，5，（球遊びにおいて理想
的に投げられた球のような，中心へと向かう）らせん運動という，5 種類
のものが想定されていることが判明する[24]。

2　〈万物が運動している〉 „omnia sunt in motu"

さて，この対話が始められてまもなく，クザーヌスは対話相手である
バイエルン公ヨハンネスに対して次のように説く。われわれの周囲のあ
らゆるものならびにそこに含まれているあらゆるものが変化している
が，それは天や諸々の星や空気や季節等のわれわれを取り巻いているも
のの変化に由来しているということに注目してほしい[25]。
　世界についてのこのような根本的な把握に基づいて，ヨハンネスは以
下のように言うことになる。
　「万物が神において存在し，それらはそこではより多いとかより少な
いということがない真理として存在している。しかしそこでのそれらの
存在の仕方は，円が点のうちにあるように，包含されていて解かれるこ
とがないような仕方である。万物が運動しているのである」[26]。
　ところで，この著作における諸々の運動のモティーフは，以下のよ
うに，存在のいっそう高い質を説明するために応用されている。まず，
「生命は確かに或る種の運動である」[27]と定義される。続いて，さらに具
体的に「生命は自己運動のように思われる」[28]と説明される。さらに同
じ個所で以下のように対話が展開される。

　　魂は自分から動いているので，人間そのものよりも真に生きてい

24）　Vgl. ibid. II, n.69, 5-10; ibid. 16-18.
25）　Ibid. n.7, 11f.: „Caeli, stellarum et aëris atque temporis mutationem. Haec omnia
immutata immutant illa quae circumstant et continent."
26）　Ibid. n.49, 1-3: „omnia sunt in deo et ibi sunt veritas, quae nec est plus nec minus. Sed
ibi sunt complicite et inevolute sicut circulus in puncto. Omnia sunt in motu."
27）　Ibid. n.22, 16: „Utique vivere motus quidam est."
28）　Ibid. n.29, 13: „Vivere etiam videtur esse se movere."

384 Ⅳ Theophania としての世界

る。人間は魂によって動かされているのである[29]。

　このようにクザーヌスは，人間と魂という概念とを明確に区別しているのだが，この区別の根拠を以下のように述べる。

　　万物の魂はただ一つしか存在しない。しかし偶然によって，それらの全てが異なっているのである[30]。

　この，生命を駆動するあらゆる力に共通の唯一の魂が存在しているという主張は，万物が運動しているというヨハンネスの説の有力な根拠となりうる。同時にクザーヌスは，自身から動く運動とそうではない運動とを区別して，前者を本質的でより高位な運動として，後者を偶然的でより低位な運動として捉えている[31]。

　このような運動の分類とそれぞれの位置づけを根拠として，さらに彼はヨハンネスに，人間の自由で[32]創造的な[33]力としての理性的魂（anima rationalis）に注目するように勧めている。すなわち，それは自己自身へと戻るべく円形の運動をしているのであるとされる[34]。より具体的には，以下のようになる。

　　私が思考について考察する場合には，それは円形で自己自身を動かす運動である[35]。

---

　29)　Ibid. n.29, 13f.: „Unde anima verius vivit, quia ex se movetur, quam homo, qui movetur ab anima. Vgl. Ibid. n.30, 1: deus verius vivat quam anima.“

　30)　Ibid. n.41, 4f.: „non est nisi una omnium anima. Sed per accidens omnes differunt.“

　31)　Ibid. n.24, 3f.

　32)　Ibid. n.31, 12-14 „[anima 引用者] penitus vult esse in sua libertate, ut libere operetur. Haec autem vis libera, quam animam rationalem dicimus.“

　33)　Ibid. II, n.93, 6-9: „non sunt illae mathematicae disciplinae [disciplinae arithmetricae, geometricae, musicalis et astronomicae 引用者] nisi in ea et in eius virtute complicatae et per eius virtutem explicatae adeo quod ipsa anima rationali non exsistente illae nequaquam esse possent. „

　34)　Ibid.I, n.32, 5-7: „in hoc reperio animam movere seipsam motu circulari, quia supra seipsum ille motus revertitur.“

　35)　Ibid. n.32, 7f. „Quando enim cogito de cogitatione, motus est circularis et seipsum movens“.

第3章　『球遊び』における〈丸さ〉の思惟　　　385

　それはばかりか，その運動は中心を有しており，その中に運動の包含が含まれるのであるが，この包含が静止と捉えられるのである[36]。そしてその中心に，あらゆる理性に包含されたものが包含されて存在しているというのである[37]。

　このような理性的魂についての分析を根拠として，以下のような考察が展開される。理性的魂は球形をしており，それの中心は，自身の内に万物を概念という形で包含しつつ，自らが回転運動をしている。それゆえに，それが何らかの事柄について認識活動を遂行する場合には，それの中心に包含している諸々の概念を適用しながら，自身は円形に運動するのである。

　クザーヌスはさらに，人間の理性的魂を神に似たものとして捉えて，それを高く評価してもいる。というのも彼は，理性的魂には神としての無限で完全な力が輝き出ていると強調しているからである[38]。

3　人間の現在位置

　これまでに述べてきたように，クザーヌスの思惟において人間は，一方で，他の被造物と共通の一つの魂を有しているという共通性を有するのであるが，同時に他方では，自己の創造力において創造主である神との明らかな類似性も有しているとされている。では人間は，世界と神との間のどこに現在位置を有しているのだろうか。

　この問に適切に答えるためには，彼の言う〈宇宙という王国〉，〈個々の人間という王国〉[39]，そして〈神の王国〉という三つ王国を正確に把握しておくことが不可欠である。

　36）　Ibid. II, n.92, 5f.: „Complicat complicationem motuum, quae complicatio quies dicitur.“

　37）　Ibid. n.103, 14f.: „in centro animae rationalis complicantur omnia in ratione comprehensa.“

　38）　Ibid. n.33, 1f: „Adde adhuc ipsam [animam intellectivam 引用者] esse perfectiorem, quia magis in ipsa vis illa infinita et perfectissima, quae deus est, relucet.“

　39）　Vgl. ibid. I, n.43, 1-6„sicut universum est unum regnum magnum, sic et homo est regnum, sed parvum, in regno magno, sicut regnum Bohemiae in regno Romanorum seu universali imperio. [Cardinalis:] Optime! Homo enim est regnum simile regno universi, fundatum in parte universi.“

386 　Ⅳ　Theophania としての世界

「あらゆるものが宇宙に対してそれ自身の関係と比例とを有しており，宇宙の全体性という完全性は人間により多く輝き出している」[40]ので，〈宇宙という王国〉と〈個々の人間という王国〉との間には，次のような関係が想定されていることになる。〈個々の人間という王国〉は宇宙という大きな王国の中の小さな王国であり，その結果，前者は後者に似ている。しかしながら，人間は宇宙の王国に対して直接的に従属しているのではなく[41]，間接的に従属している。その理由は，人間が自身の王国の王として知性的魂（anima intellectiva）を所有しているからである[42]。さらに人間は自己自身の内に，道徳的な問題に関する王にして裁判官をも所有している[43]。このような人間の高貴な王国は，宇宙あるいは他の被造物に支配されることは決してない，とされるのである[44]。

これまでに説明してきた諸関係から明らかになることは，クザーヌスがこの世界における人間の地位を，人間が世界に所属しており世界と共通の魂をもっているという事実にもかかわらず，高く位置づけているということである[45]。

〈生命の王国〉すなわち〈神の王国〉に関しては，他の二つの王国とは異なり[46]，バイエルン公ヨハンネスによってではなく，クザーヌス自身によって説明がなされている[47]。その際彼は，人間の魂自身の王国か

---

40)　Vgl. Ibid. n.42, 10-16„Omnia [...] ad universum suam tenent habitudinem et proportionem. Plus tamen relucet in ea parte quae homo dicitur quam in alia quacumque. Perfectio igitur totalitatis universi quia plus relucet in homine, ideo et homo est perfectus mundus, licet parvus, et pars mundi magni. Unde quae universum habet universaliter, habet et homo, particulariter, proprie et discrete.“

41)　Vgl. Ibid. n.43, 13f.„Homo [...] immediate suo proprio regi, qui in ipso regnat, subest. Sed mediate subest tunc regno mundi.“

42)　Vgl. Ibid. n.43, 10-13. 知性的魂とは，なかんずく人間の認識システムの総体を可能にすることに関わっている知性活動の最高段階のことである。以下を参照されたい：De vis. 23, n.102, 13（八巻訳 137 頁）。

43)　De ludo I, n.58, 6f. (h IX 65): „habens intra se regem et iudicem horum quae, cum haec bruta ignorent, ideo sunt hominis ut hominis.“

44)　Ibid. n.58, 8f.„in his est nobile regnum nequaquam universo aut alteri creaturae subjectum.“

45)　Vgl. Ibid. II, n.96, 12-14: „Una [...] est anima rationalis et sensitiva in homine; et licet non appareat in aliquo homine exercitium rationis manifestum, non tamen anima est brutalis.“

46)　Vgl. Ibid. I, n. 42.

47)　Vgl. Ibid. I, n.50, 8„sedes regis cuius regnum est regnum vitae intra circulum inclusum“.

第3章 『球遊び』における〈丸さ〉の思惟 387

ら生命の王国への運動を，9つの同心円で構成された得点盤を用いなが
ら，比喩的に説明している[48]。

　　生命の王国には静止と永遠の至福が存在する。それの中心にはわれ
　　われの王であり生命の授与者であるキリスト・イエスが王位につい
　　ている[49]。

　ここには，このキリストという王によって成立する〈宇宙という王
国〉と〈個々の人間という王国〉との間のダイナミックな関係が想定さ
れている。同時に，理性的な霊魂には，神である無限で完全な力が輝き
出ているとされていることも，見逃すべきではない[50]。
　このように考察するならば，これら三つの王国の間には水平的で直接
的な関係が想定されているのではなく，二つの異なった次元の関係が想
定されていることになる。つまり，人間は，一方において〈宇宙という
王国〉の中の部分的な王国として，〈宇宙という王国〉との間に自然本
性的な関係をもちつつも，他方において〈生命の王国〉とは超自然的な
関係をもっているのである。その結果，この二つの次元の異なる関係の
結合点に人間が立っていることになるのであり，そこで彼は，二つの関
係のいずれを優先すべきであるかを，考慮し選択することを迫られてい
ることになるのである[51]。

　　48）　Vgl. Ibid. n.51,. 1f.„Iste, inquam, ludus significat motum animae nostrae de suo regno ad
regnum vitae.“
　　49）　Ibid. n.51, 2f.„in quo [regnum vitae 引用者] est quies et felicitas aeterna. In cuius centro
rex noster et dator vitae Christus Iesus praesidet.“
　　50）　註 38 を参照されたい。
　　51）　Vgl. Ibid. n.51, 12-19; ここで問題とされているのは，もう一つの生への希望を断念
するか，キリストの存在なしの至福への希望をもつか，キリストによって宣べられた道をと
るか，という三つの道のうちのどれを人は選ぶべきかということである。本章の註 62 も参照
されたい。

4 〈神を観ること〉の説明システムとしての 〈丸さ〉の思惟

　これまでの考察を基礎に，ここで〈神を観ること〉（visio dei）の段
階付けられた事態についての解釈を試みたい。その際に私は，特にこの
著作の第一巻[52]ならびに第二巻において[53]クザーヌスが9つの同心円か
らなる得点盤を思考上に応用していることに留意したい。
　第一巻ではこの事態について，例えば，遊び用の球が転がされると，
それが常に異なった道筋をたどるが，その様子が地上の旅人としての人
間の巡礼に喩えられるというように，いわば図示的に説かれている[54]。
その際にこの得点盤は，単に〈生命の王国〉とみなされている[55]。しか
しながら，そこでの説明と説かれている事態とを正確に比較考量する
と，描写されている状況は，その具体性にもかかわらずクザーヌスが考
えている事態に十分に適合するものではない。むしろ誤解へと導きやす
いものである。というのは，中心としてのイエス・キリストへの接近の
過程は，得点盤で示されるように平面的・空間的に想定されるべきでは
ないからである。それゆえにであろう，第二巻における説明は，問題と
なっている事態により適したものとされている。そこで，第二巻の関係
する箇所を少し長く引用する。

　　これらの〔9つの〕円は〈〔神の〕観の〉段階である。すべての円
　に共通の中心があることが分かるが，内側の円ほど近くに中心があ
　り，外側の円ほど遠くに中心があるという具合である。中心は外側
　では見ることができず，ただ円だけが見えるので，外側からは生命
　あるものたちの生命，すなわち精神的に照らされているものたちの
　光は見えない。〔…〕たとえ目が健全であっても光がなければ見え

---

52)　Ibid. nn.50-59.
53)　特に Ibid. II, nn.68-75.
54)　Ibid. I, nn.58.
55)　註 48 を参照。

ない。それと同じように，魂も，それ自身は不壊なものであるが，
啓示されつつあるキリストという光がそれに欠けていれば，〔中心
が〕見えないし，知性的な生を生きることもできない。〔…〕知性
的な観が観てそのように生きるべきであるならば，それも精神的な
真理の光を必要とするのである。それゆえに私〔クザーヌス〕はこ
の上昇を，――全ての数が10で区切られるのと同様に――9つの
円を通り抜けて10個目の円に入ることとして描写したのである。
なぜならば10個目の円は同時に中心でもあるのだからである[56]。

　以上の，必ずしも理解が容易でない行文を適切に解釈するために，ク
ザーヌスの〈丸さ〉の思考によって喚起される一つの表象を用いてみた
い。ここで円とされている「10の円」は，実際には文字通りの円なの
ではなくて，10の球あるいは天球であると捉える[57]。すると以下のよう
になる。〈生命の王国〉と名付けられている大きな天球があり[58]，その内
に他の9つの同心球が順に段階付けをもって包含されている。これら
の全部で10の球はそれぞれが自転しているのであるが，それの回転速
度はそれぞれで異なっていて，第10番目の球（すなわち中心）に近い球
ほど速く自転しているとされている[59]。
　この10個の球によって成立している全体の構造について，クザーヌ

---

56) *De ludo* II, n.72, 1-5; 7-9; 11-14: „Circuli [...] sunt visionis gradus. In omni circulo videtur centrum omnibus commune, propinquius in propinquioribus, remotius in remotioribus. Extra quem cum centrum videri nequeat, quod non nisi in circulo videtur, non videtur ‚vita viventium‘ seu lux luminum intellectualium. [...] In carentia autem lucis nihil videre potest, licet sit oculus sanus. Ita anima, licet incorruptibilis, luce carens ostensiva, quae Christus est, non videt nec intellectuali vita vivere potest. [...] et intellectualis visio intellectuali veritatis luce opus habet, si videre seu vivere debet. Et quia in denario terminatur omnis numerus, per novem circulos in decimum, quia sic circulus quod centrum, figuravi ascensum".

57) 同様な表象は，バターワース，ゼンガー，アルバートソンによっても叙述されて
いる：Butterworth, Form and significance of the sphere in Nicholas of Cusa's De ludo globi. In: Christianson und Izbicki (ed.), *Nicholas of Cusa in Serch of God and Wisdom,* 89-100; Senger: op. cit.（上註17）88-116; Albertson, *Mathematical Theologies. Nicholas of Cusa and the Legacy of Thierry of Chartres,* 特に258-270。

58) *De ludo* II, n.69, 1f.„Figuratur haec vita regionis viventium in figura, quam rotundam vides."

59) Ibid. n.69, 16-18: „Quanto [...] circulus centro est propinquior, tanto citius circumvolvi potest."

390 Ⅳ　Theophania としての世界

スが繰り返し，それらが同心の球であることを強調していることに留意
すべきであろう[60]。この構造の説明で意図されていることは，現実の天
の天球は厳密に共通の中心をもっている訳ではないが[61]，ここで描写さ
れているキリスト中心的な大きな球の総体は正確に同心的であるという
ことであろう。

　それゆえに，ここで叙述されている球は，当時の天文学で想定されて
いた天球とはまったく異なるものとして理解すべきなのである。すなわ
ち，それらは空間的に異なっているものではなく，質的に異なっている
10 個の球なのである。

　さて，上で言及したキリストの道を選んで進むことを決意した人間
は[62]，まず，この構造における最も外側の球に歩み入る。すると，その
球の段階ならびにそれぞれの人の受容能力に応じた光が，彼に配当され
る[63]。そして彼はそこから，球の段階と自身の受容能力とに応じて，自
身がいる球の中心を認識するが，しかしキリストという真の中心をあり
のままに捉えることは不可能である。次の段階の球の力は前の球にいる
間は隠されているので[64]，彼が必要とする力を獲得するためには，順次，
それぞれの球を超えて進まねばならない[65]。

　その人がより内なる球に歩み入るならば，彼はその球の段階ならびに
彼自身の受容能力に応じて，さらに多くの光を受けることになり，前の
段階と比較するといっそう少ない〈エニグマ〉性をもってその球の中心
を観ることになる[66]。しかし，まだキリストという現実の中心を完全に

　60）　註 56 を参照されたい。さらに以下も：Ibid. II, n.69, 2; n.72, 1-5.

　61）　以下の箇所の記述を参照されたい：De doct. ign. II 11 (n.156)（岩崎・大出訳 135
頁）；Ibid. 12 (n.162)（岩崎・大出訳 135 頁）.ここでは，世界の周も中心も神であり，神はあ
らゆるところに存在するとともにどこにも存在しない，とされている。

　62）　De ludo I n.51, 18f.: „Sunt tertii, qui viam, quam Christus, dei unigentius filius,
praedicavit et ambulavit, amplectuntur.“

　63）　Ibid. II, n.73, 10-13: „Receptio [...] lucis varia est in variis mentibus, sicut receptio unius
lucis sensibilis in variis oculis varie capitur, in uno veriori et lucidiori modo quam in alio iuxta
suam capacitatem, quae non potest esse aequalis in diversis.“

　64）　Vgl. Ibid. n.104, 10-25.

　65）　このような力が段階的に存在しているという説明によって，キリストとしての中心
には，諸々の力の力としての絶対的な力が隠されていることになる。以下を参照されたい：
De ludo II, n.110, 14f.

　66）　クザーヌスの〈エニグマ〉については，本書第Ⅲ部第 5 章を参照されたい。

第 3 章 『球遊び』における〈丸さ〉の思惟　　　391

あからさまに観ることはない。こうして，同様なプロセスが第 10 の球に到るまで繰り返されるのである。

　ところで第 10 の球は，確かに球であるのだが，そこでは中心と球の周とが一致しており，同時にそれは，他の 9 つの球に共通の中心でもある。その上，それは無限の速度で自転しているので[67]，〈反対対立の合致〉の思想に従うならば，同時にそれは静止した中心でもある。そうであるならばこの，同時に中心でもある第 10 の球こそが，同時に点でもあり球でもあるという〈絶対的な丸さ〉（absoluta rotunditas）でなければならない。それは無限の速度で自転しているが，同時に完全に静止しているのでもある。

　状況の全体をこのように捉えるならば，この決意した人の神への上昇は，「決意した」という表現から想定されやすいような，彼自身の努力によって実現するのではない。そうではなくて彼は，中心から自身を照らしてくれる光によって中心へと引き寄せられるのである。それは次の引用が示している。

　　われわれは極めて美しい秩序によって飾られたこの王国を通り抜けて段階的に，共通の中心と個々の周とが同一である場へと，すなわちキリストへと導かれる[68]。

　ところで，クザーヌスの思考における神の愛は，「説教 158」に典型的に説かれているように，引き寄せる力をもつものである[69]。確かにここでは「愛」という言葉は用いられていないが，中心から自身を溢れださせる無限な光は[70]，その存在の仕方ゆえに愛と同等のものとして，「決

　67）　*De ludo.* n.69, 18-21„qui sic est circulus quod et centrum, in nunc instanti circumvolvi potest. Erit igitur motus infinitus. Centrum autem punctus fixus est. Erit igitur motus maximus seu infinitus et pariter minimus, ubi idem est centrum et circumferentia.“

　68）　Ibid. n. 75, 8-10: "gradatim per regnum illud pulcherrimo decoratum ordine nos ducamur, ubi idem est centrum commune et particularis circumferentia, scilicet ad Christum."

　69）　Vgl. *Sermo* CLVIII: n.10, 5-7„Communicare enim se, prout amor et bonum, quod est sui ipsius diffusivum, et lux se communicant, est ad se attrahere“（自身を伝えるということは，愛ならびに自己を溢れさせる善いもの，および光という三者が自己を伝える場合と同様に，自身へと引き寄せることである）。

　70）　Vgl. n.73, 2-6„Solum admiror, postquam infinitas centralis lucis liberalissime se

392   Ⅳ　Theophania としての世界

意した人」を自己へと引き寄せるということであるに違いない。

　さらにクザーヌスは，もう一人の対話相手であるアルブレヒトに以下
のように述べさせている。

　あらゆる嘉みせられた人は，つまりあの光に照らされてすでに決意し
ている人は[71)]，「彼自身の球をもっていることになるので，〔そうすれば〕
球は 9 つではなくて数えきれないほどに多数になる」[72)]と。

　このアルブレヒトの解釈は，クザーヌスによっても肯定される。しか
しクザーヌスは，あらゆる理性を具有する被造物は確かに自身の球を有
するとしながらも[73)]，この無数の球も 9 つの段階に分類されるのだとす
る[74)]。

　以上のやり取りから，あらゆる嘉みせられた人が自身の歩み入ってい
る球の内部でそれ自身も回転している球として捉えられているのであ
り，それは中心から光によって引き寄せられているのであるということ
が明らかになる。するとその嘉せられた者は，あたかも一つの恒星の周
囲を回転する衛星のように表象されていることになる[75)]。

　もしわれわれが，ここに描写されているもろもろの球の配置の総体
を，上昇しつつある嘉せられた者に注目しながら表象してみるならば，
われわれの前には実にダイナミックで壮大な光景が現れてくることにな
る。9 つの球のそれぞれが異なった速度で自転している中を，嘉せられ
た者が，遥かに彼方に光る中心を見やりながら，その途中にあるそれぞ
れの球を，中心に向かって，速度がたえず速くなり円周がたえず小さく
なる，規則正しい〈らせん運動〉をしながら，通り抜けて行くという姿
である[76)]。これは，キリストである中心にほとんど吸い込まれていくよ

---

diffundit, quomodo gradus oriantur. [Cradinalis:] Haec lux non se diffundit per corporalia loca ut quasi lux corporea, quae proximiora loca plus illuminat.“

71)　註 51 を参照されたい。

72)　De ludo II, n.75, 2„innumerabiles, quando quisque beatus proprium habet.“

73)　Vgl. ibid. n.75, 13-15.

74)　Ibid. n.75, 7f.„tamen illa innumerabilis multitudo circumferentiarum in novem gradus partitur.“

75)　この嘉せられた人と中心との関係は，太陽系のあり方を解明したニュートンの万有引力説を想い起こさせる。興味深いことに，この著作『球遊び』II n.78, 12-14 でなされている球の 9 段階の説明においてクザーヌスは，その球の中心を太陽の光に対応させている。これは今日の意味での太陽系を想い起こさせる。

76)　精神が三次元的に規則正しくらせん運動をするという私の表象の根拠は，得点盤

うな状況であろう。伝統的な〈引き上げ〉（raptus）が最晩年のクザーヌスによってこのように表象されているのである。

　そもそも人格という球は，中心であるイエス・キリストに構造的に極めて似たものとされている。それは，自身の中心に万物を概念として包含しており，同時に自身を回転させつつ万物の中心を旋回して，自身をしだいに中心に近づけるのだからである。そして，最後にはそれが中心と一体化して，至福直観（visio facialis）を体験することになるわけである。〈丸さ〉に満たされた世界像ではある。

5　おわりに

　これまでの考察によって明らかになったクザーヌスの〈丸さの思惟〉によって，彼は〈神の世界への内在〉を新たに説明し直したと言えるであろう。なぜならば，これは彼に，もしも最も広い意味で〈丸くて動く・・もの〉が存在するならば，それがいかなるものであっても，それにはそのようなものとしての神が内在していると言えるのであり，神のこの世界への内在とはこのような事態なのであると説くことを可能にしたからである。そしてこの条件は，すでにこの著作の中で読んだように，万物が運動の中に存在しているという事実によって満たされているのであ

の上を転がる球についての，すでに言及したクザーヌスの捉え方にある。彼は典型的には以下のように記している：「重い体をもち地に向かう側面をもつこの球と，人間によって駆動されるそれの運動とは，地上の人間ならびにその巡礼にある程度似ている」（De ludo I n.58, 21-24, h IX 66）。この私の表象は，擬ディオニュシウスの『神名論』De divinibus nominibus, IV, §9 (705A-705B) で以下のように述べられている，魂の円環運動と直線運動とらせん運動という三種類による説明によっても補強されるだろう：「〔148〕魂が円環運動を行うのは外部から自分自身に進入する時であり，魂の知性的諸力がすべて一つの形となって求心運動を行う時である。……〔149〕他方魂がらせん状に動くのは，自らに固有のあり方に従って神の知に照らされる時である。……〔150〕そして魂が直線的に運動するのは，魂が自分自身のなかに入って単純な知性的運動を行う時ではない。……むしろ魂が自らをめぐるものの所まで出てゆき，これら外部のものから，あたかも多彩なる数多のシンボルに導かれるようにして単純で統一的な観照へと昇ってゆく時に，魂は直線運動を行うのである」（熊田陽一郎訳『神名論』178頁以下）。クザーヌスが擬ディオニュシウスの思想に親しんでいたことは確かであるので，この問題を思考する上でも擬ディオニュシウスからの影響があると想定するのには合理性があるだろう。この擬ディオニュシウスにおける「魂のらせん運動」については，シュヴェッツァー教授（クザーヌス・アカデミー）から示唆を受けた。

る。

　彼は生涯にわたって繰り返しさまざまな概念をもって，〈神の世界への内在〉を説得力のある形で解明しようと試み続けた。ある時は〈一者〉という概念で，ある時は〈同者〉という概念で，ある時は〈可能現実存在〉という概念で，またある時は〈非他者〉という概念で，さらにある時は〈可能自体〉という概念で，そして最終的にはこの〈絶対的丸さ〉によって──この著作で彼はこれを必ずしも一義的に神とは記していないけれども。

　晩年に到るまで続けられた数々の試みの総体をここで改めて概観してみるならば，彼がこれらの概念によって，神のあり方をますますダイナミックなものとして示そうとしていたことが明らかになる。これらのたゆみない営みは，愚直に神という〈知恵〉を愛し続けたクザーヌスの神理解の深まりから，あるいは，少なくともそれのたえざる刷新から結果したものであり，そして，この章で扱った〈丸さの思考〉は，その一連の営みの最後の試みであったのである。

第4章

〈神の現れ〉としての
〈世界という書物〉

───────────

1 書物および文書に対するクザーヌスの関心

　読書をすることならびに文書を研究することは，若い時からクザーヌスにとっては重要な意味をもっていた。大量の原史料を収集しそれを研究することで，コンスタンティヌス寄進状が後世の偽作であると証明したことに示されているように[1]，そこに記された言葉だけがクザーヌスの研究の対象であったのではない。むしろ文書や書物そのものにも彼は大きな関心をもっていた。このことは，若きクザーヌスがイタリア留学から帰った直後に故郷ドイツで，各地の修道院や聖堂の文書室および図書室を訪れて古い写本を探すことに意を注いだことに示されているのみならず，当時出回っていた本を手に入れる際には，質素な版よりも豪華版を好んで手に入れたことにも示されている[2]。

　ところで，彼が「書物」のカテゴリーに入れていたものは，人間によって書きつけられた書物にとどまらなかった。それはまず何よりも，聖書であったが，それに加えて，神によって創造された世界も，比喩的な意味でそれに入れていた。さらにこの〈世界という書物〉には，以下のような〈内なる書物〉も属するのである。すなわち，キリストの人間性という命ある書物（説教154），魂の書物（説教227），命の書物（とく

───────────

　1)　Meuthen, *N. v. K.* S.26（酒井訳『ニコラウス・クザーヌス』28 頁）．

　2)　Ibid. S. 34（酒井訳 38 頁）．なお，彼が収集したこれらの書物の内の多くが現在もなお，ベルンカステル・クースの聖ニコラウス・ホスピタルの文庫に残されている。

396 Ⅳ Theophania としての世界

に説教 254)，良心の書物（説教 254)，人間の知性的本性という書物（と
くに説教 273）である。

　このような概念的に多彩なヴァリエーションが存在することを別にす
れば，この〈書物の比喩〉自体はクザーヌスの発案になるものではな
い。当時すでにヨーロッパの思想伝統の一環を形成していたことは，ク
ルティウスがその名著で扱っているとおりである[3]。

　この伝統に対するクザーヌス独自の寄与は，この表象の新たなヴァリ
エーションを提示したことにあるばかりか，むしろこの比喩を具体的
な基礎として，その上に自身の特徴的な思想を展開した点にあるだろ
う[4]。以下でこの点を明らかにしたい。

2 〈書物の比喩〉の受容

1 〈書物の比喩〉の否定的評価

まずこの比喩は，1431 年の「説教 8」に以下のように現れる。

　　可感的世界はいわば神の指で記された書物である。この方法で観想
　　するのは初学者である。しかし完徳者は，聖なる乙女〔マリア〕の
　　ように，端的に創造主を観想することに専念する。被造物によって
　　創造主が賞賛されるのは，作品によって芸術家が賞賛されるのと同
　　様である。被造物の美しさが人間のそれへの愛によって人間を神か
　　ら背かせてしまうのであるから，それと同様に人間は，認識という
　　方法によって被造物から創造主へと戻ることもある。このようにイ
　　シドールが『最高善について』で記している[5]。

　　3）　Curtius, *Europäische Literatur und lateinisches Mittelalter*, K.16: Das Buch als Symbol,
SS.306- 352（南大路・岸本・中村訳『ヨーロッパ文学とラテン中世』441-508 頁).
　　4）　クザーヌスの思惟における〈書物の比喩〉の用例については，ゼンガーによって
以下のクザーヌスの著作のドイツ語訳の註にその一部が示されている：*De apice theoriae*
[NvKdÜ 19, 129f.]
　　5）　*Sermo* VIII, n. 16, 16-26: „Est　… mundus sensibilis quasi liber Dei digito scriptus. Et
hoc modo incipientes contemplantur; sed perfecti in contemplatione Creatoris tantum persistunt,
sicut Virgo beata. Per creaturas laudatur Creator, sicut per artificiatum artifex; et sicut creaturae
pulchritudo avertit hominem per amorem eius a Deo, ita etiam revertitur per creaturam in

クザーヌスはここで，〈書物の比喩〉に頼る可感的世界の認識を，神の観想という方法よりも低く評価している。この根拠は，外界の美が彼にとっては結局のところ世界への神の顕現の反映にすぎないという点にあるのだろう。

その次にこの比喩が現れるのは，1441 年の「説教 23」である。以下にその一節を少々長く引用する。

　　アウグスティヌスが『福音書記者のコンコーダンス』で述べているように，ピュタゴラス，ソクラテスそれにキリストのような第一級の知者は何も書き記さなかった。それは，知恵について記すことは知恵にとって不必要なことだと，彼らがみなしたからである。実際，それは知恵の卓越性をむしろ小さくし暗くすることである。目的としての万物の知恵がその内に存在する唯一の書物があるが，それは命の書物である。他の多くの書物は目的〔知恵〕をもっていない。しかし命の書物は精神的で知性的なものである。教説や理解や感覚的経験から構成されている他の全ての書物は，この書物の似像をもっている〔に過ぎない〕のである。それゆえにわれわれは，人間によって作成されたたくさんの書物に労苦を注ぐ必要はない。もし可感的なものから知性的なものに上昇し，外的なものから内的なものへ，また目に見えるものから精神的なものへと上昇する必要があるのならば，われわれは神の指が書きつけたあの一つの書物に向かおうではないか[6]。

この「神の指が書きつけたあの一つの書物」とは，今，われわれが考

Creatorem cum modis intellegendi (Isidorus De summo bono) '.

　[6]　*Sermo* XXIII, n. 14, 15 - n. 15, 6: 'Sapientes […] primi, ut Pythagoras, Socrates et etiam Christus nihil scripserunt, ut ait Augustinus, *De concordantia Evangelistarum*, quia non putarunt conferre sapientiae, ut de ea scriberetur; est enim hoc eius maiestatem potius minorare et obumbrare. Et non est nisi unus liber vitae, in quo est ipsa omnium sapientia, quae est finis. Alii libri multi finem non habent. Liber autem vitae est spiritualis et intellectualis, cuius libri imaginem gestant omnes alii libri per disciplinam, rationem aut sensum complicati. Non est igitur nobis in librorum multitudine laborandum, qui ex hominibus fabricati sunt, sed, si necessarium habemus de sensibili ascendere ad intelligibile et de extrinseco ad intrinsecum, de visibili ad spirituale, ad librum unum Dei digito scriptum nos convertamus!'（強調は引用者）.

察の対象としている〈世界という書物〉ではなくて，ルカ福音書の一節にあるような[7]，天にある〈命の書〉のことが意味されているのである。そればかりか，この説教には，可感的世界を肯定的に評価する叙述は見出されない。また注目すべきことに，ここでクザーヌスは〈命の書〉のことを「神の指が書きつけた」書物と表現しているが，これは後に詳しくみるように，伝統的には〈世界という書物〉について用いられる表現なのである。この事実は，〈書物の比喩〉がまだこの時期のクザーヌスの思惟の核心に根付いているとは言えないことを示している。

　そしてこの四年後になると，しばしば〈書物の比喩〉を世界と関係付けて用いるという段階が始まる。まずは，1445 年に著された著作『神の子であることについて』の数箇所にこの比喩が現れる。

　　人がこの可感的世界という学び舎において，神である学匠の言葉の光に照らされて知性的な探求に励めば励むほど，人はそれだけいっそう完全な学匠の資格を分有することになる。〔…〕神の子であることを希求するわれわれは，真なるものの暗号的な〈しるし〉にすぎない可感的な事物に執着しないようにと戒められている。むしろわれわれは，自分の弱さのゆえにそれら〔可感的な事物〕に対して汚れた依存性をもつことなくそれらを利用することで，真理の学匠がそれらを通して自らわれわれに語りかけてくれるように，そして，それらがわれわれにとっては彼の精神の表現を含んでいる書物であるように，しなければならない。そうすればわれわれは，可感的な事物のなかに知性的なものを観想することになるのである[8]。

　ここには，可感的な事物は神の精神の表現を含む書物であるということが述べられてはいるものの，これらが神の認識という本来的な目的を達成するために積極的な役割を果たしうるとは記されていない。むし

　7）　ルカ福音書 10・20：「あなたがたの名が天に記されていることを喜びなさい」。この聖書の一節は，のちに「説教 254」でも引用される：*Sermo* CCLIV, n. 33, 1-4: ‘De primo libro vitae; Lucae 10°: Gaudete, quia nomina vstra scripta sunt et cetera. Studere debemus, ut nomina nostra sint scripta in libro vitae’.

　8）　*De fil.* 2, n. 59, 8-10; n. 61, 1-6（坂本堯訳 128 頁以下）。

ろ，これらの書物に執着してはならない，と戒められているのである。『神の子であることについて』とおそらくは密接に関わっている[9]著作『ヨハネ福音書の理解のための応答』が証拠立てているように[10]，神の認識という本来的な目的に関して，クザーヌスが可感的世界にほとんど存在意義を付与していないこの段階では，この〈書物の比喩〉が積極的な役割を果たす可能性は存在しない。その意味で，この比喩は『神の子であることについて』においてもまだ本来的な意義を持っていないのである。

『神の子であることについて』に引き続いて，1446年の年頭あたりに記された『諸々の光の父について』においても，精神的世界と比較しつつ可感的世界に対してはわずかな価値評価しか与えていないことが，以下のように明らかである。

われわれが可感的世界を殺しつくすことによって精神の不死性を得るのであることを，〔真理の言葉〕はわれわれに教えている[11]。

さらに注目すべきことに，この可感的世界への低い価値評価と相即して，ここでクザーヌスは具体的な〈書物の比喩〉を用いてはいない。

2 〈世界という書物〉の積極的な役割の承認

クザーヌスの思考における〈書物の比喩〉に新しいニュアンスが見て取れるようになるのは，1446年8月15日になされた「説教71」である。以下に該当箇所を少々長く引用する。

〔真理を探求する者は〕誰でも万物のなかに平和と安らぎを求める。なぜならば彼は，必然的な根拠として万物の一なるものに到達するのだからである。神の指で記された書物すなわち被造世界を正しく

9）　以下を参照されたい：*Acata Cusana,* I/2: n. 612。

10）　*Responsio,* h XI, n. 8, 5-8: '[anima] dum discurrit per omnia huius mundi, non reperit nisi similitudinem aliquam eius quod quaerit. Et nisi linquat mundum, non pertingit ad quaesitum. Nam deus quem quaerit exemplar est et absolutus ab omni eo, cuius est exemplar'.

11）　*De dato* 5, n. 122, 6f.（大出・高岡訳 52 頁）：,intellectualem immortalitatem assequi docuit per mortificationem mundi sensibilis'.

400 　　　Ⅳ　Theophania としての世界

用いる者は，いかなる被造物もあの〈一者〉への類似であること
を認識し，この一なる天が〈非一者〉から呼び出されてあの絶対的
〈一者〉へと向けられている，ということを知るのである。さらに
彼は，〈一者〉への類似に自分が近づけば近づくほど，〈非一者〉か
らは遠ざけられて上げられていることを知るのである。この者は，
可感的世界の足元に安らぎながら，知性的精神が自身のなかで語る
ことに耳を傾ける。なぜならば彼は，〈一者〉への類似化における
ように，あらゆる被造物においてあの必然的な〈一者〉そのものを
観想し，それを選ぶのだからである。〔たとえば〕彼はそこここに，
一本の樹木と一個の石と一匹の動物と一個の星を見る。そこで彼は
以下のことを容易に認識することになる。すなわち，これらすべて
は一であることにおいて一致しているのであるから，これらすべて
が〈一者〉に由来して存在しており，そのゆえにそれらが〈一者〉
において一致しているという事実を得ることになっていることを。
そして一は一つしか存在しえないのであるから，万物は，それが一
であることを，あの一なる〈一者〉から得ているのである[12]。

　この説教に見られる，これまでと決定的に異なる点は，今や神探求に
おいて〈世界という書物〉が積極的な役割を果たしうるとされている
ことである。この世界のあらゆる存在者に関して，一方において各存在
者がそれ自身として一なるものであり，他方においてそれらの被造物が
各々一であることにおいて相互に一致しているという，二重の意味で
一である事態があり，それを，神の探求者が認識するならば，彼は，世

---

　12)　*Sermo* LXXI: n. 13, 16 – n. 14, 12: 'Hic [quicumque quaerere voluerit veritatem] in
omnibus quaerit pacem et requiem, quia unum omnium attingit necessariam causam, hic recte
utitur libro Dei digito scripto, puta mundo creato, qui omnem creaturam unius scit assimilationem,
qui scit unum caelum in assimilatione unius absoluti surrexisse de non-uno vocatum, et tanto plus
accessisse in assimilatione ad unum, quanto plus a non-unum elevatum! [n.14] Hic quiescit circa
pedes sensibilis mundi, ut audiat, quid in eo loquatur spiritus rationalis, quia in qualibet creatura ut
in assimilatione unius ipsum unum necessarium intuetur et ipsum eligit. Videt ibi arborem unam et
ibi lapidem unum et ibi animal unum et ibi stellam unam. Unde facile intelligit, cum illa omnia in
unitate solum concordent, quod tunc haec omnia ab uno sunt, a quo habent, quod sunt in uno unita.
Et quoniam non potest esse nisi unum unum, habent omnia suam unitatem ab una'（強調は引用
者）。この部分は，「ルカ福音書」10, 39 –42 に関連させられている。

第 4 章　〈神の現れ〉としての〈世界という書物〉　　　401

界内部におけるこの事態が一なる神の現れであり神の内在にほかならないということを認識できるようになる，というのである。それゆえに，「この者は，可感的世界の足元に安らぎながら，知性的精神が自身のなかで語ることに耳を傾けるのである」という上掲の言明がクザーヌスにとって可能となるわけである。

　1447 年 3 月には，新たに〈書物の比喩〉が活用される書物として『創造について』が著わされた[13]。この書物の目的の一つは，「説教 71」に由来する神の内在についての上述の捉え方が含んでいた難点を克服することである。すなわち，〈一者〉としての神の内在が上で示したような事実に，つまり各存在者はそれとして一であるという事実のなかに知覚されるとすれば，例えば一個の石のような一なる存在者が砕けて二個とか三個とかになるというような事態が生じる場合，神という一者の内在はいかに説明されるのか，という問題が生じるからである。

　この問題を解決するためにクザーヌスは，この書物で〈同者そのもの〉[14]という，新たな神の概念を用いて説明する。

　　いかなるものも自己自身に対しては同者であるということが否定されえないことを留意し認識するならば，絶対的同者が万物によって分有されているのであることを私は洞察することになる[15]。

　まさにこの連関において，クザーヌスは可感的世界に積極的な価値評価を与えることになる。しかし，〈書物の比喩〉に関して言えば，この著作の中の以下に引用する一節では，まだ積極的な価値評価を与えているとは言えないのであるが。対話相手のコンラードゥスの質問にクザーヌスは以下のように答える。

　　世界のことを記された書物に喩える聖人たちがいるので，これに対してあなたはどう考えるかを説明してほしい。〔…〕〔クザーヌスが

---

　13)　これについては，本書第 VI 部第 4 章を参照されたい。

　14)　*De genesi,* 1, n. 142, 8（酒井訳 502 頁）。

　15)　Ibid. 1, n. 147, 14f.（酒井訳 506 頁）：‚Quando adverto negari non posse quodlibet esse idem sibi ipsi, video idem absolutum ab omnibus participari'.

402 Ⅳ Theophania としての世界

答える〕それが記されている言語と文字が知られていない書物とすることが，世界に対する適切な比喩だと思われる——たとえば，プラトンが自身の精神の諸力を書きつけたギリシア語のプラトンの本がドイツ人の目の前に提示された場合のような。もしこのドイツ人が注意深く文字と取り組めば，つづりの違いと一致とからいくつかの要素を推測し，多様な結合から発音を推測できるとしても，しかし何性そのものは，全体としても部分としてもけっして認識できないであろう——それが彼に明かされないかぎりは。〔…〕この書物がわれわれに明かしていることは以下のことに他ならない。つまり，彼の指がこの書物を書いた存在は，偉大であって名付けられうる全てを凌駕しており，彼の偉大さと知恵と力には限りがないこと。また，彼が自ら何性を明かしてくれないかぎりは，いかなるものも現実に知られることがなく，知性といえども彼に類似化されないかぎりはそれを知解することはないということである。なぜならば，絶対的同者が見られないかぎりは，それの似像の類似が知解されることはないからである[16]。

このような〈書物の比喩〉に対する否定的な評価の根拠は何なのだろうか。それは，世界の読解不可能性に他ならない。この読解不可能性の中心的要素となるのは，神が世界を創造する際に込めた秩序であるが，この時点のクザーヌスは，この秩序を人間が正しく解読できる可能性があることをほとんど想定できなかったのである[17]。

---

16) Ibid. 4, n. 171, 5 – 12; n. 172, 10 – 16（酒井訳 552 頁以下）：‚quia non desunt sancti, qui mundum libro scripto configurant, oro, quid tibi videatur, exponas. [Nicolaus]　… Mihi apta satis configuratio ad mundum scriptus liber videtur, cuius et lingua et characteres ignorantur, quasi Almano Graecus quidam Platonis liber praesentaretur, in quo Plato intellectus sui vires descripserit. Posset enim attente figuris incumbens Almanus ex differentia et concordantia characterum conicere aliqua elementa et ex combinationibus variis vocales, sed quidditatem ipsam in toto vel in parte nequaquam, nisi reveletur eidem. … Solum hoc nobis revelat liber ille, quia magnus et excelsus supra omne id, quod dici potest, ille, qui digito suo scripsit, atque quod magnitudinis, prudentiae et potentiae eius non est finis, quodque, nisi ipse revelet, nihil penitus sciri possit, atque quod, nisi intellectus conformetur ei, non intelliget, quia nisi idem absolutum videatur, non intelligentur configurationes similitudinis eius'.

17) Vgl. Ibid. 4, n. 174, 1 – 6（酒井訳 524 頁）。

第4章 〈神の現れ〉としての〈世界という書物〉 403

3 〈書物の比喩〉の展開

1 イディオータ篇

1450年の著作である『イディオータ篇』三部作では，〈書物の比喩〉の導入の仕方からして『創造について』のそれとは異なっている。すなわち，ここでは対話の相手ではなく主人公であるイディオータ（つまりクザーヌス自身）が，これを導入しているのである。これは，クザーヌスが自己の思惟を深めるためにこの比喩を積極的に取り上げる段階に到ったことを示している。この三部作の最初の著作である『知恵について』の冒頭において，対話相手の弁論家を批判しつつ，この比喩を導入する場面を引用する。

> 〔イディオータ〕あなたの知性は，書物を書いた人たちの権威に縛られていて，自然本性的な食物ではなく異なる食物によって養われているのです。〔…〕〔イディオータ〕私はあなたに対して，知恵が街に叫んでいるが，それは，知恵そのものは最高の高みに住んでいるという叫びであると言いたい。〔…〕〔弁論家〕君はどのようにしてその無知の知へと導かれることができたのか。というのも，君は無学な者なのだから。〔イディオータ〕それはあなたの書物からではなく，神の書物からです。〔弁論家〕それはどんなものなのか。〔イディオータ〕彼が自分の指で書かれたものです。〔弁論家〕それはどこに見つかるのか。〔イディオータ〕どこにでも。〔弁論家〕それでは，この広場にもか。〔イディオータ〕もちろん。すでに私は，知恵が街に叫んでいると言いました[18]。

---

18) *De sap.* I, n. 2, 7f.; n. 3, 10 – 12; ibid. n. 4, 5 – 13（小山訳542頁）: '[Idiota:] Pascitur [...] intellecuts tuus auctoritati scribentium constrictus pabulo alieno et non naturali. [...] [Idiota:] Ego autem tibi dico, quod sapientia foris clamat in plateis, et est clamor eius, quoniam ipsa habitat in altissimis. …… [n. 4] Orator: Quomodo doctus esse potes ad scientiam ignorantiae tuae, cum sis idiota? Idiota: Non ex tuis, sed ex dei libris. Orator: Qui sunt illi? Idiota: Quos suo digito scripsit. Orator: Ubi reperiuntur? Idiota: Ubique. Orator: Igitur et in hoc foro? Idiota: Immo. Et iam dixi, quod sapientia clamat in plateis'..

404 Ⅳ Theophania としての世界

クザーヌスはこの年の夏に『イディオータ篇　知恵について』と並んで『イディオータ篇　精神について』と『イディオータ篇　秤の実験について』という書物も著した。これら一連の書物は，世界の秩序の読解可能性という同一のテーマを異なる方向から扱っていると捉えられる。すなわち，『知恵について』で中心的な問題となっているのは，人間の様々な活動のなかに，それの根源と原像あるいは根本的前提として〈神の現れ〉があるということである。『精神について』においては，神の精神と人間の精神との間には〈原像―似像〉関係が存在することと，そのあり方の詳述が主たる内容となっている。一連の三部作の最後である『秤の実験について』においては，自然の読解可能性がテーマとなっているのだが，それについて以下のように述べられている。

　　〔イディオータ〕重さの違いを観察することで事物の秘密にしだいに接近することができるのであり，蓋然的な推論の助けを借りて多くを知ることができる，と私は思う[19]。

　このような方法によってクザーヌスは，人間が世界の秩序つまり世界に内在する神の知恵を――蓋然性の地平ではあるが――把握できる可能性があることを，この時点において認めたのである。しかしながら『イディオータ篇』そのものには，これ以上の〈書物の比喩〉の活用は見出されない。

2　〈書物の比喩〉の拡張 ―― 全ての被造物の協働

　クザーヌスは，約1年半にわたる教皇特使旅行を終えた1452年春に，ただちに自分の司教区であるブリクセンに入り，司教として司教区改革に乗り出した。この時代になると，いっそう集中的に〈書物の比喩〉と関わるようになる。これは彼の数多くの説教が示しているところである。

　これらの説教における展開を扱うのに先だって，踏まえておきたいことがある。それは，1453年に著された『神を観ることについて』のほ

---

19)　*De stat. exp.* n. 162, 3f.: 'Per ponderum differentiam arbitror ad rerum secreta verius pertingi et multa sciri posse verisimiliori coniectura'.

第 4 章　〈神の現れ〉としての〈世界という書物〉　　　405

とんど最後に，〈書物の比喩〉は含まれていないものの，これらの新た
な捉え方の本質的な特徴が，以下のように素描されていることである。

> それゆえに，私の神よ，私はあなたの贈り物によって，この目に
> 見える世界の総体ならびに聖書の全体，そして奉仕的な霊の全て
> を，あなたを知ることに進み行くための手助けとして所有していま
> す。万物が私を励起して，私があなたへと向き直るように促してい
> ます。聖書の総体が努めているのは，あなたを開示することだけで
> す。全ての知性的霊が持っている任務は，あなたを探求し，それら
> があなたについて見出す限りのことを啓示することだけです。これ
> ら全てに加えて，あなたは私に対して，イエスなる教師にして道，
> 命にして真理である方を贈ってくださったので〔ヨハネ 13,13：
> 14,6〕，私にはもはや，いかなる欠けているものもありえません。
> 〔…〕主よ，あなたは，私がこの世界に属することどもを見捨てよ
> うと欲することを許してくださっているのですから，私もそれを欲
> しています〔マタイ 19, 27〕。なぜならば，世界も私を見捨てるこ
> とを欲しているのです[20]。

　この引用箇所には〈書物の比喩〉そのものは用いられてはいないもの
の，これの新たな捉え方の本質的な特徴が素描されている。すなわち，
この目に見える世界全体と書物の全体ならびにすべての奉仕的霊が神の
贈りものとして協働して，この「私」を神へと向け変えさせようとして
いるというのである。ここには，もはや一方的に可感的世界を殺しつく
すこと[21]は想定されておらず，「私」が目的を達成するために，目に見

　20）　*De vis.* 25, n. 118, 10 – n. 119, 2; n. 120, 15- 17（八 巻 訳 152-154 頁 ）：'Habeo igitur dono tuo, deus meus, totum hunc visibilem mundum et omnem scripturam et omnes administratorios spiritus in adiutorium, ut proficiam in cognitione tui. Omnia me excitant, ut ad te convertar. Non aliud scripturae omnes facere nituntur nisi te ostendere, neque omnes intellectuales spiritus aliud habent exercitii, nisi ut te quaerant et, quantum de te reppererint, revelent. [n. 19] Dedisti mihi super omnia Ihesum magistrum, viam vitam et veritatem, ut penitus mihi nihil deesse possit. … [n. 120]　… Volo enim, domine, quia tu das, ut velim ista linquere, quae huius mundi sunt, quia me linquere vult mundus'.

　21）　上の註 11 の箇所を参照されたい。

える世界も「私」と協働してくれているという事態が描かれている[22]。このような可感的世界に対する新たな価値付与こそが，これから見るように，クザーヌスの思考におけるこの〈書物の比喩〉の深化と拡張のために決定的な意味をもつことになるのである。

3 〈書物〉としての〈精神をもつ諸自然本性〉と〈自ら読解し読解されうる書物〉としてのキリスト

1454 年の年頭になされた「説教 141」においては，イエス・キリストが人となったことが以下のように喩えられている。

〈知恵〉は自己を開示しようと欲して，自己についての書物を刊行した。〔…〕この書物は〈知恵〉によって造られているのであるが，しかしこの書物自身は〈知恵〉を認識することがない。この書物は，最もよく可感的に〔〈知恵〉を〕伝達し開示できるような仕方で〈知恵〉のみを含んでいるのである。しかしながら，〈知恵〉そのものがこの書物の形相であるのではなく，それは自らのうちに絶対的にとどまっている。世界は，いわば，永遠な技の，すなわち〈知恵〉の書物である。それゆえに〔世界が知恵を認識することがないので〕〈知恵〉は，それに加えて，或る〈知恵〉を受容できるものを創造したのである。それは，〈知恵〉の本来的な似像を有しているものであり，つまり，諸々の知性的本性である。それはちょうど，証明する能力を発揮する書物が，修辞学的書物よりも一層明瞭に〈知恵〉を開示するようなものである。このように，これは〈知恵〉を受容する能力があり，〈知恵〉そのものに相応しいものであって，それに向けて〈知恵〉が，自らに相応しい受容能力に対するように下降して来るのではあるが，それにもかかわらず，それらは自からの力では〈知恵〉を受け取ることはないのである。〔…〕全能者の術である〈絶対的知恵〉は，それが現に存在するとおりには，天使においても人間においても預言者においても受容されることはない。それゆえに彼の術の業は不完全なままなのである[23]。

---

22) この視点のさらなる展開については，本書第 VI 部第 4 章を参照されたい。

23) *Sermo* CXLI, n. 5, 9 -26; n. 6, 3- 7: 'Sapientia volens se ostendere de se librum

第 4 章 〈神の現れ〉としての〈世界という書物〉 407

　この引用箇所では，〈世界という書物〉なる伝統的な比喩を前提にしつつ，それに加えて，〈世界という書物〉の著者の知恵を認識できる能力という新たな要素が導入されている。この目的のために，精神をもつ諸自然本性が創造されたとする。それにもかかわらず，それらによって絶対的知恵が現にあるとおりに受容されることは不可能である，とされている。

　この新たに導入された要素についてのクザーヌスの思考は，この約三か月後，神の術の完全性を説明するために，さらに一歩進められる[24]。すなわち「説教 154」の一節で，キリストの人性が「自己のうちに父なる神の命ある言葉を含む命ある書物」と表現されるのである。当該箇所を引用する。

　　王の栄光があまねく知られれば，それに応じてその王自身もいっそう栄光に包まれることになる。知られていない王は，王でない人物と区別がつかない。〔…〕それゆえに，それの理性が神の〈言葉〉との一致へと上げられる存在として〔一人の〕人を，もし神が創造しなかったとしたら，神は知られないままにとどまっていたであろう。〔…〕この人は，無知を取り去り，この世界に入り来るいかなる人間をも照らすことができる師である——彼の教えが父の一人子のそれとして，恵みと真理の充満のなかに受容されるかぎりは。彼なしには誰も目的を達成できない。なぜならば，この目的とは神を認識することだからである。彼がこのように受容されるために，全てがすでに書き記され，彼によって成就されている。従ってキリス

---

edidit. […] ipse liber per Sapientiam factus est, et liber non cognovit Sapientiam, et liber non nisi Sapientiam continet modo, quo melius est communicabilis et ostensibilis sensibiliter. Non tamen est Sapientia forma libri, sed in se manet absoluta. Mundus est ut liber artis aeternae seu Sapientiae. Unde adhuc Sapientia creavit aliqua capacia sapientiae, quae habent similitudinem eius magis propriam, et sunt intellectuales naturae, sicut liber demonstrative procedens clarius ostendit sapientiam quam rhetorice. Et quamvis illa, quae sic sunt capacia sapientiae, sint ipsius Sapientiae propria et ad illa tamquam in sui capacia propius descenderit, tamen illa sua propria ipsam non receperunt. […] [n. 6] [...] Sapientia autem absoluta, quae est ars omnipotentiae, non fuit neque in angelis neque hominibus neque prophetis uti est recepta. Ob hoc opera artis illius remanserunt imperfecta'.

　24）　この神の術の完全性については前註 20 の後半を参照されたい。

408 　　Ⅳ　Theophania としての世界

トは，地上における父の簡約された〈言葉〉である。キリストの人
性は，自己の内に父の命ある〈言葉〉を持つ〈命ある書物〉のよう
なものである。〔…〕かくして分かるであろう，〈言葉〉は，父のも
とにとどまりつつ存在し，〔同時に〕人間的本性に媒介されてこの
世界に遣わされて存在しているということが[25]。〔…〕神は彼の〈言
葉〉〔キリスト〕を，本性的にわれわれに知られているものとして
の人間の形を媒介にして，われわれに送ってくれたのである。さ
もなければ，それはわれわれに無駄に送られたことになったであろ
う[26]。

　この説教においてクザーヌスは，聖書の幾つかの箇所に依拠しなが
ら[27]，キリストは，自身が神の〈言葉〉であるのだから，言葉から成立
している文書は全てキリストを扱っているのだと教示している[28]ことを
指摘した上で，キリストはいわば〈命ある書物〉なのであると表現して
いる。そうであるならば，キリストは〈書物のなかの書物〉でなければ
ならず，またこの性質は，彼の人性に属するものであって，神性に属す
るものではないことになる。なぜならば，神はあらゆる比喩的な書物の
著者であり，被造的存在という性格は書物にこそ内在するものだからで
ある。
　同時に，キリストという書物が命ある書物であると表現されているこ

---

　25)　この記述は，*De sap.* 冒頭の文章と同一の内容である。註 18 の箇所を参照。

　26)　*Sermo* CLIV: n.21, 10 – 12; 25 – 28; 30 – n. 22, 4; 14 – 16; 21 - 23: 'Quanto regis gloria notior, tanto rex gloriosior; ignotus rex non differt a non rege. […] nisi Deus talem creasset hominem, cuius intellectus fuisset exaltatus ad unionem verbi Dei, remansisset Deus incognitus. […] hic est magister, qui potest tollere ignorantiam et illuminare omnem hominem venientem in hunc mundum, dummodo recipiatur doctrina eius quasi unigeniti Patris in plenitudine gratiae et veritatis. Sine illo nemo potest attingere finem, cum finis sit cognitio Dei. Ad hoc autem, ut sic recipiatur, omnia scripta et per ipsum consummata sunt. [n. 22] Christus igitur est verbum Patris abbreviatum super terram. Humanitas Christi est quasi liber vivus in se hanbens verbum vivum Patris. […] Sic vides quo modo verbum est manens apud Patrem et est missum in mundum mediante natura humana. […] Deus misit verbum nobis mediante habitu humano nobis a natura cognito, alias supervacue nobis misisset' ［下線は引用者］.

　27)　「マタイ福音書」26, 24;「ヨハネ福音書」5, 39;「ヨハネ福音書」5, 46;「マタイ福音書」4, 14;「ヨハネ福音書」12, 38-39;「マタイ福音書」4,4; 21, 16;「ルカ福音書」1, 67-70（Opera omnia の当該箇所の脚注による）。

　28)　*Sermo* CLXV: n.20, 17: ‚Christus docet omnes scripturas de eo esse‘.

第 4 章　〈神の現れ〉としての〈世界という書物〉　　　409

とを見過ごすべきではない。この比喩は，聖書との関連に加えて，もう一つの特別な意味をもっているからである。すなわち，この〈命ある書物〉は認識能力を有していて，単にその著者〔神〕を認識できるというばかりではなく，自己自身をも読んで理解する能力を有しているのである。なぜならばクザーヌスにおいては，『精神について』で明示されているとおり[29]，〈命がある〉ということは自己自身を認識することを意味しているのである。するとキリストという特別な書物には，次のような二重の役割が帰せられることになる。すなわち，一方においてキリストは人間の師として，神によって著された書物の読み方を人間に対して教示すると共に，他方において自己自身を，真なる著者としての神を理解するために読まれるべき書物としても人に提示しているということになるのである[30]。

　そうであるならば，人性におけるキリストが書物として二重の意味を付与されているのと同様に，人間一般も，一定の条件のもとでは〈命ある書物〉になることが可能であることになる。この点がクザーヌスの最後の著作である『観想の頂点について』において明確に示されることになるが，この点については後に考察することにしよう。

4　世界という書物の内在的秩序

　すでに別の書物で示したように[31]，神によって創造された秩序を，クザーヌスは知恵とみなしている。逆に言えば，知恵がわれわれに現れるのは，世界に内在する秩序としてであるということになる。クザーヌスがこのような認識に到達したのは，ブリクセン司教として活動するよう

---

　29)　*De mente* 5: n. 85, 10- 13: 'motu vitae suae intellectivae in se descriptum reperit, quod quaerit. Intelligas autem descriptionem hanc resplendentiam esse exemplaris omnium modo, quo in sua imagine veritas resplendet'; Ibid. n.124, 6f.: 'illam mensuram esse vivam, ut per se ipsam mensuret, quasi si circinus vivus per se mensuraret'; Ibid. n.85, 6f.: 'si lex scripta foret viva, illa, quia viva, in se iudicanda legeret'.

　30)　ラインハルトはこの点に関わりつつ，クザーヌスの聖書解釈の特徴を以下のように指摘している：「彼〔クザーヌス〕は常に，『もし聖書の表現を理解するつもりであれば，キリストから解釈しなければならない』という解釈学的原則から出発していた。キリストは聖書における本来的な〔叙述〕対象であるばかりでなく，それの著者でもあり，自身の精神による解釈者でもある」(Reinhardt, Nikolaus von Kues, In der Geschichte der mittelalterlichen Bibelexegese, 49).

　31)　八巻『世界像』第 1 章第 4 節参照。

410　Ⅳ　Theophania としての世界

になった時代からである。

　すでに『諸々の光の父の贈りもの』との関係で見たように，クザーヌ
スはその思索の初期から，書物の中核的内容を理解するためには，読
解に際してその書物に内在する秩序を認識することが重要であることを
意識している。これと同じ視点が，1455 年 9 月 8 日になされた「説教
203」に以下のように示されている。

　　術つまり神の永遠な知恵は，永遠なる神に由来する永遠なる神であ
　　る。父なる神はこれ〔知恵〕を用いて万物を創造したのであるか
　　ら，この術は秩序のなかに反映している。なぜならば知恵とは秩序
　　付けられたものであるが，それはわれわれが〔日を（箴言 8・22 以
　　下）〕読む際に経験するとおりである[32]。

　このような洞察を基礎にしてクザーヌスは，人間が世界の秩序の認識
によって神に近づくことが可能となる事情について説くことになる。ま
ず「説教 163」の一節を見てみよう。

　　留意すべし。誰かがプラトンの書物を見ながら，「ほら，ここには
　　プラトンがいる，つまりプラトンの作品だ」と言う場合には，文字
　　の背後に，それ自体はプラトンの作品ではないものとしてのプラト
　　ンの理性が隠されているのである。同様に，被造物のなかにある神
　　の知恵も父の被造物と呼ばれる。この被造物とは，そのように啓示
　　された神の知恵以外の何であろうか。同様に，アリストテレスの書
　　物もそのように伝達され啓示されたアリストテレスの知恵以外の何
　　であろうか。それゆえに汝らはここに二重の世界を観ることになる
　　のだ。一つは，あらゆる被造物に先立つ知恵のなかにある世界であ
　　り，それは技のなかにあるのと同様である。もう一つは，目に見え
　　る作用のなかにあるような仕方での展開における世界である。〔…〕
　　さらに留意すべし。テキストが，万物の創造主が知恵を創造した，

　32）　*Sermo* CCIII: n. 2, 25-29: ‚Est […] ars seu sapientia Dei Deus aeternus ab aeterno
Deo. Haec ars, mediante qua Deus Pater cuncta fecit, deprehenditur in ordine. Nam sapientia est
ordinata, ut hic habemus in lectione‘. また前註 31 も参照されたい。

第4章　〈神の現れ〉としての〈世界という書物〉　　　411

と言っていることに。汝らが全ての被造物を考察すれば，汝らは全
ての被造物が知恵そのものに他ならないことを身をもって知るであ
ろう。なぜならば，汝らがこれ〔知恵〕を遠ざけるなら，被造物は
無となるからである。テキストが「万物の」と言っている理由は，
万物が同時に観られる場合にのみ被造的知恵が観られることになる
からである。それは，私が影像の全体を同時に捉えない限りは，そ
の影像を造った彫刻家の匠さを観ることができないのと同様であ
る。つまり，足と手を別々に捉えるだけで，全体を同時に私の精神
のなかに捉えることがない場合には，私は秩序も美しさも匠さ等々
も認識することはないのである。〔…〕知恵の住処は知恵を受容で
きる被造物に他ならないのであり，それは知性的自然本性なのであ
る[33]。

　ここには，作品とその作者を例にとりながら，世界という書物とその
著者である神との関係が明確に示されている。さらに，この点と並ん
で，もう一つの新たな視点も導入されている。すなわち，彫像の匠さを
認識するためには，その全体を捉えねばならない，というものである。
つまり，世界に内在する秩序つまり美を捉えることが可能となるために
は，世界という神の作品の総体を考察しなければならない，という指摘
である。世界の美に関するこのような具体的な考察の仕方は，初期の説
教には見出されなかったものである[34]。

---

　33)　*Sermo* CLXIII: n. 4, 1 - 12; n. 5, 1-12; n. 6, 3-5: 'attende, ac si quis diceret videndo
librum Platonis: Ecce Platonem et opus Platonis. Est enim intellectus Platonis sub signis latitans qui
non est opus Platonis, et est liber, qui est opus etc. Ita nominatur in creaturis sapientia Dei Patris
creatura. Et quid est aliud creatura quam sapientia Dei sic ostensa? Sicut liber Aristotelis non est
nisi sapientia Aristotelis sic communicata et ostensa. Duplicem igitur hic potes mundum intueri:
Unum in sapientia ante omnem creaturam sicut in arte, alium in explicatione uti in visibili effectu.
[…] [n. 5] Et attende quo modo dicit textus quod creator omnium creavit sapientiam. Si enim
omnia creata respicis, non aliud creatum esse comperis quam ipsam sapientiam. Nam illa semota
nihil est creatura. Dicit omnium ideo quia non potest sapientai videri creata, nisi simul omnia
videantur; sicut non possum magisterium statuarii videre, nisi totam simul concipiam statuam. Si
enim seorsum pedem aut manum video et non simul totam colligo in mente, neque ordinem aut
proportionem aut pulchritudinem aut magisterium video. […] [n. 6] […] non est aliud tabernaculum
sapientiae quam creatura quae est capax sapientiae, et est natura intellectualis'.
　34)　上の註 5 で挙げている「説教 8」の箇所を参照されたい。

412 Ⅳ Theophania としての世界

　この視点は，1456 年 2 月 1 日になされた「説教 217」でいっそう明
瞭に示されている。

　　宇宙としての世界は，それを介して神が世界を創造した神の〈知
　　恵〉の開示のために秩序づけられている，と把握するべきである。
　　彼は創造主としての〈知恵〉を開示するように賢く秩序づけたので
　　ある。〔…〕可感的世界は知性的世界の目的のために秩序付けられ
　　ているのであり，可感的世界の耕地は知性的世界の耕地の目的のた
　　めに秩序付けられているのである。それは，類似が原像に向けて，
　　また像が真理に向けて秩序付けられているのと同様である[35]。

5 〈作用する書物〉としての可感的事物

　上でみたように，〈命ある書物〉の原形はキリストの人性として示さ
れたが，1456 年 9 月 5 日の「説教 242」においては，〈世界という書物〉
が，一つの目的のために〈作用する書物〉として捉えられるところまで
拡張されている。

　　自然の可感的な作品が創造主の言葉あるいは概念の類似であること
　　に留意すべし。つまり神は，自己の内に包含されている形相を自然
　　を用いて展開するのである。それは，文字を書きつけるという運動
　　を用いて自己を可感的な書物に展開する知性と同様である。従っ
　　て，可感的な事物は，運動あるいは自然に基づいて記されていて，
　　自己を神の力に類似させようとしている一冊の書物である[36]。

---

　35) *Sermo* CCXVII: n. 19, 10-16; 24-27: 'quod finis omnium operum non foret nisi
manifestare sapientiam suam, ad quem finem omnia oridinasset, sic concipiendum est universum
mundum ordinatum ad finem ostensionis sapientiae Dei, per quam et mundum fecit, et ordinavit
sapienter ad ipsius creatricis sapeintiae ostensionem. [···] mundus sensibilis ordinatus ad mundum
intellectualem, et ager in mundo sensibili ad agrum mundi intellectualis sicut similitudo ad
exemplar et figura ad veritatem'.

　36) *Sermo* CCXLII: n. 22, 1-7: ‚Considera [···] quo modo sensibilia naturae opera sunt
similitudines verbi seu conceptus creatoris. Deus enim mediante natura explicat formas in ipso
complicatas sicut intellectus, qui motu scripturae se ipsum in sensibili libro explicat; et sic
sensibilia sunt liber motu seu natura scriptus Dei virtutem assimilans' （下線は引用者）. 〈作用す
る書物〉としては，〈良心という書物〉もクザーヌスによって挙げられているが，今はそれ
を考察の対象にはしない。以下を参照されたい：*Sermo* CCLIV: n. 36, 1f: 'In libro conscientiae

第 4 章 〈神の現れ〉としての〈世界という書物〉　　413

　この箇所からは，この説教よりも三年前に著わされた書物『神を観ることについて』においてクザーヌスが到達していた[37]思想としての，世界に積極的な評価を与えるという思想がいかに深く発展させられたかが，明瞭に読み取れるであろう。

　では，可感的世界が自己を神の力に類似させようと努めているという把握は，どこに由来しているのだろうか。ここには，広い意味での世界が有する秩序についての彼の思考が作用しているにちがいない。世界に秩序が内在しているという理念は，初期から存在する彼の思想の基本的構成要素であり，それは例えば初期の著作『普遍的協和』が示している通りである。この思想が今や1450年代の著作，なかんづく上で引用した説教において新たに取り上げられた上で，深化させられたというわけである。

　1453年の著作である『信仰の平和』が示しているように，彼は，トルコ戦争によるビザンツ帝国の滅亡およびそれに伴う混乱状況，ジギスムント大公と自身との間の激しい抗争等を経験しながらも，この世界は現在の不協和から協和へと戻ることが可能であるという希望を断念することがなかった。このような楽観論の根拠は，疑いもなく彼自身の次のような確信にある。すなわち，一方において，世界には神の秩序が内在しているのであり，他方において，より善い社会を構築するために，人間はこの秩序を知覚し理解することが可能である，という確信である。

　世界に内在する神の秩序に関わって，さらに「説教258」（1456年12月25日）の一節が引用されるべきであろう。なぜならば，ここでクザーヌスは〈書物の比喩〉を用いながら，神が著わした〈世界という書物〉をアリストテレスの『形而上学』と類比的に同一視してみる，という新たな議論を展開しているからである。

　　アリストテレスが神であって，『形而上学』の諸巻が諸民族であり，

---

non solum lex naturalis scripta est, sed quodam modo eam fit'。
　37）　同じ説教の先行する箇所には，『神を観ることについて』のこの視点と明らかに関係する一節がある：*Sermo* CCXLII, n. 20, 7-10: ‚Posuit […] ante oculos hominis omnem sensibilem creaturam, ut studeat in illis spiritum, qui Deus est, admirari et colere et qauesitum amore tenere'。

〔その内の〕諸章が諸地域であり，〔その内の〕諸節が時間的に相次いで現れる人間であり，後書きすなわち要約が，われわれがキリストと呼ぶ一人の人間であると想定してみよう。すると彼は，この比喩に従って神の真なる息子と呼ばれるに違いない。なぜならば，彼の内には，父なる神に由来して生み出された言葉が存在し，それの内には知恵，精神，意図，真理，概念および彼〔神〕に関して言われ得るあらゆるものが十分かつ完全に包含されているのだからである[38]。

　この箇所が示しているように，クザーヌスの表象によればこの世界は，神が著者であって，その最後には「要約」として神から人類に遣わされたキリストが付せられている一冊の書物であることになる。このような，多様性の存在意義を重視する思想的表象の展開にもまた，クザーヌス自身の教会政治家および教皇特使として得た実際の経験ならびに彼が『イディータ篇』でイディオータに語らせている認識が流れ込んでいるに違いない。

6　ある種の〈引き上げ〉としての読書

　「説教269」（1457年2月20日）には読書という行為について，一つの大胆な表現が見られる。読書をある種の〈引き上げ〉（raptus）とクザー

---

38)　*Sermo* CCLVIII: n. 4, 1-10: ‚Esto […] quod Aristoteles sit Deus et libri Metaphysicae sint nationes, tractatus regiones, capitula homines temporaliter sibi succedentes, et ultimum verbum, scilicet abbreviatum, sit homo quem Christum dicimus. Ille hac similitudine dici debet verus Filius Dei, quia in eo est verbum a Deo Patre genitum, in quo tota sapientia, mens, intentio, veritas, conceptus et quidquid circa hoc dici potest, plena et perfecte continetur'. この比喩において，『形而上学』という書物を構成する諸民族，諸地域，そしてあらゆる人間が，この書物の全体を意味ある総体として完成するために必要不可欠なそれぞれの役割と価値を担っているとされていて，さらにこの書物の核心がキリストにおいて要約されていると捉えられていることは，極めて重要な意味を有するであろう。なぜならば，それが優れた知性が熟考して書き下ろした一巻の書物なのであれば，それの構成要素たる各部分は，自ずから異なった任務を担うために異なったあり方をしているに違いないから，この比喩において世界の諸民族と諸地域とあらゆる個々人が現に多様であることは，単に容認されるべき事態であるということにとどまらず，世界という〔神の著した〕一冊の書物の総体を意味あるものとして成立させるために必須なことであるということになるからである。この点は，『信仰の平和』*De pace fidei* に記されている思想とも明らかに関係している。この説教の他の箇所（Ibid. n. 17, 5-9）にも『信仰の平和』の思想に関わる論述がある。

第 4 章　〈神の現れ〉としての〈世界という書物〉　　　415

ヌスが表記しているのである。ここにも，文書を読み研究するに際して
彼自身がなした経験が反映しているのであろう。その一節は以下のとお
りである。

　　何らかの書物を読む人は，その中で語るその書物の学匠の声を聞
　　く。しかし彼はその学匠の声を肉体の器官で聞くのではなく，自身
　　が見る〔目で追って読む〕とおりに内的に聞くのである。つまり内
　　的な観で観るだけの量を，つまり自分の知性をもって，彼は聞くの
　　である[39]。

この表現に続いて，以下のように〈引き上げ〉が語られる。

　　こうして，著者の言葉あるいは概念にまで引き上げられた人は，可
　　感的な文字と人間の学問によって，すなわち語句の知識と推論の手
　　続きつまり論理によって，学匠の概念と意図にまで昇って行く。そ
　　の結果，この概念あるいは言葉は，読み手の言葉あるいは概念の内
　　に取り入れられる。その後，彼はその書物を見るために，つまり理
　　解するために，著者と共に降りてくるのである。その後，読む者は
　　再び書物を通じて言葉にまで昇り，学匠の知恵を観ることになるの
　　である。このように言葉とは，知性を付与されている自然本性を創
　　造した父であり創造主である存在の知恵であって，この自然本性は
　　この言葉を自己と同じ形をしているものと把握するのである[40]。

　さらにクザーヌスはこの同じ説教で，読書における〈引き上げ〉を明

---

　39)　*Sermo* CCLXIX: n. 6, 4- 9: 'Qui […] legit librum aliquem, audit loquentem magistrum libri et non audit per aurem corporalem, sed intra audit, ubi tantum audit quantum videt. Quantum enim visione interiori videt scilicet cum intellectu tantum audit'.

　40)　Ibid. n. 6, 9- 20: 'Raptus igitur usque ad verbum seu conceptum scribentis per sensibilem litteram atque scientiam humanam, scilicet cognitionem vocabulorum et ratiocinationem sive logicam, ascendit ad conceptum et intentionem magistri. Et sumitur conceptus seu verbum intra verbum seu conceptum legentis, et cum illo descendit ad videndum seu intelligendum librum, et per librum iterum ascendit lector ad verbum et videt sapientiam eius. Sic verbum est sapientia Patris creatoris, quae facit intellectualem naturam, quae capit ipsum sibi conformem' (強調は引用者).

416　　　　　　　　Ⅳ　Theophania としての世界

らかにパウロのそれと類比的に捉えている。

　　　だからわれわれは以下のように言う。パウロは〈引き上げ〉られた
　　が，その〈引き上げ〉に際して精神の喜びの天国において神の言葉
　　を観たのであり，この〈観〉において彼は秘められた言葉を聞いた
　　のである。つまり，知恵そのものがそれを通して理性に流れ込んで
　　きて，理性において理性の生命の光としてとどまることになる，そ
　　の秘められた言葉を知恵が語るのを，彼は聞いたのである[41]。

　世界という書物を読む者も，パウロの場合と同様に〈引き上げ〉られ
るのだとして，クザーヌスは以下のように続ける。

　　　このように〈引き上げ〉られた者は，創造主がそれを用いてこの書
　　物すなわち被造物という書物を書き記した言葉を，自己の内に受け
　　取るのである。彼〔〈引き上げ〉られた者〕は，事物の根拠である
　　あの言葉を媒介にして，この書物に含まれていることをすべて認識
　　すると共に，この言葉を受け取った自己の内で万物を把握するので
　　ある。言葉または戸口または道〔キリストのこと〕を獲得する場へ
　　と上昇したりそこから下降したり，またそこに入ったりそこから出
　　たりすることによって，この者はそこに不死なる命の糧である天国
　　の牧場を見出すのである[42]。

　この説教では，人間の知性的自然本性の特別な機能が説かれている。
すなわち，神の光または言葉を受け取り，それによって，〈世界という

---

　41)　Ibid. n. 7, 1- 6: 'Dicamus igitur Paulum raptum et in raptu vidisse in paradiso deliciarum
Spiritus verbum Dei et videndo audisse arcana verba, scilicet quomodo sapientia arcana verba
loquitur, per quae influit se ipsam in intellectum, in quo manet ut lux vitae eius'.

　42)　Ibid. n. 7, 6-15: 'Qui enim sic raptus recepit in se verbum, per quod creator hunc librum,
scilicet librum creationis, descripsit, ille omnia quae in libro continentur, mediante verbo illo quod
est ratio rerum intelligit et intra se, ubi verbum concepit, omnia comprehendit. Et hic sive ascendat
sive descendat, sive intret sive exeat, ex quo habet verbum seu ostium sive viam, pasuca paradisiaca
reperiet, quae sunt pabulum immortalis vitae'（強調は引用者）。なお，この引用の後半の文章は
De vis. X, n. 45（八巻訳 67 頁）の描写と深く関っている。この箇所ならびに本書第Ⅱ部第 3
章第 3 節も参照されたい。

第4章　〈神の現れ〉としての〈世界という書物〉　　417

書物〉を正しく読解する能力としての知性的自然本性によって[43]，人は
外的に読んだ後に内的に認識する，とされているのである。書物を読む
という行為がこのように理解されるならば，読んでいる者にとっては物
質的書物と精神的書物という二種の書物がたえず念頭に存在しているこ
とになる。そして後者を彼は，いわば前者を正しく読解するための辞書
またはコンコーダンスとして用いるのである。しかしながらこの説教の
段階のクザーヌスは，この精神的な書物のことを「書物」とまでは明言
していない。

　ともあれ，人間のこのような特別な知性的自然本性を根拠としてク
ザーヌスは，パウロの〈引き上げ〉と人間の読むことによる認識とをよ
く似た現象であると表現できるようになっているのである。

7　外なる書物と内なる書物およびそれらの著者としての神という三者からなる三角構造

　すでに見たように，クザーヌスは 1454 年 4 月になされた「説教 154」
においてキリストの人性を，自ら読みかつ読まれる書物と表現していた
が，その段階では未だ知性的自然本性一般を「書物である」とまでは明
言していなかった。しかし，1457 年 3 月 20 日の「説教 273」において，
ついにそれが「書物」と表現されることになる。

　　それ〔知性的自然本性〕のうちに神の指によって命ある法が書き込
　　まれるのであり，その結果，それは，書き込まれた命の言葉が自己
　　のうちで〔われわれを〕生かし永遠に救済してくれる書物となるで
　　あろう[44]。

　このように，われわれの精神をも「書物」と捉えられるのであれば，
この世界には二種の比喩的な書物が存在することになる。一つは外なる

　43）　Ibid. n. 8, 14 - 16.: 'nostra intellectualis natura quae dicitur interior homo, est capax
lucis seu verbi Dei intellectualis'（内的人間と呼ばれるわれわれの知性的自然本性は，光すな
わち神の知性的言葉を受容する能力がある）.

　44）　*Sermo* CCLXXIII: n. 31, 12-15: 'inscribetur digito Dei lex viva in ipsum, et erit liber, in
quo verbum vitae inscriptum vivificat et salvat aeternaliter'. 遺著である『観想の頂点について』
においては，さらに明瞭にこの表現が登場する。後に改めて扱う。

可感的世界であり，もう一つは内なる，最も深い意味での精神である。前者の著者はもちろん神である。しかし後者の著者も神である。なぜならば後者は，「説教 269」で「内的人間」（interior homo）と称されている[45]知性的自然本性の書物なのだからである。そしてこの内的人間は，「説教 258」での説明によれば，神によって直接に創造されたものである[46]。

さらに前節ですでに見たように，〈世界という書物〉を読む者は〈精神的書物〉を辞書またはコンコーダンスとして用いねばならないのであるから，これら二種の書物は相互関係に立っていることになる。

かくして，クザーヌスの〈書物の比喩〉は，〈世界という書物〉と〈精神的書物〉とが三角形の下の二つの角を形成し，それの頂点にそれら書物の著者である神が立つという三角構造として理解されうることになる。このような秩序付けの内部においては，自ら〈読みかつ読まれる書物〉としてのキリストが，この構造をダイナミックに機能させるための中心的な役割を果たすことになる。なぜならば，キリストは師であり道なのだからである。

実はこの図式は，私が以前に別の場所で示したことがある〈知恵の三角構造〉[47]を想起させる。これまでの検討が明らかにしたように，クザーヌスの〈書物の比喩〉は，疑いもなく〈知恵の比喩〉と密接な関係にあるのだが，ここで明らかになった事実は，それに加えて両方の比喩の根底に同じ三角構造が想定されていることをうかがわせる。〈知恵〉についての思索が最終的な結論に到達した時点と〈書物の比喩〉についての思索が活発に展開されていた時期とが，クザーヌスにおいてほとんど同じ時期，すなわち 1456 年と 1457 年にわたる時期であったことを考慮すると，このような想定は合理性をもつだろう。

---

45) 上の註 43 を参照されたい。
46) *Sermo* CCLVIII: n. 9, 1f.: 'Ex quo patet quod interior homo est immediate a Deo creatus'.
47) 八巻『世界像』第 1 章第 4 節。

第4章　〈神の現れ〉としての〈世界という書物〉　　　419

8　神によって書きつけられた羊皮紙のようなものとしてのわれわれの精神

　クザーヌスのブリクセン時代の説教における〈書物の比喩〉に関する検討を締めくくるにあたって，人間の精神を羊皮紙に喩えるという興味深い例を示そう。それは，上掲の「説教273」に以下のように見出されるものである。

　　神の言葉を聞くために内部へと急ぐ者は，暗くて肉的な欲望ならびにそれへの憂慮から自己を引き離すために，自身を高め整えねばならない。そうすれば彼は自由になり，汚れた精神への結合から解き離されるのである。すると彼は神によって引き寄せられて，キリストすなわち神の言葉を見出す内奥にまで到達するのであり，彼の精神は知解の光によって照らされるのである。私の愛する者たちよ，眠りと死を駆逐しようではないか。そうすればわれわれは，天の父によって引き寄せられるための準備が整い，呼びかけてくれている方の声に耳を傾けることができるようになるのだ。〔…〕われわれの精神をあの羊皮紙のように清らかにしようではないか。その羊皮紙は，毛が抜かれ汚れが削り落とされ軽石で滑らかにされて最善のものに向けて整えられていて，あらゆる粗野なものが取り除かれて清純と明澄だけがそこにとどまっているようにされているのだ。だから，われわれの精神がこのように整えられているならば，そこには神の指によって命ある法が書き込まれて，それは，命の言葉がそのなかで〔われわれを〕生かして永遠に救済してくれる書物となるであろう[48]。

　48）　*Sermo* CCLXXIII: n. 30, 9- n. 31, 15: 'Oportet […] qui ad interiora properat, ut audiat verbum Dei, quod surgat et exsurgat se liberando de umbrosis concupiscentiis carnalibus et eius curis, ut fiat liber absolutus a ligaturis immundi spiritus, et tunc per Deum attrahetur et perveniet usque ad interiora, ubi Christum seu Dei verbum reperiet et illuminabit ipsum spiritum luce intelligentiae. [n. 31] Somnum igitur et mortem excutiamus, dilectissimi, ut simus apti ad attractum Patris caelestis et audire possimus vocantem. Tollamus igitur nunc in hoc aptissimo tempore illas carnalium concupiscentiarum evaporationes spiritum immobilitantes per contritionem, paenitentiam, abstinetiam, macerationem, orationem et alias congruas alleviationes et medelas, et faciamus spiritum mundum quasi pergamentum optime adaptatum per depilationes, attenuationes

420　Ⅳ　Theophania としての世界

　ここでは神の言葉を受容できるように整えられた人間の精神が，もっとも善く整えられた羊皮紙に喩えられていて，上で論及した知性的自然本性との共通性が明らかである。しかしながら相違点もまた明らかである。神がこのわれわれの精神たる羊皮紙に書き込んでくれるのは，それが純化された後のことだからである[49]。

　以上で，ブリクセン時代の説教における〈書物の比喩〉の展開過程およびこの比喩の変容が明らかになった。最後に，この〈書物の比喩〉が後期クザーヌスの哲学的著作においていかなる展開を遂げているか，を示そう。

4　〈書物の比喩〉の適用

1　『緑柱石について』

　1458 年の著作である『緑柱石について』という著作は，「万物の尺度は人間である」というプロタゴラスの有名な文章を，哲学の伝統に反してクザーヌスが肯定的に用いていることで有名である。実は彼がこの定言を肯定的に評価するに到るに際しても，〈書物の比喩〉と密接に関わる思考展開が重要な役割を果たしているのである。

　　われわれには見なければならないことがまだ一つ残っているが，それは，人間は事物の尺度であるということである。アリストテレス

---

et pumicationes, ut nihil manet nisi purum limpidum omni crassitudine abrasa, et dum sic aptatus erit, inscribetur digito Dei lex viva in ipsum, et erit liber, in quo verbum vitae inscriptum vivificat et salvat aeternaliter.

　クルティウスは，この比喩によく似た比喩がラヴァルダンのヒルデベルトゥス（Hildebert von Lavardin, 1056- ca.1133 ）に帰せられる説教に見出されることを指摘している（Curtius, op. cit. 322〔クルティウス上掲訳書 463 頁〕）。クザーヌスの時代はすでに紙に印刷されるインキュナビュラの時代に入りつつあったにも関わらず，彼がここで伝統的な羊皮紙の比喩を用いていることは興味深い。なお，17 世紀初頭には，ヨハン・アールントの書籍 *Büchern vom wahren Christentum*（初版 1605）に印刷工房の比喩が登場するという（Ohly, *Ausgewählte und neue Schriften zur Literaturgeschichte und zur Bedeutungsforschung* , 737）。

　49）　この羊皮紙の比喩が，以下のような他の〈書物の比喩〉との関係で有する意味については，ここでは立ち入らない：〈liber vitae〉（「説教 23」および「説教 254」），〈liber cordis〉（「説教 227」），〈liber conscientiae〉（「説教 254」）。

第 4 章 〈神の現れ〉としての〈世界という書物〉　　　421

は，プロタゴラスがここで深いことを述べているわけではないと
言っているが，私にはむしろ，彼は極めて意義深いことを述べたと
思われる[50]。

そしてクザーヌスは，〈書物の比喩〉を用いて以下のように続ける。

　　人間の感覚はそれと結合している理性の光を分有しているので，そ
　　れの内で認識能力をもつ自然本性の力が大きなものであるのと同様
　　に，可感的な事物の多様性も大きなものである。つまり可感的な事
　　物は感覚の書物であり，その中には神の知性の意図が可感的な形で
　　書きつけられているのである。またこの意図とは創造主である神の
　　自己啓示なのである[51]。

この一節は，上で明らかにした〈書物の比喩〉の総体が形成している
三角構造を基礎にして，人間の認識能力が世界という書物を読解するこ
とで，神の意図を理解できる，と説いていることが明らかである。この
ような洞察から，彼は以下のように結論する。

　　だから汝は可感的な世界にあらゆる対象を見出すのであり，それら
　　が認識能力に役立つように秩序付けられているのを見出すであろ
　　う[52]。

---

　　50)　*De beryl*. n. 65, 1-3: ‚Restat adhuc unum ut videamus quomodo homo est mensura
rerum. Aristoteles dicit Protagoram in hoc nihil profundi dixisse, mihi tamen magna valde dixisse
videtur‘.

　　51)　Ibid. n. 66, 1- 5: 'Quanta […] est virtus naturae cognoscitivae in humanis sensibus,
qui de lumine rationis eis coniuncto pariticipant, tanta est sensibilium diversitas. Sensibilia enim
sunt sensuum libri, in quibus est intentio divini intellectus in sensibilibus figuris descripta, et est
intentio ipsius dei creatoris manifestatio'. 以下も参照されたい：Ibid. n. 54, 9- 15: ‚quasi in
sermone seu scriptura ad intentionem conditoris intellectus perveniamus scientes quod quiditas rei
illius, quae in illis signis et figuris rei sensibilis sicut in scriptura aut sermone vocali continetur, est
intentio intellectus, ut sensibile sit quasi verbum conditoris, in quo continetur ipsius intentio, qua
apprehensa scimus quiditatem et quiescimus. Est autem intentionis causa manifestatio‘.

　　52)　Ibid. n. 66, 15f.: ‚tu reperies omnia obiecta in mundo sensibili et ad servitium
cognoscitivae ordinata‘.

この短い文章を正確に理解するためには，クザーヌスが人間の認識の本質としていることを把握しておかねばならない。彼は『緑柱石について』において，「認識とは測ることである」[53]と端的に説いている。これは『推測について』や『精神について』においてと同様である[54]。

これに従えば，認識とは秩序を把握するために相応しい手段であることになる。4年後の1462年に著された『知恵の狩猟』においては，この断言をさらに進めて，すべての生き物のうちで人間だけが秩序を認識できる，としている[55]。そしてこの秩序とは，創造主の自己啓示に他ならないのである。なぜならば，「〔自然の〕この法のなかには万物の著者であるあの知性のみが息づき働いているのである」からである[56]。

ここには，なぜ人間が万物の尺度でなければならないのかの根拠が明らかに示されている。それは人間が，被造物としての万物に付与されている秩序を測り，それを把握することのできる唯一の被造物なのだからである。さらには，〈世界という書物〉を読んで世界の秩序を理解できるという能力は，単なる楽しみのために人間に付与されているのではなく，可感的な方法によって神という知性の栄光を把握するという目的に向けられているのである[57]とされていることも見逃されてはならない。

2 『神学綱要』

1463年頃にまとめられたと推測されている『神学綱要』も，〈書物の比喩〉に関して興味深い内容をもっている。この中でクザーヌスは，地理学者の比喩を用いて，彼に秩序の概念を扱わせている。もちろんこの説明は，すぐ上でわれわれが見たように，『緑柱石について』において明瞭に規定した〈神の顕現〉の思想と密接に結びついている。この思考において彼は次のような規定から出発する。

---

53) Ibid. n. 71, 17f.: 'Congnoscere […] mensurare est'.

54) 例えば De coni. I, 8: n. 31, 1f.; De mente 9: n. 116, 8- 12.

55) De ven. sap. 32: n. 95, 13- 17（酒井訳226頁）: 'Experimur in nobis, qui cum ceteris animalibus convenimus in sensibus, ultra illa habere mentem ordinem scientem et laudantem. Et in hoc scimus nos capaces oridinatricis omnium immortalis sapientiae esseque deo cum intelligentiis conexos'（下線は引用者）.以下も参照されたい：De ludo II: n. 90, 5- 8.

56) De beryl.: n. 68, 19.f: ‚in qua lege non nisi intellectus ille viget ut omnium auctor'.

57) Ibid.: n. 69, 6: 'ut sensibiliter divini intellectus gloriam possit apprehendere'.

第 4 章 〈神の現れ〉としての〈世界という書物〉　　423

　彼〔万物の形成者〕は自分から生まれる言葉において自己を認識
　し，かつ，創造されない言葉の〈しるし〉である被造物において，
　さまざまな〈しるし〉によって自己をさまざまに顕示する。だか
　ら，生まれる言葉を示す〈しるし〉でないところのものは何も存在
　しえない[58]。

続いて地理学者の比喩を用いながら，さらに続ける。

　感覚と知性とを所有する完全な動物は，五つの感覚という門をもつ
　都市を所有する地理学者として考察されるべきである。これらの門
　を通って使者たちが全世界から入って来て，世界のすべての状態を
　報告する。〔…〕地理学者はそこに座って報告されることをすべて
　書き記すであろうが，それは彼が，可感的世界全体の記録を，自分
　の都市の内に表示されたものとして所有するためである。〔…〕地
　理学者が自分の都市の内に可感的世界をすべて表示することをつい
　にやり終えた時，彼はそれを失うことのないように，よく秩序づけ
　比例的に測って地図に記入する[59]。

　この地理学者としての人間は，単に世界の構造についての知識を得る
のみならず，これらの情報を相互に正しい比例関係の中にあるように記
入した世界地図を構想しているのである。ここには，秩序についてのク
ザーヌスの思索のさらなる発展・深化が見出される。つまり，今や人間
は，単に世界の秩序を認識できるのみならず，同時に，この認識結果
を地理学者として比例的に縮小した秩序に転移して，それを地図として

　58）　*Comp.* 7: n. 21, 2- 4（大出・野沢訳『神学綱要』38 頁）: ipse in verbo de se genito se
cognoscit atque in creatura, quae est increati verbi signum, se ostendit in variis signis varie, et nihil
esse potest, quod non sit signum ostensionis geniti verbi.
　59）　Ibid. 8, n.22, 2- 5, 9 -11; n.23, 1- 5（大 出・野 沢 訳 39 頁 以 下）: Est [...] animal
perfectum, in quo sensus et intellectus, considerandum ut homo cosmographus habens civitatem
quinque portarum quinque sensuum, per quas intrant nuntii ex toto mundo denuntiantes omnem
mundi dispositionem [...] Sedeatque cosmographus et cuncta relata notet, ut toius seinsilis mundi
descriptionem in sua civitate habeat designatam.[..]. [n. 23] Demum quando in sua civitate
omnem sensibilis mundi fecit designationem, ne perdat eam, in mappam redigit bene ordinatam et
proportionabiliter mensuratam.

再現できる，と明言されているのである。この行為は，人間が神にも似
て，地図としての小さな〈世界という書物〉を創造することが可能であ
ることを意味している。

　しかしこの地理学者はここで立ち止まることなく，この認識と構想の
後にただちに自己の内部に向かう。

　　彼はその地図に向かったうえで，使者たちを次の機会のために帰
　　して門を閉ざす。そして世界の建設者に自分の内的注視を向ける。
　　〔…〕この地理学者によれば，自分が地理学者として〔現実の世界〕
　　より先に地図に関わるのと同様に，世界の建設者も〔個物〕より
　　先に世界全体に関わると考える。そして，地図が現実の世界に有
　　する関係に従って，彼〔地理学者〕は地理学者としての自己の内で
　　世界の創造主を観想し，また，自分の精神によって似像の中に真理
　　を，〈しるし〉の中に〈しるしで表現されるもの〉を観照するので
　　ある[60]。

　この後に彼の視線は再び自己自身の内に戻されて，あらゆる動物の
なかでも人間だけが地図を構想できるという事実を認識することにな
り[61]，それゆえにこそ人間は創造主の似像なのだ，と確認されることに
なるのである[62]。

3　『観想の頂点について』

　最後に，クザーヌスの遺著としての『観想の頂点について』におい

---

　60)　Ibid. n. 23, 3- 5; 6- 10（大出・野沢訳 41 頁）: 'convertitque se ad ipsam nuntiosque
amplius licentiat clauditque portas et ad conditorem mundi internum transfert intuitum. […] Quem
cogitat sic se habere ad universum mundum anterioriter, sicut ipse ut cosmographus ad mappam,
atque ex habitudine mappae ad verum mundum speculatur in se ipso ut cosmographo mundi
creatorem, in imagine veritatem, in signo signatum mente contemplando'.

　61)　ここには，読書における raptus として「説教 269」に述べられていた，読み手の
精神の上昇と下降に似たプロセスが想定されている（上註 40 ならびに 42 の箇所を参照さ
れたい）。さらに以下も：Comp. 8, n. 23, 10- 13（大出・野沢訳 41 頁）: 'In qua speculatione
advertit nullum brutum animal, licet similem videatur habere civitatem, portas et nuntios, mappam
talem facere potuisse'.

　62)　以下を参照されたい：Comp. 8, n. 23, 13（大出・野沢訳 41 頁）: ,hinc in se reperit
primum et propinquius signum conditoris'.

第 4 章　〈神の現れ〉としての〈世界という書物〉　　　425

て，〈書物の比喩〉の最終的到達点を見てみよう。これは，この著作の最後に付けられている要約のなかに，次のように現れる。

　　アリストテレスの精神の可能は，自らを彼の著作のうちに顕現させている。彼の著作のうちの或る著作は他の著作よりもいっそう完全に彼の精神の可能を示しているとしても，しかし，それを完全に示しているわけではない。また著作公刊の目的は，精神が自己を示すことに他ならず，精神が著作の公刊を強要されたというわけではない。なぜならば，自由で高貴な精神がすすんで自己を顕現することを欲したのだからである。可能自体〔神〕も万物において同様にしているのである。精神とはまさに，自己自身ならびに万物のうちに著者の意図を洞察する，知性を有する書物のようなものである[63]。

　クザーヌスはここで初めて明らかに，われわれの精神が知性を有する書物であると断言している。その際に彼は，これまでのこの比喩についての到達点を要約する形で，以下のように述べている。書物は著者の精神の能力を完全に表現し尽くすことは不可能であると共に，著者は強要されることなしに自分の書物を公刊するのであって，このことはとりわけ〈世界という書物〉の著者すなわち神に妥当するのである，と。
　同時に彼は，人間の精神の能力を高く評価して，精神は〈世界という書物〉の著者の意図を，自己の内にも万物の内にも見ることができるのだ，と明言している。このような見解に到達したことで，彼は安んじて次のように明言することが可能となる。

　　宇宙には可能自体以外の何ものも含まれていないのであるが，精神を欠く者たちはこれを認識できない。しかし，精神と呼ばれる命ある知性的な光は，自己の内に可能自体を見いだしてそれを観想する

---

　63)　*De ap. theor.*:. 21, 1- 7（佐藤訳 660 頁）：,Sicut posse mentis Aristotelis se in libris eius manifestat, non quod ostendant posse mentis perfecte, licet unus liber perfectius quam alius, et libri non sunt ad alium finem editi, nisi ut mens se ostendat, nec mens ad edendum libros fuit necessitata, quia libera mens et nobilis se voluit manifestare, ita posse ipsum in omnibus rebus. Mens vero est ut liber intellectualis in se ipso et omnibus intentionem scribentis videns'（下線は引用者）。

426 Ⅳ　Theophania としての世界

のである[64]。

　この一節は，精神が同時に，世界という〈外なる書物〉と自己自身という〈内なる書物〉のなかに〈可能自体〉・神を観照することを明かにしている。ここには，すでに指摘した，比喩的な書物が形成する三角構造が典型的な仕方で姿を現している。それゆえにクザーヌスはこのパラグラフを次のような結論で締めくくるのである。

　　このように万物は精神のために〔存在し〕，精神は可能自体を観るために〔存在する〕[65]。

　そしてここに表現されている真理把握に関わる楽観的な思考は，この同じ著作の冒頭近くにある次のような一節とも呼応しているのである。

　　かつて私は真理は暗闇においての方が見出されやすいと考えていました。可能自体が大いに輝きわたる場としての真理は，大いなる権能を有するものです。汝が『知恵について』で読んだことがあるように，真理は路上で呼びかけているのです。真理が自らを，いたるところで容易に見出され得るものとして示しているのは，確かなことです[66]。

　以上の『観想の頂点について』における叙述には，〈書物の比喩〉を用いてクザーヌスが展開した〈神の顕現〉の思想の最終的到達点が現れていると言えるだろう[67]。

―――――――――
　64）　Ibid. n. 22, 2- 5（佐藤 訳 660 頁）: ‚quamvis in universo non contineatur nisi posse ipsum, tamen mente carentes hoc videre nequeunt. Sed viva lux intellectualis, quae mens dicitur, in se contemplatur posse ipsum‘.
　65）　Ibid. n. 22, 5f.（佐藤訳 660 頁）: ‚Sic omnia propter mentem et mens propter videre posse ipsum‘.
　66）　De ap. theor. n. 5, 9-13（佐藤訳 651 頁）: ‘Putabam ego aliquando ipsam in obscuro melius reperiri. Magnae potentiae veritas est, in qua posse ipsum valde lucet. Clamitat enim in plateis, sicut in libello De idiota legisti. Valde certe se undique facilem repertu ostendit‘.
　67）　クザーヌスも認識しているとおり，この楽観性が，1440 年代とは異なって，彼が可感的世界に対して高い評価を与える根拠である。そしてこの評価の変化が，可感的世界に

第 4 章　〈神の現れ〉としての〈世界という書物〉　　　427

　このようにして私自身もまた，600 年近く前に記されたニコラウス・クザーヌスの説教と書物とを読んで，そのなかに彼の非肉体的な声を聞き取りながら[68]，〈世界という書物〉なる比喩を介して，彼の思想世界を理解しようと試みたのである。

内在する秩序に対する彼の関心を成長させ，その結果として，〈書物の比喩〉の展開・深化につながったと考えられる。これは，1450 年の著作『秤の実験』ならびに円の求積法についての彼の継続的関心が示しているところである。この点についての立ち入った考察は，本書第 III 部第 3 章ならびに第 4 章を参照されたい。

　　68)　上註 39 を参照されたい。

V

宗教寛容論

第 1 章

〈信仰の平和〉という思想

——『信仰の平和』を中心にして——

は じ め に

クザーヌスは中世末期にあって，つまりローマ・カトリック教会の非寛容が卓越的であった時代にあって，ローマ教皇庁の枢機卿としてはまさに例外的に，他の宗教に対して寛容な思想をもっていた[1]。

以下では，彼の〈信仰の平和〉(pax fidei) という思想を，彼の中期の著作である『信仰の平和』を中心的対象として考察したい。

そもそもこの『信仰の平和』をクザーヌスがまとめることになったきっかけは，1453 年 5 月 29 日にトルコによってコンスタンティノープルが征服されて，ビザンツ（東ローマ）帝国が最終的に滅亡に到ったという，ヨーロッパのキリスト教世界にとっての一大事件である。この報が神聖ローマ帝国側に届いたのは，同年の 6 月 29 日にヴェネチアにもたらされたのが最初であるとされている。クザーヌス自身がこれを知ったのは，それからさらに 1 か月近くが経ってからであり，それは，彼の長年の友人であり，当時，皇帝の顧問官としてグラーツに滞在していたピッコローミニ（Enea Silvio Piccolomini, 1405-1464）が 7 月 21 日付けの手紙によって伝えた，とされている[2]。

その結果，クザーヌスは，この書物の冒頭に以下のように記す経験を

---

1) この判断については，例えば Cassirer, *Individuum und Kosmos in der Philosophie der Renaissance* S.29ff. (薗田坦訳『個と宇宙』35 頁以下).

2) Meuthen, *Der Fall von Konstantinopel und der lateinischen Westen*, in: MFCG 16, 35.

432 　　　　Ⅴ　宗教寛容論

自らがすることになったという。

　　かつてその地を訪れたことのある或る人〔クザーヌス〕がその報に
　接したとき，神への熱愛に向けて誘われた。そして彼は，深甚な悲
　嘆に打たれつつ，万物の創造者に祈って，諸宗教の差異ある儀礼の
　ゆえにきわめて凶暴なものとなっているこの迫害を，万物の創造者
　の慈悲によって制止してくださるように願った。数日後のこと，熱
　意に満ちた彼に──おそらく長時間にわたる瞑想のゆえにであろう
　が──ある〈観〉（visio）が現れた。〔…〕そこで彼は，自分の得
　た〈観〉が，このようにきわめて重大なことを将来決定する任にあ
　たる人々の認識に届くようにと，記憶が再現できる限り明らかに，
　以下のように記した[3]。

　彼がこの著作を完成したのは，同年の 9 月 21 日以前であるとされて
いる[4]。しばしば言われてきているように，そして彼自身もそのように
記しているように，彼がこの著作の全内容を，コンスタンティノープル
征服という事実を知ってから構想した，とするのには無理があると考え
られる。むしろ彼は，15 年ほど前にその地を自から訪れた際の見聞を
もとにして，すでに 1453 年以前に，その地に一大悲劇が近い将来に起
きることを予想しつつ，それを克服する思想的方策を考えてきていたと
思われるのである[5]。
　さて，19 世紀中葉のヨーロッパにおけるクザーヌス研究の再興以来，
この『信仰の平和』は，1453 年のイスラーム・トルコによるコンスタ
ンティノープル征服に出会ったクザーヌスが，キリスト教中心主義に基
づいて著した，ほとんど牽強付会に近いものと見なされることが多かっ

　3）　*De pace fidei*, I, n. 1, [h Ⅶ, p. 3, 4-9; p. 4, 5-7]（八巻訳 584 頁）（以下，*De pace* と表
記し，当該箇所については，ハイデルベルク版全集における章，(n) 節，(p) 頁，行の順で数
字で表示する）。
　4）　Meuthen, op. cit. 36.
　5）　この点については，本書第Ⅰ部第 1 章 2 を参照されたい。クザーヌスは 1453 年の夏
から秋にかけて，これ以外にも『神学綱要』*De theologicis complementis* と『神を観ること に
ついて』*De visione dei* という重要な二つの著作をまとめているので，この『信仰の平和』と
いう，これから見るような多様な資料を駆使した著作活動をこの数か月の間に実行できたと
は考え難い。

た[6]。

しかし，第二ヴァチカン公会議（1962-65 年）で，「福音の光はあらゆる宗教に現れている」（"Nostra aetate" 序言，第 1 項）ということが確認されたことによって，クザーヌスがこの著作の第一章で「多様な儀礼のなかに一つの宗教が〔存在している〕」（religio una in rituum varietate）[7]と述べていることが，カトリックの世界で注目されることになった。その結果，1960 年代の後半から，この著作に対する関心が高まった。

さらに 1980 年代に入ると，アラブ世界の世界政治におけるプレゼンスの急速な増大との関わりから，肯定的にせよ，否定的にせよ，宗教としてのイスラームへの関心が欧米を中心とするキリスト教世界でいっそう高まり，その流れの中でこの著作の翻訳が，多様な言語においてなされることになり[8]，今日に到っている。

さて，私はこの著作を単にクザーヌスの著作動機となったコンスタンティノープル陥落という事態との関係のみならず，それに先立つ彼の思索活動を考慮しつつ，とりわけこの作品に直接的に先立つ『イディオータ篇』（1450 年）および，その著作の年の年末から約 1 年 4 か月にわたって自身が出かけた教皇特使としての巡察旅行における彼の経験に注目しつつ，さらに同時に，『信仰の平和』と同じく 1453 年に執筆された『神を観ることについて』ならびにその翌年になされた「説教 168」等をも視野に入れつつ，この著作で展開されている〈信仰の平和〉という思想の内容を明らかにしたい。

6）　その典型例は，Jaspers, *Nikolaus Cusanus,* S. 179ff.（薗田訳 260 頁以下）．なお，西ヨーロッパ内でカトリックとプロテスタントの間での宗教的抗争が激しかった啓蒙期には，この著作が一定の影響力を持ち，例えばレッシングが『賢者ナータン』（1779 年）には，クザーヌスのこの著作からの影響が見て取れるとされている（以下を参照されたい：Klibansky, *Die Wirkungsgeschichte des Dialogs De pace fidei,* in: *MFCG* 18, 122-124）．

7）　*De pace,* I, n. 6, p. 7, 10f.（八巻訳 587 頁）．なお，テキストでは 'religio una' となっているが，意味は変わらないので地の文章では，'una religio' と表記する。

8）　以下にその一部を挙げる：Haubst (Übersetzung), *De pace fidei - Der Friede im Glauben* (Trier 1988); Biechler and Bond (ed.), *Nicholas of Cusa On interrelicious* Harmony (Ledwiston/ Queenston/ Lampeter 1990); Hopkins (Translation), *Nicholas of Cusa's De pace fidei and Cribratio Alkorani* (Minneapolis 1990); Berger und Christiane (Übersetzung), *Nikolaus von Kues Vom Frieden zwischen den Religionen* (Frankfurt am Main/ Leipzig 2002).

1 神の見え方の多様性

『信仰の平和』の冒頭近くで，天上での会議に召集された諸民族の代表者である知者 sapiens たちを代表して，大天使が神に向かって次のように言う。

> しかしながら主よ，あなたは知っておられます。この大群衆は大いなる多様性なしには存在しえないことを，さらにほとんどすべての者が辛苦と悲惨に満ちた困難な生活を送ることを強いられており，彼らを支配している王たちに奴隷として従属することを強いられているということを。その結果として，これらすべての者のなかでほんのわずかな者しか，その自由な意志を用いて自分自身を認識することに到達しうるだけの閑暇をもてないのです。多くの者たちが〔自分の〕肉体の配慮と奴隷的使役によってかき乱されており，したがって，隠れたる神であるあなたを探求することができないのです[9]。

また，この少し後で大天使はさらに訴える。

> したがって，生命の授与者であり存在であるあなたこそ，多様な儀礼において異なって探求されているように見える当のお方であり，さまざまな名称で呼ばれている当のお方なのです。なぜなら，あなたは現にそうであるように，万人にとって認識も言表もされえない者としてとどまっておられるからです。あなたは無限なる能力ですから，あなたが創造したもののなかの何者かであることはありません。また被造物があなたの無限性という概念を把握することも不可能です。なぜなら，有限なる者は無限なる者に対していかなる比ともならないからです。全能なる神よ，確かにあなたはいかなる精神

---

9) *De pace*, 1, n. 4, p. 5, 11-18（八巻訳 585 頁以下）。

第 1 章　〈信仰の平和〉という思想　　　　　435

にも不可視なものですが，しかし，あなたが御自身を顕現してもよ
いとお考えになる者に対しては，その者に把握されうる様式で顕現
することが可能です。したがって，主よ，いつまでも隠れ給うこと
なかれ。慈悲深くあれ，あなたのお顔を顕し給え，そしてあらゆる
人々の救いを実現させ給え。〔…〕誰もあなたを知らない場合以外
には，あなたから遠ざかる者はいないのです[10]。

　以上のいささか長すぎる引用の中では，〈人間は神を，それが存在す
るとおりには把握できず，人間には神が多様に見えること〉が指摘され
ている。実はこれは同年に著わされた『神学的補遺』と『神を観ること
について』という二つの書物の中でも述べられており[11]，とりわけ前者
ではそれがテーマの一つとして扱われている視点である。
　これは，諸宗教の信者の間で，どちらの見ている神が真の神であるか
という点をめぐって抗争が生じる原因を超克するために重要な役割を果
たしうる視点なので，以下で少し詳細に検討する。
　この点を展開するための基礎となる定式的文章として，「あなたを観
ることは，あなたを観ている者をあなたが観ることに他ならない」とい
う一文が，『神を観ることについて』のなかにある[12]。
　この視点はこの著作の中でさらに深められて行き，〈顔と顔を合わせ
ての認識〉（visio facialis）[13]についての理解が，次のように展開される。
神の視は神の顔であり，神を眺める者は，自身の眺め方に応じた神の
顔を見出す。つまり，喜びつつ眺める者は喜んでいる神の顔を，怒りつ
つ眺める者は怒っている神の顔を見出すというのである[14]。また，神は，
神をみつめている者に自身がよく似るならば，その見つめている者はそ
れだけより多く神を愛するはずであると考えて，自身をその者に適合さ

　10）　Ibid. I, n. 5, p. 6, 14- p. 7, 1-5; 7f.（八巻訳 586 頁以下）。
　11）　この二著は各々，以下で De theol. compl. および De vis. と略し，当該箇所の表示は
ハイデルベルク版全集の章，頁，節の区分に従って，アルファベットと数字で行う。
　12）　De vis. IV, n. 13, 13f.: 'Nec est aliud te videre, quam quod tu videas videntem te'. この
文章についての立ち入った考察は，本書第 II 部第 2 章を参照されたい。
　13）　「至福直観」とも。新約聖書「1 コリント」13,12 に基づく。
　14）　De vis. VI, n. 19, 5- 11（八巻訳 36 頁）。

436 　　　　　　　　　　Ⅴ　宗教寛容論

せさえする[15)]とも言われている。

　さらに人は，神の視の完全性のゆえに，神の眼差しが排他的に自分だけに注がれていると錯覚しやすいともされている[16)]。そしてこの錯覚は，人間にとってはある意味で当然のことでもあるが，その理由は神の眼差しのみが人を決して見捨てることがなく，それゆえに，神が自分よりも他の者を一層愛するというような想像を，神が人に許さないからである，とする[17)]。

　このような把握は，一方において神の無限であることを強調すると共に，他方において，ある宗教（ここでは勿論キリスト教）内の信者相互における独善性，排他性およびそれに起因する争いが，神という存在の無限な愛に由来する側面もあることを指摘している。そして，この後者の指摘は，一つの宗教の内部の信者相互の間に限らず，『信仰の平和』で扱っているような複数の宗教の間にも妥当する，とクザーヌスは考えている。

　また彼の理解では，神が最高の単純性でもあるゆえに，神について述べられるあらゆることが現実には互いに相違しえないものである。さらに，諸々の宗教で崇拝されている神（々）が，実は全てに共通して一なる単純で永遠なる〈神・万物の始源〉であるか，またはそれを前提にしている，というのである[18)]。

　以上見て来たことから，クザーヌスが，〈一なる神〉の人間への見え方が多様であることは合理的根拠をもつと同時に，神の本質に由来して必然的でさえあると考えていることが明らかになる。また，これを逆に捉えるならば，現にある〈多様性〉が究極的には〈一〉へと還元される根拠と道筋についても，彼がすでに見出していることも分かる。

---

　15)　Ibid. XV, n. 65, 13f.（八巻訳 93 頁）。
　16)　Ibid. praefatio, n. 4（八巻訳 15 頁以下）。
　17)　Ibid. 4, n. 9（八巻訳 25 頁以下）。
　18)　*De pace,* 1, n. 5, p. 6, 1f.（八巻訳 586 頁）；Ibid.4, 11, p. 11, 1-3（八巻訳 591 頁）；Ibid. 5, n. 15, p. 14, 21-26（八巻訳 593 頁以下）．

2 〈神の民としてのイディオータ〉(populus Dei・idiota)

1節で見たような，それなりに根拠をもつ神の見え方の多様性を超えて，一なる神の認識——それの究極的あり方は，上述の〈顔と顔を合わせての観〉——に到達することは，誰でもいつでも可能であるわけではない。神の恵みなしにはそれは不可能であり，またこの恵みを認識している者だけが，自己の無知と限界を知ってこれが可能となるのである[19]。

実はこれが許される者こそ，1450年に著作された『イディオータ篇』で主役を演じていた〈イディオータ〉(無学者)であるはずだ[20]。『信仰の平和』をはじめとする1453年の三つの著作には 'idiota' なる語は用いられていないが，『神を観ることについて』には〈イディオータ〉の思想が，以下のように明確に述べられている。

　　〔この世界の知者たち〕は自身を知恵あるものと見なしているので，永遠に愚かで無知で盲目なままにとどまっている。〔…〕〈信仰篤き小さき者たち〉だけが，このきわめて恵み深く生気にあふれた啓示に到達するのである[21]。

この〈イディオータ〉は，恵みとの関わりからもわかるようにキリスト教内の存在である。では，諸宗教の一致，信仰の統一を論じるべき『信仰の平和』においては，どのように〈イディオータ〉が存在しているのだろうか。そこで注目したいのが，『信仰の平和』の冒頭にしばしば用いられ，その後もこの著作全篇にわたってくり返し使用される 'populus'[22](民)という語である。

---

19)　*De vis.* 5, n. 14（八巻訳30頁）。

20)　この〈イディオータ〉については，本書第VI部第1章を参照されたい。

21)　*De vis.* 21, n. 91, 9f.; 14-16（八巻訳123頁以下）: cum [sapiens huius mundi] se putent sapientes, stulti et ignoantes et caeci manent in aeternum. [...] Solum igitur parvuli creduli hanc consequuntur gratiossimam et vivificam revelationem.

22)　例えば *De pace*, 1, n. 4, p. 10, 19（八巻訳586頁）:「それゆえにあなた〔神〕はあ

438 V 宗教寛容論

これに意味的に近い語としては 'natio' および 'gens' があるが，この著作の中での 'populus' はこれらと明確に区別されている．すなわち natio は〈民族，言語，宗教〉の三者が重なる枠組みの中で把握されていて〈民族〉という意味とみなすことが可能であり[23]，また，gens は〈人種〉という意味と捉えることができるのに対して[24]，populus は，冒頭近くの文章「一なる人から多数の〈民〉が複製されて，地上を占めるようになった」[25]を典型として，natio および gens の枠を超えたものとしての〈神の民〉という意味で諸所で用いられているのである[26]．

もう一つ注目したいことは，〈信仰の平和〉を論じる人々が，世界中の宗教の聖職者ではなく，〈現世のきわめて思慮深い人々〉であり[27]，また〈知者〉あるいは〈哲学者〉である点である．そしてこれらの知恵深き者たる代表者たちが，〈御言〉ならびに使徒のペテロやパウロと討論をして行くのである．しかしその過程で，例えばインド人の知者は，自らの民について以下のように言う．

> （唯一神の崇拝が正しいとしても）〈民〉が持ち続けてきた偶像崇拝から彼らを引き離すことは，偶像から彼らに下される神託のために困難である[28]．

───────────────

なたの民にさまざまな王たちと預言者と呼ばれるさまざまな見者を選び立てておられます」．

23) なお本書 *De pace* には，諸民族としてギリシャ人，イタリア人，アラブ人，インド人，カルデア人，ユダヤ人，スキタイ人，ガリア人，ペルシャ人，シリア人，スペイン人，トルコ人，ドイツ人，タタール人，アルメニア人，ボヘミア人，イギリス人の 17 民族の代表者が登場する．

24) この語の初出は *De pace*, 6, n. 17, p. 16, 13（八巻訳 595 頁）．なお，この 'natio' と 'gens' の区別は，1446 年の著作 *Coniectura de ultimis diebus*（以下 *Coni. de ult.* と略す）における 'natio'（Ibid. 131, 96.）と 'gens'（Ibid. 134, 97.）の用法からも傍証される．この著作では終末における神の世界支配が述べられているが，未だ 'populus' なる語は用いられていない．ここに『信仰の平和』に到る過程でのクザーヌスの思索の深まりを見ることができるかもしれない．

25) *De pace*, 1, n. 3, p. 5, 3f.（八巻訳 58 頁）：Multiplicatus est ex uno populus multus, qui occupat aridae superficiem.

26) populus tuus (Dei, domini)：Ibid. 1, n. 6, p. 7, 17（八巻訳 587 頁）；3, n. 9, p. 10, 17（八巻訳 590 頁）等々．

27) viri graviores mundi huius：Ibid. 3, n. 9, p. 10, 10（八巻訳 589 頁）．

28) Ibid. 7, n. 19, p. 18, 8f.（八巻訳 597 頁）その他にも〈民〉への否定的言及が見られる：Ibid. 1, n. 4, p. 5f.（八巻訳 586 頁）；6, n. 18, p. 17, 6-9（八巻訳 596 頁）；15, n. 51, p. 49, 8-11（八巻訳 625 頁）；15, n. 52, p. 49, 12f.（八巻訳 625 頁）；19, n. 68, p. 62, 17（八巻訳 638

第 1 章 〈信仰の平和〉という思想　　　　439

　ここには明らかに〈聖職者 ─ 俗人〉という対照関係ではなく，〈知者─民〉という対照関係が設定されている。これは，『イディオータ篇』における〈弁論家（または哲学者）─イディオータ〉という対照に類似している。とは言え，ここでの知者たちは，『イディオータ篇』における弁論家や哲学者のように直接に〈民〉と対話することはなく，また（天使によって選び出された者であるゆえか）それほど明らかに戯画化されているわけではない。

　しかしながら子細に検討すると，次のようなことが判明する。知者たちは，〈民〉への不信或いは侮りから〈民〉を vulgus（俗衆）[29]または rudes（粗野な人々）[30]とさえ称ぶこともある。だが，後者の例において使徒パウロは，ボヘミア人の知者に対して 'populus' という語を使って返答している。つまりクザーヌスは，〈民〉をひとしなみ低い存在とみなしているわけではないことを明示しているのである。

　また，この著作における討論では，知者たちの提出する異議が，〈御言〉ならびに使徒のペテロやパウロによって反論されて，結局，知者たちが納得するに至るという構造が設定されている。また，多数の学派の哲学者（愛知者）たる知者たちが，実は〈一なる神の宗教において調和すること〉を〈御言葉〉によって教えられるのである[31]。このような知者たちの振る舞いについての描写は，『イディオータ』篇における弁論家と哲学者のそれとよく似ていると言えるだろう[32]。

　以上のように，〈民〉と〈知者〉とを〈民 ─ 知者〉という対照関係において捉えることができるならば，それは 1450 年の著作における〈イディオータ〉像の世界化として，すなわちキリスト教の枠を超えたものとして展開された姿とみなすことができるであろう。それをここでは〈イディオータとしての民〉（populus・idiota）と称ぶことにしたい。では，この〈イディオータとしての民〉とはどのようなものと考えられるだろうか。彼らは，もちろん〈知者〉が常識的に考えているような，た

───────────
頁）。
　29)　Ibid. 8, n. 22, p. 21, 7（八巻訳 599 頁）．'vulgus' が否定的な意味で使われている例は，1449 年の著作である *Aplogia doctae ignorantiae* 25, 10 で，「理解力のないもの」として。
　30)　Ibid. 18, n. 65, p. 60, 16（八巻訳 636 頁）。
　31)　Ibid. 19, n. 68, p. 62f.（八巻訳 638 頁）。
　32)　本書第 VI 部第 1 章を参照されたい。

だ素朴な愚か者ではない。神の命令を伝える予言を明らかにする光を，理性的魂と共に所有している者であるとされているのだからである[33]。

　しかし〈イディオータとしての民〉は，『イディオータ』篇における〈イディオータ〉のように積極的，肯定的な面のみをもつものとされているわけではない。むしろ否定的側面も，この著作の冒頭と末尾近くで指摘されている。例えば本章第1節冒頭で引用した文章の中で，彼らは現世での生活苦のゆえにそれにひきずられて神を探求できないでいると言われ，また，迫害をなした者も受けた者も，各々それが救いに役立ち，創造主の気に入ることだと信じたがゆえの行動である，とも述べられている[34]。また，「素朴な民は，闇の支配者の敵対的な権能によってしばしば（神から）離反すべく仕向けられて，自らが何をなしたかを顧慮しないこともあった」とも指摘されるのである[35]。このような〈イディオータとしての民〉像には，執筆時に眼前で起きていたトルコの侵略のみならず，『イディオータ』篇執筆直後に出発して1452年の春まで続いた教皇特派大使としての巡察旅行における，クザーヌス自身の体験も反響していると思われる。というのは，この旅行中，彼は教会改革，修道院改革および政治的対立の調停のために努力したのだが，その先々でしばしば反対運動に遭遇しているのである[36]。

　〈イディオータとしての民〉に確かにこのような否定的側面があるとしても，しかしながら究極的にはそれは，クザーヌスによって積極的，肯定的意味の中に立たされている。例えば，上で掲げた第一の否定的側面に関しては，第1節冒頭の引用文の末尾にあるように，〈民が神を知れば，知っていながら神から遠ざかるものは誰もいない〉とされているのである。さらに，上述のような弱さを持つ〈イディオータとしての民〉であっても，むしろそうであるゆえにこそ，神は彼らに憐れみをかけるのであるとして，以下のように記している。

33）　*De pace,* 16, n. 59, p. 55, 10-12（八巻訳631頁）。
34）　Ibid. 3, n. 9, p. 10（八巻訳590頁）。
35）　Ibid. 19, n. 68, p. 62（八巻訳638頁）。
36）　以下を参照されたい：Meuthen, *N. v. K.* S. 88 ff.（酒井訳『ニコラウス・クザーヌス』111頁以下）；渡邉守道『ニコラウス・クザーヌス』第三部第三章（特に240-243頁）。

第1章 〈信仰の平和〉という思想　　441

　主はこの民を憐れんでおられる。また主は，諸宗教のあらゆる差異
が，あらゆる人間の共通の一致によって，唯一のまったく侵しがた
いそれへと調和的に帰せられるということに満足しておられる[37]。

　以上のような〈イディオータとしての民〉像を 1450 年の〈イディ
オータ〉像と比較してみる時に，クザーヌスの〈イディオータ〉思想の
深まりを見ることができるだろう。
　ところで，〈イディオータとしての民〉をこれまでに考察して来た意
味において理解するならば，その表現上の見かけとは異なり，これは
もはや知者と対立する存在というわけではなくなっているだろう。むし
ろ〈神の民としてのイディオータ〉（populus Dei・idiota）として，神の
被造物の一員としての〈知者〉をさえも包含しうる存在であろう。そ
の典型的一例がタタール人知者とパウロとが交わす長い議論に見てとれ
る[38]。
　先ずこのタタール人は，自分たちのことを以下のように自己紹介的に
規定する。

　　タタール人は人口の多い素朴な人々であるが，最大限に一なる神を
　　崇拝しているので，自分たちと共に一なる神を崇拝している他の
　　人々の許で儀礼が多様であることに驚いている[39]。

　このクザーヌスの叙述は，彼に先行する何人かの著作に従っていると
される[40]。ところがそれらの文章を検討してみると，いずれにも「タター
ル人は人口の多い素朴な人々」というタタール人知者の自己規定におけ
る「素朴な」（simplices）という修飾語はない。従ってこれは，明らか
にクザーヌスが意図的に付加したものであり，それゆえにタタール人知
者は〈神の民としてのイディオータ〉であることを自覚している存在と

　37）　*De pace*, 3, n. 9, 16-19（八巻訳 590 頁）。
　38）　Ibid. 16, nn.50, pp. 50-56（八巻訳 627-632 頁）。
　39）　Ibid. 16, n. 54, p. 50, 15-17（八巻訳 627 頁）: Tartari multi et simplices, unum Deum
ut plurimum colentes, admirantur varietatem rituum aliorum etiam eundem cum ipsis Deum
colentium.
　40）　この箇所に対する全集版の補遺 adnotationes 34 による。

して描かれていると，みなせるだろう[41]。確かに，このタタール人が行なう儀礼の多様性に対する批判は鋭い。彼に対するパウロの答の中に，先に言及した〈預言を明らかにする光をもっている民〉という表現も入っているのであり，また，「魂の救済が明らかにされるのは，〈わざ〉によってではなく〈信仰〉によってであるということが明示されねばならない」[42]という，この100年後の宗教改革における主張を彷彿とさせるような表現も入っているのである。

〈神の民としてのイディオータ〉が知者をも包含することのもう一つの典型例がある。それは，『信仰の平和』末尾近くでの，婚姻，叙階，堅信，終油の秘跡などの儀礼に関するイギリス人知者の問いに対するパウロの応答である。

　　われわれは人間の弱さにできるかぎり配慮しなければならない──それが永遠の救いに反しないかぎりは。なぜなら，すべて〔の儀礼〕において厳密な一致を求めることは，かえって平和を妨げることになるからである[43]。

ここでパウロが言っている「人間の弱さ」には，問いかけている当の知者のそれも含まれているはずである。

以上のように，この世界の人間の総体を〈イディオータとしての神の民〉として，民族の区別や〈民─知者〉という区別などをも超えた視点から捉えることができたからこそ[44]，クザーヌスの〈迫害〉についての

---

　　41)　中世後期の地中海世界では「タタール人」は，多数いたモンゴル系奴隷の通称であったという（清水広一郎『中世イタリア商人の世界』〔平凡社，1982年〕97頁以下）。このことも〈イディオータとしての民〉の含蓄と深く関わっている。この点については，八巻和彦「『信仰の平和』におけるタタール人像」（八巻『生きている中世』〔ぷねうま舎，2017年〕181-200頁）を参照されたい。

　　42)　*De pace*, 16, n. 54, p. 51, 12f.（八巻訳627頁）: Oportet ut ostendatur non ex operibus sed ex fide salvationem animae praestari.

　　43)　Ibid., 21, n. 67, p. 61, 13 – 15（八巻訳637頁）: Oportet infirmitati hominum plerumque condescendere, nisi vergat contra aeternam salutem. Nam exactam quaerere conformitatem in omnibus est potius pacem turbare.

　　44)　1445年になされた「説教54」においてクザーヌスは，未だ〈イディオータとしての民〉の思想は明確にされているわけではないが，「コロサイの信徒への手紙」3, 11を踏まえつつ以下のように説いている：「キリストは排除のためのあらゆる相違を取り除いたので，

理解が，当時の一般的それに比べてはるかに深いものとなっているに違いない[45]。先に引用した，民の苦しい生活と彼らが加担する迫害についての記述にもう一度注目したい。この叙述の端緒には，クザーヌス自身が冒頭で記しているように，イスラーム・トルコの侵入があるはずだが，ここでの記述は，キリスト教とかイスラームとかの区別はなく，またそれゆえに，諸宗教と同じ枠内に入れられている民族間の区別もなく，あくまでも一般的に〈迫害〉が論じられているのである。また，先に言及した〈迫害をなした者も受けた者も，各々良かれと思ってのことである〉という捉え方も，個別的迫害の善悪を論じるのではなく，〈迫害〉一般に露呈している〈人間の弱さ〉（infirmitas hominum）を指摘しているのである。そして，このような〈イディオータとしての神の民〉の視点に基づく〈迫害〉の把握によってこそ，クザーヌスの〈信仰の平和〉という高い理想が構想されえたのであろう。

3 〈諸宗教〉から〈一なる信仰〉へ

　第2節で見たように，多様な民族および人種が〈イディオータとしての民〉の地平でとらえられるならば，その人々によって信仰されている多様な宗教も一なる宗教へと帰せられることになるであろう。そこで『信仰の平和』において主題的な句とみなされている〈多様な儀礼のなかに一つの宗教が〔存在している〕〉[46]の考察に入りたい。

キリストにおいては野蛮人もスキタイ人も異なってはおらず，兄弟なのである。それゆえに，私がキリストにおいてこの兄弟に憐れみをかけるならば，恵みの充満たるキリストにおいて私は，彼〔キリスト〕の大なる憐れみに応じて報いを得ることになる」（Sermo LIV, h XVII, p. 250, n. 4, 4- n. 5, 11）。

　　45）　当時の一般的把握の典型例は，シャロン司教ジャン・ジェルマンに見られるだろう。（Southern, Western Views of Islam in the Middle ages, p. 97.（鈴木訳『ヨーロッパとイスラム世界』132 頁）また当代一流のヒューマニスト学者でクザーヌスの友人，後に教皇 Pius II 世になったピッコローミニ（ビザンツの滅亡をクザーヌスに伝えた人物，註2を参照）でさえも，コーランに対して「その中にはマホメットという偽預言者の秘儀というよりはむしろ妄想が含まれている。……それらの馬鹿げたこと……」と言うほど強い偏見を抱いていた（De pace テキストにおける編者の praefatio, p. 46 に引用されている文章）。

　　46）　De pace, 1, n. 6, p. 7, 11f.（八巻訳 587 頁）: cognoscent omnes quomodo non est nisi religio una in rituum varietate.

444　　　　　　　　　　V　宗教寛容論

　言うまでもなくこの句は，クザーヌスの眼前の〈諸宗教に見られる
多様性〉および〈諸宗教の差異ある儀礼〉を前提にしている[47]。そして，
この〈多様なもの〉（diversum）が〈一なるもの〉（unum）へと包摂さ
れ還元される論理は，多様性および複数性が一性へと還元され，複数の
神々が一なる神へ，複数の知恵が一なる知恵（Sapaientia）へと還元さ
れる論理と同じである。初期の著作である『覚知的無知』および『推測
について』以来，クザーヌスに特有の（新）プラトン主義的論理が前提
とされているのであり，それからの帰結である。

　さらに，上の論理を具体的に補強しているものとして，『信仰の平和』
内に展開されている〈印—印で表わされるもの〉相関にも注目しておく
べきであろう。それは，「変化を受け容れるのは，印であって，印で表
されるものではない」[48]というものである。すなわち，一なる〈印で表
されるもの〉（signatum）が多様な〈印〉（signa）によって表されうると
いう意味である[49]。

　ところで，すでに言及したように，『信仰の平和』においては，個々
の宗教の広がりの範囲が〈民族〉（natio）および〈言語〉（lingua）の範
囲と同一視されているとみなすことができる[50]。またクザーヌスにとっ
ては，〈言語〉および〈ことば〉こそが〈印〉の典型である[51]。それゆえ
に，多様な言語で同一のことが表現され伝達されうるのと同様に，多様
な宗教でも同一のことが表現され伝達されている，とみなしているであ

　47）　Ibid. 1, n. 1, p. 4（八巻訳584頁）。

　48）　Ibid. 16, n. 55, p. 52, 2（八巻訳628頁）: Signa autem mutationem capiunt, non
signatum.

　49）　これに類似した指摘は，クザーヌスの最初期の著作にもすでに見出せる：De
concordantia catholica『普遍的協和論』, I, 3, n. 14, 9-11: unum Christum ita diversis sacrificiis
tempori et loco congruis exprimi, sicut in varietate linguarum idem pronuntiatur（一人のキリスト
が時と場所に応じて多様な犠牲の儀礼によって表現されるのは，同一のことが多様な言語に
よって述べられるのと同様である）。

　50）　De pace, 3, n. 9, p. 10, 7-9（八巻訳589頁）: advocatis angelis qui omnibus nationibus
et linguis praesunt, cuilibet praecepit, ut unum peritiorem ad Verbum caro factum adduceret（彼
〔神〕は，あらゆる国民および言語を司っている天使たちを召集して，そのおのおのに対して，
各自が一人ずつできるだけ経験豊かな者を肉になった〈御言葉〉のもとに連れてくるように
指示した）。

　51）　De doct. ign. 3, 10, p. 149, 13-15, (n. 239)（岩崎・大出訳200頁）。

第1章 〈信仰の平和〉という思想 445

ろう[52]。つまり〈宗教〉と〈言語〉の間の類比を想定しているのである。それゆえに，逆にこの道筋をさかのぼる形で〈一なる宗教〉が主張されうるのである。

　ところで，〈一なる宗教〉において，なぜ〈儀礼〉の多様であることが容認されるのだろうか。当時一般に主張されることが多かったのと同様に，〈一なる宗教〉であるかぎりは〈統一された儀礼〉しか容認されえないのではないだろうか。クザーヌスにおいては，ここにもまた，先に見た〈印―印で表わされるもの〉相関が働いているのである。先に掲げた，〈一なる印で表わされるものが多様な印によって表されうる〉ということは，実は直接的には儀礼に関わって言われていたのである。そしてこのことは，第1節で見た，〈神の見え方の多様性〉および，それに関わって言われうる〈人間の認識は真理に対しての推測である〉という思想に基づいて言われているはずである。すなわち，人間が単なる人間であるかぎりは，決して〈顔と顔を合わせての観〉は可能ではなく，〈エニグマ〉〈謎〉あるいは〈印〉を介しての認識しかできないことを率直に認めることが，弱き存在としての人間には必要なのである。さもなければ人間は，第1節で見たように，神の視が排他的に自分にのみ注がれているとするような錯覚に陥りやすく，その結果，独善的となり，争いや迫害が惹起されることになるからである。逆に，――これも冒頭で扱ったことであるが――神が自分を現わすことを許す人間には，その者に把握されうる仕方で神が自身を現わすのであるから，現にある儀礼の多様性もけっして否定的な事態ではないことになるのである。確かに〈多様性問題〉という視点からみると，これは否定的事実とみなされうるものではあるが[53]，〈神の観〉という視点から捉えると，その多様性は愛に満ちた神の意志の表れとしての，肯定的な意味をもつ多様性なのだ，という理解も成立しうることになる。かくして，儀礼の多様性の容認は，決して単なる現実に妥協する方便ではなく，むしろ原理的帰結なのである[54]。

　52）　上の註48を参照されたい。

　53）　〈多様性問題〉については，八巻『世界像』第2章を参照されたい。

　54）　同時にこの容認には，副次的に現実的要素も入っている。例えば，儀礼が多様であることは，民族間で神の礼拝における競争心を強め合うことになり，その結果彼らの敬虔さ

しかしながら，この多様性の容認は無制限な放縦を許容するものではない。直前の註 53 で示した〈民族間の競争心〉という視点からも分かるように，それぞれの民族の内部ではそれぞれの〈統一された儀礼〉が存在することが前提にされているのであり，従って見方を換えれば，注目すべきことには，現行の諸宗教が，〈一なる宗教〉のなかの多様な儀礼体系の一つとして容認されることが想定されている，とも言えるのである。

さらに付言しておくべきことには，当然のことながら〈印としての儀礼〉は，それが〈印〉であるゆえにどうでもよい価値の無いものとされているわけではない。逆に，キリストは〈印〉と形から全てを見抜いていたのであるから[55]，人間もそのように，〈印〉と〈儀礼としての形〉から，それら〈印で表わされるもの〉を読みとるべきであるということも前提にされているはずである。

次に注目したいことは，『信仰の平和』の冒頭では〈多様な儀礼の中に一なる宗教が〉[56]とされているのに対して，末尾では〈万人の名において一なる信仰を受け容れるべし〉[57]と記されており，前者では〈一なる宗教〉が目的であるのに対して，後者では〈一なる信仰〉が目的であるように語られている点である。

この両者のくい違いについて，筆者の知る限り，従来の研究は顧慮してこなかったように思われる[58]。むしろ，上の後者とは別の箇所にある〈多様な宗教が一なる正統的信仰に〉[59]の句を理由にして，クザーヌスの言う〈一なる宗教〉とは結局カトリック教会のことである，とみなす傾向が強かった。その典型はデッカー（Decker）の研究である[60]。これに

を互いに増大させ，ひいては神の気にも入られることになるだろう，というパウロの判断も記されている（*De pace*, 19, n.67, p. 62.（八巻訳 637 頁））。

56) *De vis.* 22, n. 95, 13f（八巻訳 129 頁）: tu, Ihesu, sub omni signo et figura omnia videbas.

56) 上註 46 を参照されたい。

57) *De pace*, n. 68, p. 63, 3（八巻訳 638 頁）: omunium nominibus unam findem acceptem.

58) *MFCG*, Bd. 9. Nikolaus von Kues als Promotor der Ökumene (1971 年) においても同様。

59) *De pace*, 3, n. 8, p. 10, 5f.（八巻訳 589 頁）: perducetur omnis religionum diversitas in unam fidem orthodoxam. なお〈una fides orthodoxa〉への注目は，少々私と趣旨が異なるが，Cassirer, *Individuum und Kosmos*, S.31（薗田訳 37 頁）にもある。

60) Decker, *Nikolaus von Cues und der Friede unter den Religionen*. in: Koch (Hrsg.):

第1章　〈信仰の平和〉という思想　　　447

関してビークラー（Biechler）はその後の研究において[61]，デッカーとは異なり，この両者の間には，〈一〉をとるか〈多〉をとるか，〈教皇〉をとるか〈公会議〉をとるかという，クザーヌスにとって深刻なディレンマが存在している，と言う。

　しかしながらビークラーの言うところの「ディレンマ」は，実は上に掲げたように，冒頭の〈一なる宗教〉と巻末の〈一なる信仰〉を対照してとらえた上で，全体の論述を子細に検討すればディレンマではなくなるのである。すなわち，〈一なる宗教〉が述べられている文章は[62]，文法的に見ればいずれも直接法現在で書かれている。これに対して〈一なる信仰〉は，ある箇所では直接法未来で書かれており[63]，また他の箇所では直接法現在で表現されているが[64]，意味的にはこれも「未来の願望，命令」の意味である。従って，〈一なる宗教〉はすでに現実の多様な宗教の間に存在しているものであり，これに対して，〈一なる信仰〉は未来に存在するはずのものである，とクザーヌスが考えているとみなすことができるであろう[65]。

　とは言え，この〈一なる信仰〉の〈未来存在〉は日常性の連続としての単純な未来ではないはずであることに，われわれは留意しなければな

Humanismus, Mystik und Kunst in der Welt des Mittelalters, S. 111 f.

　61）　Biechler., *The religious Language of Nicholas of Cusa,*. p. 92.

　62）　*De pace,* 1, n. 6, p. 7, 10f.（上註 46 の箇所）; Ibid. 3, n. 9, p. 10, 17-19（八巻訳 590頁）: contentatur omnem religionum diversitatem communi omnium hominum consensu in unicam concorditer reduci amplius inviolabilem; Ibid. 6, n. 16, p. 15, 16f.（八巻訳 594 頁）: Una est igitur religio et cultus omnium intellectu vigentium, quae in omni diversitate rituum praesupponitur. なお，例外と見える以下の接続法の表現があるが，これもわれわれの主張を妨げるものとはならない。なぜなら，ここでは前の文章における「一なる宗教が存在している」という事実の認識についての譲歩の表現だからである：Ibid. II, n. 6, p. 7, 14f.（八巻訳 587 頁）: saltem ut sicut tu unus es, una sit religio et unus latriae cultus「〔たとえ万人が一なる宗教の現存を認識できないとしても〕とにかく，あなたが一なるお方であるのですから，一つの宗教および一つの崇拝習慣があるべきなのだということを〔彼らは認識することになるでしょう〕」。

　63）　Ibid. 3, n. 8, p. 10, 5f.（八巻訳 589 頁）: perducetur omnis religionum diversitas in unam fidem orthodoxam perducetur'（宗教の全ての相異が一つの信仰に導かれるであろう）.

　64）　Ibid. 19, n. 68, p. 63, 3（八巻訳 638 頁）: omnium nominibus unam fidem acceptent（万人の名において一つの信仰を受け容れるべし）.

　65）　なお，例外に見えるものとして以下の文章の中の直接法表現がある：'Non aliam findem, sed eandem unicam undique praespponi reperietis（別の信仰ではなく，同じ唯一の信仰がいたるところで前提されているのを，汝らは見出すであろう）'(Ibid. 4, n. 10, p. 11, 11f.). しかしこれは「前提されている」という副文であるから，例外，矛盾とはならない。

448 V 宗教寛容論

らない。なぜならば第一に，『信仰の平和』執筆前後のクザーヌスは，次のような深い意味での歴史的把握とそれについての考察の中で，トルコの軍事的攻略を捉えていたからである。コンスタンチノープル陥落の年の10月に，彼はトリーアの大司教ヤコブに宛てた手紙の中で，近い将来，キリスト教世界は自らの原因で厳しい精査を受けるだろうと記している[66]。また，その一年後の1454年12月29日にセゴビアのヨハンネス（Ioannes de Segobia, ca. 1395-1458）に宛てて書かれ，『信仰の平和』の内容を説明する手紙の中で彼は，846年にサラセン人によってローマ教会が略奪されたという出来事に言及して，それは教会の中に生ぬるさがしのび込んでいたための神による鞭であったと捉えた上で，今回の迫害も同様であり，〈生命〉と〈信仰の引き上げ〉に向けて神によってなされたことなのだ，と記しているのである[67]。

このような〈歴史的視点〉に加えて，第二には，『信仰の平和』の末尾そのものの場面設定が，〈天上でキリストが主宰する会議がなされて，その結果を世界に知らしめて，その内容を実現した後に，再びエルサレムに集合すべし〉という形になっていることである[68]。以上の理由から，『信仰の平和』における〈未来〉とは終末論的なそれであると考えられるのである。

それゆえに〈一なる正統的信仰〉を終末論的なものとしてとらえるならば，〈一なる宗教〉と〈一なる信仰〉の間には，ビークラーの言うようなディレンマは存在しないことが明らかになる。その構造は次のようなものである。現状においては，〈儀礼の多様性を伴いつつ多様な宗教〉が存在していると一般に理解されているが，実際にはすでに〈儀礼の多様性のなかに一なる宗教〉が存在しているのであり，人々がそれに気付いていないだけなのである。そして，この真の現実を人々が踏まえるこ

---

66) *Cusanus-Texte*. IV-1. N. 30, S. 99.

67) ハイデルベルク版クザーヌス全集 h VII, p. 100, 16 ff.（近年，この書簡のドイツ語訳が出版され，以下の書物に収載されている：Euler und Kerger (Hrsg.), *Cusanus und der Islam*, S. 65-77; 当該箇所は S.75）。

68) この場面設定が終末論的な要素をもっていることは，Weier の指摘の通りであろう（*MFCG* 9, S. 107; S. 124.)。このことは，さらにクザーヌスの別の著作 *Coni. de ult.*, 131, 96 における，まさしく終末についての記述からも裏付けられると考える。そこでは，「全ての民族がキリストへと立ち帰り，その結果キリストの遺産が全世界のおいて，唯一の牧者の一なる羊舎となるだろう」と記されている。

第1章 〈信仰の平和〉という思想 449

とにより，終末の時の〈一なる正統的な信仰〉の成立を迎えることになるわけである。

　しかし，たとえ〈一なる宗教〉に到達できるとしても，それが現世の制度でもある宗教であるかぎりは，現世の人間が真理を〈推測・憶測〉によってしか，また神の顔を〈エニグマ〉においてしか認識できないのと同様に，またそれゆえに，彼らは〈印としての儀礼〉を必要とするのである。だが，もし〈信仰〉が〈一なる正統的な信仰〉として終末論的に成立するのであれば，その際には〈顔と顔を合わせての認識〉が成立するように，またそれゆえに，もはや儀礼は必要なくなる。なぜならば，〈儀礼〉とは，信仰の真理の感覚的な印として定められ採用されているものなのであって[69]，終末論的な場面ではその感覚的印はもはや不要となるのだからである。

　それでは，この〈一なる正統的な信仰〉とは具体的には何であろうか。〈信仰〉について，クザーヌスは二種に分けているように思われる。その一つは，一般に諸宗教の中で現に働いている〈信仰〉であり，もう一つは，〈一なる正統的な信仰〉である。第一の〈信仰〉については，その最高形態において「〔アブラハムの信仰のような〕信仰のみが人を永遠の生の受納のために義化するものである」と言われているものである[70]。さらにこの種の〈信仰〉は「愛によって生かされ，〈わざ〉なしには死んでいるものとしての信仰」として，すなわち〈形成された信仰〉（fides formata）として，少し後の箇所で説明されているものである[71]。

　ところがこの〈形成された信仰〉に関しては，『覚知的無知』において「〔形成された信仰をもつ地上の旅人は〕キリストがもっていた現実的に最大な信仰をできるかぎり望むべきである」[72]と言われている。同じ箇所で，この「キリストが持っていた現実的に最大な信仰」について，さらに以下のようにも説明されている。すなわち，〔キリストのもっていた〕現実的にも可能的にも端的に最大の信仰は，地上の旅人に

---

　69) *De pace*, 16, n. 55, p. 52, 1f.（八巻訳628頁）。
　70) Ibid. 16 , n. 58, p. 53, 1f.（八巻訳630頁）。
　71) Ibid. 16, n. 58, p. 55, 1（八巻訳631頁）。
　72) *De doct. ign.* III, 11, (n. 248) p. 154, 23-25（岩崎，大出訳207頁）: Viatorem autem tantum etiam, quoad se, actu maximam Christi fidem habere vlentem necesse est.

450 　　　　　　　Ⅴ　宗教寛容論

おいては，イエスのように同時に神を観ることができる人以外には存在しえないものであると[73]。

　ここで言われている「キリストが持っていた現実的に最大な信仰」こそが，第二種の〈一なる正統的な信仰〉であると考えられる。同時にこのキリストについては，『信仰の平和』の中で，（神人キリストとして）「最高の幸福を獲得することを希望するすべての人によって前提されている方である」と言われている[74]。従って，このようなものとしての〈一なる正統的な信仰〉は，決して現世のものとみなすことはできないのである。

　それゆえにこれは，諸々の異なった信仰に同じレベルで対立するものでもないだろう[75]。このような対立は，現世の〈信仰〉の間においてこそ成立するものである。すなわち，諸々の〈信仰〉は，自己に対しては〈正統〉（orthodoxa）でありつつ，他に対しては互いに〈異端〉（heterodoxa）となっている態のものである[76]。それゆえに 'orthodoxa' なる語に依拠しつつ，〈一なる正統的な信仰〉をカトリックの信仰であるとする，先に紹介したデッカーの判断は誤っていると言えよう[77]。

　では，〈fides formata〉は〈一なる正統的な信仰〉とどのような関係にあるのだろうか。「説教 120」の中でクザーヌスは，「われわれの信仰は絶対的信仰の分有から成立している」としている[78]。従って，〈絶対

――――――――――

73)　Ibid. 21-23（岩崎，大出訳 207 頁）。

74)　*De pace*, 13, n. 44, p. 41, 22-24（八巻訳 618 頁）: Christus est ergo qui praesupponitur per omnes qui sperant ultimam felicitatem se assecuturos.

75)　cf. Cassirer, op. cit. S. 31（薗田訳 37 頁）。

76)　この視点は，〈いかなるものも，自己に対しては同であり，他のものに対しては異である〉とする〈同者自体〉なる，1447 年の著作 *De genesi*『創造についての対話』で展開されているクザーヌスの思考と，根底において共通する。また同趣旨の論を，後世のロックが教会一般について述べている：Locke, *A Letter concerning Toleration*, in: *The Works of John Locke*, vol. 6 (1823, London), p. 18(生松訳『寛容についての書簡』,「世界の名著」27 巻，362 頁)。

77)　ここで重要なことは，同じ地平にあるものとしての諸宗教あるいは諸信仰のなかで，ある特定の宗教あるいは信仰を最善であるとみなすことと，それが絶対的に最善であるとみなすことは，まったく別のことであるということである。この区別が，〈信仰〉に関わる場面では見逃されやすいのである。つまり，デッカーの，「これはカトリックの信仰のことである」という言い分を認めたとしても，それは現状のカトリック教会にある〈信仰〉のことを意味しえないということである。

78)　*Sermo* CXX, h XVII, n. 5, 4-6: Potuit fides augeri. Non ergo habemus fidem, quae non

的信仰〉および〈最大な信仰〉としての〈一なる正統的な信仰〉の下では，〈形成された信仰〉は，先にも言及した新プラトン主義的な〈原像—似像〉のシェーマにおける〈似像〉と位置付けられることになる。その意味において，この〈形成された信仰〉は〈似像的信仰〉（fides imaginalis）とも表現されうるものなのである。

　そしてこれが，文字通りに「愛によって生かされて」いて，真に生気あふれたものであるかぎりは，第2節で考察した〈イディオータとしての民〉の所有する，あるいは〈信仰篤き小さき者〉の所有する〈信仰〉であり，従ってこれは〈最小の信仰〉または〈最小であることがわきまえられた信仰〉であることになる。そして，このような〈形成された信仰〉と〈一なる正統的な信仰〉の間には，『覚知的無知』を典型としてクザーヌスによって処々でくり返し述べられている〈最小の最大への合致〉が成立するであろう[79]。すなわち〈最小の信仰としての一般の信仰〉が〈イディオータとしての民〉によって所有されて〈形成された信仰〉になるならば，それは，最大な信仰としての〈一なる正統的な信仰〉に一致しうるのである。

　ここまで考察して来たことから明らかなように，クザーヌスのここでの究極目的は〈一なる宗教〉ではなく〈一なる信仰〉である。それゆえにこの『信仰の平和』における天上での会議への参加者が，先に言及したように，各宗教の聖職者ではなく各民族の中の知者とされていること，および叙述の中で〈聖職者—俗人〉の対照ではなく〈知者—民〉の対照が設定されているという，特異な構造が設定されているのだと理解される。

　さらには，以上のような〈諸宗教から一なる信仰へ〉という道筋は，一方において，その論理的かつ歴史的な〈基底〉として，形而上学的

---

potest qugeri; et ideo nostra fides est ex participatione absolutae fidei（信仰は増強されることが可能である。それゆえにわれわれは，増強されることが不可能な信仰をもっていることはない。従って，われわれの信仰は，絶対的な信仰の分有から成立しているのである）。

　79）　*De doct. ign.* III, 11, p. 154, 20f., (n. 248)（岩崎，大出訳 207 頁）: Saepissime in antehabitis replicatum reperitur minimum maximo coincidere. Ita quidem et in fide, quae simpliciter maxima in esse et posse（最小なものが最大なものに合致するということは，前述したことの中できわめてしばしば述べた。この事情は現実的にも可能的にも端的に最大な信仰においてもまったく同じである）。

には〈一性〉（unitas）を，宗教的には始源的かつ終末論的な〈一なる信仰〉（una fides）を前提にしつつ，他方において，現実としては，〈多様な儀礼の中に一なる宗教が〉がすでに現に諸宗教の間に存在していることを主張するものである[80]。従ってこの主張は多様なる現状をそのまま容認してすますものではなく──もしそうであれば無関心主義につながるだろう──，同時に，しかしながら〈一〉または〈一なる信仰〉という将来の〈目的・終点〉に今直ちに到達せねばならないと要求しているわけでもない──もしそうであれば迫害と争いにつながるだろう。すなわち，基底かつ目的である〈一〉を確認した上で[81]，それへの関係をたえず視野に入れつつ，同時に〈現実の多様性〉のそれなりの〈推測的な合理性と価値〉を容認するのである。ここには，『推測について』で詳述されている，（キリスト教徒に限らない）人間一般の理性能力へのクザーヌスの"信頼"が重みを持って働いているということも，見逃すべきではないだろう[82]。さもなければ，〈目的成就までの時〉に耐えられないであろうからである。

　このようなクザーヌスの姿勢は，決して無原則的現実主義ではなく，むしろ真の意味での現実主義と言えるだろう。そして，このような思想の発端として，1450 年執筆の『精神について』冒頭の次のような哲学者の発言が記されていたのであろう「私は，これほどに多様な肉体の中に一つの信仰が存在していることに驚いている」[83]。さらに言うならば，

---

80)　以上の考察によって，*De pace* 冒頭近く（1, n. 4, p. 5〔八巻訳 586 頁〕）の大天使の言葉「あなた〔神〕はさまざまな民族にさまざまな預言者と教師を派遣されてきておられ，それもあるものにはあるときに，ほかのものにはほかのときに派遣されています」は，単にキリスト教の"歴史"について述べたものではなく，全世界における全ての宗教の開祖，指導者を〈一〉なる神に仕える預言者・教師として捉え，従ってまた全ての宗教を〈一〉なる信仰の多様な〈儀礼〉の体系として捉える，というクザーヌスの思想を，すでに暗示するものであったことがわかる。

81)　cf. *Sermo* CLXVIII（1454 年），p. 219, n. 2, 10- n. 3, 6:「彼（神なる工匠）においては，α と ω が，根源・始源 principium と目的・終り finis が合致する。この合致がそれ自体において考察されるならば，それは三原因的な一性としての平和である。なぜならば，作用因と形相因と目的因は一にして三なる原因なのだからである。つまり，汝が作用因をしっかりと注視するならば，そこに汝は形相因と目的因を見出すのである」。

82)　この〈推測〉については，本書第 III 部第 1 章を参照されたい。また坂本堯は，Sakamoto: *Die Würde des Menschen bei Nikolaus von Kues*, S. 274 で，クザーヌスにおける宗教の多様性容認の根拠は coniectura としての認識にあると指摘している。

83)　*De mente,* 1, n. 45, 17:'admiror omnium finden unam〔unam religionem ではなく〕in

第1章 〈信仰の平和〉という思想　　453

この文章の背後には，クザーヌス自身がローマで執筆時に得て後にまで
続く〈イディオータ体験〉とでも称すべきものがあったのではなかろう
か。

4 〈信仰の平和〉(Pax fidei)

　前節での〈信仰〉についての考察に基づいて，最後に〈信仰の平和〉
なるテーマを考察することにしたい。そこで先ず〈平和〉(pax)の意味
を把握することから始めよう。これには，言うまでもなく物理的な争い
や戦争の無い現実という意味がある。さら人間の精神的な面において悪
意や争いが無いという内面的意味もある[84]。これに対して，『信仰の平和』
末尾で「万人の名前において〈一なる信仰〉を受け入れ，その上に永続
的平和を確立すべし。そうすれば万物の創造者が平和のうちに賛美され
るであろう。彼こそ永遠に祝福されるべき方であるのだから」[85]と言わ
れる時の〈平和〉は，すでに見たように終末論的な文脈の中に置かれて
いるのであるから，上の二種の〈平和〉とは別のものと考えるべきであ
ろう。
　この点を検討するために，『信仰の平和』執筆の翌年である 1454 年
のクリスマスになされた「説教 168」の中で〈平和〉について説明して
いる一節を引用する。

　　今ここで述べておきたいことは，絶対的な平和というものが存在す
　　るのであり，そこにおいては一にして三なる神のみが見出されると
　　いうことである。〔…〕なぜならば，神が平和として存在するとい

────────────

tanta corporum diversitate' 哲学者はこの時，ローマのある橋の上で，世界中から記念贖宥の
ために巡礼して来た多数のキリスト教徒の〈民〉衆を目のあたりにしつつ，こう語っている。
この箇所のテキストは，本書第 VI 部第 2 章 1 に引用してある。
　84)　以上の二種の意味は，*De pace*, 16, n. 60, p. 56（八巻訳 632 頁）; 18, n. 66, p. 61（八
巻訳 637 頁）。
　85)　*De pace*, 19, n. 68, p. 63, 3-5（八巻訳 638 頁）: omnium nominibus unam fidem
accepterit et super ipsa perpetuam pacem firment, ut in pace creator omnium laudetur in saecula
benedictus.

454 V　宗教寛容論

うことは，神が三一的原理であることに他ならないからである。それゆえに私は言う，それなしにはいかなるものも存続できないものとしての神的な平和が存在すると。つまり，被造物の原因であるあらゆる物が相互に平和的に結び付けられているということは，必然なのだからである。ところで平和は合一であるように思われる。平和は合一し，他の媒介によって合一となるので，そこにおいて極端のものが安らうことになる媒介というものが存在する。それ故に平和は，万物が流れ去ってしまうことのないように中心に向けてそれを結び付けている結合として存在するようにも思われる。調停者は媒介者とも呼ばれるではないか。運動は静止に他ならない。なぜならば，運動においては静止だけが見いだされるのだからである——時間においては今だけが見いだされるのと同様である。だから考えてみたまえ，平和が純粋であることが可能であるのは，それが自己自身に由来するものであって，神的なものである場合だけであることを，また，いかなるものも平和を欠いては存在することができないことを，そして，ものが存続しているかぎりは，それが平和を分有しているのであることを。平和なしには何ものも存続しないのであるから，平和が熱望されないことは不可能なのである。〔…〕平和は両極端なものの合致にしか見出だされえないのである[86]。

　この一節においてとくに注目すべき点は，〈絶対的な平和〉が存在し，それが〈神的な平和〉であり，それなしには何ものも存続できない，とされていることである。さらに見逃すべきでないもう一つの点は，〈平

　86）　*Sermo* CLXVIII, n. 4, 10- n. 5, 16; 6, 2f: Hoc solum pro nunc dixisse volo pacem absolutam esse, in qua solum reperitur Deus trinus et unus, quia Deum esse pacem non est nisi ipsum esse unitrinum principium. [...] Dico igitur pacem divinam esse, sine qua nihil subsistere potest. Nam quod omnia, ex quibus sunt creaturae, ad se invicem pace vinculentur, ut quietentur et subsistant, est necessarium. Pax autem videtur esse unio. Pax enim unit, et medio aliquo unio fit, et illud medium est, in quo quietantur extrema. Unde pax nexus esse videtur, per quem centraliter omnia nectuntur, ne defluant. Pacificator mediator dicitur. Motus non est nisi quies. Nam in motu non reperitur nisi quies. sic in tempore non nisi nunc. Et ita cosidera, quo modo pax non potest esse pura nisi ut est ipsa per se et divina, et non potest esse quicquam expers pacis, et res inquantum subsistit, intantum de pace participat. Non potest pax non desiderari, quia sine ea nihil subsitit. [...] Non potest pax videri in coincidentia extremorum.

和〉は両極端なものの合致においてのみ見出される，とされていること
である。この点からクザーヌスが，上で指摘した二種の〈平和〉をも視
野に入れつつ，この〈絶対的な平和〉を構想していることが明らかであ
る。

　さらに，同じ「説教168」には，「神性の人間性との合一は最高の平
和である」[87]という一節もある。これがイエス・キリストのことを指し
ているのは言うまでもない[88]。

　するとこの〈平和〉は，もはや〈争いや悪意が無い〉というような否
定的定義で示されうるものではなく，むしろ肯定そのもの，従って人間
の〈目的〉そのものであろう。『神を観ることについて』の末尾で，「あ
なた〔主なる神〕は愛の水脈も，平和の水脈も平安の水脈も隠すことは
ありません」[89]と述べられているような〈平和〉であろう。そしてこれ
は〈神にして人であるキリスト〉でもある〈平和〉であるゆえに，ただ
神のもとに存在するというものではなく，今，すでにこの世界に働き
かけているダイナミックなものとしても捉えられているはずである[90]。
それゆえに，先にみた第一と第二の，否定的定義で示されうる〈平和〉
とは，実はこの〈平和〉の分有された姿であり，言わば〈似像的平和〉
（pax imaginalis）と表現できるものであるだろう。

　以上のようにこの『信仰の平和』における〈平和〉の意味を捉えるこ
とができるならば，この著作のタイトルであり主題でもある〈信仰の平
和〉はいかなる意味を持っているのだろうか。第一には，言うまでもな
く，一般に理解されているような「諸宗教間の争いのないこと」を，さ
らには「諸々の信仰間の平和」（pax in fidebus）を意味している。しか
し単にこれだけの意味にとどまらない。第二には，「信仰によってもた

　87）　Ibid. n. 6, 35: Unio deitatis cum humanitate est suprema pax.

　88）　このクリスマスになされた説教の中には，キリストのことであることが明白である
ゆえか，命題的に〈平和とはキリストである〉という文章は見当たらない。しかし「このキ
リストという平和」haec pax Christi という表現は，上の引用のすぐ後に存在する（Ibid. n. 7,
1）。また，Sermo CCXII（1455年），n. 17, 11f. には，‘Christus est nostra pax’（キリストはわ
れわれの平和である）という言明が存在する。

　89）　De vis. 25, n. 119, 10f.（八巻訳153頁以下）。

　90）　上でも引用した「説教168」においては，「三原因〔作用因，形相因，目的因〕的
一性としての平和」‘pax tricausalis unitatis’（Sermo CLXVIII, n. 3, 1f）と述べられてもいる。

456　　　Ⅴ　宗教寛容論

らされる争いのない状態」（pax fide）をも意味しているだろう[91]。

　さらには，以下のような構造も見出すことができるのである。すなわち，すでに見たように〈信仰はキリスト〉であり，また〈平和もキリスト〉であったゆえに，キリストを介するならば〈信仰は平和である〉ということも言える。実際，初期の「説教16」では，ジェルソンに依拠しつつ「信仰とは信じるべきものにおける平和である」とされているのである[92]。

　このように〈信仰は平和である〉あるいは〈信仰という平和〉という把握がクザーヌスにおいて成立しているのであれば[93]，〈pax fides〉と表現されうることになる。かくして『信仰の平和』における〈信仰の平和〉は，以上三種の意味を同時に所有していると言えるだろう。

　改めてこの三義性の中で第一の〈信仰における平和〉を捉え直すならば，1453年の現実の中でこの〈諸宗教間および諸信仰間の平和〉がクザーヌスにとって焦眉の要請であったとしても，〈平和〉という語の表面から理解されやすいものとしてのスタティックなそれが求められているわけではないであろう。むしろ第三の〈信仰という平和〉を〈目的・終点〉とするパースペクティヴを構築した上で，それに向かってのダイナミックな〈平和〉が考えられていたはずである。すなわち〈信仰という平和〉に向かっての〈信仰における平和〉ということになるのである。

　また，第二の〈信仰によって構築する平和〉もクザーヌスの生きて奮闘していた現実と密接に関わっている。彼は，ヤスパースが言うような，イスラーム・トルコとの関係を「信仰戦争という誤った前提にたって[94]」捉えていたというようなことは決してないだろう。そのことはすでに考察した冒頭近くの文章からも，また先に言及したセゴビアのヨハネへの手紙の中で，ヴェネチアをはじめとするイタリア諸都市がトルコとの連携を求めて動いていることを知っているという記述[95]からも，十

　91）　以上の二種の意味は，*De pace*, 1, n. 6, p. 7. の行文に見られる。

　92）　*Sermo* XVI (1432-35?), n. 17, 2f.: 'Fides [...] est pax in credendo'

　93）　これは，文法的には 'pax fidei' という属格の主格の意味から導き出されることであり，つまり，〈fides〉が〈pax〉を生み出すという意味が表現されているということになる。

　94）　Jaspers, op. cit. S.179（薗田訳 260 頁）。

　95）　ハイデルベルク版クザーヌス全集 h VII, p. 94-96（ドイツ語訳 S. 66-69）。

第 1 章 〈信仰の平和〉という思想 457

分にうかがわれる。彼は戦争や争い一般の現実と本質については十分に
弁えていたはずである。むしろその上で，彼は戦争や争いをあえて〈信
仰〉によって〈平和〉へともたらそうと努めたのであろう。

　このことは，この著作執筆の翌年に認められた上掲のセゴビアのヨハ
ネに宛てた手紙からも明らかである。この中で彼は，「彼ら〔トルコ人〕
と戦争をするよりも対話をする方がよいと私は確信している」と強調し
つつ[96]，同時に，コーランの中にキリスト教の教理と共通するものを探
して，それを共通の土台として〈平和〉を構築するべきであると記して
いるのである[97]。そして実際に彼は，この著作の後，1460 年から 61 年
にかけて『コーランの精査』という書物をまとめて，かつてセゴビアの
ヨハネへの手紙に書いたとおりに，コーランの内容にキリスト教と共通
するものを探し出そうと努めているのである[98]。

　つまりクザーヌスは，人間一般としての〈民〉が〈イディオータとし
ての民〉になり，さらに共通の〈信仰〉をもち〈神の民としてのイディ
オータ〉となれば，第三の〈信仰という平和〉を共に目指すようにな
り，そのことによって悲惨は消滅に向かい，永遠の〈平和〉が成立す
る，と考えているであろう。従って第二の〈信仰による平和〉もまた，
第三の〈信仰という平和〉を〈目的・終点〉とするパースペクティヴの
中で構想されているのである。

　『信仰の平和』における〈信仰の平和〉を以上のように捉えることが
できるとすれば，確かにこれが眼前の諸状況と密接に関わっていて，そ
の状況を克服するために構想されたものであるとしても，その内容のす
べてが眼前の諸状況に限定された妥協論なのではない。これは素材を
〈近接〉に求めてはいても，テーマと到達目標は〈遠大〉である。さら
に同時に，この〈遠大〉であることを非現実的とみなして済ますことは
できないであろう。ガンディヤック（Gandillac）は『信仰の平和』の
ことを，千々に分裂した現実の西欧キリスト教世界の中でクザーヌスが
夢みたほとんど補償夢である，と言っているが[99]，それは事後的な判断

---

96)　Ibid. p. 100, 13f.（ドイツ語訳 S. 74f.）。
97)　例えば，Ibid. p. 99, 22-25（ドイツ語訳 S. 73f.）。
98)　この点については，次の 2 章で扱っている。
99)　Gandillac, *una religio in rituum varietate* in: *MFCG* 9, S. 104f.

458　　　　　　V　宗教寛容論

にすぎず，実践の人であり行動の人でもあるクザーヌスが，単にこのような目的のためにこの著作をものしたとは考えがたいのである。

　すでに見たように，〈目的〉としての〈信仰の平和〉が終末論的な意味をもっていることを考慮すれば，これは，自分自身をも〈神の民としてのイディオータ〉の一人であると捉えていたクザーヌスが[100]あえて打ち立て保持した，正しく〈信仰（信念）としての目的・理想〉であると解釈すべきであろう。同時に確認しておきたいことは，彼は〈論理での一致〉が現実の〈信仰の平和〉を成立させると単純に考えているわけではないということである。それは『信仰の平和』の末尾の記述が示しているところである[101]。しかし論理および思考において一致が確認されていれば，たとえ現実の〈民〉の間に未だ不一致が存在しているとしても，一致への展望は維持されやすく，大きな説得力を発揮することは明らかである。ここに，理想家にして現実家としてのクザーヌスの深い思索の所産として，『信仰の平和』という著作の，21世紀の初頭においてもなお認めうる独自の存在意義があると言えるであろう。

　100）　この点については，本書第VI部第2章6を参照されたい。
　101）　前註68の箇所。

第 2 章

宗教寛容の哲学

―――――――――

は じ め に

本章の課題は，前章での考察の到達点に立って，さらに広くクザーヌスの〈寛容思想〉全般について，それの特質を明らかにすると共に，それの哲学的根拠ならびにそれの思想的射程を解明することにある。

「寛容思想」というような，自ずと社会的・歴史的に大きな影響関係のなかに立つものを考察する際に，とかくそれ自体をそれとして客観的に考察することを怠り，安易に後世からのパースペクティヴの中に据えて見る傾向がある。しかしわれわれは，その方法をとらないことを，予め断っておきたい。結論を先取りする形で少し具体的に述べるならば，〈寛容思想〉といっても，それは後のヨーロッパの啓蒙時代における〈寛容〉とは必ずしも同じ意味ではない。自らの内に存在する〈弱さ〉を顧みながら〈他者〉を耐え忍ぶ（tolerare）という，より広く深い地平で成立するもののことである。

つまりわれわれはここで，クザーヌスが展開している思惟の内的論理を明らかにした上で，われわれもまたそれに則って考察しぬくことによって，それが本来含意している〈寛容〉の思想を明らかにすることを試みたいのである。この方法は，後に見るようにクザーヌス自身の思惟によっても支持されるであろう[1]。

―――――――――
　　1)　後に「信仰における相対化」に関わって論ずる〈pia interpretatio〉という方法を支える思惟である。

1　終生のテーマとしての寛容思想

さて，クザーヌスの〈寛容思想〉は確かに，1453 年にコンスタンティ
ノープルがイスラーム・トルコによって征服されたことを契機として著
された『信仰の平和』に典型的に示されているのであるが，しかしその
思想の前提を形成するものとしての彼のキリスト教以外の諸宗教に対
する関心そのものは，この事件に際して初めて生じたというわけではな
い。それはほとんど，彼の聖職者・思索者としての活動の開始と共に生
まれている。これは，彼の最初期の説教にもすでに明らかに見てとれ
る。例えば 1431 年になされた「説教 2」の中で次のように説かれてい
る。

　　彼〔キリスト〕がこのようにして，説き明かし，また自分およびキ
　　リストの使徒を通して人間の心のなかに自己という種を蒔きつつ自
　　らを現した時に，この〔キリストという〕〈言葉〉は全世界に受け
　　容れられたのである。というのも，キリストが処女マリアから生ま
　　れた神の子であることは，全世界で信じられているからである。イ
　　ンド人もこれを信じている，マホメット教徒も，ネストリウス派
　　も，アルメニア人も，ヤコブ派も，ギリシア人も，そしてわれわれ
　　自身である西洋のキリスト教徒も，これを信じているのである。タ
　　タール人さえもこれを批判してはいない，否むしろ，それと気付い
　　てはいないけれども，彼らもまた共に信じている。昔の人々が長く
　　待ち続けていた真のメシアがキリストにおいてすでに到来したこと
　　を信じない民族は，今日，全世界に，ユダヤ人を除いて存在しな
　　い。彼らだけが，メシアはこれから来ると信じているのである[2]。

このような早い時期からクザーヌスが諸宗教の調和に関心をもってい
たことについて，また，とりわけイスラームに対して強い関心を抱いて

---

[2]　*Sermo* II, n. 8, 1-14.

第2章　宗教寛容の哲学　　　461

いたことについては，後年の彼自身の明らかな証言が存在する。すなわち，ビザンツ帝国が滅亡に追いやられて西ヨーロッパに対するイスラームの脅威がさらに強まっていた1461年末から1462年の始めかけてまとめられたと推測されている著作『コーランの精査』の冒頭で，彼は以下のように記している。

　　私はできる限りアラビア人の法典について理解を深めるべく努力をして来た。その法典の，クリュニーの修道院長であるペトルスによってしつらえられた翻訳を，あの高貴なアラビア人たちの書簡集と共に，私はバーゼルで手に入れたのである[3]。

　クザーヌスはバーゼル公会議に，1432年の初めから公会議が分裂に至る1436年まで参加していたから，いずれにしても上掲の説教からほど遠からぬ時期に，本格的にイスラームについての研究に入る準備を整えていたことになる。そしてその研究は，イスラームに対する一方的な攻撃，反駁ではなく，キリスト教との共通点をできるかぎり見出そうという調和的なものとして展開されたのであり，それが上掲の『信仰の平和』および『コーランの精査』という著作として結実したわけである。
　彼のこの早い時期からの関心はまた，実際に1433年頃から書き始められた著作『普遍的協和』にも，次のように姿を現している。

---

　3)　*Cribratio Alkorani*（以下，*Crib. Alk.* と表記する），Prologus, n. 2, p.5, 2-4. この引用文に記されているコーランの翻訳とはケットンのローベルト（Robertus Kettenesis）によるラテン語訳のことであり，これは当時の西方キリスト教世界で著名な翻訳であった。また書簡集とは，元来はアラビア語で著されたキリスト教の側からのイスラームに対する護教書のことであり，それがラテン語訳されて *Epistula Saraceni* と *Rescriptum Christiani* として，やはり当時よく用いられていたものである。また，クザーヌスのイスラームへの関心は，バーゼルで共に仕事をしたスペイン出身の神学者ヨハンネス（Iohannes de Segobia）によって喚起されたと言われる（Hagemann, *Nicolai de Cusa Cribratio Alkorani Sichtung des Korans* I: Anm. 15（S. 104）および Naumann, *Sichtung des Korans,* Einführung（S. 6））。しかし上掲の「説教2」の存在を前提にすると，その関心がヨハンネスによって強められるということが確かにあったとしても，彼との出会いに先立ってすでにクザーヌスの内にそれが存在していたことは明らかである。むしろ，彼が1417年から1425年まで，当時の「世界」の中心地の一つとして，人と物資の交流の盛んであったイタリアのパドゥアに留学しつつ当時の人文学者と親交を結んでいた時に，この関心が育まれたと考える方が適当であろう。

アフリカ地方に滞在し，そこの公会議の決定に署名した 205 名の
司教の中にも，また東方にも，唯一の正統的なキリスト教徒が存在
しなかったという事実にもかかわらず，またわれわれのキリスト教
信仰には多くの離教者と様々な異端が存在するという事実にもかか
わらず，しかしながら一つの真なる信仰が，離教者と異端者のいか
なる教派よりも広く拡がっているのである。そしてこの証拠となる
事実だけで，すべての邪悪な異端を打ち破るのに充分である[4]。

　この，神聖ローマ帝国内での分裂状況を克服する方策を提案するため
に書かれた書物としての『普遍的協和』においてクザーヌスが念頭に置
いている宗教は，当然のことながらキリスト教に限定されている。しか
しながらここにはすでに重要なことが明言されている。つまり，外見的
には互いに相違し，激しく対立している離教者と異端の間にも，それ
らを超えてあまねく〈一なる真なる信仰〉が拡がっているというのであ
る。
　さらに，すでに言及した『コーランの精査』の執筆年代からも分かる
ように，彼の諸宗教の調和への関心は晩年にまで続く終生のものであっ
た。そしてさらに象徴的なことには，彼は自らの最期をまさにイスラー
ムとの関わりのなかで迎えたのである[5]。従って〈宗教寛容〉の思想へ
の取り組みは，クザーヌスの哲学的生涯のほぼ全過程にわたって展開さ
れているのであり，その哲学の基本構造の一つとなっているものである
とみなしうるのである。それゆえにわれわれはこの小論において，この
思想を彼の哲学的営為のなかに正しく定位させると共に，逆に彼の哲学
からこの寛容思想を理解する必要性を見出すのである。

---

　4)　*De concordantia catholica*, I, 13, n. 55, 14-19: "Licet de ducentis et quinque episcopis,
qui in Africanis partibus commorarunt et se in conciliis subscripserunt, nullus christianus sit, neque
in orientalibus partibus, tamen inter tot schismata et varias haereses in fide christiana nostra haec
unica vera fides diffusior est quam aliqua secta schismaticorum aut haereticorum. Unde ex hoc
unico augumento omnis haeretica pravitas victa iacet"（下線は引用者）.
　5)　彼は，長上であり旧友でもあったピウス二世教皇の対イスラーム政策への協力を余
儀なくされて，すでに非現実的となっていた十字軍の集結地アンコーナに向かう途中で死去
した。

第 2 章　宗教寛容の哲学　　463

2　「多様な儀礼のなかに一なる宗教が」

1　宗教の定義

　クザーヌスの〈寛容思想〉について著者はこれまでいくつかの研究を
発表して来ているので[6]，ここではまず端的に，この思想の主要な論点
を定式化して示すことにする。そこで初めに挙げるべきものが，〈多様
な儀礼のなかに一なる宗教が〉という，『信仰の平和』の冒頭に[7]示さ
れているものである。この書物の状況設定によれば，この句は，「諸宗
教の差異ある儀礼のゆえにきわめて凶暴なものになっている〔コンスタ
ンティノープルにおける〕迫害」を制止するべく，天上に集められた各
民族の代表者たる知者たちが，神にその助けを求めて呼びかける中で語
られるものである。その行文は次のようになっている。

　　もしもあなたがそのおつもりになって下さりさえすれば，殺戮と激
　　しい妬み，およびあらゆる悪が止むでありましょう。そして，多様
　　な儀礼のなかに一なる宗教が存在しているということを，万人が認
　　識することになるでしょう。また，たとえ儀礼のこの相違が取り除
　　かれることができないとしても，あるいは，たとえその差異が敬虔
　　さの増大となるように役立たないとしても［…］あなたが一なるお
　　方であるのですから，少なくとも一なる宗教および一なる崇拝習慣
　　があるべきなのだということを，万人が認識することになるでしょ
　　う。

　ここでは二つの重要なことが言われている。第一には，世界の諸宗
教で崇拝されている対象が同じ一つの神であるということ[8]，第二には，

---

　6)　例えば，本部 1 章ならびに 3 章に収載している二つの論考等。
　7)　una religio in rituum varietate: *De pace*, I, n. 6, p. 7, 10f.（八巻訳 587 頁）。
　8)　これについては，少し前で（Ibid., n. 5, p. 6, 9f. 日本語訳 586 頁）でより明確に，「万
人が崇拝しているように見えるあらゆるものにおいて，実はただお一人あなただけが尊敬さ
れているのです」と。

464　　　V　宗教寛容論

宗教儀礼は異なっていても同じ一つの宗教活動がありうる，ということである。

　まず第一の点について考察してみよう。世界のもろもろの宗教がその在り方において多様であることは，クザーヌスの時代においても現代においても，論をまたない事実である。そして，この多様であることは，ある特定の宗教を信仰している者にとってはけっして些細なことではない。なぜならわれわれ人間は，自らにとって切実なものについて或る一定の在り方に慣れ親しんでいればいるほど，それ以外の在り方にも同等の存在意義があるとは考えにくい，という傾向をもっているからである。端的に言うならば，自己の信じる宗教とは異なる在り方をしているものが，本質的には自己の宗教と同じく宗教である，とは考えにくいということである。

　このことは，例えばアウグスティヌスの『神の国』の第6巻から第8巻までの叙述が如実に示している通りである。ここでアウグスティヌスは，ローマの学者マルクス・ヴァロの『人事と神事との故事来歴』の内容を検討しつつ，古代ローマにおける宗教がいかにキリスト教と本質的に異なったものであり無意味なものであるかを，激しい言葉をもって論じているのである[9]。このような事実を前にする時に，世界の諸宗教において崇拝されている対象が同じ一つの神であるとみなすクザーヌスの態度が，いかに容易なものでなく，また独特のものであるかが明らかになるだろう。

　ではどのようにして彼は，極めて多様な現象の背後に本質を見抜こうと試みるという，この困難な方法を手に入れたのだろうか。それは，そ

---

　9)　Augustinus, *De civitate dei*（以下，*De civ.* と表記する），VI- VIII，[日本語訳は，野町・茂泉訳『神の国』(2)（アウグスティヌス著作集 [教文館] 第 12 巻)]。その一例は以下のとおりである。「ヴァロのこの著書は諸般にわたるものであり，しかもそれらがきわめて巧みに次から次へと区分され整然と配列されている。だが，そこに，永遠の生命に至る方途がふれられていはしないかと全体をくまなく探してみたところで，それは無駄である。[…] つまり，ここで取り扱われている神事なるものが，はじめから人間なりダイモンどもによって仕組まれたものなのであって，それも異教徒たちは，良きダイモンということを言うがそんな類のものではなく，はっきりいえば，不浄な，疑いなく悪質な妖霊どもの仕業なのである」(Ibid., VI, 4, [CCSL, XLVII, p.216; 日本語訳 36 頁]。なお，クザーヌスは『信仰の平和』を著すにあたってこの本に依拠したところが多い（とくにヴァロについての記述の情報源として）とみなされている（*De pace* のハイデルベルク版テキストの praefatio [h VII, p. xxxvi]）。

れぞれの宗教における信仰の有り様に，虚心坦懐に目を向け耳を傾けることによってであった。すでに註で言及したように，クザーヌスが考究の手掛かりとしているのは，アウグスティヌスがほとんど口をきわめて論難していると言っても過言ではない形で紹介しているヴァロの研究であるが，それをクザーヌスはキリスト教世界の権威者であるアウグスティヌスの議論にとらわれることなく，むしろそれを超えて冷静に読み取っているのである。確かにヴァロの記述のなかには，アウグスティヌスによって軽蔑されても仕方のないような，奇妙でグロテスクなローマの宗教の有り様が描かれている。しかしクザーヌスは，そのようなものの背後に，否，それどころかクザーヌスの時代のイスラームのような，自己の宗教に敵対するものとして現れる宗教のなかにすら，以下の引用が示すように，自分たちの信仰と同一の信仰が存在していると考えたのである。

> 人々が追求しているように見えるあらゆるものにおいて，彼らは実は善のみを追求しているのでして，その善こそがあなた〔神〕なのです。［…］その真なるものがあなたなのです。［…］生命の授与者であり存在であるあなたこそ，多様な儀礼において異なって探究されているように見える当のお方であり，さまざまな名称で呼ばれている当のお方なのです[10]。

どんなに野蛮に見える民衆も，その馬鹿げた振る舞いをとおしてさえも，共通して善，真，永遠な生命を求めているというのであり，その善，真，生命が同一な神であるというのである。

しかしながら，この把握を成立させる思惟の構造はそれほど単純なものではない。クザーヌスはその考察を『信仰の平和』第四章以下で，天上の会議に召集するメンバーとして，あえて諸宗教の聖職者ではなく，各民族のなかで最も賢い人物，すなわち〈哲学者・知恵を愛する者〉である，という設定をして展開している。それは，あらゆる〈知恵〉の探究が〈一なる知恵〉の存在を前提にしてはじめて成立するものである，

---

10)　*De pace*, I, n. 5, p. 6, 11-16（八巻訳586頁）。

466 Ｖ　宗教寛容論

ということを明らかにすることを目的としているものである[11]。これが，新プラトン主義に特徴的な〈多が一を前提にする〉また〈一が多に先立つ〉という〈一－多〉のシェーマ[12]に基づいていることは見やすいところである。しかし，この場合の〈多〉は〈存在論〉そのものの地平でのことではなく，「知恵」，「善」というそれ自体の本質を存在以外にも有しているものであるゆえに，互いに何らか共通性（すなわち「知恵」「善」の本質）を有するものとして存在するものでなければならない。具体的に言うならば，極めて多様な諸宗教の有り方のなかで探究されているものがそれぞれの「知恵」であるとしても，その多様な「知恵」が互いに「知恵」として何らかの共通性を有しているゆえに，相互に〈多〉の関係に立つものである，ということが明らかでなければならないということである。この点についてクザーヌスは充分に認識してはいないようだ。彼は無造作に次のように言う。

　　白色が現実に存在しなければ白いものが存在しないのと同様に，神性が存在しなければ神々も存在しないのである。したがって神々を崇敬することは神性を是認することなのである。また複数の神々の存在を説く人は，それらすべての神々に先行して存在する一なる根源の存在を説いていることになる[13]。

　しかし，ここで問題になることは，「白いもの」についてなら誰でも容易に「白いもの」と是認できるとしても（いまは純認識論的な懐疑は措くこととする），それと同じように，はたして全ての「宗教」の有り方を見て，そのそれぞれが「宗教」であると，誰でも容易に是認し一致できるかどうかということである。上に見たアウグスティヌスは，まさしくこれを否定していたのである。

---

　11)　結論的には，「あらゆる人間が，彼らが前提しているものとしての一なる絶対的知の存在することを，汝らとともに告白することになるのである。そして，それが一なる神なのである。〔…〕したがって知性によって生気づけられているすべての人にとって，宗教および祭祀は一なるものである。そしてそれは，もろもろの儀礼のあらゆる差異のなかに前提されているのである」(Ibid. VI, n. 16, p. 15, 12-17; 八巻訳 594 頁以下)。

　12)　この語はゼンガーの著者宛ての手紙（1989 年 8 月 18 日付け）での教示による。

　13)　*De pace*, VI, n. 17, p. 16, 8-11（八巻訳 595 頁）。

第 2 章　宗教寛容の哲学　　　467

　しかしクザーヌスはこれを是認する[14]。だがそれは，個々の宗教の内容を検討した結果としてではない。なぜなら，互いにかくも相違した多様な有り方があるからこそ，問題が起こっていたのであるから，そもそも内容を互いにつき合わすことによって，それらが互いに〈多〉の関係に立つことを明らかにすることは不可能である。結局ここには，論証に基づかない，クザーヌスの〈信〉が働いているのである。何と深い人間への信頼であろうか。

　とは言えこの信頼は，けっして単純なオプティミズムに基づくものではない。むしろ現象的にはそれに反するような数々の事例を目の当たりにして，人間がいかに〈弱い〉存在であるかを知悉したところに成立している信頼である[15]。

　ところで，クザーヌスが上述の〈信〉に拠って立つ時に，初めて得られる一つの哲学的視点が存在すると，私には思われる[16]。それは宗教というものを，トマス・アクィナスが言っているように「神を祀ることが宗教と呼ばれる」[17]として捉える一般的理解にとどまらずに，それをいわば人間の生の構造において姿を現すものとして捉える，という視点である。つまり，その内容がいかなるものであれ，すなわちその内容においていかに甚だしく互いに相違しているものであれ，そしてまた，それ

―――――――――

　14)　ここでクザーヌスは興味深いことに，アウグスティヌスに従うよりも，むしろその批判の対象であるヴァロに従っていることになる。そして，ヴァロの「自然的神学」(Theologia naturalis)（De civ. VI, 5, [op. cit, p. 64; 邦訳 41 頁]）の方法に従って，多様な現象の背後に共通の一なる神を見出そうとしているのである。このクザーヌスの態度には，ルネサンスの人文主義的態度が表れているだろう。またクザーヌスは，1440 年執筆の De docta ignorantia『覚知的無知』冒頭（I, 7, 岩崎・大出訳 21 頁）ですでにヴァロのこの書物に言及している。

　15)　これについては，『信仰の平和』において使徒パウロが論及している。前章 2 を参照されたい。

　16)　この意味での「信」は，Seinsglaube と Offenbarungsglaube というクザーヌスの二種の〈信仰〉概念のうちの前者にあたるだろう。これについてクザーヌスは「われわれの先人はすべて，信は知解の始まりであると，一致して主張している」と記している（De doct. ign. III, 11 p.151, 26)（岩崎・大出訳 203 頁）。二種の「信仰」概念ついては，Euler, Unitas et Pax - Religionsvergleich bei Raimundus Lullus und Nikolaus von Kues, S.197.

　17)　Thomas Aquinas, Summa contra gentiles, III, c. 119 (S.180): Dei cultus religio nominatur. この定義はさらに以下のように続く。「なぜなら人はこのような行為によって，自分が神から離れることがないようにと自己を拘束するのであり，また自己が神に義務付けられていることになんらかの本性的な刺激によって気付いて，その結果自己の存在およびあらゆる善きものの原理である彼に対して畏敬の念を向けるのである」。

468 　 V　宗教寛容論

ぞれの人間がその生活の仕方においていかに相違していようとも，人間
が自らは実現できないものに向かい，またそれを熱心に希求するという
営みを共通に有しているという構造に注目して，そこにクザーヌスは
〈宗教〉を捉えているように思われる。このことを証左するであろう内
容が，『信仰の平和』に以下のように見出される。

　　万人に共通のこの希望〔永遠な生としての至福〕は，本有的希求に
　　由来しているのであり，同様に万人に本有的なものとして現存して
　　いる宗教がその希求を得ようと努めているのです[18]。

　ここで「本有的宗教」と訳したのは 'connata religio' という語であり，
これについてクザーヌスは，この書物より三年前に著した『精神につい
て』の中で次のようにも記している。

　　われわれの内なる本有的宗教が，今年これら無数の民をローマに
　　〔巡礼として〕導いたのであり，また哲学者たる君を激しい驚嘆に
　　導いたのである。この宗教は，この世界においては常に互いに異
　　なった様態で現れてきているのであるが，それが，われわれには本
　　性的に自己の精神の不死性が与えられていることを明らかにするの
　　である[19]。

　ここでは「宗教」が，あらゆる人間が内的に有するものとしての〈至
福を希求することの発現〉，そのような営みとして捉えられていること
が明らかである[20]。そして〈本有的宗教〉は，この世界において様々な

_____

　18）　*De pace*, XIII, n. 45, p. 42, 8-10（日本語訳 619 頁）。

　19）　*De mente*, XV, n. 159 6-8: 'Connata religio, quae hunc innume rabilem populum in hoc
anno Romam et te philosophum in vehementem admirati onem adduxit, quae semper in mundo
in modorum diversitate apparuit, nobis esse naturaliter inditam nostrae mentis immortalitatem
ostendit'.

　20）　さらに，*De coni.* II, XV, n. 147, 5ff. においては，より高次の不死なる目的を様々に
期待する或る種の宗教が本性的に万人に内在している，とも記されている。また，クザーヌ
スが別の機会に挙げている「宗教」religio の三種の語源解釈のいずれもが上の理解を傍証す
るであろう。1）宗教とは神崇拝に人を結び付けるものである（*Sermo* IV, n. 16）。2）宗教と
は（楽園から追放された）人を再び神に結び付けるものである（*Serm*o IX, n. 33）。3）宗教と

様態で現れるとクザーヌスは言うのである。従って，現に存在する様々な宗教は，この〈本有的宗教〉の多様な現れとみなすことができることになる。このようにその構造に注目して宗教を捉えるならば，諸宗教の内容がどれほど異なっていようとも，その相違に目を奪われてしまうことなく，それらが互いに共通の場に立つ〈多〉の関係にあることを認識できるであろう。これが，クザーヌスの依拠した新プラトン主義的〈一―多〉のシェーマの発動の場を支える視点であったのだ。

2 信仰と儀礼

次に，残された第二の点，すなわち，宗教儀礼は異なっていても同じ一つの宗教活動がありうる，というクザーヌスの思想について考察する。しかしすでに上でわれわれは，宗教が至福を希求する精神的営みとして捉えられていることを見たのであるから，この立場からすれば，これからの考察はかなり容易なものとなるであろう。

従来，クザーヌスにおいて〈宗教〉と〈信仰〉がどのような関係にあるかに関しては，『信仰の平和』に記されている文章の解釈をめぐって様々な議論が行われて来ている。典型的には，冒頭近くに記されている「多様な儀礼のなかに一つの宗教が存在している」[21]という文章と，「もろもろの宗教のすべての差異が一つの正統的信仰に導かれる」[22]という文章，およびこの書物の末尾の文章「万人の名において一なる信仰を受け入れるべし」[23]という文章とにおける〈宗教〉と〈信仰〉との関係はいかなるものであるのか，用語が混乱しているのではないかという議論がある。

ハイネマンは，クザーヌスがその著作活動のほとんど最初期に，かなりの謙遜をも込めて「われわれドイツ人は〔…〕本性の力をいわば克服するという大きな努力をして，はじめてラテン語を正しく話すことが

はこの世界の汚れを追放する清潔で汚れのないものである（*Sermo* XXIX, n.6, 22f.）。つまり以上の解釈ではいずれも，一定のヴェクトルをもって人を動かしている事態として宗教が捉えられている。

21) 上註 7 参照。
22) una fides orthodoxa: Ibid. III, n. 8, p.10, 5f.（八巻訳 589 頁）。
23) Ibid. XIX, n. 68, p. 63, 3（八巻訳 638 頁）。

できるのである」[24]と記していることを根拠にして，クザーヌスは『信仰の平和』を執筆する上でもラテン語の能力に欠けるところがあって，'religio' と 'fides' を正確に区別することなく使用しているのだとみなす[25]。しかし，これはおおよそ考えられない議論である。もしそうであるとすれば，長年教皇庁で活動して執筆時にはすでに枢機卿にもなっていた人間が，'religio' と 'fides' というような，自己の活動の本質に関わる用語において混乱するほどのラテン語力しか持たなかったということになるからである。

　ではクザーヌスにとって〈信仰〉とはどのようなものであるだろうか。すでに引用したことのある初期の「説教4」においてこう述べている。

　　信仰は神からの光であり恵みであって，〔人間に〕本性的に内在しているものではない。なぜなら本性とは，自由なしに仕える者のように作用するものだからである[26]。

〈信仰〉が人間に本性的に内在しているものでないのであれば，上で見たように本性的に万人に存在するものとしての〈宗教〉とは当然異なることになる。では両者の関係はいかなるものであるのだろうか。これについて彼は，晩年に著した『可能現実存在』において次のように記している。

　　人は，自分がいわば病人であって自己の希求するものを把握するための能力をもってはいないと確信する程に自分自身に絶望すると，その後に，惑うことなき信仰によってキリストの約束に固着しながら，自分の愛するものへと自分を向け変えるのである[27]。

---

　24)　*De concordantia catholica*, I, praefatio.
　25)　Heinemann, *Einheit in Verschiedenheit -Das Konzept eines intellektuellen Religionenfriedens in der Schrift "De pace fidei" des Nikolaus von Kues,* S.75ff.
　26)　*Sermo* IV n.16, 1-3.
　27)　*De possest,* n. 32, p. 39, 18ff.（大出・八巻訳 48 頁以下）。

第 2 章　宗教寛容の哲学　　　　　　471

　この引用の前半においては，クザーヌスが特に力説する宗教の定義と
しての，本性的に内在する希求としての宗教のことが述べられているの
であり，それに続く後半で，それの目的を自らの力によっては実現で
きないことを悟った時に，はじめて人に信仰が働きだすと，言われてい
るのである。このように宗教と信仰が分けて考えられていることにな
る[28]。この分離は，クザーヌスの〈寛容思想〉の成立において大きな意
味をもつことになるが，それについては後で考察することにしよう。
　ところですでにみたように，宗教とは神を祀ることでもあった。した
がってわれわれは，ここで一般的な理解に立って，宗教とは外的な〈祭
祀〉（cultus）の意味をもつことも弁えておくことが必要であり，この点
はクザーヌスにも妥当する。彼は記している。

　　　知性によって生気づけられているすべての人にとって，宗教および
　　　祭祀は一なるものである。それは諸々の儀礼のあらゆる差異のなか
　　　に前提されているのである[29]。

　この文章は『信仰の平和』のなかで，われわれが目下の考察の出発点
とした文章よりは後の箇所に記されているものであるが，出発点の文章
の後半とほとんど同じ内容を有しており，クザーヌスの一連の考察の結
論という意味をもっている。つまり，ここでは〈宗教〉と〈儀礼〉が分
離されて捉えられており[30]，宗教という祭祀は儀礼をもって執行される
が，その儀礼には多様性が存在すると言うのである。
　この〈宗教〉と〈儀礼〉の関係については，いっそう綿密に考察する
必要がある。だが，そのためには，予めクザーヌスにおける〈儀礼〉と
〈信仰〉との関係を考察しておかねばならない。〈儀礼〉について彼は次
のように記している。

　28）　この点では，トマスの「宗教とは信仰ではなくて，信仰のなんらかの外的なしる
しによる表明 protestatio である」という定義と軌を一にしている。Thomas Aquinas, *Summa
Thelogiae*, II, II, q. 94, a. 1, ad 1.

　29）　*De pace*, VI, n. 16, p. 15, 16f（八巻語訳 594 頁以下）: Una est igitur religio et cultus
omnium intellectu vigentium, quae in omni diversitate rituum praesupponitur.

　30）　クザーヌスが宗教と儀礼を分離してとらえていることについては，クリバンスキー
も簡単に言及している（*MFCG* 16, S.205）。

472　　　　　　V　宗教寛容論

　　それら〔多様な儀礼〕は信仰の真理の感覚的な〈しるし〉として定
　められ採用されているにすぎない。つまり，変化を受け入れるもの
　は，〈しるし〉であって，〈しるしで表わされるもの〉〔信仰の真理〕
　ではない[31]。

　　引用の前半にある定義はキリスト教において伝統的なものであって，
クザーヌスに特有な点は後半である。ここで彼は〈しるし〉としての
〈儀礼〉が変化しても，〈しるしで表わされるもの〉としての信仰の内容
は変化しないと言っているのである。この意味での〈儀礼〉の具体例と
しては，洗礼の秘蹟[32]および聖体の秘蹟[33]が挙げられている。つまり，
洗礼とか聖体拝領というような，キリスト教において本質的とみなされ
ている〈儀礼〉のことを，超自然的な存在としての信仰の内容を表わす
〈感覚的なしるし〉であって，人間の感覚に捉えられるべく存在するも
のであるから〈儀礼〉のあり方が変化しても構わない，あるいは多様で
あってもよい，と彼は考えているわけである。
　　しかしながら彼は，〈儀礼〉の意義を軽んじている訳ではなく，同時
に，人は自己の〈信仰〉を一定の〈しるし〉によって告白しなければな
らないと言っていることも見逃すべきではない[34]。
　　以上の考察から明らかになったクザーヌスにおける〈儀礼〉と〈信
仰〉との関係は，実は容易ならざるものである。そこで，この点につい
て，さらに詳細に検討する。ラブルース（Labrousse）は，古代ローマ
帝国においては，一神教になってから宗教儀礼が自立し得なくなり，秘
蹟の観念が，行為，目的，思弁的内容と不可分に結合するようになっ
た，と指摘している[35]。つまり，一神教たるキリスト教においては，〈信
仰〉と〈儀礼〉を分離することが不可能になったということである。こ
のような，キリスト教にあって〈信仰〉と〈儀礼〉の分離が困難である

---

　　31)　*De pace*, XVI, n. 55, p. 52, 1（八巻訳 628 頁）: ut signa sinsibilia veritatis fidei sunt
instiuta et recepta. Signa autem mutationem capiunt, non signatum.
　　32)　Ibid. XVII, n. 61, p. 57, 1ff.（八巻語訳 633 頁）。
　　33)　Ibid. XVIII, n. 63, p. 57f., 14ff.（八巻訳 634 頁）。
　　34)　Ibid. XVII, n. 61, p. 57, 5ff.（八巻訳 633 頁）。また，上註 29 も参照。
　　35)　Wiener（Ed.），*Dictionary of the History of Ideas*, Vol. III, p. 113（日本語訳『西洋思
想大事典』第 2 巻，450 頁）。

第2章　宗教寛容の哲学　　　473

ことの，さらなる内在的な理由が存在すると思われる。それは，神の子
であるキリストが〈ことば〉（Verbum）としてこの世界に姿を現わした
という，キリスト教の本質的な教義であり，それを介して成立している
言語・言葉という〈しるし〉に対するキリスト教特有の関係である。つ
まり，その教義ゆえにその〈しるし〉への根本的な信頼が存在するとい
うことである[36]。このような事情によりキリスト教では伝統的に，信仰
の内容に適合する唯一の儀礼が定められることとなり，こうして〈信
仰〉と〈儀礼〉が分離されることは不可能であった[37]。したがって〈儀
礼〉においては常に斉一性が要求されることになり，そのゆえにこそキ
リスト教の歴史では不寛容が顕著なのである。

　これに対してクザーヌスは，上で見たように，或るものを表す〈しる
し〉が変化したり多様であるとしても，〈しるしで表されるもの〉が変
化をこうむる訳ではないという洞察に立って，〈信仰〉と〈儀礼〉を分
離した上で，〈儀礼〉の多様性を容認するのである。ここには，人間の
用いる言語および〈しるし〉に対する信頼に一定の留保をつける，彼
の〈しるし〉論ともいうべき思想が，その根拠として作用している。こ
れは『信仰の平和』において見られるだけでなく，晩年の著作『神学綱
要』においても展開されているものである[38]。しかし，それにもまして
重要なことは，このような考察を基礎にして彼が，魂の救済が保証され
るのは〈儀礼〉によってではなく，〈信仰〉そのものによってであると
考えていたことである[39]。

　ここで，これまでのクザーヌスにおける〈信仰〉と〈宗教〉と〈儀
礼〉の関係についてのわれわれの考察をまとめてみよう。〈儀礼〉は
〈信仰〉の真理を表現する感覚的な〈しるし〉であるが，それらがこの
世界で執行されるものとして有限な存在者である限り，彼の哲学に従え

---

　36)　この点についてのクザーヌスの思考の一例が，以下に見出せる：*De dato* n. 122（大
出・高岡訳 52 頁）。

　37)　Augustinus, *De civ.* VII, 27 [op. cit., p. 202f.; 日本語訳 143 頁以下] 参照。アウグス
ティヌスはここで，真でない神を正しい方法で祀ることも，また真なる神を不正な方法で祀
ることも，いずれも罪であるとしている。

　38)　これについては，上註 6 に掲げた本書内の二つの章を参照されたい。また『神学綱
要』での論述については，*Compendium* VII, n.19, 14f.（大出・野澤訳 35 頁）等を参照された
い。

　39)　*De pace*, XVI, n.55, p.51, 12ff.（八巻訳 628 頁以下）。

ば，自ずと差異を有し，多様化せざるをえない[40]。しかしながら，それが公的・社会的なものとしての〈宗教〉という形で執行される時には，トマスの言うように「表明」（protestatio）とならねばならないのであるから，当該の人間集団に対して理解可能な共通性を備えねばならないというわけである。その結果，〈儀礼〉の在り方は，それぞれの〈宗教〉において一定のものとして限定されることになる[41]。逆に言えば，〈宗教〉が〈儀礼〉を有するものである限り——これは定義によって常にそうでなければならないのだが——，そこには必然的に多様性が入ることになるのである。

　すると，ここに，〈信仰〉の真理を多様な形で「表明」として表現しつつ神へと向かうという，人間に普遍的に存在する〈営み〉が姿を現わしていることになる。つまり，社会的存在としては複数の〈宗教〉が存在するのであるが，それらのいずれもが共通に同一の〈構造〉を有していることになる。それをクザーヌスは〈一なる宗教〉として捉えているに違いないのである。

　かくしてクザーヌスにおいて，宗教儀礼は多様であっても同じ一つの宗教活動がありうるという思想が成立していることを，われわれは確認できるであろう。

3　〈一なる宗教が現存する〉

　次に考察の課題となるのは，上の2節でみた〈多様な儀礼のなかに一つの宗教が〉における〈一なる宗教〉について，クザーヌスは，理想

---

　40)　例えば「存在しうるものはすべて——神自身を別にして——差別をもっている」（*De doct. ign* II, 1, p. 61（n. 90）（岩崎・大出訳80頁）.

　41)　クザーヌスは記している。「これ〔秘蹟〕の用法と儀礼に関しては，おのおのの地域において〔…〕常に健全な信仰によって〔…〕時宜に適って整えられた，と教会の指導者に思われるものが規定されてよい」（*De pace*, XIX, n. 66, p. 61, 5ff.（八巻訳636頁以下））。同時に留意されるべきことは，儀礼が互いに相違しているとしても，それは無限者と有限者との間の関係ではなく，有限者相互の間の関係であるから，クザーヌスの哲学によれば，そこには無限の相違および対立は存在しえないのである。つまり，なんらかの形でそれらはconcordantia（協和）に入りうるのである（Cf. *De coni*, II, X, n. 122, 3; Heinemann, op. cit. S.74.）。もちろんこれは，キリスト教と他の宗教との関係にも妥当するであろう。

としていつの日にか存在するものと考えているのか，それとも現存しているものと考えているのか，を明らかにすることである。

　これについてもすでに多くの議論がある。〈一なる宗教〉をもってクザーヌスは，ローマ・カトリックとは異なる「普遍宗教」（Universalreligion）を構想しているとする論者がいる[42]。これに対して，もしクザーヌスが「普遍的な宗教」を考えているとしても，それはまさに現に存在するキリスト教のことであって，抽象的な普遍宗教ではないとする論者もいる[43]。もし後者の論に立つならば，現存する全ての宗教がいずれはキリスト教に合流しなければならないことになる。つまり上の二つの議論は，いずれも〈一なる宗教〉が未だ存在していないことを主張しているのである。

　これに対して著者は，〈一なる宗教〉がすでに存在しているとクザーヌスが考えていることを，主として〈一なる宗教〉について彼が記している文章の文法的様相を検討することによって論じたことがある[44]。ここで再び，〈一なる宗教〉が彼において現存するものであると考えられていたことを論じるが，今回は，すでに上で考察してきた彼の宗教概念そのものの内在的分析の成果によって論証してみたい。

　クザーヌスの宗教概念には，2節で見たように，大別して二種の内容が含意されていた。その一つは〈神を祀ること〉であり，もう一つは〈あらゆる人間の本性的に有するものとしての至福への希求の発現，営み〉である。今われわれにとって重要なものは後者の方であるが，これが〈本有的宗教〉に基づくものであることは，すでに確認したとおりである。つまり，万人に共通の本有的宗教（心）が，現実の多様な諸宗教として姿を現していると捉えるのである。そして，それら諸宗教の具体的な〈営み〉に見られる外的な相違を超えて，その構造そのものに注目すれば，そこには共通な〈一なる敬神〉という構造が存在していることが明らかになるのであり，つまり〈一なる宗教〉が現存していることに気付かされるのである。

---

42)　例えば，Cassirer, *Individuum und Kosmos*, S. 30f.（薗田訳 37 頁）。

43)　例えば Haubst, *Srteifzüge in die cusanische Theologie*, S. 490f.

44)　前章 3 節を参照されたい。

476　V　宗教寛容論

　この事態は，「言語能力と現実の諸言語の関係」[45]との類比で考察する
と，理解しやすいであろう——クザーヌス自身もこの類比を暗黙裡に想
定していたと思われる。すなわち，全ての人間に共通して言語能力とい
う一つの能力が存在するが，それが実際にわれわれに姿を現すのは，日
本語とか英語等々の特定の言語を使用するという形においてである。そ
して，それら諸言語を使用する具体的場面を外見的に捉える限り，それ
らは多様な形態をとる互いに異なったものである。しかし，それらの内
的な構造に注目する時には，そこに共通性が見出されることになり，そ
れゆえに外国語が互いに了解可能となるのである。この共通性とは，ま
さに万人に共有されている〈一なる言語能力〉が現実に作用していると
いうことである。そしてこの能力は，個別的で具体的な言語使用とい
う形でしか現実に出現しえないものであるし，またこのような形でのみ
それの現存が確認されるという体のものである。これと同じことが，ク
ザーヌスのいう〈一なる宗教〉に妥当するのである。

　このような〈一なる宗教〉と諸宗教との関係は，ホフマン（Hoffmann）
も指摘しているとおり，新プラトン主義的な〈包含—展開〉のシェーマ
として捉えられ，そしてそれゆえに，諸宗教は互いに等しい価値を有す
るとみなされうる[46]。しかしながら，〈一なる宗教〉が実際にいかなる形
で諸宗教へと展開するかについては，慎重に考察しなければならない。
ホフマンはそれを無造作に，「神が世界に関わるのと同様にして，一な
る真の宗教的根本思想が多様で経験可能な諸宗教に関わるのである」[47]
と記している。果たしてそうであろうか。神は被造世界を超越して存在
するものであるのに対して，〈一なる宗教〉（ホフマンの言うところの
「一なる真の宗教的根本思想」）は世界を超越して存在するものではあり
えないのである。われわれのこれまでの考察の結果が正しいとするなら
ば，クザーヌスにおける〈一なる宗教〉は，まずもって人間の本性に内
在する〈本有的宗教（心）〉に基づくものであった。つまり世界を超越
しているのではなく，世界に内在的なものなのである。この世界内在的

---

　45)　次章「『言語』の類比による宗教寛容論」を参照されたい。

　46)　Hoffmann, Das Universum des Nikolaus von Cues, S.28f.

　47)　Ibid. S.28: So wie Gott sich zur Welt verhält, so verhalt sich auch der Eine wahre
religiöse Grundgedanke zu den verschiedenen, empirisch gewordenen Religionen.

第 2 章　宗教寛容の哲学　　　　477

なものが，〈包含─展開〉のシェーマに則って現実の諸宗教に現れている
のであるにもかかわらず，ホフマンはこの違いを無視している。それ
ゆえに彼は，「『カトリック（普遍的）』教会は，それが儀礼の多様性を
消し去るのではなくてそれを抱摂するという意味で一つの普遍宗教とな
るのであろう」[48]と捉えて，〈一なる宗教〉が将来に存在することになる
ものであると考えている。

　もしそのとおりであるとすると，クザーヌスが実際に記しており，ま
たホフマン自身もそれを敷衍して論じているところの，儀礼の多様性が
積極的な意義をもつとする主張の意味が失われることになるのである。
実際にクザーヌスは『信仰の平和』で言っている。

　　人々が互いに儀礼を耐え忍ぶことによって信仰と愛の律法とにおけ
　　る平和が確立されるならば，それで十分である[49]。

さらにまた，同じ書物の最終章で次のようにも明言している。

　　様式において一様性が見出されえない場合には，──健全な信仰と
　　平和の限りにおいて──諸民族には各自の勤行と儀式が許されるべ
　　きである。またおそらく，このようなある程度の多様性によって敬
　　虔さが強められることになるだろう。というのも，その場合にはお
　　のおのの民族が，儀礼において他の民族をしのぎ，そのことでいっ
　　そう大きな功績を神の下で得るようにと望むとともに，いっそう
　　大きな賞賛をこの世界で得るようにと望んで，努力と熱意をもっ
　　て自分たちの儀礼をますます立派にすべく努めるであろうからであ
　　る[50]。

クザーヌスはここに到る過程で，確かに異なった儀礼を一致させるこ

---

　48)　Ibid., S.29.
　49)　*De pace*, XVII, n.60, p.56, 12ff.（八巻訳 628 頁以下）: Sufficiat igitur pacem in fide et
lege dilectionis firmari, ritum hinc inde tolerando.
　50)　Ibid., XIX, n. 67, p. 62, 3ff.（八巻訳 637 頁，なお同頁の訳文は「見出されえない」
が正しい）.

478 V 宗教寛容論

とを提言してもいる。しかし，それがなかなか困難であることを認めた
上で，上の文章を結論的に書きつけているのである。従って彼が，いつ
か儀礼において完全に一致した〈一なる宗教〉が存在することになると
考えている，ということはない。そうではなくて，彼にとってはすでに
〈一なる宗教〉が存在しているのであって，一般に〈宗教〉とみなされ
ているものは，その〈一なる宗教〉において執行されている複数の〈儀
礼〉の体系であるということになるわけである。そしてその〈儀礼〉に
おいて互いに相違しているだけである，と捉えられているのである。こ
のように把握するならば，上の引用の内容もいっそう理解しやすくな
る。つまりクザーヌスにおいては，〈宗教〉と〈儀礼〉の関係が，一般
に想定されているのとは異なり，一段ずつその位相において上にずれる
形になっているのである[51]。

　それゆえにこそ彼は『信仰の平和』において，信徒の集団としての
〈宗教〉（religio）と考えられるものをあえて〈信仰集団〉（secta）の語
をもって表現しているのであろう。例えばイスラームを「大きなものと
して存在しているアラブ人の信仰集団」としているのである[52]。この表
現についてクザーヌスは十分に意識的である。なぜならば彼は同書にお
いて，まず「哲学の学派」の意味で 'secta' の語を用いているのである。

　　さまざまな学派の哲学者である汝らよ。自分たちのことを知恵の愛
　　好者と称していることで汝らはすべて〈一なる神の宗教〉を前提に
　　しているのだ[53]。

　こう表現することによって，クザーヌスはこの語から，それが宗教
の場で一般に含意する「異端」という意味を除いて，中立的な「（一定
の見解を共有する）集団」という意味に洗浄した上で，その後に本書の

　51）　『信仰の平和』の八巻和彦訳の解説（580 頁）を参照されたい。
　52）　*De pace* XII, n. 41, p. 38, 22（八巻訳 615 頁）: 'Arabum secta, quae magna est.' なお，
拙訳同頁の訳文の中の「ある信仰集団」の「ある」を除いたものが正しい。同書でのこの意
味での 'secta' の語の使用個所は以下の通り : Ibid., I, n. 2, p. 4, 18（八巻訳 585 頁）; XIII, n.42,
p. 39, 18（八巻訳 616 頁）; XIII, n. 44, p. 41, 8.（八巻訳 618 頁）; XIV, n. 49, p. 46, 27（八巻
訳 623 頁）; XV, n. 52, p. 49, 20（八巻訳 626 頁）。
　53）　vos, variarum sectarum philosophi: Ibid., V, n. 15, p. 14, 24（八巻訳 594 頁）.

討論の場に適用しているのである。この点は，クザーヌスの晩年の著書『コーランの精査』においても冒頭から明らかである。そこではイスラームのことを「ムハンマドの信仰集団」と呼んでいるのである[54]。ところが同じ書物においても，ムハンマド自身に向けて呼び掛ける形の文章では「あなたの宗教」（tua religio）という表現を用いているのである[55]。ここには他の宗教を尊重するクザーヌスの態度が現れていると言えないだろうか。すなわち，彼自身はイスラームもキリスト教も共に一つの宗教に属する〈信仰集団〉（secta）であると考えていても，他者（ムハンマド）が自身の信仰するものを独立した宗教と考えている限りにおいては，自身もいったんはそれと立場を同じくして共通の地盤を築いてから，その上で自己の見解へと相手を導くというクザーヌス特有の〈手引き〉の方法が取られているのであろう[56]。

　以上のようなわれわれの考察の結果は，『信仰の平和』の末尾に彼が付している「エピローグ」の内容と合致する。そこでは概略以下のように記されているのである。昔の宗教的戒律について記されている多くの書物を検討してみると，そもそもの始めから万人が唯一の神を常に前提していたのであり，相違は儀礼のうちに存在しただけであるということが分かる，とされる。その上で，諸宗教の一致が結論される。その事実を踏まえて最後に神自身によって，諸国民を真なる崇神の統一へと導くべし，その後に万人の名において一なる信仰を受け入れ，その上に永続的な平和を確立すべしという命令が，この天上の会議に召集された（上述のように聖職者たちではなく）賢者たちに発せられるのである。つまり，この書物の最後で，社会的存在としての〈宗教〉の役割は最終的に

54）　Mahumetana Secta: *Crib.* Alk., n.1, 7.

55）　Ibid., III, VIII, n.184, 2; 8f.; 10f.

56）　*Crib. Alk.* のドイツ語訳（上註 3）の訳註 4（S.103）において，訳者 Hagemann は 'Mahumetana Secta' の語について，イスラームをネストリウス主義に由来する異端とみなすことが東方教会でもローマ教会でも共通の見解であったとしている。そういう歴史的事実があったとしても，クザーヌスがここで単にそのような意味でこの語を用いているとは考えられない。なぜなら，クザーヌスのこの本における特徴的な方法は，中世の一般的傾向とは異なって，イスラームの教義をできる限り肯定的に理解しようというものであるからである。この点については Hagemann 自身も他の研究者と共に同じ見解をもっている。（Hagemann 自身の見解は op. cit. S. X; また以下も参照されたい。Hopkins, *Nicholas of Cusa's De pace fidei and Cribratio Alkorani,* p.21f.）

480　　　　　　　　V　宗教寛容論

は消失しているのである。

4　〈一なる信仰〉

1　歴史的相対化の視点

　次のわれわれの課題は，上で，それを受け入れるべしとされていた
〈一なる信仰〉，あるいは〈一なる正統的信仰〉[57]が，結局はキリスト教
における信仰を意味しているのか否か，を検討することである。これに
ついても様々な研究が存在するが，欧米での研究は若干のニュアンスの
差こそあれ，そのほとんどがキリスト教の信仰であるとしている。もっ
とも典型的な主張は以下のようなデッカー（Decker）のものである。
「この一なる正統的信仰とは教義的に理解されたカトリック・キリスト
教の信仰である。宗教的告白を相対化するということは，ローマ教会の
枢機卿ニコラウス・クザーヌスのものの見方とはまったくかけ離れたも
のである」[58]。

　クザーヌス自身がもっていた信仰がカトリック・キリスト教の信仰で
あることはまぎれもない事実である。しかしながらそのことが直ちに，
「クザーヌスが他の宗教に対していかに寛容であったとしても，あくま
でもキリスト教の絶対性を主張する立場はもちつづけていた」[59]という
オファーマン（Offermann）の主張を正当化するであろうか。それは大
いに疑問である。と言うのも例えば，クザーヌスは『信仰の平和』執筆
からほど遠からぬ時期になされた「説教216」で以下のように言うこと

　57）　上註22参照。

　58）　Decker, *Nikolaus von Cues und der Friede unter den Religionen*, S.111，なお，Decker
は後年になってこの主張を若干弱めて，「この信仰は材料的に見ればまぎれもなくカトリッ
ク教会のものであるが，その内容的に見ると理性の産物である」としている（Decker, *Die
Toleranzidee bei Nikolaus von Kues und in der Neuzeit*, S.201f. また Biechler/ Bond は「これ（ク
ザーヌスが語っている信仰）は一なる神へ信仰であるが一神教よりはば広いものであり［…］
キリストへの信仰であるが西方キリスト教よりも大きなものである」としている（Biechler /
Bond, *Nicholas of Cusa on interreligious harmony - Text, concordance and translation of De pace
fidei*, Introduction p.xlv）。

　59）　Offermann, *Christus. Wahrheit des Denkens. Eine Untersuchung zur Schrift "De docta
ignorantia" des Nikolaus von Kues,* S.179.

第 2 章　宗教寛容の哲学　　　　　　　　　　　　481

で，キリスト教をいったん他の宗教との相対的関係に置いた上で，キリ
スト教がもっとも優れていると結論しているからである。少し長くなる
が引用する。彼はその中で先ず宗教を「よく生きるための〈技〉（ars）」
と捉えた上で次のように説く。

　　この世界で正しく生きる技が多様な才能をもった人々によって多様
　に提示されてきており，また，それらの中で明瞭な根拠から引き出
　された技ほどいっそう完全であるのだが，宗教もそれと同様であ
　る。つまり，未来の生に関わりつつ，現在の生を未来の生に向けて
　秩序付けるものとしての宗教［単数！・強調引用者］は，未来の生
　を遠くから予見した予言者によって多様に提示されてきている。し
　かし，未来の生を憶測によらずに見た人は誰もいなかった。ただ神
　から出て，つまりわれわれにとっては未来のものであるあの天的な
　生から出てわれわれの本性に到達したあの方〔イエス・キリスト〕
　のみが完全に宗教を，つまりあの生への道を提示することができた
　のである[60]。

　このような，自己の宗教さえも相対化する記述は，すでに他所でも言
及したことがあるように[61]『信仰の平和』のなかにも見られるものであ
る。
　さらにこのような相対化の視点は，クザーヌスにおいてたまたま現れ
ているものとは考えられない。なぜなら彼は，以下に見るような方法論
的自覚に立って，キリスト教および自己の立場を相対化する考察を展開

────────

　60）　*Sermo* CCXIV（1456 年 1 月），n. 13: Sicut enim ars bene vivendi in hoc saeculo ex variis ingeniis varie tradita est, et quae ex clariori ratione elicita est, perfectior est, sic <u>religio, quae respicit futuram vitam et praesentem ordinat ad futuram, varie per prophetas futuram a remotis praevidentes tradita est</u>. Et quia nemo vidit nisi in coniectura vitam futuram, ideo solus ille, qui ex Deo sive vita illa caelestiali nobis futura in nostram venit naturam, perfecte religionem seu viam ad eam tradere potuit.（強調は引用者）同様に，比較級をもってキリスト教信仰を記述することは次の初期の説教にも：*Sermo* IV, n.26, 19f.: Plus ponit fides catholica de Deo vera quam alia fide; ergo verior（カトリックの信仰は神について他の信仰よりも多くの真なることを明かしている。だからいっそう真である。）

　61）　ヨーロッパ人を「少数派」とする記述，およびキリスト教の教義に反する仮定をペテロに直接法で語らせていることの二点である。この点については，八巻訳の解説（581 頁）およびその訳注 22、45 も参照されたい。

しているとみなしうるからである。

　その第一として，宗教を歴史の中において捉えようという，言わば歴史的方法がある。啓示宗教としてのキリスト教の信仰を有する者が歴史に敏感であるのは当然であり，それが例えばアウグスティヌスの『神の国』に典型的に見られるとするのは通説である。もちろんクザーヌスにもそれは妥当するであろう。

　しかし，今われわれがここで考察するクザーヌスの歴史的方法とは，アウグスティヌスのような，現にあるキリスト教を史上で最後に到来した真理にして勝者とするものとはいささか異なっている。『覚知的無知』に続いて著された『推測について』の中でクザーヌスは明言している。「宗教にせよ統治にせよ，それがこの世界の或る民族において一定の期間安定的であるように見えるとしても，それらはけっして厳密にそうであるのではないことに，注意せねばならない」とした上で，ラインの流れをずっと見ていれば，それがけっして同じ状態にはないことが分かるという例を出す。それに続けて言う。

　　これと同様に宗教もまた精神性と時間性との間で不安定に波立っているのである[62]。

　キリスト教もこの例外ではありえないはずである。この視点から『信仰の平和』のエピローグにおいてヴァロとエウセビウスの著書の内容が言及されているという事実を見るとき，はじめてその意味の大きさが気付かれてくる。というのも，すでに上で言及したように，そこでは，そもそもの始めから万人が唯一の神を常に前提していたのであり，相違は儀礼のうちにだけ存在していたのであることが分かった，とされているのであるが，その「そもそもの始めから」というのは，ヴァロ（BC 116-27）というキリスト紀元以前の古代ローマの著作家の書物における記述によって判明したことである限り，キリスト教（の啓示）以前のことを指していることになる。これはキリスト教が絶対的な意味での特権

　62）　*De coni.*, II, n.149. 宗教が歴史的に変化することに関連する記述は『信仰の平和』（*De pace*, VII, n.20, p.19（八巻訳 598 頁））にも，ローマ人，ギリシア人，アラブ人がかつての偶像崇拝を捨てたのだから，インド人もそれができるはずだ，という内容で現れている。

第 2 章　宗教寛容の哲学　　　　　　　　　483

的地位を占めることが決してありえなくなる視点であろう。

　また，クザーヌスがヴァロの著作の内容について学んだ主たる源泉としては，すでに言及したように，アウグスティヌスの『神の国』があげられているが，そこの叙述と『信仰の平和』におけるクザーヌスのヴァロの取扱い方を比較してみると，註 14 もその一例であるように，そして注目すべきことに，クザーヌスは情報源であるアウグスティヌスの異教に対する論難に無批判に従うことはなく，むしろヴァロを肯定的に捉え直していることが分かるのである。例えば，アウグスティヌスがヴァロに対して，「こうしてみると，彼は一見，神が唯一であると認めているようにも考えられる。だが彼は，さらに多くの神々を導入しようという意図から，次のように付言しているのである」[63]として批判的に扱うのに対して，クザーヌスはここからむしろ「そもそもの始めから万人が唯一の神を常に前提していた」という結論を引き出しているのである。

　これは単なるわれわれの推測ではない。クザーヌスがこのような広大な歴史的パースペクティヴをもって〈信仰の平和〉を構想していたことは，われわれがこれまで主な検討の対象にしてきた『信仰の平和』が，まさにこの点に関して文字通り首尾一貫した構成をもっていることに如実に示されている[64]。すなわち，彼はこの書の冒頭で，一なる神から各民族にすでに様々な予言者が派遣されているにもかかわらず争いが生じていると記しており[65]，さらにこの書物の最後で，上でみたように，そもそもの始めから〈一なる神への信仰〉が存在していたことが明らかになった，と記してこの書物を締めくくっているのである。前者の記述が新約聖書「ガラテア人への手紙」（3，9）および「使徒言行録」（7，35；53）を踏まえていることは明らかであるが，同時にこれもまたアウグスティヌスの『神の国』の一節[66]をポジティブに解釈した結果ともみなしうるのである。

　以上のような事実を踏まえるならば，クザーヌスが，一方においてキ

　63）　*De civ.* VII, 6,（op. cit, p.138; 邦訳 94 頁）また同様な「一なる神」についての論及は，Ibid., 9（op. cit, p.150; 邦訳 102 頁以下）。

　64）　この点は，本書前章の考察から明らかである。

　65）　*De pace*, I, n. 4, p. 5, 18ff.（八巻訳 586 頁）; II, n. 7, p. 8, 8ff.（八巻訳 588 頁）。

　66）　*De civ.* VII, 32,（op. cit, p.212; 邦訳 152 頁）。

リスト教の歴史的な存在意義を強調していると同時に，他方において，それが他の宗教との相対的関係に立ってのことであることも前提にしていることが明らかになるであろう。さらにここに，上掲の〈すべての宗教が変化する〉という彼の思想を結合するならば，〈一つの正統的信仰〉がローマ・カトリックの信仰に他ならない，という主張は維持されえないであろう。

2 哲学的相対化の視点

　次にあげる相対化の方法は，上で見た歴史的方法を根底で支えている哲学的方法である。それは言うまでもなく，クザーヌスの哲学の総体を貫く〈覚知的無知〉の思惟である。今われわれの考察に関わる限りでは，『覚知的無知』の中でも，まず第一巻第三章の内容が重要である。それを整理すると，1）無限者の有限者に対する比は存在しないから，有限な知性は厳密な真理を把握できない，2）有限者の間では互いに完全に一致するということ（つまり一種の厳密な真理の獲得）もありえず，常に何らかの差別が残る，という二点になる[67]。しかし当然のことながら，クザーヌスにおいては，ここから単純な不可知論が帰結されるわけではない。これが人間の具体的な思惟遂行に適用される場合，人間の認識は他性において真理を捉える〈推測〉であるとする，クザーヌスに特徴的な認識論となる[68]。以上のことを宗教に適用してみるならば，人間の営みとしての宗教は，いかなる宗教であれ，神そのものをありのままの姿で捉えて，それを伝えているものではないとみなすべきであることになり，同時に，互いに異なった要素をもつ現実の諸宗教がこの世界において完全に一致することはありえないことにもなる。つまり儀礼の統一は不可能であって，むしろそれの多様性が容認されるべきであるということになるのである。

　さらに〈覚知的無知〉の思惟には，存在者の個別化の原理として〈他性〉（alteritas）というもう一つの要素がある。これについての考察は，『覚知的無知』そのものにおいてよりも，これに引き続いて著された『推測について』でより詳細に論じられているので，そこから引用しよ

　67）　*De doct. ign.*, I, 3, p. 8f.（n. 9）（岩崎・大出訳 12 頁）．
　68）　この点の詳細については，本書第Ⅲ部第1章を参照されたい。

第 2 章　宗教寛容の哲学　　　　　　　　　　　　485

う。

　　宇宙，全世界およびその中に存在するすべてのものが，相互に進み
　　出ているものとしての〈一性〉と〈他性〉とから，多様にかつ相互
　　に異なったものとして存在していると推測される[69]。従って，「〈人
　　間性〉というものは一性であり，それを人が〈他性〉において分有
　　しているという事実は，私が一人の人間であってあなたとは他なる
　　人であり別の個人である，ということから明らかに洞察できるはず
　　である[70]。

　この〈他性の思想〉は上の引用からも明らかなように〈分有〉の思想
によって，つまり，先の 2 で考察した〈一─多のシェーマ〉を支えてい
る神と万物の間の〈展開─包含〉という思惟を根拠として成立している
ものである。そしてこれをもってクザーヌスは，この世界に存在するも
の，すなわちあらゆる有限な存在者が〈他性〉を有しているのであり，
それゆえに，互いに異なるものとして存在せざるをえないのであり[71]，
従っていかなるものも変化を免れない[72]と考えているのである。そして
このことが〈宗教〉にも妥当することは，〈宗教はすべて変化する〉と
いう思想として，すでにわれわれが見た通りである。
　しかし〈宗教〉の場においては，この〈異なり〉が単に否定的な意味
をもっている訳ではなく，むしろ積極的な意味をももちうると説明され
ている。つまり，自然環境の多様性に由来して多様にしかこの世界に生
きることのできない人類，そして（当時の政治の常識に立っての表現であ
るが）統治する王たちの多様性のもとでの奴隷として多様にしか生きる
ことができない民に対して[73]，神はそれぞれの人にとって認識しやすい

---

　69)　*De coni.*, I, IX, n. 39, 1-3: ipsum universum et cunctos mundos et quae in ipsis sunt ex
unitate et alteritate in invicem progredientibus constitui coniectura, varie quidem atque diverse.
　70)　Ibid., II, XVII, n. 171, 7-9.
　71)　*De pace*, I, n. 4, p. 5, 11f.（八巻訳 585 頁）:「しかしながら主よ，あなたは知ってお
られます。この大群衆は大いなる差異なしには存在しえないことを」。上の註 38 も参照され
たい。
　72)　*De doct. ign.*, I, 7, p. 15, 5f.（n. 18）（岩崎・大出訳 21 頁）:「他性は可変性
mutabilitas と同じものである」。
　73)　このような人間の社会における多様性について，神がそのように造ったとも，初期

486 　　　V　宗教寛容論

仕方で自らを現すというのである[74]。さらにその現れ方は，各人にとっ
てもっとも相応しい有り方であるほどに完全なものなので，人は神の愛
が排他的に自分にのみ注がれていると錯覚することにもなり[75]，また逆
に，神が自分よりも他の者を一層愛するというような想像ができないほ
どである[76]とも明言されているのである。

　さらに，相対化のための第三の哲学的な要素として，『覚知的無知』
の中で論じられている〈万物が万物のうちに〉の思想を挙げたい。まず
クザーヌス自身の記しているところを見ておこう。

　　　第一巻で，神は，万物が彼のうちに存在するという仕方で，万物の
　　　うちに存在するということが明白にされたし，さらにいま，神は，
　　　いわば宇宙を媒介として，万物のうちに存在するということが確か
　　　められたから，このことから，万物が万物のうちに存在し，何でも
　　　が何でものうちに存在するということは確かである[77]。

　この説明から分かるように，〈万物が万物のうちに〉とは，すでに上
で言及した〈一―多〉のシェーマおよび，神と万物の間の〈展開―包
含〉という思惟を根拠として成立している。従ってクザーヌスも言うよ
うに，現実態において〈万物が万物のうちに〉ということがある訳では
ないのだが[78]，しかしこの思想に従えば，縮限された仕方で，という条
件のもとだとしても，世界に存在する存在者がすべて互いに他者のうち
に存在することになるのである。
　これを今，われわれの考察の対象である宗教に適用するならば，以下
のような事態が成立することになる。すなわち，いかなる宗教も他の宗

───────────────
のクザーヌスは言っている（*De doct. ign.* III, 1, p. 122f.（n. 189）（岩崎・大出訳 163 頁以下）。
　74)　*De pace*, I, n. 5, p. 7, 2ff.（八巻訳 587 頁）．この点の詳細は，本書前章を参照された
い。
　75)　*De visione dei*『神を観ることについて』, praefatio, n. 4（八巻訳 16 頁）。この点の
詳細は，本書前章を参照されたい。
　76)　Ibid. 4, n. 9（八巻訳 25 頁以下）。
　77)　*De doct. ign.* II, 5, , p. 76, 7f.（n. 117）（岩崎・大出訳 102 頁）: omnia in omnibus esse
constat et quodlibet in quolibet.
　78)　Ibid. p. 77, 13f.（八巻訳 104 頁）: quodlibet actu non sit in quolibet.

第2章　宗教寛容の哲学　　487

教を相互に自己のうちに含んでいるのである。つまり，宗教間に争いが
ある場合，自分が批判する対象たる他の宗教およびそれのうちに存在す
る何らかの要素が，実は自己の宗教のうちにも存在していることにな
り，また逆に，他の宗教との関係の中で自己の側の正当性，優越性を主
張する時に，それの根拠であるものがすでに相手の宗教にも存在してい
ることになるのである。そうであるならば，絶対的な立場から或る宗教
が他の宗教を批判しうる根拠は存在しないことになる。さらに留意すべ
きことは，上に言及したように〈万物が万物のうちに〉という事態は神
を介してはじめて成立するものであった。そうであるならば，上述の，
宗教相互の関係において絶対的立場から互いに他を批判する根拠がない
ということは，ますます重要な意味をもつことになるだろう。

　以上のようにわれわれは，クザーヌスの哲学が本来有するものとして
の，自己の立場を相対化する構造を見てきたのであるが，その結果とし
て明らかになることは，宗教の場において他を批判しつつ自己の唯一絶
対性を主張するときに，その主張が自ずと崩壊せざるをえなくなるよう
な深くかつ壮大な相対化の方法と方向を，クザーヌス哲学の基本構造体
としての〈覚知的無知〉の思惟が有しているということである。

　今，著者が「深くかつ壮大」というのは次のような意味においてであ
る。つまり，第二の要素に関わってあげた〈分有〉の思想を言わば〈垂
直的な根拠〉として，また，有限者は絶対的真理の所有を主張すること
ができないという思想，また存在者相互の相異に積極的意義を認める
〈他性〉の思惟，および，他者を批判する場合の根拠が自己の側にも存
在することになるという〈万物が万物のうちに〉の思惟をいわば〈水平
的な根拠〉として，これらの縦軸と横軸の交差するところにクザーヌス
の寛容思想が成立している，と捉えることができるのである。

　ところで，以上のようなわれわれの考察の方法について，つまり〈覚
知的無知〉の思想を宗教の場に適用することが妥当であるか，という疑
義が提出されるかもしれない。それに答えるためには，この思想の根源
たる一つの〈啓示〉について，クザーヌス自身が述べている有名な一節
を紹介するのがよいだろう。彼は記している。

　　畏敬すべき父よ，私がはるか以前から様々な哲学説の道によって到

達しようと熱望していたものを，今お受け取り下さい。私は長くそ
れに到達できないでおりましたが，ギリシアからの帰途の海上で，
私の思いますのに，最善の贈りものがすべてそこから来るところの
諸々の光の父に由来する天の贈りものによって導かれて，以下のよ
うな洞察に到達したのです。すなわち私は，人間の仕方で知りうる
消滅しえない諸々の真なるものを超越することによって，把握され
えないものが〈覚知的無知〉において把握されえない仕方で抱握さ
れるということです。この〈覚知的無知〉を，今，私は，真理であ
る方〔キリスト〕に助けられてこの小著に解き明かしました。この
小著は，同じ原理によって要約することも敷衍されることも可能で
す[79]。

　文中で「ギリシアからの帰途の海上で」と言われているギリシア行
は，本書第Ⅰ部第１章等でも論及したように，東方教会との再合同を協
議するための使節の一人として自身が教皇からビザンティンに派遣され
た旅のことである。その際に彼はギリシア教会の神学者と，キリスト教
の合同について精力的に話し合ったことは言うまでもないが，さらに興
味深いことには，同時に彼の地でイスラームをも集中的に研究したので
ある[80]。つまり，彼がローマ教会とは別のギリシア教会ならびにイスラー
ムという二つの〈宗教集団〉と出会った直後の船上で〈覚知的無知〉
の「啓示」を得たという事実は，その時の彼の精神のあり様（dispositio
cordis）を考慮してみるならば，この「啓示」の内容が宗教の場に適用
されることを十分に正当化するであろう。さらに，彼は引用した文章の

　　79）　*De doct. ign.* Epistola auctoris ad dominum Iulianum cardinalem, p. 163, 6-13（n.
263）（岩崎・大出訳 220 頁）: Accipe nunc, pater metuende, quae iam dudum attingere variis
doctrinarum viis concupivi, sed prius non potui, quousque in mari me ex Graecia redeunte,
credo superno dono a patre luminum, a quo omne datum optimum, ad hoc ductus sum, ut
incomprehensibilia incomprehensibiliter amplecterer in docta ignoratia, per transcensum veritatum
incorruptibilium humaniter scibilium. Quam nunc in eo, qui veritas est, absolvi hiis libellis, qui ex
eodem principio artari possunt vel extendi.
　　80）　上註 3 であげた箇所に続けてクザーヌスは，彼がこの旅行での滞在中，コンスタン
ティノープルおよびで近くの町ペラでフランシスコ会修道士やドミニコ会修道士と共にコー
ランを研究したこと，また，そこに住んでいた或る商人の紹介で，密かにヨハネ福音書を学
んでいるトルコ人の存在を知り，彼をローマに同行させることを計画したが，その男が疫病
で死亡して実現しなかったこと等を記している。

末尾で，「この小著は，同じ原理によって要約することも敷衍されることも可能である」と自ら記しているのであるから，それを宗教の場に適用するというわれわれの方法も，容認されるであろう。否，むしろ，その思想の成立の経緯を考えるならば，〈覚知的無知〉の思想は諸宗教の関係を考察する場に適用することこそが，まずもって相応しいとさえも言えるかも知れないのだ。

　以上のように考察してくれば，クザーヌスの宗教寛容の思想がいかに密接にその哲学と関わっており，またいかに周到な哲学的思惟に基づいて主張されているかが，十分に明らかになったであろう。

3　信仰による相対化

　最後にわれわれは，クザーヌスにおけるもう一つのいっそう根源的な相対化の営みに目を向けねばならない。それは，言わば〈信仰〉による相対化である。本章の冒頭近くですでに見たように，彼は〈信仰の平和〉の達成を思索するための天上の会議において，あえて既存の宗教に属する聖職者ではなく，諸民族の最高の知者をそれの構成メンバーとして設定していた。そして，信仰の一致の探究を一なる真理の探究から導き出そうとしていた。ここには彼が，自身の属する宗教から離れ，それをも超えた視点で事態を思惟しようと意図していることが明白に現れている。

　このわれわれの判断は，次のようなクザーヌス自身の用いている方法からも補強されうるはずである。それは彼が〈思いやりのある解釈〉と名付けて，晩年の著作『コーランの精査』(1461 年) のなかで使用しているものである。例えばこう記している。

　　〈思いやりのある解釈〉に従えば，コーランがこれらの秘密を知者にだけ啓示しようとしていることは明らかである。それゆえに，コーランはいかなる秘密も隠してはいないのであり，それは知者には容易であるが，そうでない者には難解である，とコーランが言っ

490　　　　　　　　　　Ｖ　宗教寛容論

ているのである[81]。

　実は，この〈思いやりのある解釈〉（pia interpretatio）という概念の
修飾語たる 'pius' がどういう意味であるのかについて，議論が存在して
いる。この著作の全集版の校訂者であるハーゲマン（Hagemann）は，
キリスト教の視点からの「好意的で寛大な」コーラン解釈のことである
としているが[82]，ホプキンス（Hopkins）は「敬虔な dovout」コーランの
解釈であるとしている[83]。そもそもこの語は，ドイツで出された『教会
ラテン語辞典』[84]によれば，「fromm（敬虔な），gewissenhaft（誠実な），
gottgeweiht（神に奉げられた），heilig（聖なる），liebevoll（愛に満ち
た），zärtig（思いやりのある），kindlich（天真らんまんな），väterlich
（慈父のような）」という意味があるとされている。これらの中から，以
下に紹介するクザーヌスのコーラン解釈の方法に適する意味を，結論を
先取りする形で選ぶとすると，第三の意味群である「liebevoll（愛に満
ちた），zärtig（思いやりのある）」が適切であると考えられる。そこで，
ここでは〈pia interpretatio〉を〈思いやりのある解釈〉と表記している
わけである。

　さて，クザーヌスがこの〈思いやりのある解釈〉という方法をとって
いることの背景には，ホプキンスも指摘しているように[85]，クザーヌス
の次のような想定が働いているのである。すなわち，コーランの意図に
はムハンマドの意図を超えた内容が含まれているのに，それに彼が気付
いてはおらず[86]，そればかりか，コーランにはコーランの表現をも超え

　81）　*Crib. Alk.* II, XII, n.119, 1-4: patet secundum piam interpretationem Alkoranum haec
secreta non nisi sapientibus voluisse revelare. Ideo ait illum nihil secretorum subticere et solis
sapientibus facilem esse Alkoranum, aliis autem difficilem.

　82）　上註 3 の Hagemann, *Nicolai de Cusa Cribratio Alkorani Sichtung des Korans* I, S. X.

　83）　Hopkins: *Nicholas of Cusa's De pace fidei and Cribratio Alkorani, Translation and
Analysis*, p. 22

　84）　Sleumer, *Kirchenlateinisches Wörterbuch*.

　85）　Hopkins, op. cit. p.26.

　86）　*Crib. Alk.* Alius prologus, n.16, 1f.: Non igitur erit difficile in Alkorano reperiri evangelii
veritatem, licet ipse Mahumetus remotissimus fuit a vero evangelii intellectu（従って，マホメッ
ト自身は真の福音の理解からは遠く離れていたけれども，コーランの中に福音の真理を見出
すことは困難ではないはずである）。

て神の真理が含まれている，とクザーヌスは考えているのである[87]。

　ここで，先にわれわれが考察した彼の哲学的立場に依拠しつつ，さらに視野を広げて事態の全体を見るならば，このコーランとムハンマドについての彼の主張は，いっそう大きな射程を有していることになるのである。なぜなら，〈覚知的無知〉の思想は，この思想の適用範囲からキリスト教およびクザーヌス自身をも除外するものではないのであるから，〈各自の意図をも超えた真理が含まれている〉ということは，他ならぬキリスト教とクザーヌス自身の信仰にも妥当するはずだからである。

　つまり，クザーヌスが究極的なものとして〈一なる信仰〉と言う時に，もし彼が自己の哲学的立場に忠実であるならば，その信仰は，キリスト教と彼自身の理解をも超える内容を含むものである可能性を排除しないことになる。そしてこのわれわれの推論は，実際に彼自身が『信仰の平和』の冒頭で設定している状況からも十分に支持されるのである。なぜならば，そこで彼は，この本の以下に記される内容について，熱心に祈り続けた或る人に現れた神秘的な観（visio）をできるかぎり忠実に再現したものであるとしているからである[88]。つまりムハンマドに啓示として現れた内容にムハンマド自身の理解しえていないものが含まれているとするならば，クザーヌス（或いは「コンスタンティノープルを訪れたことのある或る人」）に現れた〈観〉にも，彼自身の理解を超えたものが含まれているかも知れないからである。

　このような考察が成立するかぎり，クザーヌスが究極的なものとして挙げている〈一なる信仰〉は，彼自身が献心していた当時のローマ・カトリック教会における信仰であると言って済ますことはできないであろう。そうすることは，むしろ彼自身の意図するところを軽んじるものであるとさえ言うべきであろう。カトリック教会の枢機卿としての彼が考える限りにおいて，それがまぎれもなくカトリック的色彩を帯びているものであることは事実としても，しかしそれを超えた信仰を究極的な〈一なる信仰〉と考えていたに違いないのである[89]。

　87）　Ibid. II, XIX, n.158, 4-8.
　88）　*De pace*, I, n. 1, p. 3f., 8ff.（八巻訳 584 頁）。
　89）　この点でわれわれと結論を同じくする数少ない西欧の研究者マインハルトの言う

492   V 宗教寛容論

　すでに見たように，愛に溢れる神は，各人にもっとも相応しい仕方で
神への導きを示してくれるのであるとすれば，現に存在するものの中で
最善であると自己が判断するものが，自動的に他者に対しても最善であ
り，さらにそれが将来にわたっても絶対的に最善であるかどうかは，有
限な人間には判断しえないことになる。クザーヌスはこのように，自己
の信仰さえも相対化して考えていたはずである。これこそが，〈究極的
な信仰〉を〈究極的な平和〉と考えているクザーヌスの思想に合致する
であろうし[90]，諸宗教の間に〈平和〉を確立するための理論的根拠を提
示することを目的とする著書の題名がなぜ『信仰の平和』であるのかの
理由も，十全に理解できるであろう[91]。

　クザーヌスの〈宗教寛容〉の思想の深くて広い特質をこのように捉え
た上で，改めて〈思いやりのある解釈〉（pia interpretatio）における 'pia'
（男性形 'pius'）にクザーヌスが込めた意味を考察してみたい。実は，
『コーランの精査』が献呈されている人物が，当時の彼の長上であった
Pius II 世教皇であった[92]。この点に注目すると，〈pia interpretatio〉とは
〈ピウスの解釈〉あるいは〈ピウスに従ってもらいたい解釈〉とも理解
できるのではないかと考えられる。というのは，1453 年にオスマン・
トルコによってビザンツ帝国が滅亡させられて以来，どのような仕方で

────────

ところを引用したい。「ニコラウスにとってキリスト教という宗教は疑いもなく最高のものと
みなされえたであろうが，しかしあらゆる細部についてではない。この教会もまた途上にあ
るのであり，細部においては他の諸宗教が先行していることもありうるのである──クザー
ヌスの視点からはこのように推論されねばならない」（Meinhardt, *Konjekturale Erkenntnis und
religiöse Toleranz*, S.331. in: *MFCG* Bd 16）。なおこの論文で Meinhardt は，『信仰の平和』で
〈一なる信仰〉について発言するのが有限な人間ではなく肉をまとった〈御言葉〉であること
に注意を喚起している（Ibid. S.330）。つまり eschatologisch（終末論的）な場面が描かれてい
ることになる。

　　90）　この点については，本書前章を参照されたい。

　　91）　*De pace*, IV, n. 10, p. 11, 5f.（八巻訳 590 頁）：「神のみが，諸宗教の間のこれほどの
差異が一なる調和的平和に in unam concordantem pacem 導られるということを成就させるこ
とができるのです」。Ibid., n. 68, p. 63., 3f.（八巻訳 638 頁）：「万人の名において一つの信仰
を受け入れ，その上に永続的な平和を確立すべし」。

　　92）　*Crib. Alk.* n. 1, 2-5: Pio secundo universalis Christianorum eccelsiae summo sanctissimo
pontifici Sume, sanctissimo papa, libellum hunc per humilem servulum tuum fideis zelo collectum
（ピウス 2 世猊下に，キリスト教徒の世界教会において最も高く最も聖なる司教であられる方
に〔本書を捧げます〕。最も聖なる父よ，あなたの卑しい臣下が信仰の熱意をもってまとめた
この小さな書物をお納めください）。

第 2 章　宗教寛容の哲学　　　　493

イスラーム世界に向かい合うかという点で，クザーヌスはパドヴァ大学
以来の親友であってピウス二世教皇となっていたエネア・シルヴィウ
ス・ピッコローミニとは正反対の見解をもっていたのである。後者は，
あくまでも軍事力をもって対峙するべきであるという意見であったが，
前者は平和的な手段の方が現実的であることを確信していた。そしてこ
の対立は，ピッコローミニがピウス二世教皇となることで，クザーヌス
にとってはいっそう複雑なものとなった。自身とは異なる意見をもつ人
物が今や自身の長上となり，その人物の命令には無条件で従わねばなら
ないという状況が生じたからである。彼は機会を捉えては様々なしかた
でピウス二世教皇の見解を変えさせようと努めていたのである[93]。

　この努力の一環として，クザーヌスがこの書物を著作し，それを教皇
に献呈しつつ，書物の内部における〈コーランの精査〉という作業にお
いては，〈ピウスの解釈〉という方法を駆使して，コーランの中にもキ
リスト教と共通する思想が語られていることを明らかにすることで，ピ
ウス二世を説得しようとしているのではないかと，著者は推測するので
ある。

　この推測は，あながち根拠薄弱なものとは言えないであろう。なぜな
らば当時のクザーヌスの思索活動の中に，これを補強するであろう，興
味深い指摘が存在しているからである。それは，1459 年 7 月初旬に完
成したと考えられている『全面的改革』という，教会改革のための提案
の中に含まれている一項である。この提案をクザーヌスがまとめるに
到ったのは，ピッコローミニが教皇に選ばれた直後に，彼が枢機卿で
あったクザーヌスを「教皇代理」に任命し，同時に教会改革のための提
案をまとめるように命じたことによる[94]。そして，この改革案の規則第
四でクザーヌスは以下のように定めているのである。

　　誰もが，自分の名前の語源とそれの理由に従い，教会法に則して，
　　生きるべきである。誰の生であっても，その人の名前の定義によっ

---

　93)　この点については以下を参照されたい：Meuthen, *N. v. K.* S. 121f.（酒井訳 148 頁以
下）。
　94)　この辺りの経緯については，渡邉守道『ニコラウス・クザーヌス』第 2 部第 2 章
「ニコラウス・クザーヌス著『全面的改革』について」を参照されたい。

494　　　V　宗教寛容論

て定められているのだからである[95]。

　この規則によってクザーヌスは，枢機卿（Cardinalis）たるものはその名前の由来のとおりに教会の蝶番（cardo）でなければならないとしている[96]。それゆえに，――この中で彼自身が明言しているわけではないが――この規則を教皇にまで当てはめるならば[97]，〈Papa Pius II〉というピウス二世の名称の意味が問われ，それにふさわしく生きることが求められることになるだろう。'papa' とは，元来が「父」の意味である[98]。そして 'pius' は，すでに見たように，「敬虔な」，「誠実な」，「神に奉げられた」，「聖なる」，「愛に満ちた」，「思いやりのある」，「天真らんまんな」，「慈父のような」という意味をもっている。すると，〈Papa Pius〉とは，〈慈父のように思いやりのある教皇〉という意味になり，教皇は実際にそのように生きることが求められていることになるのである。

　つまり，クザーヌスはこの書物の内容をもって，長年の友人であり，今では長上ともなっている教皇に，とりわけ対イスラームの姿勢において〈慈父のように思いやりのある教皇〉として振舞ってほしい，と慫慂していることにならないだろうか。

　この解釈を補強するさらなる傍証が，実はこの『コーランの精査』に存在する。この著作内での 'pius' という語の用例は，その多くが 'pius et misericors'（愛に満ちて憐れみ深い）という表現をもって神を修飾する語であり，それはコーランの章句の引用として現れているのである[99]。このようなクザーヌスの叙述法は，ピウス二世教皇に対して「コー

―――――――――――

　95）　*Reformatio generalis*, n. 11, 3-5: quisque [...] iuxta etymologiam nominis sui et eius causam cannonice vivet. Deffinitur enim vita cuiuslibet in nominis eius diffinitione. この定めに続いて，「その生活が反キリスト的である人がどうして本当にキリスト教徒であると称ばれようか」としつつ，具体例をいくつか挙げている。

　96）　この点については，本書第 VI 部第 3 章を参照されたい。

　97）　同じ改革案の中でクザーヌスは，教皇も巡察 visitatio の対象にならねばならないとしている。この点についても，本書第 VI 部第 3 章を参照されたい。

　98）　Sleumer, *Kirchenlateinisches Wörterbuch* における 'papa' の項の説明。

　99）　例えば，*Cribr. Alk.* I, V, n. 35, 5f. これはコーランの「イムラーン一家」3・1-7 のラテン語訳の引用部である。ちなみに井筒俊彦訳では，この箇所は「慈悲深く慈愛あまねきアッラーの御名において」とされている（『コーラン』〔上〕72 頁）。

第2章　宗教寛容の哲学　　　　495

ランの中にもあなたの名前が使用されている」と伝えようとしているように思われる。そればかりか，まことに印象的なことには，この『コーランの精査』という著作は，この表現を用いてピウス二世に宛てた文言で締めくくられているのである。

　　神があなたの眼を開き給いて，もっとも聖なる福音を読み理解できるようにして下さるならば，あなたはいっそう明瞭かつ判明に，これらのことがその通りに存在していることを見出すでありましょう。愛に満ちて憐れみ深く，永久に賛美されるべき神が，このことをあなたに恵んでくださいますように！[100]。

　この引用の傍点を付した箇所は，上でみたように，コーランにおいて処々で使用されている神の修飾句である。この著作のドイツ語翻訳者であるハーゲマン（Hagemann）とグライ（Glei）はその註371で，クザーヌスは「偶然にではなく」この語句を使用してこの著作を締めくくっている，と記している[101]。実際，キリスト教の聖書には 'pius et misericors' という対になった用例が見出だされないのであるから，ここにはクザーヌスの意識的な用語法を見てとることができるはずである。これほどにクザーヌスは〈思いやりのある解釈〉を徹底していたのだと言えるであろう。

　以上のような，クザーヌスの宗教寛容の思想についてのわれわれの把握を支えてくれるものとして，20世紀に宗教的多元論の立場で論陣を張ったジョン・ヒックの理論を引用したい。

　　論証的な対話，つまり神学的な対話は，その対話の本質に関する二つの対立する概念をめぐっておこなわれたり，その間を堂々巡りしたりする。一方の端には，純粋に信仰告白的な対話がある。そこで

　100）　Cribr. Alk. III, XXI, n. 238, 8-10: Quae clarius et apertissime sic esse reperies, si deus dignabitur tibi oculos aperire, ut legas et intelligas sacratissimum evangelium, quod tibi concedat deus pius et misericors semper bededictus!（強調は引用者）

　101）　*Nikolaus von Kues, Sichtung des Korans*, III, S. 119.

は，自分の信仰は絶対的な真理で，相手の信仰は相対的な真理でしかないという確信のもとで，相互が信仰を告白しあう。他方の端には，真理探究的な対話がある。そこでは「超越者」は自分のもつ限定的なビジョンよりも無限に大きなものであることが自覚されており，したがって，双方ともにその前に立っている「神的実在」に対して，ともにより充実した覚知にいたるよう助けあい，そして双方のもつビジョンが分かちあわれる[102]。

このヒックの概念構成に従うならば，すでに見た『信仰の平和』の冒頭場面が明らかに示しているように，クザーヌスは「信仰告白的な対話」と「真理探究的な対話」の両方を同時に，しかし同じ次元において水平的にではなく，垂直的に立体的な関係の中に位置付けつつ遂行していたと考えることができるであろう。したがってナウマン（Naumann）の言うように[103]，クザーヌスが全ての宗教に積極的価値を認める立場と自己の教会を優先する立場との間で動揺していた，ということはないのである。ナウマンの誤りは，そしてまた，〈一なる信仰〉をあくまでもカトリック教会のものと捉えようと試みた多くの解釈の誤りは，クザーヌスの相対化の思惟装置が水平的なものと垂直的なものとの両方から構成されており，それが互いに交差する点に立って彼が思惟しているという事実を見落とすことから生まれているのである[104]。

5　結　　論

以上のように考察してくれば，クザーヌスの寛容思想が，自らが属し枢機卿をも務めるローマ・カトリック教会の有り方を，否，それのみならず自己自身の信仰をも相対化するなかで，他の宗教に対する〈寛容〉

---

102)　Hick: *God has many names*, p.116.（間瀬啓允訳『神は多くの名前をもつ』（177 頁）。この書物におけるヒックの議論にはクザーヌスと共通するところが幾つか見られるが，クザーヌスの名前はあげられていない。

103)　Naumann, *Sichtung des Alkorans - Cribratio Alkorani*, Einführung S. 69.

104)　このクザーヌス特有の相対化の思惟装置を，筆者は〈脱中心の思考〉と名付けている。八巻『世界像』第 4 章第 1 節を参照されたい。

第 2 章　宗教寛容の哲学　　　　497

を，また逆に自己の宗教に対する他の宗教からの〈寛容〉を説く程の深いものであったことは明らかである。また同時に，真理探究の場において彼がいかに〈他なるもの〉に対して根本的に開かれた姿勢をとっているかも明らかである。そしてそれが，彼の〈寛容思想〉の本質を構成しているのである。この点において彼の〈寛容思想〉と啓蒙期のそれとを比較するならば，次のようにまとめることができるであろう。啓蒙期の〈寛容思想〉の根底には〈絶対〉へのシニシズムが存在しているのに対して，クザーヌスの〈寛容思想〉の根底には，〈覚知的無知〉の思惟に裏打ちされた〈絶対〉への畏敬が存在しているのである[105]。

105）　真理探究の場における〈開かれた姿勢〉において，クザーヌスは近代自然科学のそれと共通する点がある。つまり，近代科学も「この真理はあくまでも現段階における真理である」とすることにおいて，確かに真理探究に対して開かれた姿勢をもっている。しかしこの〈開かれ〉は，同じ自然科学的方法に立つ探究に対してのみ〈開かれている〉ものとして，いわば〈水平的〉に止まっている。しかし〈覚知的無知〉の思惟に立つクザーヌスのそれは，彼が〈イディオータ〉（素人，俗人）の真理探究における役割の重要性を強調していることからも明らかなように（これについては本書第 VI 部第 1 章を参照されたい），自己の用いる探究方法とは異なる方法にも真理の可能性を容認している点において，いわば〈立体的〉であるだろう。そしてこの立場は，近代科学総体における「真理」をも，一つの「真理」として相対化する力を有するであろう。この辺りの問題については，本書第 I 部第 4 章のとくに 4 節も参照されたい。

第 3 章

〈言語の類比〉による宗教寛容論

———————

　西欧キリスト教社会において〈宗教寛容〉の思想が確立されるまでの困難な道程の中では，寛容論の根拠として多様な議論が提出されているが，以下では〈宗教〉と〈言語〉の間に類比を求めつつ〈寛容〉を説く，クザーヌス，フッカー，ベール，ヴォルテール，リンドベックによる一連の思索を検討する。

1　フッカーによる〈類比〉の提示

　16 世紀末にイギリス国教会の聖職者であり神学者，法哲学者でもあったリチャード・フッカー（Richard Hooker1554-1600）によって書かれた本『教会政治理法論』（『教会統治論』とも訳される *Of the Laws of Ecclesiastical Polity*）の第 3 巻第 2 章の冒頭に次のような文章がある。

　　注目すべきことには，世界中の全ての人間の間に言語能力が無くてはならないものであることを肯定する人でも，その場合に，全ての人間が必ず同一の種類の言語を話さなければならないとは言わないのである。これと全く同様で，あらゆる教会において政治と統治が必要であるとしても，全ての教会においてそのどれかただ一つの形式が必要であると主張せずとも，それは成立することであろう[1]。

———————
　1)　*Of the Laws of Ecclesiastical Polity*（以下 *E.P.* と略し，引用箇所は Everyman's Library 版 (Rhys (ed.), London 1907) の巻，章，節の順に数字で示す。）3. 2. 1: We must note,

ここで「政治と統治」（polity and regiment）と言われているものは，教会の組織運営，儀礼の執行等の意味であるから，フッカーが主張している趣旨は，全ての教会の組織運営や儀礼の執行が唯一つの形式で統一されねばならないわけではない，ということである。これは正しく，人間が普遍的に持つ言語能力と現実の諸言語のあり方との関係に対する類比（analogia）に拠って立ちながら，諸々の教会（教派）間の〈寛容〉を主張しているのである[2]。

2　フッカーの源泉としてのクザーヌス

さてフッカーの以上の主張の持つ意味の検討は後にすることとして，それに先立って，フッカーの論と関連しつつ，むしろその源泉とおぼしきクザーヌスの〈寛容〉論を検討をしたい。

クザーヌスは 1453 年，コンスタンチノープルがイスラーム・トルコにより征服されて東ローマ帝国が滅亡した事件を契機として，『信仰の平和』という書物を著したが，そこに込められた思想は，「多様な儀礼の中に一なる宗教が」[3]という章句が典型的に示しているように，宗教寛容論の先駆的なものとして著名である。例えば，その 100 年後の宗教改革の時代に，改革派の指導者の一人ヨハンネス・キメウス（Johannes Kymeus 1498-1552）は自己の主張の擁護のためにこの著作を用いているし[4]，また 17 世紀中葉にはやはり同様な立場から，この本のドイツ語訳が翻訳者と発行場所を隠して刊行されている[5]。

---

that he which affirmeth speech to be necessary among all men thoroughout the world, doth not thereby import that all men must necessarily speak one kind of language. Even so the necesssity of polity and regiment in all Churches may be held without holding any one certain form to be necessary in them all.

　2）　フッカーの，後に述べるような執筆動機から判断するならば，これは直接的には寛容論というよりもむしろ護教論である，という見解もありうるが，私はここではそれの生み出した〈結果〉を重視する。

　3）　*De pace fidei*（以下 *De pace.* と表記する），I, n. 6, p. 7, 10. なお，この章句について の詳細な検討は，前章 2 節で行っている。

　4）　*De pace.* の L. Mohlerによるドイツ語訳*Über den Frieden in Glauben* (1943). Einführung, S. 83.

　5）　Ibid.

第 3 章　〈言語の類比〉による宗教寛容論　　501

　さてクザーヌスの〈多様な儀礼の中に一なる宗教が〉なる思想を支え
ているのは,『信仰の平和』の中に展開されている次の四点だと考えら
れる。(1) 無限, 絶対, 万能なるものとしての神は, 有限者としての
人間には多様に見えること。(2) 人間は弱いものであるということの
自覚。(3) 全ての人間の一致しうる目的・終局としての一なる正統的
な信仰の存在の確認。(4) 一なる〈印で表されるもの〉が多様な〈印〉
で表されること。

　以上の四点についての詳細な考察はすでに別の場所で試みているの
で[6], ここではフッカーの上掲の論との関わりにおいて第四の〈諸々の
印―印で表わされるもの〉論にのみ焦点をあてておきたい。先に掲げた
〈多様な儀礼の中に一なる宗教が〉という事態について, クザーヌスは
次のように考えている。この事態はすでに現実に存在しているのにもか
かわらず, 人々がそれを認識していないだけのことであり, これに人々
が気付くならば, 全ての宗教に関する, また宗教に由来する争いは止む
であろうと。このような理解にとって,〈諸々の印―諸々の印で表わさ
れるもの〉論は極めて重要な働きをしていると見ることができる。こ
れの原文は, 直接的には儀礼 ritum に関して次のように記されている。
「諸々の印が変化を受け容れるのであって, 印で表わされるものが, で
はない」[7]。

　ところでクザーヌスは, この『信仰の平和』において全世界規模で思
惟しようとしている。世界各地から 17 の民族の代表的賢者が召集され
る天上会議を設定して議論を進める。そして現存の諸宗教の広がりの枠
を, 現存の諸言語(諸国語)および諸民族の枠と一致させて考えている。
その結果, 現存の諸宗教は, 先にふれた彼の認識〈多様な儀礼の中に一
なる宗教が〉においては,〈宗教〉ではなく〈一なる正統的な信仰〉の
下での〈儀礼の体系〉とみなされるのである[8]。

　すると以上のことから, 次のような結論が導き出されることになる。
〈諸々の印―諸々の印で表わされるもの〉論に依拠すれば, 第一に,〈印〉
の典型としての言語において,〈多様な言語により多様に表現されるこ

---

6)　本書第 V 部第 2 章に収載。

7)　*De pace.* 16, 55, 52(八巻訳628頁): 'Signa autem mutationem capiunt, non signatum.'。

8)　上註 6 の箇所を参照されたい。

との中に同一のこともあること〉，逆に〈一つのことも多様な言語により多様に表現されること〉がクザーヌスによって主張されている[9]。ところがその言語（国語）と同じ枠で把握されている個々の宗教は，すでに見たように彼の理解では儀礼の多様な体系であるわけだから，上の〈諸々の印―諸々の印で表わされるもの〉論では，第二に，〈多様な儀礼の体系により多様に信仰されているものが実は同一の神であること〉，逆に〈同一の神が多様な儀礼体系によって多様に信仰されること〉が主張されていることになる。このことは，本文において「万人に本有的なものとして現存している宗教がある」[10]と言われているとともに，「生命の授与者であり存在であられるあなた〔神〕こそ，多様な儀礼において異なって探求されているように見える当のお方であり，多様な名称〔すなわち言葉〕で称ばれている当のお方なのです。」[11]と言われていることからも裏付けられる。

　かくしてここに，フッカーほどに明示的ではないが，クザーヌスにおいても〈言語〉のあり方との類比に根拠を置いて〈宗教寛容〉が主張されていると見ることができるだろう。

3　〈儀礼〉と〈言語〉の関係

　さて以上のクザーヌスの〈寛容〉論をふまえつつ，再び16世紀の人であるフッカーの〈儀礼に関する寛容〉論の検討に戻ることとする。先に掲げたフッカーの〈言語の類比〉に根拠を求める論法は，クザーヌスのそれと親近性を持ちつつも，一層明解であることは容易に見て取れよう。このフッカーのクザーヌスへの親近性は偶然に成立しているものであろうか。実はそうではなさそうである。渡邉守道の指摘によると，フッカーはクザーヌスの著作の幾つかを読んでおり[12]，さらに彼の本『教

　9）　クザーヌスの別の著書（後に検討の対象とする）*Compendium*『神学綱要』（1464）（以下 *Comp.* と略す）7, n.20, 16（大出・野澤訳 38 頁）では「言語の多様性は，一つの精神のさまざまな顕示にほかならない」と言われている。

　10）　*De. pace.* 13, 45, 42（八巻訳 619 頁）。

　11）　Ibid., 1, 5, 6（八巻訳 586 頁）。

　12）　Watanabe, *The political Ideas of Nicholas of Cusa*, 193.

第3章　〈言語の類比〉による宗教寛容論　　　503

会政治理法論』の第1巻では，以下のようにクザーヌスの著作『神学綱要』の第1章の冒頭を引用しつつ，神（至高者）について人間の持ちうる知を説明しているのである。

　　われわれのもっとも健全な認識能力は以下のことを知ることができる[13]，われわれは，彼〔至高者〕が実際に存在するとおりには，彼を知ってはいないこと，および知りえないことを[14]。従って，彼についての最も隠当なわれわれの雄弁は，沈黙することである——彼の栄光は表現不可能であり彼の偉大さはわれわれの受容能力と到達能力を超えている，と告白することなく〔彼を〕賞賛するのであれば。

　これは，クザーヌスの基本的思想である〈覚知的無知〉のもつ意味の一つである[15]。さらには『神学綱要』と思想的に親近性のある議論が，被造物としての人間は，（上の引用文での主張にもかかわらず，またそれゆえに）神を模倣することを切望するとして，フッカーによって以下のように述べられている。

　　真理についての知識において進歩すること，および徳の実行において成長することというような，この種の完成に関しては，この下界の被造物の中では人間が，神との最大度の類似を切望している[16]。

　これはクザーヌスの『神学綱要』第2章[17]におけるアリストテレスか

---

　13)　*Comp.* 1, n. 1, 4f.: quod sana mens omnium hominum attestatur（すべての人の健全な精神が確証すること）。

　14)　*E. P.*, 1, 2, 2: Our soundest knowledge is to know that we know him not as indeed he is, neither can know him: and our safest eloquence concerning him is our silence, when we confess without confession that his glory is inexplicable, his greatness above our capacity and reach.

　15)　*Comp.* 1, n.2, 3f.（大出・野澤訳 13 頁）；8, n. 24, 19f.（大出・野澤訳 42 頁）。

　16)　*E. P.* 1, 5, 3: Concerning perfections in this kin^d; that by proceeding in the knowledge of truth, andby growing in the exercise of virtue, man amongst the creatures of this inferior world aspireth to the greatest conformity with God. これと類似した叙述は，Ibid., 1, 8, 5 にも，'the mind fo man being by nature speculative and delighted with contemplation in itself'（人間の精神は本性上思弁的であって，それ自身での思惟を喜びとする）と。

　17)　*Comp.* 2, n. 4, 5（大出・野澤訳 16 頁）。

504 V 宗教寛容論

らの引用「すべての人間は本性的に知ることを希求する。」[18]および同書第 6 章における「人間が進歩して，神的なものどもを観る者となる」[19]という叙述，さらには同書第 8 章の〈地理学者としての人間〉（homo cosmographus）[20]の思想と親近性をもっている。

　第三には以下のように，クザーヌスも多用する〈世界という書物〉の比喩が見出される。それは，世界を書物とみなし，その著者を神とするものである。

　　神は自然の著者であるから，自然の声は神の道具に他ならない。われわれは，おおよそ学ぶに値するものは神から自然によって受け取っているのである。〔…〕神は，この世界に到来している万人を理性の光で照明しているのであるが，その理性の光の力によって，人間は真理と誤謬との区別を知り，善と悪との区別を知り，そうすることで，神の意志が何であるかを多くのものの中から学び取るのである[21]。

　これも，クザーヌスの〈地理学者としての人間〉という思想の説明と強い親近性をもっている[22]。

---

　18)　Aristoteles, *Metaphysica*, 1, 1, 980, a. 21.

　19)　*Comp.* 6, n. 17, 13（大出・野澤訳31頁以下）：proficiat et fiat homo speculator divinorum. この点についてさらに一般的には，「〔人間という〕知性的本性だけがよりよくなりうる」とも（*Sermo* CLXIII, n. 8, 13-15）．

　20)　*Comp.* 8, n. 23, 13-16（大出・野澤訳 41 頁 以 下）：hinc in se reperit primum et propinquius signum conditoris, in quo vis creativa plus quam in aliquo alio noto animali relucet. Intellectuale enim signum primum et perfectissimum est omnium conditoris, sensibile vero ultimum.

　21)　*E. P.*, 1, 8, 3: God being the author of Nature, her voice is but his intrument. By her from Him we receive whatsoever in such sort we learn. [...] by force of the light of Reason, wherewith God illuminateth every one which cometh into the world, men being enabledd to know truth from falsehod, and good from evil, do thereby learn in many things what the will of God ist.

　22)　*Comp.* 8, n. 23.「彼〔地理学者〕が自分の都市で可感的な世界のすべての記録をついに取り終えたとき，彼は失わないようによく秩序づけ，比例的に測って地図に記入し，その地図に向かう。そして，〔…〕世界建設者〈神〉——地理学者が使者たちから理解し書き記したものどもすべてのどれでもなく，万物の制作者 aritifex であり，原因であるところの——に内的な視線を向ける。〔…〕そして精神を用いて，似像 imago のうちに真理を，〈印〉signum のうちに，〈印によって表されるもの〉signatum を観照する」。またこの構造の典型的説明は以下に：Cusanus, *De filiatione dei*（『神の子であることについて』）4, n. 26（坂本訳 142

第 3 章　〈言語の類比〉による宗教寛容論　　　505

　以上のような両者の間の思想的親近性を踏まえつつ，さらに冒頭に掲げたフッカーの〈言語の類比〉による寛容論と，それに直接的に関わりうる，次のようなクザーヌスの『神学綱要』における〈旧約聖書でのアダムの言語論〉および〈諸々の印—諸々の印で表わされるもの〉論とを対照してみよう。先ず〈アダムの言語〉についてのクザーヌスの説明である。

　　第一の人間〔アダム〕の「話す技術」は多くの『異名同義語』（synonimia）に富んでいたので，のちに分かれた言語はすべてその中に包含されていた，と信じられても不合理とは思われない。なぜなら，人間の言語はすべて，われわれの先祖アダムの〔…〕あの最初の言葉から来ているからである[23]。

　また〈諸々の印—諸々の印で表わされるもの〉論に関してクザーヌスは，次のように述べている。

　　彼〔万物の形成者〕は，「自分から生まれる言葉」〔精神の顕示ostenosio が言葉である〕[24]において自らを認識し，かつ，「創造されない言葉〔神〕」の印である被造物において，さまざまな印でさまざまに自らを顕示するのであり，〔万物の形成者から〕「生み出された言葉」〔被造物〕を示す印ではないところのものは何も存在しえないのである[25]。

　ここで，クザーヌスは，〈印としての言葉〉について，第一の，印でない印としての，〈創造されない言葉〉・神[26]と，第二の，〈神の印とし

頁）。なお〈世界という書物〉の比喩については，本章第Ⅳ部第 4 章を参照されたい。
　23)　*Comp.* 3, n. 6, 6（大出・野澤訳 18 頁以下）。
　24)　Ibid., 7, n. 20, 16（大出・野澤訳 38 頁）。
　25)　Ibid., 7, n. 21, 2-4（大出・野澤訳 38 頁）: ipse [formator omnium] in verbo de se genito se cognoscit atque in creatura, quae est increati, verbi signum, se ostendit in variis signis varie, et nihil esse potest, quod non sit signum ostensionis geniti verbi.
　26)　なぜなら，神は完全な同一性でもあるから，signum と signatum の間に一切の相異がないのである。Cf. Ibid., 10, n. 31（大出・野澤訳 50 頁）。

506 V 宗教寛容論

ての被造物〉と，第三の，被造物としての〈人間の用いる印・言葉〉という系列を考えているのである。

　以上のことから私は，フッカーがクザーヌスから示唆を得て〈言語の類比〉による寛容論を展開したのではないかと推測するのであり，同時に，〈言語の類比〉による寛容論の持つ含蓄は，後者の上掲の思想と併せて考察する時に十分にくみ取れるのではないか，と考える。

　そこでフッカーの寛容論そのものを，もう少し考察してみよう。彼のここでの思惟の世界は，クザーヌスの全世界規模のそれと比較すると狭く，キリスト教世界に局限されていると言えようが，その問題状況は，以下に述べるように，クザーヌスの場合よりは厳しいかもしれない。すでに言及したように，フッカーはイギリス国教会の神学者としてこの本を著しているのであるが，それは当時の国教会を取り巻く緊迫した状況からの要請に対する彼の応答であった。すなわち，政治的文脈で表現すれば，カトリックとピューリタンといういわば左右の〈国際主義〉の攻撃の狭間で，国教会はその特殊なあり方を〈国家至上主義的〉な論理によって擁護せざるをえなかったのである[27]。これを宗教的文脈で表現すれば，カトリックとピューリタンという，互いに立場は相反するとはいえ〈一元論〉的信仰からの攻撃に対して，〈二元論〉的信仰に立って弁明するという形である。

　すなわちカトリックは，〈神聖ローマ帝国〉理念に典型的に表されているように，〈国家〉の存立を認めつつもそれを〈教会〉の下に一元的に位置づけると共に，〈国王〉が〈教皇〉に従属することを求めている。他方ピューリタンは，そもそも〈国家〉および〈国王〉がキリスト教徒にとって必要であることを認めず，キリスト教徒は〈教会〉のみを必要とするのであり，それによってのみ生きよと神が命じている，と考えている。

　これに対しフッカーは，この両者の中間に立ちつつ，〈国家〉と〈教会〉とは，本来は同一の集団の別の名称であるとして，以下のように論じる。

　27）　この辺の事情については植村雅彦「イギリス国教の定着」431頁以下，および八代崇「リチャード・フッカーの国家論」『キリスト教論集』桃山学院大学，第1号（1965年）を参照。

第 3 章　〈言語の類比〉による宗教寛容論　　507

教会と国家の間に確かに相異が存在する。しかし，われわれは，
〔それらの間に〕特性に関わる区別をしているのではない。〔…〕そ
の相異は，偶然的なものであり，それらは常に親しく一つの実体の
中に共存できるし，共存すべきものである。〔…〕〈国家〉とわれわ
れが称するのは，その下で人々が生きている一定の統治と政策に関
してのみのことであり，〈教会〉と称するのは，人々が信仰告白す
る宗教の真理についてである。〔…〕したがってキリスト教社会（a
Chistian society）においてわれわれが教会と国家を対照させる場合
に，国家とは，真正な宗教的事項以外の，社会のあらゆる公共的
事柄に関する限りでの社会のことであり，教会とは，他のあらゆ
ることを除いて真正な宗教の事項に関わる限りでの社会のことであ
る[28]。

　以上のようにフッカーは，ピューリタンからの国教会への批判に対し
て，むしろ〈国家〉の存在意義を擁護することに重点を置いている。こ
のことは，先に見た，〈書物の比喩としての世界〉についての彼の思惟
とも相即しているのである。すなわちフッカーは，聖書という〈書物〉
と並んで，世界というもう一つの〈書物〉も人間にとって有用である，
と考えているからである。
　さらに，たとえピュータリンの主張するような〈教会のみ〉あるいは
〈教会の優越性〉を認めたとしても，そこでの儀礼のあり方は各地域の
歴史と伝統等の多様性に応じて多様であってよい，と彼は主張するので
ある。なぜなら，儀礼と儀式に関しては次のようなことが言えるからで
ある。

　　それらの中には，神の法が禁止しているものに属する本性上言語道
　　断なものも存在する。またそれらの中には，人がそれを悪に用いる
　　という同意がなされる場合にのみ有害となるが，そうでなければ有
　　害とはならないものもある。後者のほとんどのものは，〈どちらで
　　もよいもの〉（things indifferent）である。〔…〕洗礼において水と

---

28)　*E. P.*, 8, 1, 5.

いう要素は必要であるが，水を一回だけかけるか，三回かけるか
は，どちらでもよいことである[29]。

　このような論拠に基づいて，冒頭に掲げた〈言語の類比による寛容
論〉が主張されているのである。そしてフッカーのこの主張は，一方で
国教会を擁護しつつ，他方ではエリザベス朝イギリス内部において，国
教会の教えを形式上遵奉してさえいれば，国家・教会（国教会）は信徒
の信仰の内実までは立ち入らない，という形での消極的〈寛容〉を成立
させる理論的根拠を提供したのである[30]。

4　ベールとヴォルテール

　次に，17世紀後半のフランス人プロテスタントであり，オランダに
亡命しつつ〈宗教寛容〉について多量の書物を著したピエール・ベール
（Pierre Bayle1647-1706）における，〈言語の類比〉による寛容論に目を
移したい。実はベールの浩瀚な寛容論の中では，この論拠はそれほど重
要な役割を果してはいない。それは一つのヴァリエーションとしてエピ
ソード的に存在しているのである。『〈強いて入らしめよ〉というイエ
ス・キリストの言葉に関する哲学的註解』（1686-87）の第2部第6章に
次のような文章がある。

　　広大な帝国の内に，それぞれ異なる法律・慣行・風習・言語を持
　　ち，おのおのが自国のならわしと好みに応じて主君に敬意を表する
　　――それは尊敬の表しかたが一つしかない場合以上に偉大さのしる
　　しとなろう――たくさんの民族をかかえた君主の譬を持ち出してき
　　て，世界中のあらゆる宗教はどんなに奇妙で種々雑多でも，この上

---

　29)　Ibid. 4, 12, 3. この〈things indifferrent〉という思想は，後に Locke によって「宗教
とは中立的（無関係）な事柄」として，さらに展開される。*A Letter concerning Toleration*, in:
The Works of John Locke, vol. 6, p. 30（生松訳『寛容についての書簡』：『世界の名著』第 27 巻，
374 頁）。

　30)　エリザベス朝での〈寛容〉については植村前掲論文 442 頁以下を参照されたい。

なく完全な存在〔神〕の無限の偉大さにおおいにかなっている，多様性という点で無限であることにより自然の全体が神を告げ知らすのを神ご自身がお望みになったのだ，などと言うつもりはない。いやむしろすべての人間，少なくともすべてのキリスト教徒が同じ信仰告白で一致するのはすばらしいことだ，と言ったほうがよかろう。しかし，それは希望の対象であるよりは願望の対象であり，人間の精神がこれほど限られ，心情もこれほど放埒であるかぎり，意見が分かれることは人間につきものと思われるから，その禍をできるだけ小さな混乱にとどめなくてはならない。それは疑いもなく，誤認の性質がそれを許す時は同じ教会の中で，許さない時は少なくとも同じ都市の中で互いに寛容しあうことであろう[31]。

　この文章にはいささか韜晦が込められていて，その論旨は明解とは言えないが，確かにここにフッカーよりも複雑かつ具体的な論法で，むしろクザーヌスに近い論法で，〈言語の類比〉による寛容論が展開されている。しかしベールの〈寛容論〉は，全体として見るならば，その根拠を専らこの点に求めているわけではなく，周知のように，むしろ一層根源的な〈個々人の良心の自由〉に求めているのである。

　　良心とは各人にとって神の声，神の掟であり，〔…〕その良心を無理強いするのは，本質的に，神の掟を無理強いしてよいと考えることであり，〔…〕良心に反する行動をせよと命じる権威を神が（誰かに）お与えになることはありえない。同じ理由から，社会を形成しおのが自由を主権者の手に預けることに同意した人々が，自己の良心に対する権利を主権者に与えるつもりは絶対になかったことは明らかである[32]。

18 世紀後半に同様な〈言語の類比〉による寛容論を一つのヴァリエー

---

31)　Pierre Bayle, *Commentaire philosophique sur ses paroles de Jésus-Christi contrains-les d'entrer* in: *Oeuvre Diverses*, II, 2, 6, p.418. 野沢協訳「ピエール・ベール著作集」第二巻「寛容論集」法政大学出版局，229 頁の訳文を借用した。

32)　Bayle, Ibid. 1,6, p.384（野沢訳 137 頁以下〔ただし訳文の一部を変えてある〕）。

510 　　　V　宗教寛容論

ションとして展開したのがヴォルテール（Voltaire 1694-1778）である。彼はその著『寛容論』（1773）の第22章で，彼一流の皮肉を込めて次のように述べている。

　　わたしはキリスト教徒たちに話しかけ，たとえば，宗教裁判所判事のドミニコ会士に勇を振るってこう言うかもしれぬ。「同信者よ，あなたもご存じのとおり，イタリアでは各地方にお国言葉があって，フィレンツェで話されている言葉はヴェニスやベルガモでは全然話されません。アッカデミア・デルラ・クルスカ（クルスカ学会）によって国語が定められました。アカデミーの辞書は，逸脱してはならない規則であり，また，ブオンマッティの『文法』は手本とすべき的確な指針です。でも，ヴェニスやベルガモの住民でいつまでも自分たちの方言を話そうとするものは誰であろうと舌をひき抜くように，アカデミーの会長が，また会長不在の折りにはブオンマッティが良心の呵責もなしに命令できたとあなたは思っているのですか」[33]。

　このような〈不寛容〉への批判に立ちつつ，ヴォルテールは，この本の末尾第23章「神への祈り」において次のように記している。「昔からの言語体系（langue）からなる特殊用語（jargon）で表されようと，それよりは新しい特殊用語で表されようと，あなたを崇めるのに変わりなからんことを」。さらに「われわれに許された一瞬の生を利用して，この瞬間をわれわれにお授けになったあなたの御好意に，シャムからカリフォルニアに至るまで，ありとあらゆるさまざまな言語表現能力（langage）を用いて等しく感謝しようではないか。」[34]と。

　以上の引用からもわかるように，ヴォルテールにおいても，ベールと同様に，その〈寛容論〉の根拠は専一的に〈言語の類比〉による寛容論に求められているのではなく，むしろそれはエピソード的に語られているのである。そして彼が依拠する根拠は，〈人間の弱さの自覚〉と，それに相即する形での〈万人の有する理性への信頼〉である。

---

33) *Traité sur la Tolérance: Mélanges*, p.635f.（中川信訳『寛容論』現代思潮社, 136 頁）。
34) Ibid., p. 638f.（中川訳 141 頁〔ただし訳文の一部を変えてある〕）。

5 啓蒙期における〈言語の類比〉の限界

以上のように，時代と所を異にする四人の〈寛容論〉の中に〈言語の類比〉による寛容論を見てきたが，〈言語との類比〉であるかぎりは，〈人間に普遍的な言語能力〉という前提と相即する形で，〈自然宗教〉（本性的宗教 natural religion）の存在が前提されているはずである[35]。〈言語の類比〉による寛容論の特性は正しくこの点に存していると言える。しかし〈自然宗教〉という思想と用語は，全ての宗教を等しい価値を持つものとみなす可能性もあり，それゆえにキリスト教社会で明確な形をとるに至るまでには時間がかかっている。

しかし子細に見ると，それは確かにクザーヌスにおいても，すでに見たような〈本有的宗教〉（Connata religio）として存在しているし，またフッカーにおいても，それほど明瞭にではないが，次のようなところに伏在しているのが見出されるのである。

第一には『教会政治理法論』における[36]新約聖書『ローマの信徒への手紙』2,14-5 の引用である。「たとえ律法を持たない異邦人も，自然に律法の命じるところを行えば，律法を持っていなくても，彼ら自身が自分に対して律法なのです。こういう人々は，律法の要求する事柄がその心に記されていることを示しています。彼らの良心もこのことを証しており，また，自分を責めたり，弁明したりする心の思いもこのことを示しています」。また同書第 5 巻での「全体として不真実のみで成立している宗教はありえない」[37]という記述も〈自然宗教〉を前提としていると見ることができるだろう。

さらに後代になると，ベールにおいては明瞭に，「キリスト教の福音は，自然宗教（religion naturelle）の内容，すなわち人間の道徳性の非

---

35) ここで私は，単に〈理神論的自然宗教〉のみではなく，もっと広い意味で考えている。

36) *E. P.*, 1, 8, 3.

37) Ibid. 5, 1, 5.

512   V　宗教寛容論

常に大きな拡張である」[38]という形で述べられている。さらにヴォルテー
ルでも〈自然宗教〉の存在を想定されていたことは，先の引用からも明
らかであるだけでなく，次の叙述からも明白であろう。

　　私の思い違いかもしれないが，古代の文明開化されたあらゆる民
　　族のうちには，思考の自由を妨げたものは一つもなかったと思わ
　　れる。あらゆる民族が同一の宗教をもっていた。しかし私の見る
　　ところでは，彼らは，人間に接するのと同様な仕方で神々に接して
　　いた。つまり，彼らは皆，一なる最高神の存在をわきまえていた
　　が，この最高神に様々な下級神の不思議な性質を結合していた。そ
　　して，彼らは唯一の礼拝を執行していたのであるが，他の多くの異
　　なった体系も容認していたのである[39]。

　このように，クザーヌスからヴォルテールへとしだいに〈自然宗教〉
（本性的宗教）の思想が強まり明確になって行く過程は，〈言語の類比〉
による寛容論の目的がしだいに達成されて行ったことの現れとみなすこ
とができるだろう。なぜなら，この寛容論は，一方において〈人間にお
ける言語の普遍性〉を〈鍵〉として，自分たちとは異なる社会，宗教，
教会に属する人間たちの持つ本性および理性が，自分たちのそれと同じ
程度に信頼に値するものであることを明らかにしようという目的を持
ちつつ，他方において，このことを基盤とした上で〈自然宗教〉（本性
的宗教）が人間社会に遍く存在することを明らかにしようというねらい
を持っていたはずだからである。さらに，この二つの事を確認すること
で，互いに他の宗教（宗派）の存在を「容認し合う」・「寛容し合う」こ
とを最終目的としていたのである。クザーヌスおよびフッカーの〈寛
容〉の論点は正しくこの点にある。
　しかしながらベールおよびヴォルテールの〈寛容論〉は，〈人間集団

---

　38)　Bayle, Ibid. 1, 3, p. 372（野沢訳 104 頁）。
　39)　Tous avaient une religion: Voltaire, Ibid. 7, p. 585（中川訳 46 頁）．ただし，主として
引用文中の下線を付した箇所の解釈と訳に問題があると思われるので，中川の訳文には従っ
ていない。

第 3 章　〈言語の類比〉による宗教寛容論　　513

（社会）としての宗教[40]（宗派）の間の寛容〉にのみとどまってはおらず，さらに啓蒙主義的人間観の所産としての，（すでに見たような）〈個人のレベルでの寛容〉へと徹底されて行くのである[41]。ところが，この〈個人のレベルでの寛容〉を根拠づけるためには，〈言語の類比による寛容論〉はもはや力を持ちえない。なぜなら，この類比において〈鍵〉となっている〈言語〉とはそもそもが集団的・社会的なものであり，逆に，人が社会的存在としての〈一言語〉に従って一社会の中に生きる限りは，〈言語〉上での〈個人の自由〉は著しく限定されたものとならざるをえないのだからである。それゆえにこそ，ベールおよびヴォルテールにおいては，先に見たように，この寛容論が変容されつつエピソード的なものとして扱われざるをえなかったのである。かくしてこの〈言語の類比〉による寛容論は，〈個々人の良心の自由〉を第一義的に求める啓蒙主義の確立と共に，その使命を果たし終えたのであろう。

6　20世紀後半の〈言語の類比〉

　ところが興味深いことには20世紀の後半になって，〈言語の類比〉による寛容論がアメリカの神学者によって新たに展開されることとなった。それは，リンドベック[42]が『教理の本質——ポスト・リベラル時代における宗教と神学』[43]において説いたものである。以下に簡単に紹介する。

　彼は，上掲の書物の副題が示しているように，現代の欧米においては宗教が主として個人の良心に関わるものであると位置づけられて，その視点から扱われてきているという傾向に対して批判的である。そし

40）　注28の箇所のフッカーの〈society〉を想起されたい。

41）　野沢はベールの寛容論について「ベールの普遍的寛容論がジュリューの閉鎖的制限的寛容論（半寛容論）を乗り越えたというのは，〔…〕閉鎖的な神学の場から普遍的な人間論の場へと寛容論が初めて解き放たれたことを意味する」（前掲書844頁）と述べている。

42）　George A. Lindbeck（1923 – 2018）: Pitkin Professor of Historical Theology at Yale University.

43）　*The Nature of Doctrine – Religion and Theology in a Postliberal Age*: 以下の日本語訳がある：星川・山梨訳『教理の本質』（ヨルダン社）。

514 　　　　　　　　　　　V　宗教寛容論

て彼は，宗教を定義するに際して[44]，「包括的解釈図式」(comprehensive interpretive schemes) をとることを前提にした上で，宗教とは，生活や思想全体を形成する，一種の文化的／言語的枠組みまたは手段であって，文化や言語と同じく，宗教も第一義的に，個人の主観の現れであるというよりは，むしろその個人の主観を形成する共同体の現象であるとする。

　この定義に立って彼は，自身が提唱する神学は文化‐言語的アプローチ (cultural-linguistic approach) をとるとする。これは教理の機能を，言語や文化の機能と類似する，言説・心的態度・行為に対して共同体の内部で権威をもってはたらく「規則としての使用法」にあるとみなすものであるとする[45]。

　この神学における文化‐言語的アプローチを，宗教一般に適用するのが「文化‐言語型モデル」である。つまり，これは，宗教を捉える際に，その認知的側面も経験‐表出的側面も強調しないとする[46]。さらに彼は，人は個々の言語を超越した一般的な言語を話せないのと同様に，人は一般的に宗教的にはなれないと言う。しかしながら彼は，自分の言う「文化‐言語型モデル」とは，宗教の普遍的諸特質やそれらの組み合わせとか互換性に焦点を当てるものではなく，個々の宗教に光を当てるのであるとする[47]。さらに，文化‐言語的アプローチにおけるそれぞれの宗教の神学を〈規則〉とみなすことによって，異なった宗教の神学が互いに両立できるようになるとする——米国における自動車の右側通行と英国でのそれの左側通行が両立できるのと同様にである[48]。

　さらに彼は，「宗教的になる」ということは，所与の宗教の言語や象徴体系に習熟することを意味するのであり，その意味で宗教とは，キリスト教が伝統的に説いてきたように，「内なる言葉」ではなく，むしろ

---

44)　*The Nature of Doctrine*, p.32f.

45)　Ibid. p. 17f.: emphasis is placed on those respects in which religions resemble languages together with their correlative forms of life and are thus similar to cultures (insofar as these are understood semiotically as reality and values systems—that is, as idioms for the construing of reality and the living of life).

46)　Ibid.

47)　Ibid. p.23.

48)　Ibid. p. 18.

第 3 章　〈言語の類比〉による宗教寛容論　　515

「外なる言葉」（verbum externum）であって，われわれはそれを使いながら，自己や世界を形成しているのだ，とするのである[49]。

　以上のようなリンドベックの「文化－言語型モデル」は，われわれが上で検討してきた伝統的な〈宗教と言語の類比〉による寛容論といかなる関係にあるのだろうか。先ず明らかなことは，リンドベックのこの本には，伝統的な〈宗教と言語の類比〉による寛容論への言及が見当たらないということである。これは，彼が伝統的理論を知らなかったゆえなのか，それとも言及する必要を感じなかったゆえなのかは不明である。

　しかし，今，両者を比較するならば，以下のことが指摘できるであろう。伝統的理論は，人間の誰もが有しているものとしての潜在的言語能力と宗教性（本有的宗教）とに類比関係を設定する。それに対して，リンドベックの理論は，伝統的な類比的寛容論の成立を前提にしながらも，むしろ具体的言語レベルにおいては各言語体系が自己完結性を有していることと，それにもかかわらず諸言語の間での理解が成立するという諸言語間の等価性という事実に着目して，この二つの構造と，個々の宗教が自己完結性をもちつつも，諸宗教間には等価性を見出すことができるという構造との間に類比関係を設定しているのである。

　つまり，リンドベックは，現代欧米において宗教が〈個人化・主観化〉されていること（privatism, subjectivism）を批判しつつ，宗教の共同性・権威的性格を強調しているわけである[50]。それゆえにこそ彼は，言語を宗教の場でのアナロジーに使用できたのであり，啓蒙期においてその存在意義が喪失していた〈言語の類比〉による寛容論を結果的に再生させることになったのであろう。

7　〈言語の類比〉の本質と現代的意義

　さて最後に，この〈言語の類比〉による寛容論が〈諸宗教（宗派）間の寛容〉のための根拠として西欧キリスト教社会において一定の力を持ちえたことの，キリスト教に内在的な理由を考察してみたい。

---

49)　Ibid. p. 34.
50)　Ibid. p.77.

万人に普遍的である一なる言語能力が，現実には互いに容易には通じ合えない諸々の言語として発現している，という事態に注目するときに気づかされるのは，旧約聖書『創世記』11 章の〈バベルの物語〉である。周知のとおりそこには，〈人間の慢心〉とそれによる〈神を軽視したこと〉のゆえに神によって人間が審かれて，その結果，それまでは全世界が同一の言語であったものを，互いに通じないという現状のような言語的事態とされたのである，という物語が記されている。すなわち，言語に関して本来は〈一〉であったものが，人間の驕り高ぶりという〈弱さ〉のために〈多〉なるものとされて，互いに混乱しているのだ，という認識がここにはある。そして，そのような人間のあり方への自己反省，自戒を身につけることが，キリスト教の教会からは促されてきたはずである。逆に言えば，人間がその〈弱さ〉をわきまえて，神の審きを解いてもらうならば，万人が現実に〈一〉なる言語を用いることができるようになりうるのであり，またそうすべきであるということになる。現に新約聖書『使徒言行録』の〈ペンテコステ〉の叙述には，無学ではあるが信仰の篤い使徒たちが諸々の外国語で説教をする力を神から与えられた，という〈奇蹟〉が記されている[51]。

したがって私は，このような〈バベルの物語〉と〈ペンテコステの奇蹟〉の持つ構造が，〈諸々の宗教の寛容さらには一致〉という問題に暗黙のうちに働いているのではないか，と考えるのである。すでに見たように，実際にグザーヌスの『神学綱要』では〈バベルの物語〉以前のこととしての〈アダムの唯一の言語〉が論じられている。またほぼ同じ箇所に〈ペンテコステの奇蹟〉も言及されている[52]。このように，〈バベルの物語〉と〈ペンテコステの奇蹟〉から，類比的に〈諸宗教の寛容〉への〈要請〉と〈実現可能性〉とが意識されることになるのであろう。

さらにキリスト教思想においては，〈言語〉と〈宗教〉の関係は単なる構造的類似にとどまるものではない。例えば，諸々の宗教間の相異は，（少なくともクザーヌスおよびヴォルテールの理解では）同一の神が異

---

51)　『使徒言行録』2,1-11。

52)　また *De pace.* での〈天上の会議〉という場面設定そのものが〈ペンテコステの奇蹟〉の全面的成就とみなすこともできる。さらにクザーヌスの書 *De possest* (1460) n. 37, 44（大出・八巻訳 52 頁）にも「この奇蹟は神の言葉の分有である」という叙述がある。

第 3 章　〈言語の類比〉による宗教寛容論　　　517

なった名称で称ばれていることに大きく左右されているのであり，また
信仰告白は〈言葉〉と〈儀礼〉によってなされるのであり[53]，さらに西
欧キリスト教が，その本質たる〈神の三一性〉における第三の位格を
〈御言葉〉（Verbum）とすることで，〈言葉〉に特別な思考を重ねて来て
いることもあいまって，〈言語〉と〈宗教〉の関係はむしろ大いに本質
と関わるものであることになる。

　現にクザーヌスにおいては，「言葉は万物を形成する技の認識形象」
であり，「言葉は『それなしには，何も造られなかった』[54]し，また造
られえないところのそのものである」[55]とされている。このことは，単
に教義として言われているわけではない。先にみた〈書物の比喩とし
ての世界〉という思想とあいまって，〈世界を読み取る手段としての言
葉〉と〈世界を読み取る力としての理性〉という二つの存在の重要性が
考えられているのである。その際に，クザーヌスおよびフッカーにとっ
ては，〈信仰〉と〈理性〉は（ピューリタンの主張するように）相容れな
いものではなく，〈理性〉をもって〈信仰〉を強めることもできるよう
な関係に立つものであった。そして，〈理性〉と〈信仰〉という二つの
ものを仲介するのが他ならぬ〈言語〉であるはずである。すなわちそれ
は，〈神の子としての言葉〉であると共に〈世界（自然）の声〉である
言語ということになるのである。

　以上のように考察して来た上で，最後に確認しておきたいことは，こ
の〈言語の類比〉による寛容論が，上述のように，たとえベールおよび
ヴォルテールの時代にはもはやその力を失ったとしても，同時にこれ
が，ベールおよびヴォルテールらによって提唱されることになった新し
い〈良心の自由に基づく寛容論〉への道を開くことになっているとい
うことである。なぜならこれは〈言語〉との関わりで〈理性〉の重要性
を明らかにしたのであり，それゆえに〈理性〉への〈信頼〉を説くと共
に，それが万人に共通に存在していることを知らしめているからであ
る。

　そして，さらに付言しておきたいことは，この〈言語の類比〉による

---

53)　*De pace.* 1, n. 5（八巻訳 586 頁）；19, n. 68（八巻訳 638 頁）。
54)　『ヨハネ福音書』1, 3。
55)　*Comp.* 7, n. 19, 14f.（大出・野澤訳 34 頁以下）。

518　　　　　　　　　　　　V　宗教寛容論

宗教寛容論が西洋的民主主義社会における〈寛容論〉としてはいったん
その使命を果たし終えたかのように見えたにもかかわらず，リンドベックの新たな提唱が示しているように，宗教が本来有している社会形成力と共に[56]，社会の中でこそその本来的存在意義を発揮するものであるという意味における社会性のゆえに，この〈言語の類比〉による宗教寛容論が欧米において再生しつつあるのであり，さらに同時に，グローバリゼーションによって諸宗教が多様に出会っている現代においては，広い意味での新たな〈寛容論〉を確立するための理論的根拠として，これが活用されうるということである。

　このリンドベックの提唱に対しては，批判もなされている。例えば星川啓慈は，宗教間対話が行われたとしても，宗教〈間〉対話は成立することがなく，そこで得られた新しい見解は自分たちの宗教という枠組みのなかに取り込まれるだけである，という趣旨の指摘をしている[57]。この批判は，宗教間の対話とは，宗教間の〈一致〉あるいは〈帰一〉を成立させるために実施することであって，それが成立しない対話は無意味であるという暗黙裡の前提をもっているように思われる。

　しかし私は，そもそも宗教間の対話とは，宗教間の〈一致〉あるいは〈帰一〉を求めることにだけ存在意義があるものなのだろうか，と考える。むしろ，互いに相手の宗教の真意を理解して，相互に敬意を持ち合うことで十分に存在意義があるのではないだろうか。また，「そこで得られた新しい見解は自分たちの宗教という枠組みのなかに取り込まれる」ということによって，それぞれの宗教における教義ならびに信仰のあり方が深められて，他者に対する見方が変化するかもしれないのである。

　そもそも対話（Dialogos）に帰一を求めるのは，古代ギリシア的またはソクラテス的な問答法の伝統に囚われ過ぎているのではないだろうか，さらには，上でも言及した，〈バベルの物語〉と〈ペンテコステの

　56）「宗教」のラテン語形 'religio' が，同じくラテン語の 'religare'（結ぶ，つなぐ）を語源とするという説があるが，その語源説の当否は別としても，宗教が一般に，人と神とを結びつけ，さらに人と人を結びつける機能を有していることは否定できない。本書次章3ならびに7を参照されたい。

　57）「独自システムをもつ諸宗教に対話ができるのか──自宗教の深化過程としての宗教間対話」（『宗教研究』329号〔2001年9月〕）164-171頁）。

第3章 〈言語の類比〉による宗教寛容論 519

奇跡〉というキリスト教伝統に拘束された姿なのではないか，と私は思わざるをえない。

　翻って考えてみれば，そもそも宗教活動（信仰）とは，人の対話活動そのものではないだろうか。神との対話であり，聖職者との対話であり，信徒仲間での対話であり，そして自己自身との対話である。

　その意味において，〈言語の類比〉による宗教寛容論の独自の存在意義は，今なおその命脈を保っていると言えるだろう。

第4章

現代における宗教的多元論の要請

―――――――

1　人間の〈総合的生活活動〉における三層構造

　宗教における寛容の成立を困難にさせている根本的な原因は，それが人間が生きる上で極めて重要な役割を果しているのにもかかわらず，宗教現象がこの地球上できわめて多様に展開されていることである。それゆえにこそ，「宗教とは何か」の定義について研究者は多大の困難に直面してきたし，その結果として多様な定義が試みられている[1]。

　さて，「人間の総合的生活活動」[2]というものを念頭におくとき，そこに以下のような三層構造を見出すことができると思われる。すなわち，下から「生存の基礎活動」，「具体的生活」，「抽象的活動」の三層である。そのうち，最下層の「生存の基礎活動」とは摂食活動，睡眠活動，生殖活動等であり，「具体的生活」とは最下層の上に展開されている人

―――――――

　　1)　小口・堀監修『宗教学辞典』の「宗教」の項，とくに 256 頁以下参照。また Ritter u. Gründer (Hg.): *Historisches Wörterbuch der Philosophie*, Bd. 8 の 'Religion' の項，とくにその I. Einleitung (S.632f. Dielse の執筆) 参照。そもそも「宗教」Religion というとらえ方そのものについて，それが西洋キリスト教を基準としてなされてきた歴史があるという指摘があり（深澤英隆「『宗教』の誕生」〔『岩波講座　宗教』第 1 巻所収〕），さらには，この「宗教」という概念自体に代わる概念が西欧世界も含めて用いられつつあるという指摘も存在する（岡野治子「フェミニスト神学の視点から社会倫理を再考する」（湯浅泰雄監修『スピリチュアリティの現在』230 頁以下）。

　　2)　岸本英夫は「人間の総合的生活活動」として，下から順番に「自然」，「人間」，「社会」，「文化」の四層構造に整理して，それに宗教学内の四分野として「宗教環境学」，「宗教心理学」，「宗教社会学」，「宗教文化学」の四つを対応させている（エリアーデ，キタガワ編，岸本英夫監訳『宗教学入門』4 頁以下）。

間のいわゆる社会的な活動であり，最上層の「抽象的活動」とは中間層の「具体的生活」を基礎としつつ，同時にそれを機能させている理論化の営みおよび生きる世界の定位である。具体的には，算術とか読み書き等のシステム，さらには東西南北とか上下のような住まう空間の方位付けである。

　最下層の「生存の基礎活動」においては地球上の人類が明らかに共通性を有しているのであり，その最たる証拠は，民族や文化伝統を異にする男女であっても生殖活動を営めば子孫を残すことが可能であることである[3]。また，最上層の「抽象的活動」においても人類は明らかに共通性を有している。2プラス3はいかなる民族においても5であるし，用いる言語は異なっても言語としての共通性を有するので，互いに文法を学べば意思疎通が成立するのである。

　以上で明らかなように，三層のうちの最下層と最上層においては人類は共通性を有しているのに対して，中間層での生き方は極めて多様であり，互いに相違している点も顕著である。例えば，服装や食糧の生産の仕方，生活規範等が多様である。この多様性の主たる原因は，いうまでもなく地球上の自然条件が多様であるからであり，さらにそれぞれの地域の人間がその地域の自然条件に規定された社会条件に従って生活しなければならなかったからである。それゆえに，この層における多様性は，従来の技術ではもとより，現行の技術をもってしても完全には解消不可能であるばかりか，むやみに解消すべきではないものでもある。

　三層構造からなる「人間の総合的生活活動」がこのように，その最上層と最下層において人類に共通の内容をもちながら，中間層において相違している――むしろ逆に，〈相違〉とわれわれが意識するもののほとんどが，この中間層のことである――という事実が，宗教寛容の問題を考える上で重要な示唆を与えるであろうと考える。なぜならば，宗教は，人間にとって本質的な存在として[4]，この三層構造のどれにも関与しているからである。

　3）　今，ここでは最下層における共通性の証左として，あえて戦乱の場で現れるそれを，ヘシオドス『仕事と日々』Hesiodos, „Erga kai Hemerai" から挙げてみる：第235行「(平和の日々が続けば) 妻たちは父親に似た子をば産む」(Hesiod, *Works and Days* p. 106)。
　4）　この点については，後にヒックとクザーヌスにおけるこれに関わる指摘に論及する。

第4章　現代における宗教的多元論の要請　　　　523

2　グローバリゼーションの陥穽

「グローバリゼーション」という思想は，今や日本でも完全に市民権を得ており，そればかりか，当然至極のものとして受けいれなければならないものであるかのような印象さえある。

1　〈完全〉のシンボルとしての〈球〉globus

　グローバリゼーションの今日における卓越の背後には，科学・技術の発展のみならず，人類の長い歴史において「グローバル」(global)[5] という概念がもってきた特殊性も作用していると思われる。人類は古来より，円を完全な平面図形とみなし，球を完全な立体形とみなして，それらに対する畏敬の念を示してきた。さらにこれが宇宙の形象として，またその内に存在する諸天体の形象としてイメージされることとなった。この点についての西洋における歴史は，マーンケの古典的な研究が示しているところである[6]。同様な思想は，仏教の思想界にも存在し，「円教」，「円成」，「円満」，「円明」等々の完全を示す概念が多数存在する。

　ところで，欧米語の 'Earth'（英語），'Erde'（ドイツ語）には元来は「球」という含意はなく，単に「大地」を意味するだけである。しかしそれらの語が，明治以降に，当時の科学的知見に基づいて「地球」として日本語に訳された時から，われわれ近代以降の日本人は「地球」という〈球〉に対して，無意識のうちに，仏教にも存在する完全概念をもって接してきたのであろう。つまり，「グローバリゼーション」という用語は，われわれにそれを「完全化」というニュアンスで受けとめさせる背景が存在していることになる。

　同時に，球という形体の特殊性は，その表面が連続的に展開していながら完結しており，さらに表面上のいかなる地点からいかなる方向に出発しても，大円コースを取るかぎり必ず出発点に戻るという連続性が存在することにもある。すでに明らかなように，球に見出されるこの連続

---

5)　ちなみに「球体」はラテン語で globus，ギリシア語で sphaira である。

6)　Mahnke, *Unendliche Sphäre und Allmittelpunkt.*

性にこそ，現今主張されている「グローバリゼーション」が正当化されるかのような誤解の主因が存在しているであろう。すなわち，国境のような障壁をなくして，種々のもの（人間，物資や情報等）の移動の自由と識別基準等の共通化を実現することが，人類の幸福につながると言われているのである。

しかし，この主張には危険性が伴っていることもしだいに気づかれつつある。それを理論的に明確にするためには，上述の「人間の総合的生活活動」の三層構造を想起することが有益である。

2　科学と技術

確かに自然科学の理論は一般に高度な普遍性を有するのであり，地球上のいかなる地域においてもそれは妥当する。このことを確認しつつも，科学（Science）と技術（Technology）との安易な同一視を，われわれは冷静に避けねばならない。日本語では「科学技術」と四文字熟語で表現されることが多い上に，現状では，この表記は実情からそれほど離れているわけではないが，しかし自然科学と技術は，ヨーロッパにおける成立以来，そしてそれぞれの本質からみても，元来は両者が別のものであることを，われわれは見逃すべきではない[7]。すなわち，前者はあくまで自然についての理論的解明であり，後者はそれぞれの人間社会にとって有用な生活手段の開発である。従って，前者の成果が常に後者に活用されるわけではなく，また後者が常に前者の成果に立っているわけでもない。

確かに現代では，技術のなかでも抽象性の高い技術は自然科学と結びついていることが多く，それゆえに高い普遍性を有することが多い[8]。しかし，人間の具体的生活に関わる要素が多い技術ほど，現実の社会のあり方に依存する度合いが強いので，容易には地球規模で一般化されえ

---

7)　実際に現代でもなお，欧米語には日本語の「科学技術」を一語で表現する語は存在しない。

8)　その典型が武器である。現代の武器は，それを自力で生産することができない社会の構成員であっても容易に使いこなせるように造られている。そのために「武器輸出」（昨今，日本では政府の指導でマスメディアは「防衛装備移転」という用語に替えてカモフラージュされているが）という名の「武器の一般化」が盛んになり，その結果として地球上のいかなる社会においても，大小の「戦争」という殺戮と破壊が絶えることがないのである。

ないのである。それは，上述の三層構造の中層における社会の多様性のゆえである。例えば農業の技術は，それぞれの地域の自然条件と食習慣に強く条件付けられているので，そこにはグローバリゼーションは成立しない。

このような多様性に注目するときに興味深いものとして気づかされることは，商習慣の多様性である。これは，日本国内でさえも東西で異なる部分が多い。例えば，ものの値段の捉え方と扱い方である。東日本では表示されている値段どおりに売買されることが通例であるが，西日本では客が表示価格を値切って購入することが普通である。これが意味していることは，売り手と買い手の間での〈納得〉がどのようにして成立するかという点に相違があるということである。

これをさらに一般化すれば，〈信用〉が成立する形式は何であるのかという問題でもある。現代の欧米のように，厳密に文章化した契約書を取り交わすことで〈信用〉が成立したとみなす社会ばかりではない。口約束であってもその言葉を発した人物同士の間で〈信用〉が成立したとみなす社会もある。この両者の中間の形式として，簡単な約束の文書を人物同士で取り交わすことで〈信用〉が成立したとみなす社会もある。それぞれの地域の〈信用〉成立の形式を無視して，「グローバリゼーション」の名のもとに他の形式を強制的に導入しようとしても無理が生じて，かえってその社会内部で混乱と軋轢を増すことになることが多いものである。

技術上での安易な統一化が生み出す問題性を顕在化させる典型は，人間の生活を律する技術の一つとしての暦の統一であろう。天文学の理論上では，一年の始まり（新年）をどこに置くかはまったく任意に可能であるはずだ。しかし，実際の新年の設定は，地球上の各地域の自然条件ならびにそれと密接に関わって展開される生活様態と関わっており，それを安易に無視することは社会的に混乱を生み出すことになる[9]。

9）　フランス革命政府が，従来の教会暦を否定して新たな革命暦を導入したが，結果的に失敗に終わったことは，われわれの視点にとって象徴的である。現代でもこの暦の問題は，とくに祝日をいかに設定するかをめぐって，旧ユーゴスラヴィアの中のボスニア－ヘルツェゴヴィナでの紛争の一因となっている：Cf. Ipgrave (ed.), *Building a Better Bridge – Muslims, Christians, and the Common Good* p. 36.

さらに標準時の設定の問題もある。東西にわたってあれほどに広大な国土をもつ中国であるが、全国で一律の時間帯を設定している。ロシアでは、ほぼ同じ範囲の国土を4つの標準時域に分けてそれぞれに標準時を設定しているので、東西で4時間の時差がある。しかし、中国では全国が一つの標準時間に定められている。その結果、太陽の南中する時刻が、中国の東端では午前11時であるが、西端では午後3時になる。つまり「正午とは太陽の南中する時刻である」とは言えない地域が、中国では大多数を占めることになる。これほどに「不自然な」な状況を伴いつつも全国で単一の時間帯を採用していることは、1949年の中国革命で成立した政府が、中国全体を一つの基準で統治するという強力な意志を表明していることであるにちがいない。

3 〈標準〉の恣意性と支配性

グローバリゼーションがはらむ、さらなる問題点は、いずれの分野にせよ、世界標準化される基準がかならずしも目的合理的であるわけではなく、設定される時点でその分野に「強い」社会が採用している基準が世界標準化されることになりがちであるということである。その結果、多くの地域にとってはむしろ非合理的な基準を受け容れざるをえなくなることが生じる。むしろ、近年〈グローバリゼーション〉の必要性という名のもとに唱えられている世界標準化は、未だに「科学技術」の進展によって自動的に標準化されることがなく、地球上で多様性が存在している領域への、主として経済的利益確保のためにする世界標準化の最終的踏み込みであるとみなすことができる。それゆえにこそ、この最終的踏み込みとしての〈グローバリズム〉globalism と言われる動きが、大きな軋轢を生み出しているのである。この点をわれわれは冷静に認識しなければならないであろう。

実はこのような潮流のなかに、「世界宗教」と言われる伝統的な宗教も巻き込まれつつあるのだ。具体的に言えば、キリスト教やイスラームというような、現行の多くの国家である民族国家（Nationstate）の国境の中にとどまらない宗教が、〈グローバリゼーション〉の舞台へと引き出された上で、相互対立の場に巻き込まれているという状況が存在するわけである。具体的に言えば、〈グローバリゼーション〉の影の主役は

これらの世界宗教であるという主張や，「敵対する」宗教に対抗するためには自分たちの側も自分たちの伝統的宗教の下に結集しなければならない，というような言説の横行がある。

確かに「世界宗教」というカテゴリーに分類される宗教は，その教説が普遍性をもっているので，「グローバリゼーション」という名目とは親和性が強いとみなすことができるが，上述のような「グローバリゼーション」の現状をわきまえれば，この潮流に身を任せることは，むしろそれらの宗教がその本来的役割とかけ離れたところに身を置かされることになりかねないのである。

3　中層における宗教の役割

現代日本のような，世俗化[10]が進んだ社会では，とりわけその都市部では，宗教が社会的に果たしている役割は見えにくくなっている。

しかし，現代社会においても宗教は独特の役割を有しているのであり，それは，社会が混乱状態に陥れば顕在化してくることが多い。その役割とは，「宗教」という日本語の原語である 'religio' というラテン語の語源とされている 'religare' という語がもつ意味と密接に関わるものである。'religare' とは（何かを）「結ぶ」とか「つなぐ」等の意味をもつ。すなわち宗教は，社会のあり方を根拠付け，その中に各人を根拠付ける役割を果たしうるものである。その結果として，個人にはアイデンティティを与え，社会には社会形成能力（連帯感）を与え，もって人格を陶冶するとともに文化を形成・維持するものである。

このことは，バルカン半島の旧ユーゴスラヴィアが宗教と民族の違いによって内戦状態に陥った際に，それに起因する社会的混乱を克服するための国際的な取り組みにおいても明らかになっている[11]。つまり，宗教が紛争の主要原因の一つだとみなされた社会的混乱においてさえも，当該社会に平和状態を回復するためには宗教が重要な役割を果たさざる

---

10)　ここで「世俗化」と表現している事態は，近代の西欧社会において制度的に確立されたもの独特のもののことであるが，これについては後に詳しく検討する。

11)　以下を参照されたい：Ipgrave (ed.), op. cit. p. 11; p. 58.

をえないということである。

4　宗教的多元論の要請

すでに論及したように，人類の総合的生活活動の中層においては，地球上の自然条件の多様性とそれに基づく社会・文化条件の多様性に由来して，相違と対立が顕著である。広義の文化活動に属する諸宗教の信仰活動も，従って地球上では多様性をもって展開されざるをえないのであり，その結果として，諸宗教間における相違と対立も，この中間の具体的生活層において生じているのである。

しかしながら，宗教活動は人間の幸福を求める活動として展開されているものであり，そこに対立と紛争が存在し続けることは，その本来の目的に反することであるから，紛争の平和的解決と紛争の原因の除去が要請されているのは論をまたないであろう。つまり，自分たちが信じている「真の宗教」へと帰一させようと強制する試みは，結果的に宗教の本来の目的から離反することになるのである。従って，多様な宗教の共存が容認されねばならず，理論的には「宗教的多元論」が要請されることになる。

1　現代イギリスにおける宗教的多元論

ここで用いている「宗教的多元論」（religious pluralism）という概念は，現代イギリスという文化的にも宗教的にも多元的な社会で，1960年代から70年代にかけて理論的探求のみならず実践の場でもこの問題に取り組んだヒック（John Hick 1922-2012）の提唱するものに準拠している。彼は以下のような仮定を提示している。

　　人間の宗教心は生得的なものであり，人間性が基本的に変わらないかぎり，宗教は何らかの形で存続する。〔…〕差異にこだわることよりも同意に達することのほうが，本質的に一層重要なことと見る傾向が認められつつある。したがって，この傾向を将来に見込むならば，すでにキリスト教の姿を大きく変容させたエキュメニカルな

第4章　現代における宗教的多元論の要請　　529

（教会一致的）精神が世界の諸宗教間の関係にもますます大きな影響
をおよぼすものと予想される。〔…〕この精神下，人類の兄弟愛を
求める一層高度な精神的実在に対する共通の信仰的献身が，ますま
す意味深いものとなり，これに反して宗教間の伝統的差異は，ます
ます意味の乏しいものに思われるようになるであろう。〔…〕単一
の世界宗教というものはけっしてありえないし，またそれが願いの
到達点でもない，と私は考えたい。なぜなら人間のタイプが多種多
様であるかぎり，礼拝のかたちも多種多様であり，また，神学的な
強調点もアプローチも多種多様であっていいだろう[12]。

　以上のような宗教的多元論の立場は，現実的な妥協という側面を有す
ることは確かである。しかしこれが，単に妥協の産物にとどまるもので
はなく，理論的にも裏づけを有することは，すでにヨーロッパ中世の時
代より明らかにされているのである。

2　ヨーロッパ中世における「宗教的多元論」への胎動

　そもそも宗教的活動の最上層としての教義においても対立が存在して
いる，という事実をいかに説明するのか。こういう問いかけがなされる
かもしれない。これに対しては，「教義」そのものの対立とみなすより
も，中層の具体層における多様性に起因する対立の余波だとみなすべき
ではないか，と応答したい。なぜならば，ある宗教の信仰[13]が個別の社
会に根付くならば，信仰はそれぞれの社会のあり方に適応して変容する
のであり，それがさらにその社会の内部では伝統化して，後の世代へと
伝えられるものだからである。その典型として，中南米のカトリック・
キリスト教におけるキリストやマリアのイメージならびに祝祭としての
カーニヴァルの現地化をあげることができる[14]。

---

　12)　Hick, *God has many names*, p. 77（間瀬啓允訳『神は多くの名前をもつ』120頁以
下））。この引用の冒頭部分にある「人間の宗教心は生得的な innate ものであり」という把握
は，後に見るニコラウス・クザーヌスの把握と共通するものがある点に留意しておきたい。
　13)　これ自体が，すでにある社会で形成され，その中に受容されることで伝統化された
ものであることにも留意しておきたい。
　14)　例えば，南米の人々の間では，キリスト教の〈マリア〉が彼の地で広く崇拝されて
いる〈Pachamama〉という「地母神」的な女性神とほぼ同一視されているという（2018年5

530 V 宗教寛容論

外部から伝えられた信仰であったとしても，それがそれぞれの社会に
おいて伝統となれば，そのように表現されている信仰を理論化する必要
性が，当該社会における宗教団体内部で認識されるであろう。その結果
として，現象としての宗教的表象が教義化されることになるであろう。
その一例をわが国における地蔵信仰の変遷に見ることができる[15]。

a) トマス・アクィナスの『信仰の諸根拠』　では，ヨーロッパ中世
の時代より明らかにされている「宗教的多元論」の理論的裏づけとはい
かなるものであろうか。まず初めに紹介したいのは，トマス・アクィナ
ス（Thomas Agwnas 1225 頃 -1274）の『信仰の諸根拠』[16]である。それ
は，キリスト教における基礎神学ないし護教論のマグナカルタとされて
いる新約聖書の「ペテロの手紙一」の一節である綱領的命題[17]に関して
示した，トマスの新たな思想である。当該の「ペテロの手紙一」の一節
（3 章 15 節）は以下のとおりである。

　　あなたがたが抱いている希望と信仰について弁明を要求する人に
　　は，いつでも応答できるように備えていなさい。

これをトマスは，信仰というものは擁護することが出来るだけであっ
て，必然的諸根拠によって証明できるものではない，という意味である
と解釈して，以下のように論じている。

月 2 日の Cusanus Hochcshule における Dietmar Müßlig による学会発表）。

　15)　地蔵菩薩は，元来，信者の苦を代って受ける菩薩であることから，日本に伝来の
後，危難に際して身代わりになるという〈身代わり地蔵〉等の信仰を生み，それがさらに子
どもを地獄から救いだす〈賽の河原〉の信仰をも生み，その結果，子どもたちが地蔵をまつ
る〈地蔵盆〉の風習へと展開してきた。この地蔵信仰の隆盛とあいまって，中世から近世に
かけては多くの地蔵霊験説話集などが成立したという（『岩波仏教辞典』および『平凡社世界
大百科事典』による）。

　16)　*De rationibus fidei*: この著作の執筆年代は明確になってはいないが，この著作のな
かで 1264 年に完成された『対異教徒大全』*Summa contra gentiles* に対する言及があることか
ら，それ以降であることが推測されている。なお，以下のこの著作についての論点の整理は，
ハーゲマンの以下の書物に大幅に依拠している：Hagemann, *Christentum contra Islam, eine
Geschichte gescheiterter Beziehungen* S. 41-54（八巻和彦・矢内義顕訳『キリスト教とイスラー
ム――対話への歩み』66-88 頁）。

　17)　Hagemann, Ibid. S. 44（八巻・矢内訳『キリスト教とイスラーム』70 頁）。

第 4 章　現代における宗教的多元論の要請　　　531

信仰箇条に関する不信者との論争においては，信仰を必然的諸根拠
によって証明しようとしてはならない。というのも，それは信仰の
崇高さを損なうことになるのであり，そもそも信仰の真理は人間の
精神のみならず，天使のそれすらも凌駕しているのだからである。
むしろわれわれは，〈信仰内容〉をいわば神ご自身から啓示された
ものとみなしているのである。ところで，最高の真理に由来するも
のが偽りであることはありえない上に，偽りでないものは何ごとも
必然的諸根拠によって反駁されることはありえない。それゆえにわ
れわれの信仰は，それが人間の精神を凌駕しているために，必然的
諸根拠によって証明されることが不可能であるのと同様に，その真
理のゆえに必然的諸根拠によって否認されることもありえないので
ある[18]。

　このトマスの指摘は極めて重要である。なぜなら，「われわれは，〈信
仰内容〉をいわば神ご自身から啓示されたものとみなしているのであ
る」という指摘は，他の宗教の信者にも妥当するはずだからである——
トマス自身は明言してはいるわけではないが。つまり，キリスト教の側
も他の宗教における信仰を必然的諸根拠によって証明することもありえ
ないし，否認することもありえないことになるのである。
　この著作におけるもう一つの重要な指摘は，「諸権威を認めない人た
ちに諸権威を引き合いに出すことは，無益なことのように思われる」[19]
というものである。つまり，ムスリムや不信仰者との対決の際には，聖
書が根拠および共通の基礎として前提にされることは不可能であり，自
然本性的な理性だけが共通の基盤として残ることになるということであ

---

18) Thomas Aquinas, *De rationibus fidei*, II, 7, 1-13 *(S. Thomae Aquinatis Opera Omnia*,
3. p. 509 [Stuttgart-Bad Constatt 1980]: in disputationibus contra infidels de articulis fidei, non ad
hoc conari debes, ut fidem rationibus necessariis probes. hoc enim sublimitati fidei derogaret, cuius
veritas non solum humanas mentes, sed etiam angelorum excedit; a nobis autem creduntur quasi ab
ipso deo revelata. quia tamen quod a summa veritate procedit, falsum esse non potest, nec aliquid
necessaria ratione impugnari valet quod falsum non est; sicut fides nostra necessariis rationibus
probari non potest, quia humaname mentem excedit, ita improbari necessaria ratione non potest
propter sui veritatem.

19) Ibid. I, 6, 2 [p. 509]: frustra ⋯ videretur auctoritates inducere contra eos qui auctoritates
non recipient.

532 V 宗教寛容論

る[20]。

　トマスによるこの二点の指摘は，中世におけるその後の「宗教的多元論」的思想への試みにおいて重要な役割を果たし続けた。この点についての内容的検討はのちに改めて行うが，ここでは，トマスのこの著作が中世から近代初期にわたってたくさんの写本および初期印刷本の版を残しているという事実[21]が傍証しているとだけ指摘しておく。

　b）新プラトン主義から「宗教的多元論」へ　　「宗教的多元論」への中世における第二の貢献は，新プラトン主義的な一性（unitas）という概念を神に適用して，それを新プラトン主義特有の分有（participatio）という思考シェーマに位置づけたことである。それによれば，〈原像―似像〉という構造において，神が原像となり，その〈一なる神〉の似像としてこの世界が存在するとみなされる。その場合に，神が〈一〉であることに重点をおいてこの構造を解釈すると，〈一なる神〉の似像としてのこの世界も〈一〉であるべきだという主張が成立しうる。この思考構造を典型的に示す主張は，13 世紀後半の思想家にして実践家でもあったルルス（Raimundus Lullus 1232 頃 -1316）の以下のようなものである。

　　　われわれがどれほど多人数であろうとも，われわれは一人の主なる
　　　神を有している。〔…〕それゆえ，われわれもまた唯一の信仰と唯
　　　一の宗教，すなわち聖なるキリスト教信仰を共有すべきである[22]。

　このルルスの主張では，すべての宗教がキリスト教に帰一すべきであるということになるのではあるが。

　c）ニコラウス・クザーヌスの「宗教的多元論」　　ところが，同じ新プラトン主義的分有思想を，その源泉たるプラトンにおけるイデアの分

　20）　Hagemann, Ibid. S. 46（八巻・矢内訳『キリスト教とイスラーム』74 頁）。
　21）　Ibid. S. 51f.（八巻・矢内訳『キリスト教とイスラーム』83 頁）。
　22）　このルルスの主張の原典が入手できなかったので，ここでは以下を典拠として挙げておく：Hagemann, Ibid. S. 63.（八巻・矢内訳『キリスト教とイスラーム』103 頁以下）。

第4章　現代における宗教的多元論の要請　　　533

有の意味で強調的に捉えれば，原像たる〈一なる神〉の多数の似像の存
在が許容されることになる。この視点から「宗教的多元論」を成立させ
る可能性が生み出される。自己の思惟をこの方向で徹底させた一人がク
ザーヌスである。彼は，1453年の9月，つまりイスラーム・トルコに
よってビザンツ帝国が滅ぼされた数か月後に著わした『信仰の平和』に
おいて，この方向で諸宗教の平和的共存の方策を探求している。

　当時の西ヨーロッパつまりカトリック・キリスト教の世界において
は，イスラームの脅威に対しては新たな十字軍を組織して武力をもって
対抗するしかないという意見が大勢を占めており，クザーヌスの親友で
もあった当時の有力な教会政治家の一人，ピッコローミニ（後の教皇ピ
ウス二世）自身がその先鋒であった。

　しかしクザーヌスはこの著作において，「多様な儀礼の中に一つの宗
教が存在する」[23]ことを確認するための討論を，全部で17の民族の代表
者が神によって天上の会議に招集されたという設定で展開している。こ
のクザーヌスの主張を支える理論構造は，上で見た新プラトン主義的な
分有思想である。注目すべきことにクザーヌスは，われわれの眼前に存
在している諸々の宗教を真の〈一なる宗教〉の諸々の儀礼の体系とみな
しており，その真の〈一なる宗教〉はすでに存在しているのであるが，
人々がそれにいまだ気づいていないだけであると考えるのである。つま
り，〈儀礼〉と〈宗教〉との関係を，通常の理解と比較するとその位相
を一つずらして捉えているのである。

　同じ著作で彼は，〈変化を受け容れるものは印であって，印で表現さ
れるものではない〉[24]と記して，〈儀礼〉（しるし）が多様であっても〈儀
礼〉で表現されるものとしての〈信仰〉と信仰の対象である〈神〉（印
で表現されるもの）そのものが変化してしまうわけではないから，〈儀礼〉
が多様であってもよいのだとも主張している[25]。

　このようなクザーヌスの主張を支えているのは，上述のように新プラ
トン主義的な思考シェーマであるが，同時に彼はこの著作の冒頭におい
て，先にわれわれがみたトマスの『信仰の諸根拠』における第二の指摘

---

23)　*De pace*, I, n. 6（八巻訳587頁）: ‚religio una in rituum varietate‘.

24)　Ibid. XVI, n.55（八巻訳628頁）: ‘signa mutationem capiunt, non signatum’.

25)　この点についての詳細は，前章を参照されたい。

をも用いている。その第二の指摘とは，異教徒との対決の際には，（キリスト教の）聖書が根拠および共通の基礎として前提にされることは不可能であり，自然本性的な理性だけが共通の基盤として残ることになるというものであった。この書物でクザーヌスは，トマスの指摘した唯一の共通な基礎としての「自然本性的な理性」を用いるために，二つの要素を前提として設定している。その第一は，この天上の会議に招集される諸民族の代表者が，各民族の信仰する宗教の聖職者ではなく，各民族のなかのもっとも経験豊かな知者であるとされていることであり，その第二は，これらの知者たちは哲学者であるので，ギリシア語の語源的意味をラテン語で表現すると 'amator sapientiae' つまり「知恵の愛求者」となることの確認である。その結果，この知者たちは，知恵の存在を前提にしているばかりか，一性は複数性に先立つので，その前提にされている知恵の根源は一なる知恵であって，それを知者たちが分有しているということになることが確認される[26]。ここまでは，完全にトマスの教えのとおりに「自然本性的な理性」を用いる議論が展開されている。しかし，それに続いて知恵（Sapientia）と言葉（Verbum）とを同一とみなすところから，議論はキリスト教の教義へと導かれて行き，結論的には「知恵は一にして単純なる永遠な神であり，万物の根源である。〔…〕さまざまな学派の哲学者である汝らよ，汝らはすべて〈一なる神の宗教〉を前提にしているのである」と〈御言葉〉であるキリストに指摘されることになるのである[27]。

　さらに，以上のような宗教的多元論として捉えることが可能なクザーヌスの思想を支えているもう一つの基盤がある。それは，彼がすべての人間に共通に存在すると想定している本有的宗教心というものである[28]。これについて彼は，1450 年に著した『精神について』と 1453 年に著した『信仰の平和』の二つの著作で論及している。例えば前者では，次のように記している。

　　この宗教心は，この世界においては常に相い異なった様態で現れて

---

26)　Ibid. IV, n.10（八巻訳 590 頁以下）。
27)　Ibid. V, n.13-15（八巻訳 592-594 頁）。なお，本書前々章も参照されたい。
28)　この点は，上で引用したヒックの思想と共通するものがある。

きているのであるが，それが，われわれには本性的に自己の精神の
不死性が与えられていることを明らかにしている[29]。

　この〈本有的宗教心〉というものは各人が備えているいわば潜在的能
力であり，万人に共通であるという意味で一なるものである。従って
これは，われわれが小論冒頭において提示した三層構造の最下層に属す
るものとみなすことができるだろう。そして，この一なる能力としての
〈本有的な宗教心〉が，個々の宗教において教義に裏づけられた儀礼の
体系として，世界に多様に展開しているとみなされうるであろう。これ
が，さらに理論的に抽象化され体系化されるとき，最上層に位置しうる
はずの「普遍宗教」あるいは「宗教哲学」となるのではないだろうか。
　このような一なる普遍的能力としての〈本有的宗教心〉という視点に
立てば，「言語能力の類比における〈宗教の本質と現象〉」という思想の
成立までは指呼の間にあることになる[30]。

5　比喩による「宗教多元論」の可能性の提示

　われわれは上で，トマス・アクィナスが『信仰の諸根拠』において，
信仰を必然的根拠によって証明したり否認することは不可能であって，
それの擁護可能性を提示することだけが可能である，と説いていること
を見た。また，それが信仰の崇高さを損なわないことでもあるとされて
いた。まさにこの理由によって，「宗教多元論」の可能性を提示するに
ついては，必然的根拠によるよりもむしろ比喩によって，間接的に相手
に納得させることが必要となるだろう。
　一般に人間は，自らの知っているものとは異なるものを理解すること
は困難である。とりわけ他人の心理の理解とか他人が動作に込める意味
の理解は，何らかの共通点を想定しないかぎり困難である。なぜなら，

---

29)　*De mente*, XV, n. 159, 8f. さらに *De pace fidei*, XIII, n. 45, p. 42, 8-10（八巻訳『信仰
の平和』619 頁）。また宮澤英隆は上掲（本章註 1）の論文「『宗教』の誕生」30 頁以下にお
いて，この点を啓蒙時代の「自然的宗教論」として論じている。
　30)　近代初期に出現したこの理論については，本書前章を参照されたい。

われわれの外部にあるものについての認識は，エンペドクレスが述べたと伝えられるように，〈似たものによって似たものについて〉なされるのだからである[31]。ところが宗教において遂行される儀礼は，まさしくこの互いに理解困難なものの典型に属する。それゆえに宗教間の相互理解を成立させるためには，それぞれの宗教における儀礼の間に，〈似たものによって似たものについて〉の認識がなされうるような構造を設定しなければならないのである。

その場合に有効であるものが，比喩，隠喩である。つまり，当該の事象同士を直接に比較するのではなくて，いったん，諸宗教集団にとって共通に自明なものとして合意できる第三のものを見出し，それについて合意が成立することを確認した上で，それぞれの宗教活動や宗教現象が実はそれと「同じようなもの」であると説くことで，相互理解を成立させるのである。それゆえに，歴史上，宗教寛容論および宗教多元論は，少なからず比喩や隠喩をもって展開されてきた。以下でいくつかの具体例を簡単に紹介してみよう。

1 〈道〉のメタファー[32]

これの典型的な例は，16 世紀のイギリスで自らが信じるカトリック・キリスト教の立場を国教会に対して主張し続けて処刑されたトマス・モア（Thomas More 1478-1535）が，その著書『ユートピア』で，「道こそ違え目指す高嶺は一つの譬えにもあるように，結局聖なる存在を拝むという点では一致している」[33]と表現しているものである。

このメタファーは，先ず 4 世紀ローマ帝国の非キリスト教徒知識人であったシュンマクス（Quintus Aurelius Symmachus 342 頃 -402/03）の『元老院報告』に見出される。彼は以下のように主張した。

　　全ての人が崇拝している神々のどれもが等しい一なる神であるとみ

31）　エンペドクレス，断片 9（内山勝利（編）『ソクラテス以前哲学者断片集』第 2 分冊，295 頁，アリストテレス『形而上学』第三巻第四章 1000b5（出隆訳『形而上学』80 頁）。
32）　この比喩について筆者は「宗教寛容論の一類型──〈道〉のメタファー」と題して発表したことがある（『宗教研究』第 57 巻第 4 輯（259 号）227 頁以下に要旨が収載）。
33）　Thomas More, *Utopia*, II, 9, p. 150（平井正穂訳『ユートピア』171 頁）。

第4章　現代における宗教的多元論の要請　　　537

なされる。〔…〕かくも偉大な秘密に到達するのには，ただ一本の
道では不可能である[34]。

　こうして彼は，すでに国教となっていたキリスト教の側に寛容を訴え
たわけである。しかし，これに対してキリスト教の側からアンブロシウ
ス（Aurelius Ambrosius 340頃-397）やプルーデンティウス（Aurelius
Prudentius Clemens 348-405以後）らがただちに反論を加えたが，なか
でもアウグスティヌス（Aurelius Augustinus 354-430）は，ヨハネ福音
書14・6のキリストを道と説く聖句に依拠しつつ，「天国への道はただ
一つキリストのみである」[35]と反論した。その後，西ヨーロッパでは中
世キリスト教世界が成立して異教の息の根がほぼ絶える中で，中世の終
りまでこの〈道〉のメタファーは使われなくなった。
　しかし，中世が終わって西欧のキリスト教世界に複数のキリスト教
宗派が生じると，再びこの比喩が復活することとなった。それの一つ
が上掲のモアの説である。この後，ジョン・ロック（John Locke 1632-
1704）も『宗教寛容についての書簡』においてこの比喩を用いており，
さらにヴォルテール（Voltaire 1694-1778）は『哲学書簡』第五信の冒
頭において[36]，「イギリス人は自由人として，自分の気に入った道を通っ
て天国に行く」と端的に記している。このヴォルテールの段階に到っ
て，個々人の信教の自由を称揚するラディカルな寛容論がその全容を現
したのである。
　先に扱ったクザーヌスの思想における〈儀礼〉と関わらせてこの〈道〉
のメタファーを捉え直すならば，〈儀礼〉体系の多様性を容認すること
が，複数の〈道〉を通って同じ一つの高嶺をめざしてもよいだろう，と
表現されていることになるのである。

2　指輪の寓話
啓蒙時代の有名な著作家であったレッシング（Gotthold Ephraim

34）　Symmachus , *Relatio*, 3, 10, (in: *Prudence*〔Belles Lettres〕p. 110).
35）　Augustinus , *Retractiones*, I, 4, 3.
36）　Voltaire, *Lettres Philosophique*, Cinquiéme Lettre, p. 61（林達夫訳『哲学書簡』33
頁）。

538　　　　　　　　　　V　宗教寛容論

Lessing 1728-81）はその戯曲『賢者ナータン』において，見掛けでは区別のできないほどによく似た三つの指輪の寓話を紹介しているが，この三つの指輪とはユダヤ教とキリスト教とイスラームという三つの一神教を表す。またこの寓話は，元来レッシングの発案によるものではなく，ヨーロッパ中世にはすでに存在しており，それが 14 世紀のボッカチオ（Giovanni Boccaccio 1313-1375）の『デカメロン』を経てレッシングに到ったという[37]。

　この寓話においてレッシングは，上記の三つの宗教のうちのどれが真理性を有する宗教であるかは決定不可能であるという前提に立ちつつ，宗教の社会的意義である実践に着目して，宗教集団同士が実践において平和的に競い合うことを提言している。その結果，それぞれの宗教集団は自他いずれの社会に対しても善事を実践することになると，レッシングは言うのである。この点において，ハーゲマンの「宗教間の理解にとって決定的なことは，神学の理論的次元ではなくて実践的な有意性であり，教義ではなくて道徳であり，教説ではなくて生そのものである」[38]という指摘は当を得たものであろう。さらにこれも，われわれが上で考察してきたような，儀礼の多様性を容認することが寛容の成立に重要である，という視点と密接に関わっているであろう。

3　「一つの月が万の水に浮かぶ」

　第三に，宗教的多元論の根拠を与える比喩としても理解可能な，仏教における一つのメタファーを考察する。それは鈴木大拙が『大乗仏教概論』において紹介しているものであり[39]，仏典の「華厳経」に「如日月停空　影現一切水　菩薩亦如是遍満大壱千界」[40]として見られ，また法然[41]や日蓮[42]等にも見られるものである。「田毎の月」で有名な冠着

　37）　Walter A. Euler, Cusanus' *De pace fidei und Lessings Ringparabel* (in : XIXth World Kongress of IAHR(2005 年 3 月)) の指摘による。

　38）　Hagemann, op. cit. S. 101（八巻・矢内訳『キリスト教とイスラーム』171 頁）。

　39）　鈴木大拙（佐々木閑訳）『大乗仏教概論』266 頁以下。

　40）　『大正新修大蔵経』「大方廣佛華厳経巻第二十六」第九巻，278 頁上。

　41）　「譬如一月浮於萬水無嫌水浅深太陽照於世界不選地高低」（『浄土宗全書』第九巻，「漢語燈録」巻一，318 頁）。

　42）　「例せば釈尊は天の一月，諸仏菩薩等は万水に浮かぶる影なり」（「日眼女釈迦仏供養事」，『日蓮聖人全集』第七巻信徒 2　187 頁）。

第 4 章　現代における宗教的多元論の要請　　　539

山にまつわる和歌が古今集にも収められていることからも明らかなような，伝統的に月光とその映現に特別に繊細な美的感覚を働かせてきた日本人にふさわしい寛容の比喩である。

　この比喩の仏教における本来の意味は，鈴木大拙の説明によると以下のようになる。

　　雲一つない夜空に月が銀色に輝くとき，その姿は地上の水滴の一粒一粒，水面の一つ一つに映し出される。〔…〕水溜りには泥で濁ったものやきたなく汚れたものもあるが，だからといって月光が自分の清浄な姿をそこに映すことを拒否するなどということはない。〔…〕どのようなかたちであれ，水のあるところならどこにでも，夜の女神の神々しい姿は現れる。菩提心もこれとまったく同じである。ほんのわずかなりとも心の温かみのあるところならどこにでも，その状況に最適な形で菩提心は必ずその姿を輝き現すのである[43]。

　この〈一月浮万水〉と短かく記される思想を，上の 4, 2) c) で論及したクザーヌスの〈印一印で表わされるもの〉の思想と結合し，さらにこの表象の位相を一段深めて考えるならば，これを諸宗教の間での寛容を成立させる比喩として利用することが可能であろう。すなわち，元来この比喩は仏教における菩提心とその具体的な現れを説明するものであるが，その仏教の真理さえも，人類に普遍的な〈一なる真理〉の多様な現れを映している〈一つの水面〉とみなすことが可能だからである。

　このように捉えるならば，現実に存在する多様な宗教はそれぞれが多様な状態にある水面であって，そこに一なる月としての真理が映現していることになり，その映現の様はその状況に最適な形となっていると理解することができるだろう。

　そればかりではない。日蓮の「例せば釈尊は天の一月，諸仏菩薩等は万水に浮かぶる影なり」という叙述に含まれている日本語の「かげ（影）」という語を踏まえて，さらに思惟を深めるならば，以下のような

---

43)　鈴木大拙，上掲書 267 頁。

ことに気づくことができる。月光が万物の上に降り注いでいること自体がすでに，目に見えない助力としての「おかげ」[44]であり，そのように月光に照らされている人物がその事実を「おかげ」として認識しながら，その源としての天上の月と，その映現としての水面（みなも）の月影の関係を，仏とその菩提心の現れとして理解していることになるのである。

　この水面に月が映現しているという事態をさらに注意深くとらえると，われわれの目下のテーマと密接に関わるもう一つの興味深い事実が明らかになる。月の水面への映現という事態を客観的に想定すると，確かに天上の月が地上のあらゆる水面に映現していると言えるのであるが，実は一人の人間が現に見ることのできる水面の月は，一つだけなのである。もし鏡を適切な角度に設置すれば，一人の人間が一つの月のいくつもの月影を同時に見ることは可能であるが，映る場が水面であるかぎり，水面はどこにあるものでも水平であるから，一人の人間が同時にいくつもの水面上の月影をみることは不可能なのである[45]。この事態をわれわれのテーマに応用するならば，一人ひとりは各自一つの宗教（月影）しか自分のものにすることができず，他の人が現に見ているそれを自分がそのままの姿で見ることができないことになる。その結果，他の人の信仰を理性的諸根拠によって証明したり否認したりすることは非論理的なこととなるのである。ここにも宗教的多元論が容認されねばならない間接的理由が見出されるであろう。

6　世俗化（Secularization）の意義

　世俗化とは，西洋キリスト教世界の近代化の過程において，社会的諸制度，生活形態，法および世界解釈と歴史解釈が，それぞれの宗教上の結合から解き放たれたことである[46]。具体的にいえば，公共空間におけ

---

44)　実際に，この意味での「かげ」は，光という意味での「影」に由来する。

45)　上で言及した有名な冠着山の「田毎の月」とは，たくさんの小さな棚田に同時にたくさんの月の映現を見ることができるという意味ではなくて，小さな棚田のわきを歩いて行くと，次々とどの田の水面にも月が映っているのを見ることができるという意味であろう。

46)　Sandkühler (Hrsg.), *Europäische Enzyklopädie zu Philosophie und Wissenschaften*, Bd. 4, S.163. :Thomas Sändkühler および Reiner Küpper による 'Säkularisierung/Modernisierung' の

第4章　現代における宗教的多元論の要請　　　541

る宗教の役割を，皆無とするか極めて限定的なものにするという意味
で，社会全体を非宗教化すると共に，その社会の構成員が特定の宗教を
信仰することは，「信教・思想信条の自由」という権利として，あくま
でも個人・私人の領域で容認されることになるのである。

　現代の西欧キリスト教社会では，このような意味での世俗化が成立し
ているからこそ，社会における基本的人権（信教・思想信条の自由，言
論・表現の自由等）の政府による尊重，および構成員相互の尊重も成立
可能なのである。

　しかし，西欧社会にあっても，この基本的人権の尊重がいついかなる
場面においても同じ仕方で保証されているというものではない。国に
よってその尊重の程度には濃淡があるのが現実である。これは，言論機
関をはじめとして，当該社会の各種レベルの構成員が，繰り返しその尊
重を訴えていることからも明らかである。すなわち，西欧社会でもこれ
が一様で自明の事実であるわけではないことになる。

　歴史的にみると，18世紀末のフランス革命でこれが目指されたこと
は，当時としては画期的な政策であった。なぜなら，この政策によって
民主主義が社会の中で徹底されやすくなり，また当時の西ヨーロッパ社
会において深刻な問題であったキリスト教内の「新旧対立」が公共空間
に持ち込まれることが回避されやすくなったからである。現在でも，こ
の政策は民主主義社会を円滑に運営する上では有意義である。

　しかし，世俗化を政策として実施することは，自動的に〈宗教〉を公
共空間から完全に排除するということにはならない。なぜなら，社会は
〈宗教〉を必要とするからである。このことは，現代の西ヨーロッパ社
会においても公共空間における宗教的要素の排除が，国によってその程
度に相違があるというかたちで実施されていることにうかがえる。伝統
的にフランスがもっとも徹底しているようであるが，オランダ，イギリ
ス，ドイツ等，それぞれの社会事情に応じてことなり，さらに一つの社
会の内部においてもその構成員の考えに応じて多様であって，未だに定
常状態に到達しているわけではない[47]。

――――――――――――
項の説明。
　47）　この点の現状については以下の書物を参照されたい：内藤正典『ヨーロッパとイス
ラーム――共生は可能か』。

そもそも人間の集団としての社会が，単なる烏合の衆ではなくて一定の目的と規範をもったものとして運営・維持されるためには，その社会の存在意義や目的が説得力のある仕方で社会の構成員に提示される必要がある。

その場合には，とりわけ具体的な〈人格〉が果たす役割がきわめて大きいのである。集団の構成員を一定の方向に向けるためには，抽象的な言葉の羅列よりも，具体的な人格がその言葉を発する（発したことにする）ことの方が，はるかに大きな喚起力を有するからである。このことは，無神論を標榜するマルクス・レーニン主義を国是とした社会主義国においてさえ，認識されていて活用されてきている。よく指摘されるように，レーニンや毛沢東を「神格化」したり，存命の革命指導者を強烈な個人崇拝の対象とすることが行われている。これも暗黙裡の〈宗教〉的力の活用とみなすことができるであろう。

7　ハーバーマスの〈ポスト世俗化社会〉という思想

これまでの西欧キリスト教社会では，自身の歴史的体験から〈世俗化〉が社会で成立していることを，それぞれの「進歩」のメルクマールとしてきており，その結果，イスラームのような，宗教と政治の分離という意味での〈世俗化〉を容認しない宗教，ならびにそのような宗教が内部に卓越的である社会に対して，西欧キリスト教社会の側からは「遅れている」という評価がなされてきた。

ところが〈世俗化〉は，人間の社会にとってよい効果だけをもたらすものでないことが，次第に認識されつつある。具体的に記せば，民主主義における基本的人権の尊重という原則と密接に関わる形で，宗教信仰を〈私的領域〉（privatum）でのみ容認することは，宗教の社会形成力を弱体化させることになる。その結果，社会が〈社会〉として機能することが困難になりやすいのである。

そればかりか，〈宗教〉のような人間の根源に関わることがらをことさらに〈私的領域〉に限定することによって，逆に〈私的領域〉の無制限な肥大化が要求されることになりやすいのである。なぜならば，民

第4章　現代における宗教的多元論の要請　　　543

主主義社会では個人の自由が尊重されるべきであるとみなされているので，社会の構成員たる個人が自己の〈私的領域〉を主張することは，その個人の〈不可侵の権利〉であるとみなされやすいからである。具体的には，20世紀末から顕著になってきた「〈プライヴァシー〉の尊重」という，世界的風潮をあげることができる。その結果として，例えば日本の学校教育の現場では児童生徒の親とのコミュニケーションが成立しにくくなっていて，児童生徒の教育についても支障が出ているという指摘もよくなされている。

　そもそも現代社会で尊重されるべしとされている〈私的領域〉（privatum）とは，その語源から見ると〈公的領域〉（publicum）から〈奪われたもの〉（privatum）という意味である[48]。このような，〈公〉と〈私〉との本来の意味が有する〈公共〉との微妙な関係が無視されて〈私的領域〉が一人歩きするようになることによって，これの無条件の肥大化が生じ，その結果，社会全体が無規範化することとなる。そればかりか，特定の〈私的領域〉が安易に普遍性を主張するようにもなっているのである。これが現在グローバリゼーションと称される事象の一面ではないのだろうか。

　以上の意味において，今日では，〈世俗化〉の問題性が指摘されざるをえない状況になりつつある。興味深いことには，現代ドイツの思想家で，社会の近代化と民主主義の徹底の必要性を唱えてきたことで有名なハーバーマス（Jürgen Habermas 1929-）も，この点について認識し始めており，近年，〈ポスト世俗化社会〉（Postsäkulare Gesellschaft）という思想を提唱している。それは，『欠如しているものについての意識』という書物[49]の中で彼が述べたものである。この書物は，彼がミュンヘンのイエズス会大学に招かれてした講演およびその際のイエズス会士たちとの質疑応答に加筆したものであるが，この中でハーバーマスは，現代社会の状況について「脱線した近代化」[50]が存在することを容認すると

---

　48)　漢語の〈私〉という語にも同様の意味があることも留意されてよいだろう。この漢字は「自分だけのものを腕で抱え込む様」を意味する「ム」と，作物を意味する「禾」とからなっている。つまり，収穫物を細分して，自分だけのものを抱え込むことであるという（藤堂明（編『漢字源』の「私」の項による）。

　49)　Reder u. Schmidt (Hrg.), *Ein Bewußtsein von dem, was fehlt.*

　50)　entgleisende Modernisierung: Ibid. S. 30.

共に，「社会的連帯の喪失」[51)]が結果されていることも認めている。

　現状についての以上の認識に立つ彼が，近代化の隘路を脱出するための方策として，宗教の社会内への復権を提唱しているわけである。彼は述べている。本来，宗教と哲学は，古代ギリシアの枢軸時代（Achsenzeit）から相補的な関係にあった[52)]。従って，現代社会で宗教が復権することはけっして異様なことではない。しかし世界各地で，キリスト教にせよイスラームにせよ，原理主義的な流れが勃興して，それらが新たな抗争の原因となったり，抗争を激化させる要因になっている現状を考慮するならば，〈世俗化〉を経験した社会で再び宗教がその存在意義が認められるためには，国家が，その構成員各自の世界観については中立の立場を維持し，あらゆる宗教的共同体の自由を認めると同時に，宗教の側が，制度化された諸学問がそれ自身の根拠によって独立的であることを保証するということを容認しなければならない，と[53)]。

　このようなハーバーマスの主張に対してなされるキリスト教側からの反応は，当然のことながら好意的なものが多いが，同時に批判的なものもある。後者の代表的なものは，ハーバーマスは宗教を機能主義的な視点からのみ扱っていて，宗教の本質を捉えていない，というものである[54)]。しかし，このような批判は，宗教を個人の存在の根本に働くものとして捉えるという，〈世俗化〉が進む社会における典型的な宗教の存在意義の位置づけに由来しているものである。人類にとっての宗教の存在意義が，果たしてそのように個人の「深み」に作用しそこを支えるということに限定されるものであるのか，また，そのような個人の次元に言及しないかぎり宗教の本質を捉えていないとされるべきものであるのか，この点は問われてしかるべきであろう。ハーバーマスのいう「ポスト世俗化社会」における宗教のあり方，さらには「ポスト世俗化社会」に生きる宗教人のあり方が，今，問われているとも言えるであろう。

　51）　Entsolidalisierung: Ibid. S. 96f.
　52）　Ibid. S. 29.
　53）　Ibid. S. 33. このハーバーマスの指摘は，もちろん，キリスト教，とりわけカトリック教会が西欧社会で歴史的に要求してきたことへの自重と断念を求めることを意味する。
　54）　例えば，Reder の意見（Ibid. S. 51sqq.）

8　いかなる〈宗教〉が要請されるのか

　ハーバーマスのいう「ポスト世俗化社会」の要請は，現代における社会の急速なアモルフ化，アノミー化に対する反省から生じている。確かに社会には，その構成員に共有されている道徳が必要不可欠である。問題は，それを構成員がどのようにして合意の上で策定し共有するかという点にある。「世俗化された社会」は，政治制度としては基本的に民主主義を採用しているので，一方において個人の基本的人権が尊重されることになっており，それゆえにいかなる人も特定の世界観とか価値観を強制されることがあってはならない。

　さらに，ハーバーマスも言うように，〈宗教〉が哲学的に理解可能なものへと翻訳されることで，構成員が自発的かつ論理的に理解可能なものとなることが必要である。しかし，それだけで，或る社会が必要とする道徳とか規範とかが社会の全構成員に習得されるだろうか。そもそも人間の理解は，ただ論理的にのみ成立しているものであろうか。

　人間は言語と象徴を扱う動物という特性をもつ。もちろんハーバーマスの立場は，この言語という人間の能力に重点をおいて，論理的説明による納得の成立を前提にしている。

　しかし，〈象徴〉というものは必ずしも論理的な理解を前提にしない。むしろ人間は，言語を介することなく，特定の場とか経験を〈象徴〉として扱い，それを世界理解の重要なよすがとすることがある（これの否定的表れが，昨今話題となることが多いPTSDという「症状」であろう）。この視点から改めて〈宗教〉を捉えると，〈宗教〉では多様な〈象徴〉群が重要な役割を果たしていることが分かる。それは〈儀礼〉（ritus, rite）に他ならない。これは，特定の場で特定の身振りと言葉と思いをもって信仰の対象に面と向かうことである。その際には，その場に掲げられている特定の画像や，その場で奏でられる特定の音曲も重要な役割を果たす。それらの総体としての〈雰囲気〉（Atmosphere）が，その儀礼に参加する者に深い影響を与えるのである。それは，確信とか納得を与えることであると表現されることも許されるであろう。

さらに同じ場を共有する者同士が同じ納得を共有しやすいことも容易に想定できる。それゆえに，〈宗教〉的〈儀礼〉は，社会が必要とする道徳とか規範とかをその構成員に共有させるのには好都合な場であることも確かである。

しかし同時に，この好都合さが逆に，民主主義を崩壊させる危険性をも伴うことも事実である。論理的に吟味されることがない特定の道徳とか規範を，一方的に社会の構成員に植え付けることにもなりかねないからである。これがいわゆる「洗脳」という側面であり，日本でも戦前と戦中の軍国主義的教育の場では，大きな力をふるった。また現代の諸社会で今なお大きな影響力を行使していることも事実である。

実は，要請されている〈宗教〉がいかなるものであるべきかという点については，論者に明確な回答の持ち合わせがあるわけではない。しかし，デカルト以来想定されてきたような，徹底的に合理的で個人主義的で人間中心主義的な人間観とそれに基づく社会観は，もはやそのままでは維持できなくなっていることも確かである。これがハーバーマスの言う「ポスト世俗化社会」が置かれている状況である。

あるべき「ポスト世俗化社会」とは，徹底的に〈世俗化〉された生き方を選んでいる人々の社会とも，またイスラームのような〈世俗化〉を経験していない社会とも共存することが求められているのである。それよりもまずもって，「ポスト世俗化社会」とは，それの内部において〈世俗化〉された信条によって生きる人々も〈世俗化〉されていない信条によって生きる人々も，共にそれの構成員として平和的に共存しうる社会でなければならない。それゆえにこそ，このような社会に存在する〈宗教〉とは，少なくとも宗教的多元論に堪えうるそれでなければならないであろう[55]。

---

55) 学校教育の場での〈宗教教育〉の一具体例として，筆者がかつて児童の親として実際に経験したことを記すならば，ドイツの小学校には「宗教の時間」があるが，それは「カトリック・キリスト教」，「プロテスタント・キリスト教」，「イスラーム」，さらに「その他」という複数の「宗教の時間」が用意されていて，各児童がどの教室に学びに行くかは親の申告によって決定されていた。つまり小学校に〈宗教教育〉が導入されているのだが，特定の宗教が強制的に学ばされるわけではない，というシステムである。

VI

イディオータの思想

第 1 章

『イディオータ篇』における
〈イディオータ〉像について[*]

序

　まずはじめに，『イディオータ篇』における対話の主役としての〈イディオータ〉像が問われるべき理由を明らかにしておきたい。

　『イディオータ篇』は，クザーヌスの多くの著作の中でもその対話者と文章表現上に特殊性をもっている。先ず対話者に関しては，他の対話篇ではほとんどの場合，主人公がクザーヌス本人と想定される人物であり，対話相手は彼の友人，知人と想定される固有名をもった人物であるのに対して，この『イディオータ篇』では主人公が上述の〈イディオータ〉であり，その相手が〈弁論家〉（orator）又は〈哲学者〉（philosophus）である。そしてこの三者のいずれも，人物が容易に想定できるような固有名も特徴も持っていないのである。第二に文章表現上の特殊性であるが，一般にクザーヌスの著作はスコラ的な生硬な文体をもつラテン語で書かれていると言われているが[1]，この『イディオータ篇』は美しいラテン詩で著わされており，中でも『知恵について』は彼の死後にルネサ

---

　　[*]　1450 年の夏にまとめられた *Idiota de sapientia* 『知恵について』，*Idiota de mente* 『精神について』，*Idiota de staticis experimentis* 『秤の実験について』という三部作（なお『知恵について』は，上下の 2 巻からなっている）を，総称して『イディオータ篇』とする。また，この対話篇における主人公の Idiota は，以下に明らかにされる理由により，〈イディオータ〉とカタカナで表記する。

　　[1]　Seidlmayer. *Nikolaus von Cues und der Humanismus*, in: Koch (Hrsg.), *Humanismus, Mystik und Kunst in der Welt des Mittelalters*, S. 4.

ンス・ヒューマニストの代表者の一人ペトラルカの著作と偽られ，*De vera sapientia* と題されて流布したこともあるほどである[2]。

このような特殊性を有する著作の主役としての〈イディオータ〉像が解明されることは，『イディオータ篇』そのものの持つ思想の解明に大いに役立つであろうし，ひいてはこの特殊性をとおして，クザーヌスの思想総体の把握にも貢献することになるであろう。しかし本章の目的は，上述の二つのうちの前者に限定する。また，idiota, orator, philosophus というラテン語は，philosophus はともかくとして前二者には，様々な日本語訳があてられてきている。とりわけ〈イディオータ〉には，「無学者」「俗人」「素人」「在俗者」などとされてきているが，クザーヌスにおけるこの語の意味内容の十全な検討がわれわれの目的であるゆえに，日本語に訳すことなくカタカナで表記する。

さて，〈イディオータ〉像の考察はこれまでにも多くの研究者によって多様に試みられてきた。例えばガンディヤック（de Gandillac）は以下のように捉えている。中世キリスト教会における俗人信徒による宗教運動の伝統を踏まえつつ，いささか陳腐になりつつあった〈イディオータ〉像にクザーヌスが哲学的意味を賦与して刷新した。それは，プラトンに由来してデカルトに連なる「思考活動の反省的分折」の任務を具現している，と[3]。

またカッシーラー（Cassirer）は〈イディオータ〉像を，クザーヌスがヒューマニスト的な思想の下で，方法的な限界を持ちつつも新しい俗人知（Laienwissen）という理想を提示したものだと理解する[4]。

さらにハインツ＝モーア（Heinz-Mohr）は，中世的伝統としての俗人信徒運動およびクザーヌス自身の教会論に注目しつつ，教会改革運動との関わりの中で「あくまでも教会内の，信仰的に勇気をもった人間の型の現れ」を見てとろうとしている[5]。

---

2) Santinello, Nikolaus von Kues und Petrarca: in: *MFCG*, 4, S. 179f. なおこれが偽書とされた経緯については，*Opera omnia*, ²V, LXV-LXXII の Klibansky, *De dialogis De veva sapientia Francisco Petrarcae addictis* に詳しい。

3) Gandillac, *Nikolaus von Cues* (in deutscher Übersetzung), S. 51 und 58f.

4) Cassirer, *Individuum unt Kosmos*, S. 59f. （薗田訳 69 頁）．

5) Heinz-Mohr, Nikolaus von Kues und der Laie in der Kirche: in: *MFCG* Bd.4, S. 317 und S. 321.

またフレンツキー（Fräntzki）は，ガッディヤック的な立場をさらに一般化して，クザーヌスは〈イディオータ〉というタイトルで人間の本来的自己存在を思惟しているのだとしている[6]。

山田桂三は，これをクザーヌスの「学識ある無知」の思想の成熟と徹底化として捉えている[7]。

これらの理解の総体が誤っているというわけではないが，研究者各自が無造作に想定した広大なパースペクティヴの中に〈イディオータ〉を置いて各自の考察を進める，という不適当な方法をとっている，と考えられる。むしろ，先ずは『イディオータ篇』そのものの有する具体的諸要素およびそれを取巻く具体的状況に注目して，〈イディオータ〉像を綿密に探求すべきだと考える。主人公たる〈イディオータ〉のみに目を奪われることは，一般に対話篇の読解の際に陥りやすい錯誤を犯すことになり，逆に対話篇がもつ豊かな含蓄を見落としやすくなるからである。

1　五つの要素

さて，『イディオータ篇』そのものの有する諸状況に関わって，次の5つの要素を摘出できる。第一に〈著述形式〉：対話（dialogus）または鼎談（trialogus）。第二に〈時〉：1450年。第三に〈所〉：ローマ。第四に対話の〈相手〉：『知恵について』と『秤の実験について』では弁論家，『精神について』では主として哲学者，時に弁論家。第五に〈展開されている思想〉。

これに加えて，留意すべきこととして，本文中に多くの同時代的話題が盛り込まれているという事実がある。例えば，1450年の聖年[8]。また，ウィトゥルーウィウス（Vitruvius）の説への言及[9]——B.C. 1世紀頃の

---

6)　Fräntzki, *Nikolaus von Kues und das Problem der absoluten Subjektivität*, (Meisenheim am Glan 1972) S. 91.

7)　山田桂三「ニコラウス・クザーヌスの『イディオータ』論」『群馬大学教育学部紀要——人文・社会科学編』第22巻，1972年。

8)　*Idiota de mente*（以下，*De mente* と表記する）I, n. 51, 1.

9)　*Idiota de staticis experimentis*（以下 *De stat.* と表記する）n. 162, p. 222, 10; n. 163, p.

552　　　　　Ⅵ　イディオータの思想

人と想定されているこの人物の『建築術』なる書物[10]は，ルネサンス
期にいわば再発見されて，ギベルティ（Lorenzo Ghiberti ca.1378-1455）
など15C世紀中頃の建築家などにも大きな影響を与えたと言われる[11]。
またヘルメス・トリスメギストス（Hermes Trismegistus）の説への言
及[12]——ヘルメス・トリスメギストスという伝説上の神人も，やはりこ
の時代に新しい人間観の旗印として多く学者が注目していたようだ[13]。
さらに錬金術，占いへの言及とその批判的評価[14]——この二つがこの時
代に注目されたことも明白である[15]。

　このように同時代的話題がちりばめられていることから，著者である
クザーヌス自身もこの著作を同時代的状況の中でこそ読んでほしいと考
えていた，と推測できる。それゆえに，先にあげた五つの要素を同時代
的状況に関わらせる形で理解することに妥当性を認めることができるで
あろう。また，本来は〈イディオータ〉とクザーヌス自身を安易に重ね
合わすことは慎むべきであり，両者の関係については分離して考察する
必要があるのだが，この点については本章の後半で扱うこととして，上
で見たような同時代的特性のゆえに，当面は区別しつつも言及すること
もある。

　さて，以上のような前提の下に，この五つの要素を順次考察するが，
その際に五番目の要素としての〈展開されている思想〉は，他の四つの
要素との関連で適宜検討されていく。

2　聖年という〈時〉

　先にあげた順序とは異なるが，先ず〈時〉を考察したい。実は〈時〉

228, 3.
　　10）　森田慶一訳『ウィトルーウィウス建築書』（1979年，東海大学出版会）がある。
　　11）　ガレン（清水純一・斎藤泰弘訳）『イタリア・ルネサンスにおける市民生活と科学・
魔術』（以下『イタリア』と略す）146頁。
　　12）　De mente, Ⅲ, n. 69, 6.
　　13）　ガレン『イタリア』255頁；257頁以下。
　　14）　錬金術については De stat. n. 171f. p. 227f.; 占いについては ibid . n. 188ff, p. 135 ff.
　　15）　ガレン『イタリア』255頁以下。

第 1 章　『イディオータ篇』における〈イディオータ〉像　　　553

として著者が記しているのは「聖年の時」であって，1450 年という数
字はつけられてはいない。しかし先にみた同時代的話題との関係で，こ
の聖年の年とは，クザーヌスがこれを執筆した当年の 1450 年のことで
あろうと推測されうる[16]。また著者による「時の指定」は，三部作のう
ちの『精神について』にしか見られないが，各著作冒頭に記されてい
る〈イディオータ〉と対話相手である〈弁論家〉との交友関係について
の説明から判断して，いずれもほぼ同じ年とみなすことができるだろ
う[17]。

　さてこの〈時〉には，世界のほとんど全ての地域からたくさんの民衆
が驚くべき敬虔さをもって，記念贖宥にあずかるためにローマにやって
きている[18]。

　また直接〈イディオータ〉に関わるわけではないが，クザーヌス自身
をとりまく〈時〉として，前年の 1449 年には，ハイデルベルク大学の
哲学者であり神学者であるヨハネス・ヴェンクの『無知の書物』という
クザーヌスに対する論駁書への反批判を，『覚知的無知の弁護』という
書物をもって行っている[19]。

　また，1450 年末からは，足かけ 1 年 5 か月にわたる教皇特使として
の旅行で西ヨーロッパ各地を巡察している。正確には 1550 年 12 月 24
日に教皇より特使に任命されて，12 月 31 日にローマを発っている。し
かしこの『イディオータ篇』を執筆したこの年の夏には，友人でもあっ
た教皇ニコラウス五世と共にローマ北東のアップルッツェン地方に避暑
滞在をしていたので[20]，すでにこの時にクザーヌスが特使として派遣さ

---

　16)　Opera omnia 版の脚注でも 1450 年と指示している（p. 85）。

　17)　ちなみに交友関係とは次のようなものである。『知恵について』第 1 巻冒頭では，
ローマの forum（広場）で〈弁論家〉と〈イディオータ〉が出会って対話が始まる。その結果，
〈弁論家〉は〈イディオータ〉の説くところに敬服し，第 2 巻冒頭では，再び〈弁論家〉が教
えをうけるために〈イディオータ〉を訪ねている。『精神について』冒頭では，〈弁論家〉と
〈哲学者〉が出会い，〈哲学者〉のローマ来訪の目的を聞いた〈弁論家〉が，かねてから教え
を受けるようになっている〈イディオータ〉のところに〈哲学者〉を連れて行く。『秤の実験
について』冒頭では，〈弁論家〉がいつものように〈イディオータ〉を訪ねて，重要な道具と
思われる秤 statera について対話を始める。

　18)　この場面については，次章冒頭に当該箇所を訳出してある。

　19)　この点については，本書第 I 部第 2 章を参照されたい。

　20)　Meuthen, *N. v. K.*, S. 83.（酒井修訳 105 頁）。

れるという話は出ていたであろう[21]。この特使派遣の目的は，1）ローマ
にまで来られなかった人々に記念贖宥を授けること，2）聖職者の道徳
の改革——コッホの言い方に従えば教会改革——これが主たる目的のよ
うである，3）領主間の争いについての和平調停，の3点であったとさ
れている[22]。

　さらに教会をとり巻く外の状況としては，すでに14世紀後半より教
会と大学の硬直化を批判する形で，いわゆるヒューマニスト（人文主義
者）の活動が展開されている。クザーヌス自身がそれに注目していた
ことは，彼がペトラルカの書物を少なくとも七冊所蔵し，それに自か
ら書き込みをしていることからもうかがわれる[23]。そればかりか，すで
に若き日のパドヴァ大学留学時代（1420年前後）に人文主義者たちと
交際をしていたと推測されてもいる[24]。この交際がその後もほぼ終生に
わたって続いたことは，当時のビザンティン出身のプラトン主義者プ
レトン（Georgios Gemistos Plethon 1355/60-1452）の著作のラテン語訳
が，同じくビザンティン出身のヨハンネス・ソフィアノス（Johannes
Sophianos）によって1460年前後になされて，それがクザーヌスにあて
て献呈されていることからも推測されている[25]。

3　ローマという〈所〉

　さて次に，ローマという〈所〉であるが，これについては，以下の三
点を指摘できる。先ずこのローマは，キリスト教世界の中心地として

　21）　Koch は，この旅行について長く考察すればするほど，入念に準備された旅行で
あったという印象を深めると言っている（Koch, *Nikolaus von Kues und seine Umwelt*, S. 45）。

　22）　Koch, Ibid.

　23）　ペトラルカの本の所蔵については，註3で掲げた Santinello および Klibansky の論
文に詳しい。

　24）　Meuthen, *N. v. K.*, S. 19.（酒井訳17頁）。

　25）　Kristeller, A Lalin translation of Gemistos Plethon's De fato by Johannes Sophianos
dedicated to Nicholas of Cusa（以下 A Latin と略す），in: Facolotà di magistero dell'Universita di
Padova (ed.), *Nicolo' Cusano agli inizi del mondo moderno* pp. 175-193（特に p. 177）。なお，こ
のソフィアノスという人物については，ほとんど情報がないと，筆者クリステッラーが記し
ている。

第1章　『イディオータ篇』における〈イディオータ〉像　　555

（前にもふれたように）ほとんど全世界から聖年のためにたくさんの民衆が集まって来ている所である。

　第二に，このローマという〈所〉には，アリストテレス派の中心地としてのパリではなくローマであり，このローマには〈イディオータ〉のような真の知者がいるのだ，という著者の言外の主張を読み取ることができる。それは，以下のような『精神について』冒頭に描かれた場面が示している。すなわち，弁論家が哲学者から，彼が精神の不滅性の確信を求めて各地を旅してきたことを聞いた時に，それを受けて弁論家が次のように言う。「アリストテレス主義者であるように見えるあなたをローマにやって来るように仕向けたものは何ですか。あなたが教えを請うに値する人物がここに見つかると思っているのですか。」[26]。

　第三に，『知恵について』前半に詳しく書かれているように，広場がにぎわい，沢山の商人もおり，ヒューマニストが活動している所である，ルネッサンスの中心地のローマ，という意味も込められているだろう。ここで弁論家が〈イディオータ〉に出会い，さらには外国から来た哲学者も〈イディオータ〉を訪れるのである。

　しかし，著者クザーヌスが具体的には言及していないもう一つの局〈所〉としてのローマをも見逃すべきではないだろう。それは言うまでもなく，カトリック教会の中心としてのヴァチカンである。確かに，「ほとんど全世界から聖年のためにたくさんの民衆が集まって来ている」ということは記されているが，その民衆の目的地であるヴァチカンへの言及は，クザーヌス自身がそこの枢機卿として滞在しているにも関わらず，この『イディオータ篇』の中には一切存在しないのである。これは注目すべきことであると思われる。

4　対話相手：〈哲学者〉

　さて次に対話相手の検討に入る。先ず〈哲学者〉である。この〈哲学者〉がアリストテレス主義者であることはすでに見たとおりである

---

　26)　*De mente*, I, n. 53, 1f.: Quid te impulit Romam advenire, qui Peripateticus videris? An putas aliquem, a quo proficias, reperire?

が，彼は〈イディオータ〉によって面と向かって批判されることはない[27]。二人の対話は，〈哲学者〉が主としてアリストテレス派の説とプラトン派の説との相違について〈イディオータ〉に尋ねて，それに対して〈イディオータ〉が答える，という形式で進められている。そして〈イディオータ〉の答の内容は，〈哲学者〉が「イディオータよ，君は全ての〈哲学者〉を調和させうる驚くべき教説を述べてくれた」と驚かされるというものである[28]。これに対して〈イディオータ〉は「精神が自己を無限性へと上昇させるならば，〔探求の〕方法の相違の全てが，それがいかに多く考えられようとも，極めて容易に解決され一致されるのです」と応じている[29]。

　また，確かに特定の学説が直接に俎上にあげられて批判されるということはないのであるが，『精神について』冒頭で，〈哲学者〉がローマに続々と集まって来ている〈民〉を見て驚かされて，次のように述懐する場面では，明らかに既存の哲学のあり方が批判されているであろう。

　　私は，この無知な〈民〉が信仰によって到達しているほどに完全にして明晰な理解をもっては，未だなお自分の探求しているものに到達してはいないのだ[30]。

　この述懐を，先の〈アリストテリズムの中心地パリではないローマ〉という〈所〉の要素と関係させて考察するならば，この〈哲学者〉の悟

　27）　この点は，後に検討の対象とする〈弁論家〉の場合とは異なっている。この相違に留意しておきたい。

　28）　*De mente*, III, n. 71, 1f.: Miram doctrinam tradidisti, idiota, omnes philosophos concordandi.〈イディオータ〉の返答の一例は以下のようなものである：「プラトンが anima mundi（世界霊魂）と称し，アリストテレスが natura（自然本性）と称したものは共に，万物の中で万物を働かせている神である」(Ibid. XIII, n. 145, 2-4)。

　29）　Ibid. II, n. 67, 1-3: Hae omnes et quotquot cogitari possent modorum differentiae facillime resolvuntur et concordantur, quando mens se ad infinitatem elevat.

　30）　Ibid. n. 52, 12f.: hactenus nondum quaesitum adeo perfecte ac lucida ratione attigi quemadmodum hic ignorans populus fide. この〈無知な民衆〉についての肯定的な評価は，すでに初期のクザーヌスから存在している。本部第3章2を参照されたい。さらにこの視点は，後の1453年に著わされた『信仰の平和』においては，〈キリスト教世界の民〉に限られることなく，世界中の諸々の民を〈神の民としてのイディオータ〉として捉えるところにまで拡大深化されている思われる。本書第V部第1章2を参照されたい。

第 1 章 『イディオータ篇』における〈イディオータ〉像　　　557

りがローマでしか成立しなかったことになり，いっそう強い既存の哲学
体制への批判となるだろう。

　さらに視野を広げるならば，この〈哲学者〉は〈民〉（populus）とい
う現実の世界によって驚かされ悟ったのであるが，他の多くの哲学者や
神学者は，（とりわけクザーヌスが前年に批判の対象としたハイデルベルク
大学のヴェンクは）講壇にいるばかりで，哲学者にふさわしい根源的驚
きを経験しないままである，として言外に批判されているとも解釈でき
るだろう[31]。

　さてすでに見たように，〈イディオータ〉の〈哲学者〉に対する批判
が間接的であり折衷的であるとしても[32]，この批判は曖昧な力の弱いも
のであるわけではない。ここで批判されているのは，まさしく〈哲学
する構え〉である。そのことが端的に示されているのが，先に言及した
『精神について』冒頭で〈哲学者〉が繰り返し述懐する〈驚かされ〉で
あり，それに基づく彼の自己批判でもある。さらに，ローマに来て〈イ
ディオータ〉を訪ねたこの〈哲学者〉が，〈真の哲学者〉になっている
と〈イディオータ〉が判断した時に，彼はその〈哲学者〉を ’philosophus’
と称ぶのではなく，’hic sapientiae amator’ とアウグスティヌスにならう
形で称んだ上で[33]，「この知恵を愛する人は，最大の賞賛と感謝に値する」

───────
　31）　この点についてクザーヌスは十分に意識的である。例えば，以下を参照されたい：
「説教 268」（Sermo, CC LXVIII), n. 15, 7- 11: Qui rerum causas in natura inquirunt, non nisi ad
amorem illius sapientiae quae omnia ordinat et disponit, perveniunt, quam non comprehendunt sed
admirantur. Finis philosophiae admiratio（自然のなかに事物の原因を探求する者は，万物を秩
序づけ美しく整えるものとしての〈知恵の愛〉に到達するほかはない。しかし彼らはそれを
把握することはなく，それによって驚かされるのである。驚きが哲学の終わり〔目的〕であ
る〔下線は引用者〕）。ここでクザーヌスはアリストテレスの〈驚きが哲学の始まりである〉
という説を超えて，その先の探求の必要性を主張しているのである。この箇所についての詳
細は，八巻『生きている中世』208 頁以下を参照されたい。
　32）　この批判の方法は，スコラ的な直接的で逐語的な批判の方法を踏襲することを，ク
ザーヌスが避けているためであると考えられる。この点については，本書第 I 部第 2 章 4 を
参照されたい。
　33）　Augustinus, De trinitate, 14, 1, 24-27; 2, 43-45: Deus ergo ipse summa sapientia;
cultus autem dei sapientia est hominis de qua nun loquimur. Nam sapientia huius mundi stultitia
est apud deum. [...] Satis est mihi quod etiam ipsi negare non possunt, esse etiam philosophi, id est
amatoris sapientiae, de sapientia disputare（最高の知恵は神自身であり，今われわれが語ってい
る人間の知恵は神の知恵の礼拝である。なぜならば，「この世の知恵は神の前では愚かである」
からである。〔…〕哲学者たち，つまり知恵を愛する者たちでさえも知恵について議論できる
ということを古代の人々も否定できないということで，私には十分である）．

と言っているのである[34]。すなわち，本当の哲学者は神としての〈知恵〉（sapientia）——〈イディオータ〉ならびにクザーヌスの考えによるならば——を真に愛する者でなければならないという主張である。

5　対話相手：〈弁論家〉

　次に，もう一人の対話の相手である〈弁論家〉について検討する。すでに言及したように，この〈弁論家〉は（〈哲学者〉とは異なり）あからさまに批判されている。それは，『イディオータ篇』の最初の対話である『知恵について』の冒頭で，〈イディオータ〉と〈弁論家〉とが，以下のように対照的に描写されることでなされる批判である。

　　ある貧しい〈イディオータ〉がローマの広場で一人のとても豊かな〈弁論家〉と出会った。彼はこの人〔弁論家〕に優雅に微笑みかけながら次のように話しかけた。私はあなたの高慢さには驚かされました。あなたは無数の書物を読み続けることで，そのたえざる読書によって疲れ果てているにもかかわらず，いまだ謙遜に導かれていません。これはきっと次のような理由から生じていることなのです。あなたがそれを根拠に他の人よりも卓れていると考えている〈この世界の知識〉は，神の下では全くの愚昧にすぎないのです。だからこれがここで〔それをもつ人を〕高慢にさせるのです[35]。

　また，この〈弁論家〉は〈イディオータ〉によって単に正面から批判されるだけではなく，〈哲学者〉と比較するとかなり戯画化されて描写されてもいる。例えば『知恵について』の冒頭では，上にあげた〈イ

34）　*De mente*, VIII, n. 115, 13: hic sapientiae amator laudes et gratis meretur maximas.

35）　*Idiota de sapientia*（以下，*De sap.* と表記）n. 1, 3-8（小山宙丸訳 541 頁）: Convenit pauper quidam idiota ditissmum oratorem in foro Romano, quem facete subridens sic allocutus est: Miror de fastu tuo, quod, cum continua lectione difatigeris innumerabiles libros lectitando, nondum ad humilitatem ductus sis; hoc certe ex eo, quia scientia huius mundi, in qua te ceteros praecellere putas, stultitia quaedam est apud deum et hinc inflat. この一文の内容が，二つ前の註で引用したアウグスティヌスの文章と類似していることに留意したい。

第1章 『イディオータ篇』における〈イディオータ〉像   559

ディオータ〉の批判に対して，トガを着て優雅な身ごなしの〈弁論家〉
が，「見すぼらしくてまったく無知な〈イディオータ〉よ，君のそのよ
うな思い上がりは一体どういうことなのだね」[36]と，〈イディオータ〉の
批判を尊大に一蹴しようとする。しかし対話をしていくうちに次第に
〈弁論家〉の方が〈イディオータ〉の説明に引き込まれてゆき，〈イディ
オータ〉に質問をする者となった上で，最終的にはその立場が逆転する
までに到るのである。

　さらに〈弁論家〉はその生き方について，権威ある見解に引きずられ
ている点で，端綱でくくりつけられていて，飼い葉桶に与えられる自
然本性的ではない食べ物で生きているものとしての繋がれた馬のようで
ある，とさえも描写されている[37]。豊かな知識と優雅な装いの〈弁論家〉
が厩舎に繋がれている馬のようであると描写されていることには，強い
批判が込められているとみなすことができる。

　そればかりか，彼は自身の真理探求の姿勢そのものの変更さえも，
〈イディオータ〉によって要求されることになる。

　　あなたが好奇的な探求心を捨てた状態になっていることが分かった
　　ら，私はあなたに大いなることを明らかにしてあげましょう[38]。

　さらには，探求の構えそのものも，哲学者の場合と同様に，問題とさ
れることになる。

　　あなたが魂の内奥から懇願しているのでなければ，あなたに知恵の
　　秘密について説明することを私は禁じられてしまいます。なぜなら
　　ば知恵の秘密は，誰に対してもどこででも公開されるべきものでは

　36）　Ibid. n. 1, 11f.（小山訳541頁）: Quae est haec praesumptio tua, pauper idiota et
penitus ignorans.

　37）　Ibid. n. 2（小山訳542頁）。

　38）　Ibid. n. 4, 15f.（小山訳543頁）: Si te absque curiosa inquisitione affectum conspicerem,
magna tibi panderem. この〈弁論家〉が好奇心の強い人物であることは，『精神について』の
冒頭（De mente, I, n. 51, 7f.）にも「知ることにきわめて貪欲な弁論家」orator [...] sciendi
avidissimus と述べられている。つまり，『知恵について』の後になっても，〈弁論家〉はいま
だ好奇心が先行する人物であると描かれているのである。

ないのだからです[39]。

　このようにして，最終的に〈弁論家〉は〈イディオータ〉の説に敬服することになる。そして，『知恵について』第二巻冒頭は，その結果としてこうなったのだとばかりに，次のように書き起こされる。〈イディオータ〉から知恵に関して聞いた言葉によって大いに驚かされ動かされた〈弁論家〉が，再び〈イディオータ〉の教えを請うべく訪ねた。すると〈イディオータ〉が「永遠の神殿」近くの地下室に隠棲しているのを見出した，というのである。ここにも，裕福で（広大なヴィラに住んでいるであろう）〈弁論家〉と地下室に住むほどに貧しいが敬虔な〈イディオータ〉という形で，二人について対照的に描写されている。
　また，次のような例もある。『精神について』7章の末尾近くで〈イディオータ〉が，「私はこれまでかけ足でまた粗野に説明してきた。そこであなたは，これらのことを読む人に好まれやすいように優美に仕上げて，さらに美しくすることができるだろう」と〈弁論家〉に向かって，いささかの皮肉も込めて言う。すると〈弁論家〉は，この段階ではもはや自身の優雅さを誇ることはなく，以下のように応じるのである。

　　　君がこれまでにきわめて見事に説明してくれたことこそが，私がまさに聞きたかったことなのだ。そしてこれらのこと〔イディオータの説明〕は，真理を探求する者にとって何と優美に見えることだろうか。[40]。

　では，このように〈イディオータ〉から批判される〈弁論家〉とは，どういう人物なのだろうか。従来の〈イディオータ〉像についての研究においては，私の知る限り，この点はほとんど意識的に追求されてはいないようである。ボーネンシュテット（Bohnenstädt）は簡単に，「古代のRhetor（雄弁家），中世のスコラ学者と同一である。Redner〔orator の独訳〕はクザーヌスの時代には法廷のみでなく公的生活一般における弁

　39）　Ibid. n. 7, 5f.（小山訳 545 頁）: Nisi ex affectu oraveris, prohibitus sum, ne faciam, nam secreta sapientiae non sunt omnibus passim aprerienda.
　40）　*De mente*, VII, n. 107, 1-3.

護士でもあった」と記している[41]。またメンツェル＝ログナー（Menzel-Rogner）は「〈弁論家〉は時折，修辞学の教師の意味でも用いられた。外交という職務での代弁者すなわち大（公）使という意味はここでは度外視できる。」とだけ言っている[42]。

　ここでのわれわれの関心は，後に明らかになるような理由から〈弁論家〉および〈イディオータ〉，〈哲学者〉の個人名の詮索にあるわけではなく，それぞれの人物的役割の解明にある。私は，この〈弁論家〉とは当時（ルネサンス期）の様々な教育の場における教師としてのヒューマニスト（人文主義者）であると考える。その理由は以下のとおりである。先ず，『知恵について』第1巻の締めくくりで〈イディオータ〉が〈弁論家〉に向かって，「知恵は弁論術の中にも，多量の書物の中にも存在しない」[43]と述べていること。第二に，『知恵について』第1巻冒頭では，すでにみたように，〈弁論家〉が自分の博識を誇っていて，それを〈イディオータ〉が批判していたが，当時はキケロの影響が強く，キケロの De oratore における「最も賢明な人」'prudentissimus homo' としての「博識な弁論家」'doctus orator' がルネサンス期の弁論家の理想でもあったこと[44]。第三に orator が，「それなしには人間が進歩することがないものとしての文学研究（studium litterarum）」という言い方をしているが[45]，この「文学研究」とは，「ヒューマニストたちの文学研究」のことであろうと推定されること[46]。第四に，〈弁論家〉が占いや錬金術に関心をもっていること。第五に〈弁論家〉がウィトゥルーウィウスの説を引き合いに出していること[47]。

　ではなぜこの〈弁論家〉たる人物が，orator と表記されていて，

---

41) Bohnenstädt, *Nikolaus von Cues, Der Laie über die Weisheit*, S. 92.

42) Menzel-Rogner, *Nikolaus von Cues, Der Laie über Versuche mit der Waage*, S. 50.

43) *De sap.* I, n. 27, 2（小山訳558頁）: sapientiam esse non in arte oratoria aut in voluminibus magnis.

44) Kristeller, *Renaissance Thought*, p. 18f.（渡邉守道訳 22 頁以下）。また Kristeller, *Renaissance Thought and its Sources*, p. 252.

45) *De sap.* I, n. 1, 12f.（小山訳 541 頁）。

46) ガレン（近藤恒一訳）『ヨーロッパの教育』128 頁を参照して，このように判断する。しかしドイツ語訳では，Bohnenstädt も Dupré も 'Wissenschaft'（学問一般）と，また Steiger は 'Bücherstudium'（書物による研究）と訳している。

47) 第四点，第五点のいずれについても，ガレン『イタリア』第 7 章を参照。

562 VI イディオータの思想

humanista とされていないのであろうか。グレイ（Gray）の研究によれば，'humanista' という用語は 15 世紀後半に初めて成立したのであり，それ以前には，ヒューマニスト達は自からのことを，時には 'philosophus'，よりしばしば 'poeta' と称したが，'orator' と称することが最も多かったというのである[48]。以上のようなテキスト内部の状況および作品を取り巻く同時代の外的状況から，ここにおける〈弁論家〉をヒューマニストであると理解する。

　さて本文中での〈イディオータ〉の〈弁論家〉に対する批判点を整理してみると次のようになる。第一に〈この世の知識〉を多量にもっている，とおごり高ぶっている。第二に，知恵（sapientia）を書物と権威に依存して得ようとしており，神による被造物である世界そのものから学ぼうとしていない。第三に，自分のもつ知性を働かせるに際して，好奇心だけに動かされていて，探求しているものの水準が低い。第四に，知識（scientia）にのみかかずらわっていて，知恵のことを忘れている，あるいは知識と知恵の質的差異を見逃している。第五に，人間の知識と知恵との源泉である神のことを忘れている，あるいは無視している。

　このような批判の意図するところは，結局，『知恵について』の冒頭近くで述べられる〈イディオータ〉の〈弁論家〉に対する次の言葉に象徴的に込められているとみなすことができる。

　　知恵は広場でまた街で呼ばわっています。だがそこには知恵の叫び声があるだけです。知恵はいと高き所に住まうのだからです[49]。

　当時の〈弁論家〉達は一般に，スコラ学が自己目的化した学問に陥っていると批判しつつ，自らは人間生活に直接に関わる実用的な知識を重

　48）　Gray, *Renaissance Humanism: the pursuit of Eloquence*: in: *Journal of History of Ideas*, 24，p. 500.

　49）　*De sap.* I, n. 3, 11f.: sapientia foris clamat in plateis, et est clamor eius, quoniam ipsa habitat in altissimis.' この文章を Bohnenstädt は *op. cit.* S. 93, Anm. 7 で，旧約聖書の「箴言」1, 20 と「ソロモンの知恵」9, 17-18〔原書では 6, 17-18 となっているが誤植であろう〕および「シラの子イエスの知恵」24, 7 という別々の文章を，クザーヌスが結合して彼の思想を盛り込んでいる，と解している。

視していたといわれる[50]。ところが今，この〈弁論家〉はフォールム（公共広場）という市民の実践的生活の場にいながらも，そこで自身の知性を働かし知恵を得るということができないのである。そればかりか，一旦書物を離れて具体的現実に目を向けると，今度はそこに心を奪われてしまって，単なる好奇心に動かされて知識を求めることにとどまることになり，それがいと高き所に住まう知恵の叫び声にすぎないのであるという構造に気づくことなく，そして真に求めるべきは知恵の方であることにも認識が至らないのである。

このようにして，〈イディオータ〉は〈弁論家〉の実用的知識の主張を逆手にとって批判すると同時に，そこに自己の固有の思想をも込めているとみることができる。（後者については後に詳しく検討されるであろう。）

しかし注意すべきことに〈イディオータ〉の批判は，〈弁論家〉に代表されるヒューマニズム的文化，あるいは1400年代（クワァトロチェント）の新しい文化の総体に向けられているわけではない。それらを評価している側面もある。例えば，1) すでにふれたウィトゥルーウィウスの説を肯定する[51]。2) ヘルメス・トリスメギストゥスの説を肯定する[52]。3) 占いおよび錬金術を全面的に斥けるのではなく，吟味した上で評価する部分もある。占いについては，占いの術（ars）そのものの成立の可能性は否定するが，一定の知的条件を整えれば，誰でもどこでもある程度は未来のことが予知できると言う[53]。錬金術については，厳密にその目的を達成することは不可能に決まっているが，類似は達成できるだろうとしている[54]。4) 秤による実験については，〈イディオータ〉自身が「事物の秘密」あるいは「われわれに隠されている多くのことに」

---

50) Gray, *op. cit.* p. 501.

51) *De stat.* n. *exp.* 120, p. 222, 10-12 で「軽くて空気のような水をもっている場所を居住地に選ぶべきである」，また Ibid. n. 173, p. 228, 3-6 で，「いかに軽い黄金でも，黄金のみが水銀の中で沈む」という Vitruvius の説を紹介している。

52) *De mente*, III, n. 69, 6-8 で，彼は「神はあらゆる事物の名称によって名づけられ，あらゆる事物は神の名称によって名づけられると言った」と。

53) *De stat. exp.* n. 190. p. 238, 4-22.

54) Ibid. n. 171-173, p. 227, 10 -p. 228, 18. なおガレン『イタリア』255頁によれば，この種の占いや魔術，錬金術の有効性，真偽に関わる論議はルネサンス期に熱心に数多くたたかわされたという。

より一層真実らしくかつ容易に近づくことができる方法として高い評価を与えており[55]，ルネサンス期に典型的な関心を彼自身が現実の世界に向けている。

以上のような〈イディオータ〉の〈弁論家〉に対する態度，すなわち，言わば個別的な文化所産については一定程度評価しつつも，その〈知〉の存立構造と〈知〉の探求の構えは批判するという態度は，現実のクザーヌスのヒューマニストとの交際を考え合わせる時に意味深いものとなるだろう[56]。

また，この厳しい〈弁論家〉批判は，それが知恵に関わってなされているものであること，および『イディオータ篇』の最初の著作で行なわれていることを併せて考えるならば，この批判は単にヒューマニストにのみ向けられているのではなく，哲学者，神学者をも含めた当代の知的探求一般のあり方が批判されているとみなすこともできるだろう。

6　著述形式としての〈対話〉

さて，『イディオータ篇』が有する諸要素の最後として，その著述形式を検討してみよう。この〈対話〉という形式は，ルネサンス期に人気を博したものであると言われる[57]。その理由は，単にヒューマニスト流のプラトンやキケロの模倣にあるばかりでなく，人間は人々との接触と

---

55) *De stat. exp.* n. 162, p. 222, 1f.: Per ponderum differentiam arbitror ad rerum secreta verius pertingi et multa sciri posse verisimiliori coniectura; *Ibid.* n. 194, p. 241, 1: ad multa nobis abscondita facilius perducamur.

56) この点については，金一（Kim II）がクザーヌスとアルベルティ（Leon Batista Alberti 1404-1472）との間の交友関係と思想上の相互影響の具体相について，以下の研究で明らかにしている：Kim: The Lives of Alberti and Cusanus and Their Shared Objectives, in: *MFCG* Bd. 35, pp. 195-210. さらに金によると，われわれが考察の対象としている著作『イディオータ篇』がまとめられた1450年には，クザーヌスとアルベルティが相互に相手の著作を読んで，そこから影響を受けたことが明らかであり，とくにクザーヌスの『秤の実験について』における様々な測定の具体例は，アルベルティによるものが多いと指摘している（Kim, Ibid. p. 203f.）。

57) ベイントン，R.（出村彰訳）：『エラスムス』〔日本キリスト教団出版局，1971年〕67頁以下。ベイントンは，その理由をその曖昧さに求めているが，それだけではないであろう。

その歴史にふれることで教育され真理にも到達できる，という開放的な信念にもあるだろう[58]。ここでクザーヌスが対話という形式をとっているのは，このような当時のヒューマニストの思潮を踏まえているとみなすこともできる。

　しかし単にそれだけの理由ではない，と考えられる。なぜなら彼は『知恵について』において〈イディオータ〉に，自分の神学は会話的神学（theologia sermocinalis）であると言わせているからである[59]。そして，この『イディオータ篇』以後には，それ以前と比較すると一層多くの著作が対話形式で著わされているのである。従ってここには，クザーヌス固有の意図が込められていると考えられる。それの第一として，権威的な教説の一方的な教授ではないものとしての対話という意味があるだろう。現に〈イディオータ〉が〈弁論家〉の権威依存の態度を批判して彼を権威から解き放とうとする時に，〈イディオータ〉自身は何らの権威にも頼ることなく，眼前のローマの広場の雑踏の有様を例にとりながら，神による〈知恵〉が街に輝き出ていることを〈弁論家〉に気づかせたのである。さらにはその際，すでに見たように聖書の句を踏まえているのであるが，それと明言することはしていないのである。第二に会話的神学は，「人を神へと，言葉の能力を用いて，できるだけ容易かつ真なる方法で導くのに役立つものである」と〈イディオータ〉が言っているということがある[60]。第三に，上の2点からの結果として，人を神・〈真の知恵〉へと導くのは哲学者でも弁論家でもなく，つまり学者ではなく，むしろ〈イディオータ〉であるということを明示するために，〈イディオータ〉を主役とする〈対話〉を設定しているという意味もあるだろう。

　『イディオータ篇』における〈対話〉という著述形式に以上のような意味が込められているとすれば，これまでの諸要素の検討結果を併せて考えてみる時，ここにもまた多重的な言外の批判が意図されている，とみなすことができるだろう。第一には，〈イディオータ〉が「会話的神学」を称揚していることを考慮すれば，まずは，討論（disputatio）を

---

58)　ガレン『ヨーロッパの教育』115頁。
59)　*De sap*, II, n. 33, 1; 9 （小山訳563頁以下）。
60)　Ibid.

典型的な学問の方法としてきている伝統的な神学ならびに哲学に対する批判であり，第二に教会に対するそれ，第三に当時のヒューマニストに対するそれである。これらの点については，後にさらに考察する。

7 〈イディオータ〉

　ここまで『イディオータ篇』の有する具体的諸状況を逐次的に検討してきたが，最後に〈イディオータ〉そのものについて考察してみよう。

　これまでの検討の成果にもとづいて〈イディオータ〉像を構成してみると，先ず明らかになることは，この人物が各方面に対する批判と改革を提案する任務を帯びていることである。第一に，哲学および大学で行われている学問に対しては，その本来の目的に立ち帰って諸学派が統一されることを望んでいる。第二は，教会に対しては，自分も含めた〈民〉の無知な敬虔（devotio ignorans）を強調している。第三に，ヒューマニストに対しては，その〈知〉の好奇性と世俗性を批判している。

　このような任務に着目しつつ〈イディオータ〉をさらに考察してみよう。すでに言及したように，そもそもラテン語の'idiota'が多義性の中にある。その意味環境において，この一連の著作での〈イディオータ〉は，〈教会〉との関係では〈敬虔な俗人〉であり，〈哲学者〉および〈弁論家〉といういわば〈学者〉との関係では〈無学者〉と言える。しかし〈イディオータ〉を〈専門家〉に対する〈素人〉とするのは当を得ていないだろう[61]。なぜなら彼は，自分がさじ作り職人であることに誇りをもっており，その専門において自分の欲している全てのものが手に入ると断言しているのだからである[62]。

　このような多重的な性格を担った〈イディオータ〉は，言わば万能選手のようなものとなっているのであるから，特定の実在の人物の想定を

　61）'idiota'を，ドイツ語訳ではいずれも一致して'Laie'としている。また，英語訳では同じく一致して'layman'としている。これらの近代語には，「俗人」「無学者」「素人」のいずれの意味もあり，idiotaの訳語としては好都合なわけである。

　62）*De mente*, I, n. 55, 1-3: Immo in hac mea arte id, quod volo, symbolice inquiro et mentem depasco, commuto coclearia et corpus reficio; ita quidem omnia mihi necessaria, quantum sufficit, attingo. この点についての詳細は，本書次章を参照されたい。

試みることは無意味であろう。しかしながら，だからといってフレンツキーのように，「〈イディオータ〉という人間像は，クザーヌスにとって単なる文学的機能において尽きるものではなく，……また社会学的に具体化されうるような単なる反対運動が意味されたはずがない」[63]と断じ去って，本章冒頭に紹介した一般化へと突き進んでよいわけではない。なるほどカッシーラーのように，いたるところで具体的な技術的―芸術的な課題に結びついて，それらに対する一つの「理論」が探求されているという，15世紀イタリアにおける新たな探求者集団における，いわば指標的人物が〈イディオータ〉として描き出されているのである，とするのは[64]，余りに一面的で性急な判断であって，その意味でフレンツキーの批判は当たっている。

　しかし〈イディオータ〉が，〈イディオータ〉の言葉である俗語を使わずに大学での学問用語であるラテン語を用いていることを理由にして，〈イディオータ〉から社会学的な意味を奪い去ることはできないはずである。なぜならば，この『イディオータ篇』という著作をクザーヌスがどういう階層に向けて書いたのか，ということを考慮しなければならないからである。私はその対象を哲学者，神学者，聖職者，ヒューマニスト等であったと考える。そうであるならば，この作品をラテン語で書くことはほとんど不可避的であり，むしろその方が，彼らに読んでもらって納得してもらうのには効果的でさえあったはずである。

　それゆえに私は，フレンツキーとは異なり，〈イディオータ〉とは文学的機能と社会学的意味，さらに哲学的，神学的意味さえも含んだ人物像として設定されているはずだと捉える。従って〈イディオータ〉は単なる人物ではなく，むしろ一種の〈アレゴリー〉（寓意）として捉えるべき存在であると考える。そしてそれは，言うまでもなくクザーヌス自身の思想の理想像の〈アレゴリー〉であり，そうだとすれば対話相手である〈哲学者〉も〈弁論家〉も，同様に〈アレゴリー〉と見なすべきであろう。

　この著作をこのように捉えるべき傍証として，すでに言及した *De vera sapientia* のケースをあげることができる。この偽ペトラルカ書は，

---

63)　Fräntzki, *op. cit.* S. 88f.
64)　Cassirer, *op. cit.* S. 53f.（薗田訳 62 頁以下）。

568 Ⅵ イディオータの思想

『知恵について』第一巻を主体として 15 世紀後半に偽作され，19 世紀
まではペトラルカの真作と信じられていたものであるが，この偽書での
登場人物は，本来の〈弁論家〉と〈イディオータ〉が〈喜び〉（gaudium）
と〈理性〉（ratio）として明確にアレゴリー化されているのである[65]。つ
まり，クザーヌスが著わしたほぼ同時代に，すでにこれが〈アレゴリー〉
として通用したわけである。

　さらに『イディオータ篇』の全体に，〈アレゴリー〉以外の多様な文
学的技巧が，とりわけ多種の比喩法が用いられていることにも留意した
い。例えば，自然（世界）を神の書いた書物に喩えること[66]。また〈知
恵〉（sapientia）を，sapere（味わう，香りをかぐ）を介して，一貫して食
物に喩えて論じること[67]。また〈イディオータ〉の仕事としての木サジ
作りという技芸（ars）を，精神の創造性の範例（paradigma）として用
いて説明すること[68]。さらに精神を，生きた鏡に喩える[69]，また点に喩え
て論じること[70]，等が見いだされるのである。これらの比喩を活用する
という方法は，言うまでもなくヨーロッパ文学の伝統に由来する面も有
しているのであるが[71]，しかしこの著作においては，さらにクザーヌス
の思索の総体においても，単に文学的技巧にとどまるものではなく，彼
自身の哲学のあり方に深く根ざしているものでもある。すなわちそれ
は，一方において彼が〈覚知的無知〉の立場から思索し，他方において
この世界を〈神の現れ〉（apparitio dei）とみなしつつ思索する，という
ことと密接に関わっているのである[72]。

　このような傍証を踏まえた上で，〈イディオータ〉らの登場人物を
〈アレゴリー〉と解釈するならば，〈イディオータ〉は〈信仰〉を，〈哲
学者〉は〈哲学〉を，そして〈弁論家〉は当時盛んになりつつあった

---

65)　Santinello, *op. cit.*, S. 175.

66)　*De sap.* I, n. 4, 7（小山訳 543 頁）。

67)　Ibid. n. 10, 7-19（小山訳 548 頁）。

68)　*De mente,* II, n. 62, 3f.

69)　Ibid. V, n. 87, 13f.

70)　Ibid. IV, n. 75, 1f.

71)　この伝統については，Curtius, *Europäische Litteratur und lateinisches Mittelalter.* 書
物の比喩に関しては S. 323ff.（日本語訳 464 頁以下），食物の比喩については S. 144ff.（日本
語訳 195 頁以下）を参照されたい。

72)　この点については，本書第 Ⅳ 部，とりわけその第 4 章を参照されたい。

第1章 『イディオータ篇』における〈イディオータ〉像　　569

〈ヒューマニストの研究〉（studia humana）を象徴することになるはずである。すると、〈信仰〉と〈哲学〉と〈ヒューマニストの研究〉という三つの要素の関わりの中で、〈イディオータ〉を中心とする人物像が具現している思想そのものを、さらに問わねばならない。そこでわれわれは、すでに言及・考察した二つの〈イディオータ〉の発言に改めて注目したい。その第一は、『知恵について』冒頭近くの「知恵は広場でまた街で呼ばわっています。だがそこには知恵の叫び声があるだけです。知恵はいと高き所に住まうのだからです」であり[73]、第二は、「私はこの技芸〔さじ作り〕において自分の欲していることを象徴的に探求しては精神を養ない、〔その精神の働きで現実の〕さじを売っては身体を生気づけてもいる。こうして私は、自分にとって必要なもの全てに十分に到達しているのです」[74]である。

　この二つの文章を併せて考察してみれば、ここで扱われている知恵すなわち真理が、いと高き所に存在しつつも、同時にそれは広場、街、さらに具体的には一人の〈イディオータ〉の日常の〈生〉そのものの中に顕現している、という思想が読みとれるであろう。そしてこの点にこそ、市井の徒たる〈イディオータ〉が『イディオータ篇』において重要な役割を果たしうる第一の根拠があるわけである。

　とはいえ、これは〈イディオータ〉であれば誰でもよいという世俗的な主張ではなく、この〈イディオータ〉が大いに敬虔な〈イディオータ〉であることはすでに見たとおりである。さらに〈イディオータ〉は、「自分にとって必要なもの全てに十分に到達している」と言っているが、それは（彼も認識している通り）「汝の敬虔さと熱意とに応じて」[75]神から明らかにされ、恵まれるものである。この敬虔と知恵の相関に、〈イディオータ〉が賞揚される第二の根拠があると言える。それゆえに、〈イディオータ〉のこの敬虔さと同じ地平に〈弁論家〉が立った時に、つまり、彼が魂の内奥から最高の知恵を懇願するに至った時に[76]、彼は〈イディオータ〉から「兄弟よ」と呼びかけられることになっているの

---

73)　上の註 49 を参照されたい。
74)　上の註 62 を参照されたい。
75)　Ibid. II, n. 47, 6f（小山訳 572 頁）: pro tua ferventia et devotione.
76)　上の註 40 を参照されたい。

570 VI　イディオータの思想

であろう。

　このような思索の地平においては，対話の冒頭で尊大にふるまっていた〈弁論家〉と〈哲学者〉が〈イディオータ〉から根本的に批判されることになったからといって，〈イディオータ〉が彼らよりも上位に立つという自己認識が彼に存在することはないはずである。むしろ，前二者が自からの無知を神の前で悟って，〈イディオータ〉自身と共に低く謙遜に導びかれること ad humilitatem ductus[77]，つまり〈神の下での兄弟〉となることが望まれているのである。このことは，『精神について』末尾での三者間の対話が示しているところであり，また同じ『精神について』の冒頭近くにある以下の記述にすでに暗示されているとも考えらるだろう。

　　そこで三人は，小椅子を三角形に置いて，それに順番に腰を下ろして，弁論家が話を始めた[78]。

　さらに〈イディオータ〉賞揚の第三の根拠として，クザーヌスの哲学に貫かれている〈存在―生―知解〉（esse – vivere – intelligere）の三一性の成立への希求があると考えられる。この三一性とは『イディオータ篇』でも，例えば『知恵について』に以下のように明言されているものである。

　　あらゆる知性が存在することを欲しています。知性が存在することは生きることであり，知性が生きることは知解することであり，知性が知解することは，知恵と真理によって養われることなのです[79]。

---

　77)　上の註 36 および 37 の箇所の引用を参照されたい。そこでは，〈弁論家〉が謙遜に導かれていないとして批判されている。また，この「神の前での知と無知」という思想は，アウグスティヌスの De trinitate, 15, 28, 51（中沢訳 492 頁）にも「あなたの御前にこそ，わが知と無知はあります」とある。この点および註 34 で指摘した「真の哲学者」の表現 'amator sapientiae ' のアウグスティヌスとの符合から考えて，この著作からのクザーヌスへの影響がうかがわれる。

　78)　De mente, I, n. 56, 4f.: Et positis in trigono scabellis ipsisque tribus ex ordine locatis Orator aiebat.

　79)　De sap.I, n. 13, 1f.（小山訳 550 頁）: Omnis [...] intellectus appetit esse. Suum esse est

第1章　『イディオータ篇』における〈イディオータ〉像　　　571

　ここで，先に掲げた二つの文章を改めて考察するならば，クザーヌスがこの三一性の理想的な成立を，自らの職業によって生きることで，身体に必要なものも精神に必要なものもすべて十分に獲得しているという〈イディオータ〉の生き方にこそ見出していると，捉えることができるのではないだろうか。他方，〈イディオータ〉によって批判される〈弁論家〉と〈哲学者〉，さらに（暗示されているものとしての）〈教会〉という三者は，それぞれがこの三一性の内のいずれかを欠いているとみなされているのではないだろうか。すなわち〈弁論家〉は知恵の至高性に気づいていないという形で〈知解〉を，〈哲学者〉は根源的驚きを忘却しているという形で〈生〉を，〈教会〉は硬直化した教義に固着すると共に制度化していて，その本来のあり方を忘却しつつあるという形で〈存在〉を，各々が欠如したり誤認しているゆえに批判されているということなのではないだろうか。

　このように捉えることができるならば，『イディオータ篇』が三部作である意味もまた明らかになると思われる。『知恵について』と『精神について』が，〈弁論家〉と〈哲学者〉の関わる世界に主に向けて書かれているのは当然のこととして，明示的にはほとんど宗教的色彩なしに書かれている『秤の実験について』こそが，むしろ当時の〈教会〉に向けて書かれたのではないかと思われるのである。この著作の冒頭で〈正義の天秤〉（iustitiae turtina）ということが言われているが[80]，これは旧約聖書のレビ記 19,36. ヨブ記 31,6. エゼキエル書 45,10 などに由来して，中世では神の公正な審きを意味していたとされている。またキリスト教中世の図像では秤は正義の持物であったという[81]。従って私は，この〈秤の実験〉というものが，神の精神の似像としての人間の精神が[82]，神の正義の〈アレゴリー〉としての秤を扱うという意味においてクザーヌスによって提示されているのではないか，と考える。そして，彼は世界を〈神の書物〉とみなしているゆえに，世界は神の知恵と正義の現れであり，従ってその世界を，人間が精神と秤をもって探求することは，信仰

---

vivere, suum vivere est intelligere, suum intelligere est pasci sapientia et veritate.

80）　*De stat exp.* n. 161, p. 221, 4.
81）　Menzel-Rogner, *op.cit.* S. 50f., Anm. 2.
82）　*De mente*, IV, n. 74, 20.

の見地からみても相応しいことなのだ，というクザーヌスの訴えを聞くことができるように思われる[83]。

このような眼差しと暗黙の訴えがクザーヌスによって〈教会〉に対して向けられていると捉えることができるならば，先にみた〈哲学者〉と関わる形での批判は，実は〈哲学〉にだけ向けられるのではなく，〈教会〉および〈聖職者〉にも向けられていると解釈することが可能となるだろう。このことは，〈時〉が聖年の当年であること，クザーヌス自身の教皇特使としての旅行の直前であること，さらには〈所〉としてのローマという要素を，次のように〈民の敬虔さ〉が強調されている文中の内容と併せて考察すれば鮮明になるのである。たとえば〈イディオータ〉自身が敬虔な信徒であることは，すでに言及した箇所以外にも，「全く蒙昧な人間である私を至福なる神が道具として役立てて下さり」[84]という文章があり，さらに，〔民衆の〕かくも多様な肉体の中に一つの信仰が生まれつき備わっている，という趣旨の文章[85]も見出されるのである。

これらの文章においては，もちろんのこと聖職者や神学者がそれと名指されているわけではないが，敬虔な民衆との対比の中で自ずと批判の対象として浮かび上がって来ざるをえないのである。そして，ここで注目されている〈敬虔な民〉と〈聖職者〉の関係は，クザーヌスの晩年の著作『全面的改革』における「簡略な毎日の公会議」という提案へとつながって行くはずである。この点については，本部第3章を参照されたい。

---

83) この『イディオータ篇』の三年後の1453年にまとめられた *De theologicis complementis*（『神学的補遺』）の冒頭と末尾では，数学的探求が神を探求し賛美するために役立つことが，以下のように強調されていることも，この判断の傍証となるだろう：Ibid. n. 1, 6-10:「私はその本〔数学的補遺〕の神学的応用形を生み出そうと努めた。そうすれば，神が委ねて下さる限りにおいてではあるが，あらゆる知覚可能なものをとおして探求されるあの真なるものが，数学的鏡のなかに，遠くかけ離れた類似においてのみならず，何らかの輝く親近性において映現するであろう」；Ibid. n. 14, 39f.:「以上が，数学的補遺において形成された神学的補遺の手短な説明であるが，これは常に祝福されるべき神を賛美するためになされたのである」。なお，この著作において展開されている数学的思考が神探求に果たす具体相は，本書第III部第4章を参照されたい。

84) *De sap.* II, n. 46, 1f.（小山訳571頁）。

85) *De mente*, I. n. 58, 18f.; XV. n. 159, 6.

第 1 章　『イディオータ篇』における〈イディオータ〉像　　573

　さて，〈アレゴリー〉としての〈イディオータ〉を以上のように捉え
ることができるとすれば，当然のことながらこの 'idiota' という語が一
般に有するような，単に否定的，欠如的な意味のみを帯びているもので
はないことが明らかになる。各方面への批判と改革の任務を帯びて立つ
者として，この〈イディオータ〉はむしろ強く積極的な者である[86]。従っ
て〈イディオータ〉が〈イディオータ〉であるのは，〈哲学者〉や〈弁
論家〉に対してではなく神の前においてなのである。そして神の前で自
己が〈無知なるイディオータ〉[87]であることを〈味わう・悟る〉(sapere)
時に，人間の前では逆に〈知者〉(sapiens) とされるのであろう。

　少々図式的にとらえるならば，初期の著作『覚知的無知』において，
言わば世俗的無知（laica ignorantia）としての覚知的無知が信仰によっ
てさらに否定されて完全な知としての聖なる無知（sacra ignorantia）に
転化される[88]のと同じ構造を，ここに想定できるだろう。すなわち
〈イディオータ〉が〈無知を悟っているイディオータ〉(idiota doctus
ignorantiam) になり，それが自己の敬虔（devotio）によって神の前に
立つ時，逆に〈知恵あるイディオータ〉(idiota sapiens) となる。そし
て，このような〈イディオータ〉は究極的には〈聖なるイディオータ〉
(sacer idiota) にもされるであろう。

　翻えって考えるならば，そもそも「イディオータとは何か」という，
あまりにも一般的な問の立て方そのものが適切ではなかったのである。
「〈イディオータ〉とは何との関係において〈イディオータ〉であるの
か」と問うべきであった。そしてその答は，今や明らかである。〈イ
ディオータ〉は，世俗的には〈弁論家〉や〈哲学者〉との関係におい
て〈無〉者であるとみなされるのだが，信仰を介在させて敬虔と謙遜が
生きる場では〈イディオータ〉こそが〈哲学者〉や〈弁論家〉に対して
〈有〉者となる。しかしながら神の前では，あくまでも〈無〉者であり
〈イディオータ〉である，という事態がここに説かれているのである[89]。

────────────
　86)　Heinz-Mohr も〈idiota〉に「信仰的に勇気をもった人間」を捉えていた：前掲註 6。
　87)　De mente, 1, n. 55, 10. また以下も参照：山田桂三前掲論文（註 7）112 頁。
　88)　De doct. ign.I, 17, (n. 51), p. 35, 1-12（岩崎・大出訳 46 頁以下); Ibid. I, 26, (n.
87), p. 54, 19（同訳 73 頁以下)。また本書第 III 部第 1 章も参照されたい。
　89)　神の前での〈無〉者であることについては，以下も参照されたい：De vis. V, n. 15,
17- 19（八巻訳 33 頁）：Nisi [...] adesses et sollicitares me, te penitus ignorarem; et ad te, qeum

最後に，この〈アレゴリー〉としての〈イディオータ〉を，改めてク
ザーヌス自身を取り巻く現実に置いてみよう。『イディオータ篇』を著
作した 1450 年の前年には，ヴェンクへの反論という形での哲学と神学
への批判と再建の提唱をしていた[90]。他方で，この年の暮から以後 500
日以上にわたって，教会および修道院の改革のための教皇特使として西
ヨーロッパを旅行する。その旅行中に彼は，教会改革における俗人，市
民階級の積極的役割を認め，かつ彼らを激励しさえしている[91]。またこ
の旅行中に，〈現代の敬虔〉（devotio moderna）運動の中心的担い手とし
てのヴィンデスハイム修道院を，修道院の模範として賞賛すると共に，
実際にその地を訪ねてもいる[92]。

さらに視野を広げれば，すでに言及したようなヒューマニストとの交
友関係があり，彼らから思想上の影響も受けている。しかしそれは決し
て全面的なものではなく，むしろクザーヌスは，主として彼らの古典
に対する文献学的傾向に限って関心を示し交際していたのだとも言われ
る[93]。しかし彼のヒューマニストとのこのような選択的交際は，単にそ
の点にのみ根拠があるものでも，また彼の政治的配慮にのみ基づくもの
でもないのであって，これまでに考察した〈イディオータ〉の思想その
ものに基づくものである，と私は考える。つまり，現実の〈生〉と〈世
界〉の必要性に目を向けることの重要性を認める点において，ヒューマ
ニストと共に歩むことができるのであるが，〈真の知恵〉はいと高き所
にあり，街にはその叫び声があるのみであって，それに到達するために

---

ignorarem, quo modo converterer?（もしあなた〔神〕が私に付き添って促して下さることがな
ければ，私はあなたのことを全く知ることがないのです。そして，知らないものとしてのあ
なたへと，どうして私が向き直ることがあるでしょうか）.

　　90）　Haubst は，Wenck の *De ignota litteratura* は 1442-43 年に書かれたが公刊されて
おらず，クザーヌスがこれを目にしたのは 1449 年以前ではなかった。そしてクザーヌスの
Apologia doctae ignorantiae という Wenck への論駁書は 1449 年 10 月に書かれたとしている：
Haubst, *Studien zu Nikolaus von Kues und Johannes Wenck*, S. 99f.; S. 112. この点からも，『イ
ディオータ篇』執筆時のクザーヌスにとっては，硬直化した哲学，神学への批判が身近かな
課題の一つであったことが推測される。

　　91）　Koch, *op.cit.* S. 60f.; S. 72f. また Meuthen は，教会内での俗人の権利の増強を図る
ことは実践的にも理論的にも，クザーヌスの終生の目標であったと言う（*Nikolaus von Kues
und der Laie: in: Historisches Jahrbuch der Görresgesellschaft*, 81, (1962), S. 122）。

　　92）　Koch, *op. cit.* S. 116ff. の年表。また Meuthen, *N. v. K*, S. 10f.（酒井訳 9 頁以下）。

　　93）　Kristeller, *A Latin.* p. 182 および Meuthen, *N. v. K*, S. 32（酒井訳 38 頁）。

は敬虔が不可欠であると考えるか否かにおいて，彼はヒューマニストたちと袂を分かっているのである[94]。この根本における相違のゆえに，〈イディオータ〉はことさらに激しく〈弁論家〉を批判しているに違いない。

　以上のように考察してくれば，『イディオータ篇』における〈イディオータ〉とは，クザーヌスの 1450 年前後の，思弁的活動と実践的活動の両方に跨りうる形での，すなわち彼の〈生〉全体の理想像であると言えるであろう。それを，クザーヌスの思索で頻用されている〈比喩〉をもって表現するならば，〈存在－生－知解〉の三一性を実現すべく宇宙の全方向と関わり合おうとしている，小さいが充実した点のごとき[95]理想像である，と言いうるであろう[96]。

　94）　Seidlmayer は，ヒューマニストの宗教は Bildungsreligion（教養としての宗教) である，と（*op. cit.* S. 24）。

　95）　この「点のごとき」という比喩については，上註 70 の個所ならびに，本書第 III 部第 4 章を参照されたい。

　96）　ここに結実したクザーヌスの思考は，彼の後の思想展開において，ある時は 1453 年の著作である『神を観ることについて』における〈parvuli creduli〉（信仰篤き小さき者たち：*De vis.* XXI, n. 91, 14f. 八巻訳 124 頁）という概念として表現されたり，またある時には 1462/63 年の著作である *De ludo globi*『球遊び』における，キリストという〈宇宙〉の中心に向かって引き上げられる個人としての〈球〉として表現されたり（これについては，本書第 IV 部第 3 章を参照されたい），さらには，クザーヌスが自らを〈イディオータ〉をもって任じたかのように，ローマ教皇庁の内部において教皇に対してさえも批判の矛先を向けることをためらわないという実践へとつながって行くはずである。この最後の点の詳細については，本部 2 章と 3 章を参照されたい。また，〈イディオータ〉という用語について補記するならば，これが上述のように多様な意味が充填された〈アレゴリー〉であるゆえに，後のクザーヌスの著作においては 'idiota' という語が同一の肯定的な意味をもつものとしては姿を見せておらず，上掲のように〈信仰篤き小さき者たち〉とか，〈小さな者たち〉（parvuli, *De poss.* n. 31, 10〔大出・八巻訳 47 頁〕という別の語をもってその思想が表現されることになっているのであろう。

第 2 章

楽しむ〈イディオータ〉
——後期クザーヌスにおける思想的革新の一局面——

---

1 「楽しむ〈イディオータ〉」の典型的な場面

クザーヌスの『精神について』を読み始めるとすぐに，次のような興味深い情景に出会う。少し長くなるが引用して紹介する。

> 驚くべき敬虔さをもってたくさんの人びとが〔西暦 1450 年の〕聖年のためにローマへと押し寄せてきていた時に，同時代人のなかでもっとも優れた一人の哲学者が，橋を渡ってゆくその人びとの姿に驚いているのが見かけられたそうだ。知ることにきわめて貪欲な或る弁論家が彼を熱心に探していた。その哲学者は色白の顔，くるぶしまで達するトガ，およびその他，物思いにふける人間の威厳を表示するものごとを身につけていた。このことから，弁論家は彼を見出すと，親しげに挨拶をして尋ねた。何が彼〔哲学者〕をそこに立ち止まらせているのですかと。〔哲学者が答える〕驚きです。〔…〕〔哲学者〕「世界のほとんどすべての地域から無数の〈民〉が急ぎ集って来ているのを目の当たりにして，かくも多様な肉体の中に一つの信仰が存在しているということに，私はとりわけ驚かされているのです。〔…〕〔弁論家〕「このようなことに，哲学者たちが理性によって到達するよりも明瞭に，無学者たちが信仰によって到達しているということは，確かに神の賜ものに違いありません」。〔…〕〔哲学者〕「友よ，私は世界中を旅しながら知者たちのも

とに行き，精神の不滅性についていっそう確信できるように努めて
きた。〔…〕しかしこれまで私は自分の探求していることに，この
無知なる〈民〉たちが信仰によって獲得しているほどに完全で明晰
な理解をもっては，到達できていないのです。〔…〕〔弁論家〕「〔そ
れでは〕私の見るところでは驚くべき人物である〈イディオータ〉¹⁾
に，あなたの望んでいることを聞いてみるのがよいでしょう」。〔哲
学者〕「できるだけ早くそれが実現するようお願いしたい」。〔弁論
家〕「では私に付いて来て下さい」。そして二人は「永遠の神殿」の
近くにある小さな地下室へと降りて行って，木材からサジを作っ
ている〈イディオータ〉に，弁論家が話しかけた。「イディオータ
よ，君がこのようなつまらない仕事に従事しているのをこの大哲学
者によって見られるのは，恥ずかしい。彼は，このような君から
何らかの洞察を聞くことになるとは，よもや思わないだろう」。〔イ
ディオータ〕「私はこれらの修練に喜んで従事しているのです。な
ぜなら，これはたえず精神と肉体を養ってくれるからです。それゆ
え，あなたのお連れになったこの人が哲学者であるのならば，私を
軽蔑することはないと思います。私はこのサジ作りの技芸に勤しん
でいるのですから」。〔哲学者〕「その通りだ。プラトンでさえ時折，
絵を描いていたと本に記されているが，もしそのことが思索と対立
するものであったならば，彼が実際にそうしたとは到底信じられな
いであろう」。〔…〕〔イディオータ〕「確かにその通りです。私は自
分のこの技芸において，自分の欲していることを象徴的に探求して
は精神を養い，サジを売っては身体を生気づけているのです。こう
して私は，自分にとって必要なもの全てに十分に到達しているので
す」。〔哲学者が慎重に応答する〕「私は，知恵で名声のある人のも
とに行く際には，まず自分が悩まされていることを入念に考えてお
いた上で，〔それに関する〕文書を提示し，その書物の意味を尋ね
る，というのが私の習慣です。しかしあなたは〈イディオータ〉で
すから，どのようにあなたを促して，精神というものについてあな
たが持っている見解を教えてもらったらよいのか，私には分かりま

1）〈イディオータ〉と表記する理由ならびにこの表記で示される人物像については，本
書前章を参照されたい。

第 2 章　楽しむ〈イディオータ〉　　　579

せん」。〔イディオータ〕「自分の考えていることを言わせるのに私
ほどに容易な人は，他に居ないと思います。なぜならば，私は自分
が無知だと自覚していますから，答えるのを恐れることはありませ
ん。ところが学のある哲学者や学識で評判の高い人たちは，失敗す
るのを恐れて深刻に考えこむものです。だから，あなたが私に望ん
でいることをはっきりと言ってくださりさえすれば，ありのままの
答えを受け取れます[2]。

　以上の長い引用に描かれている情景には，いくつかの意味深い対照が
筆者クザーヌスによって設定されている。学者と〈イディオータ〉，理
性の力と信仰の力，弁論家の裕福さと木サジ作り職人の貧しさ，学者の
用心深い閉鎖性と〈イディオータ〉の自信に満ちた開放性，自分の仕事

---

　2)　*Idiota de mente*, I, n. 51, 5-11; 16-19; n. 52, 1f.; 8-10; 12f.; n. 53, 10- n. 54, 13, n.
55, 1-13: Multis ob iubilaeum Romam mira devotione accurrentibus auditum est philosophum
omnium, qui nunc vitam agunt, praecipuum in ponte reperiri, transeuntes admirari. Quem orator
quidam sciendi avidissimus sollicite quaerens ac ex faciei pallore, toga talari et ceteris cogitabundi
viri gravitatem praesignantibus cognoscens blande salutans inquirit,quae eum causa eo loci fixum
teneat. (Philosohus): Admiratio, inquit. [...] Nam cum ex universis paene climatibus magna
cum pressura innumerabiles populos transire conspiciam, admiror omnium fidem unam in tanta
corporum diviersitate. [...] (Orator): Certe dei donum esse necesse est idiotas clarius fide attingere
quam philosophos ratione. [...] (Philosophus): Ego [...] omni tempore mundum peragrando
sapientes adii, ut de mentis immortalitate certior fierem, [...] sed hactenus nondum quaesitum adeo
perfecte ac lucida ratione attingi quemadmodum hic ignorans populus fide. [...](Orator): hominem
idiotam meo iudicio admirandum, de qua re volueris, audies. (Philosophus): Oro quantocius hoc
fieri. (Orator): Sequere. Et cum prope templum Aeternitatis in subterraneum quendam locellum
descenderent, idiotam ex ligno coclear exprimentem alloquitur orator: Erubeo, idiota, inquit, te
per hunc maximum philosophum his rusticis operibus implicatum reperiri; non putabit a te se
theorias aliquas auditurum. Idiota: Ego in his exercitiis libenter verosor, quae et mentem et corpus
indesinenter pascunt. Credo, si hic, qeum adducis, philosophus est, non me spernet, quia arti
cocleariae operam do. (Philosophus): Optime ais. Nam et Plato intercise pinxisse legitur, quod
nequaquam fecisse creditur, nisi quia speculationi non adversabatur. [...] (Idiota): Immo in hac mea
arte id, quod volo, symbolice inquiro et mentem depasco, commuto coclearia et corpus reficio; ita
quidem omnia mihi necessaria, quantum sufficit, attingo. (Philosophus): Est mea consuetudo, cum
hominem fama sapientem accedo, de his, quae me angunt, in primis sollicitum esse et scripturas
in medium conferre et inquirere earundem intellctum. Sed cum tu sis idiota, ignoro, quomodo
te ad dicendum excitem, ut, quam habeas de mente intelligentiam, experiar. (Idiota): Arbitor
neminem facilius me cogi posse, ut dicat quae sentit. Nam cum me ignorantem fatear idiotam, nihil
respondere pertimesco. Litterati philosophi ac famam scientiae habentes merito cadere formidantes
gravius deliberant. Tu igitur, quid a me velis, plane si dixeris, nude recipies.

に悩む学者と自分の仕事という修練において自立して楽しむ〈イディオータ〉ならびに自発的に巡礼に参加して楽しむ民衆たち，世界中を旅してきたがまだ目的を達成できていない〈哲学者〉と，世界中からローマという一点に向かって旅をしてきている多数の民衆[3]。

2　人生の絶頂にして転換点としての 1448-50 年

上で紹介した情景の意味を十分に理解するためには，まずはクザーヌスが〈イディオータ〉（Idiota）という理想像を彫琢した時期の，彼自身の具体的生活を確認しておく必要がある。

モイテンの研究が示しているように[4]，1448 年から 1450 年という二年の間に，クザーヌスはローマ教会内で大いに栄進を遂げた。1448 年 12 月 20 日に，新しく教皇になったばかりのニコラウス五世によって枢機卿に挙げられ，1450 年 1 月 11 日には，教皇から赤い帽子を戴き正式に枢機卿となった。ほとんど同時期の 1450 年 3 月 23 日には教皇によってブリクセンの司教に任命され，4 月 26 日には司教叙階式が執り行われた[5]。さらに言及しておくべきことは，1447 年のコンクラーヴェ（教皇選挙会議）において，一時的にではあるが彼の名前が投票されたこともあった，という事実である。「一市民の息子が教会のなかでこれ以上の名声を得ることはありえないだろう」[6]とモイテンが記している通りであろう。

このような栄進を根拠としてクザーヌスは，故郷であるクースに滞在した時に，1449 年 10 月 21 日という日付をもつ「小自伝」を記させたのである。この中には次のような一節がある。「聖ローマ教会が〔人の〕出生の場所や階層を顧慮することはなく，〔その人物の〕功績に物惜し

---

3)　これらの対照が設定されている思想的根拠が，広い意味での〈真理探求における制度化〉に対する批判につながることは明白であろう。この点については，本書第 I 部第 2 章を参照されたい。

4)　Meuthen, *N. v. K.* 77; 82（酒井訳 97 頁：105 頁）。*Acta Cusana*, Nr. 776-779.

5)　Ibid. 98（酒井訳 119 頁）; *Acta Cusana*, Nr. 872.

6)　Meuthen, Ibid. 77（酒井訳 97 頁）。

第 2 章　楽しむ〈イディオータ〉　　　581

みすることなく報いるということは,誰もが知っている」[7]。この一節は,
クザーヌス自身が自分の出自について意識的であるとともに,枢機卿に
挙げられたことを大いに誇りに思っていることを示している。

　しかしながら彼は,この満足感によって自身が市民階級の出身である
ことを忘れ去るということはしなかった。むしろまったく逆であると共
に,モーゼル河畔の小さな田舎町である出身地クースを軽視することも
なかった。それは,上の「小自伝」を記させた直後に,この町に自分
の財産を用いて「聖ニコラウス・ホスピタル」を設立することを計画し
た,という事実が明白に示している。このホスピタルは,老人ホームと
しての機能と共に,彼自身が収集したたくさんの貴重な写本を保存する
という機能も兼ねることとなっていた[8]。そして約 600 年経った現在も,
このホスピタルは両方の機能を維持して存続しているのである。

　前節で紹介した,ローマのテヴェレ河の橋の上で驚いている哲学者の
姿は,おそらく同じ年に同じ場所で同様の光景を目撃したクザーヌス自
身の姿と重ね合わすことができるであろう。その際に彼は枢機卿の一人
として,自身の属する民族に対する教皇使節であるという,教会におけ
る制度上の自己の立場を意識しつつ,眼の前にいる無数の〈民〉の群れ
の中に自分と同郷の人たち,ならびに自らの司教区の信徒たちが交じっ
ていることも想像したに違いない。なぜならば,その約 10 年後に彼は,
教皇ピウス二世の委託に基づいてまとめた『全面的改革』という教皇庁
改革の提案書において,枢機卿団につぎのようなことを実施するのを求
めたのだからである。すなわち,枢機卿団はローマ教会ならびに教皇庁
内部における査察から始めて,その後に各自の管轄地域に査察官として
派遣されるべきである,と[9]。

　実際に彼自身は,上述のとおり,1450 年 12 月 24 日に教皇から,教
会改革ならびに修道院改革に携わると共に,ローマに来ることのかなわ
ない一般信徒に聖年の記念贖宥を授ける,という任務を帯びた教皇特使

---

　7)　*Acta Cusana*, Nr. 849, 13f.: ut sciant cuncti sanctam Romanam ecclesiam non respicere
ad locum vel genus nativitatis, sed esse largissimam remuneratricem virtutum.

　8)　Meuthen, *N. v. K.* 137〔酒井訳 168 頁以下〕。

　9)　以下を参照されたい：*Reformatio generalis*, n. 6, 33f.: in hoc a nostra ecclesia Romana
et curia incipiemus et consequenter visitatores ad singulas provincias mittemus.

582 Ⅵ　イディオータの思想

に任命されて，この年の最後の日に，足かけ 1 年 5 か月にわたって西
ヨーロッパ各地を廻る長い旅へと，ローマから出発したのであった。
　また前年の 1449 年には，大学における哲学ならびに神学に関して重
要な批判的活動をしたということも見逃すことはできない。すなわち，
ハイデルベルク大学の教授であるヨハンネス・ヴェンクに対して，著
作をもって反論したのである。これの経緯は以下のとおりである。後者
は，クザーヌスの『覚知的無知』(「1440 年 2 月にクースにて擱筆」とク
ザーヌスによって記されている著作) を読んで，それを論駁する『無知の
書物について』を 1442 年 3 月から 1443 年の盛夏までの間に書いてい
た[10]。これに対して，枢機卿に挙げられていたクザーヌスが，1449 年 10
月 9 日に擱筆した『覚知的無知の弁護』[11]を以って論駁したのである。
　クザーヌスとヴェンクの間の主要な論争点は，前者の〈反対対立の合
致〉という思考を容認することが〈真の神学〉にとって必要不可欠であ
るかどうか，ということであった。当時の大学神学部教授であったヴェ
ンクはアリストテレス派の一人として，とうていこれを容認できないの
で，クザーヌスに対して上記の著作をもって反論したのである。
　これに対してクザーヌスは以下のように言う。

　　もしも彼ら〔ヴェンクも属するアリストテレス派〕がアリストテレ
　　スから離れていっそうの高みに到達するのであれば，それはほとん
　　ど奇跡のようなものである[12]。

ヴェンクに対する批判は，時に人格攻撃的なほどの激越さを帯びた。

　　聖書という耕地をもっている現代のきわめて多くの教授たちは，そ
　　こに神の王国の宝物が隠されていると聞いているはずなのに，彼ら
　　は〔それを〕もっているということだけで，自分のことを長者であ
　　るとみなしている。この『無知の書物について』の著者もこういう

---

　　10)　Haubst, *Studien zu Nikolaus von Kues und Johannes Wenck,* 99.
　　11)　Ibid. 100.
　　12)　以下を参照されたい：*Apologia,* n. 7, p.6, 11sq.: ut sit miraculo simile […] reiecto
Aristotele eos altius transilire.

第 2 章　楽しむ〈イディオータ〉　　583

類の人物である。しかし，この宝庫がいかなる知者の眼からも隠されたままであることを悟る人は，自分が貧しいものであると知ることを心から喜ぶのである。そして彼は，他の人々がそれを知らないのに対して，自分は自らが貧しいものであることを知っている点において，先に言及した人々よりもいっそう豊かであることを悟り，そして，まさにこの貧しさを知っていることによって，彼はへりくだるのである。ところが，この無知な人物〔ヴェンク〕のように，自分のことを長者であると思いなすことで，言葉だけの虚しい学問によって思い上がった上に，その序文において，自分が永遠なる知恵を解明すると約束するということに，ためらいを覚えることのない人もいるのだ[13]。

　改めて記すのであるが，以上の文章は『覚知的無知の弁護』からの引用であり，この著作は 1449 年 10 月 9 日に擱筆された。そして，本節の冒頭に引用紹介した『小自伝』は同じ年の 10 月 21 日の日付をもっている。さらに，第一節で引用考察した『精神について』は翌 1450 年夏に著されたものである。この，一年足らずの期間に著された三者の間には，クザーヌスの思索が向けられている対象とそれに対する批判の内容において共通性が見いだされることはもとより，とりわけヴェンクへの批判の文章と『精神について』の文章との間には思想的に強い共通性が存在することは明らかであろう。

　しかし同時に，この両者の間には，論述の方法という点においては大きな相違が存在するのである。だが，これは後に改めて考察する。

---

　13)　Ibid. n. 5, p.4, 10-12; 14-19：Iactant se […] huius temporis plerique magistri, qui agrum habent Scripturarum, ubi audiverunt occultari thesaurum regni Dei, ex hoc se divites, ut is homo, qui Ignotam scripsit litteraturam. Sed qui vidit thesaurum manere absconditum ab oculis omnium sapientum, in hoc gloriatur, quia scit se pauperem,; et in hoc se videt praefatis ditiorem, quia scit se pauperem, quod alii ignorant. Unde ob scientiam paupertatis hic se humiliat, et ob praesumptionem divitiarum alius superbit, uti hic homo ignorans inflatus vanitate verbalis scientiae in suo exordio non veretur se promittere elucidationem aeternae sapientiae. この引用の内容は，前章で詳しく検討した〈イディオータ〉の思想と密接な関係をもっていることが明らかである。とりわけ，引用文の後半が前章註 35 として引用した〈イディオータ〉の発言と意味的にほぼ同一であることは留意したい。なお，ヴェンクとクザーヌスとの応酬の詳細については，八巻『世界像』の 25-40 頁を参照されたい。

3 職人としての〈イディオータ〉

クザーヌスの後期における主要な思想的関心事は、いかにしたら神の世界への内在を分かりやすく説明できるか、という点であったことは、彼の著作の数々が示しているとおりである。というのは、神の世界への内在ということそのものは、以下のような彼の最後の著作の一節が明示しているように、彼自身にとって、この 1450 年前後にはすでに確信できることとなっていたからである。

> 真理は明瞭であればあるほど、それだけ容易に把握できるのである。かつて私は、真理は闇のなかにこそ見いだされるものだと考えていた。〔…〕それ〔真理〕は路上で呼びかけているのである、君が『イディオータ篇』の中で読んだことがあるように[14]。

この「かつて」が『覚知的無知』執筆時を中心とする、彼の思想における前期であることは、『覚知的無知』の第一巻末尾にある、「厳密な真理は、われわれの無知の闇のなかに把握されない仕方で輝いている、とわれわれは結論する」[15]という一文から明らかである。

他方、1450 年夏にまとめられた一連の『イディオータ篇』の最初の著作である『知恵について』第一巻の冒頭近くでは、彼の理想を体現する人物である〈イディオータ〉に、確かにこう言わせている。

> 知恵は広場でまた街で呼ばわっています。だがそこには知恵の叫び声があるだけです。知恵はいと高き所に住まうのだからです[16]。

---

14) *De ap. theor*. n. 5, 9-13（佐藤訳 651 頁）: Veritas quanto clarior tanto facilior. Putabam ego aliquando ipsam in obscro melius reperiri. [……] Clamitat enim in plateis, sicut in libello De idiota legisti. Valde certe se undique facilem repertu ostendit.

15) *De doct. ign*. I, 26, p. 56, 13-15 (n. 89)（岩崎・大出訳75頁）: concludimus praecisionem veritatis in tenebris nostrae ignorantiae incomprehensibiliter lucere.

16) *De sap*. I, n. 3, 11f.（小山訳 541 頁）: sapientia foris clamat in plateis, et est clamor eius, quoniam ipsa habitat in altissimis.'

第 2 章　楽しむ〈イディオータ〉　　　585

　ところで『イディオータ篇』における〈イディオータ〉の人物像は，前章で見たとおり，以下のように特徴付けられる：貧しく，教育を受けておらず[17]，しかし，自分が無知なものであることを自覚している。それゆえに彼は謙虚である[18]。また，彼は永遠の神殿近くの地下室に隠棲している[19]。さらに，『イディオータ篇』の第二の著作である『精神について』における〈イディオータ〉像は，本章第 1 節でみたように遥かに具体的に描かれていて，木サジ作りの職人であり，この技芸（ars）によって自分が探求したいことを象徴的な仕方で探求しては精神を養い，サジを売っては肉体を養っているというのである。

　このような具体的な人物像の彫琢という点で，クザーヌスにおける〈イディオータ〉像はタウラー（Johannes Tauler 1300 頃 -1361）やジェルソン（Jean Gerson 1363-1429）が扱っている〈イディオータ〉とはまったく異なっている——シュタイガーは，これらの〈イディオータ〉がクザーヌスの〈イディオータ〉像のモデルになっているとしているが[20]。クザーヌスの〈イディオータ〉は，単に当時の教会および神学の体制に対する批判として対置されるという役割を演じているのみならず，クザーヌスの最大の関心事であった神の世界への内在という事実を身を以って示す，という積極的な役割をも果たしているのである。その際に彼の思考の中心軸となっていることは，〈神の無限な技芸〉と，それの似像としての〈人間の有限な技芸〉との間の相互関係である。この関係は，神がその言葉，技芸あるいは計画に基づいて万物を創造したという根本的前提[21]に基礎をおいていることは言うまでもない。

　このような関連性において〈イディオータ〉は〈哲学者〉に対して次のように言明する。

　　人間のすべての技芸は，無限で神的な技芸の一定の似像であると，

---

　17)　Ibid. I, n. 1, 3（小山訳 541 頁）。
　18)　Ibid. I, n. 4, 4（小山訳 543 頁）。
　19)　Ibid. II, n. 28, 5（小山訳 559 頁）。
　20)　Steiger, XXI; XXVI.
　21)　以下を参照されたい：*Epistula ad Nicolaum Bononiensem*, n. 18, S. 32, Z. 28-30（八巻訳「ニコラウスへの書簡」182 頁）: deus invisibilis per verbum, artem seu conceptum suum, sibi soli notum, omnia quae in natura subsistunt creavit.

586 VI　イディオータの思想

私はためらうことなく断言します[22]。

　さらにこの木サジ職人は，自分の携わっている技芸に対して，絵画や
彫刻のような技芸よりも高い価値を付与する。その根拠は以下のとおり
である。画家や彫刻家は現に存在する物という原型や何らかの自然物の
形を模倣するのに対して，彼自身は，木サジを作るに際して，人間の精
神によって創造されたアイディアを原型としながら木材からサジを制
作する，という違いがあるからである。このような考察に基づいてこの
〈イディオータ〉は，さらに次のように主張する。

　　私の技芸は，創造された形態の模倣というよりもむしろ完成なので
　　あって，それゆえに永遠の技芸にいっそう似ているのです[23]。

　確かに，木サジ作りという〈イディオータ〉の技芸は，何らかの現に
存在する物としての対象を模倣する活動なのではなく，むしろ神の創造
という活動を模倣する活動であると言えよう。それゆえにクザーヌスの
思想においては，人間の精神による〈発見的な技芸としての人間の技
芸 ars humana〉は，〈自然物を模倣する技芸 ars imitatoria〉よりも上位
に位置づけられている。前者に属するものとしては，彼自身によって後
年に考案された球遊びなどの遊びが挙げられる。そればかりか，このよ
うな思考に基づいて彼は機械学芸（artes mechanicae）に対して，当時
の学問上の伝統に反して，積極的な価値を付与することができたのであ
る。というのは，1300 年から 1600 年にかけて人文主義分野の教授たち
は，機械学芸を自由学芸（artes librales）よりも低く位置づけて，手仕

　22）　*De mente*, II, n. 59, 12-14: me absque haesitatione asserere omnes humanas artes
imagines quasdam esse infinitae et divinae artis; Ibid, n. 61, 10- 12: Omnis […] ars finita ab arte
infinita. Sicque necesse erit infinitam artem omnium artium exemplar esse, principium, medium,
finem, metrum, mensuram, veritatem, praecisionem et perfectionem.

　23）　Ibid, II, n. 62, 13f.: ars mea est magis perfectoria quam imitatoria figurarum creatarum et
in hoc infinitae arti similior. 原型を感覚界にもたない〈木さじを作る〉という技芸を，原型を
感覚界にもつ絵画や彫刻よりも上位に位置づけるという〈イディオータ〉のこの言明は，こ
の時期に密接な交友関係にあったアルベルティの絵画中心に思索をしようとしていた姿勢に
対する，クザーヌスの批判と捉えることができるだろう。以下の研究を参照されたい：Kim,
Il（金一）：The Lives of Alberti and Cusanus and Their Shared Objectives, in: *MFCG* Bd. 35, 201.

第 2 章　楽しむ〈イディオータ〉　　587

事や実験，それに人体解剖などを軽蔑する傾向があったからである[24]。

　このような文化的コンテキストの中にクザーヌスの〈イディオータ〉
をおいて見るならば，その革新的な意味がいっそうよく理解できるで
あろう。この〈イディオータ〉は単に職人であるばかりではなく，『イ
ディオータ篇』の最後の著作である『秤の実験について』では，さまざ
まな具体的な実験をさえも提案する存在なのである。

　さらに注目すべきことには，この時点以降のクザーヌスの諸著作にお
いては，神の世界への内在を説明するために，画家[25]，地図作成者[26]，貨
幣鍛造者[27]，金属細工[28]，そして金庫制作の親方[29]などの職人やその技芸
が活用されているのである。このようにクザーヌスが機械学芸も含む諸
技芸を高く評価することの理論的根拠は以下の思考にある。すなわち，
神の世界への内在という視点から自由学芸と機械学芸とを考察するなら
ば，そのいずれにも神の創造力が映現していることになり，それゆえに
自由学芸を機械学芸の上に置くという伝統的な区別の仕方が無意味にな
るということである[30]。

　『知恵について』の第二巻の末尾近くに，すなわち，本章の冒頭に引
用したシーンのすぐ前に，次のような興味深い叙述がある。

　　　神は賞賛されるべきです。なぜなら彼は，私というまったく無知蒙
　　昧な人間を何か役に立つ道具のように使ってくださったのです。そ
　　れは，あなた〔弁論家〕の精神の目を開かせて，驚くべき容易さで

---

　24)　Zilsel, 49; 56.

　25)　*De mente*, II, n. 62; *De genesi*, IV, n. 171:「画家を軽蔑することはない」（なお，Ibid.
III, n. 163f. にはガラス職人が例に挙げられている）; *De vis.* n. 2（八巻和彦訳 13 頁以下）;
Epistula ad Nicolaum Bononiensem, n. 8（八巻和彦訳 187 頁）; *Sermo* CXXXV, n.4 etc.; *Sermo*
CLXVIII, n. 8, 8; *Sermo* CCLI, n.7- n.9, etc.

　26)　*Compendium*, VIII, n.22- n. 24（大出・野澤訳 40-43 頁）。

　27)　*De ludo* II, n. 115.

　28)　*Sermo* CLXVIII, n. 8, 8.

　29)　*De vis.* XX, n. 89（八巻訳 121 頁）。

　30)　両学芸の間の伝統的な位置づけについては，Zilsel 書に詳しい (Zilsel, 59f.)。しか
し，興味深いことにはツィルゼルの研究の中にはクザーヌスへの言及は見いだせない。ツィ
ルゼルの見解では，自由学芸と機械学芸の実質的な結合は，1600 年頃にギルバート William
Gilbert (1544- 1603)，ガリレイ Galilei (1564- 1642)，そしてベイコン Francis Bacon (1561-
1626) によって成立したのであり，ここから近代自然科学が生まれたという。

神ご自身をあなたに観させるためだったのですが，それは，〔予め〕ご自身をあなたに観えるようにしておいてくださったという方法によってです[31]。

　この文章を，〈神の技芸〉と〈人間の技芸〉との関係についてのこれまでの考察を前提にしながら読むと，次のようなことが明らかになる。一方においてこの木サジ作りの職人は，神が弁論家を神を観ることへと導くための道具となりつつ，他方において彼は，木サジ作りの職人であるという点において神の技芸の似像を自らの仕事において体現する者として弁論家の前に立っているということでもある。〈イディオータ〉のこのような実践には，神の内在が二重の意味で，すなわち，〈イディオータ〉のなかに，また〈イディオータ〉を通して，顕現していると言える。そして〈イディオータ〉自身が，自己におけるこの二重の神の内在を自覚し，それを実現しようと努力しているからこそ，『精神について』の末尾においては，貧しい一介の職人である〈イディオータ〉が弁論家によって，「最善の〈イディオータ〉よ，私はあなたに感謝する」[32]と語り掛けられることになっているのであろう。

4　大きな喜びを伴う知恵の狩猟

　すでに引用したように，1450 年にまとめた著作『知恵について』においてクザーヌスは，〈イディオータ〉をして以下のように弁論家に対して語り掛けさせていた。

　　知恵は広場でまた街で呼ばわっています。だがそこには知恵の叫び声があるだけです。知恵はいと高き所に住まうのだからです[33]。

　31）　*De sap.* II, n. 46, 1-5（小山訳 571 頁）: Benedictus deus, qui me imperitissimo homine tamquam qualicumque instrumento usus est, ut tibi oculos mentis aperiret ad intuendum ipsum mira facilitate modo, quo ipse se tibi visibilem praestitit.

　32）　*De mente*, XV, n. 160, 8: gratias tibi agens, optime idiota.

　33）　*De sap.* I, n. 3, 11-12（小山訳 542 頁）: sapientia foris clamat in plateis, et est clamor eius, quoniam ipsa habitat in altissimis.

第 2 章　楽しむ〈イディオータ〉

　ほとんど同時にまとめられた『精神について』において，これもすで
に引用紹介したように，彼はさらに〈イディオータ〉をして弁論家に対
して，以下のように反論させている。

　　私はこれらの修練に喜んで従事しているのです。なぜなら，これは
　　たえず精神と肉体を養ってくれるのだからです。それゆえ，あなた
　　のお連れになったこの人が哲学者であるのならば，私を軽蔑するこ
　　とはないと思います。私はこのサジ作りの技芸に勤しんでいるので
　　ですから[34]。

　この発言から分かるように，〈イディオータ〉にとって知恵と真理の
探求は大きな喜びであったに違いない。さらにこの喜びについてクザー
ヌスは，『イディオータ篇』においてのみならず，彼の最後の著作であ
る『観想の頂点について』においても，以下のように語っているのであ
る。

　　この祝日の間，この観想に私はきわめて大きな喜びをもって従事し
　　ていたのです[35]。

　このような，真理探求に際して繰り返し言及される〈喜び〉を，単な
るトポスとみなすべきではないだろう。むしろそれは，クザーヌス自身
の経験によって獲得された確信を表現するものであるに違いない。なぜ
ならば彼においてこの探求は，喜びという宝物[36]に到達する[37]ために精
神が楽しい憧憬において運動することである，とされているのだからで
ある。
　そして，このようなクザーヌスの思考の枠組みのなかでこそ，1462
年に著された対話篇『球遊び』の中で説かれている〈球遊び〉も考案さ

　34）　註 2 の引用箇所の後半を参照されたい。
　35）　De ap. theor. n. 4, 12f.（佐藤訳 650 頁）: circa hanc theoriam in his festivitatibus
versatus sum cum ingenti delectatione.
　36）　以下を参照されたい：De sap. I, n. 1, 10（小山訳 541 頁）。
　37）　以下を参照されたい：Ibid. I, n. 18, 9-12（小山訳 553 頁）。

590   Ⅵ　イディオータの思想

れたはずである。この著作は以下のような対話から始められている。

　　〔ヨハンネス：〕私たちは皆，この新しくて楽しい遊びに驚いてい
　　ます。おそらくそれはこの中に高邁な思想の反映が表現されている
　　からなのでしょう。〔…〕〔枢機卿・クザーヌスが応答して言う：〕
　　球を用いるこのとても楽しい修練は，私たちに少なからぬ意義をも
　　つ哲学を示してくれるはずだと，私は思っています[38]。

　われわれはここで，修練（exercitium）という語が，『精神について』
における〈イディオータ〉の発言でも，またこの『球遊び』でも用いら
れているという共通性に注目すべきであろう。前者においては木サジ作
りについて言われており，後者では球遊びについて言われているもので
はあるが，真理探求を体と精神を用いつつ実践することは喜びに満ちた
修練に他ならないのだ，という思考が共通に存在しているのである。
　さらに〈知恵の狩猟〉というクザーヌスのコンセプトもまた，同じ思
想的コンテキストに属しているに違いない。「狩猟」という語をもって
哲学を隠喩的に表現することは，プラトン以来の伝統として存在してい
たのであり[39]，クザーヌスもそれを踏襲していると言える。しかし後期
のクザーヌスは，新たに狩猟における〈楽しさ〉という要素を導入し，
それを強調しているのである[40]。1455 年 8 月 1 日に自分の司教区である
ブリクセンでした「説教 199」において彼は，真理探求を楽しい狩猟に
たとえながら，キリストが哲学の狩人に真理を獲得するための狩猟の正
しい方法を教えれば，その狩人は大きな喜びを味わうことができるの
だ，と説いた[41]。
　さらに 1462 年の著作である『知恵の狩猟』において彼は，哲学的狩

---

　38)　*De ludo*, I, n. 1, 8f.; n. 2, 4- 6: Admiramur omnes hunc novum iucundumque ludum,
forte quia in ipso est alicuius altae speculationis figuratio, quam rogamus explanari. […] Hoc enim
tam iucundum globi exercitium nobis non parvam puto repraesentare philosophiam.
　39)　例えば：Plato, *Phaidon*, 66a3; *Gorgias*, 500d9-10; *Lysis*, 15, 218c4.
　40)　クザーヌスは「狩猟」という概念を初期の以下の著作でも用いている。しかし，そ
こにはまだ狩猟に伴う喜びは含意されていない：*De coni.* (II, 10, n. 126, 1), *De fil.* (VI, n. 86,
12)（坂本訳 151 頁，しかしこの日本語訳では venatio を「探求」と訳している），*De genesi*
(IV, n. 174, 3)（酒井訳 524 頁）。
　41)　*Sermo CXCIX*, n. 9, 3- 24.

第 2 章　楽しむ〈イディオータ〉　　　　591

猟に伴う，またそれから生み出される喜びを，くりかえし強調してい
る。例えば，第四の狩場である〈光〉において，理性はこの大いに楽し
い狩猟において喜びを得ると[42]。さらに彼は，この哲学的狩猟を「大き
な狩猟」[43]と呼ぶとともに「この普遍的狩猟」[44]とも呼んでいるので，こ
の哲学的狩猟をたくさんの獲物が期待できる大がかりな巻狩りと彼がみ
なしていることが想定される。この種類の狩猟は当時，特権階級あるい
は貴族のスポーツのようなものであったという[45]。

　同時に見逃してはならないことは，狩猟は，当時の分類では機械学
芸に属していたことである[46]。そしてクザーヌス自身もこれをこの意味
での 'ars' と表現しているのである[47]。しかし，すでに見たように，1450
年以降，彼は当時の大学における風潮とは異なり，自由学芸と機械学芸
の双方に神の創造活動の映現としての積極的な意義を見出していたの
で，狩猟という機械学芸に属する営みをもって哲学という自由学芸に属
する営みを象徴的に表現させることに，ためらいや困難を覚えること
は，もはやなかっただろう。

　そして，喜んで木サジ作りに勤しんでいる職人としての〈イディオー
タ〉をすでに知っているわれわれにとっては，これらの書物の間をつ
なぐ思想的きずなが存在していることを見出すのは容易である。すなわ
ち，〈技芸〉（ars）は喜びを得るために楽しみつつ実践されるべきであ
るという根本的理解である[48]。そして，〈技芸〉と〈喜び〉と〈遊び〉の

---

　42)　*De ven. Sap.* XVI, n. 46, 3（酒井・岩田訳179頁）: Gaudet intellectus in hac venatione
laetissima; ibid. XV, n. 42, 5 （酒井・岩田訳 176 頁）: in illa fit laeta valde iocundaque venatio.

　43)　Ibid. XXXIV, n. 101, 4 （酒井・岩田訳 231 頁）: Magnam utique venationem feci.

　44)　Ibid. XXXIX, n. 118, 1 （酒井・岩田訳 247 頁）: in arte huius generalis venationis
sapientiae （この普遍的狩猟という知恵の技芸において）.

　45)　この事実は，以下の豪華な写本が示している : *Das Jagdbuch des Mittelalters, Ms. Fr.
616 der Bibliothèque nationale in Paris.*

　46)　以下を参照されたい : *dtv Lexikon des Mittelalters*, Bd. I, 1063f. 'Artes Mechanicae'.
これに属する狩猟以外の諸技芸は以下のとおりである : 紡織術 *lanificium,* 武具製作術
armatura, 航海術 *navigatio,* 農法 *agricultura,* 医術 *medicina,* 演劇術 *theatrica.*

　47)　上の注 44 参照。

　48)　有名な書物『ホモ・ルーデンス』のなかで著者ホイジンガは，以下のように述べ
ている :「我々はこの言葉を次のように定義づけうると考えた。遊びとは，自発的な行為もし
くは業務であって，それは，ある一定の時間と場所の枠内で，自発的に受け入れた無条件に
守るべき規則に従って遂行されるものであり，そのこと自体に目的をもち，緊張と歓喜の感
情ならびに「普通の生」とは「違うものである」という意識の両方を伴っているものである」

592　　　Ⅵ　イディオータの思想

三者の間にこのような関係が想定されうるのであれば，クザーヌスの時
代に少なくとも一人の「楽しむイディオータ」（idiota ludens）が生きて
いたと言えるであろう。それは誰なのか。この点については，後に考察
しよう。

5　楽しみとしてのメタ三段論法的な発見的哲学

　すでに見たように，〈イディオータ〉は楽しみながら自分の手仕事に
勤しんでいるのに対して，弁論家は「たえざる読書によってすっかり疲
れ切って」[49]おり，また哲学者も，精神の不死性の問題を確信するため
に，賢者を尋ねて世界中を旅しながら艱難辛苦しているのである[50]。真
理という喜びの源を探求する学者たちが，その探求において喜びから遠
く離れているばかりか，むしろ苦しんでさえいるという，この『イディ
オータ篇』に描かれている逆説的な状況は[51]，言うまでもなく，伝統的
な諸学問が，その本来的な目的から捉えられる限り，それらがもはや無
意味となっているということを明示しようとしているのである。
　また，1449 年にまとめられた著作『覚知的無知の弁護』においてク
ザーヌスは，スコラ学に対して以下のような正面からの批判を行ってい
た。

　　学問は争いへと駆り立てられているものであるから，言葉の上での
　　勝利を願望して増長するものであって，われわれの平安としての神
　　へと向かって急ぐものからは遥かに離れているのである[52]。

（*Homo Ludens,* 37：里見訳 56 頁以下，ただし引用訳文は里見訳のままではない ）。
　49）　*De sap*. I, n. 1, 5f.（小山訳 541 頁）: Miror de fastu tuo, quod, cum continua lectione
defatigeris innumerabiles libros lectitando, nondum ad humilitaem ductus sis.
　50）　*De mente*, I, n. 52, 8-13. 上の注 2 の引用箇所を参照。
　51）　*De sap*., I, n. 12, 13- 15（小山訳 550 頁）; Ibid, n. 13, 5f.（小山訳 550 頁）。
　52）　*Apologia*, n. 10, p. 7, 28- p. 8, 2: scientia [⋯], quae est in exercitio ad confligendum, illa
est, quae victoriam verborum exspectat et inflatur, et longe abest ab illa, quae ad Deum, qui est pax
nostra, properat.

第2章　楽しむ〈イディオータ〉　　　593

　しかし 1450 年以降，クザーヌスは大学における学問に対する批判の
方法を変えた。その理由は，もし彼が正面からの攻撃という批判のスタ
イルを維持するのであれば，それは当時の大学における諸学問と同様の
レベルに自らが立っていることになる，という事実に気づいたことにあ
るだろう。それゆえに彼は，これ以降，諸学問に対する自分の批判は，
ほのめかすか遊びのようにして実践することとした──それは彼の後期
の諸著作が示しているところであり，その一部分はすでにわれわれが本
章で見たとおりである。
　哲学をする上でのこのような新たな方法は，知恵と真理はその本質に
かなった仕方で楽しみながら探求できるはずだという，クザーヌスの積
極的な提案とみなすべきであろう。しかしながら，この〈喜び〉は，神
秘主義に特徴的な歓喜（Wonne）とだけみなされるべきではない。むし
ろ，何らかの発見や発明の際に誰でもが感じるであろう喜び，まったく
日常的で世俗的で，その意味において〈イディオータ〉的な〈喜び〉も
それに属していると捉えても差し支えないであろう。これは，前節で
扱った狩猟のみならず，『可能現実存在』におけるコマ[53]や『球遊び』に
おける球等の，クザーヌスの晩年の諸著作で用いられている方法や比喩
が明らかに示しているとおりである。
　この新たな哲学の方法の一例として，きわめて特徴的ケースを以下に
示したい。それは，『非他なるものについて』（De non aliud）という晩
年の著作の前半部分において「他ならない」（non aliud）という概念を
活用しながら展開されている対談である。少々長くなるが，以下に引用
して紹介する。

　　〔クザーヌスが対談相手のフェルディナンドゥスに尋ねる〕「われわ
　　れにまずもって知ることを成立させてくれるものは何であろうか。
　　〔フェルディナンドゥスが答える〕定義です。〔…〕〔クザーヌスが
　　さらに尋ねる〕では，あらゆるものを定義する一つの定義は定義
　　されるものに他ならないということが，あなたには分かりますか。
　　〔フェルディナンドゥスが答える〕私には分かります。なぜならば

─────────
53）　De poss. nn. 18（大出・八巻訳 30-34 頁）．

594 Ⅵ イディオータの思想

それ〔一切を定義する定義〕は定義それ自身についての定義でもあるのですから。しかし，それがいかなるものであるのかについては，私は述べることができません。〔クザーヌスが応じる〕すでに極めて明瞭にこれを私はあなたに示しました。われわれは狩猟での走り回りの際に探していたものに気づかずに通りすぎてしまって，それを無視してしまいがちであるという，まさにそのことが，これなのです。〔フェルディナンドゥスが尋ねる〕いつあなたはそれを示してくれたのでしょうか。〔クザーヌスが答える〕私が，あらゆるものを定義する一つの定義は定義されるものに他ならないと言った，まさにその時です」[54]。

　このようなやり取りに導かれてフェルディナンドゥスは次のように述べることになる。

あなたの言われるとおりです。神は神に他ならないものであると私が捉え，また，或るものは或るものに他ならないものであり，無は無，非存在は非存在に他ならないものであると捉えてみると，あなたの言われたことがはっきりと理解できます。〔…〕以上のことによって私は，「他ならない」があらゆるものを定義するのであるから，それがあらゆるものに先行するものであるということを，認識します。〔…〕〔クザーヌスがこれに応じて議論をまとめる〕これまでに述べられたことから，あなたは今や明瞭に以下のことを見ています。〈他ならない〉という語（li non-aliud）について表示されるものは，われわれに単に原理への道筋として役立つのみならず，神の名づけえない名称をより適切に言い換えて表現するものなので

---

　54)　*De non aliud*, Ⅰ, n.3f. –Ⅱ, n. 7 (Hrg. von Reinhardt, Machetta und Schwaetzer: *Nikolaus von Kue: De non aliud/ Nichts anderes* [Münster 2011] S. 46- 49)（松山・塩路訳 4 頁以下）: Nicolaus: Abs te igitur in primis quaero: quid est, quod nos apprime facit scire? Ferdinandus: Definitio. […] Nicolaus: Vides igitur definitionem omnia definientem esse non aliud quam definitum? Ferdinandus: Video, cum sui ipsius sit definitio. Sed quaenam sit illa, non video. Nicolaus: Clarissime tibi ipsam expressi. Et hoc est id, quod dixi nos negligere in venationis cursu quaesitum praetereuntes. Ferdinandus: Quando expressisti? Nicolaus: Iam statim, quando dixi definitionem omnia definientem esse non aliud quam definitum.

第 2 章　楽しむ〈イディオータ〉　　　595

す。その結果，彼〔神〕はこの名称〔他ならないもの〕のなかに
いっそう正確な比喩におけるようにして，神を探求する者たちに対
して輝き出るのです[55]。

　こうしてフェルディナンドゥスは，直観的な仕方で神の内在の洞察に
導かれたというわけである。
　同様な思考の導きは，クザーヌスのさらに晩年の著作でも応用されて
いる。例えば死の四か月ほど前になる 1464 年の復活祭の後にまとめら
れた著作である『観想の頂点』の冒頭近くに，次のような一場面があ
る。
　〔対談相手のペトルスがクザーヌスに問いかける〕「あなたは何を探求
されているのですか」。〔それに対してクザーヌスが答える〕「あなたの
言ったことは正しい」。これに対してペトルスは次のように異議を申し
立てる。自分は「あなたが何を探求されているのですか」と尋ねたのに
対して，「あなたの言ったことは正しい」などと答えて，自分をからか
わないでほしい，と。それに対してクザーヌスは，「私は正しく答えた
のです。私は何（quid）を探求しているのですから」と答える[56]。
　この著作では何性（quiditas）としての可能自体（posse ipsum）につ
いての思考が展開されるのであるから，クザーヌスの答えは正当である
のだが，対話相手のペトルスにとってはまったく唐突な返答であったに
違いない。しかしこの唐突さによってペトルスは，いっそう速く深く問
題の核心へと導き入れられるというわけである。
　このようにして成立する洞察は，クザーヌスによる，いわば「メタ三
段論法的」な導きによってもたらされるものであり，それゆえに一種の
直観とも表現することができるだろう。この直観に導かれた者は，まさ

────────
　55）　Ibid. II, S. 52f.（松山・塩路訳 10 頁）: Ferdinandus: Sic est, ut dicis, et hoc clare
conscipio, qundo Deum esse non aliud quam Deum video et aliquid non aliud quam aliquid et nihil
non aliud quam nihil et non-ens non aliud quam non-ens. […] Per hoc enim video non-aliud talia
omnia antecedere, quia ipsa definit, et ipsa alia esse, cum non-aliud antecedat. […] Nicolaus: Ex his
igitur nunc plane vides de li non-aliud significatum non solum ut viam nobis servire ad principium,
sed innominabile nomen Dei propinquius figurare, ut in ipso tamquam in praecisiori aenigmate
relucescat in quirentibus.
　56）　Vgl. *De ap. theor*. n. 2, 9f.; 13f.（佐藤訳 649 頁）:Petrus: Quid quaeris? Cardinalis:
Recte ais. [...] Cum diceres 'quid quaeris', recte dixisti, quia quid quaero.

に「おお，何という難しいことの容易さであることか」と，『知恵について』における〈弁論家〉のように，言うことになるにちがいない[57]。

6　結　語──〈楽しむイディオータ〉としての枢機卿クザーヌス

クザーヌスにおける理想的人物としての〈楽しむイディオータ〉（idiota ludens）とは誰であろうか。彼は，貧しく[58]，謙遜で[59]，敬虔で[60]，自立しており[61]，無知で職人でもある。同時に彼は，新しい知識に対して開放的でありつつ，自ら多様なデータの収集を提案するようなイノヴェイティブな人物でもある[62]。

　以上の指摘から，〈イディオータ〉という人物像が実はこの著作の著者そのものと多くの共通性をもっていることが，すでに明らかであろう。確かにクザーヌスは無知であったわけでもなく職人であったわけでもない。しかし彼は，船主の息子として，職人たちの傍らで成長したのであり，上に紹介した，1449 年 10 月の，彼の最後の故郷滞在の際には職人たちとも出会ったことだろう。

　そこで私は，以下のように推測する。クザーヌスは，自分がローマ教会の中枢において枢機卿にして司教として働くことが決められた 1449 年から 50 年夏までのいずれかの時点で，この〈イディオータ〉を自分がたえず参照すべき人物像として，いわばカウンターバランスとして構想した。この人物像を設定することによって彼は，プラトンの意味での神の手の中に居る玩具[63]としてではなく，〈イディオータ〉の意味での

---

　57)　*De sap.* II, n. 45, 1（小山訳 571 頁）: Orator: O miranda facilitas difficilium!

　58)　Ibid. I, n. 1（小山訳 541 頁）; Ibid., II, n. 28（小山訳 559 頁）, *De mente* I, n. 54. クザーヌスは死後すぐに，ヴェスパシアノ・ダ・ビスティッチの『15 世紀の著名人伝』において，あらゆる行動において素晴らしい模範を示したもっとも貧しい枢機卿であったと，記された。この点については以下を参照されたい：渡邉：120 頁。

　59)　*De sap.* I, n. 4（小山訳 543 頁）; Ibid., II, n. 47（小山訳 572 頁）; *De mente*, XV,n.160.

　60)　Ibid. I, n. 27（小山訳 559 頁）; Ibid., II, n.46（小山訳 571 頁）; *De mente*, XV,nn.159.

　61)　*De mente* I, nn. 54.

　62)　*De stat. exp.* n. 195.

　63)　プラトン『法律』VII, 10, 803D.

第 2 章　楽しむ〈イディオータ〉　　　597

神の道具として，生涯の最期まで神に仕えることを決意したのであろう
——すなわち，〈イディオータ〉像をたえず参照することによって，栄
華に満ちた教皇庁の中にあっても初心を忘れることのないように心がけ
つつ神に仕えようと。このことは，上で紹介した『全面的改革』の内
容，並びにピウス二世教皇の手記が示しているとおりである[64]。

　では，教会における任務の多忙さのなかにあってもなお，クザーヌス
は遊び楽しむ時間があったのだろうか。あったにちがいない。知恵と真
理という喜びの源泉を，楽しみながら探求する時間を持てた時に。すな
わち，彼自身の本来的任務のほとんどすべての時に，彼は確かに遊び楽
しむことができていたであろう——彼の著作が今もなお示しているよ
うに。そして，本章註 14 で指摘したクザーヌス自身の発言と〈イディ
オータ〉の発言との共通性によっても裏付けられる〈楽しむイディオー
タとしてのクザーヌス〉という逆説的な生き方には，彼が生涯にわたっ
て立脚し続けた〈覚知的無知〉の思惟が見事に映現しているのだと捉え
ることができるであろう。

　64）　このことは，教皇庁におけるクザーヌスの日常的な態度がきわめて誠実なもので
あったということを明白に示している。この点についてはピウス二世教皇が自分の手記にお
いても書き留めているところである：Gabel, *Secret Memoires*, 221. この教皇の手記の当該箇所
についての日本語訳は，本書の次章冒頭，ならびに渡邉守道『ニコラウス・クザーヌス』143
頁を参照されたい。

第3章

〈周縁からの眼差し〉
—— 『普遍的協和』から『イディオータ篇』,
『全面的改革』へ
は じ め に ——

は じ め に

「私はへつらい方を知りません。追従は嫌いです。あなたが真理に
耳を傾けることができないかぎり,私はこの教皇庁で進行している
全てのことを好みません。全てが腐っています。自らの義務を果た
している人は誰もいません。あなたにせよ枢機卿たちにせよ,教会
に配慮することがありません。教会法が守られているでしょうか。
法への尊敬があるでしょうか。神の礼拝が遵守されているでしょう
か。誰もが野心と貪欲に囚われています。私が枢機卿会議で改革に
ついて話そうものならば,私は笑い者にされます。ここでは良いこ
とはできません。辞任することをお許し下さい。もうこんなことに
は耐えられません。私は老人で,休養が必要なのです。人里離れた
所に帰ります。そして,私はもう公共の福利のために生きることが
できないので,自分自身のために生きます」。こう言って彼はわっ
と泣きだした。

これはピウス二世教皇が伝える,彼自身に対してのクザーヌスの怒り
の爆発である[1]。それは 1461 年の暮れのことであった。この教皇(エネ

---

1) Gabel, L. C.（Edit.）（Tr. by F. A. Gragg）, *Secret memoirs of a renaissance Pope, The Commentaries of Aeneas Sylvius Piccolomini Pius II*, p.221

ア・シルヴィオ・ピッコローミニ）はクザーヌスと長年の友人関係にあり，晩年の数年は教皇としてクザーヌスの長上でもあった。クザーヌスのこの激しい慨嘆は，老人に特有の気短さと涙もろさの現れに過ぎないのだろうか。否，決してそう言って済ますことのできない，充分な，充分過ぎる理由があってのことである。

クザーヌスはモーゼル河畔に一市民の子として生まれた。イタリアのパドヴァに遊学して教会法博士となった後，母国に帰り，自身の生まれ故郷クースも属するトリーアの司教区の顧問官としての活躍の場を得た。またたく間に頭角をあらわした彼は，大公マンダーシャイト（Urlich von Manderscheid）の代理人としてバーゼル公会議に派遣され，そこでもまた，一躍注目を浴びる存在となる。折から教皇と公会議とが教会における首長権を争っていたが，クザーヌスは公会議派の論客として，公会議が教皇に対して優位に立つべき根拠についての一書を著した。それが『普遍的協和』（1432-33 年）である。

しかし間もなく彼は，教会分裂（シスマ）を再び招来しないためには，公会議派の力によるよりも，教皇の力を強化すべきだと考えるようになり，1437 年には自らの立場を，少数派であった教皇派に変えた。そしてその直後に，ギリシア教会とローマ・カトリック教会との合同を実現する交渉のための教皇側の派遣団の一員に任命され，コンスタンティノープルに赴いた。

その後，公会議派と教皇派が決定的に対立するようになると，クザーヌスは「教皇側のヘラクレス（教皇の懐刀）」[2] として活躍を続けた。そして，引き続く多彩な活動の功績により，1450 年には，ドイツの，それも市民階層の出身者としては異例なことに[3]ついに枢機卿に上げられると共に，同年末，教皇特使として，西ヨーロッパ全体を対象とする教会および修道院改革の旅に出た。

さらに彼は，1450 年 3 月に南チロル地方のブリクセン（現ブレッサノーネ）の司教に任命された。その地で彼は，世俗領主ジギスムント大公の教会領への介入を排除する改革を企図して，ジギスムントおよびその配下との決定的な対立に立ち至る。その激烈な争いの中で，命さえも

---

2) Meuthen, *N. v. K.* 67.（酒井訳 83 頁）。
3) Ibid., S. 23 f.（酒井訳 24 頁）。

危険にさらしつつ改革を貫徹しようとしていた彼であったが，その企図がもはや非現実的となっていることを認識したピウス二世は，彼をローマに呼び戻した。1458 年 9 月末のことである。そしてその生涯の最後の日まで，彼はピウス二世と行動を共にすることとなった。

　以上のような，長く，紆余曲折に富んだ道程を辿ったクザーヌスが，冒頭に引用したような怒りを，晩年，教皇庁において，それも長年の友人であり，当時は長上でもあった教皇に対して爆発させたのである。この小論におけるわれわれの目的は，彼のこの道程の根底を貫く一つのモティーフについて注目し，それを跡付け，その哲学的根拠を明らかにすることである。しかし，この考察の中心は，基本的にクザーヌスの生涯のほぼ中期，1450 年夏に『イディオータ篇』を著す時期になるであろう。

＊　　　＊　　　＊

　さて，クザーヌスの最も初期の著作である『普遍的協和』を，その思想の総体においてどのように位置づけるかは，従来から議論が多い。実際，すでに記したように，公会議派の立場から教皇に対する公会議首位説を補強するために教会法の地平から行う弁論のための書物である，という性格から判断すれば，また，1440 年 2 月にまとめられた『覚知的無知』をもってクザーヌスの哲学的思索が本格的に展開されたと考えるならば，この初期の著作がクザーヌスの哲学説に直接的に関わりをもつはずがない，という判断がなされても不思議ではない。

　それゆえにこそ，クザーヌス哲学の研究史においては，1440 年以前のクザーヌスの哲学説について体系立てて解明する研究が存在していなかったと，ゼンガーによって指摘されている状況が存在するのである[4]。

---

　4)　Senger, *Die Philosophie des Nikolaus von Kues vor dem Jahre 1440* S, 8. この点において Senger のこの研究は，そのタイトルからも明らかなように，クザーヌス哲学における *De docta ignorantia* 執筆以前に目を向けて，それからの連続的構造を明らかにしようとした点で先駆的に重要な意義をもつ。しかし，著者自身が断っている通りに（Senger, op. cit. S. 10），クザーヌスの認識論を中心にした研究であるので，これからわれわれが探究しようとしている〈イディオータ思想〉についての考察は存在していない。また，最近になって以下の研究が公刊されたが，この書物の中でも〈イディオータ思想〉は扱われていない：De Guzman Miroy, Jovino, *Tracing Nicholas of Cusa's Early Development.*

602　　　　　　　Ⅵ　イディオータの思想

　また，例えばモイテンは，「（クザーヌスは）後には自分のこの著作か
ら明らかに距離を取って，もはやそれを引用することがなかった。彼が
その生涯の最後に，自分の精神的な業績を集成して豪華な写本に纏めた
ときにも，その中にこの作品を収めることは思いとどまったのである」
と記したことがある[5]。

　しかしながら，たとえクザーヌスが晩年にこの著作をそのまま清書さ
せなかったとしても，そして，その意味で「距離をとった」としても，
それはただちにこの著作の内容のすべてから「距離をとった」ことを意
味するものではないだろう。実際，ゼンガーも指摘している通りに[6]，
初期の著作に含まれている思想と『覚知的無知』以降の思想とは，当然
のことながら関わっている。このことはハウプストも指摘しているとこ
ろであり，彼はとくに『信仰の平和』の思想との連続性を明らかにして
いる[7]。

　われわれはこの両者と見解を共有しつつ，とりわけ〈イディオータ思
想〉の要素をこの著作の中に見出して，それが中期の『イディオータ
篇』へと展開されていくことを明らかにしたい。このことに成功するな
らば，単にゼンガーおよびハウプストの立場を強化することに役立つの
みならず，クザーヌスにおける〈イディオータ思想〉の源の時間的な深
さを明るみに出すことになるであろうし，それによって同時に，いかに
この思想が彼自身の現実の生と思惟の深みから生み出され，育み続けら
れたものであるか，をも明らかにしうるであろう。さらに，クザーヌス
の思考の基本的立場が生涯にわたって一貫性をもっていることも，初期
の著作である『普遍的協和』と晩年の著作である『全面的的改革』の内
容を比較することからも明らかにされるであろう。

　5）　Meuthen, op. cit. の第 3 版（1976）S. 47f. では，この引用の通りに書いていたが，そ
の後，第 7 版（1992）S. 49 ではその表現を以下のように緩和している。「彼は 1440 年にある
説教の中にもう一度この『教会的一致』を引用した時には，ただそれのヒエラルヒー的な側
面だけを利用したのである。また彼がその生涯の最後に，自分の精神的な業績を集成して豪
華な写本に纏めたときにも，その中へこの作品を収めることは思いとどまったのである」。

　6）　Senger, op. cit. S. 7.

　7）　Haubst, *Streifzüge in die cusanische Theologie* S. 28; S. 480ff.; S 549.

1 『普遍的協和』における〈イディオータ思想〉

1 〈イディオータ思想〉の要素

この節におけるわれわれの課題を遂行するにあたり，まず〈イディオータ思想〉の要素をおさえておく必要がある。しかしながら，これについては別に詳細に論じているので[8]，ここでは簡単にそれを提示するにとどめる。

1)〈イディオータ〉は無学で貧しく，しかし信仰の篤い庶民である。

2) この敬虔な〈イディオータ〉こそが，真理である知恵を神から受け取ることができる。

3)〈イディオータ〉は貧しいが，自らの労働により生活の糧を得て，日々の生活に満足している。

4) この〈イディオータ〉のように，書物による学問によってよりも，むしろ信仰によって涵養される心の整い（dispositio cordis）によって，真理を与えられるのである。そのためには〈覚知的無知〉が重要な役割を果たす。

ところでこの『普遍的協和』には 'Idiota' という用語は用いられてはいない。それは，クザーヌスの思想の成熟という観点から「未だ用いられていない」と言うこともできるであろうが，しかしながら，考えてみれば，用いられていないのも当然である。なぜなら，このような，教会法の理論において改革を考察し提唱する書物においては，'Idiota' という用語が用いられる場はありえないし，また，〈イディオータ〉というような，アイロニカルで文学的な人物像を登場させることも相応しくないからである。だが，この書物を始めから終わりまで読んで行くと，確かに〈イディオータ〉的なるもの，〈イディオータ思想〉の萌芽的要素にわれわれは出会うことになるのである。

先ず，冒頭の序文に以下のような文言が記されている。文脈の理解の

---

8) 本書第 VI 部第 1 章。

ために長く引用する。

　　われわれが現在目のあたりにしている，総公会議の極めて卓越した権能を明らかにするためになされていることを，はたして数年前に非難されることなく明言しえた人がいただろうか。その権能は長いこと，公共の福利と正統的信仰を大いに害しつつ眠りつづけていたのだった。しかし今やわれわれは，昔のものが再び，あらゆる自由学芸および機械学芸の分野での極めて熱意あふれる人々のすべての天賦の才によって追求されているのを，目にしている。そして確かに大いなる熱意によって，あたかも〔歴史の〕総体的転回がもっとも見事に完成されるのを目撃するようにして，著名にして含蓄深い著作家たちをわれわれが取り戻しているばかりではなく，誰もが諸著作の昔の雄弁や文体や形式を楽しんでいるのが見られる。もっとも典型的なのはイタリア人で，彼らはラテン人の本性として，この種の文字上の大いなる雄弁だけに満足することなく，彼らの先祖たちの足跡を求めてギリシアの文書も熱心に研究している。しかしながら，われわれドイツ人は，天賦の才においてはるかに異なっているというわけではないが，星座の非調和的な位置のゆえに相対的に劣ったものとして形成されているのであり，したがって，弁論術の見事に心地よい行使という点においては〔イタリア人等と〕大いに異なっているが，それはわれわれ自身の過誤に由来するものではない。われわれは，極めて大きな努力をして，いわば本性の力に逆らうようにして，はじめてラテン語を正しく話すことができるのである。他の諸国民は，本書の中に未だ聞いたことがなかった人々の証言が引用されていても驚くべきではない。なぜならば私は，大いなる入念さをもって古い修道院の書庫を巡り歩いて，長いこと使われることなく失われていた多くのオリジナルな文書を集めたのだからである。それゆえに，これを読む人は，これの全てが，何らかの要約された集成からではなくて昔のオリジナルから引用されてここに集められていることを，信じるべきである。私の無骨な文体によって読む気を失う人が出ないように願っている。なぜなら，粗野な弁論術によって見栄えはしなくとも極めて明確に表現された意味内容

ならば，たとえ魅力的ではなくとも容易に理解されるものだからである[9]。

　この引用から，われわれはとりあえず次の四点を確認しておくことができるだろう。第一に，ギリシア教会との合同に向けてローマ教会内の合意形成を図るという，バーゼル公会議の目的に対してクザーヌスが大きな希望を抱いていることである。十数年前のコンスタンツ公会議においてローマ教会は 40 年近くにおよぶシスマを克服しえたのであるが，その延長上にキリスト教世界全体の統一が実現できるかもしれない，と考えているクザーヌスの姿がここにある。第二には，昔のものへと関心を向けている，当時のルネサンス的雰囲気の強さがある。それの一翼をクザーヌス自身も積極的に担っているという自負も伺える。第三には，諸国民が集まっている公会議の場で，自らがその一員であるドイツ人というものに対して，クザーヌスが特別な意識を抱いていることである[10]。そして第四には，第三とおそらく密接に関わることであるが，外観は無骨であっても内容の正確さを優先するという，クザーヌスの朴訥にして毅然たる姿勢である。

　さて，われわれの本節での課題である〈イディオータ思想〉にとっては，第四の点がとりわけ重要である。確かにクザーヌスは，自分が優美なラテン語をもって表現ができないことを自認しているのであるが[11]，しかしながら彼は，それをこの本での目的を達成するための欠陥であると見なしているのではない。むしろ，この著作がなされた以下のような背景を勘案すれば，すなわち，開催中の公会議において，教皇に対する公会議自体の優越性を証明するという喫緊の課題を達成するために，公会議派の代表的論客として頭角を表していたクザーヌスによってまとめられたものであるという事情を考慮すれば，彼のこの記述は大いに積極的な意味合いを帯びていることが明らかになる。つまり，文言上の雄弁

　9）　*De concordantia catholica*（以下，*De conc. cath* と略す），I, Praefatio n. 2. 1-24.

　10）　この書物の中には，他にもクザーヌスの「ドイツへのこだわり」とでも言うべきものが，何箇所か見られる。これについては後に考察する。

　11）　なお，粗野な人間としての自分が洗練されていない文体で記すという趣旨の文章は，第 3 巻の序文にもある。（cf. *De conc. cath.*, Indices, R12, 5-7.

は必ずしも真理を保証するものではないし，それによって真理が明らか
にされるわけでもない。それにこだわっているイタリア人は真理を明
らかにできなかったが，無骨なドイツ人である私が今それを遂行するの
だ，とでも言いたげな，一種，大胆不敵なニュアンスさえ感じられてく
るのである。さらには，後に著わされた『イディオータ篇──精神につ
いて』において[12]，「かけ足でかつ粗野に」なされた無学な〈イディオー
タ〉の説明が，それまで雄弁を誇っていた〈弁論家〉によって「真理を
探究する者にとっては，あなたのこれまでの説明が何と優美に見えるこ
とだろうか」と称賛されることになることを考え合わせるならば，ここ
でのクザーヌスの主張がいっそう鮮明になり，その結果，〈イディオー
タ思想〉の先駆的形態とみてもよいことが明らかになるだろう。

2　〈民〉の中の「神の種子床」

『普遍的協和』第2巻には〈イディオータ思想〉の第二の要素と関わ
るであろう次のような記述が見いだされる。

　　キリストの名において集まった人々の中にキリストがいますのは，
　　疑いもないことである[13]。

これが「マタイによる福音書」18,20 を踏まえていることは明らかで
あるが，クザーヌスがここに引用しているのは，公会議において秘密に
ではなく公開かつ自由なる討論の結果としての合意（consensus）にお
いて，誤りのない決定がなされるということの根拠としてである。つま
り，決定の正当性は会議の召集者，すなわち教皇によって保証されるも
のではなくて，そこに集う者たちの自由な理性の発現によって保証され
るのである。なぜなら，そこにはすでにキリストがいるからである，と
いうのである。
　彼のこの視点は重要である。なぜなら，彼はこれと同じ構造を，単に
総公会議にだけではなくて，さらに「下に位置する」地方の教会会議か

12）　*De mente*, VII, n. 106, 15. - n. 107, 3.
13）　*De conc. cath.*, II, 9, n. 101, 4f. また，Ibid., II, 3, n. 77, 4f. にも同様の文言がある。

第3章　〈周縁からの眼差し〉　　607

ら一教区の担当司祭の選任にも認めているからである[14]。すると，ここから明らかになるのは，「キリストの名において集まる人々」とは，単に世界の各司教区の代表者である高位聖職者だけのことではなく，誰であれ，教会のために集まるキリスト教の信仰を有する人々のことをも意味しうることである。

　実際に彼の思考はそのように展開されている。この点について，以下で，若干煩瑣になるが，原文を紹介しつつ考察してみたい。

　　〈民〉（populus）の中には，霊的にせよ，時間的で物体的にせよ，あらゆる権能が可能態として隠れている。〔…〕御子が御父に由来するように，聖職者は俗人に由来し，聖霊が〔御子と御父の〕両方に由来するように，修道士は俗人と聖職者との両方に由来する[15]。

　この思想は，第3巻では次のようにさらに明確に表明されている。

　　全ての正当な優越性は，自発的な臣従に基づく選挙による一致から成立するのである。また，〈民〉には，万人に共通で平等の出生と平等の自然法という形で，あの神の種子床（divinum seminarium[16]）が内在しているのである。だから，人間そのものと同じく，根本的には神に由来するものとしての全ての権能も，臣従する者たちの共通の合意から成立する時には，それは神的なものとみなされるのである[17]。

――――――――――

14）　Ibid., II, 18, n. 164; Ibid., II, 25, n. 203, 24-35.

15）　Ibid., II, 19, n. 168, 1-3; 10-12: quomodo in populo omnes potestates tam spirituales in potentia latent quam etiam temporales et corprales [...] Quoniam sicut filius a patre, ita clerici a laicis, et sicut spiritus sanctus ab utroque, ita religiosi a laicis et a clericis precedunt.

16）　この語句は「神学校」の意味にもなりうる。また，新約聖書における「からし種」の比喩にも係わっているだろう。「マタイ福音書」13,31-32，「マルコ福音書」4,30-32 を参照。

17）　Ibid., III, 4, n. 331, 2-7: omnis superioritas ordinata ex electiva concordantia spontaneae subiectionis exoritur, et quod populo illud divinum seminarium per communem omnium hominum aequalem nativitatem et aequalia naturalia iura inest, ut omnis potestas, quae principaliter a deo est sicut et ipse homo, tunc divina censeatur, quando per concordantiam communem a subiectis exoritur. また Ibid., II, 24, n. 260, 13- n. 261, 24. にも，上位者の強制力の根源は臣従者の選挙と同意によるという記述がある。

今，見たように，キリストの名において生きる〈民〉には「神の種子床が内在している」のであるから，そこに「あらゆる権能が可能態として隠れてい」ても不思議ではない。そして，そうであるかぎり，聖職者もそのような〈民〉に由来して存在することも必然である。従って，〈民〉はそれ自体としてすでに独自の存在意義を有するものであることになり，また，上位者に対する賛否の意志表示をする力をもつことも当然のこととなる。

この一連の引用から，クザーヌスが〈民〉という存在に対して極めて肯定的な思想をもっていたということが容易に見てとれるだろう。そしてこのことは，クザーヌスの思惟の極く初期の段階において，すでに〈イディオータ思想〉的なものが抱懐されていたことを意味するであろう。

そしてこの要素は，教皇に対する批判と皇帝に対する改革の提案を主題とするこの『普遍的協和』において，その主題を根拠づける強力なテコとして利用されているのである。例えば以下のような記述がある。

> 従って，ペテロの場にして座である故にせよ，また世界の他の諸都市の中で首都としての役割を果している故にであるにせよ，ローマの司教〔教皇のこと〕が，首位にある司教であって偉大な都市の卓越して大いに称賛されるべき議長として，またペテロの偉大な座に着いている者として尊敬されるべきであるとしても，しかしながら，もしその臣従が，他の全ての人々を代表している人々による選挙に基づく合意によって集まっているのでなければ，私は彼を他の全ての人々の議長であり審判の長であるとは信じることができない。それ故に，もしトリーアの大司教が教会の会衆によって議長にして頭として選ばれるならば，彼がローマの司教よりも相応しく首位にある聖ペテロの後継者であることも，可能性としてはありうるのだ[18]。

ここには聖職者の地位について，たとえ教皇であっても，教会の会

---

18) *De conc, cath.*, II, 34, n. 262, 16-24.

衆，つまり「キリストの名において集まっている民」の自発的な同意に
よってのみ存在根拠をもつことになるという主張がある。この思想がさ
らに展開されていくと，次のような発言にまで到達することになる。

　　ローマの司教は，自分が許さなければ他の聖職者が実務的管理に関
　　して何もできないと思いなして，主〔神〕の他の聖職者よりも自分
　　を高く上げてはならない。むしろ，彼は想い起こすべきである。は
　　るか昔，たびたび教皇位が空位だったことがあることを——例えば
　　マルケリヌス教皇の後は 7 年間にわたって，また他の機会にもほぼ
　　2 年間にわたって。しかしながら聖職者がその活動を止めたことは，
　　未だかつてなかったということを[19]。

　クザーヌスの教皇に対する批判は，場合によっては次のように具体的
かつ激しく記される。

　　われわれが目にして来ているのは，金銭の授受なしの純粋な聖職叙
　　階がローマの司教によって簒奪されてしまったということのみなら
　　ず，その額が，ドイツ中の万人が，ただ重いというに止まらず破
　　壊的だと言って嘆いているほどの巨額にのぼっていることである。
　　〔…〕これら全てのことが貧しい従属者に疫災として到来している
　　のである。教皇庁は富ならば全てを引き寄せている。〔…〕皇帝の
　　ものが教皇のものになり，霊的なものがこの世的になっているので
　　ある[20]。

---

　　19)　Ibid., III, 41, n. 582, 1-5: Non se Romanus pontifex exaltet inter cunctos domini
sacerdotes aestimans alios nihil in executoriali administratione, nisi quantum ipse concesserit,
posse, sed recordetur pluries longo tempore papatum vacasse, sicut post Marcellinum septem annis
et alliis temporibus aliquando duobus, et tamen non erat inefficax sacerdotium. 実際に，第 29 代
の Macellinus 教皇〔296-304〕の後で空位が続き，また第 179 代の Celestinus 教皇〔1241〕の
後 2 年空位が続いた。この大胆な指摘は，後のマルティン・ルターの「イエス・キリスト
の時代に教皇，司教，枢機卿がいたか」という発言を思い起こさせるものがある。(cf. De
libertate Christiana, W. VII, 58)
　　20)　Ibid., III, 29, n.497, 4-8, - n. 499, 1f.; 5. ここには再びドイツへの言及が見られること
に留意しておきたい。さらに，この，教皇庁によるドイツに対する圧迫という記述もまた，
ルターの『キリスト教界の改善に関してドイツのキリスト教貴族にあてる書簡』冒頭の記述
を想起させるものがある。(cf. An den Christlichen Adel deutscher Nation von des Christlichen

610 VI イディオータの思想

　以上の，少々長すぎる引用に示されている批判から明らかなように，クザーヌスの思惟には，貧しい〈民〉に注ぐ温かい〈眼差し〉と，それに依拠して逆に教皇庁を見晴るかす鋭い〈眼差し〉が働いているのである。

3　皇帝への勧告

　また，俗権の長たる皇帝に対するクザーヌスの批判と勧告も，同じく〈イディオータ〉的観点からなされている。例えば，地方の習慣を吟味して，できる限り共通の規則に合わせることを提案しているのであるが，それは，貧しく無学な〈民〉が弁護士の三百代言によって書式不備へと陥れられて，訴訟に敗れてしまうことがあるからであり，それを自分はトリーアでしばしば目撃した，と言っているのである[21]。

　さらに，当時の神聖ローマ帝国の皇帝であるジギスムントに対するクザーヌスの勧告も見ることにしよう。

　　皇帝が，自らに託された羊の一匹たりとも失うことのないように，いかなる情愛と熱意をもっていなければならないかをご覧下さい。おお，バシレウス皇帝の後継者，極めて敬虔なるジギスムント皇帝よ，あなたの生来の慈悲深さを働かせたまえ。そして，いつものように，あなたの大いに甘美な雄弁によって，今読んだものに形を与えたまえ。祈りとあらゆる情愛によって，救いの道から逸脱している人々を，とりわけ有名なボヘミア王国の住民を引き寄せたまえ。またこの〔バシレウス皇帝の〕物語を，いかなる努力を傾けても一言一句まであなたのために役立てたまえ。昔の聖なる皇帝たちが，どれほどの熱意をもって正統的信仰の増加のために配慮し努力したことでしょうか。教会を体現している者たちを保存するためのあなたの熱意が，それに反してより小さいことのなからんことを。敬虔と慈悲の道によって可能であるあらゆることがなされんことを。教会の花婿であるキリストがこれをご覧になれば，彼はきっと疑いもなくあなたの慈愛深き祈りに対して驚くべき結果を与えたまうで

Standes besserung, W. VI, 405)

　21)　Ibid., III, 35, n. 530.

しょう。謙遜の要求するものが秩序正しくなされるならば，戦勝が
あなたから背くことはないでしょう。キリストの愛と謙遜で武装し
キリストの誉れだけを求めている人に，頑固な者，高慢な者，悪魔
的な者がつけこむことは不可能でありましょう[22]。

　ここで「今読んだもの」と言われているのは，クザーヌスが直前で引
用している，第8公会議（第4コンスタンティノープル公会議）(869-870)
での東ローマ帝国のバシレウス皇帝の演説の一つのことである。バシレ
ウス皇帝がとりわけ，ビザンティン教会とローマ教会とが協同してフォ
ティウスの異端を排除した公会議の協同召集者にして庇護者であったこ
とから，クザーヌスはバシレウス皇帝を高く評価し，模範的皇帝とし
て，その演説を長く紹介しているのである[23]。また上の引用で「キリス
トの愛と謙遜で武装してキリストの誉れだけを求めている人」という表
現がなされているのは，この演説中でバシレウスが，次のような極めて
印象的な言葉を述べているからである。

　　自己の全ての罪を告白すること，そしてキリストのために自らを低
　　くすること，さらには，自分ならびに他の多くの人々を救い出すこ
　　と，これらのことを欲しないのは，確かに恥であり最大の不名誉で
　　あり，さらには神と闘うことでさえある。しかしながら，もしあな
　　た方がこれら全てを恥とみなすならば，私自身は，帝国の冠を戴い
　　た者として，あなた方に対してこの最善の謙遜の模範となろう。私
　　は，経験に乏しく無知な者として，賢者にして学に明るい人々であ
　　るあなた方の善〔き始まり〕となろう。私は，罪に転落した者とし
　　て，清潔にして徳に尽力しているあなた方に対して，第一の先例と
　　なろう。誰よりも先にこの私こそが，舗石の上に身を投げ出して，
　　紫衣と王冠を軽んじよう。私の瞼まで近づくがよい，そして私の両
　　の眼をのぞき込むがよい。皇帝の肩を踏みつけることを大それたこ
　　ととと見なしてはならない。神から王冠を授けられたこの頭頂に足で

---

22)　Ibid., III, 24, n. 465.
23)　クザーヌスはバシレウスに言及する時には，ほとんどの場合「極めて敬虔にして尊
敬されるべきキリスト教徒皇帝バシレウス」という文言か，これに類する表現を用いている。

触れることをためらってはならない。あなた方にとって恥に他ならないあらゆることをこうむる用意が，私にはある。それらは栄光と最大の輝きをもたらすように私には思われるのだ。私がこれらのことをなす時に，私は自身の栄光を配慮することはない。ただ，共通の統一と一なる教会を祝う人々の喜びを目の当たりにしたいためであり，また，ただ魂の損失をこうむることなく，万人の敵である悪魔が私を捕虜にして私の上で喜ぶことがないためであるにすぎないのだ[24]。

　この演説に表出されているバシレウスの自らを低くする態度は，列席の高位聖職者にとっては，厳しい批判としても聞こえたに違いない。皇帝自身が，述べられている通りに，「経験に乏しく無知な者」であるかどうか，また，「罪に転落した者」であるかどうかは別として，居並ぶ聖職者たちが，バシレウスから言われているとおりに，「賢者にして学に明るい人々である」かどうか，「清潔にして徳に尽力している」かどうかは，バーゼル公会議が開催されていた当時は大いに問われてしかるべき状態であったはずだからである。ここには典型的に〈イディオータ〉的な思考が表現わされているだろう。

　そして今，クザーヌスは，このバシレウス皇帝の演説の記録を，第2節に引用したような自身の努力の成果として見出し，さらにそれを当代

24）　*De conc. cath.* III, 24, n. 457, 3, - n. 458, 15: Confusio quidem revera est et maximus pudor, immo vero in deum dimicatio, nolle unumquemque proprium confiteri peccatum et humiliari propter Christum ac lucrari et se et multos. Si autem omnino hoc confusionem arbitramini, ego, cui imperii superposita est corona, forma vobis efficiar huius optimae humilitatis. Ego, qui imperitus et insipiens sum, bonum initium ero vestrum, qui sapientes estis et scientia clari. Ego, qui in peccatis volutatus sum, primus vobis typus fiam, qui mundi estis, et virtuti operam datis. Ego primus memet super pavimentum proicio purpuram et diadema parvipendens. Ascendite ad genas meas et per oculos meos incedite, nec reputetis magnum imperatoris calcare scapulas, neque vereamini pedibus tangere verticem, cui superimponitur a deo donata corona. Omnia pati promptum habeo, quae vobis quidem confusionem, mihi autem gloriam et maximam claritatem conferre videntur. Neque enim in hoc curam gero gloriae meae, tantum ut videam communem unitatem et unam ecclesiam festivitatem celebrantium, tantum ne animae detrimentum patiar et gaudeat super me ille omnium inimicus diabolus, captivum sumens. なお，バシレウスの演説でクザーヌスが評価している点は他にもある。それは，俗人はいかなる賢者で信仰の篤い人であっても教会の事柄に関与できない，そして司教は，その人格に関わりなく有罪宣告をされることはないという，皇帝が教会に介入する意志がないとする言明である（Ibid., III, 23, n. 445 f.）。

のジギスムント皇帝に示して，「第二のバシレウスたれ」と語りかけたのである。おそらくジギスムントにとって，バシレウスによって事実なされたものとしてのこの演説は強い印象を与えるものであっただろう。だが，これは，このように書物として公表される時，すでに単にジギスムントにとって意味をもつだけにとどまらないものとなっていたであろう。むしろ，バーゼル公会議に居並ぶ高位聖職者や世俗諸公たちにとっても，激しい批判として響いたことは容易に想像できるところである。むしろクザーヌスは，広く後者へ影響を及ぼすことを意図していたのかも知れない。少なくとも，そのような批判の武器として，この論述形式は用いえたはずである[25]。

　以上のような，少々遠回りの考察によってではあるが，クザーヌスの初期の著作である『普遍的協和』の中に，すでに〈イディオータ思想〉へとつながる要素が，とりわけ〈民〉への眼差し，そして〈民〉からの眼差しという形で存在していることが明らかになったであろう。

2　〈レプレゼンタチオ〉（Repraesentatio）の思想

1　その二義性

　前節で考察した『普遍的協和』における〈イディオータ思想〉を支えるものとして，クザーヌスに特徴的な〈レプレゼンタチオ〉の概念があると考えられる。しかし，この概念が哲学的な背景をもっていることをクザーヌスは明確に述べていないので，その理解において少なからぬ混乱をきたしてきた。今とりあえず，簡単にその問題性を記せば，この書物の中で極めて重要な役割を果している〈レプレゼンタチオ〉という語が，〈代表〉という意味と同時に，存在論的な地平での〈現れ〉という意味をも有していることで，二義性を帯びているということである。

---

　25)　このバシレウスという東ローマ帝国の皇帝が，農民の息子で厩番から身を起こしたという歴史的事実をクザーヌスが知っていたかどうかは，この書物の記述の限りでは明らかではないが，もしこの事実をクザーヌスが知っているだけではなく，当時一般に周知の事であったならば，この演説の紹介は〈イディオータ思想〉という観点から見ていっそう効果的であっただろう。

この〈現れ〉の理解を容易にするために，あえてクザーヌスの他の著作の典型例を見ておこう。先ず，「説教4」（1431年）に次のような一節がある。

御子は御父の相等性として生み出された似像であり，人間は模倣として創造された似像であり，世界は〈現れ〉として創造された似像であるが，それは，使徒が「今はわれわれは鏡をとおして見ている」と言っている通り，創造主の鏡である[26]。

或いは著作年代ではかなり後の1447年になるが，『創造について』の一節では次のように記されている。

それゆえ世界とも称されるコスモス即ち美は，こうして到達されえない同者〔神——引用者〕の比較的明瞭な〈現れ〉として生成したのである[27]。

つまりここでクザーヌスは，この目に見える世界が創造主の何らかの〈現れ〉であると見なしているのである。

2 〈現れ〉ゆえに〈代表〉たりうる

さて，すでに述べたように，クザーヌスは教会法の専門家としてこの時期に活躍していたのであるから，当然，この〈repraesentatio〉という概念についての教会法理論における含蓄については熟知していたはずである。カレンによると，それは次のようなものであったという[28]。

ローマ法にもゲルマン法にも〈代表〉の概念は存在していなかった

---

26) *Sermo* IV, n. 35, 19-23: Filius est imago aequalitatis genita Patris, homo est imago imitationis creata, mundus imago creata repraesentationis, qui speculum creatoris, ut Apostolus: Videmus nunc per speculum.

27) *De genesi*, I, n. 151, lf.（h. IV, p.109）: Sic igitur est cosmos scu pulchritudo, quae et mundus dicitur, oxoritus in clariori repraesentatione inattingiblis idem.（酒井訳『創造についての対話』508頁）。

28) Kallen, *Die politische Theorie im philosophischchn System des Nikolaus von Cues*, S. 275 f., in: *Historische Zeitschrift*, Bd. 165.

が，教会法の分野で初めてそれが成立した。教会法における〈代表〉概念とは，例えば，司教座聖堂首席司祭が，それに基づいて法的拘束力のある形式で司教座聖堂参事会の代わりに行動することができるような形であり，完全な〈代表〉であった。代表者は自主的な法人として振る舞うのである。従って，〈代表する者〉と〈代表される者〉とが互いに法人として，併存することも対立することもありえた。また，複数の人間の集団も教会法上の権利によって法的拘束力のある形で代表しえた。それゆえにこそ，「誰が教会を代表するのか，教皇か公会議か」という論争の種となる大問題が，コンスタンツ公会議とバーゼル公会議において生じたのである。

　ところで，クザーヌスの『普遍的協和』における〈レプレゼンタチオ〉概念の新しさは，今言及した法的な意味に加えて，すでに上で見たような，プラトン的な分有概念と関わる形而上学的な意味を結合していることである。以下で具体的にこの書物の行文を検討してみよう。

　　もし諸教会の頭である神父たちが出席しておらず，さらにより上位の権能による合法的な召集が存在していないならば，その公会議には普遍的教会の〈レプレゼンタチオ〉が存在しえないことは疑いのないところである。他方，合法的な召集がなされたものの，頭である神父たちがまだ到着していないという場合には，その公会議を直ちに急いで進めるべきであるとは，私は思わない。なぜなら，多くの適切に召集された公会議が誤りを犯したことを，記録で読んで知っているからである。それよりもむしろ，神父たちを待つべきである——全員に呼びかけられているならば，その多数の到着で十分であるので，必ず全員の到着を待たねばならないというわけではないが[29]。

　29）　*De conc. cath.*, II, 3, n.75, 14-21: Sed si nec patres, qui capita ecclesiarum sunt, ibi existunt nec convocatio legitima supremae potestatis, non dubium in eo concilio univcrsalis ecclesiae repraesentationem esse non posse. Ubi autem legitima praecessit convocatio nec adhuc patres qui capita existunt, convenerunt, non crederem subito currendum esse, quia multa concilia etiam rite convocata errasse legimus, sed exspectandi sunt patres, licet non omnes necessario exspectentur, quoniam sufficit plures esse et omnes vacatos.

ここで,「その公会議には普遍的教会の〈レプレゼンタチオ〉が存在しえない」と言われていることは,その後に続く文章との関係からも分かるように,単なる「代表者」が存在しないということではない。そうではなくて,その公会議には普遍的教会が明らかな形をとって現れていない,現れえない,ということである。そして同時に,その「普遍的教会の現れ」が成立するということは,この場合,具体的には多数の「諸教会の頭である神父たちが出席していること」である。ここには明らかに,本節の始めに引用した哲学的な地平での〈現れ〉の意味を見てとることができるだろう。

見方を変えれば,「出席している諸教会の頭である神父たち」が自動的に「代表者」であって,それゆえに「普遍的教会の現れ」としてみなしうる,というのではない。多数の諸教会の頭である神父たちが出席しているという事実こそが「普遍的教会の現れ」であり,その限りにおいて彼らは「代表者」でもありうる,というのである。だから「諸教会の頭である神父たち」は,彼らが各地の教会を出発してくる時にすでに各自に「普遍的教会の代表者」の資格が賦与されているのではなく,多数の彼らが共通の意志(合意)をもって集まりつつある事実に,さらには実際に集まったという事実に「普遍的教会が現れる」のであり,その時に,彼らは「普遍的教会の代表者」の資格をうることになるというわけである。

さらには,このような経緯に基づいて「代表者」となった者は,単に便宜的な代表であるということではなく,存在論的な根拠によって自らが代表する集団(教会)の〈代表〉とされていることになる。それゆえに代表たる者は,自己のあり方と任務に対する十分な責任を認識しておかねばならないわけである。この点から,代表者達の会議の持ち方が問題となってくるが,それについては後で考察する。

3 〈レプレゼンタチオ〉の段階

ここでは,もう一箇所,キリスト教の教会制度の本質における〈レプレゼンタチオ〉が扱われているテキストを検討してみよう。

ペテロの名前は岩(petra)に由来し,岩とはキリストを表す教会

第 3 章　〈周縁からの眼差し〉　　　　617

であり，それゆえにそれはキリストの神秘体でもある。従って，キ
リストが真理であり，キリストの形あるいは印である岩は教会であ
る。それ故に，キリストが真理であって，キリストの形であり印で
あるものは岩であるから，それと同様に岩が真理であり，岩の形で
あり印であるものはペテロであることになる。それ故に，キリスト
が教会の上にいるように，教会はペテロの上にあることは明らかで
ある。〔…〕以上のことから明らかになることは，ペテロが教会を，
単独でまた極めて混乱した仕方で（なぜなら彼は誤りを犯しうるのだ
から）形どったように，岩とペテロとの間には〈レプレゼンタチオ〉
と印の多くの段階が存在することである。それは，大いに混乱した
〈レプレゼンタチオ〉と印から，より確かでより真なる中間的〈レ
プレゼンタチオ〉を経て，岩つまり真理に到るものである。しか
し，一なる教会を現わすこと（repraesentare）ができるのは，一人
の人物か一つの集まりだけである。この集まりのことをギリシア人
は「シュノドゥス」（synodus）と呼んでいるのである。それ故に，
普遍教会会議において考慮されるべきことは，それが，シュノドゥ
スとしての一致によって普遍的教会を〈レプレゼンタチオ〉しうる
正しく組織された集まりであるかどうか，ということである。例え
ば，教皇，大司教および司教区の頭たちによって構成されているか
どうか，ということである[30]。

30）　Ibid., II, 18, n. 157, 31-38; n.158, 1-10: Et quoniam hoc ita est quod Petrus a petra
et petra ecclesia quae significat Christum, et propter hoc est corpus elus mysticum, ideo patet,
quomodo Christus est veritas, petra.- figura sive significatio Christi - eccllesia, huius autem petrae
figura. sive significatio Petrus. Unde sicut Christus est veritas, cuius figura et siginificatio est petra
sive ecclesia, ita est veritas, cuius siginificatio et figura est Petrus. Ex quo clare patet ecclesiam
supra Petrum esse, sicut supra illam est Christus […] Deinde ex hoc patet quod, sicut Petrus unice
et confusissime figurat ecclesiam, qui devialbilis est, quod tunc inter petram et Petrum sunt p1ures
graduationes repraesentationum et siginificationum, quousque in petram deveniatur a confusissima
repracsentatione et figura usque in veritatem per media certiora et veriora. Uanm autem ecclesiam
siginificare et repraescntare non potest nisi unus aut una congregatio, quam Graeci synodum
dicunt. Ex quo evenit quod in synodis universalibus considerari dcbet, an sit ordinata congergatio,
quae ex unione synodica repraesentare habeat universalem ecclesiam, puta ex papa, patriarchis et
provinciarum capitibus. なお，ここでクザーヌスがあえてギリシア語の synodos を挙げている
ことは，その語源が syn + hodos つまり「道行を共にする」ことであることに注意を喚起する
つもりがあるのではないだろうか。つまり，同じ意志をもって集まることが synodos である
として。

618   Ⅵ　イディオータの思想

　ここで用いられているラテン語の repraesentatio, repraesentare も，明
らかに「代表」という語義よりも先に，「何かを具体的にありありと現
わすもの」という語義をもっている。つまり〈レプレゼンタチオ〉が明
らかに二義性の中に立っているのである[31]。
　そして同時に注目すべきことは，〈レプレゼンタチオ〉に段階の存在
が指摘されていることである。この点に関わることをクザーヌスは，ほ
ぼ同時期になされた「説教 16」で，次のように述べている。

　　この御言は，神であるゆえに，本質の完成において無限であり，
　　〔御父の〕〈レプレゼンタチオ〉においても無限である。なぜなら
　　ば，最も普遍的にして最も完全で最も明確に規定されているもの
　　は，精神の内での言葉にせよ言い表された言葉にせよ，創造された
　　か創造されうる他のいかなる言葉が現わしうるより以上によく現わ
　　すからである。その仕方は，御言が神の認識に最もよく適合するよ
　　うにであり，それ故にそれは，神つまり神的本質を第一に現わす唯
　　一のものである[32]。

　ここでは，〈レプレゼンタチオ〉について，神の言葉がするそれは完
全であるが，創造されたものがするそれは完全ではないことが含意され
ている。そして，不完全なものの〈レプレゼンタチオ〉の間にはおのず

───────────
　31）　そもそも〈repraesentatio〉が二義性を有するか否かが，例えば Kallen と Koch の
間で論争の的となったことがある。Cf. Koch, *Nikolaus von Cues und seinc Umwclt,* S. 23ff.
Kallen, *Die handschriftliche Überlieferung der Concordantia catholica des Nikolaus von Kues,* S.
16. すでに渡邊守道は，Watanabe, *The political Ideas of Nicholas of Cusa,* p. 93, note 90 におい
て，〈repraesentatio〉の二義性が確かに存在すると記している。また，本書の repraesentatio
の用法には，単に「代表」を意味する場合もある。例えば，II, 13, n. 125, 6；15, n. 132, 11; n.
133, 19. また，このようにこの二義性をめぐって論争が存在したということは，〈repraesentatio〉
に哲学的要素を認めるか否かという論争でもあり，従って，本章冒頭で言及した，*De
concordantia catholica* の中に後のクザーヌスの哲学的著作との連続性を見るかどうかの問題
の形を変えた姿に他ならないと，捉えることができるだろう。
　32）　*Sermo* XVI（1432 年 12 月 25 日），n.9, 1-9: Et quia hoc Verbum est infinitum per-
fectione essentiali, quia Deus, et infinitum in repraesentando, quia universalissime et tamen
perfectissime et determinatissime repraesentat plus, quam omnia alia verba mentalia et vocalia,
creata et creabilia repraesentare possunt, prout divinae cognitioni peroptime congruit, igitur unicum
tantum est, quod primarie Deum repraesentat sive divinam essentiam さらに *Sermo* XI, n.5, 1-5 も
参照されたい。

第 3 章　〈周縁からの眼差し〉　　　619

と段階づけが介在することになるだろう。それについてクザーヌスは，
他の箇所で次のように記している。

　　統治権が個別的であればあるほど，統治している人に属する〈レプ
　　レゼンタチオ〉はいっそう確かになり，また混乱の度合いはいっそ
　　う少なくなる[33]。

　つまり〈レプレゼンタチオ〉の確かさの度合いは，それが現わすもの
の範囲の広さに反比例するというのである。
　すると，前の引用で「ペテロは誤りを犯しうる」と記されていたこと
の意味の重さが，ますます明らかになってくる。つまり，現に存在し機
能している教会の制度は，たとえそれが神についての〈レプレゼンタチ
オ〉であるとしても，それは常に不完全なものであり，同時にそこに段
階の差があることは必然となるからである。だからこそ彼は，当時，普
遍的教会がローマの大司教区にだけ帰せられている事実を嘆くことがで
きたのである[34]。この嘆きは，単に彼が「公会議派」に属しているがゆ
えに，教皇側に対する批判としてなされているものと解釈して済ますこ
とはできないであろう。むしろ，上で見たような彼の〈レプレゼンタチ
オ〉の思想から必然的に生まれざるをえなかったのだと解釈すべきであ
ると思われる。
　さて，ここでわれわれは，思考をもう一段階深めねばならない。確か
にクザーヌスがこの書物では，冒頭の諸章に典型的に見られるように，
世界およびその中の全てのものを常に位階（hierarchia）において捉え
ようとしているとしても，それが単に〈レプレゼンタチオ〉における段
階の存在に適用されるに止まっているわけではない，という事実が読み
取れるからである。つまり，ここで言われている〈レプレゼンタチオ〉
の不完全さは，位階の中に位置づけられつつも，同時にダイナミックな
ものとして捉えられているのである。それは彼にとって，もはや改善の
余地のない固定的なものではなく，改善される余地があり，実際に改善
されるべきものとして，動的なものなのである。彼は，先の引用の直ぐ

───────────
33）　*De conc. cath.*, II, 18, n.163, 8-10.
34）　Ibid., II, 20, n.190, 4-5.

620　　　　　　　Ⅵ　イディオータの思想

後で次のように記している。

　　それ故，上で述べられたことに従って，普遍的教会会議が秩序正し
　　く召集されるということが成立するならば，その教会会議は，混乱
　　の度合いがより少なく，真理に向かってはより多く教会を現わすこ
　　とになり，それに応じてそこでなされる判断もより多く可謬性から
　　不可謬性へと向かうことになり，ローマのただ一人の大司教が大い
　　に混乱しつつ下す判断よりも，常にはるかにすぐれたものとなるの
　　である[35]。

　ここでは，様々な段階的区別のある〈レプレゼンタチオ〉でも，その
それぞれの段階において，〈レプレゼンタチオ〉に改善の余地が存在す
ることが言われていることが分かる。だからこそ，公会議そのものに
も，そのあり方によって〈レプレゼンタチオ〉の度合いに差が生じるこ
とになる。この視点から見る時，公会議であれ，教皇庁における枢機卿
会議であれ，さらには皇帝の宮廷における顧問官会議であれ，たえざる
自己吟味の必要性が，クザーヌスによって説かれ続ける理由が明らかに
なる。だが，それについては後で再び考察しよう。

4　〈レプレゼンタチオ〉と〈合意〉（consensus）

　さて，クザーヌスによって模範的とみなされている公会議の進められ
方は次のようなものである。

　　もし，ある公会議が正しく合法的に召集されて，呼びかけられた者
　　が全員集まっているならば，そして極めて自由に遂行されて，全員
　　の共通の〈合意〉によって正当に結論づけられて，信徒の救いに関
　　することを，いかなる方法によってでも共に決議して口頭で宣言す

　35）　Ibid., II, 18, n. 158, 10-15: Unde, quando ita iuxta praemissa supra contingit universalem
synodum ordinate congregari, non dubium, quanto illa synodus minus confuse plus tendendo in
veritatem repraesentat, tanto eius iudicium plus a fallibilitate versus infallibilitatem tendit et semper
maius est iudicio unici Romani pontificis confusissime figurantis. Antiquum est hoc proverbium
facilius inveniri, quod a pluribus quaeritur.

第 3 章 〈周縁からの眼差し〉　　　621

るならば，その公会議は決して誤ることがなかったことを，われわ
れは記録で読んだ。なぜならば，それがカトリック教会全体を密接
に〈レプレゼンタチオ〉している故にであり，また，代表と議長を
とおして集まっている全ての信徒の合意の故にである[36]。

　この引用にも現れているように，キリスト教界および世俗の帝国の双
方にわたって，あまねき協和の成立を提唱するこの『普遍的協和』にお
いて，実は〈レプレゼンタチオ〉と並んで，もう一つ重要な役割を果し
ている概念がある。それは〈合意〉である。
　この概念のクザーヌスにおける特質が現れている一例を示すと，以下
のようなものである。

　　万人は本性的に自由であるから，いかなる支配権も，それが，成文
　　法に基づくものであれ，支配者による生きた法に基づくものであ
　　れ，それの下で服属する者は，罰の恐れによって悪から離れている
　　ように抑制され，彼らの自由が善に向かうように制御されるもので
　　あるが，それは専ら服属する者の共感と合意に由来するのである。
　　なぜなら，人は本性的に等しく権能をもち等しく自由であるから，
　　本性的には他の人々と等しい権能をもっているにすぎないただ一人
　　の人が有することになる，真で正しく秩序づけられた権能〔例えば
　　王権―引用者註〕は，他の人々の選任と合意によってのみ成立する
　　からである[37]。

　ここには，人間一般の有する自然権的な自由を明確に肯定することが
述べられており，合意の意義はそこに根拠付けられている。それゆえに
また，皇帝と言えども，高貴な動物である人間に対しては，それを強制
するよりもむしろ導くべきであるとも，別の箇所では言明されているの

　36）　Ibid., II, 34, n. 248, 16-21.

　37）　Ibid.,II, 14, n.127, 13-20: Unde cum natura omnes sint liberi, tunc omnis principatus,
sive consistat in lege scripta sive viva apud principem, per quem principatum coercentur a malis
subditi et eorum regulatur libertas ad bonum metu poenarum, est a sola concordantia et consensu
subicctivo. Nam si natura aeque potentes et aeque liberi homines sunt, vera et ordinata potestas
unius communis aeque potentis naturaliter non nisi electione et consensu aliorum constitui potest.

である[38]。

　この自由に基づく合意の思想は，さらに以下のように先鋭化されている。

　　強制的なものにせよ，家政的なものにせよ，また管理的なものにせよ，命令的なものにせよ，「すべての権能は上から来る」と言われているが，自由なキリスト教徒である人間を権能が規制し強制するべく実際に外的に動かすことができるためには，彼らの自発的な服属が，諸規則によって正当にも，条件として要求されているのである。なぜなら彼らは，キリスト教信仰の法によっても自然法によっても，自由の限界を超えて制限されるべきではないからである。このようにして私がさらに明らかにしたかったことは，あらゆる教会の霊的な首長権は人々の承認を媒介としてキリストによって立てられたのだ，ということである[39]。

　ここでは，社会的制度としての教会にせよ帝国にせよ，人間の自由な権利を無条件で奪うことはできないのであって，人間の自発的な従属を得て，はじめてそれが可能となるのである，と明言されている。
　しかしながら，クザーヌスの想定している自発的な合意の形成は，決して各人の恣意にまかせられているものではない。われわれは上の引用で「自由なキリスト教徒である人間」と記されていたことに注意を向けたい。つまり，人がキリスト教徒であるかぎり，先に第2節2項で言及したとおりに，彼らの中に聖霊が働き，その導きによって必ず合意に達することができる，という思想が働いているのである[40]。

　38）　Ibid., III, 23, n. 448, 12f.
　39）　Ibid., II, 34, n. 261, 18 - n. 262, 3: Sic enim dicitur: Quamquam omnis potestas desursum sit, sive coactiva sive oeconomica, regulativa ad ordinativa, tamen ad hoc, ut ipsa extrinsece in actum prorumpere possit homines liberos Christianos regulando vel congendo, tunc recte regula praerequirit subiectionem liberam eorum, cum ipsi ex legi fidei Christianae et naturali iure non artarentur extra terminos libertatis. Hoc modo diffusius intendebam deducere omnem praesulatum ecclesiasticum et spiritualem a Christo mediante hominum assensu constitui.
　40）　Ibid., II, 4, n. 78, 1f. なお，この思想は De mente にも，1）〈イディオータ〉と〈弁論家〉と〈哲学者〉とが三角形に席をとる場面（I, n. 56, 4, および2）諸学派の理論を調和させる議論を〈イディオータ〉がして〈哲学者〉を驚かせる場面（III, n. 71, 1f.）として存在

第3章　〈周縁からの眼差し〉　　623

　こうしてわれわれは，〈合意〉ならびに前節までに考察しておいた〈レプレゼンタチオ〉（現れ・代表）との密接な関係を，ここで確認することができるだろう。つまり，各人の見解は，それがいかに異なるものであろうとも，それもまた「自由なキリスト教徒である人間」の〈レプレゼンタチオ〉であることになる。すると，異なった見解も，それが真摯なものであるかぎり尊重されるべきであることになり，その結果，必ずや聖霊の導きによって合意に到達できることになる。つまりクザーヌスにおいては，〈合意〉形成の可能性と〈合意〉形成への努力が，〈レプレゼンタチオ〉の思想から要請されているのである。さらに言えば，より多様な意見が〈合意〉に導かれることこそが，聖霊がそこにそれだけ活き活きと働いている証であることにもなるわけである[41]。

　さらに，会議での〈代表者〉に着目してみるならば，〈代表者〉たる者は，自らが神の〈レプレゼンタチオ〉であると同時に〈民〉の〈レプレゼンタチオ〉であること[42]を十分に自覚しつつ理性を行使して，真理の探究に関わらねばならないことになる。すると，その自覚はどのようにすれば担保されうるかが問題となる。それについて述べているのが『普遍的協和』第2章に，第4回トレド教会会議の記録の引用という形で記されている文章である。その中でクザーヌスは次のように報告している。

　会議の開会に当たって各司教が随員を後ろに従えて円形に座り，俗人の入場も許された後，一同静粛な時をもった。そして，心を神に向けるべく共に祈った。そして会議は進められ，全ての議題が結論に達するまで，会議を離れる司教はいなかった。なぜなら，教会に関わることが一切の混乱なくかつ平和的に討論されて結論に到ったとすれば，そこには神が臨在していたと信じうるからである，と。そして，クザーヌスはこう付言している。

────────────
する。

　41）　いっそう多様な儀礼の存在が神に喜ばれる，という趣旨の記述が後年，1453年の著作 De pace fidei 19, n. 67, p. 62, 3-8（八巻訳『信仰の平和』637頁）にもある。ここでは異なる宗教の間でのことが論じられているので，この点に関しても，クザーヌスの思想の発展が見出されよう。

　42）　ハウプストは，クザーヌスの聖職者における「二重の代表者性」die doppelseitige Representanz von oben und von unten を指摘している : Haubst, op. cit. S. 536.

〔会議での〕この秩序を見てほしい（Ecce ordinem. Verum non ita hodie observatur）。これこそが〔守られるべきものであるのに〕今日では守られていない[43]。

　ここでクザーヌスが強調しているのは、〈代表者〉が自ら果たすべき機能を十分に果たしうるために必要とされる「心の整い」（dispositio cordis）を実現することの必要性である。その内的条件が相応しく実現されるならば、理性も十分に機能し、その結果、相応しい〈合意〉が実現するというのである。

　以上のような議論を、クザーヌスはこの書物のほとんど末尾近くで、次のようにまとめている。

　　われわれはこれまでに、カトリック教会の協和的で真なる調和は正しく組織された統治権にこそ存在するのであること、そしてこの統治権は、共通の合意と選任とから成立し、万人の、或いは人の多数部分の、自由な従属によって存続することを明らかにした。さらに、教会法と神の法、および万人に共通の合意によって人間の理性に適ったように示された法が、この一時的な生から天の祖国へと到るもっとも相応しい手段としての道を示していることも明らかにした[44]。

　このような合意理論は、現代のわれわれから見ると、すなわち民主主義的な前提から判断すると、かなり奇異な印象を受けざるをえない要素を多く有するものであることは、よく指摘されている通りである[45]。しかしながらそれは、クザーヌスのキリスト教信仰に基づく内的論理に

　43）　*De conc. cath.*, II, 23, n. 197f. 引用テキストの箇所は Ibid. n. 198, 1. さらに註 14 の箇所も参照されたい。

　44）　Ibid., III, 41, n. 567.

　45）　例えば、Meuthen, op. cit., S. 45（酒井修訳 52 頁）; Sigmund, *Nicholas of Cusa and Medieval Political Thought*, p. 157. 確かにクザーヌスの合意理論は主観的要素が色濃いが、理性的要素がまったく無視されているわけでないことも、また明らかである。この「主観的要素」と「理性的要素」の独自の関係が、クザーヌスの「神秘主義的認識論」の特徴であり、これは、クザーヌス中期の傑作とされる *De visione Dei*（『神を観ることについて』）を経て、終生存続するものである。この点でも、*De conc. cath.* からの連続性を見てとれるだろう。

よっては，必然のことであったのだ。

3 〈レプレゼンタチオ〉から〈包含―展開〉へ

　ハウプストは，クザーヌスが1442年を境に，議論の多かった〈レプレゼンタチオ〉の用語法を止めて，〈包含―展開〉（complicatio - explicatio）のシェーマに移行したと記している[46]。そして彼は，クザーヌスの〈レプレゼンタチオ〉について，主として神学的な観点から次のような三種の基本的な意味を指摘している[47]。1) 神が被造物の中に自己を現わす。2) 被造物の頂点に立つ人間が神的能力を現わす。3) 教会が福音および人間の統一を現わす。これに，4) として，われわれが先に公会議での〈代表〉として扱ったもの，つまり人間の組織を特定の人が現わす場合を付加することができるであろう。
　そして，この四種を比較考量すると，大きな相違が明らかになる。それは，1) の「（創造主である）神が被造物の中に自己を現わす」ことは，神が自ら遂行することであるのに対して，2) 以下の他の三種は，特定の存在者が本来自己とは本質的に関係のない「他のものを現わす」ことである。それと同時に，前者二種と後者二種の間にも別の観点から成立する相違がある。つまり，後二種においては「現わすもの」（repraesentans）と「現わされるもの」（repraesentatum）との間に存在論的に絶対的な相異はないが，前二種においては，「現わすもの」が有限な存在であるのに対して，「現わされるもの」は神として無限な存在であることにおいて，絶対的相異があるということである。
　これらの輻輳した事情をわきまえれば，'repraesentatio' という用語は，確かに『普遍的協和』という書物の中で公会議における代表権の所在を

---

　46) Haubst, op. cit. S. 518; 542 ; 550. なお，この用語を用いなくなったことは，クザーヌスが公会議派から教皇側に立場を変えたこととは関係がないであろう。教皇側に移った後の1439年終わりの手紙でも，この用語を用いている。Cf. *Nikolaus von Cues an ein Kartäuserkloster*, in: *CT* IV, 1, S. 38f; 43 また，1440年に著された *De docta ignorantia* において　は，神と世界との関係を，〈complicatio-explicatio〉のシェーマのみで説明している。つまり，この時期にクザーヌスは，両方を並行的に用いていたのである。
　47) Haubst, op. cit. S. 525f

論ずる時には便利であったとしても，一般に哲学的，神学的問題を扱う場合には，かえって事態を複雑にさせてしまう可能性が大きい。なぜなら，第一の「神が被造物の中に自己を現わす」という〈レプレゼンタチオ〉が，後の三種と同様な視点から逆に考えられる場合，つまり「被造物が神を現わす」ことが想定される場合，そこに本来介在するはずの存在論的な地平での絶対的な相違が見逃されやすくなり，従って汎神論であるという誤解が容易に生まれることになるからである。おそらくはこの点を回避するためにこそ，クザーヌスは〈レプレゼンタチオ〉の用語法を廃止することにしたのであろう。実際，被造物としての世界の存在にそれなりの積極的な価値を認めるクザーヌスの思想には，常に「汎神論」という嫌疑および非難がつきまとっていたのである。つまり，この用語の廃止は，クザーヌスの思想の深まりによる結果でもあるだろう。

さて，〈包含―展開〉のシェーマとは，周知のように新プラトン主義的伝統に立つものであって，クザーヌスにも特徴的である。それは，存在の源でもある神という絶対的存在が，そのうちに万物を包含していると同時に，それを源として存在する現実の存在者には，源たる絶対的存在が展開しているゆえに，それらが現にそのように存在している，という思想である。

では果してこのシェーマは，哲学的議論だけではなく，〈レプレゼンタチオ〉の用語法が担っていた任務，つまり「教会制度における職務関係」にも適用しうるだろうか。実は，クザーヌスは確かにそうしているのである。1442 年に書かれた一つの手紙がある。バーゼル公会議において公会議派の論客の一人であったロデリゴ・サンチェス（Roderigo Sanchez de Arevalo）に宛てたものである。

　そしてそれ故に，この教会の頭は人間の中から引き上げられた大司教である。キリストの第一にして唯一の証聖者としての彼の中に，この教会そのものが包含的に存在している。〔…〕教会を包含的に意味している岩に由来するペテロの展開とは，信徒大衆の異なりの中でも同一の信仰告白を分有している一なる教会である[48]。

---

48) *Epistula ad Rodericum Sancius*（1442），n. 6, 3-5; 10-13: Et ob hoc caput huius ecclesiae est pontifex, qui ex hominibus assumitur. In quo est haec ipsa ecclesia complicative ut in

第 3 章　〈周縁からの眼差し〉　　　　627

　この文章は，先に第 2 節 3 でわれわれが引用したもの（註 30）と内容的にはほとんど同じであるが，その表現がまさに〈包含─展開〉のシェーマでなされているのである。

　以上のことから明らかになるもう一つのことは，『普遍的協和』における〈レプレゼンタチオ〉の意味を，哲学的背景においては，具体的に〈包含─展開〉に変換して解釈することも妥当性を有することであり，それはわれわれがすでに上で，遂行したところでもある。

　ではクザーヌスは，これ以降は〈レプレゼンタチオ〉を用いなかったであろうか。確かに，1440 年に執筆された『覚知的無知』においては，すでに全面的に〈包含─展開〉を用いて神と被造世界との関係を説明しており，〈レプレゼンタチオ〉は用いていない。しかしながら，以降一切使用しなかったというわけではない。それは，第 2 節冒頭でわれわれが引用した『創造について』（1447 年）にも見られる通りである。また，中期の著作『精神について』にも用いられており，さらには，晩年の著作である『知恵の狩猟』および『神学綱要』ならびに『観想の頂点』でも用いられている[49]。その中で，『神学綱要』と『観想の頂点』の二著においては，相変わらず，主として神・絶対者・一者が世界に自己を表わすことについて〈レプレゼンタチオ〉が用いられている。

　では，〈レプレゼンタチオ〉という概念が〈包含─展開〉というシェーマへと変わることによって，思想を表現する上で何らの支障をもクザーヌスにもたらさなかったであろうか。純然たる哲学での存在論的事態を説明するのには，むしろ〈包含─展開〉のシェーマの方が適切であったに違いないが，人間社会における〈代表〉の意味をも含ませようとする時には，不足するものがあっただろうと思われる。なぜなら，すでに見

---

primo uno confessore Christi. [...] Explicatio igitur Petri a petra dicti ecclesiam complicantis est ecclcsia una eandem confessionem in alteritate multitudinis credentium participans. なお，この文章で教皇のことが「選ばれた」ではなくて「assumitur 引き上げられた」とされていることが，クザーヌスの教皇側への立場の変更を如実に示しているだろう。

　49)　*De genesi*, 1, n. 150f.（酒井紀幸訳 508 頁以下）; III, n. 162（酒井訳 516 頁）. *De mente*, VI, n. 92, 10; *De venatione Sapientiae*, XXXVl, n. l07, 5（酒井・岩田訳 237 頁）; XXXVIII, n. 110, 13（酒井・岩田訳 241 頁）; Ibid., n. 111, 9（酒井・岩田訳 241 頁）; Ibid., n. 112, 22（酒井・岩田訳 243 頁）; *De apice theoriae*, n. 8, 15（佐藤訳 653 頁）; *Compendium*, IV, n.10, 12（大出・野澤訳 24 頁）; X, n.29, 7（大出・野澤訳 48 頁）. またクザーヌスには同じような意味を担う apparitio, resplendentia という用語もある。

たように『普遍的協和』における〈レプレゼンタチオ〉は，神が被造世界に自らを現わすことであり，その後ろ盾を受けて，被造世界における万物がそれぞれ〈現れ〉となりうるのであり，さらにはその前提の下に，〈代表〉とは当の存在者そのもののことではなくて，それが有する機能・権能のことが意味されているのだからである。つまり，〈展開〉はこのような全体的な事態を，〈レプレゼンタチオ〉のように一語で，まさに「現わす（代表させる）」ことはできないからである。

そこでクザーヌスは，〈包含─展開〉のシェーマを用いつつ，この全体的事態を表現しようとする場合には，〈類似〉〈類似化〉という語を用いて補完しているようだ。それは『精神について』に典型的に見られる[50]。

同時にもう一つの目的のために，すなわち，特に教会に関する〈代表〉のあり方を批判的に考察しようとする場合に，そのための補助概念として〈イディオータ〉が考案され，使用されたのではないかと考えられるのである。なぜなら，信仰の問題には俗人も参加させるべしというのは，クザーヌスの『普遍的協和』以来[51]の一貫した主張であり，その〈俗人〉という存在が極めて多面的に彫啄された人物像として〈イディオータ〉が後に設定されることになっているからである。

このように理解してみる時，さらに留意するべきことがある。それは，クザーヌスが『普遍的協和』において俗人の参加を勧めたのも，また，1450年に教会と修道院の改革のための教皇代理としての視察旅行に出るに先立って，〈イディオータ〉を主人公とする一連の書物を著したのも，教会に関わる重要な事柄の決定に俗人を直接的に参加させるためではなかったのである。実際に，『普遍的協和』においてクザーヌスが言っていることは，信仰に関することは多数決ではなくて満場一致で決定されるべきであるから，司教以外の聖職者が参加しても問題はないはずだし，また俗人が証人として参加しても不都合はないはずだという

---

50) *De mente*, VII, n.l06, 8-10: Utitur autem hoc altissimo modo mens se ipsa, ut ipsa est dei imago, et deus, qui est omnia, in ea relucet, scilicet quando ut viva imago dei ad exemplar suum se omni conatu assimilando convertit.（精神はこの高く上げられた方法を用いて自身を神の似像とする。また，万物である神は，精神の中に輝き出ている。すなわち精神が神の生きた似像として，自身の原像に類似するべく全力を尽くしてそれに向かっていく時にである。）

51) *De con. cath.*, II, 16, n. 138f.

ことである[52]。

　つまり，この〈イディオータ〉とは，それ自体が自ら教会内で決定に
積極的に関与するという任務を果たす存在として想定されているわけで
はなくて，責任ある決定をする立場にある聖職者が，自らを省みる〈鏡〉
として彼らを用いつつ[53]，その最終的態度決定に臨むようにと促す，一
つの手段として捉えるべきである[54]。このような存在としての〈イディ
オータ〉に照らしてみる時，そこにも神が現れている者としての〈イ
ディオータ〉を介して，聖職者たちの中に聖霊の働きがいっそう活発化
されることになり，その結果，真理に向かっての〈合意〉に到達できる
と，クザーヌスは考えているはずである。

4　〈周縁〉からの眼差し

1　「簡約された公会議」

　これまでの考察により，クザーヌスの思想では，〈代表者〉による会
議の進め方において〈レプレゼンタチオ〉の思想が重要な役割を果して
いることを明らかにしたが，その成果を基礎としながら，ここでさら
に，その点に関わって決定的な意味をもつと思われるクザーヌスの具体
的提案を検討することにしよう。

　まず紹介するのは，彼が晩年，1459 年頃にまとめたと推測されてい
る教皇庁改革の提案である『全面的改革』の一節である。

---

52)　Ibid., II, 16, n. 138f. なお，Sigmund は，*De concordantia catholica* の彼の手になる英
語訳の序文において，クザーヌスには大衆への信頼と大衆不信とか曖昧に併存しているとし
ているが（*Nicholas of Cusa, The Catholic Concordance* p. xxxvii），この曖昧さは，〈信仰〉を
明確に介在させることで解消されるはずだ。〈イディオータ〉も上記の通り，信仰が篤いがゆ
えに批判者となりうるように，クザーヌスにおいては，全てが〈信仰〉抜きでは考えられて
いないのである。Sigmund はこれを，近代の政治理論のパースペクティブの中で，余りにも
〈世俗化〉した場面で考えようとしていると言えるだろう。

53)　すでに第 2 節 1 で引用した説教（註 26）の当該部分，*Sermo* IV, n. 35, 22f. を参照
されたい。また，この〈イディオータ〉はクザーヌス本人にとっては，一種のカウターバラ
ンスの役割を果たしたと思われる。本書前章末尾を参照されたい。

54)　クザーヌスは，司牧者は信仰上の誤りを彼の下位者によって内々に正されてよいの
であり，また上位者からは公然と非難されてよいと記している。Cf. *De conc, coth.*, II, 17, n.
141. 9f.

枢機卿に召命されている者は，全ての運動が固定され，全ての動揺
が安定させられる点としての，教会の堅固な蝶番でなければならな
い。なぜなら枢機卿団においてこそ，地上に散らされている全教会
が合意するのだからである。それゆえに彼らは教会の牧者を選び，
そしてその牧者において彼らは合意に到るのである。そうすること
によって，彼らにおいて〈現わされている〉（repraesentive）教会
もまた合意に到るのである。それ故に彼らは，われわれと共に〔教
皇と共に〕諸民族の代表者（legati nationum）のようにして，毎日
開催される教会の「簡約された公会議」（compendiosum concilium）
をもつのである。そうすることで，彼らは，われわれの神秘体即ち
ローマの聖なる使徒とカトリック教会の部分であり肢体となるので
ある[55]。

　ここではすでに「現れ」と「代表者」が用語の上で明確に区別されて
いる。しかし構造は，すでにわれわれが『普遍的協和』において析出し
たものと同一である。さらに，クザーヌスが枢機卿団の会議のことをあ
えて「公会議」と名付けていることの意味を，われわれは先に考察した
クザーヌスの「公会議」思想の中に正当に位置づけることによって，見
逃さないようにすべきであろう。つまり彼の主張は，教皇庁の枢機卿団
たるものは，自らが教会の〈現れ〉であると共に諸民族の〈代表者〉で
あることを想い起こしつつ，毎日開催される「簡約された公会議」に臨
まねばならない，という具体的な提案である。
　さらに，このような会議が必要であるとクザーヌスが考えている根拠
は，他でもない，枢機卿団と教皇自身の自己反省の必要性である。これ
について，少し前の箇所でクザーヌスはこう記している。

　55）*Reformatio generalis*, n. 26, 2- 10: Ad caridinalatum enim Vocati firmi cardines
ecclesiae esse debent, in quibus firmetur omnis motus et stabilitetur omnis fluctuatio. ln ipso
enim collegio est quidam totius dispersae per orbem ecclesiae consensus; Ideo et eligunt pastorem
ecclesiae. Et in quem ipsi consentiunt, ecclesiae, quae in ipsis est repraesentive, etiam consentit.
Faciunt igitur nobiscum, quotidianum compendiosum ecclesiae concilium quas legati nationum, et
sunt partes et membra corporis nostri mystici, scilicet sanctae Romanae apostolicae et catholicae
ecclesiae. なおここで「蝶番」と言われているのは，「枢機卿」cardinalis が「蝶番」cardo を
語源としているからである。

第3章 〈周縁からの眼差し〉　　　　631

目は他の目の汚れを見てとることはできても，自身の汚れを見てと
ることができないから，〔ローマ教会というキリスト教の神秘体と
しての教会の〕目も自己を見て視察することはできないのである。
それゆえに，自己を他の視察者に委ねて，視察してもらわねばなら
ない。そして，自己が体の他の部分を視察するのに相応しくなるよ
うに，修正し清めてもらわねばならないのである[56]。

さらには，以下のようにも。

視察は先ずローマ教会と教皇庁から開始して，次第に個々の司教区
へと差し向けていくべきである[57]。

ここでは明らかに，批判と反省がクザーヌスによって〈眼差し〉とし
て表象されている。その点で，クザーヌスの厳しい〈眼差し〉が，今や
彼自身もその一員であるローマ教皇庁に対して，先ずもって向けられて
いることを見出すことができる。そしてこの〈眼差し〉の源は，他なら
ぬ〈下から〉である。ローマ教皇庁は，人の制度としては頂点に立つも
のだからである。
　実は極めて興味深いことに，これとほぼ同じ内容を有する文章を，ク
ザーヌスはすでに最初期の著作である『普遍的協和』の中に次のように
記していたのである。

聖職者たちは俗人の合意を得つつ司教を選出し，司教たちは，聖職
者の合意を得つつ大司教を選出する。管区の大司教たちは，司教た
ちの合意を得つつ，ローマ司教を補佐する管区の代表者たちを選出
する。この代表者は枢機卿と称されるが，彼ら枢機卿が，もし可
能な場合には大司教の合意を得つつ，教皇を選出するのである。し

---

56)　Ibid. n. 6, 21-24: quoniam oculus, qui aliorum maculas videt, suas non videt, ideo
oculus se visitare nequit; sed oportet, ut se subiiciat alteri visitatori, qui ipsum visitet, corrigat et
mundet, ut sic aptus fiat ad visitandum corporis membra.
57)　Ibid. 33f.: Et in hoc a nostra ecclesia Romana et curia incipiemus et consequenter
visitatores ad singulas provincias mittemus.

かし，あまりに長い空位の危険のために，合意を待つのが有益では
ないと思われる場合には，よりよい秩序によって代替されてもよい
だろう。即ち，ローマ司教は，彼と共に普遍教会を正式に現わす
（repraesentare）継続的公会議をもつのである。これによれば，疑
いもなく教会は最善に治められるはずである[58]。

　つまり，ここでも「継続的公会議」という名前で，毎日開催される
枢機卿団の会議が想定されているのである。また，批判と反省が〈眼
差し〉として表象されることも，同書の第三巻に見出される[59]。さらに，
本章註 24 の箇所に引用した，クザーヌスによるバシレウス皇帝の演説
の一節「私の瞼まで近づくがよい，そして私の両の眼をのぞき込むがよ
い」も，同様の意味をもっている。

　しかしながら，晩年に纏められた『全面的改革』には，彼の若年時の
著書である『普遍的協和』における上の引用文への言及は存在しない。
しかしこれは当然のことでもある。なぜなら，クザーヌスが公会議派か
ら教皇側へと立場を変えた後，今や教皇庁の内部にいながら，この改革
案を提起しているのであり，その内容の実現を図ろうとする限りは，そ
れがかつて『普遍的協和』に記した提案と類似していることを明らかに
することは，教皇庁内での説得力をみすみす失うことになるからであ
る。

　今確認された，クザーヌスの晩年の提案が内容的に彼の若き日に著し

　58）　*De conc. cath.* II, 18, n. 164, 16-25: Concurrente eorundem laicorum consensu clerus
episcopam,...et episcopi cum consensu <cleri) metropolitanum, […] et metropolitani provinciarum
cum consensu episcoporum legatos provinciarum assistentes Romano pontifici, qui cardinales
vocarentur, et illi cardinales papam de consensu metropolitanorum, quantum possibile foret; si
autem ob pericula diuturnae vocantiae non videretur utile consensum exspectare, quod tunc fieret,
sicut hactenus meliori ordine: hoc modo Romanus pontifex secum continuum haberet concilium
ordinate repraesentativum universalis ecclesiae, cum quo absque dubio ecclesia optime regeretur.
なお，この二つの記述の類似については，Haubst, op. cit. S. 499, Anm. 101 でも指摘されてい
る。さらに，渡邉守道の以下の二つの論文も，この辺りの事情を詳細に研究している：「ニコ
ラウス・クザーヌス著『全面的改革』について」：「ティロールの修道院改革と『神の視につ
いて』（いずれも，渡邉『ニコラウス・クザーヌス』に収載されている）。
　59）　*De conc. cath.* III, Praefatio, n.278. そこでは，法は多数の人々の多数の目から出来て
いる一つの目であり，感情から自由な理性である。従って多数者によって作られ，誰もが現
に従っている法は，たとえ支配者であろうとも変えてはならない，と記されている。

た書物に記されたものとほとんど同一であるという事実は，極めて注目すべきことである。教皇庁に入ってすでに 20 年以上が経過していたにも関わらず，彼はかつての理想を忘れてはいなかったことを証示するからである。

2　〈周縁からの眼差し〉

クザーヌスは，思索する上で〈眼差し〉というものについて敏感であったように思われる。自分が枢機卿に上げられつつあった時，1449年 10 月に故郷のクースで記した自己の略歴の中でこう記させている。「船主であったヨハン・クリュフツという男が〔…〕トリーア司教区のクースに当のニコラウス・クザーヌスを生んだ」と書き始めて，それに続けて自分の経歴と業績を記し，その結果としてついに枢機卿に上げられるに到ったことを書かせた上で，こう続けている。

　　聖なるローマ教会は〔人の〕生まれた所や階層に目を向けることがなく，〔その人の〕働きに対してこそきわめて寛大に報償を与えるのであるということを誰もが知ることができるように，当地に滞在している当の継機卿が 1449 年 10 月 21 日に〔家族に─ここでクザーヌスは老父，兄弟，姉妹とその夫に言及している〕別れを告げるに際して，神を讃えつつこれを記すように命じたのである[60]。

　ここにもローマ教会のクザーヌスに対する〈眼差し〉，この場合は温かい〈眼差し〉が感謝の念と共に記されている。

　また，中期の著作『神を観ることについて』においても，その思索を深めていく上で神の顔とともに神の〈眼差し〉が重要な役割を果している。今，私は「顔とともに〈眼差し〉が」と記したが，これには以下のような事情がある。この両者はラテン語では facies と visus として別の語であるが，中高ドイツ語では gesiht の一語で両方を意味した[61]。現代ドイツ語でも，顔が Gesicht あるいは Angesicht として Sehen（見る）か

　　60）　Kurze Autobiographie des Nikolaus von Kues, in: *Acta Cusana* Nr.849（l. 2, p.60 3）．なおこの文書の一部は，モイテン前掲書（S. 23f.; 酒井訳 24 頁）にも引用されている。

　　61）　Lexer, *Mittelhochdeutsches Handwörterbuch*, I, S. 913.

ら派生しているゆえに，極めて近い語であり，場合によっては Gesicht の一語で，顔と眼差しの両方を意味することも可能である[62]。おそらくクザーヌスは，この書物の思索を進める時に，彼の母語であるドイツ語のこの語を念頭においていたであろう[63]。

　また，先に扱った『全面的改革』とほぼ同じ頃に著された『緑柱石』においても，緑柱石を研磨することで当時開発されたばかりの眼鏡という新しい道具を比喩として用いて，真理探究の方法が説かれている。ここにも〈眼差し〉への注目があるだろう。

　すでに言及したように，クザーヌスは自分の生きていた時代および所属する教皇庁を相対化して見る能力を備えていた人物であったが，さらに彼は自身の生きている時代を，聖俗ともにこれまでの歴史の中で最低，最悪の時代であるとみなしていた[64]。この厳しい認識の由来する源は，本章第1節冒頭に引用した文章が示しているように，彼がヨーロッパ諸国の教会や修道院の書庫に埋もれていた古文書を自ら見出したことにある。これらの文書を読むことによって，彼は自分の時代の堕落した状況をいよいよ深く認識したに違いない。ここには，言わば忘れられていた視点からの〈眼差し〉が働いているだろう。これを私は，〈周縁からの眼差し〉と規定してみたい。

　次の〈眼差し〉としては，これもすでに第1節第2項の末尾で言及したことであるが，〈民〉から〈民〉への〈眼差し〉がある。〈民〉もまた，封建主義の時代にあっては無視されやすい，その意味では周縁的存在であった。したがって，この〈民〉から〈民〉への〈眼差し〉は，端的に記せば〈イディオータ〉の〈眼差し〉とも言えるであろう。そして，これもまた一つの〈周縁からの眼差し〉と言えるだろう。

　さらに，クザーヌスにはドイツと関わる深い〈眼差し〉がある。先に紹介した彼自身の「小自伝」の冒頭で，彼は自らがこれまで歩んできた道筋を示すかのように，パドヴァで学んだこと，コンスタンティノープルに教皇使節団の一員として行ったこと，ローマ教会の教皇のために働

---

　62)　『独和大辞典』887 頁。

　63)　清水富雄の著作に『顔　主体的全体の世界』があり，その中で「クザーヌスの顔」について論じているが，われわれの目下の関心との接点は見られない。

　64)　*De conc. cath.* I, 12, n. 54, 10-12; III, 31, n. 504ff.

いてきたこと等を記している。これは，文字通りに受け取るならば，自己の活躍の舞台の広さを誇示する意図であろうが，しかし逆に考えるならば，彼の故郷であるクースがヨーロッパ的視野の中では，いかにドイツの片田舎に過ぎないかを強烈に意識していることの現れでもあるだろう。それゆえにであろう，彼は自身の哲学的処女作である『覚知的無知』の末尾に「クースにて擱筆，1440 年 2 月 12 日」とあえて記しているのである[65]。

　その他にも，クザーヌスには若い時からドイツへの「こだわり」があったことは，これまでのわれわれの『普遍的協和』を対象としての考察からも明らかである。それらを例示すれば以下の通りである。第 1 節の冒頭で言及した，ラテン語はうまく使いこなせないが真理を伝えることはできるドイツ人という記述がある。また，教会の会衆をよりよく〈現わす〉ならば，トリーアの司教の方がローマ教皇よりも，聖ペテロの後継者にいっそうふさわしい可能性がある，との言及がある。〈民〉が弁護士の三百代言に惑わされ苦しめられているという，トリーアでの彼の経験の報告がある。さらには，教皇庁が富を集めようとしてドイツ人の全てを破滅的に苦しめているという批判もある。

　このような彼の姿勢のゆえに，教皇庁内部にも，クザーヌスはドイツにこだわり過ぎるという批判が生じていたほどである。実際，ピウス 2 世教皇も，本章の冒頭に示した劇的な場面について，クザーヌスはあまりにもドイツに献身しすぎる，とその覚書に記しているのである[66]。

　これは，クザーヌスの，ドイツへの〈眼差し〉とドイツからの〈眼差し〉に他ならないだろう。そして，私の経験に基づいて記すことを許してもらうならば，ローマで活躍するクザーヌスにとって，ドイツに帰る度にその地がどのように見えたかも想像に難くない。日差しが明るく，緑も色濃いローマから北の祖国ドイツに戻れば，緑の薄い地で〈民〉が実りの少ない労働に励んでいる。しかし，そのような状況にはまったく無頓着に「神の都」ローマは贅の限りを尽くしながら，ドイツに重い税を課しては，そこの〈民〉を破滅的に苦しめている。そのような現実がクザーヌスに迫ってきたであろう。こう見ることが許されるならば，や

---

65)　*De doct. ign.* III, (n. 264), p. 164, 9: COMPLEVI IN CUSA 1440, XII, FEBRUARII.

66)　Gabel, op. cit. p.363

はりドイツへの〈眼差し〉とドイツからの〈眼差し〉もまた，〈周縁から
らの眼差し〉と規定することができるだろう。

さらにもう一つ，クザーヌスの哲学的視点としての〈レプレゼンタ
チオ〉にも〈周縁〉の要素を見出すことができるのではないかと考え
る。それは，すでに明らかにしたように，世界内の個々の存在とその総
体を神の〈現れ〉とみなすものであるが，この〈現れ〉を考察する時の
クザーヌスの視線は，先ずもって直接〈上へ〉，つまり神へと向けられ
るのではない。逆に，先ずは〈下へ〉向かうのである。もし神・真理が
〈上に〉存在するのならば，〈眼差し〉は直接にそちらに向けられるべき
はずであるが，クザーヌスはそうはしない。そちらを全く無視するわけ
ではないが，それにだけ囚われるわけではない。

このような，言わば反対方向へと〈眼差し〉を向けることは勇気を要
する営みである。そのような勇気はどこから来ているのだろうか。それ
は彼の独自の信仰・確信に違いない。自らを省みるとき，外界としての
世界だけが神の〈現れ〉ではなく，見ている自己自身もまた，さらに自
身の眼差しも，また神の〈現れ〉であることに気付かされたはずだ。全
ての人には〈神の種子床〉が内在しているという言明が，それの表われ
である。すでに言及したことでもあるが，これは自らの中に〈神学校〉
が存在するということでもあった。かくして，クザーヌスの真理探究の
〈眼差し〉は，ひとまず世界という〈周縁〉へと向けられ，それを通し
て世界とそれを創造した神の偉大さとを認識し，その認識に働く自然の
光と恩寵の光の助けを受けつつ，神へと向かって行こうとしているよう
に見えるのである[67]。

3　蝶番にして枢機卿としてのクザーヌスの立場

これまで考察してきたようなクザーヌスの〈眼差し〉には，例えば，
〈民〉からの〈眼差し〉と〈民〉への〈眼差し〉のような，機能の双方
向性という特質がある。その自由自在さゆえに，彼は常に自らの立場を

67）　この〈先ず外へ，その後に内へ〉あるいは〈先ず下へ，その後に上へ〉という構造
は，クザーヌスの狭い意味での認識論にも見出される。以下を参照されたい：De mente, 9, n.
123（この箇所は，本書第II部第1章2でも扱われている）；Compendium, 8, n. 22-24（大出・
野澤訳40-42頁）（この箇所は，本書第I部第4章2でも扱われている）。

相対化し，自身の思考を〈脱中心〉化する力をもっていたのだ。これの源は〈覚知的無知〉という思想であろう。

しかしながら，明確な思想としての〈覚知的無知〉は，すでに言及したように，1438年にギリシアからの帰途の船上でクザーヌスが「天啓」として得たものとされている。しかし，われわれが小論で考察の主たる対象としてきた『普遍的協和』はそれよりも5年ほど前に著されているのであり，すでにそこにも自らの立場を相対化する思惟の営みが存在していた。そうであるならば，源を単純に〈覚知的無知〉であるとして済ます訳にはいかないであろう。

そこで私は，この段階ではむしろその源を〈レプレゼンタチオ〉の思想に置いておくべきではないかと考える。そして，その〈レプレゼンタチオ〉の思想がすでに見たような隘路に逢着した時に，それが，ある意味では逆の方向に，つまり否定性に向けて重心をかけたものとしての〈覚知的無知〉へと発展させられて行くことになったのであろうと，私は考えるのである。そして，この両者のいずれにおいても，その背後に絶対なるものへの信仰が強力に機能しているのである。だからこそ，この思想の流れは，さらに信仰深き〈イディオータ〉によって補完されることにもなりうるのである。そして，このようにして絶えず背後から働く絶対的なものの支えによって，彼の自在な思考方向の転回が成立しているのであろう。その意味で，この支えは彼にあって，まさにcardinalis（蝶番的，枢機卿）であっただろう。

このような視点にして支点を確保しえたからこそ，彼は教皇側に移ってからも，教皇絶対論者になったことはなかった[68]のであろう。それは，本論冒頭に掲げた，クザーヌスの教皇に対するあの激しい憤りがよく示しているところである。

またクザーヌスは，1451年以降，終生故郷に戻ることはなかったにも関わらず，そして華やかな「神の都」ローマが主たる活動の舞台であったにも関わらず，つまりいわば世界の〈中心〉にあり続けたにも関わらず，上でとらえたような様々な〈周縁への眼差し〉と，〈周縁からの眼差し〉を失うことがなかったのである。

---

68) 渡邉守道，前掲書 ; Kallen, op. cit. S. 84; Haubst, op. cit. S. 497, Anm. 92.

638 　　　　　　　　　　　VI　イディオータの思想

　しかしながらそれは，彼にとっては，とりわけ〈イディオータの思
想〉を発見した後の彼にとっては，ほとんど何事でもなかったであろ
う。実際，彼は『イディオータ篇』執筆の年の年末に出発した教皇特使
としての視察旅行から戻った 1452 年 4 月末には，その足で自身の司教
区に入った。そして，その後の 6 年以上の日々を，アルプス山中を主た
る領地とする司教区の改革のために費やし，その改革企図のゆえに世俗
大公ジギスムントとの間に生じた熾烈な対立の日々をアルプス山中の小
さな城に避難しつつ過ごさねばならないこともあった。それを見かねた
友人であるピッコローミニ枢機卿（後のピウス 2 世教皇）が，枢機卿の
故郷はローマなのだからローマに来るように，と呼びかけたにもかかわ
らず，なかなか耳をかさなかったのである[69]。
　だが，このような彼の振る舞いの理由は，単に彼が心がけとしてそう
したというわけではない。彼の哲学的帰結としてそうでなければならな
かったのでもある。彼は『覚知的無知』の中で，世界にはそもそも中心
など存在しないのだとして，次のように記している。

　　世界の機構は，いわば，いたるところにその中心をもっているが，
　　しかし，いかなるところにもその周をもっていないものである。な
　　ぜなら，いたるところに存在しているが，しかし，いかなるところ
　　にも存在していないところの神が，世界の機構の周であり中心であ
　　るのだから[70]。

　つまりクザーヌスにとって，語の本来の意味での〈周縁〉は存在しな
いのである。さらに〈イディオータの思想〉において彼は，社会的には
小さくて無視されがちな存在やそのような所にこそ神の祝福があるのだ
と言っているのである[71]。むしろ〈周縁〉こそが信仰的には祝福されう

───────────────
　69)　Meuthen, *Die letzte Jahre des Nikolaus von Kues*, S. 133. なお，この点については，
本書第 I 部第 1 章も参照されたい。
　70)　*De doct. ign.* II, 12, p.103, 21- p.104, 3（岩崎・大出訳『知ある無知』140 頁）．逆に，
人間はだれしも，自分および自分の出生地や祖国やそこの習慣や言語が自分にとって好まし
く満足すべきものとみなす傾向があるという，いわば人間の「自己中心性」についての指摘
も，同書にある（Ibid. III, 1, p. 123, 4-6 (n. 189)（岩崎・大出訳『知ある無知』163 頁）。
　71)　本書第 VI 部第 1 章を参照されたい。

第 3 章　〈周縁からの眼差し〉　　　　639

る，と彼は考えているのである。

　ニコラウス・クザーヌスをめぐっては，彼の生前，死後，そして現代
に到るまで，様々な捉え方があり，毀誉褒貶が交錯しているにせよ，小
論の考察の結果として，一つだけ確かなことが明らかになったであろ
う。それは，彼が以上のような，いわば〈イディオータ〉的な哲学的・
信仰的〈蝶番〉（cardo）を得て，それに支えられつつ，終生，自身は
〈中枢〉にありつつも〈周縁への眼差し〉を保持し続けることによって，
そこを根拠として「絶対」を自称するものを逆照射してそれを相対化す
るという，〈周縁からの眼差し〉を保持し続けていたことである[72]。

　72）　クザーヌスの〈中心と周縁〉ならびに〈故郷〉に関しては，本書第 I 部第 1 章も参
照されたい。

第4章

後期クザーヌスにおける〈語りかけの存在論〉
——神と世界と人間の親密な関係——

は じ め に

　本書最後の章となる本章では，晩年のクザーヌスにおいて成立した，神の人間と世界への〈語りかけ〉と，それに呼応する形での，人間による神の〈賛美〉という〈語りかけ〉の思想を，それに到る道筋を簡単にたどりつつ考察する。

　その道筋を予めここで略記するならば，本書前章で扱った，初期の著作である『普遍的協和』において多様に展開されている〈レプレゼンタチオ〉の思想から，中期の諸著作で活用される〈包含—展開〉のシェーマ，さらに〈神の世界への内在〉を明証化するための〈一者〉ならびに〈同者〉という概念装置を経て，彼が死を迎える8年ほど前から明言するようになった〈神から人への語りかけ〉という思想に到るのである。

　上の道筋を通して眺めるならば，クザーヌスにとって終生の関心事は，いかに具体的に神が世界に自らを示してくれているのか，という点であったことが明らかになるであろう。

　この点と密接に関わるからこそ，彼にとって切実であった，もう一つの問題がある。それは，これまでに度々指摘したきた〈多様性問題〉に他ならない[1]。これは，この世界が一なる神によって創造されたにもかかわらず，なぜこの世界には存在者における多様性が存在するのか，そ

---

1)　八巻『世界像』第2章等において。

642 Ⅵ イディオータの思想

れをどのように理解すべきであるのか，という問題である。

　これがクザーヌスの思考活動の初期から彼にとって深刻な問題であったことは，初期の説教のみならず[2]，同じく初期の著作である『普遍的協和』も示している。当時，バーゼル公会議に参加していた彼は，教会ならびに神聖ローマ帝国というキリスト教世界総体を構成する二つの組織体の各々の内部において調和的な構造を再構築する方策を提案したのである。さらに彼は，バーゼルに滞在していた時に，イスラームへの関心も深めており，『コーラン』のラテン語訳およびイスラームに関する文献を手に入れることを，友人であるセゴビアのヨハンネスに依頼していたことも，すでに本書で言及したとおりである[3]。これも彼の〈多様性問題〉をめぐる関心の現れに他ならない。

1　〈レプレゼンタチオ〉の思想

　さて，本書前章において明らかにしたように，クザーヌスはバーゼル公会議に参加していた 1432 年から 34 年頃に，'repraesentatio' という概念についての思索を深めて，この語が有しうる「（ある組織の）代表」という意味と，「（ある存在の）具体的な現れ」という意味とを，彼の教会法の専門家という視点ならびに自身の形而上学的思索によって結合しつつ自説を構築して，公会議における公会議派と教皇派との対立を調停する有力な論拠を提供したのであった。

　そして，このような，'repraesentatio' という概念に二重の意味を込めて表現しようとしているクザーヌスの思想を，前章で〈レプレゼンタチオ〉と表記した。

　さて，1432 年から 34 年頃のクザーヌスの著作である『普遍的協和』

　2）　Vgl. Sermo I [1430], n.13, 1- 11: „Quo modo autem cuncta fluant a Deo in esse suo, longum esset et impossibile mihi enarrare. Sed ut aliquantulum intelligamus, assumamus dictum Lincolniensis in libello suo De forma prima, scilicet, quemadmodum artificiatum fluit a mente artificis, sic, scilicet imaginando Deum summum artificem, cuncta, quae fuerunt, sunt et erunt, ab aeterno in mente habuisse et iuxta voluntatem suam per omnipotentiam in esse temporale posuisse absque medio vel iuvamine extrinseco" (下線は引用者).

　3）　例えば第Ⅴ部第 2 章 1。

第 4 章　後期クザーヌスにおける〈語りかけの存在論〉　　　　643

と『公会議における議長の権限』(*De auctoritate presidendi in concilio generali* 1434)) という大小二つの著作を編纂したカレン (Gerhard Kallen) によれば，教会法上では「代表」という意味だけを有していた 'repraesentatio' に，「(ある存在の) 具体的な現れ」という形而上学的意味を付加したことは，当時の他の学者の議論には見られないクザーヌス特有のものであるという[4]。

　しかしカレンは，どこからクザーヌスがその形而上学的意味を学んだのかについては記していない。そこで，その淵源を探ってみると，興味深い事実が明らかになる[5]。

　実はトマス・アクィナスが 'repraesentatio' ならびに 'repraesentare' という語を『神学大全』においても多用している点は，前の註5でも示したとおりである。その中でも，同書 I, Q. 47, a. 1「事物の多数性や区別は神に由来するか」における主文は，クザーヌス自身の関心とも密接にかかわる興味深い内容となっている。以下に引用して紹介する。

　　かくしてわれわれは，事物の区別や多数性は，第一能動者たる神の
　　意図に出るものであると言わなくてはならない。けだし，神が諸々
　　の事物を存在にまで産出したのは，諸々の被造物に自らの善性を伝
　　達し，これを<u>かかる被造物を通じて表現する</u>ためであった。そし
　　て，これは一個の被造物を以てしては充分に<u>表現されることが不</u>
　　<u>可能である</u>ことから，神は多数の多岐多様な被造物を産出し，もっ
　　て，<u>神の善性を表現する</u>のに一個の被造物では欠けるところのもの
　　を他の被造物で補ったのである。まことに，神においては単純で一
　　様な仕方で存在する善性も，諸々の被造物においては多様な分たれ
　　た仕方でしか存在しない。いかなる個々の被造物よりも宇宙全体の
　　ほうが，より完全な仕方で，神の善性を分有し，<u>これを表現してい</u>

---

　　4)　Kallen, Erläuterungen, in: Cusanus-Texte, II. Traktate, 1. *De auctoritate presidendi in concilio generali,* S. 77f.

　　5)　中世哲学における 'repraesentatio' については，*Historisches Wörtebuch der Philosophie*, Bd. 8 の 'Repraesentation' の項（S.791 – 798）に Scheerer によって説明がなされている。それによると，Thomas Aquinas では全著作において，テクニカルタームに属さない用例も含めて 850 以上の 'repraesentatio' ならびに 'repraesentare' の用例があるという。以下の本文で述べる内容は，この説明に導かれつつ筆者が見出したものである。

644   Ⅵ　イディオータの思想

る所以である[6]。

　この引用箇所では，先ずはクザーヌスの抱いていた〈多様性問題〉に
対するトマスからの回答が示されていることが明らかである。クザー
ヌスは〈多様性問題〉という困難な問題に強い関心を抱いていたので，
『神学大全』のこの箇所を読んだことが推測される。
　しかし，この，神の善性をよりよく被造物に伝えるために多様な被造
世界を創造したという，多様性の原因について直接的に説明することの
ない回答には，クザーヌスは満足することができなかったに違いない。
だからこそ，この後も，彼はこの問題に関心を持ち続けることになった
ことは，すでに繰り返し言及してきたところである。
　同時に注目すべきことは，トマスが，神は諸々の被造物に自らの善性
を伝達し，その善性が伝達された被造物を通じて，自身の善性を表現
しているのであり，神においては単純で一様な仕方で存在する善性も，
諸々の被造物においては多様に分たれた仕方でしか存在しないとして
いることは，中期以降のクザーヌスの思想展開に大きな影響を与えてい
る，と見ることも可能であろう[7]。
　その上，この引用箇所でトマスは，下線で示したように，繰り返
し 'repraesentatio' ならびに 'repraesentare' という語をもって，神が自身
の善性を被造物に表現し，その被造物を通じて（介して）自身の善性を
被造物に伝達している，と述べているのである。この議論展開の仕方
は，クザーヌスが上記二つの著作の中で，とりわけキリスト教の教会制
度の総体における諸〈代表〉が有する段階性を説明する際に用いている
ものと共通性が多い[8]。とくに引用の最後にある，神は被造物に自らの

---

　6)　Thomas Aquinas, *Summa Theologiae* I, q. 47, a. 1: Unde dicendum est quod distinctio
rerum et multitudo est ex intentione primi agentis, quod est Deus. Produxit enim res in esse propter
suam bonitatem communicandam creaturis, et per eas repraesentandam. Et quia per unam creaturam
sufficienter repraesentari non potest, produxit multas creaturas et diversas, ut quod deest uni ad
repraesentandam divinam bonitatem suppleatur ex alia; nam bonitas, quae in Deo est simpliciter et
uniformiter, in creaturis est multipliciter et divisim. Unde perfectius participat divinam bonitatem et
repraesentat eam totum universum quam alia quaecumque creatura（下線は引用者，訳文は日下昭
夫による。なお一部変更した）。
　7)　この点については，本書第 Ⅳ 部第一章を参照されたい。
　8)　前章 2 および 3 を参照されたい。

善性を伝達するために，自身の一なる善性を多様な被造物を通じて表現しているのであり，個々の被造物よりも宇宙全体をもってするほうが，神の善性をより完全な仕方で分有し表現することになる，としている点は，教会における教皇と公会議のいずれがよりよくキリストが立てた教会を〈代表〉し〈表現〉しているのか，という議論に応用されていると想定することができるだろう[9]。

　同時に注目しておきたいことは，トマスによって，神は自らの善性を被造物に現わし，その被造物に現わした善性をもって，自らの一なる善性を被造物に伝えるとされている点が，テキストにおける能動形としての〈レプレゼンタチオ〉と受動形としての〈レプレゼンタチオ〉の表現も示しているように，神と被造物との間に〈レプレゼンタチオ〉という点において密接な相互関係が想定されているということである。

　しかしながらクザーヌスは，この数年後には，神と被造物との間の密接な相互関係を表現するのに便利な〈レプレゼンタチオ〉を，その便利さゆえに生じやすい誤解を回避するために，使用することを控えるようになり，新たに〈包含―展開〉のシェーマを使用することとする[10]。

2 〈包含―展開〉のシェーマ

1 神と被造物の関係を説明するための新たな方法としての〈包含―展開〉のシェーマ

　クザーヌスは 1440 年頃に，同一の事態を説明するために，〈レプレゼンタチオ〉に代えて〈包含―展開〉のシェーマを用い始めた。このことは，1442 年のロデリコ・サンチェスに宛てた以下の書簡が明らかに示している。前章で引用したものであるが，論展開の便宜のために改め

　9）　前章 3 の議論を参照されたい。なお，クザーヌスは名をあげることなくトマスの説を利用していることが，他にもある（本書第 III 部第 2 章 7 を参照されたい）。ハウプストは，クザーヌスが 1428 年頃にトマスの Summa Theologiae, I, qu. 39, art. 8 を筆写し，それが現在まで 'Codicillus Straßburg 84' の中に残されていると指摘して，その筆写を紹介している（Haubst, Die Thomas- und Proklos-Exzerpte des "Nicolaus Treverensis" in Codicillus Straßburg 84, in: *MFCG* 1, S. 17-51)。

　10）　この誤解が生じやすい点については，前章 3 を参照されたい。

646　　　　　　　Ⅵ　イディオータの思想

て少し長く紹介する。

　　教会の頭は教皇であるが，彼は人間のなかから引き上げられたので
　ある。キリストの第一にして唯一の証聖者としての彼の中に，この
　教会そのものが包含的に存在している。しかしわれわれは，ペテ
　ロが人間のなかでは最初のキリストの証聖者であることを知って
　いる。それ故に，彼は自身の，キリストとしての岩の証聖に基づ
　いて，彼の〔ペテロという〕名前をもらったのであり，自身の中に
　包含されていた教会を，万物についての教えの最初の言葉をもっ
　て展開したのである。〔…〕それゆえに，岩に由来して名づけられ
　て，教会を自身の内に包含していたペテロが展開されたものが，こ
　の一なる教会なのであって，これ〔教会〕がこの同じ証聖を，信仰
　する者が多数であることから生じる他性という形で，分有している
　のである。なぜならば多数のものは，多様な他性においてのみ一性
　を分有することができるのであり，それゆえに教会は，一性の多様
　な分有によってのみ存続可能なのだからである。〔…〕つまり教会
　は，多様な他性という形における一性として現に存在しているので
　ある[11]。

　この引用によって，クザーヌスがこの手紙を書いた際には，キリスト
と教会とペテロとの関係を説明するために従来のrepraesentatio概念を
用いることをやめて，〈包含—展開〉のシェーマに置き換えていること
が分かる。
　しかしながら彼が，信仰者の多数であることと教会が一であることと
の関係を説明しようとする際に，同時に〈多様性問題〉に直面している

---

　11)　*Epist. Roder. Sanc.* n. 6, 3-9; 10‐n. 7, 3; n. 7, 5f. (h XV/2 7f.): „caput huius ecclesiae
est pontifex, qui ex hominibus assumitur. In quo est haec ipsa ecclesia complicative ut in primo
uno confessor Christi. Petrum autem primum Christi confessorem scimus inter homines. Et ob
hoc Petrus, a confessione petrae quae Christus est nomen accipiens, complicatam in se ecclesiam
explicavit verbo doctrinae primo omnium. [...] Explicatio igitur Petri a petra dicti ecclesiam
complicantis est ecclesia una eandem confessionem in alteritae multitudinis credentium participans.
Quoniam autem multitudo unitatem non nisi in varia alteritate potest participare, non potuit
ecclsia nisi in varia participatione unitatis subsisitere. [...] Unitas igitur in varia alteritate ecclesia
exsistit." また，以下も参照されたい：Meuthen, *N. v. K.*, 77f.（酒井訳 97 頁以下）。

第 4 章　後期クザーヌスにおける〈語りかけの存在論〉　　647

ことも，われわれは見逃すべきではないだろう。

〈包含―展開〉のシェーマへの同様な置き換えが，上掲の手紙の 2 年前の 1440 年に彼が完成した最初の哲学的著作『覚知的無知』においても，以下のように成立している。

　　神は，万物が神の内に存在するということにおいて，万物を包含するものであり，彼が万物の内に存在するということにおいて，万物を展開するものである[12]。

〈レプレゼンタチオ〉概念がこの著作では一度も使われていないという事実を前にすると，この概念に対する〈包含―展開〉というシェーマの利点はどこにあるのか，という疑問が生じる。それに対する回答は以下のとおりとなる。第一に，このシェーマを用いれば，‚complicare‘〈包含する〉にせよ，‚explicare‘〈展開する〉にせよ，いずれの場合でも神という同一の主語（主体）がこの行為をするのであるから，神の主体性が明確に示される。第二には，神と被造物との関係が，神の主体性の下ではあっても，相互的でダイナミックに示される。第三には，このシェーマによれば，「神が展開する」という意味が保持されるだけではなく，動詞としての‚explicare‘によって，「展開する」という意味と並んで「説明する」という意味が強調される。

　このような状況を典型的に表現するのが，『覚知的無知』のなかの以下の一文である。

　　〔われわれ〕万物のうちで語るのは，その方〔神〕自身である[13]。

2　闇的なものとしての万物は語らない

　しかし，この文章が記されているコンテキストを考慮すると，この文章の背後には，被造物一般に対するクザーヌスの低い価値評価が存在し

12）　*De doct. ign.* II, 3, p. 70, 14-16 [n. 107],（岩崎・大出訳 94 頁）: „Deus ergo est omnia complicans in hoc, quod omnia in eo; est omnia explicans in hoc, quod ipse in omnibus“.

13）　Ibid. 13, p. 113, 25, [n. 180]（岩崎・大出訳 153 頁）: „ipse est, qui in omnibus loquitur“

648　　　　　Ⅵ　イディオータの思想

ていることが明らかになる。上の文章が置かれているコンテキストを以
下に引用してみよう。

　　万物が何であるのか，どのように存在しているのか，何のために存
　在しているのかと，覚知的無知において万物に尋ねる者に対して，
　万物は次のように返答する。われわれは自ら，何ものでもない。ま
　た，何ものでもないということ以外のことをあなたに答えることも
　できない。なぜならわれわれは，われわれ自身についての知識さえ
　ももっていないからである。それをもっているのは，その方がわれ
　われのうちで欲し，命じ，知るところのまさにそのものとして，そ
　の方の知解を介してわれわれが存在しているところのその方〔神〕
　だけなのである。われわれ万物は唖なのであって，われわれ万物の
　うちで語るのはその方自身である。われわれを創った方だけが，わ
　れわれが何であって，どのように，また何のために存在しているの
　かを知っている。もしあなたがわれわれについて何かを知ろうと望
　むならば，われわれのうちにではなくわれわれの根拠と原因のうち
　に，それを探し求めなさい。あなたが一者を探求すれば，そこにす
　べてを見出すであろう。彼のうちにおいてでなければ，あなたはあ
　なた自身をさえも見出すことができないのである[14]。

この長い引用から，以下の４点が重視されていることが分かる。
1)　万物を創造した方が，万物において語っている。
2)　これに対して，万物すなわち被造物は唖である。
3)　万物について何かを知ろうとする者は，万物の根拠にして原因
　　〔神〕のうちに探求しなければならない。
4)　探求している者は，自身でさえも，神のうちにしか見出しえな

---

　14)　Ibid. 13, p. 113, 19-29 [n. 180]（岩崎・大出訳 153 頁）: „omnia quidem in docta
ignorantia ab eis siciscitanti, quid sint aut quomodo aut ad quid, respondent: Ex nobis nihil neque
ex nobis tibi aliud quam nihil respondere possumus, cum etiam scientiam nostri non nos habeamus,
sed ille solus, per cuius intelligere id sumus, quod ipse in nobis vult, imperat et scit. Muta quidem
sumus omnia; ipse est, qui in omnibus loquitur. Qui fecit nos, solus scit, quid sumus, quomodo et
ad quid. Si quid scire de nobis optas, hoc quidem in ratione et causa nostra, non in nobis quaere. Ibi
reperies omnia, dum unum quaeris. Et neque teipsum nisi in eo reperire potes.“

第4章　後期クザーヌスにおける〈語りかけの存在論〉　　649

い。

　しかしながら，われわれが見逃すべきではないことは，ここに記され
ている神と被造物との関係にも関わらず，つまりこの両者は，すでにみ
たような〈包含―展開〉のシェーマにおいてあるはずにも関わらず，神
だけがこの世界において一方的に語っていて，神は被造物に対してよそ
よそしい関係にあるように見えることである。このような描写は，この
著作の中でクザーヌスが以下のように述べていることと関わっているで
あろう。

　　包含と展開のあり方は，われわれの精神の把握能力を凌駕してい
　　る。だから私は問いたい。神の知解は神の存在であり，その存在は
　　無限な一性であるのだから，神の精神から事物の多性がどのように
　　して出て来るかということを知解できる人がいるだろうかと[15]。

　ここでは，〈包含―展開〉のシェーマとの関係において，例の〈多様
性問題〉が意識されていることが明らかであるが，実はクザーヌスはす
でにこの直前の章において，事物の多性は偶然性によるのだとして，こ
の問題に対して彼なりの一定の解決策を記している[16]。
　すなわち，この時点でのクザーヌスにとっては，世界がまだ十分に
明るいものではなかったのであろう。実際，「彼〔神〕は，万物によっ
て探し求められているあの近寄りえない光のうちに住んでいる」[17]とク

---

　15)　Ibid. II, 3, p. 70, 29- 32 [n. 109]（岩崎・大出訳 94 頁）: „Excedit [...] mentem nostram
modus complicationis et explicationis. Quis rogo intelligeret, quomodo ex divina mente rerum sit
pluralitas, postquam intelligere Dei sit esse eius, qui est unitas infinita?"

　16)　Ibid. 2, p. 66, 19-22 [n.100]（岩崎・大出訳 88 頁）: „ non potest creatura ut creatura
dici una, quia descendit ab unitate; neque plures, quia eius esse est ab uno; neque ambo copulative.
Sed est unitas eius in quadam pluralitate contingenter（被造物は被造物であるかぎり，一である
とは言われえない。なぜならば，それは一性から下降したのだからである。また，それは多
数であるとも〔言われえない〕。なぜならば，それの存在は一者に由来しているのだからであ
る。また両者の結合であるとも〔言われえない〕。そうではなくて，それ〔一者〕の一性が偶
然的にある多数において存在しているのである）"（下線は引用者）。

　17)　Ibid. II, 13, p. 113, 15f. [n. 179]（岩崎・大出訳 152 頁）: "inhabitet ipsam lucem
inaccessibilem, quae per omnia quaeritur". さらに，「われわれの無知の闇のなかに „in tenebris
nostrae ignorantiae"」という表現のある以下の箇所も参照されたい：De doct. ign. I, 25, p. 56,
13-15 [n. 89]（岩崎・大出訳 75 頁）。

ザーヌスが，註 14 で引用した箇所のすぐ前で記していることを考慮するならば，彼は被造世界を何らかの暗さに満ちたものとして捉えていたことが明らかである。

この理解は，『覚知的無知』に続いて著された『推測について』においても同様である。以下で『推測について』も併せつつ，この点をさらに検討してみよう。先ず，〈多様性問題〉が喫緊の課題であったことは，『推測について』においても同様であり，引き続き理論的にこの問題を解決しようと努めている。『覚知的無知』においてはこの問題を解決できなかったことは，すでに見たとおり，「偶然性による」としか述べることができなかったことから明らかである。これに対して『推測について』においては，新たに導入した〈一性―他性〉（unitas-alteritas）というパラダイムの助けをかりてこの問題を解消しようと試みている[18]。

このパラダイムは，世界内に存在するあらゆるものが，〈一性〉と〈他性〉という二原理の混合によって成立しているのだと説明するものであり，被造物の多様性を両原理の混合の割合の違いに由来すると説明する点で，一見，分かりやすい。しかし，その様子を具体的に示すための分有図において，「闇という底辺」[19]として表示されている〈他性〉の根拠は何であるのか，という新たな困難を生み出してしまうのである。そこで，この難問に対してクザーヌスは以下のように答えようとしている。

　　注意せよ，言わば光の底辺は一性である神であるが，闇の底辺は無のようなものである。神と無の間に個々の被造物が落ち込んでいるのだと，われわれは推測する[20]。

この「闇の底辺は無のようなものである」という表現には，おそらく上掲の問題に対するクザーヌス自身の戸惑いが現れているだろう。とい

18）　本書第 III 部第 1 章 2,3 に収載の分有図を参照されたい。

19）　*De coni.* I, 9, n. 41.

20）　Ibid., n. 42, 1-3: „Adverte quoniam deus, qui est unitas, est quasi basis lucis; basis vero tenebrae est ut nihil. Inter deum autem et nihil coniecturamur omnem cadere creaturam" （強調は引用者）。

第 4 章　後期クザーヌスにおける〈語りかけの存在論〉　　651

うのも，この「答え」はただちに，「では無は，神と対立しうる存在で
あるのか」というさらなる問いを生み出すからである[21]。

3　諸々の光としての被造物

1446 年の新年前後にまとめられた著作である『光の父の贈り物』に
も，神と世界の関係について大いに印象的な表現が見いだされる。

> いわばこの世界は，影のうつろいのうちにあることで変転する神で
> あり，変転することがなく影のうつろいをもたない世界は永遠な神
> である[22]。

この箇所にも，『推測について』において明白であった，世界が闇的
である，という捉え方は依然として残っている。しかし，それはもはや
重要な役割を果たさなくなっているように読み取れる。というのは，こ
の著作で神と世界の関係が説明される際には，〈包含―展開〉のシェー
マが使用されており，その結果，神と世界の関係がこのシェーマによっ
て相互的かつダイナミックに表現されることになっているので，闇の要
素がこの相互関係のダイナミズムの中に吸収されているかのようになっ
ているからである。
　さらにここでクザーヌスは，被造物における闇の要素を新プラトン主
義の流出論を用いて，以下のように揚棄しようと試みている。

> 万物は〈現れ〉あるいは〈何らかの光〉である。父あるいは諸々の
> 光の源泉は一であるので，万物は一なる神の諸々の〈現れ〉である
> のだが，神は一であっても，多様性においてしか現れることができ
> ない。どうしたら無限な力が多様性以外の仕方で現れることが可能
> であろうか[23]。

---

21)　本書第 III 部第 1 章を参照されたい。

22)　*De dato* IV, n. 106, 14-16（大 出 ・ 高 岡 訳 35 頁 ）: „quasi mundus sit deus
transmutabilis in vicissitudine obumbrationis, et mundus intransmutabilis et absque omni
vicissitudine obumbrationis sit deus aeternus.“

23)　Ibid. n. 108, 7-11（大出・高岡訳 37 頁）: „Sunt igitur omnia apparitiones sive lumina
quaedam. Sed quia unus est pater et fons luminum, tunc omnia sunt apparitiones unius dei, qui, etsi

652 VI　イディオータの思想

　このような，以前のように被造物を低く評価するのではなくて，むし
ろ高く評価しようと試みるクザーヌスの思惟は，さらに深化させられて
ゆく。それは同じ著書の以下の一節に明白である。

　　創造されたものはいかなるものも，知性的な力を現実態化するため
　　の何らかの光であり，知性的な力はこのような仕方で自身に贈られ
　　た光の中でそれの源へと進んで行く。人間は，多様な被造物が存在
　　するのを見て，その多様性の中で照明されるのであるが，その目
　　的は彼が諸々の被造物の本質的な光に向かって歩み行くためであ
　　る[24]。

　ここには，人間と他の被造物との間の共同性が，双方ともが同じ光と
して捉えられつつ明白に述べられている。未だ多様な被造物が人間に語
りかけている，とまでは記されていないが，知性的な力を有する人間が
存在の源へと進み行くために，それらが人間の助けになると想定されて
いることは確かである。

4　神の内在の確信

　一方において〈多様性問題〉を解決し，他方において被造物に対し
て肯定的な評価を付与しようとするクザーヌスの思惟は，同時期にな
された「説教 71」（1446 年）における〈一なる必然的なもの〉（unum
necessarium）をめぐる思考において継続されつつ[25]，1447 年の著作『創
造についての対話』における〈絶対的同者〉についての思考にまで発展
させられる。

　「説教 71」以来のクザーヌスの思考に存在してきた新たな点は，被造
物における神の内在についての考察である。〈包含―展開〉のシェーマ

---

sit unus, non potest tamen nisi in varietate apparere. Quomodo enim infinita virtus aliter quam in
varietate apparere posset?"

　24)　Ibid. V, n. 115, 4-9（大出・高岡訳 45 頁以下）：„Omnia [...] quaecumque creata sunt,
lumina quaedam sunt ad actuandum virtutem intellectualem, ut in lumine sic sibi donato ad fontem
luminum pergat. Videt homo varias creaturas esse, et in ipsa varietate illuminatur, ut ad essentiale
lumen creaturarum pergat."

　25)　八巻『世界像』第 2 章第 4 節二（102-106 頁）を参照されたい。

第4章　後期クザーヌスにおける〈語りかけの存在論〉　　653

が，この問題について彼に新たな視点を提示したのであろう。つまり，神があらゆるものに内在しているのであれば，被造物の多性は，一なる神の展開として捉えられることになるというわけである。そこで彼は，まず「説教 71」において〈一なる必然的なもの〉という概念によって，万物への神の内在を示そうと試みた。

　引き続いて彼は，『創造についての対話』において〈絶対的同者〉（idem absolutum）という概念を用いて，先の〈一なる必然的なもの〉という概念において直面したアポリア[26]を回避しつつ神の内在を説明しようと試みている。彼は，この新たな概念の根拠を聖書にもとめながら[27]，神が〈絶対的同者〉であるという視点から出発する[28]。さらに，現に存在している万物が自己自身に対しては同じであり，他のものに対しては異なっているという事態に注意を喚起する。この新たな捉え方は，以下のように展開される。

　　いかなるものも自身に対しては同じであるということが否定されえない，ということに私が注目するとき，〈絶対的同者〉が万物によって分有されているということが私には分かる。なぜならば，もし〈絶対的同者〉が万物から他なるものであって異なっているとするならば，それらは現に存在するようなものではないはずだからである。というのは，もし〈絶対的同者〉がそれらからは異なり隔たっていて別のものであるのならば，いかにして何かが自身に対して同じであることが成立するだろうか。同様に，同者を分有しているものが同者そのものであるとすれば，いかにしてそれが，同じく自身と同じである他の者に対して異なっているのだろうか[29]。

　26）　このアポリアとは，例えば，1 個の石が割れて 5 個になっても石であることには変わりがないという場合，〈一なる神〉の内在はどのように理解すべきかということである。これは鏡のような人工物にも妥当する。

　27）　Ps. 101, 28: „Tu, autem, idem ipse es, et anni tui non deficient"; I Cor. 12, 11: „Haec autem omnia operatur unus atque idem Spiritus."

　28）　*De gen*. I, n. 147, 1f.（酒井紀幸訳 505 頁）: „idem absolutum, quod et deum dicimus."

　29）　Ibid. I, n. 147, 14-20（酒井訳 506 頁）: „Quando adverto negari non posse quodlibet esse idem sibi ipsi, video idem absolutum ab omnibus participari. Nam si idem absolutum foret ab omnibus aliud et diversum, non essent id quod sunt. Quomodo enim quodlibet esset idem sibi ipsi, si absolutum idem ab ipsis foret diversum et distinctum aut aliud? Sic si participans idem foret

654　　　Ⅵ　イディオータの思想

　この引用箇所でクザーヌスは，新プラトン主義的な〈一者〉という概念に代えて〈絶対的同者〉という概念を，〈包含―展開〉のシェーマにおいて適用することで，神と被造物の関係を新たに説明しようとしているのである。同時に，彼は，上の註26で言及した神の内在に関わるアポリアを回避しようとしているのでもある。というのは，割れて数が増えた石のそれぞれがまた石であるという意味において，それぞれが〈絶対的同者〉を分有しているからこそ，いかなるものも自身に対しては同じであるということが成立するのだと，説明することが可能となるからである。

　以下に，この書物におけるわれわれの目下のテーマに関わる特徴的なことを羅列的に挙げる。

　1．現実の世界に多様な事物が存在しているという事実は，けっして否定的でスタティックな事態なのではなく，創造のダイナミックなプロセスである。

　2．いかなる存在者も自身に対しては同じであるから，それは自己自身の自同性（identitas）を有しているのであり，それゆえに神としての〈絶対的同者〉から呼びかけられているのである。

　3．事物はたえず神から呼びかけられているのだから，事物の多様性は，〈絶対者〉の拡散を意味するわけではなく，むしろ〈絶対者〉への集中を意味する。

　4．さらに，この多様性に満ちた世界には，「説教71」でも説かれていたように，秩序と調和[30]が存在している。そしてこの秩序と調和そのものも大いに多様である[31]。このこととの関連性において，世界という，神の指によって書かれた書物という比喩が言及されている[32]。

　5．以上のことから，クザーヌスが新たな思考の段階に到達したことが分かる。この段階以降，彼は，1450年の夏に著わした『イディオー

---

ipsum idem, quod participat, quomodo foret alteri, quod etiam sibi ipsi idem, diversum?“

　30）　Ibid. I, n. 150, 9-11（酒井訳508頁）: „Consonant et conclamant omnia, quamquam varia, idem ipsum, et hic consonans clamor est assimilatio.“

　31）　Ibid. II, n. 154, 9-12（酒井訳511頁）: „quia idem absolutum est in omnibus, quoniam quodlibet idem sibi ipsi, varia est omnium concordantia universalis, generica vel specifica; sic et differentia, sine qua concordantia propter inattingibile esse nequit.“

　32）　これについては，本書第Ⅳ部第4章を参照されたい。

第 4 章　後期クザーヌスにおける〈語りかけの存在論〉　　655

タ篇』の諸著作に提示されることになるような新たな思考世界を展開す
る。具体的には，『知恵について』で，街路には知恵の叫び声があるの
で被造世界において神なる知恵が見出せるとして，世界に高い価値を認
めている。また『精神について』で，人間の精神は神に似ていて，世界
についての諸概念を形成できるし世界の秩序を認識できるとして，人
間の精神に高い価値を与えている。さらに『秤の実験について』では，
様々な測定とそれによるデータの集積によって自然界の諸々の秩序の秘
密に到達できるとしている。

　6. 以上のような理解は，クザーヌスにこの多様に創造されている世
界の総体を肯定的に受け止めることを可能とし，その結果，たんに自由
学芸のみならず，直接に世界およびその中での事物に関わるがゆえに，
当時の大学関係者からは学芸の一端として認められ難かった機械学芸[33]
をも高く評価することを可能にしている。それは，彼がこの『創造につ
いての対話』においてガラス職人[34]や画家[35]などの職人の営みを肯定的
に紹介していることが示している。

3　神と世界と人間の親密な関係

1　〈語りかけの存在論〉（Alloqui-Ontologie）

　上述のような被造世界に対する肯定的評価と並行的に，クザーヌス
は著作の中で神に積極的に語らせる設定を行うようになった。それは
1450 年の夏に著わされた『知恵について』の導入部に，以下のように
明白である。

---

　33)　西暦 1300 年から 1600 年頃までの大学教授や人文主義者たちは，自由学芸と機械
学芸と区別していて，後者を軽蔑していたという。以下を参照されたい：Zilsel, 49; 56. 他方，
クザーヌスは，本章 3，(3) 以降で扱う彼の著作『知恵の狩猟』のタイトルが示しているよう
に，当時は機械学芸に区分されていた狩猟をも真理探求に有意義な人間の技芸とみなしてい
た。以上の点は，本部の第 2 章も参照されたい。
　34)　*De gen.* III, nn. 163, 6（酒井訳 517 頁以下）：ここでは，ガラス職人 vitrifex を，世
界を創造する神に見立てている。
　35)　Ibid. IV, n. 171, 5（酒井訳 522 頁）：„Nullum pictorem sperno（私はいかなる画家も
軽蔑しない）".

656 VI イディオータの思想

私があなたに言いたいことは，知恵が屋外の街路で叫んでいるので
あり，知恵自身は最も高いところに住んでいるいるので，それの叫
びがそこにあるのだということです[36]。

　ここでの神の語りは，すでにみた『覚知的無知』の場合とは対照的
に[37]，決して一方的な独白ではなく語りかけであって，人間がそれに耳
を傾ければ，それによって人間は，たとえ無学なイディオータであって
も，多くを学ぶことができ，またそれによって「〔書物におけるよりも〕
はるかに喜ばしいものを見出す」[38]ことができるという態のものなので
ある。
　このような思考の方向は，1453 年の著作『神を観ることについて』
においてはさらに深められることになる。

あなた〔神〕はあなたの言葉をもって現に存在している万物に対し
て語りかけているのであり，存在していないものを存在へと呼び出
しているのです。従って，あなたが語ることは万物に語りかけるこ
とであり，あなたが語りかけている万物があなたに耳を傾けること
なのです。あなたは地に語りかけ，それを人間の本性に呼び出し
〔創世記 1, 24; 2, 7〕，そして地があなたに耳を傾けるのです。この
耳を傾けることが，人間になることなのです。あなたが無に対して
も，それが何ものかであるように語りかけて，それを何ものかとし
て呼び出すと〔ローマ 4, 17〕，無はあなたに耳を傾けるのです。な
ぜならば，かつて無であったものが何ものかになったのだからで
す[39]。

36）　*De sap.* I, n. 3, 10-13（小山訳 542 頁）：„Ego autem tibi dico, quod ‚sapientia foris
‘ clamat ‚in plateis‘, et est clamor eius, quoniam ipsa habitat ‚in altissimis‘.“ 単に〈神が呼ぶ〉と
表現されている以下も参照されたい：*De quaer.* IV, n. 48, 11-13（大出訳 77 頁）：„non solum
scit de lapidibus excitare vivos homines, sed et de nihilo homines et vocare ea ad esse quae non
sunt tamquam quae sunt.“ *Sermo* LXXI, n.11, 5-8：„Agit igitur unum et unum; hoc est, sicut calidi
est calefacere et frigidi frigefacere, ita unius est unire. Unde agere unius est ad suam unitatem non-
unum vocare“; *De genesi*, I, n. 149, 8f.（酒井訳 507 頁）：„Vocat [...] idem non-idem in idem.“
37）　上記註 14 を参照されたい。
38）　*De sap.* I, n. 7, 2：„multo delectabiliora reperies.“
39）　*De vis.* X, n. 40, 12-19（八巻訳 61 頁）：„Loqueris verbo tuo omnibus, quae sunt, et

第 4 章　後期クザーヌスにおける〈語りかけの存在論〉　　　657

　クザーヌスはここで二つの聖句を，すなわち「創世記」2 章 7 節[40]と
「ローマの信徒への手紙」4 章 17 節[41]をラテン語の 'loqui'（語りかける）
と 'vocare'（呼ぶ）とを用いて書き変えつつ，存在者の成立に際しての
神の〈呼びかけ〉と〈語りかけ〉を強調していることが明らかである。
神は万物に対して，それらが彼に耳を傾けるように呼びかけ，万物の側
が実際に神に耳を傾ければ，それらは存在することになるのである。そ
して，このことは無にさえも妥当するというのである。このようにみれ
ば，ここには神と被造物との間の明らかに相互的な関係が成立している
ことになる。

　さらに同じ書物の別の箇所で彼は，〈無からの創造〉というキリスト
教の教義さえも危険にさらしつつ，両者のこの関係を 'vocare', 'creare',
'creari'（創造される）そして 'communicare'（分与する）という語を用い
て，具体的に説明している。

　　　たとえ，創造することが創造されることに一致するという不条理の
　　市壁が，あたかも創造することが創造されることに一致することは
　　不可能であるかのように現れたとしても――なぜならば，或るもの
　　が〔主体として〕創造するときにはそれは〔現に〕存在しているの
　　であるが，それが〔客体として〕創造されるときには，それは〔ま
　　だ〕存在していないのであるから，これ〔創造することが創造され
　　ることに一致すること〕を容認することは，或るものが存在する以
　　前に，〔すでに〕それが存在することを肯定することになるのだか
　　らです。しかしそれは妨げにはなりません。というのも，あなたの
　　創造することは，あなたの存在することなのだからです。さらに
　　は，同時に創造し創造されることは，〔あなたが〕あなたの存在を

---

vocas ad esse, quae non sunt. Vocas igitur, ut te audiant, et quando audiunt te, tunc sunt. Quando
igitur loqueris , omnibus loqueris, et omnia te audiunt, quibus loqueris. Loqueris terrae et vocas
eam ad humanam naturam, et audit te terra et hoc audire eius est fieri hominem. Loqueris nihilo,
quasi sit aliquid, et vocas nihil ad aliquid, et audit te nihil, quia fit aliquid, quod fuit nihil.“

　40)　*Gen* 2, 7: „Formavit igitur Dominus Deus hominem de limo terrae, et inspiravit in
faciem eius spiraculum vitae, et factus est homo in animam viventem.“

　41)　*Rom* 4, 17: „(Sicut scriptum est: Quia patrem multarum gentium posui te), ante Deum,
cui credit, qui vivificat mortuos, et vocat ea quae non sunt, tanquam ea quae sunt.“

658 VI イディオータの思想

万物に分与することに他なりませんが，その場合あなたは，万物に
おいて万物として存在しつつ，しかし，万物からは引き上げられた
もの〔絶対的なもの〕としてとどまるのです。〔あなたが〕存在し
ていないものを存在へと呼ぶことは，無に存在を分与することで
す。このように呼ぶことは創造することであり，分与することは創
造されることです[42]。

　この引用において注目すべきは，'communicare'（分与する，分かち
合う）という語の意味である。コンテキストに従えば，'communicare'
という概念によって，神が自己の存在を〔万物になるものに〕分与すれ
ば，神と存在者との相互的な存在論的プロセスが成立する，ということ
が想定されていると思われる。これは，直前の引用において，神が万物
に呼びかけて，それに万物の側が耳を傾ければ，それらが現実に存在す
るようになる，ということと対応するプロセスである。具体的に言え
ば，'communicare'という語は，'com'という接頭辞が示しているよう
に，二つの主体の関わりを含意しているのであり，この場面におけるそ
の一方は，言うまでもなく神であって，もう一方は，神から分与された
存在を受け取って現実に存在することになる存在者である。この存在を
受け取る瞬間に，第二の「主体」としての存在者が創造されるという
ことになる。このように捉えることで，「このように呼ぶことは，創造
することであり，分与することは創造されることです」という最後の文
章の意味が明らかになる。「分与することは創造されることです」とい
う文章は，クザーヌスの創造論における神と被造物との関係に特徴的な
〈共同性〉を強調しているのである。

　それゆえに，これまでの考察に依拠して神の〈語りかけ〉と〈呼びか
け〉を理解するならば，〈語りかけの存在論〉と名付けることができる

　42）*De vis.* XII, n. 49, 7-14（八巻訳71頁以下）: „quasi impossibie sit, quod creare
coincidat cum creari – videtur enim, quod hoc admittere sit affirmare rem esse, antequam sit;
quando enim creat, est, et non est, quia creatur – tamen non obstat. Creare enim tuum est esse tuum.
Nec est aliud creare pariter creari quam esse tuum omnibus communicare, ut sis omnia in omnibus
et ab omnibus tamen maneas absolutus. Vocare enim ad esse, quae non sunt, est communicare esse
nihilo. Sic vocare est creare, communicare est creari.“（強調は引用者）。

であろうような[43]，クザーヌス特有の創造思想が見出されることになる。

2 「神は被造物を通して語っている」„loquitur Deus per creaturam"

1456年のクリスマスに際して自らの司教座であるブリクセンにおいて行った「説教258」には，現在のわれわれの考察にとってきわめて興味深い箇所が見いだされる。それを以下に少々長い引用として示す。

〔「ヘブライ人への手紙」1・1で〕パウロは，〈神は，かつて預言者たちによって，多くのかたちで，また多くのしかたで先祖たちに語られた〉と言っている。いかなる陳述も内的な概念あるいは言葉の展開である。そして，言葉の本質が展開され尽くすことは不可能であるので，それゆえに神は，〈多くのかたちで，また多くのしかたで〉，被造物を通して語るのであって，そうすることで言葉の単純性ならびにその単純性の豊饒性がこのような多様性においていっそうよく展開されることになるのである——それはちょうど，太陽の単純な光線の力が，表現不可能なほどの豊饒性と〈多くのかたちで，また多くのしかたで〉以下の事実を提示するようなものである。つまり太陽は自身の力を，この可感的な世界における生み出されることが可能な諸事物のなかに〈多くのかたちで，また多くのしかたで〉表現するのである，例えばそれ〔太陽〕の力は，土を固くすると共に雪と蠟を溶かすというように，対立さえも超越するほどに〔多様に〕である[44]。

---

43) Vgl. *Sermo* CLXXXIX（1455年6月），n. 9, 16-20: „Domine, sicuti omnes rationales spiritus per sapientiam per sapientiam ad esse vocasti, ita vocas et loqueris omnibus, ut vivant. Verbum unum omnibus loquitur et vocat ad consortium sapientiae illius aeternae, per quam habent id quod sunt.（主よ，あなたが理性をもつ霊を知恵によって存在へと呼び寄せてくださったように，あなたは万物を呼び寄せ語りかけてくださって，それらが生きるようにしてくださっています。一なる〈言葉〉が万物に語りかけて，それらをあの永遠なる知恵との共同体（cousortium）へと呼び寄せるので，その知恵によって万物は現に存在するということを得るのです）"（強調は引用者）。*De poss.* n. 58, 16f.（大出・八巻訳85頁）: „Sic deus, cuius loqui est creare, simul omnia et singula creat（神の語ることは存在することであるので，こうして神は万物と個々のものを同時に創造する）".

44) *Sermo* CCLVIII n. 17, 3-15: „Dicit: ,Multifarie multisque modis olim Deus loquens patribus in prophetis'. Omnis elocutio est interni conceptus vel verbi explicatio. Et quia numquam potest verbi essentia explicare, ideo ,multifarie multisque modis' loquitur Deus per creaturam, ut in

ここでクザーヌスは，神が――『覚知的無知』における神の語り方とはまったく異なって――，大きな声で明瞭に語っており，それも単に被造物においてではなく，被造物を通しても語りかけている，と説いている――太陽が自身の力を，この可感的世界の生み出されうるさまざまな事物を通して提示しているのと同様に。これに対して初期の著作である『覚知的無知』においては，神は自身の万能性を示すために[45]，被造物を単にそのための場所あるいは装置とみなしながら独白的に語っていたのであった[46]。

さらにこの説教では，神が自身の創造した世界とその内の存在者とを自身の言葉の単純性とそれの豊饒性を多様に表現するための媒介とみなしている，と説かれている。それゆえに被造物の多様性は，むしろ神にとって不可欠なものであることになる。なぜならば，被造物が多様であればあるほど，彼の単純性の豊饒性はより明瞭になるからである。この点から，あらゆる被造物に対してそれの存在意義が神によって付与されている，とクザーヌスが捉えていることが明らかである。

彼はさらにラテン語の 'loqui' を，神を主語とする動詞として使用しているのであるから，すでに言及したように，神は何者かに語りかけているのである。すると，神は被造物を媒介としつつ，いったい何者に語りかけているというのだろうか。それは言うまでもなく，ロゴスを具備する存在に対して，何よりも人間に対してである[47]。クザーヌスが被造物としてのこの世界総体の存在意義を確信できるようになった時点以降，彼は，神が信徒の心の奥深くにおいてのみならず，被造物を通して

---

varietate tali meilus verbi simplicitas et simplicitatis fecunditas explicetur – sicut vis simplicis radii solaris est inexpressibilis fecunditatis et ad hoc ostendendum ‚multifarie multisque modis' suam virtutem ostendit in generabiliibus istius sensibilis mundi, etiam supra oppsitionem, quando indurat lutum et resolvit nivem et ceram（下線は引用者）．" 太陽の力と神のそれとの比喩については以下も参照されたい：De vis. 25, n. 115（八巻訳 149 頁以下）。

45) Vgl. マタイ 10, 20: „Spiritus Patris vestri, qui loquitur in vobis（あなたがたの中で語って下さる，父の霊である）。ガラテア 2, 20: „vivo autem, iam non ego; vivit vero in me Christus（生きているのは，もはや私ではありません。キリストがわたしの内に生きておられるのです）．"

46) 上の註 14 および以下を参照されたい：Ibid. II 10, [n.153]（岩崎・大出訳 132 頁以下）。

47) 前註 43 を参照されたい。

も語りかけていると捉えるようになったわけである[48]。

　神が被造物を通して人間に語りかけるという，この新たに到達した思想的視点は，クザーヌスの思考に，以下のような，さらなる二つの実りをもたらしたように思われる。

　その第一は，クザーヌスにとっての長年の難問であった〈多様性問題〉が解消されることになったことである。その理由は，被造世界に多様性が存在するという事実がもはや否定的な意味をもたなくなり，むしろ神の豊饒性の現れであるとして，明白に肯定的な意味をもつことになったことにある。第二には，神の被造物である自然に対する関心が，クザーヌスにおいて増強されたことである。それは，例えば円の求積法を確立するために生涯にわたって彼が格闘したことにも見ることができる。なぜならば，この視点に立つことではじめて自然研究の意義も認識されることになるからである。神に語りかけられており，それを人間に伝達する任務を分与されているものとしての被造物である自然について研究することによって，それを通してその創造者たる神をより多く知ることができる，と考えることが可能となるからである。

3　神の〈語りかけ〉への答礼としての〈神の賛美〉

　キリスト教の世界には神を賛美するという長い伝統がある。その中でもクザーヌスによって特別な賛美とみなされうるであろう思想が展開されたことが，これまでのわれわれの考察との関連から明らかになる。それは，彼の死の1年前にまとめられたと推測されている二つの著作，すなわち『知恵の狩猟』ならびに『ボローニャのニコラウスへの書簡』において説かれている賛美である。

　すでにみたように，被造物としての世界は，クザーヌスの後期においては高く評価されるものとなっていた。それゆえに，被造物自身が，「神の賜ものによって自らがよいものであり賛美に値するものであることを認めている」[49]とされるのであり，「その存在によって万物は神を賛

　48）　以下を参照されたい：*De vis.* VII, n. 25, 12-14（八巻訳44頁）：„tu, domine, intra praecordia mea respondens dicens: Sis tu tuus et ego ero tuus"; Ibid. VIII, n. 28, 13f.（八巻訳48頁）：„in nobis loqueris et nos revocas, ut ad te redeamus."

　49）　*De ven. sap.* XVIII, n. 52, 14（酒井・岩田訳185頁）：„ipsa [dei factura] se fatetur

662 Ⅵ　イディオータの思想

美する」[50]と述べられるのである。これに応じて，すでに言及したことのある世界の多様性もまた，多彩で調和的な結合としてみなされることになる[51]。

　このような賛美に値する被造物の中でも，ロゴスを賦与された存在としての人間は特別な地位を占めているとみなされる[52]。その結果，人間は特別な任務を負っていることになる。それは，他のものに先んじて不断に神を賛美すること[53]，および，自らが存在するために〔神から〕受け取ったものを神に返すことである[54]。

　では，人間はどのようにしてこの課題を果たすべきなのであろうか。クザーヌスは『知恵の狩猟』においてこの点について，10 の弦をもったハープの喩えを用いながら，人間が神をその美しい響きによってふさわしく賛美できることになる 10 の価値を説いている[55]。それは，善，大，真，美，美味，喜び，完全，明瞭，公平，十全である[56]。

　人間は，たえず神を賛美するために，この諸々の諸価値を尊重しつつ生きる。すると人間自身が賛美に値する存在となるので，神を賛美する資格をもつことになる[57]。これは，人間がたえず神にいっそう似たものとなることでもある。これが人間の目的であり[58]，こうして人間は，自

---

bonam et laudabilem ipsius [dei] dono.“

　50)　Ibid. XIX, n. 54, 1（酒井・岩田訳 187 頁）: „Omnia [...] suo esse laudant deum. Vgl. ibid. 5f（酒井・岩田訳 187 頁）: Naturaliter [...] omnia creata deum laudant（創造された万物は本性的に神を賛美する）.“

　51)　Ibid. XVIII, n. 53, 10-13（酒井・岩田訳 186 頁）。

　52)　Vgl. Ibid. 19f.（酒井・岩田訳 186 頁）: „hominem, vivum quendam et intelligentem laudum dei hymnum optime compositum, plus cunctis visibilibus de dei laudibus habere.“; *Epist. Nic. Bonon.* n. 4, p. 26, 25 - p. 28, 2（『ボローニャのニコラウスへの書簡』八巻訳 185 頁以下）: „in homine animalis vita in intellctuali est inserta, quae solum est capax cognitionis gloriae et laudis, sine qua omnia sensibilia fine carerent.“

　53)　*De ven. sap.* XVIII, n. 53, 21（酒井・岩田訳 186 頁）: „ut deum prae ceteris indesinenter laudet.“

　54)　Ibid. XVIII, n. 53, 22（酒井・岩田訳 186 頁）: „ut id reddat deo, quod esset accept.“

　55)　Ibid. XX, n. 56, 3-5（酒井・岩田訳 189 頁）; XVI, n. 46, 4f.（酒井・岩田訳 179 頁）。

　56)　Ibid. XVI, n. 46, 3f.（酒井・岩田訳 179 頁）: haec venatio bona, magna, vera, pulchra, sapida, delectabilis, perfecta, clara, aequa et sufficiens est.

　57)　Ibid. XX, n. 58, 5f.（酒井・岩田訳 192 頁）。

　58)　Ibid. XX, n. 58, 9-13（酒井・岩田訳 192 頁）. *Epist. Nic. Bonon.* n. 16, p. 32, 8-11（八巻訳 191 頁）では，修練士ニコラウスに対して，指導者ならびに長上から課せられる事柄の全てをはつらつとして愛に満ちた精神をもって受け容れて全うすべきである，という訓戒が

身が存在する際に受け取ったものを神へと返すことになるというのである。

　被造世界の諸存在がこのように捉えられる段階になると，もはや被造物は，『覚知的無知』でそうであったように，唖であるわけではない。それらは自身の存在によって神を賛美しているとされている。このような被造物の中でもとりわけ人間は，自身の具備する知性的な能力をもって神を，力強くそしてたゆみなく賛美して，神へと上昇することを願うのである。というのも「たえずいっそう善く神を賛美しようとするあらゆる人間に対して，神は自己を現わす」[59]のだからである。それゆえに次のようにも言えるであろう。そもそも神の語りかけによって存在することができている被造物の総体が，神に対する賛美をもって答礼しているのであると。これがクザーヌスの賛美論である。

4　神と世界と人間の親しい関係

『神を観ることについて』の最終章に，以下のようなきわめて印象的な一節がある。

　　私の神よ，私はあなたの贈りものによって，この可視的世界の総体ならびに聖書の全体，そして奉仕的な霊の全てを，あなたを知ることに進み行くための手助けとして所有します。万物が私を励起して，私があなたへと向き直るように促しています。聖書の総体が努めているのは，あなたを開示することだけです。全ての知性的霊がもっている任務は，あなたを探求し，それらがあなたについて見出す限りのことを啓示することだけです。〔…〕主よ，あなたについての無知と可感的世界の虚しい楽しみがこれまで私を押しとどめていたとしても，もはやそれらが押しとどめることはありません。主よ，あなたが私に，この世界に属することどもを見捨てようと欲することを許してくださっているのですから，私もそれを欲しています〔マタイ 19, 27〕。なぜならば，世界も私を見捨てることを欲し

記されている。
　59）　*De ven. sap.* XXXV, n. 105, 17f.（酒井・岩田訳 235 頁）：„omni conati ipsum melius et melius laudare illi revelat se ipsum.“

ているのです。私は目的に向かって急いでいます[60]。

　この引用において印象的であることは，〈私〉とこの私が神から贈り
ものとして与えられた〈他の被造物〉との間で，〈私〉が神の認識に到
達できるための準備段階としての，いわば共同作業が遂行されているこ
とである。このような，〈私〉を含めた被造物総体のあり方は，先に検
討の対象にした諸著作において神の賛美を成立させていたものに極めて
よく似ている。確かにここには，被造物による神の賛美ということは述
べられていないが，それでもそれらは，〈私〉を神の認識に到達させる
べく共同して働いているのである。

　そればかりか，〈私〉を神に向き直るように促すと共に，〈私〉を見捨
てるという自己の意志さえも有しているのである。このように，被造世
界は自己の意志をもっているにもかかわらず，この〈私〉をこの世界に
とどめておくことは欲していないとされていることも，われわれは見逃
すべきではない。つまり，ここでの〈この世界〉は，神秘主義やグノー
シス主義に典型的であるような，一方的に否定され除去されるべき世界
ではないのである。

　このように捉えることができるならば，ここには，神と世界と人間と
の間に，一方において人間が世界を媒介にして神なるイエスとの共同体
（consortium）に入ると同時に[61]，他方においては，初期著作である『覚
知的無知』の当該箇所に[62]浮かび出ていた反世界的な雰囲気はすでに消
失しているという形での，三者間の極めて親密な関係が成立しているこ
とになる。

　60）　*De vis.* XXV, n. 118, 10-16; n. 119, 13-17（八巻訳 152 頁以下：154 頁）：„Habeo
[...] dono tuo, deus meus, totum hunc visibilem mundum et omnem scripturam et omnes
administratorios spiritus in adiutorium, ut proficiam in cognitione tui. Omnia me excitant, ut ad te
convertar. Non aliud scripturae omnes facere nituntur nisi te ostendere, neque omnes intellectuales
spiritus aliud habent exercitii, nisi ut te quaerant et, quantum de te reppererint, revelent. [...] Si
tenuit me ignorantia tui, domine, et vacua sensibilis mundi delectatio, amplius non tenebit. Volo
enim, domine, quia tu das, ut velim ista linquere, quae huius mundi sunt, quia me linquere vult
mundus. Propero ad finem.“

　61）　Vgl. *De ven. sap.* XIX, n. 55, 11f.（酒井・岩田訳 188 頁）：„[observantia semper
servata] quae eos ad dei et sanctorum consortium exaltat et divinis prosequitur laudabis“（強調は
引用者）。以下も参照されたい：*Sermo* CLXXXIX, n.9, 19（註 43 の後半）; n. 10, 23.

　62）　上記註 14 を参照されたい。.

第 4 章　後期クザーヌスにおける〈語りかけの存在論〉　　　665

　かくして，その思考活動の最初期に著わされた『普遍的協和』以来，彼によって求められ続けた，神と人間と被造物との間の調和的で協和的な構造が，ついにここに成立していることが確認される。クザーヌスの思考世界は，その最終段階において文字通りの大団円を迎えたと言うことができるであろう。

あ と が き

　この一書をまとめる作業に着手したのは，2017年春のことであった。若い時に書いた論文も含め，これまでのクザーヌスについての自分の仕事を集めて一冊の書物にするという企てであった。知泉書館の小山光夫社長の全面的なご協力とご支援を頂きながらも，二年半もかかった仕事となったことになる。

　手書きの原稿から印刷されたもの——45年前に公刊されたものをはじめとするいくつかの論文——は電子データがないので，小山社長のご英断により，知泉書館において電子データ化して頂いた。

　自身の定年退職をはじめとする大学関係の用件，また，海外のクザーヌス研究者たちとの共同研究などの「学問的な活動」に加えて，生まれ育った地域の直面する困難に対して力を割くというような活動もしつつの二年半であった。それゆえに，自身のこれまでのクザーヌス研究についても，またクザーヌスそのものについても，少なからず新たに見えてきたこと，気づかされたことがあった。その意味では，知泉書館にはご迷惑をおかけしたが，有意義な二年半だったと言える。

　小山社長からは，現今の日本において人文系の学問がますますやせ細ってきつつある状況に鑑みれば，将来を見越して，すなわち，クザーヌスおよびヨーロッパ中世などに関心を持つ人がいつの日か現れた場合でも，役に立つ道標になるような本にまとめてほしい，と「悲観的な励まし」を頂いた。まったく同感であったので，テキストの引用や書誌データ等については，できるだけ詳細かつ具体的に記した。その結果，煩瑣に見える部分があるかもしれないが，御寛恕頂きたい。

　私のクザーヌスについての研究がこのような一冊の書物になるに到るまでには，実にたくさんの方々のご指導，ご教示やご支援を頂いた。すべての方々を挙げることはとうてい不可能であるのだが，以下にお名前

を，苗字の ABC 順かつ敬称略で記して，深甚の謝意を表したい。

Tilman Borsche, Wilhelm Dupré, Michael Eckert, Walter Andreas Euler, 福谷茂, Helmut Gestrich, 秦貢一, 畑能時, Rudolf Haubst, Mechthild Haubst-Zenz, 平田天石, Ludger Honnefelder, 池田貞夫, 岩波哲男, Alfred Kaiser, 神澤惣一郎, 河波昌, 川添信介, 金一, 小牧治, 小山宙丸, 今義博, 近藤恒一, Klaus Kremer, 桑島一郎, Manfred Meiner, Richard Meiner, 御子柴善之, 村治能就, 永井博, 永野基綱, 仁戸田六三郎, 大出哲, Heinrich Pauli, Klaus Reinhardt, Klaus Riesenhuber, 酒井修, 坂本堯, 佐藤直子, Hermann Schnarr, Werner Schüßler, Harald Schwaetzer, Hans Gerhard Senger, 薗田坦, Anne-Marie Springmann, Henrike Stahl, 鶴岡賀雄, 梅津時比古, 渡邉守道, 山本耕平, 山本空外, 矢内義顕。

　最後に，私事にわたることをお許し頂きたい。学部の学生の日から今日まで，私がクザーヌスに携わることが許されたのは，両親，三人の弟妹，そして妻 和子と長女 伸子，長男 耕の協力があったからに他ならない。感謝している。とりわけ和子は，最初の赴任地である和歌山へ，そこからドイツのトリーアへ，再び和歌山へ，そして郷里の山梨へ，またドイツのボンへ，そしてそこから山梨へと，私の勉学の地が移動するたびに，率先して勉学条件を整えてくれた。この書物が出来上がるに際しても，彼女の貢献は大きかった。改めて謝意を記しておきたい。

　この文章の冒頭にも記したように，本書が成るにあたっては，知泉書館社長の小山光夫氏には数々のご英断を頂いた。また同社編集部の松田真理子さんには実務的な面で大変にお世話になった。構想の開始から二年半にわたり支え続けて下さったお二人に，心からの御礼を申し上げる次第である。

　　2019 年 8 月 11 日——クザーヌスの 555 年目の命日

　　　　　　　　　八ケ岳南麓のふるさとにて

　　　　　　　　　　　　　　八 巻 和 彦

初 出 一 覧

本書を構成する各章の初出は以下のとおりである。なお今回の収載に際して，付記したり変更を加えた論文もある。

I　クザーヌスという人物
第1章　クザーヌスにとっての〈場所〉
　'Der Zusammenhang von Ort und Person bei Nikolaus von Kues', in: COINCIDENTIA, Band 8/1: Zeyer und Schneider (Hrsg.): Im Haus der Weisheit, Münster 2017, pp. 17-30.
第2章　「知の制度化」批判
　「中世末期，脱大学の知識人」（上智大学中世思想研究所編『中世における制度と知』知泉書館，2016年，191-222頁）。
第3章　クザーヌスと「近代」
　「ニコラウス・クザーヌスと「近代」」（日本クザーヌス学会『クザーヌス研究』第3号，1995年，89-116頁）。
第4章　デッサウアーのクザーヌス像
　「フリートリッヒ・デッサウアーのクザーヌス像」（『和歌山大学教育学部紀要』人文科学，第38集，1989年，121-138頁）。

II　クザーヌスにおける主体性
第1章　クザーヌスにおける人間の主体性について
　「ニコラウス・クザーヌスにおける人間の主体性について」（中世哲学会『中世思想研究』第21号，1979年，41-68頁）。
第2章　クザーヌスの思考における主体性の二重構造
　'Die doppelte Struktur der Subjektivität im Denken des Nikolaus von Kues', in: Euler, Gustafsson u. Wikström (Ed.): Nicholas of Cusa on the Self and Self-Consciousness, 2010, Åbo, pp. 135-153.

第3章 〈精神的な引き上げ〉という神秘主義

'Die *manuductio* von der *ratio* zur Intuition in "De visione Dei", in: *MFCG*, Bd. 18, Trier, 1989, pp. 276-295.

Ⅲ クザーヌスの認識論

第1章 〈認識の問題〉

「ニコラウス・クザーヌスにおける認識の問題」（東京教育大学哲学会『哲学論叢』第26輯，1974年，54-64頁）。

第2章 神の命名の試み

'Die cusanischen Gottes-Namen, in: *MFCG*, Bd. 33, Trier, 2012, pp. 59-81.

第3章 表象力の機能とその射程

'Funktion und Tragweite der *imaginatio* bei Cusanus', in: André, Krieger und Schwaetzer (Hrsg.): *Intellectus und Imaginatio*, Amsterdam/ Philadelphia, 2006, pp. 111-118.

第4章 クザーヌス哲学における幾何学的象徴の意義

'Die Bedeutung geometrischer Symbole für das Denken des Nicolaus Cusanus', in: *MFCG*, Bd. 29, Trier, 2005, pp. 295-312.

第5章 『可能現実存在』の構造

「『可能現実存在』の構造」（日本クザーヌス学会『クザーヌス研究序説』国文社，1986年，129-165頁）。

Ⅳ Theopania としての世界

第1章 〈神の顕現〉(Theophania) と 〈神化〉(Deificatio)

「ニコラウス・クザーヌスの Theophania と Deificatio」（『和歌山大学教育学部紀要』人文科学，第26集，1977年 27-41頁）。

第2章 〈全能なる神〉の復権

「ニコラウス・クザーヌスにおける Omnipotens Deus の復権」（東京教育大学哲学会『哲学論叢』第28輯，1976年，56-65頁）。

第3章 『球遊び』における 〈丸さ〉の思惟

'Ein Interpretationsversuch des *Rotunditas*-Denkens in der Schrift *De iudo globi*', in: Yamaki, *Anregung und Übung,* 2017, pp. 305-318.

第4章 〈神の現われ〉としての 〈世界という書物〉

初出一覧　　　　671

'Buchmetaphorik als »Aparitio Dei« in den Werken und Predigten des Nikolaus von Kues', in: *MFCG*, Bd. 30, Trier, 2005, pp. 117-144.

V　宗教寛容論

第1章　〈信仰の平和〉という思想

「ニコラウス・クザーヌスの〈pax fidei〉について」（中世哲学会『中世思想研究』第 24 号，1982 年，69-91 頁。

第2章　宗教寛容の哲学

クザーヌス哲学における宗教寛容の思想（工藤，齋藤，澤口，米澤編『哲学思索と現実の世界』創文社，1994 年，117-155 頁）。

第3章　〈言語の類比〉による宗教寛容論

「「言語」のアナロギアによる宗教寛容論」（日本宗教学会『宗教研究』第 260 号，1984 年，65-82 頁）。

第4章　現代における宗教的多元論の要請

「現代における宗教的多元論の要請」（上智大学共生学研究会『共生学』No.5，2011 年，3-27 頁）。

VI　イディオータの思想

第1章　『イディオータ篇』における〈イディオータ〉像について

「ニコラウス・クザーヌスの *Idiota* 篇における〈idiota〉像について」（『和歌山大学教育学部紀要』人文科学，第 30 集，1981 年，1-15 頁）

第2章　楽しむ〈イディオータ〉

'Idiota Ludens', in: Borsche und Schwaetzer (Hrsg.): *Können Spielen Loben Cusanus 2014*, Münster, 2016, pp. 344-356.

第3章　〈周縁からの眼差し〉

「クザーヌスにおける〈周縁からの眼差し〉」（早稲田大学商学同攻会『文化論集』第 5 号，1994 年，107-149 頁）。

第4章　後期クザーヌスにおける〈語りかけの存在論〉

'Von 'ipse est, qui in omnibus loquitur' her － Eine veränderte Idee der Beziehung von Gott und Geschöpf bei Cusanus', in: Yamaki, *Anregung und Übung,* 2017, pp. 385-402.

引用文献

　ニコラウス・クザーヌスの著作の原典としては，全集 h を用いて，引用の際には当該著作のこれにおける巻およびそこでの箇所を表示する。なお，*De docta ignorantia* の h には節番号は付されていないが，参照の便宜のために Philosophische Bibliothek 版対訳本の節番号も n. として付記する。以下のリストでは，タイトルの後に当該著作を収載している h の巻を，h に続けてローマ数字で表記する。また，日本語訳の存在するものは，それも併記する。しかし本書における引用の訳文は，必ずしもそれらの日本語訳とは一致していない。

クザーヌス

Apologia doctae ignorantiae, in: h ^{2}II

Compendium, in: h XI/3:（大出哲・野澤武彦訳『神学綱要』国文社，2002 年）。

Coniectura de ultimis diebus, in: h IV.

Cribratio Alkorani, in: h VIII.

De apice theoriae, in: h XII:（佐藤直子訳『テオリアの最高段階について』，「中世思想原典集成」第 17 巻「中世末期の神秘思想」，1992 年）。

De beryllo, in: ^{2}h XI/1.

De circuli quadratura, in: h XX; *pars theologica*, in: X/ 2a.

De concordantia catholica, in: h XIV.

De coniecturis, in: h III.

De dato patris luminum, in: h IV:（大出哲・高岡尚訳『光の父の贈りもの』国文社，1993 年）。

De Deo abscondito, in: h IV:（大出哲・坂本堯訳『隠れたる神』創文社，1972 年）。

De docta ignorantia, in: h I:（岩崎允胤・大出哲訳『知ある無知』創文社，1961 年）。

De filiatione Dei, in: h IV:（坂本堯訳『神の子であることについて』，大出・坂本訳『隠れたる神』所収）。

De genesi, in: h IV:（酒井紀幸訳『創造についての対話』，「中世思想原典集成」第 17 巻「中世末期の神秘思想」所収）。

De ludo globi, in: h IX.

De mathematicis complementis, in: h XX.

Idiota de mente, in: h ^{2}V.

Directio speculantis seu De li non aliud, in: h XIII; Reinhardt, Machetta und Schwaetzer[Hrsg.]: *Nikolaus von Kue: De non aliud/ Nichts anderes*, Münster 2011.

（松山康国・塩路憲一訳『非他なるもの』創文社，1992 年）。

De pace fidei, in: h VII:（八巻和彦訳『信仰の平和』，「中世思想原典集成」第 17 巻
「中世末期の神秘思想」所収）。

De possest, in: h XI/2:（大出哲・八巻和彦訳『可能現実存在』国文社，1987 年）。

De principio, in: h X/2b.

De quaerendo Deum, in: h IV:（大出哲訳『神の探究について』，大出・坂本訳『隠れ
たる神』所収）。

Idiota de mente, in: ²V.

Idiota de sapientia, in: h ²V:（小山宙丸訳『知恵に関する無学者の対話』，「中世思想原
典集成」第 17 巻「中世末期の神秘思想」所収）。

Idiota de staticis experimentis, in: h ²V.

De theologicis complementis, in: h X/2a.

De venatione sapientiae, in: h XII:（酒井紀幸・岩田圭一訳『知恵の狩猟について』，
「キリスト教神秘主義著作集」第 10 巻「クザーヌス」教文館，2000 年）。

De visione Dei, in: h VI:（八巻和彦訳『神を観ることについて』岩波文庫，2001 年）。

Epistula ad Ioannem de Segobia, in: h VII.

Epistula ad Nicolaum Bononiensis, in: CT IV/3:（八巻和彦訳「ニコラウスへの書簡」，
八巻和彦訳『神を観ることについて』所収）。

Epistula ad Rodericum Sancium de Arevalo, in: h XV/2.

Epistula an ein Kartäuserkloster, in: *CT* IV, 1, 4, S.36-45.

Reformatio generalis, in: h XV/2.

Responsio de Intellectu Evangelii Ioannis, in: h X1

Sermo 1, in: h XVI.

Sermo 2, in: h XVI.

Sermo 4, in: h XVI.

Sermo 8, in: h XVI.

Sermo 9, in: h XVI.

Sermo 16, in: h XVI.

Sermo 21, in: h XVI.

Sermo 23, in: h XVI.

Sermo 29, in: h XVII.

Sermo 54, in: h XVII.

Sermo 71, in: h XVII.

Sermo 118, in: h XVII.

Sermo 120, in: h XVII.

Sermo 129, in: h XVIII.

Sermo 135, in: h XVIII.

Sermo 141, in: h XVIII.

Sermo 154, in: h XVIII.

Sermo 158, in: h XVIII.

Sermo 163, in: h XVIII.

Sermo 165, in: h XVIII.

Sermo 168, in: h XVIII.

Sermo 187, in: h XVIII.

Sermo 189, in: h XVIII.

Sermo 199, in: h XVIII.

Sermo 203, in: h XVIII.

Sermo 212, in: h XIX.

Sermo 214, in: h XIX.

Sermo 216, in: h XIX.

Sermo 217, in: h XIX.

Sermo 220, in: h XIX.

Sermo 227, in: h XIX.

Sermo 237, in: h XIX.

Sermo 242, in: h XIX.

Sermo 251, in: h XIX.

Sermo 254, in: h XIX.

Sermo 258, in: h XIX.

Sermo 262, in: h XIX.

Sermo 268, in: h XIX.

Sermo 269, in: h XIX.

Sermo 273, in: h XIX.

Sermo 289, in: h XIX.

他の文献

（欧文の文献について，単行本は書名をイタリックで示し，論文は論文名を立体で示した上で，その後に収載書名を記す）。

Acta Cusana, Hrsg. von Erich Meuthen, Hermann Hallauer, Johannes Helmrath und Thomas Woelki, Hamburg, 1976-. （これはクザーヌスに関する資料を年代順に集めたものである）。

Albertson, David: *Mathematical Theologies. Nicholas of Cusa and the Legacy of Thierry of Chartres,* Oxford/ New York et al. 2014.

Albertus Magnus: *Alberti Magni Opera Omnia*, XXXVII-1, *Super Dionysium De divinis Nominibus*, Münster, 1972.

Aristoteles: *De anima.* （山本光雄訳『霊魂論』，「アリストテレス全集」第 6 巻，岩波書店，1976 年）。

————: *Metaphysica.* （出隆訳『形而上学』，「アリストテレス全集」第 12 巻，岩波書店 , 1977 年）。

Augustinus, Aurelius: *Confessiones,* (*CCSL* XXVII, Turnholt 1990) （山田晶訳『告白』〈世界の名著〉第 14 巻，中央公論社 ,1968 年）。

―――: *De civitate dei*, VIII (*CCSL* XLVII, Turnholt, 1955)（茂泉昭男・野町啓訳『神の国』教文館，1982 年）。

―――: *De trinitate*, (*CCSL* L, Turnholt, 1968)（中沢宣夫訳『三位一体論』東京大学出版会，1975 年）。

―――: *Retractiones*, (*CCSL* LVII, Turnholt, 1984).

Bainton, H. Roland: *Erasmus of Christendom*, London, 1970.（ベイントン『エラスムス』出村彰訳，日本キリスト教団出版局，1971 年）。

Baur, Ludwig: *Nicolaus Cusanus und Ps. Dionysius im Lichte der Zitate und Randbemerkungen des Cusanus, CT,* III Marginalien, Heidelberg, 1941.

Baum u. Senoner (hrg.): *Nikolaus von Kues Briefe und Dokumente zum Brixener Streit*, I, Wien, 1998.

Bayle, Pierre: *Traité sur la Tolérance, Oeuvre Diverses* (Haag, 1727), II,（野沢協訳「ピエール・ベール著作集」第二巻「寛容論集」法政大学出版局，1979 年）。

Beierwaltes, Werner: Deus oppositio oppositorum. in: *Salzburger Jahrbuch für Philosophie*, 8, 1964.

―――: *Identität und Differenz* (Philosophische Abhandlungen 49), Frankfurt am Main, 1980.

Berger und Christiane (Übersetz.): *Nikolaus von Kues Vom Frieden zwischen den Religionen* (Frankfurt am Main/ Leipzig 2002).

Bernhart, Joseph: *Die philosophische Mystik des Mittelalters*, München, 1922.

Bianchi et Randi: *Vérités Dissonantes, Aristote à la Fin du Moyen Âge*, Paris, 1993.

Biechler and Bond: *Nicholas of Cusa On Interreligious Harmony, Text, Concordance and Translation of De Pace fidei*, Lewiston/ Queenston/ Lampeter 1990.

Biechler, James E.: *The religious Language of Nicholas of Cusa*, Missoula 1975.

Bidese, Fidora, Renner (Hrsg.), *Ramon Llull und Nikolaus von Kues*, Turnhout, 2005.

Blaise, Albert: *Lexicon Latinitatis Medii Aevi* (Blaise, Albert: *Corpus Christianorum Continuatio Mediaeualis Lexicon Latinitatis Medii Aevi*, Turnholt, 1975.

Blumenberg, Hans: *Aspekte der Epochenschwelle: Cusaner und Nolaner*, Frankfurt am Main, 1976.

Bohnenstädt, Elisabeth: *Nikolaus von Cues, Der Laie über die Weisheit*, Hamburg, 1962.

Bonaventura: *Itinerarium Mentis in Deum*, München, 1961.（長倉久子訳註『魂の神への道程』創文社，1993 年）。

Bredow, Gerda von (Hrsg.): *Das Vermächtnis des Nikolaus von Kues. Der Brief an Nikolaus Albergati nebst der Predigt in Montoliveto (1463)*, CT, IV, 3, Heidelberg 1955.

―――: *Im Gespräch mit Nikolaus von Kues, Gesammelte Aufsätze 1948 – 1993*, Münster 1995.

Brüntrup, Alfons: *Können und Sein*, München/ Salzburg, 1973.

Butterfield, Herbert: *The Origin of the Modern Science,* London, 1949.（渡辺正雄訳『近代科学の誕生』上下，講談社学術文庫，1978 年)。

引 用 文 献　　　　　677

Butterworth, Edward J.: Form and Significance of the Sphere in Nicholas of Cusa's *De ludo globi.* in: Gerald Christianson und Thomas M. Izbicki (ed.): *Nicholas of Cusa in Serch of God and Wisdom*, Leiden et al.1991.

Cardini, F. ; Beonio-Brocchieri, M.T. Fumagalli: *Universitäten im Mittelalter*, München, 1991.

Cassirer, Ernst: *Individuum und Kosmos in der Philosophie der Renaissance*, Leipzig 1927.（薗田坦訳『個と宇宙』名古屋大学出版会，1991 年）。

Christianson (Gerald) und Izbicki (Thomas M.) (ed.): *Nicholas of Cusa in Serch of God and Wisdom*, Leiden et al. 1991.

『中世思想原典集成』（上智大学中世思想研究所編訳 / 監修）平凡社，1992-2002 年。

Curtius, Ernst Robert: *Europäische Literatur und Lateinisches Mittelalter*, (Bern, ²1954).（南大路振一・岸本通夫・中村善也訳『ヨーロッパ文学とラテン中世』みすず書房，1971 年）。

Decker, Bruno: *Nikolaus von Cues und der Friede unter den Religionen.* in: Koch (Hrsg.): *Humanismus, Mystik und Kunst in der Welt des Mittelalters.*

————: Die Toleranzidee bei Nikolaus von Kues und in der Neuzeit, in: Pubblicazioni della Facoltà di Mgistero dell' Università di Padova: *Nicolò da Cusa – Relazioni tenute al convegno interuniversitario di Bressanone nel 1960*, Firenze, 1962.

出村和彦「教父哲学のアクチュアリティ」『理想』683 号，2009 年。

Descartes, René: *Discours de la Méthode*, Paris, 1966.（野田又夫訳『方法序説』中央公論社，2009 年）。

Dessauer, Friedrich: *Begegnung zwischen Naturwissenschaft und Theologie*, Frankfurt am Main, 1952.

————:*Philosophie der Technik*, Frankfurt am Main, 1927.（永田廣志訳『技術の哲学』科学主義工業社，1941 年）。

————: *Naturwissenschaftliches Erkennen*, Frankfurt am Main, 1958.

————: *Was ist der Mensch*, Frankfurt am Main, 1959.

————: *Streit um die Technik,* Frankfurt /Main, 1958.

De Vries, Josef: *Grundbegriffe der Scholastik*, Darmstadt, 1980.

Dictionary of the History of Ideas (Philip P. Wiener, ed.):, Vol. III, New York, 1973.（日本語訳『西洋思想大事典』第 2 巻，平凡社，1990 年）。

Dielse, Ulrich: Religion I, Einleitung, in: Ritter und Gründer (Hrsg.), *Historisches Wörterbuch der Philosophie*, Bd. 8, Darmstadt, 1992.

Dionysius Cartusianus: Difficultatum praeciparum praecedentium librorum absolutiones breves ac necessariae, in : *Doctoris Ecstatici D. Dionysii Cartusiani Opera omnia*, Tomus XVI, Tournai, 1903.（八巻和彦訳『先行する諸著作における主要な困難についての必要最小限の解決』,「中世思想原典集成」第 16 巻,「ドイツ神秘主義」2001 年）。.

『独和大辞典』国松孝二他編，小学館，1985 年。

Eisenkopf, Anke: Mensch, Bewegung und Zeit im Globusspiel des Nikolaus von Kues, in

Litterae Cusanae 3, 2003.

エンペドクレス，断片 9（内山勝利（編）『ソクラテス以前哲学者断片集』第 2 分冊，岩波書店，1997 年）。

Eriugena, Johannes Scotus: *Periphyseon, Liber primus*, hrg. von Edouard Jeauneau, (Corpus Christianorum, Continuatio Medievalis 161), Turnholt 1996.（今義博訳『ペリフュセオン』，「中世思想原典集成」第 6 巻，1992 年）。

―――: *Super Ierarchiam Caelestem S. Dionysii*, in : Patrologiae CXXII. Paris 1853.

Euler, Walter Andreas: *Unitas et Pax – Religionsvergleich bei Raimundus Lullus und Nikolaus von Kues*, Wülzburg/ Altenberge, ^{2}1995.

―――: Religionsfriede und Ringparabel, in: *Cusanus Jahrbuch*, Bd. 4. Trier, 2012.

Euler (Walter Andreas) und Kerger (Tom) (Hrsg.): *Cusanus und der Islam*, Trier, 2010.

Euler (Walter Andreas) und Port (Wofgang): *Cusanus Jahrbuch* Bd. 4. Trier, 2012.

Fitzpatrick & Haldane: Medieval philosophy in later Thought, in: McGrade, A. S. (Ed.): *The Cambridge Companion to Medieval Philosophy*, Cambridge et al. 2003.（マクグレイド編，川添信介監訳『中世の哲学』所収）。

Flasch, Kurt: *Nikolaus von Kues – Geschichte einer Entwicklung*, Frankfurt am Main, 1998.

―――: *Die Metaphysik des Einen bei Nikolaus von Kues*, Leiden, 1973.

Folkerts, Menso: Die Quellen und die Bedeutung der mathematischen Werke des Nikolaus von Kues, in: *MFCG*, 28, 2003.

Fräntzki, Ekkehard: *Nikolaus von Kues und das Problem der absoluten Subjektivität*, Meisenheim am Glan, 1972.

深澤英隆「『宗教』の誕生」，『岩波講座　宗教』第 1 巻所収。

Gabel, Leona C. (ed.): *Secret Memoirs of a Renaissance Pope*, London, 1988.

Gadamer, Hans-Georg: *Philosophisches Lesebuch*, Bd.2, Frankfurt am Main, 1988.

―――: Nikolaus von Kues im modernen Denken, in: *Nicolo' Cusano agli inizi del mondo moderno*, Firenze, 1970.

Gandillac, Maurice de: *La Philosophie de Nicholas de Cues*, Paris, 1941.

―――: *Nikolaus von Cues* (in deutscher Übersetzung), Düsseldorf, 1953

―――: *una religio in rituum varietate*, in: *MFCG*, 9.

Garin, Eugenio: *L'educazione in Europa*, Bari, 1957（ガレン『ヨーロッパの教育』近藤恒一訳，1974 年，サイマル出版会）。

―――: *Scienza e Vita Civile nel Rinascimento Italiano*, Roma, 1972.（ガレン『イタリア・ルネサンスにおける市民生活と科学・魔術』清水純一・斎藤泰弘訳，1975 年，岩波書店）。

Gilson, Etienne: *L'ésprit de la philosophie médiévale*, Paris, 1948.（『中世哲学の精神』（上，下）服部英次郎訳，筑摩書房，1974；75 年）。

―――: *La Philosophie au Moyen Âge*, Paris, 1944.（ジルソン『中世哲学史』渡辺秀訳，エンデルレ書店，1949 年）。

Galilei, Galileo:「ガリレイのクリスティーナ大公妃あての手紙（1615 年 6 月）」，青木

靖三編『ガリレオ』〈世界の思想家〉6, 平凡社, 1976 年。

─────: Il Saggiatore. (山田慶児・谷泰訳「偽金鑑定官」, 豊田利幸編『ガリレオ』〈世界の名著〉21, 中央公論社, 1973 年)。

Goldschmidt, Hannelore: *Globus Cusani. Zum Kugelspiel des Nikolaus von Kues*, (*Kleine Schriften der Cusanus-Gesellschaft*, Heft 13), Trier 1989.

Görresgesellschaft: *Historisches Jahrbuch der Görresgesellschaft*, 81, Freiburg/München, 1962.

Grass, Nikolaus (Hrsg.): *Cusanus Gedächtnisschrift,* Innsbruck/München, 1970.

Gray, Hanna H.: Renaissance Humanism: the Pursuit of Eloquence, in: *Journal of History of Ideas*, 24, Philadelphia, 1963.

Groten, Manfred: Vom Studenten zum Kardinal – Lebensweg und Lebenswelt eines spätmittelalterlichen Intellektuellen, in: Yamaki, Kazuhiko (ed.): *Nicholas of Cusa, A Medieval Thinker fot the Modern Age.* (M・グローテン「ニコラウス・クザーヌス 学生から枢機卿へ」, 八巻・矢内編『境界に立つクザーヌス』所収)

Guzman Miroy, Jovino De: *Tracing Nicholas of Cusa's Early Development*, Louvain/Dudley, MA/ Paris, 2009.

Hagemann, Ludwig: *Christentum contra Islam, eine Geschichte gescheiterter Beziehungen*, Darmstadt, 1999. (八巻和彦・矢内義顕訳『キリスト教とイスラーム──対話への歩み』知泉書館, 2003 年)。

─────: *Nicolai de Cusa Cribratio Alkorani, Sichtung des Korans,* I, Hamburg, 1989.

Häring, Nikolaus M.: *A commentary on Boethius' „De Trinitate" by Thierry of Chartres* („Anonymus Berolinensis"), in: *Archives d'histoire doctrinale et littéraire du moyen âge,* 23, Paris, 1956.

Haubst, Rudolf: *Das Bild des Einen und Dreieinen Gottes in der Welt nach Nikolaus von Kues*, Trier, 1952.

─────: *Studien zu Nikolaus von Kues und Johannes Wenck,* Münster, 1955.

─────: Philosophie, Religionsphilosophie. in: *Theologische Literaturzeitung* 112. Jahrg. Nr.11, 1987.

───── (Übersetzung): *De pace fidei - Der Friede im Glauben*, Trier, 1988.

─────: *Nikolaus von Kues "Pfortner der neuen Zeit"*, Kleine Schriften der Cusans-Gesellschaft 12, Trier, 1988.

─────: Christliche Mystik im Leben und Werk des Nikolaus von Kues, in: Haubst, *Streifzüge*, 326-354.

─────: Die Thomas- und Proklos-Exzerpte des „Nicolaus Treverensis" in Codicillus Strassburg 84, in: *MFCG*, 1, 1968.

─────: Die erkenntnistheoretische und mystische Bedeutung der "Mauer der Koinzidenz", in: *MFCG*, 18, Trier 1989.

─────: *Streifzüge in die Cusanische Theologie*, Münster, 1991.

Heimsoeth, Heinz (Hrsg.), *Blätter für Deutsche Philosophie*, Bd. 13, (1939/40), Reprinted in Amsterdam, 1971.

Heinemann, Wolfgang: *Einheit in Verschiedenheit -Das Konzept eines intellektuellen Religionenfriedens in der Schrift "De pace fidei" des Nikolaus von Kues,* Altenberge, 1987.

Heinz-Mohr, Gerd: Nikolaus von Kues und der Laie in der Kirche: in: *MFCG,* 4, 1964.

Henke, Norbert: *Der Abbildbegriff in der Erkenntnislehre des Nikolaus von Kues,* Münster Westfalen, 1969.

Hermes Trismegistus: *Corpus Hermeticum,* Band 2, Traités I-XII, Asclepius, hrsg. von Arthur Darby Nock, Lateinisch/ Griechisch-französisch, Paris [2]1960.

Herold, Norbert: *Menschliche Perspektive und Wahrheit — Zur Deutung der Subjektivität in den philosophischen Schriften des Nikolaus von Kues,* Münster Westfalen, 1975.

Hesiodos: *Works and Days,* in: *Hesiod: Theogony, Works and Days, Testimonia,* Cambridge, MA, 2006.

Hick, John: *God has many names,* Philadelphia, 1982.（『神は多くの名前をもつ』間瀬啓允訳, 岩波書店, 1986 年）。

Hirschberger, Johannes: Die Stellung des Nicolaus von Kues in der Entwicklung der Deutschen Philosophie, in: *Sitzungsberichte der wissenschaftlichen Gesellschaft an der Johann Wolfgang Goethe-Universität Frankfurt am Main,* Bd. XV, Nr. 3, Wiesbaden, 1978.

Historisches Wörtebuch der Philosophie (Hrsg. von Ritter und Gründer), Bd. 8, Darmstadt, 1992.

Historische Zeitschrift (Hrsg. von Karl Alexander von Müller), Bd. 165, Berlin, 1942.

Hobbes, Thomas : *Leviathan,* Oxford, 1909.（水田洋訳『リヴァイアサン』（二）, 岩波書店, 1972 年）。

Hoffmann, Ernst: *Das Universum des Nikolaus von Cues, CS* I, Heidelberg, 1930.

Hooker, Richard: *Of the Laws of Ecclesiastical Polity,* (Rhys (ed.), *Of the Laws of Ecclesiastical Polity,* London, 1907.

Hopkins, Jasper: *Nicholas of Cusa's Debate with John Wenck,* Minneapolis, 1981.

————(Tr.): *Nicholas of Cusa's De pace fidei and Cribratio Alkorani,* Minneapolis, 1990.

————: *A Concise Introduction to the Philosophy of Nicholas of Cusa,* Minneapolis, 1978.

Huizinga, Johan: *Homo Ludens, Vom Ursprung der Kultur im Spiel,* Hamburg 1981.（ホイジンガ『ホモ・ルーデンス』里見元一郎訳, 河出書房新社, 1971 年）。

稲垣良典『トマス・アクィナス哲学の研究』創文社, 1970 年。

井筒俊彦訳『コーラン』岩波文庫版, 2004 年。

Institut für Cusanus-Forschung (Hrsg.): *Nikolaus von Kues Predigten in deutscher Übersetzung,* Münster, 2007, Bd. 3.

Ipgrave, Michael (ed.): *Building a Better Bridge – Muslims, Christians, and the Common Good,* Washington DC, 2008.

Iserloh, Erwin: Reform der Kirche bei Nikolaus von Kues, in: *MFCG,* 4, 1964.

引 用 文 献　　　　681

『岩波講座　宗教』池上良正他編，第 1 巻，岩波書店，2003 年。

『岩波仏教辞典』中村元他編，岩波書店，1989 年。

Jacobi, Klaus: *Die Methode der Cusanischen Philosophie,* Freiburg/München, 1969.

————(Hrsg.): *Nikolaus von Kues,* Freiburg/München, 1979.

Das Jagdbuch des Mittelalters, Ms. Fr. 616 der Bibliothèque nationale in Paris
(Kommentar von Wilhelm Schlag und Marcel Thomas), Darmstadt, 1994..

Jaspers, Karl: *Nikolaus Cusanus,* München, 1964.（薗田坦訳『ニコラウス・クザーヌ
ス』理想社，1970 年）。

————: *Der philosophische Glaube angesichts der Offenbarung,* München 1962.

————: *Notizen zu Martin Heidegger,* München /Zürich, 1978.（児島洋他訳『ハイデ
ガーとの対決』紀伊国屋書店，1981 年）。

上智大学中世思想研究所編『教育思想史 IV』下，東洋館出版社，1985 年。

『浄土宗全書』（浄土宗典刊行会）第九巻，浄土宗典刊行会，1929 年。

Jonas, Hans: *Das Prinzip Leben,* Frankfurt am Main / Leipzig, 1997.（細見和之・吉本陵
訳『生命の哲学』，法政大学出版局，2008 年）。

Journal of History of Ideas (University of Pennsylvania Press ed.) 24, Philadelphia, 1963.

Kallen, Gerhard: Die politische Theorie im philosophischcn System des Niko1aus von
Cues, in: *Historische Zeitschrift,* Bd. 165, Berlin, 1942.

————: *Die handschriftliche Überlieferung der Concordantia catholica des Nikolaus
von Kues,* CS VIII, Heidelberg, 1963.

————: Erläuterungen, in: *CT,* II, 1. *De auctoritate presidendi in concilio generali,*
Heidelberg, 1935.

『漢字源』藤堂明保他編，改訂第 4 版，学研，2006 年。

Kant, Immanuel: *Kritik der reinen Vernunft,* 1956, Hamburg.（篠田英雄訳『純粋理性批
判』岩波文庫，1967 年）。

Kaulbach, Friedrich: *Immanuel Kant,* Berlin, 1969.（井上昌計訳『イマヌエル・カント』
理想社，1978 年）。

Kim, Il: The Lives of Alberti and Cusanus and Their Shared Objectives, in: *MFCG,* 35,
Trier, in Print.

Kirchenlateinisches Wörterbuch (von Albert Sleumer), Limburg an der Lahn 1926;
Hildesheim/ Zürich/ New York, 1996.

岸本英夫（監訳）エリアーデ：キタガワ編『宗教学入門』東京大学出版会，1962 年。

Klibansky, Raymond: Die Wirkungsgeschichte des Dialogs "De pace fidei, in: *MFCG,* 16,
1984.

Koch, Josef: *Nikolaus von Kues und seine Umwelt, CT,* IV, 1, Heidelberg, 1948.

———— (Hrsg.): *Humanismus Mystik und Kunst in der Welt des Mittelalters,* Leiden/
Köln, 1953.

Koyama, Chumaru (ed.), *Nature in Medieval Thought, Some Approaches East & West,*
Leiden/ Boston/ Köln, 2000.（小山宙丸編『ヨーロッパ中世の自然観』創文社，
1998 年)。

Kristeller, P. Osker: A Latin Translation of Gemistos Plethon's De fato by Johannes Sophianos dedicated to Nicholas of Cusa, in: Facolòta di magistero dell'Universita di Padova (ed.): *Nicolo' Cusano agli inizi del mondo moderno*, Firenze, 1970.

──────: *Renaissance Thought*, New York et al., 1961. (渡邉守道訳『ルネサンスの思想』東京大学出版会，1977年)。

──────: *Renaissance Thought and its Sources*, New York, 1979.

Lexer, Matthias: *Mittelhochdeutsches Handwörterbuch*, Leibzig, 1872, Nachdruck: Tokyo, 1972.

Lindbeck, George A.: *The Nature of Doctrine – Religion and Theology in a Postliberal Age*, London, 1984. (星川啓慈・山梨有希子訳『教理の本質』ヨルダン社，2003年)。

Litterae Cusanae – Informationen der Cusanus-Gesellschaft, (Hrsg. von Gestrich, Reinhardt, Lentzen-Deis, Euler), Regensburg, 2001-2008.

Locke, John: *A Letter concerning Toleration*, in: *The Works of John Locke*, London, 1823, vol. 6, (生松敬三訳『寛容についての書簡』〈世界の名著〉第 27 巻，中央公論社，1968年)。

Luhter, Martin: *De libertate Christiana*, in: WA. VII (石原謙訳『キリスト者の自由』，岩波文庫，1970年)。

──────: *An den Christlichen Adel deutscher Nation von des Christlichen Standes besserung*, in: WA. VI (印具徹訳『ドイツのキリスト者貴族に与える書』聖文舎，1971年)。

Mahnke, Dietrich: *Unendliche Sphäre und Allmittelpunkt*, Halle 1937; Faksimile-Nachdruck: Stuttgart-Bad Cannstatt, 1966.

Lexikon des Mittelalters, Bd. I, Deutscher Taschenbuch Verlag, München, 2003.

McGrade, A. S. (Ed.): *The Cambridge Companion to Medieval Philosophy,* Cambridge et al., 2003. (マクグレイド編『中世の哲学　ケンブリッジ・コンオパニオン』川添信介監訳，京都大学学術出版会，2012年)。

Meinhardt, Helmut: Konjekturale Erkenntnis und religiöse Toleranz, in: *MFCG*, 16, 1984.

Menzel-Rogner, Hildegund: *Nikolaus von Cues Der Laie über Versuche mit der Waage*, Leipzig, 1942.

Meuthen, Erich: *Nikolaus von Kues 1401-1464 – Skizze einer Biographie,* Münster [7]1992. (『ニコラウス・クザーヌス』酒井修訳，法律文化社刊，1974年)。

──────: *Die letzten Jahre des Nikolaus von Kues*, Köln/ Opladen, 1958.

────── : Nikolaus von Kues und der Laie, in: *Historisches Jahrbuch der Görresgesellschaft*, 81, 1962.

──────: Leben in der Zeit, in: Jacobi, Klaus: *Nikolaus von Kues,* Freiburg/ München, 1979.

──────: Der Fall von Konstantinopel und der lateinische Westen, in: *MFCG*, 16 (1984).

MFCG : *Mitteilungen und Forschungsbeiträge der Cusanus-Gesellschaft* ∶ Bd. 1, Mainz

1968.
―――: Bd. 4, Mainz, 1964.
―――: Bd. 9, Mainz, 1971.
―――: Bd. 12, Mainz, 1977.
―――: Bd. 13, Mainz, 1978.
―――: Bd. 16, Trier, 1984).
―――: Bd. 19, Trier 1989.
―――: Bd. 27, Trier 2001
―――: Bd. 28, Trier 2003.
―――: Bd. 35, Trier, 2018.
Miscellanea Mediaevalia,（Hrsg. von Paul Wilpert）Bd. 2, Berlin, 1963.
Mohler, Ludwig: *Nikolaus von Cues, Über den Frieden in Glauben*, Leibzig, 1943.
More, Thomas: *Utopia*, London/ New York, 1974.（平井正穂訳『ユートピア』岩波文庫，1957 年）。
村上陽一郎『西欧近代科学』新曜社，1971 年。
永井博『近代科学哲学の形成』創文社，1960 年。
長倉久子訳注『トマス・アクィナス　神秘と学知――『ボエティウス「三位一体論に寄せて』翻訳と研究』創文社，1996 年。
内藤正典『ヨーロッパとイスラーム――共生は可能か』岩波新書，2004 年。
Nagel, Fritz: *Nicolaus Cusanus und die Entstehung der exakten Wissenschaften*, Münster, 1984.
Naumann, Paul: *Nikolaus von Cues, Sichtung des Alkorans - Cribratio Alkorani,* Erstes Buch, Leipzig, 1943.
ネメシェギ，ペトロ「教会改革者としてクザーヌス」（日本クザーヌス学会編『クザーヌス研究序説』所収）。
Nicolo' Cusano agli inizi del mondo moderno, Facoltà di magistero dell'Universita di Padova (ed.), Firenze, 1970.
Nicolò Da Cusa – Relazioni tenute al convegno interuniversitario di Bressanone nel 1960, Facoltà di Mgistero dell' Università di Padova (ed.), Firenze, 1962.
日本クザーヌス学会編『クザーヌス研究序説』国文社，1986 年。
『日蓮聖人全集』第七巻，信徒 2，春秋社，1992 年。
『西田幾多郎全集』第 10 巻，岩波書店，2004 年。
Offermann, Ulrich: Christus-Wahrheit des Denkens. Eine Untersuchung zur Schrift *De docta ignorantia* des Nikolaus von Kues, Münster, 1991
Ohly, Friedrich: *Ausgewählte und neue Schriften zur Literaturgeschichte und zur Bedeutungsforschung*, Stuttgart, 1995.
岡野治子：「フェミニスト神学の視点から社会倫理を再考する」（湯浅泰雄監修『スピリチュアリティの現在』所収）。
大出哲（Oide Satoshi）：Der Einfluss der galenischen Pneumatheorie auf die cusanische Spiritustheorie, in: *MFCG*, 13, 1978.

———:「クザーヌスの推測の基本問題」（日本クザーヌス学会編『クザーヌス研究
序説』所収）

Piaia, Gregorio（ed.）, *Concordia Discors - Studi su Niccolò Cusano e l'umanesimo europeo offerti a Giovanni Santinello,* Padova, 1993.

Platon: プラトン『法律』(*Nomoi*)（森進一・池田美恵・加来彰俊訳『プラトン全集』
第 13 巻, 岩波書店, 1976 年）。

———:『ファイドン』(*Phaidon*)（松永雄二訳『プラトン全集』第 1 巻, 岩波書店,
1975 年）。

———:『ゴルギアス』(*Gorgias*)（加来彰俊訳『プラトン全集』第 9 巻, 岩波書店,
1974 年）。

———:『リュシス』(*Lysis*)（生島幹三訳『プラトン全集』第 7 巻, 岩波書店,
1975 年）。

———:『国家』(*Politeia*)（藤沢令夫訳『プラトン全集』第 11 巻, 岩波書店, 1976
年）。

Plotin, *Enneades*, V（田中美智太郎・水地宗明・田之頭安彦訳『プロティノス全集』
第 3 巻, 中央公論社, 1987 年）。

Posch, Andreas: Nikolaus von Cusa, Bischof von Brixen, im Kampf um Kirchenreform
und Landeshoheit in seinem Bistum, in: Grass,(Hrg.), *Cusanus Gedächtnisschrift.*

Proclos: *In Parmenidem,* in : Klibansky (Ed.): Plato Latinus, III, London, 1953.

Ps.Dionysius: *Peri mystikes theologias, De mystica theologia (PG*3).（今義博訳『神秘神
学』,「中世思想原典集成」第 3 巻, 1994 年）.

———: *De divinibus nominibus (PG* 3).（熊田洋一郎訳『神名論』,「キリスト教神秘
主義著作集」第 1 巻, 教文館, 1992 年）。

Reder u. Schmidt (Hrsg.): *Ein Bewußtsein von dem, was fehlt,* Frankfurt a. M., 2008.

Reinhardt, Klaus: Die Lullus-Handschriften in der Bibliothek des Nikolaus von Kues: Ein
Forschungsbericht, in: Bidese, Fidora, Renner (Hrsg.), *Ramon Llull und Nikolaus von
Kues.*

———: Nikolaus von Kues in der Geschichte der mittelalterlichen Bibelexegese, in:
MFCG, 27, 2001.

リーゼンフーバー, クラウス:「知られざる神を知る」（日本クザーヌス学会編『ク
ザーヌス研究序説』所収）。

Ritter, Joachim: Die Stellung des Nicolaus von Cues in der Philosophiegeschichte, in:
Heimsoeth (Hrsg.): *Blätter für Deutsche Philosophie*, Bd. 13.

坂本堯（Sakamoto, P. Takashi.）: *Die Würde des Menschen bei Nikolaus von Kues*,
Düsseldorf, 1967.

Salzburger Jahrbuch für Philosophie, 8, Salzburg, 1964.

Sandkühler, Hans Jörg (Hrsg.): *Europäische Enzyklopädie zu Philosophie und
Wissenschaften*, Hamburg, 1990.

Santinello, Givanni: Mittelalterliche Quellen der ästhetischen Weltanschauung des
Nikolaus von Kues. in: *Miscellanea Mediaevalia,* Bd.2, 1963.

引用文献　　685

――――: *Nikolaus von Kues und Petrarca*: in: *MFCG*, 4,1964.

佐々木力『科学論入門』岩波書店，1996 年。

『宗教学辞典』小口偉一・堀一郎監修，東京大学出版会，1975 年。

Schulz, Walter: *Der Gott der neuzeitlichen Metaphysik,* Pfullingen, 1957.（岩波哲男訳『近代形而上学の神』早稲田大学出版部，1986 年）。

Schwarz, Willi: *Das Problem der Seinsvermittlung bei Nikolaus von Cues*, Leiden, 1970.

Seidlmayer, Michael: Nikolaus von Cues und der Humanismus, in: Koch (Hrsg.): *Humanismus, Mystik und Kunst in der Welt des Mittelalters*.

『世界大百科事典』編集長加藤周一，平凡社，1988 年。

島田勝巳「クザーヌスの認識論と存在論――『知ある無知』をめぐって」，『天理大学学報』第 229 輯，2012 年。

――――:「『知ある無知』の争点とそのコンテクスト――ヴェンクとクザーヌスの論争をめぐって」，『天理大学おやさと研究所年報』第 18 号，2012 年。

清水純一『ガリレイの書簡』，「科学基礎論研究」Vol.4, No.1，1958 年。

清水廣一郎『中世イタリア商人の世界』平凡社，1982 年。

清水富雄『顔　主体的全体の世界』南窓社，1981 年。

Senger, Hans Gerhard : *Die Philosophie des Nikolaus von Kues vor dem Jahre 1440*, Münster, 1971.

――――: Globus Intellectualis. Welterfahrung und Welterkenntnis nach *De ludo globi,* in: Senger: *Ludus Sapientiae*.

――――: *Ludus Sapientiae*. Leiden/ Boston/ Köln, 2002.

Sigmund, Paul E.: *Nicholas of Cusa and Medieval Political Thought*, Cambridge, Massachusetts, 1963.

薗田坦『〈無限〉の思惟――ニコラウス・クザーヌス研究』創文社，1987 年。

Southern, Richard William: *Western Views of Islam in the Middle Ages*, Cambridge, 1962.（鈴木利章訳『ヨーロッパとイスラム世界』岩波現代選書，1980 年）。

Stallmach, Josef: Ansätze neuzeitlichen Philosophierens bei Cusanus, in: *MFCG*, Bd. 4.

Steel, Carlos: Nature as Object of Science, in: Koyama (ed.), *Nature in Medieval Thought, Some Approaches East & West*.（小山宙丸編『ヨーロッパ中世の自然観』所収）。

Steiger, Renate: Einleitung zu *Idiota de sapientia*, in: *Nikolaus von Kues, Der Laie über die Weisheit*, Hamburg, 1988.

鈴木大拙『大乗仏教概論』佐々木閑訳，岩波書店，2004 年。

Symmachus, Quintus Aurelius: *Relatio*, in: *Prudence*, Tome III : Psychomachie - Contre Symmaque, Paris, 1992.

『大正新修大蔵経』「大方廣佛華厳経巻第二十六」第九巻，大正一切経刊行会，1930 年。

Thierry of Chartres: Glosa super Boethii Librum *De trinitate*, 13, in: Häring (ed.): *Commentaries on Boethius by Thierry of Chartres and his school,* Tronto, 1971.

Thomas à Kempis, *De Imitatione Christi*, in: *Thomae Hemerken a Kempis Opera Omnia*, Vol. 2, Freiburg in Br. 1904.

Thomas Aquinas, *Summa contra gentiles,* in: Herg. Übers. und mit Anmerk. vers. von Albert, Allgaier, Dümpelmann, Engelhardt, Gerken u. Wörner: *Thomas von Aquin Summa contra gentiles, Gesamtausgabe in einem Band*, Darmstadt, 2009.

──────: *De rationibus fidei*, in: *S. Thomae Aquinatis Opera Omnia*, 3, Stuttgart/ Bad Constatt, 1980.

──────: *Summa Theologiae*, Marietti 版。

──────: St. Thomas Aquinas *Summa Theologiae,* Latin text and English translation, introductions, notes, appendices, and glossaries, (Thomas Gilby ed.) Cambridge, 1964-1981.

──────:『神学大全』高田三郎他訳，創文社，1973-2007 年。

上田閑照「マイスター・エックハルト」,『教育思想史』IV，上智大学中世思想研究所編，1985 年。

────『マイスター・エックハルト』〈人類の知的遺産〉第 21 巻，講談社，1983 年。

植村雅彦「イギリス国教の定着」,『世界歴史』第 14 巻，岩波書店，1969 年。

Vansteenberghe, Edmond: *Le Cardinal Nichloas de Cues*, Paris, 1920; Nachdruck Frankfurt am Main 1963.

──────: *Autour de la docte ignorance* (BGPhMA XIV 2-4), Münster i. W. 1915.

Velthoven, Theo van: *Gottesschau und menschliche Kreativität*, Leiden 1977.

Vitruvius (Marcus Vitruvius Pollio): *De architectur.*（森田慶一訳『ウィトルーウィウス建築書』東海大学出版会，1979 年）。

Voltaire, *Traité sur la Tolérance,* in: *Mélanges Voltaire*, Paris, 1961.（中川信訳『寛容論』現代思潮社，1970 年）。

──────: *Lettres Philosophiques*, Paris, 1964.（林達夫訳『哲学書簡』岩波文庫，1951 年）。

Wackerzapp, Herbert: *Der Einfluss Meister Eckharts auf die ersten philiosophischen Schriften des Nikoraus von Kues (1440-1450)*, Münster, 1962.

渡邉守道（Watanabe, Morimichi）: Nicholas of Cusa and the Reform of the Roman Curia, in: Watanabe: *Concord and Reform.*

──────: *The Political ldeas of Nicholas of Cusa*, Genève, 1963.

──────: *Concord and Reform – Nicholas of Cusa and Legal and Political Thought in the Fifteenth Century*, Aldershot/ Burlington & al. 2001.

────『ニコラウス・クザーヌス』聖学院大学出版会，2000 年。

Weier, Reinhold: »Aus Gnade gerechtfertigt«, in: *MFCG*, 9.

Wenck, Johannes: *De ignota litteratura*, in: Hopkins, Jasper: *Nicholas of Cusa's Debate with John Wenck,* Minneapolis, 1981.

Wilpert, Paul (Hrsg.): *Miscellanea Mediaevalia,* Bd.2, Berlin, 1963.

Windelband, Wilhelm: *Die Geschichte der neueren Philosophie in ihrem Zusammenhänge mit der allgemeinen Cultur und den besonderen Wissenschaften*, 7. und 8. unveränderete Auflage, Leipzig, 1922.

八巻和彦「宗教寛容論の一類型——道〉のメタファー」，日本宗教学会『宗教研究』
　　第 57 巻第 4 輯，259 号，1984 年。

Yamaki, Kazuhiko（八 巻 和 彦）(ed.): *Nicholas of Cusa, A Medieval Thinker fot the Modern Age*, Richmond, Surrey, 2002 .

八巻和彦・矢内義顕（編）『境界に立つクザーヌス』知泉書館，2002 年。

―――――『クザーヌスの世界像』創文社，2001 年。

―――――『クザーヌス　生きている中世』ぷねうま舎，2017 年。

Yamaki, Kazuhiko（八 巻 和 彦）: *Anregung und Übung—Zur Laienphilosophie des Nikolaus von Kues*, Münster, 2017.

山田晶（訳）『神学大全』〈世界の名著〉続 5 巻『トマス・アクィナス』中央公論社，
　　1975 年。

―――――（訳）『告白』，〈世界の名著〉第 14 巻『アウグスティヌス』中央公論社，
　　1968 年。

山田桂三「ニコラウス・クザーヌスの『イディオータ』論」，『群馬大学教育学部紀
　　要——文・社会科学篇』第 22 巻，1972 年。

八代崇「リチャード・フッカーの国家論」，桃山学院大学『キリスト教論集』第 1 号，
　　1965 年。

湯浅泰雄監修『スピリチュアリティの現在』人文書院，2003 年。

Zilsel, Edgar: *Die sozialen Ursprünge der neuzeitlichen Wissenschaft*, Frankfurt am Main, 1976.（青木靖三訳『科学と社会』みすず書房，1967 年）。

Zimmermann, Albert: *"Belehrte Unwissenheit"als Ziel der Naturforschung*, in: K. Jacobi (Hrsg.) *Nikolaus von Kues*, Freiburg/ München, 1979.

人名索引

（引用著作の翻訳者については，引用文献表に表記される訳者名の頁だけを採取した）

アイゼンコップフ（Eisenkopf） 377,
674

アウグスティヌス（Aurelius Augustinus）
39, 43, 64f. 81f. 94, 103f. 121, 133,
258, 329, 332, 334, 397, 464–67,
473, 482f. 537, 557f. 570

青木靖三 91, 674, 683

アブラハム（族長） 374, 449

アリストテレス（Aristoteles） 27,
29, 32, 35, 41, 43, 52, 56, 72, 115–
17, 292, 315, 351, 368, 374, 410, 413,
420, 425, 504, 536, 555–57, 582, 671

アルベルティ（L. B. Alberti） 564,
586

アルベルトゥス・マグヌス（Albertus
Magnus） 261, 274, 333

アルバートソン（D. Albertson） 389,
671

アールント（J. Arndt） 420

アンセルムス（Anselmus） 332–34

アンブロシウス（Ambrosius） 537

イエス →キリスト

イズビッキ（T. Izbicki） 389, 673

出隆 116, 671

稲垣良典 156, 369, 676

井上昌計 677

岩崎允胤 669

岩田圭一 670

ヴァイアー（Weier） 448, 682

ヴァッカザップ（Wackerzapp） 187,
199f. 682

ヴァロ（Vallo） 464f. 467, 482f.

ウィトゥルーウィウス（Vitruvius）
551, 561, 563

ウィナー（Wiener） 472, 673

ヴィンツェンツ（Vinzenz v. Aggsbach）

153f.

ヴィンデルバント（Windelband） 47,
67f.

ヴェスパシアノ・ダ・ビスティッチ
（Vespasiano de Bisticci） 596

ヴェルトーヴェン（Velthoven） 100,
108, 111, 119

ヴェンク（Wenck） 25–33, 36–38,
41, 43f. 52, 252, 553, 557, 574, 582f.

上田閑照 299, 303, 682

植村雅彦 506, 508, 682

ウォリス（J. Wallis） 23

ヴォルテール（Voltaire） 499, 510,
512f. 517, 537, 682

内山勝利 536, 674

エックハルト（Eckhart） 19, 26, 132f.
299, 303, 322

エリウゲナ（J. S. Eriugena） 135,
322, 674

エンペドクレス（Empedocles） 536,
674

オイラー（W. A. Euler） 8f. 14, 448,
467, 538, 674, 678

大出哲 113, 195, 222, 294, 669f. 679

岡野治子 521, 679

小口偉一 523, 680

オファーマン（Offermann） 480, 679

オーリ（Ohly） 420, 679

カウルバッハ（Kaulbach） 142, 677

カッシーラー（Cassirer） 47, 53, 343,
431, 446, 450, 475, 550, 567, 673

ガダマー（Gadamer） 47–49, 52f. 62,
674

ガーベル（Gabel） 597, 599, 635, 674

ガリレイ（Galileo Galilei） 72f. 83,

90f. 343, 587, 674

カルディーニ（Cardini） 8, 673

カレン（Kallen） 614, 618, 637, 643, 677

ガレン（Garin） 552, 561, 563, 565, 674

川添信介 350, 678

ガンディヤック（Gandillac） 299, 457, 550, 674

カント（Kant） 46f. 70, 90, 92, 100, 108, 126, 142, 369, 677

キケロ（Cicero） 561, 564

岸本英夫 521, 677

岸本通夫 673

ギベルティ（Ghiberti） 552

キメウス（Kymeus） 500

キュッパー（Küpper） 540

キリスト・イエス 33, 39, 55, 57f. 63f. 66, 73, 94, 152f. 155, 157, 159–70, 194f. 198, 203–05, 243f. 247–51, 257, 263, 298, 305–07, 312, 334, 336–38, 341, 372–74, 381, 395, 397, 409, 412, 414, 416–19, 442–44, 446, 448–50, 455–57, 460, 470, 473, 480f. 488, 508, 529, 537, 575, 590, 606–09, 611, 616f. 645f. 660
　言葉としての―― 153, 167, 416, 419, 460, 473, 534
　師としての―― 33, 57f. 63f. 249–51, 334, 337, 409
　書物としての―― 406–09
　絶対的仲介者としての―― 155, 167
　天球の中心としての―― 273, 381, 387–93, 575
　道としての―― 65, 307, 374, 416, 537
　門・入口としての―― 161f. 170, 173, 416
　山としての―― 194f. 247–51

ギルバート（W. Gilbert） 587

金一（Kim Il） 12, 564, 586, 677

日下昭夫 308, 644

グスマン゠ミロイ（Guzman-Miroy） 601, 675

熊田陽一郎 393, 680

グライ（Glei） 495

クリスティアンソン（Christianson） 389, 673

クリスティアネ（Christiane） 433, 672

クリステッラー（Kristeller） 554, 574, 677

クリバンスキー（Klibansky） 433, 471, 550, 554, 677, 680

クルティウス（Curtius） 102, 396, 420, 568, 673

グレイ（Gray） 562, 675

グローテン（Groten） 24, 675

ケプラー（Kepler） 83

ケルガー（Kerger） 448, 674

コッホ（Koch） 446, 549, 554, 574, 618, 677

小山宙丸 670, 677

ゴルトシュミット（Goldschmidt） 377, 675

今義博 674, 680

近藤恒一 674

ザイドゥルマイヤー（Seidlmayer） 549, 575, 681

酒井修 678

酒井紀幸 669f.

坂本堯 322, 452, 669f. 680

佐々木力 46, 680

サザーン（Southern） 443, 681

佐藤直子 669

里見元一郎 676

サンティネッロ（Santinello） 342, 550, 554, 568, 680

ザントキューラー（Sandkühler） 540, 680

塩路憲一 670

ジェルソン（Gerson） 456, 585

人名索引　　691

茂泉昭男　　672
ジギスムント（神聖ローマ帝国皇帝）
　　610, 613
ジギスムント（チロル大公・ブリクセン
　　領主）　　61, 413, 600, 638
シグマント（Sigmund 政治学者）
　　624, 629, 681
篠田英雄　　677
島田勝巳　　31, 681
清水広一郎　　442, 681
清水純一　　90f. 674, 681
清水富雄　　634, 681
シュヴァルツ（Schwarz）　　111, 191,
　　199, 323, 329, 680
シュヴェッツァー（Schwaetzer）
　　393, 594, 670
シュタイガー（Steiger）　　235, 561,
　　585, 681
シュタールマッハ（Stallmach）　　99,
　　681
シュティール（Steel）　　258, 681
シュルツ（Schulz）　　133, 680
シュンマクス（Symmachus）　　536f.
ジルソン（E. Gilson）　　332f. 674
スロイマー（Sleumer）　　490, 494, 677
スコープラント（Scoblant）　　23
鈴木大拙　　538f. 681
鈴木利章　　681
ゼンガー（Senger）　　277f. 381, 389,
　　396, 466, 601f. 681
ソクラテス（Socrates）　　28, 36–45,
　　269, 397, 519
薗田坦　　673, 677, 681
ソフィアノス（Sophianos）　　554

タウラー（Tauler）　　585
高岡尚　　669
高田三郎　　682
田中美知太郎　　680
谷泰　　675
田之頭安彦　　680
ダビデ　　156f. 215

ダマスケヌス　→ヨハンネス（ダマスカ
　　スの）
ツィルゼル（Zilsel）　　587, 655, 683
ツィンマーマン（A. Zimmermann）
　　69, 90, 683
ディオニュシウス・アレオパギータ（Ps.
　　Dionysius）　　36f. 67, 150, 198, 205,
　　210, 292, 322, 393, 680
ディオニュシウス（カルトゥジオ会の）
　　34, 673
ディールゼ（Dielse）　　521, 673
デッカー（Decker）　　446f. 450, 480,
　　673
デカルト（Descartes）　　45, 546, 550,
　　673
デッサウアー（Dessauer）　　55, 69–72,
　　74–76, 84–86, 90–95, 673
ドゥ・フリース（De Vries）　　351, 673
トマス（使徒）　　372
トマス・アクィナス（Thomas Aquinas）
　　119, 156, 211, 227, 233–35, 308f.
　　311, 331f. 350–53, 355–57, 364f.
　　368f. 467, 471, 474, 530f. 535f. 643–
　　45, 681f.
トマス・アケンピス（Thomas à Kempis）
　　106, 681
トラベルサーリ（Ambrosius
　　Traversarius）　　31
トリスメギストス（Hermes
　　Trismegistus）　　207f. 211–13, 552,
　　676

ナウマン（P. Naumann）　　461, 496,
　　679
永井博　　83, 91, 679
中川信　　512, 682
中沢宣夫　　103, 672
永田廣志　　70, 673
ナーゲル（Nagel）　　69f. 679
長倉久子　　154, 672, 679

中村善也　673
ニコラウス（ボロニアの）　238, 251, 662
ニコラウス五世教皇　553, 580
西田幾多郎　15f. 679
日蓮　538f. 679
ニュートン（Newton）　392
ネメシェギ（Nemeshegyi）　60, 679
野澤建彦　669
野沢協　511, 672
野町啓　509, 672

バイアーバルテス（Beierwaltes）　150, 164, 222f. 231, 311, 672
ハイネマン（Heinemann）　469f. 675
ハイメリクス（Heymericus de Campo）　9, 22
ハインツ＝モーア（Heinz-Mohr）　550, 573, 676
バウム（Baum）　159, 672
バウル（Baur）　205, 261, 299, 672
ハウブスト（Haubst）　26, 28, 36f. 91, 94, 153, 156, 163, 175, 369, 433, 475, 574, 582, 602, 623, 625, 632, 637, 645, 675
パウロ（使徒）　80, 155–57, 224, 284, 345, 416f. 438f. 441f. 446, 467, 659
ハーゲマン（Hagemann）　461, 479, 490, 495, 530, 532, 538, 675
バシレウス（東ローマ帝国皇帝）　610–13, 632
バターフィールド（Butterfield）　93, 673
バターワース（Butterworth）　389, 673
ハップ（Happ）　186
ハーバーマス（Habermas）　542–46
ピアイア（Piaia）　61, 679
ピウス二世教皇　18, 443, 462, 492–95, 533, 581, 597, 599, 601, 635, 638　→ピッコローミニ
ビークラー（Biechler）　433, 447f.

480, 672
ヒック（Hick）　495f. 522, 528f. 534, 676
ピッコローミニ（Piccolomini）　14, 431, 443, 493, 533, 599, 638　→ピウス二世教皇
ピュタゴラス（Pythagoras）　39, 369, 397
ファンシュテンベルゲ（Vansteenbergehe）　59, 159, 682
フィッツパトリック（Fitzpatrick）　350, 674
フィロン（Philon）　58
フォルカート（Folkert）　268, 674
フッカー（Hooker）　499–503, 505–09, 511–13, 517, 676
フラッシュ（Flasch）　31, 149, 674
プラトン（Platon）　28, 38, 43, 75, 117, 192, 269, 402, 410, 532, 550, 556, 564, 578, 590, 596, 615, 679f.
プルーデンティウス（Prudentius）　537
ブルーメンベルク（Blumenberg）　48, 672
ブレーズ（Blaise）　380, 672
ブレドウ（Bredow）　238, 269, 312, 672
プレトン（Plethon）　554
フレンツキー（Fräntzki）　100f. 111, 113–15, 122–24, 551, 567, 674
プロクロス（Proculos）　31, 163f. 229f.
プロタゴラス（Protagoras）　420f.
プロティノス（Plotinos）　119, 229, 680
ベイントン（Bainton）　564, 672
ヘーゲル（Hegel）　124
ベーコン（Francis Bacon）　587
ヘシオドス（Hesiodos）　522, 676
ベッサリオン（Bessarion）　11
ペテロ（使徒）　63f. 157, 438f. 481, 608, 616f. 619, 626, 635, 646

人 名 索 引　　　　　　693

ペトラルカ（Petrarca）　550, 554,
　567f.
ペトルス（クザーヌスの対話相手）
　255, 595
ペトルス（クリュニー修道院長）　461
ベール（P. Bayle）　499, 508–10, 512, f.
　517, 672
ベルガー（Berger）　433, 672
ベルナルドゥス（クレルヴォーの）
　274
ベルナルドゥス（クザーヌスの対話相手）
　284, 290, 349f. 352f.
ベルンハルト（J. Bernhart）　322, 672
ヘロルド（Herold）　100, 111, 124,
　676
ヘンケ（Henke）　111, 676
ホイジンガ（Huzinga）　591f. 676
星川啓慈　518, 678
細見和之　677
ボッカチオ（Boccaccio）　538
ホッブズ（Hobbes）　45, 676
ボナヴェントゥーラ（Bonaventura）
　84, 153f. 162, 172, 672
ボーネンシュテット（Bohnenstädt）
　560–62, 672
ホプキンス（Hopkins）　225, 286, 357,
　433, 479, 490, 676
ホフマン（Hoffmann）　476f. 676
堀一郎　680
ボンド（Bond）　433, 480, 672

マインハルト（Mainhardt）　491f. 678
間瀬啓允　496, 529, 676
マリア（聖母）　27, 274f. 396, 460,
　529
マリア・マグダレーナ　275
松山康國　670
マーンケ（Mahnke）　378, 523, 678
マンダーシャイト（Manderscheid）
　600
水地宗明　680
南大路振一　673

ムハンマド　479, 490f.
村上陽一郎　93, 679
メンツェル＝ログナー（Menzel-Rogner）
　561, 571, 678
モア（T. More）　536f. 679
モイテン（Meuthen）　5f. 9–11, 17f.
　22f. 24, 28, 40, 42, 45, 53, 59, 61, 63,
　221, 395, 431f. 440, 493, 553f. 574,
　580, 600–02, 624, 633, 638, 646,
　671, 678
モーセ　58, 156, 236, 248, 358, 374
モーラー（Mohler）　500, 679

矢内義顕　675, 682
ヤコービ（K. Jacobi）　323, 338, 676
ヤコブ（族長）　236f.
ヤコブ（イエスの弟・「ヤコブの手紙」
　の筆者）　321
ヤコブ（トリーアの大司教）　448
八代崇　506, 683
ヤスパース（Japsers）　67–69, 90–93,
　433, 456, 677
八巻和彦　7, 45, 199, 219, 239, 365,
　408f. 418, 442, 445, 478, 481, 496,
　557, 583, 641, 652, 670, 673, 682f.
山田晶　364f. 671, 683
山田慶児　343, 675
山田桂三　551, 573, 683
山梨有希子　678
湯浅泰雄　521, 683
ユリアヌス（枢機卿）　13, 25, 27,
　129f.
横山哲夫　353
吉本陵　677
ヨナス（Jonas）　134, 677
ヨハンネス（シュトラスブール司教）
　27
ヨハンネス（ダマスカスの）（Iohannes
　Damascenus）　11, 211
ヨハンネス（ローマの修道院長）
　284, 349
ヨハンネス（バイエルン大公）　383f.

386, 590

ヨハンネス（セゴビアの）　448, 461, 642

ライプニッツ（Leibniz）　23, 45

ラインハルト（K. Reinhardt）　9, 409, 670, 678, 680

ラブルース（Labrousse）　472

リーゼンフーバー（K. Riesenhuber）　93, 680

臨済　15f.

リンドベック（Lindbeck）　499, 513, 515, 518, 678

ルター（M. Luther）　609

ルルス（Lullus）　8f. 22, 532

レッシング（Lessing）　433, 537f.

ロック（Locke）　45, 450, 508, 537, 638

ロデリゴ・サンチェス（Roderigo Sanchez）　626

ローベルト（Robert Kettenesis）　461

渡邉守道　40, 60–62, 440, 493, 502f. 561, 596f. 618, 632, 637, 668, 677, 682

固有名索引
（地名，都市名，団体名，書名等）

ア　行

Acta Cusana　　5, 7, 10, 24, 45, 53, 59,
　　580f., 633, 671
『アスクレピウス』（Asclepius）　　207,
　　211f.
アテネ　　37, 44
アーヘン　　22
アルプス　　5, 18, 45, 638
イエズス会　　543
イギリス国教会　　499, 501, 506–08,
　　536
「イザヤ書」　　293, 322
イスラーム　　9–14, 62f. 333, 432f. 443,
　　456, 460–62, 465, 478f. 488, 493f.
　　500, 526, 533, 538, 542, 544, 546,
　　642
イスラエル　　236f. 374
イタリア　　8, 11, 21–23, 31, 42, 395,
　　456, 461, 510, 567, 600
イタリア人　　438, 604, 606
〈一月浮万水〉　　538f.
ヴァチカン　　555
ヴィンデスハイム修道院　　574
ヴェネチア　　8, 10f. 431, 456
『ヴルガータ訳聖書』（Vulgata）　　102,
　　251, 254, 304, 312, 359
「エゼキエル書」　　571
『エラスムス』（Erasmus of Christendom）
　　564, 672
「エレミア書」　　292
『円の求積法』（De circ. quad.）265
オーストリア　　26, 60

カ　行

『科学論入門』　　46, 680
『覚知的無知』（De doct. ign.）　　15, 18,
　　22, 25–27, 31, 36f. 39, 49, 52–55,
　　64, 85f. 127–29, 131f. 181, 185, 194,
　　205, 223, 225, 233, 241, 247–49,
　　257–60, 262–64, 286f. 296, 330, 353,
　　355f. 358, 378, 444, 449, 451, 467,
　　484, 486, 573, 582, 584, 601f. 627,
　　635, 638, 647, 650, 656, 660, 663,
　　664
『覚知的無知の弁護』（Apologia）　　22,
　　26, 38, 553, 582f. 592
『隠れたる神』（De deo absc.）　　132,
　　134, 198, 209f. 322, 331, 669
カトリック・キリスト教　　6, 22, 60,
　　99, 431, 433, 446, 450, 475, 477,
　　480f. 484, 491, 496, 506 529, 533,
　　536, 544, 546, 555, 600, 621, 624,
　　630　→ローマ教会
『可能現実存在』（De poss.）　　74, 121,
　　144, 162, 183, 199, 222, 224, 243,
　　246, 254, 261, 268f. 272, 280, 283–
　　307, 309, 311f. 331, 345–50, 352f,
　　356, 359, 363–65, 371, 373, 380,
　　470, 593, 670
『神の国』（De civitate dei）　　464, 482f.
　　672
『神の子であることについて』（De fil.）
　　64, 132f. 172, 189, 229, 334, 398f.
　　505, 668
『神の探求について』（De quae.r）
　　83f. 132, 134, 146, 189, 209, 322
『神を観ることについて』（De vis.）　　6,

14–16, 76, 122, 125f. 129, 134, 140f.
143–49, 153–77, 183, 195f. 198f.
217, 237f. 242, 279, 306, 314, 361,
372, 404f. 432f. 435–37, 455, 486,
575, 633, 656, 663f. 670
『神は多くの名前をもつ』（God has many
names）　496, 529, 676
「ガラテヤの信徒への手紙」　196, 329
『観想の頂点について』（De ap.theor.）
144, 254f. 277, 365, 409, 417, 424–
26, 589, 595, 627
『寛容についての書簡』（A Letter
concerning Toleration,）　450, 508,
537, 678
『寛容論』（Traité sur la Tolérance）
510
『技術の哲学』（Philosophie der Technik）
70, 673
『饗宴』（Symposion）　28
『教会政治理法論』（Of the Laws of
Ecclesiastical Polity）　499, 503, 511
『教理の本質』（The Nature of Doctrine）
513, 678
ギリシア　13, 204, 333, 354, 488, 518,
544, 604, 637
ギリシア教会　488, 600, 605　→東方
教会
ギリシア語　11, 43, 75, 134, 211, 239,
303, 304, 328, 368, 402, 523, 534,
617
『キリスト教とイスラーム』（Christentum
contra Islam）　530, 532, 538, 675
『近代科学哲学の形成』　83, 91, 679
『クザーヌスの世界像』　7, 45, 136,
140, 199, 219, 239, 301, 365, 409,
418, 445, 496, 583, 641, 652, 683
クース　8, 11, 16f. 19, 25, 45, 67, 395,
580– 82, 600, 633, 635
『形而上学』（Metaphysica）　27, 351,
413, 414, 536, 671
「華厳経」　538, 681
『欠如しているものについての意識』

（Ein Bewußtsein von dem, was fehlt）
543
ケルン大学　8, 22, 24
『賢者ナータン』（Nathan der Weise）
433, 538
『元老院報告』（Relatio）　536
『国家』（Politeia）　269, 680
『告白』（Confessiones）　82, 95, 133,
671, 683
古代ローマ帝国　62, 465, 472, 482
『個と宇宙』（Individuum und Kosmos）
47, 343, 431, 673
『コーラン』　11, 443, 457, 461, 488f.
490f. 493–95, 642, 676
『コーランの精査』（Crib. Alk.）　10,
12, 333, 457, 461f. 479, 489–92,
494f.
「コリントの信徒への手紙一」（1 コリン
ト）　102, 215, 222, 254, 275, 282,
312, 435
「コリントの信徒への手紙二」（2 コリン
ト）　157, 304
『ゴルギアス』（Gorgias）　590, 680
「コロサイの信徒への手紙」　442
『根源について』（De princ.）　76, 282
コンスタンツ公会議　605, 615
コンスタンティヌス寄進状
（Konstantinische Schenkung）　22,
395
コンスタンティノープル　5–7, 9–14,
16f. 62f. 431–33, 460, 463, 488, 491,
600, 634

サ　行

『三位一体論』（De Trinitate）　81, 103,
121, 672
『〈強いて入らしめよ〉というイエス・キ
リストの言葉に関する哲学的註解』
（Commentaire philosophique sur ses
paroles de Jésus-Christi contrains-les d'
entrer）　508

『仕事と日々』（Erga kai Hemerai）
522

『自然科学的認識』
（Naturwissenschaftliches Erkennen）
70f. 90, 92f. 673

『自然科学と神学の出会い』（Begegnung
zwischen Naturwissenschaft und
Theologie） 71−73, 84, 86, 92

『自然学』（Physica） 292

地蔵信仰 530

「使徒言行録」 290, 327, 483, 516

「詩篇」 322

「集会書」 103

『15 世紀の著名人伝』（Vita di Uomini
illustri del secolo XV） 596

『終末の日々についての推測』（De ult.）
56−59, 63, 65f.

「出エジプト記」 236, 248, 322

『シュトラスブール写本 84』（Codicillus
Strassburg 84） 163

『純粋理性批判』（Kritik der reinen
Vernunft） 92, 126f. 677

「小自伝」（Kurze Autobiographie des
Nikolaus von Kues） 17, 580f. 634

『浄土宗全書』 538, 677

「シラの子イエスの知恵」 562

『神学綱要』（Comp.） 78f. 82, 171−
73, 242f. 307, 311, 422−24, 432, 473,
502−06, 516, 627, 669

『神学大全』（Summa Theologiae）
156, 233−35, 308f. 350−53, 364f.
643−45, 682, 683

『神学的補遺』（De theol. Compl.） 6,
260, 263−67, 280f. 360f. 363, 379,
435, 572

『信仰の諸根拠』（De rationibus fidei）
530f. 533−35

『信仰の平和』（De pace） 6, 12−14,
18, 156, 172, 204f. 312, 333, 413f.
431−53, 455−58, 460f. 463−74,
477−83, 485, 491f. 496, 500f., 533−
35, 556, 602, 623, 670

「箴言」 103, 562

神聖ローマ帝国 9, 17, 59f. 431, 462,
506, 610, 642

『神秘神学』（De mystica theologia）
36, 67, 680

『神名論』（De div. nom.） 199, 211,
393, 680

『推測について』（De coni.） 36, 54,
75, 107, 129−31, 149, 181, 184−94,
241, 244, 247, 257, 259, 264, 270,
294−96, 301, 322, 373, 422, 444,
452, 484f. 650f.

『西欧近代科学』 93, 679

『精神について』（De mente） 52,
101f. 107, 113−18, 120f. 124, 133,
137−40, 172, 185, 218, 221, 232,
245, 260, 265, 404, 409, 422, 452,
468, 534f. 551−53, 555−60, 570−73,
577, 583, 585, 588−90, 627f. 655

「説教 1」（Sermo I） 7, 203f. 642

「説教 2」（Sermo II） 55, 86, 203,
460f.

「説教 4」（Sermo IV） 468, 470, 481,
614, 629

「説教 8」（Sermo VIII） 171, 177, 274,
396

「説教 9」（Sermo IX） 468

「説教 16」（Sermo XVI） 456, 618

「説教 21」（Sermo XXI） 275

「説教 23」（Sermo XXIII） 39, 59,
208, 397

「説教 29」（Sermo XXIX） 469

「説教 54」（Sermo LIV） 442

「説教 71」（Sermo LXXI） 213, 216,
232, 275, 399−401, 652−54, 656

「説教 118」（Sermo CXVIII） 84

「説教 120」（Sermo CXX） 450

「説教 129」（Sermo CXXIX） 358,
361

「説教 135」（Sermo CXXXV） 223,
587

「説教 141」（Sermo CXLI） 406

「説教 154」（Sermo CLIV）　395, 407f. 417

「説教 158」（Sermo CLVIII）　391

「説教 163」（Sermo CLXIII）　307, 410f. 504

「説教 165」（Sermo CLXV）　409

「説教 168」（Sermo CLXVIII）　433, 452–55, 487

「説教 187」（Sermo CLXXXVII）　239

「説教 189」（Sermo CLXXXIX）　659, 664

「説教 199」（Sermo CXCIX）　590

「説教 203」（Sermo CCIII）　220, 410

「説教 212」（Sermo CCXII）　455

「説教 214」（Sermo CCXIV）　481

「説教 216」（Sermo CCXVI）　480f.

「説教 217」（Sermo CCXVII）　40, 412

「説教 220」（Sermo CCXX）　153

「説教 227」（Sermo CCXXVII）　395, 420

「説教 237」（Sermo CCXXXVII）　153

「説教 242」（Sermo CCXLII）　40, 412

「説教 251」（Sermo CCLI）　587

「説教 254」（Sermo CCLIV）　396, 398, 412

「説教 258」（Sermo CCLVIII）　413f. 418, 659

「説教 262」（Sermo CCLXII）　40

「説教 268」（Sermo CCLXVIII）　557

「説教 269」（Sermo CCLXIX）　414–18, 424

「説教 273」（Sermo CCLXXIII）　396, 417, 419

「説教 289」（Sermo CCLXXXIX）　80

『先行する諸著作における主要な困難についての必要最小限の解決』（Difficultatum praeciparum praecedentium librorum absolutiones breves ac necessariae）　35, 673

『全面的改革』（Reformatio generalis）　19, 61, 65, 238, 493, 572, 581, 597, 629, 632

「創世記」　121, 148, 225f. 237, 253, 324, 347, 359, 516, 656f.

『創造について』（De genesi）　75f. 136, 214, 401–03, 614, 627

『ソクラテスの弁明』（Apologia Socratis）　38

『ソクラテス以前哲学者断片集』　536, 674

「ソロモンの知恵」　562

タ　行

『対異教徒大全』（Summa contra gentiles）　530, 681

『大乗仏教概論』　538, 681

第二ヴァチカン公会議　433

タタール人　13, 204, 438, 441f. 460

『魂の神への道程』（Itinerarium）　153f. 162, 172, 672

『球遊び』（De ludo）　243–50, 257, 261f. 270–75, 309, 377f. 380–82, 392f. 575, 589f. 593

『知恵について』（De sap.）　52, 101–06, 116–18, 123, 137, 144, 218f. 276–78, 280, 313, 403f. 426, 549, 551, 553, 555, 558–63, 565, 568–71, 584, 587f., 596, 655

「知恵の書」　292

『知恵の狩猟』（De ven. sap.）　76, 231, 242, 348, 422, 590f. 627, 655, 661f. 670

チェルノブイリ　94

『秩序について』（De ordine）　104

『中世の哲学』（The Cambridge Companion to Medieval Philosophy）　350, 678

『ディオニュシウス文書』（Corpus Dionysiacum）　261

テヴェレ河　581

『哲学書簡』（Lettres Philosophique）　537, 682

ドイツ　22–24, 45, 59f. 395, 541, 543,

固有名索引　　　　699

546, 600, 609, 635f.

ドイツ語　21, 24, 59, 101, 204, 448,
　495, 500, 523, 561, 567, 633f.

ドイツ人　17, 24, 69, 75, 402, 438,
　469, 604–06, 609, 634–36

東方教会（ビザンティン教会）　9–12,
　333, 479, 488, 611　→ギリシア教会

『トマス・アクィナス哲学の研究』
　369, 676

ドミニコ会　11, 488, 510

トリーア　22, 24, 45, 448, 600, 608,
　610, 633, 635

トルコ　14, 333, 413, 431f. 440, 443,
　448, 456, 460, 492, 500, 533

トルコ人　11, 438, 457, 488

トレド教会会議　623

　　　　ナ　　行

『ニコラウス・クザーヌス』（Nikolaus
　von Kues）（モイテン書）　6, 8, 10f.
　16, 22, 28, 44, 52, 59, 221, 395, 440,
　492, 553f. 580f. 600, 633, 646, 678

『ニコラウス・クザーヌス』（Nikolaus
　Cusanus）（ヤスパース書）　67f.
　90–92, 456, 676

『ニコラウス・クザーヌス』（渡邉守道書）
　40, 60f. 440, 493, 597, 632, 682

ニコラウス・ホスピタル　8, 17, 395,
　581

西ヨーロッパ　21, 45f. 461, 533, 537,
　541, 553, 574, 582 600　→ヨーロッ
　パ

『偽金鑑識官』（Il Saggiatore）　343

ニーダーラント　60

『日蓮聖人全集』　538, 679

　　　　ハ　　行

ハイデルベルク　5, 8

ハイデルベルク大学　5, 21, 23, 26,
　28, 31, 36, 52, 252, 553, 557, 582

『秤の実験』（De stat. exper.）　52, 76f.
　85f. 88, 101f. 218, 404, 427, 551, 553,
　564, 571, 587, 655

「場所的論理と宗教的世界観」　15

バーゼル　5, 9, 461, 642

バーゼル公会議　10, 22, 26, 28, 60,
　461, 600, 605, 612f. 615, 626, 642

パドヴァ　5, 7–9, 21, 23f. 28, 493,
　554, 600, 634

バベルの物語　516, 519

パリ　9, 22, 43, 555f.

東ローマ帝国　333, 500, 611, 613
　→ビザンツ帝国

『光の父の贈りもの』（De dato）　135,
　144, 211f. 319, 320–22, 330, 410,
　669

ビザンツ帝国　413, 461, 492, 533
　→東ローマ帝国

『非他者について』（De non aliud）
　211, 222, 283, 289, 306, 593

ピューリタン　506f. 517

『ファイドン』（Phaidon）　40, 680

フクシマ　94

『普遍的協和』（De conc. Cath.）　7, 9,
　22, 60f. 94, 413, 461f. 494, 600–32,
　635, 637, 641f. 665

『中世世界における人文主義・神秘主義
　・芸術』（Humanismus, Mystik und
　Kunst in der Welt des Mittelalters）
　447, 549, 673

フランシスコ会　11, 488

フランクフルト　59

ブリクセン（現ブレッサノーネ）　61,
　63, 221, 404, 409, 419f. 580, 590,
　600, 659

「ペテロの手紙一」　530

『ペリフュセオン』（Peri physeon）
　211, 674

ペンテコステの奇跡　516, 519

『方法序説』（Discours de la Méthode）
　45, 673

『法律』（Nomoi）　596, 679

「ボローニャのニコラウスへの書簡」
（Epist. Nic. Bonon）　196, 238, 253,
　312, 374, 585, 661f. 670

マ・ヤ　行

マインツ　59
「マタイ福音書」　63, 133, 251, 329,
　405, 408, 606f. 660, 663
「マルコ福音書」　251, 312, 607
『〈無限〉の思惟』　78, 681
『無知の書物』（De ignota litteratura）
　26, 33, 36f. 553
モーゼル河　67, 581, 600

「ヤコブの手紙」　213, 319
ユダヤ人　205, 438, 460
『ユートピア』（Utopia）　536, 679
「ヨハネ福音書」　11, 33, 64, 162, 372,
　405, 408, 498, 517, 537
『ヨハネ福音書の理解のための応答』
　（Responsio）　399, 670
「ヨハネの黙示録」　163, 292
「ヨブ記」　322, 571
ヨーロッパ　8, 13, 17, 23, 48, 62, 342,
　396, 431-33, 459, 481, 524　→西
　ヨーロッパ
『ヨーロッパとイスラム世界』（Western
　Views of Islam in the Middle ages）
　443, 681
『ヨーロッパの教育』（L'educazione in
　Europa）　561, 565, 674
『ヨーロッパ文学とラテン中世』
　（Europäische Literatur und lateinisches
　Mittelalter）　396, 673

ラ　行

ライン河　482
ラテン語　41, 43, 203, 239, 265, 270,
　274, 276, 380, 461, 469f. 490, 494,
　518, 523, 527, 534, 549f. 554, 566f.
　604f. 618, 633, 635, 642, 657, 660
ラテン人　604
『リヴァイアサン』（Leviathan）　45,
　676
『リュシス』（Lysis）　591, 680
『緑柱石』（De beryl.）　81, 83, 243,
　254, 261, 421f. 634
ルーヴァン　23f. 53
「ルカ福音書」　63, 214, 251, 304, 398,
　400, 408
ルネサンス　71, 102, 342, 467, 549,
　552, 561, 563f. 605
『霊魂論』（De anima）　29f. 671
「レビ記」　571
ローマ　5, 12, 18, 41, 43-45, 61f.
　102, 115, 453, 464, 468, 551, 553-
　58, 565, 572, 577, 579-82, 601, 608f.
　619f. 630, 635, 637f.
ローマ教会　18, 45, 60, 448, 479f.
　488, 580f. 596, 605, 611, 631, 633,
　634　→カトリック・キリスト教
ローマ教皇　11, 16, 506, 619, 634
ローマ教皇庁　19, 40, 431, 575, 601,
　610, 631-33
ローマ司教　608f. 620, 631f.
「ローマの信徒への手紙」　224, 284,
　345, 511, 656f.

用 語 索 引

（本索引の項目は，主にクザーヌスの思惟に関わるものである。「神」の
ような頻出する用語は，主要な意味を説明する頁のみを挙げた。）

ア 行

愛　106, 152–54, 162, 164, 174, 176,
　219, 306, 396, 435f. 449, 455, 477,
　486, 490, 494f.
　知恵への――　40, 43f. 557f.
　神の――　147
　愛されるものと神の――との関係
　280
　自己へと引き寄せるものとしての神
　の――　391
　神の観ることは愛すること　171
　――の三一的構造　231
悪　27, 40, 94, 308f. 443, 463, 504,
　508, 621
遊び　250, 290, 293f. 377f. 381, 388,
　589, 590f. 593, 597
アポリア　653f.
アマチュア（知恵という神の愛求者）
　44f.
現われ（repraesentatio）　468, 613f. 616,
　623, 628, 630, 642f.　→レプレゼン
　タチオ
アリストテレス主義　43, 555
アリストテレス―トマス（の伝統）
　199, 295, 321, 368, 369, 374
アリストテレス派　35, 41, 555f. 582
アレゴリー（寓意）　567f. 571, 573–
　75
暗号　73, 91f. 398
位階（hierachia）　619
位格的合一　164, 169f.
異教徒　210, 333f. 464, 534
医術　93, 591
異端　26, 35, 450, 462, 478, 479, 611

一者（unum）　15f. 133, 213–16, 222,
　229–32, 394, 400f. 627, 641, 648f.
　654
一神教　472, 480, 538
一性（unitas）　14, 112, 123, 130, 164f.
　186–94, 197, 199f. 206–08, 214, 216,
　241f. 260, 263, 287, 301, 322, 444,
　452, 455, 485f. 532, 534, 646, 649f.
一性形而上学　107, 199f.
〈一―多〉のシェーマ　466, 469, 485f.
イディオータ・無学者　41–45, 52f.
　56, 101–08, 111, 117, 123f. 138,
　218–20, 259, 278, 280, 403f. 437,
　439–43, 451, 453, 457f. 497, 549–53,
　555–75, 577–80, 583–93, 596f. 601,
　603, 606, 610, 612, 622, 628f. 634,
　637, 639, 656, 670
　楽しむ――（idiota ludens）　592,
　596f.
イディオータ思想　601–03, 605f.
　608, 613, 670
岩（ペテロの名前の由来）　616f. 626,
　646
宇宙　49, 78, 89, 187f. 193, 241, 244,
　246f. 272f. 298, 343, 358, 360f. 375,
　385–87, 412, 425, 485f. 523, 575,
　643, 645
　小――・ミクロコスモス　193, 196
　――総体が神の〈エニグマ〉　246,
　251f.
馬（繋がれた）　102, 105, 559
占い　552, 561, 563
運動　30, 49, 51, 100, 105, 110–15,
　117, 119f. 132, 138f. 196, 200f. 206,
　223, 234, 236, 258, 269–73, 277,
　290–93, 295, 302, 375, 379–85, 387,

702 用 語 索 引

392f. 412, 454, 589

円環—— 393

回転—— 269, 293, 295, 385

直線—— 393

らせん—— 383, 392f.

永遠（aeternitas） 34, 54, 65–67, 72,
72, 104, 163, 170, 216, 219, 223f.
246, 274–76, 284–86, 290, 292f. 295,
298, 302f. 325, 341, 345f. 349f. 354,
364, 366, 372f. 387, 406, 410, 436,
457, 465, 468, 534, 651, 659

共に——なもの（coaeterna） 285,
346

映現 139f. 294, 296f. 367, 539f. 572,
587, 591, 597

エニグマ（aenigma） 58, 81, 92, 222f.
228–30, 235f. 238, 246, 251, 254f.
278f. 282f. 289f. 292–97, 300f. 305,
307, 310–16, 367f. 372f. 390, 445,
449

円 49, 54f. 85–88, 190, 241, 243,
247, 250, 252, 257, 262–70, 272f.
280f. 291–95, 360f. 377–80, 382–85,
387–89, 393, 523

同心—— 243, 247, 250, 270, 272,
377f. 387f.

——運動 49, 264, 269, 273, 384,
393

——弧 241

——周 243, 264, 267, 293, 360

——周率 252

——錐形 247

——の象徴 267f. 270, 273, 378

遠近法 101, 124

王位 387

王国 33, 64, 90, 336, 385–89, 391,
582, 610

贈りもの 140f. 158, 173, 238, 319–
22, 324–26, 329, 333f. 342f. 405,
410, 488, 663f.

驚かされ・驚異 41, 56, 114–16, 124,
138, 147, 215, 236, 556–58, 560,

571, 577

終わり（finis） 79, 150, 163, 292, 557
→目的・終点

音楽 258, 261

カ　行

絵画 77, 586

改革 44, 60–62, 68, 221, 279, 404,
440, 493, 554, 566, 573f. 581, 599f.
603, 608, 628f. 632, 638

解釈 92, 490, 496, 540

思いやりのある——（pia interpretatio）
489f. 492, 495

ピウスの—— 492f.

会衆 148, 608, 635

外的なもの 39, 109, 397

回転 269f. 272, 291, 293, 295, 380,
385, 389, 392f. →運動

飼い葉桶 102, 559

カウンターバランス 596

顔 173, 184, 237, 435, 449, 633f.

カオス 230, 272, 303f. 358, 359

画家（としての神） 173

鏡 88, 100, 139, 214, 222, 236, 238,
254, 274f. 312, 315, 540, 568, 614,
629, 653

数学的—— 572

覚知的無知（docta ignorantia） 25–
27, 29, 31–34, 37, 50–52, 73, 80–82,
94, 102, 127, 150, 152, 157, 161, 177,
181, 183–85, 193f. 197, 207, 246,
248, 250, 252, 287, 307, 330, 334f.
341, 343, 356, 484, 487–89, 491,
497, 503, 568, 573, 597, 603, 637,
648

学者 23, 31, 34f. 42, 53, 91, 101, 115,
443, 464, 552, 565f. 579f. 592, 643

学匠（magister） 113, 398, 415

学問（scientia） 21–23, 27–30, 34,
42, 45, 52f. 83, 252, 258, 261f. 266,
415, 544, 562, 566, 583, 586, 592f.

用 語 索 引　　　703

603

下降（descensus）　111-14, 168, 186-
　96, 200f. 296f. 312, 315, 321, 325f.
　328-30, 336, 338, 373, 406, 416,
　424, 649

語りかけ（aloqui）　146-48, 151, 158,
　163, 167, 341-43, 398, 641, 652,
　655-61, 663
　──の存在論　342, 641, 655, 658

語ること　167, 213, 311, 400f. 656,
　659

価値　130, 215, 273, 342, 369, 399,
　401, 406, 446, 452, 476, 511, 586,
　626, 647, 655

合致（coincidentia）　25, 28, 54, 77f.
　106, 112, 163-68, 315f. 451f. 454f.
　　垂直的──　171
　　反対対立の──（coincidentia
　　oppositorum）　14, 28, 30f. 35, 53,
　　147-50, 158, 163, 170f. 183f. 189,
　　200, 243, 252, 269f. 273, 278, 315,
　　370, 380, 391, 451, 582
　　矛盾対立の──（coincidentia
　　cotradictoriorum）　28, 149, 161,
　　163, 176

カテゴリー　108, 243f. 395, 527

可能（posse）　32, 51, 76f. 120, 152,
　164, 224f. 227f. 238, 276, 285f. 289,
　295, 297-99, 303, 309, 346-48, 357,
　362f. 367, 373, 375, 425
　　作成──　120, 346, 363
　　被成──　120, 363

可能現実存在（possest）　221f. 224-
　27, 235f. 255, 282-84, 288-90, 295,
　297-301, 311f. 315, 347, 348- 50,
　357, 363f. 366-68, 370-72, 375, 394

可能性　130f. 224f. 238, 252, 285-89,
　295f. 337, 346-49, 354, 357
　　絶対的──　32, 225, 285-87, 296,
　346f. 354, 356f.

可能自体（posse ipsum）　137, 221f.
　226-28, 230, 249f. 254, 277, 394,

425f. 595

可能態　110, 117, 122, 199, 224f. 285f.
　295-97, 306, 331, 334-49, 352f.
　355f. 357, 362f. 367-69, 374, 607,
　608

可謬性　620

神
　一性としての──　190, 199, 206
　〈一者〉としての──　213f.
　一三的な──　50, 165
　〈可能現実存在〉としての──
　224f. 289-99
　〈可能自体〉としての──　226-28
　根源としての──　367
　諸形相の形相としての──　289,
　293
　生命の授与者としての──　434,
　465, 502
　全能なる──　370f. 374f.
　存在としての──　434　→存在
　知恵としての──　43f. 104f. 218-20,
　276
　〈同〉としての──　136, 216f.
　三つ巴入れ子構造をもつ──
　297-99, 348
　観ることで存在せしめる──　125,
　372f.
　諸々の光の父としての──　321-
　24
　──化（deificatio）　122, 330, 336-
　38
　──の味見（praegustatio）　105,
　117, 238, 246, 267, 274-82, 313
　──の現われ（apparitio dei）　74,
　228, 236, 311, 324, 365, 374f. 395,
　401, 404, 409, 433, 540, 568, 571,
　629, 636, 651, 661　　→レプレゼン
　タチオ
　──の国　58, 65f.
　──の子　63f. 94, 104, 155, 165,
　169, 204, 298, 336f. 342, 398, 460,
　473, 517

──の子であること（filiatio dei）
336f. 342, 460

──の種子床　606-08, 636

──の民　437f. 441-43, 457f. 556

──の超越と内在　→超越・超越性

──の指　39, 396-99, 417, 419,
654

──は愛によって人を引き寄せる
168f.

──はあらゆる対立を超えている
150, 164

──は至る所に存在し何処にも存在し
ない　83, 149f.

──は語りかけて万物を存在に呼び出
す　656f. 669

──は賛美する者に自己を現わす
663

──は真理である　76

──は世界という書物の著者　102,
413f. 504

──は万物に語りかけている　167,
656

──は万物を数、重さ、尺度で創造し
た　52, 258

──は万物を包含し万物に展開してい
る　108, 182　→包含と展開

──は被造世界の機構によって人を驚
嘆させる　81

──は被造物を通して語る　659-
61

──は不可知である　30, 34, 80,
89, 310, 434f

──は無限性そのもの　361f.

──は命名不可能である　→神の命名

──は有限者には多様に見える
501

──は楽園の市壁の内側に住む
158, 166, 175

──は〈私はあらゆる可能である〉と
言った　347

ガラス職人　117, 587, 655

観（神を観ること visio）　13, 29-31,

34, 79f. 88, 122f. 125, 127, 134, 141-
44, 146f. 150, 152f. 155-57, 159-
61, 164, 167, 170-74, 222, 226, 228,
230, 235, 237f. 244, 246, 248, 250,
252, 254f. 264, 268, 272, 274f. 278-
84, 292, 296-98, 301f. 305-07, 310-
16, 362, 371-74, 388-91, 393-400,
410f. 415f. 426, 432, 435, 437, 445,
588

顔と顔を合わせての──　174, 222,
237, 254, 305, 312, 435, 437, 445

神秘的な──（mystica visio）　235,
312f. 372, 491

神の──　34, 152f. 170-72, 237f.
372f. 397, 445

感覚・感覚的　39, 77-80, 90, 105f.
109f. 114, 130, 132, 138, 145-47,
153, 157-59, 173, 185, 189-192,
213, 235, 244-46, 248, 261, 264-66,
276, 285, 290, 312, 328, 337f. 341,
343, 369, 372, 397, 400f. 405f. 412f.
415, 418, 421-23, 426, 449, 472f.
504, 539, 586, 659f. 663

関係（神と世界と人間との）　32, 54,
75, 78-81, 85f. 100f. 104f. 114-16,
119, 122, 127, 134, 142, 144, 152f.
174, 187, 190, 197f. 212, 219, 235,
243, 262, 264, 266f. 270, 298f. 301,
307-09, 312, 342, 345f. 349, 365-67,
369f. 379, 386f. 411, 418, 423f. 439,
466f. 469-74, 476, 478, 481, 484,
487, 489, 496, 500, 502, 516f. 529,
533, 566, 572f. 585, 588, 627, 641,
645, 647, 649, 651, 654f. 657f. 663f.

〈原像─似像〉の──　81, 86f. 104,
143, 171, 182, 184-86, 196, 253,
294, 337, 369, 374, 404

〈包含─展開〉の──　→〈包含─展開〉

〈円─正多角形〉の──　54f. 85f.
262-70, 281, 379f.

観想　156, 250, 278, 280, 396-98,
400, 424f. 589

用 語 索 引　　　　705

完全・──な　　78, 117, 122, 159, 183,
　　234, 268, 278, 297–99, 310, 319,
　　326, 331, 385–87, 423, 436, 481,
　　484, 486, 506, 573, 578, 618, 662
機械学芸（artes mechanicae）　　586f.
　　591, 604, 655
幾何学　　242–44, 257f. 261, 269, 278–
　　82, 311, 343, 360f. 368
　　──的神秘主義　　267, 281
技術（近・現代の）　　70f. 73f. 90, 92–
　　94, 522–26
気息　　109, 113, 118, 293, 322, 328f.
記念贖宥　　60, 453, 553f. 581
基本的人権　　541f. 545
逆転（神秘主義における）　　165, 175f.
客体　　123, 141–43, 657
球　　15, 49, 100, 243f. 249f. 268, 270–
　　72. 377f. 380–83, 385, 388–93, 523,
　　575, 590
　　同心──　　243f. 390
　　天──　　50, 244, 248, 273, 293, 381,
　　389f.
救済論　　84, 375, 417, 419, 442, 473
救世主　　205
教会　　22–24, 48, 57f. 60f. 63, 65, 72,
　　74, 450, 474, 492, 499f. 506–09, 512,
　　516, 550, 554, 566, 571f. 574, 580f.
　　585, 600, 607f. 610, 612, 615–17,
　　619f. 622f. 625f. 628–32, 634f. 642,
　　644–46
　　──合同　　10, 12
　　──の蝶番（cardo）　　238, 494, 630,
　　636f. 639
教会法　　5, 21f. 24, 28, 53, 493, 599–
　　601, 603, 614f. 624, 642f.
教皇　　10f. 18, 44, 59–61, 443, 447,
　　462, 488, 492–94, 506, 553, 575,
　　580f. 597, 599–601, 605f. 608f. 615,
　　617, 627, 630–32, 634f. 637f. 645f.
　　──特使　　6, 59–61, 404, 414, 433,
　　553, 572, 574, 581, 600, 638
　　──代理　　493, 628

　　──派　　22, 26, 600, 625, 627, 632,
　　637, 642
驚嘆　　55f. 81f. 310, 468
共同体・──性（神・キリストとの）
　　652, 658f. 664
共同体・──性（社会的）　　514f. 544
協和　　13, 22, 213f. 333, 474, 621, 624,
　　665
キリスト
　　神の子としての──　　337
　　師としての──　　→師（キリストとい
　　う）
　　書物としての──　　406–09
　　救い主としての──　　152
　　反──　　494
　　道としての──　　298
　　最も真なる矛盾としての──　　165
　　楽園の門としての──　　161　→楽
　　園の門・入口
　　──は〈言葉〉　　146, 408, 416, 419
　　──は真理　　617
　　──は聖書の解釈者　　409
　　──は絶対的媒介者　　155
　　──は光　　389
　　──は譬えで語り導く　　250, 312
　　──は印と形から全てを見抜いた
　　446
　　──は〈天球〉の中心に隠されている
　　244, 391
　　──はわれわれの平和　　455
　　──は生命あるものに働きかける中
　　心・泉　　273
　　──は何も書き残さなかった　　39f.
　　397
　　──の人間性は絶対と縮限の間の中間
　　者　　198
　　──に倣って生きる　　57f. 63f. 381
　　──においては野蛮人も兄弟である
　　442f.
　　──という山　　195, 247–49, 257
　　──のまねび　　63f. 249–51, 374
儀礼　　12–14, 220, 432–34, 441–46,

44f. 452, 463–66, 469, 471–74, 477–
79, 482, 484, 500–02, 507, 517, 533–
38, 545f. 623

近代・近代的　21, 45–51, 55f. 62, 67–
71, 74, 83, 91, 126, 141f. 181, 194,
200, 343, 350, 497, 523, 527, 532,
535, 587, 629

　脱線した――化　543
　――化　540, 543f.
　――科学・――自然科学　46, 48–
51, 55, 69–71, 73f. 76, 80, 83–86,
89–95, 343, 497, 524, 587, 673, 679
　――的要素　48f.
グローバリゼーション　518, 523–27,
543

敬虔　56f. 73, 84, 87, 115, 277, 445,
463, 477, 490, 494, 553, 560, 566,
569, 572f. 575, 577, 596, 603, 610f.
　現代の――（devotio moderna）　574
啓示　55, 73f. 76, 88–91, 94f. 141,
194, 235f. 248, 298, 312, 326, 335,
389, 405, 410, 421f. 437, 482, 487–
89, 491, 531, 663

形而上学　27, 51, 70, 90, 107, 182,
199f. 244, 270, 272, 322f. 351, 360,
451, 536, 615, 642f. 671

形相　79, 106, 109–11, 114, 120f. 130,
139, 173, 199, 201, 232, 245, 266,
268, 280, 289, 293, 295f. 308, 320f.
324, 349–51, 353f. 364f. 367, 370,
406, 412, 452, 455
　諸――の贈り主　321
　諸――の形相　266, 289, 293, 321,
349, 350

啓蒙期　433, 497, 511, 515
結合（神と人の愛による）　153, 155,
160, 162, 164, 170, 338
　（三一性としての――）　285, 295,
299, 346. 348
　欠如・――的　49, 75, 89, 114f. 119,
183f. 197, 287f. 308f. 330, 336, 339–
41, 348, 358, 367, 374f. 573

権威　32, 35, 42, 88, 95, 102, 403, 465,
509, 514f. 531, 559, 562, 565
原因（神という）　56, 76, 79, 82, 128,
215, 229, 340, 350–52, 370, 372,
382, 454, 504, 557, 644, 648
　三――　452, 455
限界　49, 75, 100, 107, 147–50, 160f.
173, 176, 183, 185, 193, 222, 241,
254f. 281, 302, 310, 341, 358, 375,
437, 550
言語　204, 281, 316, 438, 444f. 473,
476, 499, 500–02, 505f. 508–10,
512–19, 522, 535, 545, 638
　――能力　476, 499f. 511, 515f. 535
現実性　224, 285f. 295, 346f. 349
現実態　110, 135, 199, 224, 285f.
295–97, 335, 346–49, 352, 362f.
367–69, 374, 486, 652
原初　61f. 68
原像（exemplar）　112, 186, 258, 270,
280, 328, 349, 371, 382, 412
源泉　135, 269, 323f. 532, 562, 597,
651
謙遜　40, 42, 57, 73, 86, 102, 158, 167,
174, 194, 558, 570, 573, 596, 611
限定・――的　49, 100, 114, 147, 150,
175, 187, 193, 209, 228, 230, 263,
268, 286, 302, 321, 325, 379, 496
権能　226, 249, 254, 277, 322, 426,
440, 604, 607f. 615, 621f. 628
合意（consensus）　536, 545, 605–08,
616, 620–24, 629–32
公会議　9f. 22, 26, 28, 59f. 433, 447,
461f. 572, 600f. 604–06, 611–13,
615f. 619–21, 625f. 629f. 632, 642f.
645
　簡約された――　572, 629, 630
　継続的――　632
公会議派　22, 26, 600f. 605, 619, 625f.
632, 642
公的領域　543
好奇心（curiositas）　42, 94f. 103, 559,

用 語 索 引　　　707

562f.

皇帝（神聖ローマ帝国の）　　10, 59,
　431, 608−10, 613, 620f.

肯定・――的　　84, 129, 136f. 156, 194,
　205, 207, 210, 216, 218, 278, 294,
　330, 335, 339, 343, 354, 373f. 398,
　440, 445, 455, 479, 483, 575, 608,
　652, 655, 657, 661

高慢・傲慢　　57, 102, 174, 558, 611

五感　　78, 82, 172, 242

コスモス　　71−73, 303f. 368, 614

国家　　506−08, 526, 544

固定点　　49

固有名　　101, 207, 549

言葉・ことば（神・キリストの）
　146f. 151−53, 160−62, 165−67, 173,
　177, 275, 280, 298, 311, 325, 327,
　338f. 341, 368, 398f. 407f. 412, 414,
　416f. 419f. 423, 439, 444, 460, 473,
　492, 505f. 515−17, 534, 585, 618,
　646, 656, 659f.

コマ　　226, 269f. 272, 280, 290f. 293−
　97, 380, 382, 593
　　――の比喩・――のエニグマ　　243,
　246, 280, 290, 295f. 380

根拠（神としての）　　56, 82, 128, 217,
　264, 266, 307, 350, 370, 372, 375,
　399, 416, 648

根源（神としての）　　76, 100, 112−
　15. 117−19, 222, 224, 238, 242, 260,
　284, 286f. 292, 294−99, 304, 310f.
　323, 329, 339, 345−52, 356, 366−71,
　374f. 404, 452, 466, 534
　　受動的――　　351f.
　　能動的――　　351f.

サ　行

祭祀（cultus）　　74, 466, 471

在俗者　　41, 550

最大・――な　　32, 50, 87, 176, 183,
　194, 200, 206f. 228, 264−66, 270−

74, 287, 291−93, 358, 368, 381, 441,
　449−51, 503, 611f.

最大者　　26, 30, 32, 51, 206f. 358

作品　　173, 269, 396, 410−12, 433

挫折（知性および理性の）　　145, 147f.
　151−54

三一性・三位一体　　84, 120f. 164f.
　170f. 195f. 286, 298f. 300, 348, 367,
　369f. 517, 570f. 575
　　擬三一性　　369f.
　　〈存在―生―知解〉の三一性　　195f.
　570, 575,
　　三一的　　121, 196, 231, 279, 307,
　367f. 370, 374, 454

三角形　　32, 84, 140, 187, 241, 257,
　266, 343, 360, 368, 570, 622

三角構造　　140−42, 219−21, 417f. 421,
　426
　　知恵の――　　140, 219−21, 418
　　神と世界と人間との――　　140
　　二種の書物と著者との――　　417f.
　421, 426
　　逆――　　142

三的構造　　295f.

三段論法　　30, 592, 595

三層構造（人間の生活における）
　521f. 524f. 535

産出（generatio）　　107, 111, 137, 325−
　27, 330, 336, 340, 643

算術　　258, 261, 368

賛美（神の）　　56, 83, 132, 220, 238,
　453, 495, 572, 641, 661−64

師（キリストという）　　33, 151, 167,
　298, 312, 334, 337f. 373, 405, 407,
　409, 418

視覚　　134, 154, 328

時間・――的　　72, 77, 243, 266, 274f.
　291−93, 325, 330, 341, 345, 454,
　482, 607

司教・大司教　　11, 22, 24, 27, 63, 221,
　404, 409, 443, 448, 462, 492, 580,
　596, 600, 608f. 612, 615, 617, 619f.

623, 626, 628, 631f. 635, 659

司教区　18, 22, 45, 61, 221, 279, 404, 581, 590, 600, 607, 617, 619, 631, 633, 638

刺激（精神を働かす）　109f. 113-16, 118f. 138, 191, 336, 467

始源　118, 168, 243, 436, 452

自己集中　172

自己中心性　18, 177, 638

自己否定（人間特有の力としての）　305-10

自然（外界としての）　56, 72-74, 79, 83, 90-93, 95, 107, 218, 294, 296f. 352, 387, 404, 412, 467, 485, 504, 522, 524f. 528, 557, 568, 586, 655, 661

　　——権　621

　　——認識　77, 80f. 85, 93

　　——本性（natura）　162, 271, 277, 282, 310, 313, 387, 403, 406f. 411, 415, 416-18, 420f. 531, 534, 556, 559　→本性

静けさ（quies）　34, 199, 201　→静止

シスマ　600, 605

シーソー構造　107, 111-16, 119, 123, 191

時代　58-63, 68, 634

自転　226, 269f. 380, 382, 389, 391f.

質の量化　52

実存　89, 92, 193-98, 201, 374

　　——批判　194f.

質料　110, 120f. 130, 199, 295f. 345f. 349-51, 354, 362, 364, 367, 370

　　第一——　156, 199, 345-66, 375

　　光の最低段階としての第一——　359-61

質料形相論・質料—形相　121, 199, 295f. 320, 349, 370

始点（initium）　235, 312

自発的　108, 127, 340, 545, 580, 591, 607, 609, 622

市壁（楽園の murus）　145, 148f.

158-66, 170-77, 657

至福直観（visio facialis）　31, 274, 393, 435, 449

尺度（mensura）　51, 81, 84, 112, 131, 185, 258, 264, 278, 420, 422

自由　73, 102, 126, 142, 146, 168, 266, 384, 419, 425, 434, 470, 509, 512f. 517, 537, 541, 543f. 606, 620-24, 632, 636

自由学芸（artes liberales）　91, 192, 586f. 591, 604, 655

周・周辺　15, 49, 264, 267, 270, 293, 360, 390-92, 638

周縁　19, 599, 629, 633f. 636-39

宗教　9, 12-14, 431-33, 435-39, 441, 443-52, 455f. 460, 462-82, 484-89, 492, 496f. 500-02, 506-09, 512-19, 521f. 526-36, 538-42, 544-46, 550, 623

　　本有的——（connata religio）　220f. 468f. 475f. 511, 515, 534f.　→儀礼、信仰

　　一なる——　12-14, 220, 433, 443, 445-49, 451f. 463f. 469, 474-78, 500f. 532f.

　　自然——（本性的——）　511f.

　　世界——　526-29

　　普遍——　475, 477, 535

宗教改革　442, 500

宗教寛容論・寛容思想　12, 429, 457, 460, 462f. 471, 476, 496f. 499f. 505f. 508-13, 515, 517-19, 536, 682

宗教的多元論　495, 521, 528-30, 532-34, 538, 540, 546

終点　76, 235, 312, 452, 456, 457　→始点

終末　16, 56-59, 63f. 66f. 438, 448f.

　　——論　16, 448f. 452f. 458, 492

充満（——としての神 plenitudo）　340, 407, 443

修練　279, 578, 580, 589f.

縮限・縮限的　31, 169, 187, 190, 193,

用 語 索 引　　　　　709

198, 200, 300, 321, 325, 328, 341,
　362–64, 486
主体　　100, 123f. 126f. 140–43, 259,
　338f. 341, 647, 657f.
主体性　　99, 100f. 113, 115f. 119–27,
　129, 131–34, 136, 138–43, 338–41,
　647
　欠如的——　　100f. 115f. 119–23,
　127, 338, 340f.
　絶対的——　　100f. 115, 122, 340
術・技芸・技（ars）　　77, 85, 93f. 139,
　266, 294, 296, 341, 368, 377, 406f.
　410, 481, 517, 563, 567–69, 578,
　585–89, 591, 604, 655　→自由学
　芸、機械学芸
受動性（人間の）　　106, 109, 113, 115–
　22
受容能力（capacitas）　　390, 406, 503
狩猟・狩　　76, 82, 104, 242, 588, 590f.
　593f. 655
巡礼　　41, 57f. 62, 64–66, 123, 388,
　393, 453, 468, 580
情意（affectus）　　106, 116, 153f.
上昇（ascensus）　　35f. 39, 55f. 72, 80,
　84, 89, 111f. 114f. 118, 122, 145,
　149f. 153, 157–59, 168, 182, 189–97,
　200f. 235, 248, 250, 255, 265, 281,
　284, 302, 310–12, 314f. 329–31, 336,
　338, 373, 389, 391f. 397, 416, 424,
　556, 663
賞賛（神の）　　396, 477, 503, 587
象徴　　194, 251, 257, 267, 273, 312,
　545
　幾何学的——　　257–82
　——的　　112, 139, 186, 258–60, 265,
　323, 569, 578, 585
　——法　　268, 270, 281f. 378
照明（神による）　　122, 135, 331, 504,
　652
職人　　42, 44, 91, 117, 123, 138f. 192,
　566, 579, 584–88, 591, 596, 655
食物　　102, 275, 403, 568, 559

書物
　神の——　　39, 74f. 102, 403, 571,
　654
　生命ある——（liber vivus）　　395,
　407–09, 412
　生命の——（liber vitae）　　395, 397
　精神的——　　417f.
　物質的——　　417
　魂の——　　395
　知性を有する——　　425
　内なる——　　395, 417, 426
　世界という——　　75, 343, 395,
　398–400, 407, 409, 411–13, 416,
　418, 421f. 424f. 427, 504f. 507, 568,
　571
　外なる——　　417, 426
　良心の——　　396
　——のなかの書物（キリスト）　　408
　——の比喩　　396–99, 401–06, 413,
　418–22, 425–27, 507, 517, 568
　——の比喩における読解　　402, 404,
　406, 410, 417, 421
　——の比喩における読書　　395,
　414f. 424
しるし・印（signum）　　74, 79f. 90,
　311, 314, 398, 423f. 471–73, 533
しるしで表わされるもの（signatum）
　79f. 424, 444, 471–73, 501, 505f.
　509, 533
素人　　41, 52, 101, 497, 550, 566
深淵　　84, 89, 359
神学　　21f. 24, 32, 34f. 55, 71, 73, 205,
　264, 280f. 292, 296, 322, 360, 467,
　495, 514, 521, 530, 553, 557, 564,
　566, 572, 574, 582, 585, 607, 625f.
　636
　会話的——（theologia sermocinalis）
　565
　簡便な——　　278, 280
　講壇——　　28
　真の——　　33f. 582
　神秘——　　34–36, 67, 680

否定―― 164, 205

神学者 26, 33f. 52, 71, 292, 296, 461, 499, 506, 513, 553, 557, 564, 567, 572

神秘主義 56, 106, 145, 162, 175, 177, 274, 281, 309, 322, 593, 624, 664

幾何学的―― 267, 281

数の―― 261

光の―― 322f.

新カント派 47

新プラトン主義 9, 129, 135, 167, 170, 212, 215, 223, 253, 370, 451, 466, 469, 476, 532f. 626, 651, 654

信仰 22, 41, 43, 53, 55f. 61, 84, 89, 101, 103, 106, 108, 120–24, 151f. 162, 165, 167, 177, 194f. 221, 248, 274, 305f. 314, 330–32, 334–40, 437, 442f. 446–53, 455–59, 464–67, 469–74, 477, 480–84, 496f. 502, 506, 516–19, 528–35, 540–42, 568f. 571–73, 577–79, 603f. 607, 610, 612, 622, 628f. 636–39, 646

一なる―― 443, 446–48, 451–53, 462, 469, 479f. 491f. 496

一なる正統的な―― 448–51, 469, 480, 484, 489, 501

形成された―― 121, 314, 331, 449, 451

――篤き小さき者たち 437, 451, 575

――告白 495f. 507, 509, 517, 626

――集団 478f.

――と理性 517, 540, 579

――の平和 431, 433, 438, 443, 453, 455–58, 483, 489

人種（gens） 438, 443

人文主義者 22, 554, 561, 655

進歩 36, 48, 53, 55, 62, 72, 74, 84, 89, 94, 503f. 542, 561

真なるもの 25, 68, 77, 110, 184, 398, 465, 488, 572

真理

神・キリストという―― 78, 185, 329, 336, 488, 603, 617

神の知恵としての―― 137, 569

――への到達不可能性 50f. 53f. 57, 77, 89, 104, 129, 131, 182–85, 193, 484, 584

――把握の漸近性 53, 73f. 85–93

――は到るところに 131, 249, 277f. 426, 584

――と〈エニグマ〉 254f. 312

推測・憶測（coniectura） 52f. 57–66, 75–78, 99, 107, 129f. 132, 184–86, 189, 193, 197f. 259, 294, 313, 402, 445, 449, 452, 481f. 484f. 650

推論（syllogismus） 29–31, 35, 110, 147, 155, 236, 252, 274, 328

垂直的（思考の視点としての） 19, 66f. 124, 170f. 196, 369, 487, 496

水平的（思考の視点としての） 19, 65–67, 124, 143, 170, 196, 387, 487, 496f.

数 52, 78, 112, 186f. 190, 197, 258–65, 299, 367, 389, 444, 481, 533f.

神的な―― 186, 259-60, 265, 367

理性的な―― 186

――とは展開した理性 186, 261

数学・――的 23, 55, 74, 76, 252, 257, 260f. 266f. 274, 279, 281, 311, 343, 360, 367, 373, 572

――的味見 274

――的思考 257, 572

スコラ学・――哲学 43, 52, 192, 225, 227, 345, 356, 363, 560, 562, 592

静止（quies） 49, 76, 119, 201, 250, 269f. 291f. 302, 380f. 385, 387, 391, 454 →静けさ

聖書（旧約・新約） 32–34, 63, 90f. 140f. 158, 215, 359, 395, 398, 408f. 495, 505, 507, 531, 534, 565, 582, 653, 663

聖職者 12, 18, 41, 53, 63, 71, 101, 274, 438f. 451, 465, 479, 489, 499,

用 語 索 引　　　　711

519, 534, 554, 567, 572, 607−09,
612f. 623, 628, 629, 631
精神　　99−101, 137−39, 148f. 424−26
　精神を意味する mens と spiritus の関
　　係　　117f.
　——の不滅性　　41, 555, 578
　——の眼　　29, 77, 153, 252, 587
　神の——の似像としての——　　108,
　　137f. 171
　——のシーソー構造　　111−15, 119
　——の光としてのキリスト　　162,
　　166f.
正多角形　　262f. 267−70, 379f.
正統　　450
生命　　57, 104, 110, 113f. 117f. 132,
　138, 140, 170f. 196, 219, 271, 273,
　275f. 288, 293, 336, 348, 381, 383,
　386−89, 416, 434, 448, 464f. 502,
　677
　——ある（vivus）　　104, 112, 133,
　　165, 218, 238, 253, 260, 273, 298,
　　307, 329, 367
　——ある記述　　114, 138
　——の樹（楽園の）　　162, 168
聖霊　　296, 298, 348, 367, 607, 622f.
　629
世界
　神の顕現としての——　　74f. 81,
　　309, 326, 342, 345, 365, 568, 614,
　　636, 641
　神の〈エニグマ〉としての——
　　296f. 301
　神の書物としての——　　→世界とい
　　う書物
　神の賜ものとしての——　　330
　肯定的に評価される——　　137, 218,
　　330f. 406
　否定的に評価される——　　105, 130,
　　141, 143, 187, 194, 309, 399, 651
　調和ある——　　213
　内なる——　　172
　この——（hic mundus）⇔かの——

（alius mundus）　　76−78, 303−05.
　可感的——　　162, 341, 396−401,
　　405f. 412f. 418, 423, 426, 660, 663
　知性的——　　341, 412
　——建設者　　78f. 424, 504
　——の機構　　55, 81f. 638
世俗化　　90, 92, 95, 258, 261f. 266,
　379, 527, 540−46, 629
絶対・——的　　15f. 26, 31, 49, 53, 71,
　73, 75f. 108, 120, 136, 138, 155, 163f.
　166f. 170, 173, 182, 187, 190, 198,
　210, 213, 223, 227, 229, 269, 271f.
　278, 280−82, 287, 295f. 321, 324f.
　327, 330, 337, 343, 358, 362, 371,
　373, 381f. 390f. 394, 406f. 450f. 453−
　55, 466, 480, 482, 492, 496f. 501,
　509, 625−27, 637, 639, 658
　——的一性　　14, 189
　——的可能性　　32, 225, 285−87,
　　296, 346f. 354, 356f.
　——的現実性　　285, 346
　——的主体性　　100f. 115, 122f. 142,
　　341
　——的同者　　136, 216f. 231f. 401f.
　　652−54
　——的必然性　　286f. 356
善　　91, 93, 146, 157, 167, 183, 226f.
　275, 288, 308f. 321, 326, 340, 341f.
　358, 391, 413, 419, 436, 443, 450,
　465−67, 488, 492, 504, 538, 588,
　611, 621, 632, 643−45, 662f.
先駆（者）　　47f. 51, 67f. 70, 74, 76, 85,
　94, 369, 500
全角形　　→正多角形
全能な　　84, 133, 226, 228, 235, 326,
　331, 368
全能性　　128, 226, 228, 345, 370f.
全能なる神　　57, 235, 290, 298, 300,
　320, 304, 316, 345, 347, 374f. 406,
　434
相似・——性　　264, 294
創造

数・重さ・尺度による―― 52
算術・幾何学・音楽と天文学による――
　258
キリストにおける――することと――
　されることの合致　164-66, 168,
　170, 657
無からの――　200, 361, 371, 657
神の――と人間の――との関係
　368, 585
人間なりの――　327, 330, 336, 424
共に――されたもの（concreatum）
　365
――とは存在の分与である　166
創造性・――的　106f. 137, 232, 307,
　384, 568
創造能力　79f. 226, 287, 385, 587
創造者・創造主　79, 88, 121, 135, 149,
　164, 173, 182, 186, 204, 219f. 252,
　258f. 261, 266f. 293, 298, 314, 321,
　324, 331, 338, 360f. 432, 453, 661
想像力　147, 157, 255, 272
相対化　459, 480f. 484, 486f. 489, 492,
　496f. 634, 637, 639
　哲学的――　484
　歴史的――　480
　信仰による――　489
相等性　51, 188, 283, 614
俗人　52f. 101, 439, 451, 497, 550,
　566, 574, 607, 612, 623, 628, 631
測定（mensura）　52, 54, 78, 81, 107,
　111f. 185, 218, 281, 564, 655
存在
　絶対的――性としての神　138
　神の――の展開としての宇宙　71
　〈神は――するか〉という問とそれへ
　　の答　193f.
　神は至るところに――し，何処にも――
　　しない　83, 149, 166f. 264, 390
　神は――するいかなるものの内にも――
　　する一切である　132, 135, 182
　神だけが存在可能である通りに――す
　　る　347

〈可能そのもの〉が現に――する
　224
神は〈三性でもある最大な一性〉とし
　ての――性　287
神が眼差しを遠ざければ私はもはや――
　――しない　217,
存在論・存在論的　81, 84, 111, 129,
　175, 292, 299, 375, 466, 613, 616,
　625-27, 641, 655, 658
神を〈posse〉とする独特の存在論
　309
〈語りかけの存在論〉　655-65

タ　行

大学　6, 19, 21-24, 26, 28f. 31f. 34,
　36f. 39-41, 43-46, 52f. 71, 91, 252,
　493, 543, 553f. 557, 566f. 582, 591,
　593, 647, 655
ダイナミズム・ダイナミック　174,
　188, 190, 192f. 196-99, 201, 226,
　235, 249, 279, 293-95, 356, 386,
　392, 394, 418, 455f. 649, 651
代表（repraesentatio）　608, 613-16,
　618, 621, 623, 625, 627f. 642-45　→
　現われ
代表者　434, 438, 463, 533f. 607, 615f.
　623f. 629-31
太陽　49, 286, 288-89, 659f.
　神の比喩としての――　84, 326,
　331
　――系　392
対立なき対立　150
対立なき諸々の対立の対立　150
　諸々の対立の対立　150, 165, 170
対話　37, 41, 43, 52, 101, 139, 210,
　333, 378, 380, 383, 403, 439, 457,
　495f. 518f. 549, 551, 553, 555f. 558f.
　564f. 567, 570, 590, 614
対話篇　41, 52, 101, 549, 551, 589
多角形（円との関係における）　54f.
　85-87, 257, 262-70, 281, 379f.

用　語　索　引　　　　713

多性・夥多性　　206, 208, 649, 653
他性（alteritas）　　107, 122f. 130, 164f.
　　185, 187f. 190, 192, 196f. 199, 206,
　　241, 300f. 306, 309, 322, 370, 484f.
　　487, 646, 650
他者　　114, 143, 217, 288f. 459, 479,
　　486f. 492, 518
脱中心の思考　　496, 637
旅人（viator）　　64f. 274, 388, 449
球遊び　　250, 270, 272f. 377−85, 586,
　　589f.
魂　　43, 55, 65, 105, 117, 177, 186,
　　192f. 223, 232, 245, 260f. 264, 266,
　　271f. 274, 383−87, 389, 393, 395,
　　440, 442, 473, 559, 569, 612　→霊魂
　　万物の――は唯一である　　384
　　知性的――（anima intellectiva）
　　386
　　理性的――（anima rationalis）
　　260f. 264, 384f. 440
　　――の三種の運動　　393
民・民衆（populus）　　41, 124, 437−43,
　　451, 453, 457f. 465, 468, 485, 510,
　　553, 555−57, 566, 572, 578, 580f.
　　603, 606−10, 613, 623, 634−36
　　神の――　　473f. 441-43, 458, 556
多様性問題　　214−16, 220, 301, 445,
　　641f. 644, 646, 649f. 652, 661
段階
　　無知の教えの――　　50
　　認識の――　　185
　　思弁の――的上昇　　189−201
　　存在（者）の――　　241f. 294, 301,
　　329
　　精神の9――　　244
　　宇宙の――　　247, 272
　　光の――　　329, 359−61
　　〈丸さ〉の3――　　381
　　〈観〉への――　　145−58, 244, 250,
　　372f. 388−93
　　〈レプレゼンタチオ〉の――　　616−
　　20

単純性（神としての　simplicitas）
　　25, 27, 130, 137, 165, 263, 436, 659,
　　660
小さき者　　57, 437, 451, 575
知恵（sapientia）
　　永遠な――　　34, 117, 278
　　神という――　　43, 219, 557
　　神の名称としての――　　218f. 222
　　神の――と人の――との〈原像―似像〉
　　関係　　104f. 223
　　神的――は万物に輝き出ている
　　137, 140, 219
　　三種の――　　140, 219　→知恵の三
　　角構造
　　秩序としての――　　404, 409, 412
　　美味な――　　104f. 276f. 568
　　――と知識（scientia）との区別
　　103−05, 123f. 562
　　――はちまたに叫ぶ　　108, 112,
　　403, 563, 565, 569, 574, 584
　　――は至高に住む――　　276
　　――は言表不可能　　397, 406
　　――は生命の糧　　219
知恵の愛求者　　534
知恵の三角構造　　219−21, 418
　　逆三角構造　　142
知解
　　〈観〉と区別される――　　313−16
　　――するために私は信じる　　332−
　　35, 338f. 343
地球　　49f.
知識〈scientia〉　　42, 88, 101−03, 105f.
　　123, 128, 266, 302, 337, 415, 423,
　　503, 558, 562f. 596, 648
知者・知恵ある者（sapiens）　　33, 39,
　　41, 102, 164f. 194, 259, 294, 397,
　　434, 437−39, 441f. 451, 463, 489,
　　534, 555, 573, 577, 583
地図（人間の制作物としての）　　78−
　　80, 172f. 242, 423f. 504, 587
知性（intellectus）
　　〈観〉の前での――の挫折　　148−52

——と愛と信仰の関係　162, 167,
177
——と理性と感覚の区別　189–92,
264
——は神の知性的で生命ある類似
133
——は真理を厳密には把握できない
85, 206
——の理性に対する優越　159f.
秩序　75, 78, 81, 104, 142, 218–20,
247, 258, 272f. 315, 327, 365, 391,
402, 404, 409–13, 418, 421–23, 427,
481, 504, 557, 611, 620f. 624, 632,
654, 655
仲介・仲介者　155, 162, 312, 336, 517
中間・中間者　191, 198f. 201, 245,
303f. 360, 365–70, 373f.
中心　15, 49f. 243f. 248–50, 264, 270,
272f. 293, 377, 381, 383, 385, 387–
93, 454, 575, 638
　円・球の——　247, 249f. 264, 270,
272f. 293, 377, 383, 385, 388, 390–
02, 454
　キリストという——　244, 247f.
250, 273, 381, 387–93
中世　21, 31f. 46–48, 61, 72, 93, 106,
142, 145, 148, 156f. 177, 245, 261,
267, 274, 281, 320, 322–24, 342,
346, 380, 431f. 479, 529f. 532, 537f.
550, 560, 571
超越・超越性　25, 92, 113f. 154f. 161f.
168, 188, 205, 209f. 223, 233, 236,
266, 306, 310, 345, 476, 488, 496,
514, 659
　神の——と内在　134, 205, 223,
236, 347
彫刻・彫刻家　411, 586
調和・調和的　9, 43, 213, 220, 292,
319, 365, 439, 441, 460–62, 492,
556, 622, 624, 642, 654, 662, 665
直観　30, 70, 126f. 133, 275, 595　→
　至福直観

著者　347, 407–09, 411, 414f. 417f.
422, 425, 504, 596
地理学者（人間という）　78–80, 82,
171–73, 422–24, 504
杖（表象力という）　245, 255
月・月光　49, 538–40
テオス　203, 210f.
哲学　21f. 24f. 28f. 34, 37, 43, 45f.
48, 52f. 55f. 70–72, 85, 91, 99f. 116,
122f. 126f. 165, 181, 184, 197, 200,
220f. 225, 227, 241f. 247, 251f. 257,
283, 316, 334, 343, 345, 353, 356,
363, 378, 420, 459, 462, 467, 473f.
478, 484–87, 489, 491, 535, 544f.
550, 557, 566f. 569–72, 574, 582,
590–93, 601, 613, 616, 618, 622,
626f. 635f. 638f. 647
　中世——　15, 100, 102, 350, 643
　近代——　46, 126
　講壇——　26, 28, 45f.
　自然——　91
　道徳——　91
哲学者（philosophus）　25–27, 35, 39,
41, 43, 46f. 52, 56, 91, 104, 108, 115f.
124, 238, 438f. 452f. 465, 468, 478,
534, 553, 556–58, 566–68, 570–73,
578–81, 589, 592, 622
テトラグラム　206
デミウルゴス　192
点（幾何学的な）　100, 266, 269, 293,
361, 363, 380, 382f. 568, 575
　〈第一質量〉という——のような能力
360
　——でもあり球でもある〈絶対的丸さ〉
391
展開（包含—展開のシェーマにおける
　explicatio）　58, 67, 71, 108, 110,
112, 119, 166-68, 170, 182, 186, 194,
196, 233, 260, 262, 269, 287f. 294,
298f. 305, 324, 349, 366, 370, 375,
410, 412, 476f. 485f. 625-28, 645-47,
649, 651-54, 659

用 語 索 引　　　　715

天国　　29, 64, 66, 416, 537
天文学　　50f. 258, 261, 380, 390, 525
転用（transsumptio）　　84, 181, 185,
　　243, 272, 281
同者・同じ（神の名称としての idem）
　　215–18, 222, 229–33, 394, 614, 641,
　　653
　　——自体（idem ipsum）　　215, 401,
　　450
　　絶対的——（idem absolutum）
　　216f. 231f. 401f. 652–54
　　自同化（identificare）　　136
同一　　292, 337, 346f. 381, 391
同一性・自同性　　54, 85, 87, 164, 188,
　　215, 217, 262, 348, 379, 506, 654
道具（神の）　　504, 572, 587f. 597
洞察（神を）　　14, 79, 84, 154, 164,
　　236, 313, 373, 401, 410, 425, 595
道程　　64–66, 89, 172, 499, 601, 672
討論（disputatio）　　32, 565
都市（人間の比喩としての）　　78f.
　　171f. 243, 423, 504, 509
整い（dispositio）　　55, 80f. 83, 89, 419,
　　603, 624

ナ　行

内奥（心の）　　15, 82f. 89, 106, 116,
　　125f. 145, 151, 228, 419, 559, 569
内在（神の）　　54, 104f. 117, 134, 136,
　　168, 196, 203, 205, 210, 212–14,
　　217–24, 227, 232f. 235–38, 264, 270,
　　277, 297, 307f. 310, 316, 331, 393f.
　　401, 404, 408–11, 413, 427, 468,
　　470f. 476, 584f. 587f. 595, 607f. 636,
　　641, 652–54　→超越・超越性
内的なもの　　39, 397
何性（quiditas）　　29–31, 76, 182, 184,
　　189, 254, 402, 595
二義性　　111, 170, 190f. 197, 201, 297,
　　324, 341f. 370, 613, 618
二重構造　　125, 237f.

人間の主体性の——　　125–144
〈神の命名〉の——　　237f.
肉体　　84, 105, 113, 118, 124, 153,
　　192f. 197, 201, 232, 246, 277, 340,
　　415, 427, 434, 452, 572, 577f. 585,
　　589
　　精神を刺激する装置としての——
　　113, 118
　　感覚成立の場としての——　　246
　　多様な——の中に一つの信仰が
　　452, 572, 577
似像（imago）　→〈原像—似像〉の関
　　係
　　神の——としての人間と神の類似とし
　　ての〈もの〉　　253
　　生命ある——としての精神　　104,
　　108, 110, 171, 218, 571
　　神の技の——としての人間の技
　　327, 585, 588
　　〈似像—表象力—複合構造〉　　246f.
　　252–56
似像性（世界の）　　75, 182, 184–86
　　——は権威による啓示である　　88,
　　182
認識　　75, 78–81, 84f. 88–90, 92f. 100,
　　102, 106–12, 116, 119, 122, 129,
　　131–33, 138, 148f. 155, 160, 173f.
　　176, 181f. 185, 189f. 192–96, 200f.
　　217f. 220, 232, 234–36, 244–46,
　　252–54, 273, 275f. 281, 290, 311–13,
　　315, 322–24, 328–30, 334–36, 339–
　　41, 373, 385f. 390, 396–402, 406f.
　　410f. 416f. 421–26, 434f. 437, 445,
　　447, 449, 452, 463, 466, 469, 484f.
　　501, 503, 505, 517, 594, 618, 624,
　　655, 661, 664
　　——とは測ること　　422
　　——とは他性において真理を捉えるこ
　　と　　187, 484
　　——という上昇　　189–93, 235, 373
　　〈神の味見〉という——　　276,
　　281

〈エニグマ〉としての――　75,
　311f. 314f. 449
　類似化としての――　110f. 138
　自然――と真理との関係　81
　修練としての自然――　85
　似像としての自己――能力　232,
　253, 275
　精神は秩序を――する　422f. 655
認識批判　47, 334
　実存的――　193f.
認識論　31, 88, 100, 107, 113, 129,
　176, 179, 181, 200, 466, 484, 601,
　624, 636
認識の問題　47, 181, 201
人間の弱さ　442f. 467, 501, 511
ノミナリズム　333
乗り越え（市壁の）　148f. 160-62,
　513
能動性（精神の）　107, 109, 112f. 121

ハ　行

把握（comprehendere）　25, 27-29,
　32, 50f. 54, 57, 68, 76f. 79-81, 85f.
　88f. 107, 131, 137f. 149, 150f. 157,
　160, 173-75, 190, 193, 210, 228,
　241, 251, 255, 261f. 274, 302, 312,
　330f. 334, 336, 361, 404, 412f. 415f.
　426, 434f. 445, 484, 488, 557, 584,
　649
　――しえないものを把握しえない仕方
　で抱握する　25, 27f. 79
　厳密な真理は無知の闇のなかに――
　されない仕方で光っている　50,
　131, 173, 584
媒介　109, 155, 167, 169, 191, 193,
　260, 329, 408, 416, 454, 486, 622,
　660, 664　→仲介・仲介者
秤の実験　52, 553, 563, 571
迫害（宗教的）　432, 440, 442f. 445,
　448, 452, 463
始め・始源（principium）　79, 215,

　243, 264, 292, 436, 452, 482f.
パズル（としての自然研究）　92-94
汎神論　197, 300, 366, 626
判断力　90, 110, 123
万物（被造物としての omnia）
　根源が――に映現している　117,
　367
　〈絶対的同〉が――によって分有され
　ている　136, 400, 653
　被造物としての――　52, 79, 223,
　258, 367, 410, 504, 534
　闇的存在としての――は語らない
　128, 647
　――は光、神の現われ　324, 651
　――は一性と他性からなる　130,
　301
　――は自己の一であることを〈一者〉
　から得ている　400
　――は自己の原因を分有する　229
　――は本性的に善いものを希求する
　275
　――は運動している　383-85, 393
　――は精神のために存在する　426
　――は神を賛美する　661f.
　――が〈私〉を励起する　158
　――が人間の能力の内に人間的なあり
　方で内在する　193
　――の尺度は人間である　420-22
万物が万物のうちに（omnia in omnibus）
　486f.
非〈一者〉　216, 400
比（proportio）　53, 76, 112, 139, 181,
　185, 235, 288, 294, 310, 434, 484
　→比例
　無限は一切の――を避ける　76,
　181, 234, 434, 484
　転用的な――（transsumptiva
　proportio）　181, 185
　推測は――の具体化　185
　――が神を知る唯一の道　181f.
光　35, 38, 50, 79f. 130-32, 135, 140-
　43, 162, 165, 170, 173, 175, 177,

183, 187, 192, 197, 199, 212f. 222,
241, 274, 301, 319f. 322–31, 333–
40, 342f. 358–61, 388–92, 398, 416f.
419, 421, 425, 433, 440, 442, 470,
488, 504, 591, 636, 649–52, 659
真理という──　　35, 50, 79, 131,
182, 187
各認識段階で認識を成立させる──
132
万物は或る──である　　135, 140,
142, 212, 320, 324, 651f.
闇の──への逆転　　175
内なる──　　122, 328f. 331
外なる──　　122, 328f. 331
自然的な──　　323f. 328, 360
信仰の──（lumen fidei）　　122,
330f. 334–36, 338–40, 343
啓示の──　　335
知性的な──（lux intellectualis）
132, 335, 359, 425
物体的な──（lux corporalis）
359f. 361
理性の──（lumen rationis）　　327,
331, 421, 504
霊的な──　　360
──の形而上学　　322f. 360
光の父　　213, 319f. 322–24, 326, 328–
31, 333f. 336, 338, 340, 342, 488
──の二義性　　323f.
引き上げ（raptus）　　152–57, 167, 174,
246, 248, 277, 305, 312, 393, 414–
17, 575
精神的な──　　145, 152–56, 174
──としての読書　　414–17
引き寄せ（attrahere）　　105, 117, 143,
168–70, 330, 334, 391f. 419
秘蹟　　61, 442, 472, 474
微積分学　　269f. 380
被造物　　78, 119, 131f. 135, 143, 164,
166–68, 196–98, 212–14, 231–35,
286, 297, 311, 341f. 411, 416, 505,
659, 665

神は──を通して語る　　659
キリストは創造者であり──である
164
世界を──として知解し、その創造者
を探究すべし　　313f.
人間は可感的──の目的　　341
神と人と──の間の協調的で調和的な
関係　　664f.
──は或る種の光　　135, 652
──は贈られた神　　342
──は〈一者〉の類似　　214, 400
──は〈同者〉の類似　　231–33
──は神の探究に積極的な役割を果た
す　　212
──は神と無との間に落ちている
198
──は（秩序としての）知恵そのもの
411
──は創造されない言葉の印　　505
──は〈存在可能なとおりに現に存在
している〉わけではない　　286
──と神との間には関係的同等性はな
い　　235
──の総体が神の〈エニグマ〉
297, 311
──という〈書物〉　　416
非存在（non-esse）　　199f. 216, 283f.
297, 300–10, 314f. 345f. 363–73, 375
カオスとしての──　　304
〈第一質料〉から──へ　　363–65,
375
被造物ではないものとしての──
364–67
未存在　　200, 304
──と無　　371
──は救済論的な役割ももつ　　375
──に先立つ存在　　303, 365
──に後なる存在　　365
非他者・〈他ならない〉（non-aliud）
221f. 228–33, 282f. 306, 394, 593f.
必然性（存在の条件としての）　　286f.
302, 307, 354, 356

絶対的必然性　286f. 356
比喩　181, 185, 243, 279f. 312, 504f.
　507, 517, 568, 575, 595, 634, 654
　〈コマ〉の――　243, 246, 280
　〈球遊び〉の――　380-93
　〈書物〉の――　396-426, 504f.
　507, 517
　――と象徴によって真理の霊に近づく
　312
表象像　245f. 249, 255, 290, 292
表象力（imaginatio）　77, 244-47,
　249, 252, 255f. 272　→〈似像―表
　象力―複合構造〉
　低位の――が高位の知性を凌駕するこ
　ともある　246
　〈キリストのまねび〉としての――論
　249-52
ヒューマニスト・ヒューマニズム
　42, 48, 443, 550, 554f. 561-69, 574f.
ピラミッド（分有図を構成する）
　130, 187, 241, 301
比例・比例的　32, 78, 185f. 232, 235,
　259, 386, 423, 504f. 619
普遍図（万物の存在段階の説明原理
　figura universi）　129, 241, 247, 257,
　270, 294
プラトン主義者　216, 554, 556
文学研究（ルネサンス期の　studium
　litterarum）　561
分有（participatio）　107, 129f. 136,
　185, 188, 193, 229, 242, 264, 271,
　301, 328, 331, 381f. 398, 401, 421,
　450f. 454f. 485, 487, 516, 532-34,
　615, 626, 643, 645f. 653f.
分有図（各個物の相違の説明原理 figura
　participationis）　100, 129f. 188,
　190, 192, 241, 294, 301, 328, 650
分有論　129, 212
分与（communicare）　166, 657f. 661
並行関係　225, 235, 260
平和（pax）　12, 14, 399, 452-54
　キリストという――　455

信仰という――　456f.　→信仰の
　平和
神的な――　454
絶対的な――　453-55
弁論家（orator）　42, 558-64
包含（complicatio）　108, 110, 112,
　137, 206, 233, 260, 262f. 270, 272,
　281, 288f. 293, 295, 298f. 358, 360,
　379, 382f. 393, 412, 414, 646f.
　円はすべての多角形を――している
　263, 268, 281, 379
　円運動という世界の運動は全ての運動
　の――　382
　神は――的に万物である　288
　宇宙は万物を――している　358
　一つの点において宇宙の――が存在す
　る　360
　理性的魂は万物を概念として――して
　いる　385
　ペテロの中に教会が――的に存在して
　いる　626, 646
〈包含―展開〉（神の万物における
　complicatio―explicatio）　167-68,
　170, 182, 196, 287, 294, 298-300,
　305, 324, 349, 360, 476f. 625-28,
　641, 645-47, 649, 651f. 654
〈包含―展開〉のシェーマの利点
　647
ポスト世俗化社会　542-46
菩提心　539f.
本有的宗教（心）　220f. 468f. 475f.
　511, 515, 534f.
本有的判断力　110, 123
本性・本性的（natura）　27, 30, 87,
　102, 104, 110, 117, 131, 155, 169,
　173, 193-95, 234, 248, 275, 279,
　293, 307f. 312, 315, 326, 329-31,
　336f. 354, 382, 396, 408, 467f. 469-
　71, 475f. 481, 503f. 507, 512, 535,
　604, 621, 656, 662　→自然本性

用 語 索 引　　　　719

マ　行

魔術　93, 563

眼差し　14, 138, 143, 173, 217, 237,
　　268, 436, 610, 613, 629, 631−37, 639

丸さ（rotunditas）　270−73, 377f.
　　380−82, 388f. 391, 393f.

ミクロコスモス（小宇宙）　193, 271

道　64−66, 89, 146f. 161−63, 172,
　　181, 249, 251, 298, 307, 310, 312,
　　336, 373f. 387f. 390, 405, 416, 418,
　　445f. 481, 487, 594, 601, 610, 617,
　　624, 634, 641
　　キリストは──であり門　161f.
　　キリストという道をまねぶ　64
　　肯定の──（via affirmativa）　373f.
　　否定の──（via negativa）　307,
　　373f
　　〈擬三一的〉な──　374
　　上昇における理性の道案内と挫折
　　146f.
　　──のメタファー　536f.

三つ巴入れ子構造　297−99, 310, 348,
　　367, 369

民衆　→民

民族（natio）　8, 204f. 221, 413f. 434,
　　438, 442−46, 448, 451f. 465, 477,
　　482f. 489, 501, 509, 512, 533f. 581,
　　630

無　198−200, 230, 301f. 353f. 360,
　　363, 371, 411, 650f. 656−58
　　分有図の闇の底辺は、〈いわば──〉
　　301, 650f.
　　創造とは神が──に存在を分与するこ
　　と　658
　　──と非存在　302
　　──と第一質料　353−55, 360f. 363
　　──は神に従順　371, 656f.
　　──は〈非他者〉によって限定される
　　230

無からは何も生じない　200, 353f.

無学者　→イディオータ

無角的（円に関して）　263, 268, 379

無限者　169, 362, 474, 484

無限性　84, 156, 169f. 175, 209, 216,
　　243, 278, 361, 434, 556

矛盾　25, 149, 161, 163−66, 168, 176,
　　183, 206, 209, 310f. 313　→合致
　　──律　28, 165, 269f. 281

ムスリム　531

無知　29, 34−36, 38, 41f. 50f. 54f. 85f.
　　102, 131, 150f. 157, 160, 165, 177,
　　182f. 185, 187, 197, 302, 335, 373,
　　403, 407, 437, 556, 559, 566, 570,
　　573, 578f. 583−85, 587, 596, 611f.
　　663　→覚知的無知
　　聖なる──　183, 197, 335, 573
　　世俗的──　573
　　──の知　38, 42, 403

名称・命名　149, 160, 164, 199, 203−
　　13, 215, 218, 221−23, 225f. 229,
　　234−38, 264, 267, 283, 288f. 312,
　　366, 434, 465, 494, 507, 517, 563,
　　594f.
　　職務の──にふさわしく生きるべし
　　238, 494f.
　　神の──　203, 205, 210, 223, 233,
　　236−38
　　神の多様な──　203f. 434, 465
　　神にふさわしい──はない　149,
　　164, 199, 288
　　〈一性〉は神の──ではない　206f.
　　いわゆる神──　221−23
　　〈可能現実存在〉は神に肉薄する──
　　235, 289
　　〈可能自体〉が最も適切な神の──
　　226
　　〈エニグマ〉としての神の──
　　222f.
　　〈非他者〉という──のなかに神が探
　　究者に対して比喩として輝き出る
　　595
　　──は理性により与えられる　206

メタ三段論法的　592, 595
目的・終点（finis）　56, 64-66, 76,
　123, 150, 160, 163, 201, 243, 265,
　292, 339-41, 397, 405, 407, 412,
　425, 451f. 455-58, 468, 501, 557,
　652, 662, 664　→終わり
ものの秘密（自然探究の目的）　55,
　77, 404, 563, 655
模範　39, 45, 57, 63, 312, 337, 381,
　574, 611, 620
門（中世都市の）　78f. 148, 172, 242,
　423f.　→楽園の入り口・門

ヤ～ワ　行

ヤーヌスの顔　47, 67
闇・暗闇（真理に出会うための）　50,
　79, 147, 150, 165, 173, 183, 187, 196,
　199, 241, 248f. 254, 277, 301, 322,
　328f. 330f. 338f. 426, 440, 584, 647,
　650f.
　神への上昇のための――　147, 150,
　159f. 165, 175, 177
　原初の――　359 - 361, 365
　分有図の底辺としての――　130,
　187, 196, 199, 241, 301, 322, 328-
　31, 650
　無知の――　50, 131, 150, 160f. 165,
　182, 584, 649
指輪の寓話　537f.
羊皮紙（精神という）　419f.
欲望　146, 419
預言者　215, 251, 406, 452, 481, 483,
　659
喜び　118, 164, 341, 398, 416, 435,
　568, 589-93, 597, 662
楽園　148f. 160-62, 167, 171-76, 468
　――の入口・門　66, 147f. 159,
　161f. 166f. 170-73
　――の市壁　145, 148f. 158, 160f.
　163, 172, 174-76
理性（ratio）・理性的　30f. 35, 75, 79,

　99, 108, 122, 132, 135, 145-49, 159-
　61, 168, 173, 176f. 185f. 189-91,
　201, 206, 212f. 223, 234-37, 244f.
　255, 259-61, 264-66, 272, 275f. 281,
　312, 314, 327f. 331, 333, 336, 362,
　372, 384f. 387, 392, 407, 416, 421,
　440, 504, 531, 534, 540, 579, 591,
　606, 623, 632, 659
　円の存在根拠は――である　266
　楽園の〈市壁〉は――の産物である
　176f.
　――は概念による弁別と推論の能力
　147, 189, 260
　――は〈反対対立の合致〉を容認でき
　ない　35, 147
　――が算術等の諸学問を発明した
　261f.
　――は神への上昇で挫折する
　145-148, 336
　――は楽園の〈市壁〉の前でとどまる
　149
流出（emanatio）　229, 299, 336, 370,
　373, 651
類似（similitudo）　77, 87, 104, 107-
　11, 114, 120f. 133, 136, 138, 156f.
　172, 174, 186, 190, 210, 213f. 223,
　251, 253, 259, 279, 281, 288, 296f.
　300, 307, 312, 321, 337, 385, 400,
　402, 412f. 563, 572, 628
　人間の精神は神の精神の――である
　172f.
　個物は〈一者〉の――である　213f.
　人はこの世界を――と〈エニグマ〉で
　歩んでいる　251
　類似化　107-11, 138, 400, 402, 628
　精神の把握は――である　107-11,
　114, 138
　――と〈似像〉は区別される　253
類比
　言語の――　476, 499f. 502, 505f.
　508-13, 515, 517-19
　存在の――（analogia entis）　235,

369

ルネサンス　　71, 102, 342, 467, 549,
　552, 561, 563f. 605, 674, 677

励起（excitatio）　　118f. 140, 147, 158,
　173, 405, 663

霊魂　　186, 192f. 266, 387

レス（res）　　29−31

レプレゼンタチオ（repraesentatio）
　613, 615−21, 623, 625−29,
　636f. 641f. 645, 647　→現われ
　（repraesentatio）

錬金術　　77, 93f. 552, 561, 563

ロゴス　　660, 662

八巻　和彦（やまき・かずひこ）

1947年山梨県生まれ。1971年早稲田大学第一文学部卒業。1974年東京教育大学大学院文学研究科修士課程修了。1976年同大学院博士課程中退。同年，和歌山大学教育学部助手。1977年同専任講師。1981年同助教授，1990年早稲田大学商学部教授。1992年同教授。2018年3月同大学定年退職。現在，桐朋学園大学特任教授。国際クザーヌス協会（本部・在ドイツ）学術顧問，アメリカ・クザーヌス学会名誉顧問。日本クザーヌス学会会長。前中世哲学会会長。京都大学博士（文学）。

この間，1986年4月－1988年3月にドイツ連邦共和国（西ドイツ）Alexander von Humboldt-Stiftung 研究奨学生として，Trier 大学付属クザーヌス研究所に留学。1998年3月－2000年3月にドイツ連邦共和国の Bonn 大学哲学科に研究滞在。

〔著書〕 "Anregung und Übung – Zur Laienphilosphie des Nikolaus von Kues" (Aschendorff Verlag, 2017)；『クザーヌス 生きている中世──開かれた世界と閉じた世界』（ぷねうま舎, 2017）；『クザーヌスの世界像』（創文社, 2001）。

〔編著書〕『「ポスト真実」にどう向き合うか』（成文堂, 2017）；『日本のジャーナリズムはどう生きているか』（成文堂, 2016）；『「今を伝える」ということ』（成文堂, 2016）；"Nicholas of Cusa, A Medieval Thinker for the Modern Age" (Curzon Press, 2002)；（矢内義顕と共編著）『境界に立つクザーヌス』（知泉書館, 2002）など。

〔訳書〕（矢内義顕と共訳）L. ハーゲマン『キリスト教とイスラーム──対話への歩み』（知泉書館, 2003）；ニコラウス・クザーヌス『神を観ることについて 他二篇』（岩波文庫, 2001）；ニコラウス・クザーヌス『信仰の平和』（上智大学中世思想研究所監修『中世思想原典集成』第17巻「中世末期の神秘思想」所収，平凡社, 1992）；（大出哲と共訳）ニコラウス・クザーヌス『可能現実存在』（国文社, 1987）など。

〔クザーヌスの思索のプリズム〕　　　　　　ISBN978-4-86285-304-2

2019年11月15日　第1刷印刷
2019年11月20日　第1刷発行

著　者　八　巻　和　彦
発行者　小　山　光　夫
印刷者　藤　原　愛　子

発行所
〒113-0033 東京都文京区本郷 1-13-2
電話 03 (3814) 6161 振替 00120-6-117170
http://www.chisen.co.jp
株式会社 知泉書館

Printed in Japan

印刷・製本／藤原印刷

境界に立つクザーヌス
八巻和彦・矢内義顕編 A5/436p/7000円

ニコラウス・クザーヌスとその時代
K. フラッシュ／矢内義顕訳 四六/170p/2500円

キリスト教とイスラーム　対話への歩み
L. ハーゲマン／八巻和彦・矢内義顕訳 四六/274p/3000円

トマス・アクィナス　霊性の教師　《知泉学術叢書7》
J.-P. トレル／保井亮人訳 新書/708p/6500円

中世における理性と霊性
K. リーゼンフーバー A5/688p/9500円

中世と近世のあいだ　14世紀におけるスコラ学と神秘思想
上智大学中世思想研究所編 A5/576p/9000円

中世における信仰と知
上智大学中世思想研究所編 A5/482p/9000円

中世における制度と知
上智大学中世思想研究所編 A5/292p/5000円

神とは何か　『24人の哲学者の書』
K. フラッシュ／中山善樹訳 四六/188p/2300円

ドイツ神秘思想の水脈
岡部雄三 A5/346p/4800円

哲学と神学のハルモニア　エックハルト神学が目指したもの
山崎達也 菊/368p/6200円

エックハルト　ラテン語著作集　〔全5巻〕
エックハルト／中山善樹訳

I	創世記註解／創世記比喩解	A5/536p/8000円
II	出エジプト記註解／知恵の書註解	A5/560p/8000円
III	ヨハネ福音書註解	A5/690p/9500円
IV	全56篇のラテン語説教集	A5/544p/8000円
V	小品集	A5/384p/6000円